Microsoft Azure Security

Michael Howard ist derzeit Principal Security Program Manager im Azure Data Platform Team und arbeitet an der Sicherheitstechnik. Er ist einer der ursprünglichen Architekten des Microsoft Security Development Lifecycle und unterstützt verschiedene Kunden aus den Bereichen öffentliche Verwaltung, Militär, Bildung, Finanzen und Gesundheitswesen bei der Sicherung ihrer Azure-Workloads. Er war der Leiter Application Security für die Olympischen Spiele in Rio 2016; die Anwendungen wurden auf Azure gehostet.

Heinrich Gantenbein ist Senior Principal Consultant für Cybersecurity in Microsofts Industry Solutions Delivery. Mit mehr als 30 Jahren Erfahrung in der Softwareentwicklung und in der Beratung bringt er eine Fülle von praktischem Know-how in seine Rolle ein. Heinrich Gantenbein ist spezialisiert auf Azure-Sicherheit, Bedrohungsmodellierung und DevSecOps.

Simone Curzi ist Principal Consultant von Microsofts Industry Solutions Delivery. Er verfügt über mehr als 20 Jahre Erfahrung in verschiedenen technischen Rollen bei Microsoft und hat sich seit mehr als 10 Jahren ganz dem Thema Sicherheit gewidmet. Als anerkannter Experte für Bedrohungsmodellierung und Microsoft Security Development Lifecycle-Experte, ist Simone Curzi ein regelmäßiger Redner auf internationalen Konferenzen wie Microsoft Ready, Microsoft Spark, (ISC)2 Security Congress, Carnegie Mellon's SEI DevOps Days und Security Kompass Equilibrium. Simone Curzi ist außerdem Autor eines Open-Source-Tools zur Bedrohungsmodellierung, Threats Manager Studio.

Microsoft Azure Security

Bewährte Methoden, Prozesse und Grundprinzipien für das Entwerfen und Entwickeln sicherer Anwendungen in der Cloud

Michael Howard
Heinrich Gantenbein
Simone Curzi

Michael Howard
Heinrich Gantenbein
Simone Curzi

Übersetzung: Rainer G. Haselier
Lektorat: Sandra Bollenbacher
Lektoratsassistenz: Friederike Demmig
Copy-Editing: Petra Heubach-Erdmann, Düsseldorf
Satz: Gerhard Alfes, mediaService, Siegen, *www.mediaservice.tv*
Herstellung: Stefanie Weidner
Umschlaggestaltung: Eva Hepper, Silke Braun
Druck und Bindung: mediaprint solutions GmbH, 33100 Paderborn

ISBN:
Print 978-3-86490-985-6
PDF 978-3-98890-088-3
ePub 978-3-98890-089-0
mobi 978-3-98890-090-6

1. Auflage 2024

Wieblinger Weg 17
69123 Heidelberg

ISBN of the English language edition: 978-0-13-790875-2

Hinweis:
Dieses Buch wurde mit mineralölfreien Farben auf PEFC-zertifiziertem Papier aus nachhaltiger Waldwirtschaft gedruckt. Der Umwelt zuliebe verzichten wir zusätzlich auf die Einschweißfolie. Hergestellt in Deutschland.

Schreiben Sie uns:
Falls Sie Anregungen, Wünsche und Kommentare haben, lassen Sie es uns wissen: *hallo@dpunkt.de*

5 4 3 2 1 0

Inhaltsverzeichnis

Teil 1: Sicherheitsgrundsätze

Kapitel 1

Kapitel 2

Kapitel 3

Kapitel 4

Kapitel 5

Kapitel 6

Überwachung und Überprüfung 193

Kapitel 7

Governance 227

Kapitel 8

Teil 2: Sichere Implementierung

Kapitel 9

Kapitel 10

Kapitel 12

Kapitel 13

Für meine Familie, die Geduld mit mir hatte, als ich ein weiteres Buch schrieb.
– Michael

Mit Liebe zu meiner Frau Denyse, um ihr für ihre Unterstützung zu danken.
– Heinrich

Mit Dankbarkeit und Liebe zu meiner Familie, Silvia, Alice und Viola, die mich unermüdlich erdulden und unterstützen.
– Simone

Danksagungen

Dieses Buch behandelt eine Vielzahl komplexer sicherheitsrelevanter Themen. Beim Schreiben eines Buches müssen wir als Autoren sicherstellen, dass unsere Fakten stimmen und unsere Anleitungen korrekt sind. Dies können wir nur erreichen, indem wir Personen in den Azure-Produktgruppen befragen und indem wir Personen, die Experten auf ihrem jeweiligen Gebiet sind, um Unterstützung bitten. Wir möchten uns daher an dieser Stelle für die Hilfe und Unterstützung der folgenden Personen bei Microsoft bedanken:

> Amar Gowda, Amaury Chamayou, Anthony Nevico, Antoine Delignat-Lavaud, Barry Dorrans, Ben Co, Ben Hanson, Ben Oberhaus, Bhuvaneshwari Krishnamurthi, Dan Simon, David Nunez Tejerina, Dhruv Iyer, Eric Beauchesne, Eustace Asanghanwa, Hannah Hayward, Jack Richins, Jakub Szymaszek, Jenny Hunter, Joachim Hammer, Jon Lange, John Lambert, Josh Brown-White, Ken St. Cyr, Kozeta Garrett, Luciano Raso, Mark Simos, Michael McReynolds, Michael Withrow, Mirek Sztajno, Nicholas Kondamudi, Niels Ferguson, Panagiotis Antonopoulos, Pieter Vanhove, Prasad Nelabhotla, Rafael Pazos Rodriguez, Robert Jarret, Rohit Nayak, Run Cai, Sameer Verkhedkar, Shubhra Sinha, Srđan Božović, Steven Gott, Sylvan Clebsch, Taylor Bianchi, Thomas Weiss, Vikas Bhatia und Yuri Diogenes.

Andere Microsoft-Kollegen waren in beratender Funktion tätig und halfen stundenlang bei einigen der komplexeren Teile des Buches. Es sind:

> Kyle Marsh, Mark Morowczynski und Bailey Bercik (für Identität); Dave Thaler, Graham Berry und Vikas Bhatia (für Confidential Computing); und Hervey Wilson (für Schlüsseltresor)

Wir haben auch Feedback von Personen außerhalb von Microsoft erhalten, die über spezielles Fachwissen verfügen:

> Arun Prabhakar (Boston Consulting Group), Avi Douglen (Bounce Security), Brook S. E. Schoenfield (True Positives, LLC), Dave Kaplan (AMD), David Litchfield (Apple), Donna McCally (HITRUST), Izar Tarandach (Squarespace), Lotfi Ben Othmane (Iowa State University), Mark Bode (AMD), Mark Cox (RedHat), Mark Curphey (Crash Override), Matthew Coles (Dell Technologies), Michael F. Angelo (Micro Focus), Mike Dietz und Robert Seacord (Woven Planet) sowie Shane Gashette und Steve Christey Coley (MITRE)

Wir möchten uns bei unseren technischen Reviewern bedanken, die jeden Aspekt unserer Entwürfe unter die Lupe genommen haben. Die technischen Reviewer waren:

> Altaz Valani (Security Compass), Hasan Yasar (Software Engineering Institute, Carnegie Mellon), Jonathan Davis (Microsoft), Mike Becker (Microsoft) und Rick Alba (Microsoft)

Dieses Buch wäre ohne die Mitarbeiter von Pearson/Microsoft Press nicht möglich gewesen: Loretta Yates, die »ja« gesagt hat; Charvi Arora, die uns dazu gebracht hat, unsere Termine einzuhalten; und schließlich Kate Shoup, die unseren Text hervorragend redigiert hat und dabei unseren Ton und unsere inhaltlichen Intentionen beibehalten hat.

Schließlich möchten wir Scott Guthrie für das Schreiben des Vorworts und für die Leitung des großartigen Teams von Microsoft Azure danken.

Michael Howard
Austin, Texas

Heinrich Gantenbein
St. Paul, Minnesota

Simone Curzi
Perugia, Italien

Vorwort

Im vergangenen Jahrzehnt haben wir einen dramatischen Wandel in der Art und Weise erlebt, wie Unternehmen Technologie nutzen, um ihre Geschäftsabläufe völlig neu zu erfinden und zu verändern. Die jüngsten globalen Herausforderungen und unvorhersehbare, weitreichende Ereignisse haben diesen Wandel nur noch beschleunigt, und die Unternehmen mussten sich neu orientieren und anpassen, um die Bedürfnisse ihrer Kunden und Mitarbeiter zu erfüllen und die Widerstandsfähigkeit ihres Unternehmens sicherzustellen.

Diese digitale Transformation wurde zum Teil durch technologische Fortschritte und Hyperscale-Cloudanbieter wie Microsoft Azure ermöglicht, die Unternehmen die nötige Flexibilität bieten, um neue Effizienzen und Fähigkeiten zu realisieren. In dieser Ära der beispiellosen Transformation, einschließlich der Migration in die Cloud, gibt es jedoch auch neue Bedrohungen und Anforderungen an die Sicherheit und den Datenschutz.

Wenn Menschen an Sicherheit denken, denken sie oft an Endpunktschutz, Firewalls und Anti-Malware-Tools, die von entscheidender Bedeutung sind; aber Architekten und Entwickler können die Anwendungssicherheit während des Designs und der Entwicklung nicht ignorieren. Dieses Buch, »Microsoft Azure Security«, ist eine unverzichtbare Ressource für das Verständnis der wesentlichen Elemente eines durchgängig sicheren Softwaredesigns und der Entwicklung auf Azure. Es behandelt zwei Bereiche, die mir sehr am Herzen liegen – die Sicherheit von Azure und die Softwareentwicklung.

Die Microsoft Cloud bietet viele Zuverlässigkeits- und Sicherheitsvorteile im Vergleich zu On-Premises-Lösungen, aber Architekten und Entwickler können grundlegende Sicherheitspraktiken nicht ignorieren, wenn sie auf Azure bereitstellen. Cloudbasierte Lösungen verwenden ein Modell der geteilten Verantwortung, und ein Teil der Sicherheitsverantwortung liegt sowohl beim Mandanten als auch beim Cloudanbieter. »Microsoft Azure Security« bietet eine ganzheitliche und leicht zugängliche Ressource für jeden, der sichere Workloads auf Azure entwickelt. Leser, die an Azure-Lösungen arbeiten, erhalten ein zeitgemäßes Verständnis für sichere Entwicklung, Design und Implementierung.

Die Autoren Michael, Heinrich und Simone verfügen zusammen über jahrzehntelange Erfahrung im Bereich der Anwendungssicherheit. Sie haben mit öffentlichen Auftraggebern und Unternehmen – großen und kleinen – zusammengearbeitet, die alle in der Lage waren, sichere Lösungen auf Azure zu entwerfen, zu entwickeln, bereitzustellen und zu verwalten. Ich weiß, dass die Autoren sich dafür einsetzen, allen, die auf Azure entwerfen und entwickeln, dabei zu helfen, die Zuverlässigkeit, Skalierbarkeit und Sicherheit zu erreichen, die von ihren Organisationen und Endbenutzern gefordert werden.

Dieses Buch ist ein unverzichtbarer Leitfaden für jeden Architekten und Entwickler, der sichere, geschäftskritische Lösungen auf Azure bereitstellt.

Scott Guthrie
Executive Vice President
Cloud + AI-Gruppe, Microsoft

Einleitung

Mitte 2021, während einer Aufzeichnung des Azure-Security-Podcasts, wurde Michael Howard vom Azure-Sicherheitsexperten und Autor Yuri Diogenes gefragt, ob er plane, ein Update zu seinem Buch »The Security Development Lifecycle« zu schreiben. Ohne zu zögern, antwortete Michael: »Nein!«

Doch damit war die Angelegenheit noch nicht erledigt.

Die Frage, die Yuri Diogenes stellte, legte den Grundstein. In den nächsten Wochen schmiedeten wir drei – Michael, Heinrich und Simone – einen Plan, um dieses Buch zu schreiben. Gemeinsam haben wir mit Hunderten von Kunden zusammengearbeitet, um ihnen dabei zu helfen, geschäftskritische Lösungen auf Azure zuverlässig einzusetzen. Dieses Buch ist die Krönung dieser praktischen Erfahrung.

Wir haben dieses Buch nicht nur geschrieben, um Ihnen zu zeigen, wie Sie sichere Lösungen auf Azure entwerfen und entwickeln können, sondern auch, um Ihnen pragmatische Ratschläge zu geben. Das in Abbildung E-1 dargestellte Venn-Diagramm zeigt, wie wir dieses Buch sehen.

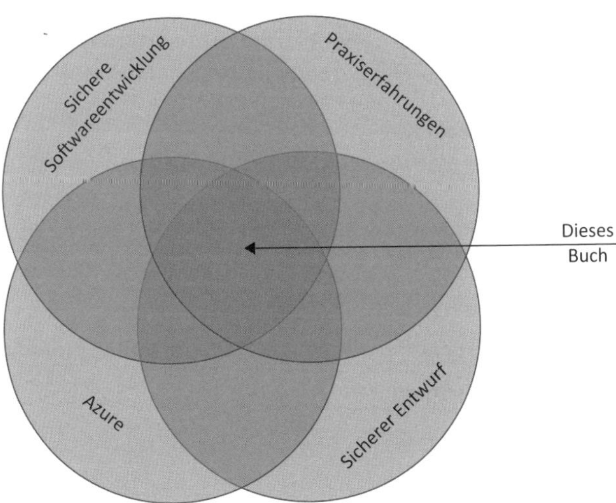

Abbildung E-1 Der Schnittpunkt der in diesem Buch behandelten Themenbereiche

Einige Bereiche von Azure werden nicht behandelt, da dieses Buch sonst zu einem ziemlichen Wälzer werden würde. Insbesondere behandeln wir keine Themen wie die folgenden:

- **Privileged Access Workstation (PAW)** Eine Arbeitsstation mit privilegiertem Zugriff ist eine Arbeitsstation, die nur für administrative Aufgaben vorgesehen ist. Sie hat keinen Zugriff auf E-Mail, allgemeines Web-Browsing und andere Produktivitätsaufgaben. PAWs werden von Konten mit erhöhten Berechtigungen verwendet, um Aktionen in Umgebungen mit hohem Risiko durchzuführen, zum Beispiel in der Produktion, bei der Kontenverwaltung und in anderen Bereichen. Mehr über PAWs erfahren Sie hier: *https://learn.microsoft.com/azure-stack/ruggedized/customer-replaceable-unit/privileged-access-workstation*.

- **Bedingter Zugriff und Multi-Faktor-Authentifizierung (MFA)** Diese Aufgaben werden häufig von einem Identitätsteam übernommen, und die Infrastruktur sollte bereits vorhanden sein. Bedingter Zugriff und MFA sind jedoch entscheidend für die Sicherheit einer Azure-basierten Lösung. Hier erfahren Sie mehr zu diesem Thema: *https://learn.microsoft.com/azure/active-directory/conditional-access/overview*.
- **Datenschutz** Dies ist ein Buch über Sicherheit. Obwohl sich Sicherheit und Datenschutz überschneiden, geht es bei der Sicherheit hauptsächlich darum, ein System und seine Daten gegen unbefugte Nutzung zu schützen, während es beim Datenschutz um den Umgang mit personenbezogenen Daten geht. Man kann Sicherheit ohne Datenschutz haben, aber es gibt keinen Datenschutz ohne Sicherheit.

Wir haben uns relativ kurzgefasst, indem wir viele Links zu externen Informationen eingefügt haben, anstatt einige Themen in diesem Buch ausführlich zu behandeln.

Wie ist dieses Buch organisiert?

Dieses Buch ist nicht dazu gedacht, von vorne bis hinten gelesen zu werden. Das können Sie natürlich tun, aber wir haben versucht, die Kapitel so unabhängig wie möglich zu gestalten, damit sie auch einzeln gelesen werden können. Dennoch gibt es Querverweise zwischen den Kapiteln, und es kann sein, dass Sie manchmal einen Abschnitt eines anderen Kapitels lesen müssen, um das Gesamtbild zu verstehen.

Außerdem werden im Buch mehrere Möglichkeiten zur Erledigung einer Aufgabe beschrieben, wie die folgenden:

- Verwendung des Azure-Portals (obwohl es nicht üblich ist, das Azure-Portal in Produktionssystemen zu verwenden, da die Bereitstellung in der realen Welt in der Regel eine Pipeline nutzt, um Ressourcen zu pushen)
- Verwendung der Azure-Befehlszeilenschnittstelle (Command-line Interface, CLI)
- Verwendung von PowerShell-Code
- Verwendung vollständigerer Code-Beispiele in verschiedenen Sprachen wie C#, Python, JavaScript und anderen

Wir haben Codebeispiele und Schnipsel in unser GitHub-Repository unter *https://github.com/AzureDevSecurityBook* hochgeladen, besuchen Sie es also regelmäßig. Lokalisierte Versionen der Begleitdateien sind auf der Produktseite des Buches verfügbar: *https://dpunkt.de/produkt/microsoft-azure-security*

Wer sollte dieses Buch lesen?

Für wen ist dieses Buch gedacht? Es richtet sich an alle, die Lösungen auf Azure bereitstellen – seien es Architekten, Entwickler oder Tester –, die vielleicht nicht viel über Sicherheit wissen, aber möchten, dass ihr Design und ihr Code so sicher wie möglich sind. Wir decken in diesem Buch viel ab, aber wir gehen auch auf viele komplexe Themen ein.

Ein letzter Punkt: Wenn Sie das NIST Cybersecurity Framework (NIST CSF) verwenden, dann sind Sie mit dessen Kernkomponenten vertraut: Identifizieren, Schützen, Erkennen, Reagieren und Wiederherstellen (identify, protect, detect, respond, recover). Das Material in diesem Buch konzentriert sich hauptsächlich auf die Komponente Schützen und einige Aspekte der Komponente Erkennen. Wenn Sie für den produktiven Einsatz gedachte Lösungen auf Azure einführen möchten, muss Ihr Unternehmen die anderen vier Komponenten des NIST CSF abdecken. Weitere Informationen über das NIST CSF finden Sie in Kapitel 8, »Compliance und Risikomanagement«, und auf der NIST-Website unter *https://azsec.tech/81t*.

Vielen Dank fürs Lesen!

Konventionen und Features in diesem Buch

In diesem Buch werden die Informationen unter Verwendung von Konventionen dargestellt, die die Informationen lesbar und leicht nachvollziehbar machen sollen:

- Umrandete Elemente mit Beschriftungen wie *Hinweis* liefern zusätzliche Informationen.
- Text, den Sie eingeben (außer Codeblöcken), erscheint fett.
- Ein Pluszeichen (+) zwischen zwei Tastennamen bedeutet, dass Sie diese Tasten gleichzeitig drücken müssen. Zum Beispiel bedeutet: »Drücken Sie `Alt`+`Tab`«, dass Sie die `Alt`-Taste gedrückt halten, während Sie die `Tab`-Taste drücken.
- Ein vertikaler Balken zwischen zwei oder mehr Menüpunkten (z. B. *Datei | Schließen*) bedeutet, dass Sie das erste Menü oder den ersten Menüpunkt auswählen, dann das nächste und so weiter.

Systemvoraussetzungen

Die Beispiele und Szenarien in diesem Buch erfordern den Zugang zu einem Microsoft Azure-Abonnement und einen Computer, der eine Verbindung zu Azure herstellen kann. Weitere Informationen über ein Probeabonnement finden Sie auf dieser Website:

azure.microsoft.com/free

GitHub-Repo

Das GitHub-Repository des Buches enthält den englischsprachigen Beispielcode und Codeschnipsel; die Autoren werden es im Laufe der Zeit aktualisieren. Das Repository lautet *github.com/AzureDevSecurityBook*.

Lokalisierte Versionen der Begleitdateien sind auf der Produktseite des Buches verfügbar: *https://dpunkt.de/produkt/microsoft-azure-security*

Errata und Support

Wir haben alle Anstrengungen unternommen, um die Richtigkeit dieses Buches und der dazugehörigen Inhalte zu gewährleisten. Sie können auf Aktualisierungen dieses Buches – in Form einer Liste der eingereichten Errata und der damit verbundenen Korrekturen – unter folgender Adresse zugreifen:

MicrosoftPressStore.com/SecureAzureSolutions/errata

Wenn Sie einen Fehler entdecken, der noch nicht aufgeführt ist, teilen Sie uns diesen bitte auf der gleichen Seite mit.

Weitere Unterstützung und Informationen zu Büchern finden Sie unter
MicrosoftPressStore.com/Support.

Mit Anmerkungen, Fragen oder Verbesserungsvorschlägen auf Deutsch zu diesem Buch können Sie sich auch an den dpunkt.verlag wenden:
hallo@dpunkt.de

Bitte beachten Sie, dass der Produktsupport für Microsoft-Software und -Hardware nicht über die oben genannten Adressen angeboten wird. Hilfe zu Microsoft-Software oder -Hardware finden Sie unter *support.microsoft.com*.

TEIL 1

Sicherheitsgrundsätze

KAPITEL 1

Prozesse für sichere Entwicklungszyklen

Am Ende dieses Kapitels

- verstehen Sie einige der Prozesse, die für die Entwicklung sicherer Software erforderlich sind.
- können Sie innerhalb Ihrer Organisation dazu beitragen, eine Sicherheitskultur zu entwickeln.
- sind Sie in der Lage, den Zweck der verschiedenen Arten von Umgebungen für die Entwicklung bis hin zur Produktion zu erläutern und welche unterschiedlichen Sicherheitsmaßnahmen sie erfordern.

Entwickler sind die Hauptursache für Kompromittierungen

Die Hauptursache für Gefährdungen sind nicht Hacker, Angreifer oder andere ruchlose Akteure. Vielmehr sind wir, die Softwareentwickler, die Hauptursache für Sicherheitslücken. Laut einer Analyse von Contrast Security aus dem Jahr 2020 sind fast 50 Prozent aller Kompromittierungen auf Schwachstellen in Anwendungen zurückzuführen – Schwachstellen, die letztlich von Softwareentwicklern geschaffen wurden. Eine Zusammenfassung des Berichts können Sie hier lesen: *https://azsec.tech/lvz*.

Als Softwareentwickler können wir nicht viel gegen Angriffe tun. Sie werden auf jeden Fall stattfinden. Was wir aber tun können, ist, die Sicherheit unseres Codes zu verbessern. Wir kommen nicht darum herum, dass das Design unseres Systems und die Qualität unseres Codes den Unterschied zwischen einem fehlgeschlagenen und einem erfolgreichen Angriff ausmachen können. Wir müssen die Art und Weise ändern, wie wir Software entwerfen und entwickeln, um die Sicherheit so nahtlos wie möglich und mit so wenig Reibungsverlusten wie möglich zu verbessern. Das entscheidende Wort hier ist *Reibung*. Sicherheit wird oft als eine Art Steuer angesehen, die Entwickler zahlen müssen und die die Entwicklung behindert. Sie steht einfach im Weg. Wir müssen Prozesse und Aufgaben einbeziehen, die die Sicherheit erhöhen, die so reibungslos wie möglich sind und einfach als ein weiterer wichtiger Aspekt bei der Erledigung der Aufgabe angesehen werden.

Natürlich sind auch Werkzeuge wichtig. Aber sie sollten nicht blindlings eingesetzt oder als einzige Quelle für die Sicherheit Ihrer Lösung betrachtet werden. Ganz gleich, wie viele Tools oder Automatisierungsfunktionen Sie bei Ihren Entwicklungsverfahren einsetzen, letztendlich sind es Menschen, die Software erstellen, und auch Ihre Sicherheitslage hängt von Menschen ab. Wie das Sprichwort sagt: »Ein Dummkopf mit einem Werkzeug ist immer noch ein Dummkopf.« Wir müssen also nicht nur in die neuesten Sicherheitstools investieren, sondern auch in menschliches Sicherheitskapital und Prozesse.

Dieses Kapitel beschäftigt sich sowohl mit dem Prozess und den menschlichen Aspekten der Praktiken für die Softwareentwicklung; aber auch die technischen Aspekte kommen nicht zu kurz. Das Ziel ist, wie erwähnt, bei der Bereitstellung von sicheren Softwarelösungen so reibungslos zu sein wie möglich.

Einführung in den Microsoft Security Development Lifecycle

Der Microsoft Security Development Lifecycle (SDL) entstand Anfang der 2000er-Jahre und wurde im Laufe der Jahre angewandt und angepasst. Ein Sprichwort sagt: »Es gibt nichts Neues unter der Sonne«, und das trifft auf den SDL zu. Der SDL unterscheidet sich jedoch durch die Menge an unterstützender Dokumentation, Werkzeugen, Forschungsergebnissen und Vordenkern, die Microsoft öffentlich zugänglich gemacht hat.

Was also ist der SDL? Der SDL besteht aus einer Reihe von Praktiken zur Verbesserung der Softwaresicherheit. Er verfolgt zwei übergreifende Ziele:

- Verringerung der Anzahl von Sicherheitslücken in Ihrem Code
- Verringerung der Schwere der Schwachstellen, die Sie übersehen

Diese beiden Ziele führen zu einer gewissen Spannung in Ihrer Sicherheitsstrategie. Sie möchten die sicherste Software entwickeln, müssen aber gleichzeitig damit rechnen, dass Ihnen etwas entgeht und dass sich die Strategien der Angreifer mit der Zeit weiterentwickeln. Was heute sicher und korrekt ist, kann morgen angreifbar sein.

Um Ihr Wissen zu vervollständigen, empfehlen wir Ihnen, die vollständige Liste der SDL-Anforderungen zu lesen, die Sie hier finden: *https://www.microsoft.com/securityengineering/sdl/practices*.

Qualität ≠ Sicherheit

Wir hören oft, dass Leute sagen: »Wenn man die Qualität verbessert, dann verbessert sich auch die Sicherheit.« Diese Aussage klingt zwar plausibel, aber es gibt keine Beweise, die diese Aussage stützen. Keine. Softwarequalitätsprogramme finden nur selten Sicherheitsprobleme, denn Sicherheitsprobleme sind etwas anderes als Qualitätsprobleme. Außerdem wird Sicherheit, wie wir später in diesem Buch erörtern, oft als »zusätzliche« Funktionalität definiert.

Angenommen, Sie haben eine Anwendung, die lediglich die folgenden Datenbankoperationen durchführt:

- Hinzufügen eines neuen Benutzers (Erstellen/*Create* in CRUD)
- Lesen der Details eines Benutzers (Lesen/*Read* in CRUD)
- Bearbeitung der Benutzerdaten (Aktualisierung/*Update* in CRUD)
- Löschen eines Benutzers (Löschen/*Delete* in CRUD)
- Drucken der Benutzerdaten

Sie erstellen einige Tests, die erfolgreich oder (absichtlich!) fehlschlagen sollen, und überprüfen dann diese Erfolge und Fehlschläge. Wenn alle Tests, die den Erfolg überprüfen sollen, erfolgreich sind und alle Tests, die das Scheitern überprüfen sollen, pflichtgemäß scheitern, könnte man zu dem Schluss kommen, dass die Anwendung keine Fehler aufweist. Dies ist jedoch nicht der Fall. Wenn die Anwendung beispielsweise eine SQL-Injection-Schwachstelle aufweist, die es einem Tester (oder Angreifer) ermöglicht, alle Benutzer zu lesen oder eine Datenbanktabelle zu löschen, wird die Anwendung dennoch alle Erfolgstests bestehen und alle Fehlertests nicht bestehen. Die Moral von der Geschichte ist, dass Sie Ihren Softwareentwicklungsprozessen Sicherheit als eigenen Faktor hinzufügen *müssen*.

Sicherungsmerkmale vs. Sicherheitsmerkmale

Das Microsoft SDL konzentriert sich auf die Sicherung Ihrer Software, nicht nur auf das Hinzufügen weiterer Sicherheitsfunktionen. Sicherheitsfunktionen sind wichtig, aber Sie können nicht einfach jedes beliebige Sicherheitsprodukt in Ihre Lösung einbauen und sie als sicher bezeichnen. Die Funktionen, die Sie Ihren Lösungen hinzufügen, müssen ebenfalls sicher sein. Diese philosophische Perspektive stellt einen wichtigen Sinneswandel für viele dar, die glauben, sie könnten ein Produkt kaufen und es als erledigt betrachten – vor allem, wenn so viele Unternehmen ihre Produkte als Allheilmittel verkaufen.

Kurz, *Sie* müssen sich auf die Disziplin der Softwareentwicklungssicherheit konzentrieren. Sie können diese Verantwortung nicht auf ein Produkt abwälzen.

SDL-Komponenten

Die wichtigsten Aufgaben und Anforderungen von Microsoft SDL sind wie folgt:

- Sicherheitsschulung
- Definieren Ihrer Bug Bar
- Analyse der Angriffsfläche
- Modellierung von Bedrohungen
- Definieren Ihrer Toolchain
- Verbotene Funktionalität vermeiden

- Werkzeuge zur statischen Analyse verwenden
- Dynamische Analysetools verwenden
- Review des Sicherheitscodes
- Reaktionsplan bei Zwischenfällen zur Hand haben
- Penetrationstests durchführen

Schauen wir die einzelnen Punkte genauer an.

Agile SDL

Sie werden vielleicht denken, dass diese Liste mit Anforderungen vor allem für ein Wasserfallmodell gilt. Tatsächlich handelt es sich aber nur um eine Liste von Aufgaben, die erledigt werden müssen; sie gibt nicht an, wann Sie sie erledigen müssen. Es kann sein, dass Sie nur einen Sprint damit verbringen, an einigen Aufgaben zu arbeiten, und diese Arbeit wird dann für alle zukünftigen Sprints gelten. Wir werden erläutern, wie man jede dieser Aufgaben in einer agilen Umgebung am besten anwendet.

Sicherheitsschulung

Sicherheitsschulungen sind ein Muss. Aber mit Sicherheitsschulung meinen wir nicht die Schulung »Passwörter nicht wiederverwenden!«, sondern die Schulung »Sicherheit bei der Anwendungsentwicklung«.

Lange Zeit verlangte Microsoft von allen *technischen* Mitarbeitern, dass sie an allgemeinen Sicherheitsschulungen teilnehmen, und die Mitarbeiter können dies auch heute noch tun, wenn sie wollen. Heutzutage verwenden wir jedoch ein schlankeres Schulungsmodell, das eher bereichsspezifisch ist. So verlangen wir zum Beispiel von unseren technischen Mitarbeitern, dass sie sicherheitsrelevante Kurse besuchen, die sich auf ihre Rolle beziehen, anstatt eine allgemeine Schulung zu absolvieren.

Wenn ein Entwickler beispielsweise serverseitigen Node.js-JavaScript-Code für eine Webanwendung schreibt, muss er Cross-Site-Scripting-Probleme (XSS), die sichere Verwendung von Cookies und andere Web- und HTTP-bezogene Sicherheitsprobleme und Abwehrmaßnahmen verstehen. Wenn dieselbe Anwendung mit einer SQL-Datenbank kommuniziert, sind solide Kenntnisse über SQL Injection, Datenbankverbindungen mit geringsten Rechten und das sichere Speichern von Verbindungszeichenfolgen ebenfalls wichtig. Es ist jedoch sehr wahrscheinlich, dass dieser Entwickler die potenziellen Probleme der Speicherbeschädigung bei der Verwendung von `strcpy()` in C nicht verstehen muss. Er könnte also einfach lesen, ein Video ansehen oder eine Onlineschulung zu den für ihn wichtigen Themen absolvieren.

Es gibt mehrere Schulungsmodi, daher sollten Sie den Modus wählen, der für Sie als Entwickler, Architekt oder Tester am besten geeignet ist. Unterschätzen Sie jedoch nie den Wert eines kurzen Videos, das den Kern des Problems auf den Punkt bringt!

Aus agiler Sicht sollte es niemandem erlaubt werden, an einem Sprint mitzuarbeiten, solange er nicht über ein Grundniveau an Wissen über Sicherheit verfügt. Vergewissern Sie sich, dass alle Mitglieder des Entwicklungsteams über die Anforderungen des Unternehmens an die Erstellung sicherer Software informiert sind. Wenn es in Ihrem Unternehmen keine Liste der empfohlenen Ressourcen für den Entwurf und die Entwicklung sicherer Anwendungen gibt, sollten Sie eine erstellen. Sie könnten sogar in Erwägung ziehen, dieses Buch zur Pflichtlektüre für alle Ihre technischen Mitarbeiter zu machen.

Praktische Erfahrungen: »Pflichtlektüre«

Als Michael (Howard) zusammen mit David LeBlanc »Writing Secure Code« (die deutsche Ausgabe erschien unter dem Titel »Sichere Software programmieren«) schrieb, las Bill Gates das Buch und erklärte die zweite Auflage zur Pflichtlektüre bei Microsoft. Dadurch wurde der kollektive Sicherheits-IQ im gesamten Unternehmen schnell erhöht.

Definieren Ihrer Bug Bar, Ihres Klassifizierungsschemas

Nicht alle Sicherheitslücken sind gleich; die Festlegung einer Methode zur Berechnung des Schweregrads Ihrer Sicherheitslücken ist entscheidend. Es gibt viele Möglichkeiten, den Schweregrad zu berechnen, aber die gängige Methode ist das Common Vulnerability Scoring System (CVSS). Laut NIST ist das CVSS »ein offenes Framework für die Kommunikation der Merkmale und des Schweregrads von Softwareschwachstellen«. Das CVSS gibt das mit einer bestimmten Schwachstelle verbundene Risiko anhand einer numerischen Punktzahl an, die von 1 (niedrig) bis 10 (kritisch) reicht.

First.org stellt eine Liste von CVSS-Beispielen zur Verfügung, mit deren Hilfe Sie lernen können, wie man Schwachstellen bewertet. Sie finden sie hier: *https://azsec.tech/wt7*.

Kapitel 8, »Compliance und Risikomanagement«, behandelt CVSS ausführlich. Im Moment ist es wichtig, dass Sie definieren, was die CVSS-Risiko-Scores für Sie bedeuten. Nehmen wir zum Beispiel an, Sie sind dabei, einen Code in die Produktion zu überführen, aber Sie stellen fest, dass er eine Sicherheitslücke mit einem CVSS-Score von 7,3 enthält. Was sollten Sie tun? Hätte dieselbe Schwachstelle einen CVSS-Wert von 1,7, wäre es ein Bug mit geringem Risiko – kein Fehler, der Sie davon abhalten sollte, den Code in Produktion zu geben, sondern etwas, das Sie wahrscheinlich irgendwann einmal beheben sollten. Ein Wert von 7,3 stellt eher ein Dilemma dar. Sollten Sie den Code in die Produktion überführen und den Fehler danach schnell beheben? Oder sollten Sie die Bereitstellung um ein oder zwei Tage verschieben, um die Fehlerbehebung sofort vorzunehmen und sie vorher zu testen? Es ist eine schwierige Entscheidung, aber im Allgemeinen ist es am besten, nach dem Motto »Vorsicht ist die Mutter der Porzellankiste« zu handeln.

Obwohl CVSS weit verbreitet ist, gibt es einen gewissen Druck, in der agilen Entwicklung andere Methoden einzusetzen. Jedoch hat sich keine Methode herauskristallisiert, die CVSS verdrängen könnte. Es gibt eine ausgezeichnete Abhandlung zu diesem Thema: *https://azsec.tech/1zh*.

Zur Risikobewertung hat Microsoft in der Vergangenheit einen Bug Bar-Ansatz verwendet. Eine Bug Bar enthält eine Reihe von Bedingungen und das relative Schadenspotenzial der einzelnen Bedingungen. Viele dieser Bedingungen beziehen sich auf die Angriffsfläche (siehe nächster Abschnitt), denn je anfälliger eine potenzielle Sicherheitslücke ist, desto schwerwiegender könnte sie sein.

Ein Beispiel für eine Microsoft Bug Bar finden Sie hier: *https://learn.microsoft.com/previous-versions/windows/desktop/cc307404(v=msdn.10)?redirectedfrom=MSDN*.

Die Idee hinter einer Bug Bar ist, dass Sie nur die Bedingungen innerhalb der Umgebung bewerten, um zu einer allgemeinen »T-Shirt-Größe« zu gelangen. Microsoft verwendet die folgenden T-Shirt-Größen sowohl intern als auch für externe Patches:

- **Kritisch** Eine kritische Schwachstelle ist eine Schwachstelle, deren Ausnutzung die Ausführung von Code ohne Benutzerinteraktion ermöglichen könnte.
- **Wichtig** Eine wichtige Schwachstelle ist eine Schwachstelle, deren Ausnutzung zu einer Beeinträchtigung der Vertraulichkeit, Integrität oder Verfügbarkeit von Benutzerdaten oder der Integrität oder Verfügbarkeit von Verarbeitungsressourcen führen könnte.
- **Mäßig** Die Auswirkungen einer als mäßig eingestuften Schwachstelle können in erheblichem Maße gemildert werden, indem eine Authentifizierung verlangt wird, die die zugehörige Komponente nur auf nicht standardmäßige Konfigurationen anwendet.
- **Niedrig** Die Auswirkungen einer niedrig eingestuften Sicherheitsanfälligkeit werden durch die Eigenschaften der betroffenen Komponente umfassend gemildert. Microsoft empfiehlt seinen Kunden, zu prüfen, ob sie das Sicherheitsupdate auf die betroffenen Systeme anwenden sollen.

Abbildung 1-1 und Abbildung 1-2 zeigen die Hauptkomponenten einer Bug Bar. Beachten Sie, dass das in Abbildung 1-1 gezeigte Diagramm zu dem in Abbildung 1-2 gezeigten führt; wir haben dies getan, um das Schema besser lesbar zu machen.

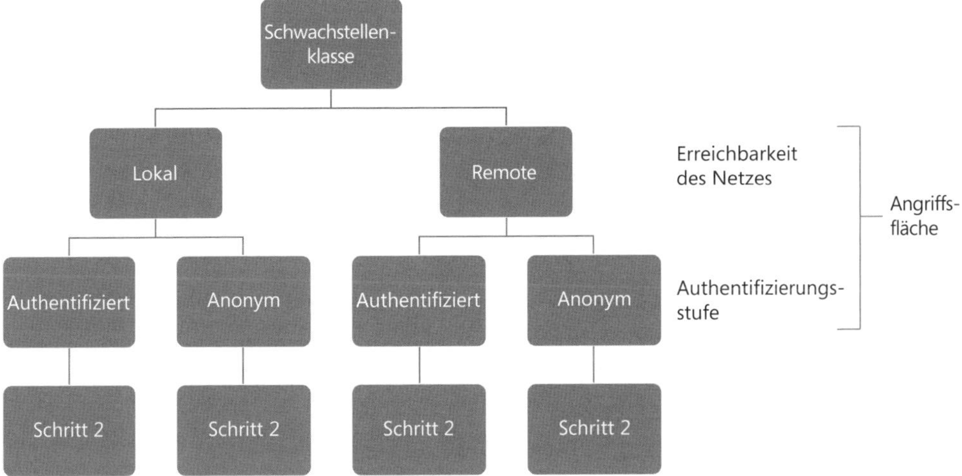

Abbildung 1-1 Der erste Schritt eines Beispiels für eine Bug Bar mit Schwerpunkt auf der Schwachstellenklasse und der Authentifizierungsstufe

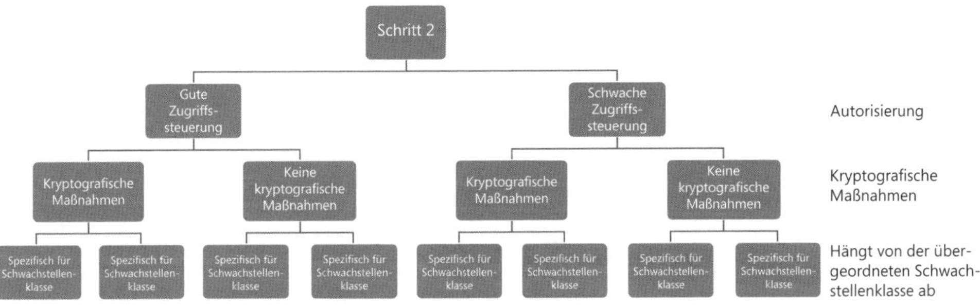

Abbildung 1-2 Der zweite Schritt eines Beispiels für eine Bug Bar, der sich auf Autorisierung und kryptografische Schutzmechanismen konzentriert und bei dem der Endknoten von der jeweiligen Schwachstellenklasse abhängt

Beim obersten Knoten, Schwachstellenklasse, handelt es sich um eine der STRIDE-Kategorien. Diese werden in Kapitel 4, »Bedrohungsmodellierung«, ausführlich erläutert. Kurz ausgedrückt, ist STRIDE ein Akronym für eine Reihe von Schlüsselzielen der Angreifer, die wie folgt lauten:

- **Spoofing (Identitätsverschleierung)** Nachahmung einer anderen Person, zum Beispiel eines Benutzers oder eines Computers
- **Tampering (Manipulation)** Ändern von Daten oder Code ohne entsprechende Berechtigung
- **Repudiation (Verleugnung)** Rückgängigmachung oder Verschleierung einer Transaktion
- **Information disclosure (Offenlegung von Daten, Datenpanne)** Einsichtnahme in Daten ohne ordnungsgemäße Genehmigung
- **Denial of Service (DoS, Dienstverweigerung)** Beeinträchtigung oder Verhinderung des Funktionierens eines Dienstes
- **Elevation of privilege (Erhöhung der Berechtigungen)** Erlangung von Privilegien, die man normalerweise nicht hätte

Angenommen, in einem Azure-Blob-Speicherkonto befinden sich vertrauliche Daten und Sie möchten das potenzielle Risiko berechnen, das entsteht, wenn ein Angreifer die Daten liest. Wenn Sie die in Abbildung 1-1 und Abbildung 1-2 gezeigten Bug Bar von oben nach unten durchgehen, ergibt sich das folgende (pathologisch schlechte) Szenario:

- **Schwachstellenklasse** Offenlegung von Informationen
- **Clientauthentifizierung** Keine (das heißt, der Blob ist auf anonymen Zugriff eingestellt)
- **Zugriffssteuerung/Berechtigung** Keine (das heißt, es gibt keine Shared Access Signature [SAS]-Token oder rollenbasierte Zugriffssteuerungsmechanismen [RBAC] für die Datenebene)
- **Datenverschlüsselung** Keine
- **Vertraulichkeit der Daten** Hoch

Der letzte Punkt, die Vertraulichkeit der Daten, ist spezifisch für die Schwachstellenklasse der Offenlegung von Informationen, da es bei dieser Art von Sicherheitslücke um die Vertraulichkeit der Daten geht.

Diese Reihe von katastrophalen Zuständen ist sicherlich ein Beispiel für ein kritisches Problem (also eine bestimmte T-Shirt-Größe). Tatsächlich muss man sich fragen, wie es überhaupt dazu kommen konnte. Wie auch immer, Sie müssen das Problem schnell beheben.

In einer agilen Umgebung brauchen Sie eine Möglichkeit, den Schweregrad von Sicherheitslücken zu berechnen, bevor Sie mit der Codeerstellung beginnen. Wenn Sie keine haben, müssen Sie schnell eine definieren – und dafür sorgen, dass jeder weiß, wie sie zu verwenden ist. Das bereits erwähnte Beispiel des Microsoft-Klassifizierungsschemas unter *https://learn.microsoft.com/previous-versions/windows/desktop/cc307404(v=msdn.10)?redirectedfrom=MSDN* deckt spezifische Probleme ab, die den Schweregrad einer bestimmten Schwachstelle beeinflussen könnten, und ist somit eine gute Ressource für die Entwicklung Ihres eigenen Ansatzes zur Berechnung des Schweregrads von Schwachstellen.

Betrachten wir nun ein anderes Szenario mit diesen Parametern:

- **Schwachstellenklasse** Offenlegung von Informationen
- **Clientauthentifizierung** Microsoft Entra ID-Authentifizierung

Während der Arbeiten an der deutschen Ausgabe dieses Buches veröffentlichte Microsoft eine Pressemitteilung, in der die Umbenennung von *Azure Active Directory* in *Microsoft Entra ID* angekündigt wurde. Wir haben daher den Text des Buches und so weit uns möglich auch die Links im Buch angepasst. Weitere Informationen über diese Namensänderung finden Sie hier: *https://learn.microsoft.com/azure/active-directory/fundamentals/new-name*.

- **Zugriffssteuerung/Berechtigung** RBAC auf der Datenebene, die den Zugriff auf eine kleine Gruppe von vertrauenswürdigen Benutzern beschränkt
- **Datenverschlüsselung** Clientseitige Verschlüsselung mit in Azure Key Vault verwalteten Schlüsseln und einer RBAC-Richtlinie, die den Zugriff auf die Schlüssel einschränkt
- **Vertraulichkeit der Daten** Hoch

Obwohl die Vertraulichkeit der Daten in diesem Szenario immer noch hoch ist, handelt es sich um ein Szenario mit geringem Risiko, das in der Tat ein gutes Design darstellt. Natürlich gibt es so etwas wie »kein Risiko« nicht. Es gibt immer ein Risiko. Aber in diesem Szenario ist das Risiko akzeptabel.

Analyse der Angriffsfläche

In Kapitel 9, »Secure Coding«, wird die Analyse der Angriffsfläche ausführlicher behandelt. Für den Moment genügt es zu wissen, dass es sich um eine Methode handelt, um festzustellen, wie anfällig Ihre Anwendung für Angreifer ist.

Ihr Ziel ist es natürlich, die Angriffsfläche so weit wie möglich zu minimieren. Die beiden Hauptachsen für die Bestimmung der Angriffsfläche sind wie folgt:

- Erreichbarkeit des Netzes
- Grad der Authentifizierung

Die Verringerung der Angriffsfläche stellt in der Cloud ein interessantes Problem dar, da Platform-as-a-Service-Angebote (PaaS) standardmäßig über das Internet zugänglich sind. Aus diesem Grund gibt es Technologien wie private Endpunkte, die dazu beitragen, die Netzwerkerreichbarkeit des Dienstes zu isolieren und zu reduzieren. Durch die Hinzufügung einer angemessenen Authentifizierung und Autorisierung wird auch die Anfälligkeit eines Dienstendpunkts für Angreifer verringert. Ein Endpunkt (beispielsweise ein REST-Endpunkt), der ohne Authentifizierung oder Autorisierung über das Internet zugänglich ist, bietet eine wesentlich größere Angriffsfläche als derselbe Endpunkt, der nur von einer Untergruppe von IP-Adressen aus zugänglich und bei dem für den Zugriff eine Authentifizierung erforderlich ist.

Unabhängig davon, ob Sie agile Entwicklungsmethoden verwenden oder nicht, sollten Sie sich immer fragen, wie groß die Angriffsfläche für alle Ihre Endpunkte ist. Sie müssen auch festlegen, wie die Netzwerk-, Authentifizierungs- und Autorisierungsrichtlinien aussehen sollen und wie sie durchgesetzt werden. Microsoft bietet ein Tool zur Analyse von Angriffsflächen namens Attack Surface Analyzer an, das Ihnen eine Vorstellung davon vermitteln kann, wie die Windows-Plattform Angriffsflächen misst, und das Sie hier kennenlernen können: *https://azsec.tech/p0r*. In einer Azure-Umgebung ist dies immer noch nützlich, wenn Sie Ihren Code in IaaS-Windows-VMs bereitstellen.

Sie sollten sich bemühen, Ihre Angriffsfläche so klein wie möglich zu halten – und sie dann noch weiter zu verringern!

Modellierung von Bedrohungen

Dieses Buch enthält ein ganzes Kapitel über die Modellierung von Bedrohungen (Kapitel 4), weshalb wir hier nicht im Detail darauf eingehen werden. Es genügt zu erwähnen, dass die Bedrohungsmodellierung eine äußerst wichtige Methode für sicheres Softwaredesign darstellt. Wenn Sie in einer agilen Umgebung eine Anwendung erstellen, müssen Sie ein Bedrohungsmodell entwickeln, sobald dies möglich ist, und es bei Bedarf anpassen, wenn Sie der Anwendung neue Funktionen hinzufügen. Auf diese Weise können Sie sicherstellen, dass die entsprechenden Abhilfemaßnahmen getroffen werden.

Definieren Ihrer Toolchain

Die Toolchain ist ein Satz von Werkzeugen, die für die Softwareentwicklung verwendet werden. Sie umfasst alles, vom Editor bis hin zu Ihren Compilern, Linkern, Bibliotheken und Bug-Tracking-Tools. Wenn Sie bei der Softwareentwicklung agile Methoden verwenden, müssen Sie Ihre Toolchain definieren und festlegen, welche Optionen Sie zur Unterstützung der Sicherheit einsetzen wollen. In diesem Abschnitt werden einige dieser Werkzeuge vorgestellt. Technisch gesehen umfasst die Toolchain auch statische und dynamische Analysewerkzeuge, auf die wir jedoch etwas weiter hinten in diesem Kapitel eingehen werden.

Für die Entscheidung, welche Toolchain-Versionen zu verwenden sind, benötigen Sie möglicherweise jemanden, der sich in diesem Bereich auskennt, da dies spezielle Kenntnisse erfordern kann.

In den meisten Fällen sind Editoren eine persönliche Vorliebe und haben nur sehr geringe Auswirkungen auf die Sicherheit. Einige Editoren bieten jedoch eine bessere Unterstützung für sicherheitsrelevante Plug-ins, wie zum Beispiel Linting-Tools. Ein Beispiel ist Microsofts DevSkim (*https://azsec.tech/4lt*), das mit Visual Studio und Visual Studio Code arbeitet. Apropos Visual Studio: Es verfügt auch über zahlreiche leichtgewichtige Tools, die auf der Rosyln-Compilerplattform (*https://learn.microsoft.com/dotnet/csharp/roslyn-sdk*) basieren und in den Editor integriert werden können. Beispiele sind die folgenden:

- Roslynator (*https://azsec.tech/ia0*)
- SonarAnalyzer (*https://azsec.tech/0ws*)
- GitHub Advanced Security (*https://github.com/advanced-security*)

Compiler und Linker werden häufig aktualisiert, um neue Sicherheitsmaßnahmen zu ergänzen. (Dies gilt insbesondere für C- und C++-Compiler.) So enthält beispielsweise .NET 6 und höher in der zugrunde liegenden Infrastruktur und den Bibliotheken neue Schutzmechanismen gegen Speicherkorruption namens W^X (kurz für Write XOR eXecute). Sie erhalten dieses Feature kostenlos, indem Sie einfach die neuere Version verwenden. (Weitere Informationen über einige der neueren Abwehrmechanismen von .NET 6 finden Sie unter *https://learn.microsoft.com/dotnet/core/whats-new/dotnet-6#security*.)

Wenn es möglich ist, eine Compiler-Version zu verwenden, die entweder standardmäßig oder durch Einsatz eines Compiler- oder Linker-Flags Sicherheitsvorkehrungen enthält, dann sollten Sie diese nutzen. Dies gilt auch für Frameworks und Bibliotheken. Sie sollten immer die Werkzeuge verwenden, die sichereren Code erzeugen. (Kapitel 9 befasst sich ausführlicher mit der Programmierung von sicherem Code.)

Die Nachverfolgung von Bugs ist ein weiterer wichtiger Teil der Toolchain. Alle Sicherheitsprobleme müssen als `Typ=Sicherheitsproblem` oder auf eine andere Weise gekennzeichnet werden, um anzuzeigen, dass das Problem als wichtig zu behandeln ist. Auf diese Weise können Sie auch die Entwicklung Ihrer Sicherheitslücken im Laufe der Zeit verfolgen. Idealerweise ist der Trend rückläufig!

Verbotene Funktionalität vermeiden

Bestimmte Funktionalitäten sind einfach schlecht – nicht nur unsicher, sondern schlichtweg schlecht – und sollten niemals verwendet werden. Beispiele hierfür sind schwache kryptografische Algorithmen, unsichere Methoden und unsichere Bibliotheken.

Beispiele für verbotene kryptografische Algorithmen mit bekannten praktischen Schwachstellen sind die folgenden:

- MD4, MD5, SHA-1
- RC4, DES, 3DES, Rijndael
- Electronic Code Book (ECB) Blockverschlüsselungen

Tabelle 1-1 enthält weitere Beispiele für verbotene Funktionalitäten.

Funktionskategorie	Verbotene Funktionalität
JavaScript-Funktionen und -Methoden	eval execScript setTimeout, wenn als erstes Argument eine Zeichenfolge verwendet wird (es ist okay, diese Methode mit einer direkten Funktionsreferenz zu verwenden) setInterval, wenn als erstes Argument eine Zeichenfolge verwendet wird (siehe setTimeout) setImmediate, wenn als erstes Argument eine Zeichenfolge verwendet wird (siehe setTimeout)
Java-Funktionen und -Methoden	java.lang.System.runFinalizersOnExit java.lang.Runtime.runFinalizersOnExit
C-Funktionen	strcpy, strcat strncpy, strncat gets sprint vsprintf memcpy Zu viele, um sie alle aufzuführen!

Tabelle 1-1 Beispiele für verbotene Funktionalität

Sie können verbotene Funktionalitäten in C abfangen, indem Sie die Headerdatei banned.h verwenden, die in Michaels GitHub-Repository zur Verfügung steht, das Sie hier finden: *https://github.com/x509cert/banned.*

Außerdem sollte jede Funktion, die schwache Pseudozufallszahlen erzeugt, verboten werden, wenn die Ausgabe für kryptografische Zwecke verwendet wird. Zum Beispiel:

- **C** `rand()`
- **Java** `java.lang.Math.random()`
- **C#** `System.Random()`
- **Python** `random.randint()` aus der Bibliothek für Zufallszahlen

Die Liste der verbotenen Funktionalitäten sollte auch Bibliotheken enthalten, die unsicheres Verhalten unterstützen. So waren beispielsweise alte Versionen von .NET anfällig für Denial-of-Service-Bomben mit XML-DTDs. Als Reaktion darauf fügte .NET ab Version 3.5 eine `ProhibitDtd`-Eigenschaft für verschiedene XML-Klassen hinzu, die, wenn sie auf `true` gesetzt ist, DTD-Bombenangriffe vollständig und elegant abwehrt.

DTD-Bomben

Eine XML-DTD-Bombe ist ein XML-Dokument, das eine selbstreferenzierende Dokumenttypdefinition (DTD) enthält. Hier ist ein Beispiel:

```
<?xml version="1.0"?>
<!DOCTYPE lolz [
<!ENTITY lol "lol">
<!ENTITY lol2 "&lol;&lol;&lol;&lol;&lol;&lol;&lol;&lol;&lol;&lol;">
<!ENTITY lol3 "&lol2;&lol2;&lol2;&lol2;&lol2;&lol2;&lol2;&lol2;&lol2;&lol2;">
<!ENTITY lol4 "&lol3;&lol3;&lol3;&lol3;&lol3;&lol3;&lol3;&lol3;&lol3;&lol3;">
<!ENTITY lol5 "&lol4;&lol4;&lol4;&lol4;&lol4;&lol4;&lol4;&lol4;&lol4;&lol4;">
<!ENTITY lol6 "&lol5;&lol5;&lol5;&lol5;&lol5;&lol5;&lol5;&lol5;&lol5;&lol5;">
<!ENTITY lol7 "&lol6;&lol6;&lol6;&lol6;&lol6;&lol6;&lol6;&lol6;&lol6;&lol6;">
<!ENTITY lol8 "&lol7;&lol7;&lol7;&lol7;&lol7;&lol7;&lol7;&lol7;&lol7;&lol7;">
<!ENTITY lol9 "&lol8;&lol8;&lol8;&lol8;&lol8;&lol8;&lol8;&lol8;&lol8;&lol8;">
]>
<lolz>&lol9;</lolz>
```

Wenn der XML-Parser `&lol9` liest, wird dies zu zehn Verweisen auf `&lol8` und jeder dieser Verweise zu zehn Verweisen auf `&lol7`. Sie können sehen, dass dies zu einer Datenexplosion führt, daher das Wort »Bombe« im Namen dieses Angriffs. Weitere Informationen finden Sie hier: *https://learn.microsoft.com/archive/msdn-magazine/2009/november/xml-denial-of-service-attacks-and-defenses.*

Für jeden Entwicklungsprozess, einschließlich Agile, ist es ein bewährtes Verfahren, eine Liste verbotener Funktionen und empfohlener Ersatzfunktionen zu führen und diese Liste zu aktualisieren, wenn neue Schwachstellen auftauchen. Hier sind einige Ressourcen, die Ihnen den Einstieg erleichtern:

- **Vulners** *https://vulners.com*
- **API Security** *https://apisecurity.io*

> **Praktische Erfahrungen: Verbot von Funktionen**
>
> Man kann nicht einfach etwas verbieten. Man benötigt auch einen brauchbaren Ersatz. Beispielsweise wollte Microsoft die C-Bibliotheksfunktion `memcpy()` eine Zeit lang verbieten, konnte dies aber nicht tun, bis die Funktion `memcpy_s()` allgemein verfügbar wurde.

Werkzeuge zur statischen Analyse verwenden

Tools für die statische Analyse – oder besser ausgedrückt Tools für statische Sicherheitstests von Anwendungen (Static Application Security Testing Tools, SAST) – sind ein Eckpfeiler agiler Methoden. Sie sollten diese Tools verwenden, und zwar frühzeitig und häufig. Diese Tools bieten Skalierbarkeit und ein Basisniveau an Korrektheit. Im Wesentlichen analysieren sie Ihren Quellcode und Ihre Datenflows, um Schwachstellen zu finden. Zumindest arbeiten die besseren Tools auf diese Weise! Einige sind nur glorifizierte Suchen nach Zeichenfolgen oder Grep-Tools.

Bei einigen Problemen ist das Greppen in Ordnung. Wenn Sie zum Beispiel in Quellcode nach MD4 suchen, stehen die Chancen gut, dass alles, was Sie finden, ein schwacher Hash-Algorithmus ist. Für so etwas müssen Sie keine Datenflussanalyse durchführen.

Eine Möglichkeit, statische Analysewerkzeuge zu verwenden, ist auf dem Desktop des Entwicklers, während er den Code kompiliert. Diese Tools sind in der Regel in die IDE oder Umgebung integriert und sollten häufig ausgeführt werden. Sie sind in der Regel relativ leichtgewichtig, und obwohl sie keine komplexe Datenflussanalyse durchführen, können sie oft schnell Probleme finden. Abbildung 1-3 zeigt ein Beispiel für C++-Code und die Ergebnisse der Ausführung der in Visual Studio integrierten Analysetools. In der Ausgabe ist zu erkennen, dass das Tool fünf Probleme gefunden und für drei davon Erklärungen geliefert hat.

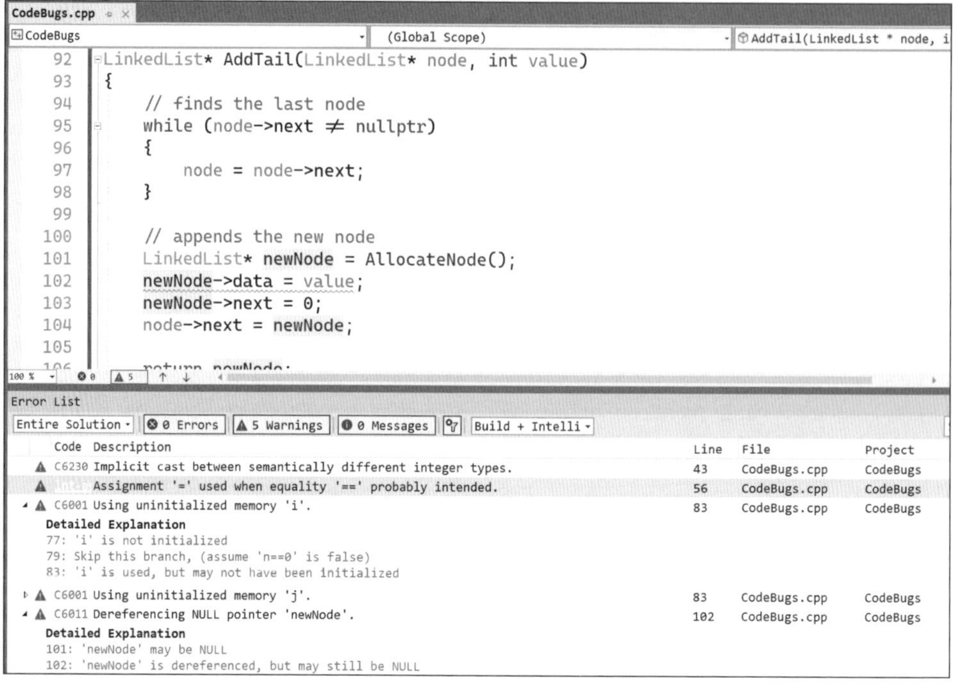

Abbildung 1-3 Ausgabe der statischen Analyse eines C++-Programms mit dem Compilerschalter /analyze in Visual Studio

Praktische Erfahrungen: Statische Analyse auf dem Planeten Erde

John Carmack, Mitbegründer von id Software und Hauptentwickler von *Doom*, *Quake* und *Wolfenstein*, macht in diesem Video einige sachdienliche Aussagen über den Wert von statischen Analysetools: *https://azsec.tech/a64*.

Der Fluch aller Softwareentwickler sind statische Analysewerkzeuge, die zahlreiche falsch-positive Ergebnisse erzeugen (das heißt, Elemente, die vom Werkzeug als Fehler markiert werden, aber keine echten Fehler sind) und die Probleme von geringer Schwere markieren. Wenn Sie diese Tools verwenden, müssen Sie die von ihnen entdeckten Probleme verfolgen und feststellen, welche Probleme echt sind und welche nicht. Wenn das Tool mehr nicht-reale Schwachstellen anzeigt, als vernünftig ist, sollten Sie die Liste der angezeigten Probleme einschränken oder mit dem Tool-Anbieter sprechen.

Um festzustellen, welche Fehler Ihr statisches Analysewerkzeug erkennen soll und welche nicht, stellen Sie sich diese drei Fragen:

- **Ist diese Fehlerklasse für mich von Bedeutung?** Einige Tools warnen Sie zum Beispiel, wenn Sie einen Variablennamen falsch schreiben. Wollen Sie, dass es das tut? Wollen Sie wirklich Hunderte von Warnungen in Bezug auf Camel Case vs. Pascal Case erhalten? Wahrscheinlich nicht!

- **Wie schwerwiegend ist der Fehler?** Sie möchten Warnungen über einen Fehler erhalten, der zu einem katastrophalen Fehler und damit zu Datenverlust führen könnte, aber ein Fehler, der einen abgeschnittenen Fehlertext in einem Dialogfeld verursacht, ist Ihnen vielleicht nicht so wichtig.
- **Wie sicher bin ich, dass es ein echter Bug ist?** Dies ist die wichtigste Frage. Um diese Frage zu beantworten, sollten Sie den Entwickler des Tools fragen, wie er feststellt, ob ein Fehler tatsächlich vorliegt. Die Analyse des Datenflusses zwischen den Funktionen deckt Probleme in der Regel mit größerer Sicherheit auf als eine einfache String-Suche.

Anhand dieser Antworten können Sie entscheiden, welche Warnungen Sie beherzigen sollten. Nehmen wir zum Beispiel an, dass Ihr Tool 170 verschiedene Probleme entdeckt; 65 davon sind nicht korrekt oder ein hohes Risiko, 70 sind ein geringes Risiko und 10 sind wenig vertrauenswürdig. Das bedeutet, dass Sie eigentlich nur 25 Warnungen berücksichtigen müssen. Im Laufe der Zeit können Sie weitere Warnungen hinzufügen; es ist am besten, klein anzufangen und die Entwickler nicht zu verärgern!

Sie können leichtgewichtige Analysewerkzeuge auf den Desktops der Entwickler als Teil des Build-Prozesses ausführen, aber ein zentrales Analyseteam könnte umfangreiche Werkzeuge verwenden. Dieses Team könnte dann die Ergebnisse sichten und einzelne Fehler mit den Entwicklern besprechen.

Praktische Erfahrungen: Effektiver Einsatz von Werkzeugen zur statischen Analyse

Geben Sie Ihren Entwicklern keine riesige Liste von nicht gesichteten, potenziell wenig schwer wiegenden Problemen, die bei der statischen Analyse gefunden wurden. Dies würde dazu führen, dass die Entwickler die Tools verachten und Sie zum »Staatsfeind Nr. 1« werden. Beginnen Sie stattdessen mit einer kleinen Anzahl von Warnungen mit hohem Schweregrad und hoher Zuverlässigkeit. Fügen Sie dann im Laufe der Zeit zu Ihrer Analyse und Ihren Berichten neue Warnungen hinzu. Es kann jedoch nicht schaden, die Tools mit allen aktivierten Warnungen laufen zu lassen und die Ergebnisse von den Sicherheitsexperten der Anwendungsentwicklung überprüfen zu lassen, die dann die schwerwiegenden Probleme für den Development-Backlog auswählen.

OWASP pflegt eine gute Liste kommerzieller und quelloffener statischer Analysetools unter *https://azsec.tech/cf9*. NIST pflegt eine ähnliche Liste (*https://azsec.tech/9o0*), und GitHub Advanced Security bietet Unterstützung für Sicherheitstools (*https://azsec.tech/avb*).

Dynamische Analysetools verwenden

In agilen Umgebungen sind dynamische Analysewerkzeuge genauso wichtig wie statische Analysewerkzeuge, und beide müssen frühzeitig und häufig – wenn nicht sogar kontinuierlich – eingesetzt werden, damit Sie Probleme schnell finden und beheben können. Schließlich ist es besser, pro Tag einen Bug zu finden und ihn zu beheben, als einen Monat zu warten, 45 Bugs zu finden und festzustellen, dass man sie wahrscheinlich nicht alle beheben kann! *Fuzz-Testing*, das in Kapitel 9 näher beschrieben wird, ist eine Form des dynamischen Testens, bei dem Sie Tests gegen ein laufendes System ausführen.

Eine genauere englische Bezeichnung für dynamische Analysetools ist *Dynamic Application Security Testing (DAST)*.

Während statische Analysewerkzeuge den Quellcode analysieren, analysieren dynamische Analysewerkzeuge die laufenden Systeme. Und während statische Analysetools versuchen, logische Probleme zu verstehen und zu finden, versuchen dynamische Tools, Verhaltensfehler zu entdecken. Dennoch gibt es potenzielle Überschneidungen zwischen statischen und dynamischen Analysetools. Beispielsweise können beide Sicherheitslücken durch SQL Injection aufdecken. Sie tun dies jedoch mit unterschiedlichen Analysetechniken. OWASP pflegt hier eine Liste dynamischer Analysetools: *https://azsec.tech/nh1*.

Viele der Werkzeuge, in deren Namen das Wort *Scanner* vorkommt, sind dynamische Tools.

Interessanterweise weisen dynamische Tools nur wenige falsch-positive Ergebnisse auf. Denn wenn ein System während des Tests einen Fehler aufweist, handelt es sich um einen echten Fehler – die Art von Fehler, die ein Angreifer möglicherweise ausnutzen kann. Statische Analysetools übersehen viele dieser Fehler, weil sie nur den Code betrachten, ohne zu wissen, wie der Code eingesetzt wird.

Es gibt eine Kategorie von dynamischen Analysewerkzeugen, die zum Aufspüren von Konfigurationsschwachstellen verwendet werden, die vom SDL nicht erforderlich sind, da diese Werkzeuge Patches und die allgemeine Sicherheitslage untersuchen. Zu dieser Kategorie gehören Tools aus der Microsoft Defender-Suite. Diese Tools sind wichtig, liegen aber außerhalb des Bereichs von Softwarearchitekten und -entwicklern.

Praktische Erfahrungen: Analysetools dienen dem »Just-in-time-Lernen«

Das mag sich komisch anhören, aber wir wollen auf den Punkt eingehen, den wir gerade über die häufige Anwendung dieser Werkzeuge gemacht haben. Wenn Sie Code schreiben und dann ein Analysetool ausführen und einen Fehler finden, steigt Ihr »Bug-IQ«! Sie wissen jetzt, dass Sie das Konstrukt, das zu dem Fehler geführt hat, nicht mehr verwenden sollten, und wahrscheinlich werden Sie denselben Fehler in Zukunft nicht mehr machen.

Praktische Erfahrungen: Auswahl von statischen und dynamischen Analysewerkzeugen

Bitte beachten Sie, dass wir keine Liste gängiger statischer und dynamischer Analysetools bereitgestellt haben. Dies haben wir mit Absicht gemacht, denn:

- Es gibt viele dieser Werkzeuge.
- Es gibt nicht das eine Werkzeug, das für alle passt.

Daher haben wir keine Liste erstellt, sondern einige Richtlinien, die Ihnen bei der Auswahl geeigneter Werkzeuge helfen sollen. Beginnen wir mit Werkzeugen für die statische Analyse. Stellen Sie sich diese Fragen:

- Funktioniert das Tool mit meinen Programmiersprachen?
- Bietet es eine gute Liste von Schwachstellenarten?
- Weist das Tool nur wenige falsch-positive Ergebnisse auf?
- Funktioniert das Tool auf meinen Entwicklungsplattformen?

Bei dynamischen Analysewerkzeugen fragen Sie sich einfach, ob das Werkzeug Ihre Einsatzumgebung unterstützt. Und bei allen Tools sollten Sie prüfen, ob das Tool Details zur Codeabdeckung und umsetzbare Berichte liefert, wenn es Probleme entdeckt.

Code-Review unter Sicherheitsaspekten

Tools sind großartig, weil sie eine Skalierung ermöglichen und ein Mindestmaß an Sicherheit gewährleisten. Allerdings müssen Sie die Tools durch einen menschliche Code-Review ergänzen. Es gibt keinen Ersatz für einen sachkundigen Menschen, der einen Sicherheits-Code-Review durchführt, auch wenn der Prozess langsam ist.

Die allgemeine Vorgehensweise sieht wie folgt aus. Identifizieren Sie zunächst alle Eintrittspunkte, wie REST-API-Endpunkte und Websockets. Folgen Sie den Daten auf ihrem Weg durch den Code. Dies wird als *Flussanalyse* bezeichnet. Es gibt zwei Arten: Kontrollflussanalyse und Datenflussanalyse.

Sie sollten in der Lage sein, im Bedrohungsmodell die Endpunkte sehen zu können. Wenn diese nicht im Bedrohungsmodell enthalten sind, sollte das Bedrohungsmodell aktualisiert werden. Achten Sie auch auf die Endpunkte am oberen Ende der Vertrauensgrenze, da diese wahrscheinlich das größte Risiko darstellen.

Kontrollfluss analysieren

Zunächst führen wir eine manuelle Kontrollflussanalyse durch. Dies ist der Mechanismus, der verwendet wird, um durch logische Bedingungen im Code zu gehen. Der Prozess funktioniert wie folgt:

1. Beginnen Sie an einem Eintrittspunkt, untersuchen Sie den Code und identifizieren Sie jede bedingte Verzweigung. Dabei kann es sich um Schleifen, if-Anweisungen oder Blöcke zur Behandlung von Ausnahmen handeln.
2. Ermitteln Sie die Bedingungen, unter denen die einzelnen Blöcke ausgeführt werden, und stellen Sie sich die folgenden Fragen:
   - Sind sie korrekt?
   - Sind alle Bedingungen abgedeckt?
   - Werden in dieser Verzweigung Sicherheitsentscheidungen getroffen?
   - Sind die Bedingungen, unter denen die einzelnen Blöcke ausgeführt werden, korrekt?
   - Ist eine Sicherheitsentscheidung sicher gescheitert (fail-closed)?
3. Gehen Sie zum nächsten Eintrittspunkt und wiederholen Sie den Vorgang.

Datenfluss analysieren

Die Fragen im vorherigen Abschnitt werden Ihnen helfen, viele Fehler und Schwachstellen zu finden. Jetzt sind Sie bereit, eine Technik namens *Datenflussanalyse* anzuwenden, um Fehler zu finden, die mit einem schlechten Handling der Eingabedaten zusammenhängen. Die Datenflussanalyse ist der Mechanismus, der verwendet wird, um Daten von Eingabepunkten zu Ausgabepunkten zu verfolgen. Hier geht es nicht um den Kontrollfluss, sondern darum, wie eingehende Daten vom Code verarbeitet werden. Das Verfahren funktioniert wie folgt:

1. Bestimmen Sie für jeden Eintrittspunkt, wie sehr Sie der Eingangsquelle vertrauen. Im Zweifelsfall sollten Sie ihr kein Vertrauen schenken. Beziehen Sie sich bei Bedarf auf das Bedrohungsmodell.
2. Verfolgen Sie den Datenfluss zu jeder möglichen Ausgabe und beachten Sie dabei alle Versuche, die Daten zu validieren.
3. Gehen Sie zum nächsten Eintrittspunkt und wiederholen Sie den Vorgang.

Wenn Sie fertig sind, sollten Sie eine Liste aller Funktionen haben, die von den einzelnen Eingabedaten berührt werden, sowie die möglichen Ausgabestellen, an denen die Daten landen. Achten Sie besonders auf Bereiche, in denen Daten geparst werden und an mehreren Ausgabestellen landen könnten. Achten Sie auch auf zwischengeschaltete Ausgabestellen. So kann die Eingabe beispielsweise in einer Datenbank landen und später in den Inhalt einer Webseite einfließen.

In einer agilen Umgebung ist der Code-Review unter Sicherheitsaspekten wichtig. Da bei agilen Modellen in der Regel schnell kleine Mengen an Code produziert werden, ist es zum Glück einfacher, den Code-Diff zu überprüfen als eine ganze Quellcodedatei. Dennoch sollte irgendwann die gesamte Codebasis manuell überprüft werden.

Reaktionsplan bei Zwischenfällen haben

In den meisten Unternehmen wird die Reaktion auf einen Sicherheitsvorfall in einem Projekt normalerweise von einem zentralen Team und nicht vom Entwicklungsteam des Projekts übernommen. Dennoch muss es im Entwicklungsteam jemanden geben, der bei einem Problem zur Stelle ist – mit anderen Worten, jemanden, der den Anruf nachts um 3 Uhr entgegennimmt. Ihr zentrales Reaktionsteam benötigt eine Liste mit allen Ansprechpartnern für jede Ihrer Anwendungen, die bei einer Kompromittierung erreichbar sind. Falls Ihr Unternehmen über einen Notfallplan verfügt, muss jemand in Ihrem Team den Prozess verstehen. Wenn kein Plan vorhanden ist, müssen Sie einen erstellen. Diese Seite kann Ihnen zeigen, wie das geht: *https://azsec.tech/dva*.

Penetrationstests durchführen

Ein Penetrationstest (kurz *Pentest*) ist ein Test, der von einer qualifizierten Person durchgeführt wird, um Schwachstellen in Ihrer Anwendung zu finden und zu versuchen, sie zu knacken. Viele Compliance-Programme verlangen Penetrationstests.

Was die Penetrationstests betrifft, sollten Sie zwei Dinge beachten:

- **Ein Penetrationstest ist nur so gut wie der Pentester** Eine hochqualifizierte Person ist oft besser als vier mittelmäßige Personen mit wenig Erfahrung. Wenn Sie also eine Pentest-Organisation beauftragen, überzeugen Sie sich, dass die Mitarbeiter, die die Arbeit durchführen, qualifiziert sind.
- **Pentests sind nicht das, wofür man sie hält** Es mag wie Ketzerei klingen, aber zu viele Unternehmen gehen davon aus, dass der Zweck eines Pentests darin besteht, Sicherheitslücken zu finden, damit sie diese beheben können. Dies ist ein teurer Fehler. Tatsächlich ist ein erfolgreicher Pentest einer, bei dem nichts gefunden wird, weil Sie im Vorfeld die richtigen Sicherheitsmaßnahmen getroffen haben. Außerdem ist es töricht, darauf zu warten, dass ein Pentest ein Problem aufdeckt, denn wenn ein Problem gefunden wird, wie groß sind die Chancen, dass Sie es schnell genug beheben können?

Ihre Aufgabe ist es, Lösungen zu bauen, die den Pentestern das Leben schwer machen! Wenn Sie Ihre Lösungen sicher bauen und ein guter Pentester nichts Ernsthaftes findet, dann hat jeder seine Aufgabe erfüllt. Natürlich werden die Pentester etwas finden, egal wie unbedeutend es ist, denn sie müssen etwas finden! Aber so gut ein Pentester auch sein mag, er wird nicht alles finden.

Bei agilen Methoden wird in der Regel nicht angegeben, wann ein Penetrationstest abgeschlossen sein sollte, da er in der Regel nicht in den Entwicklungsprozess eingebunden ist. Zu einem bestimmten Zeitpunkt sollte jedoch ein Build den Pentestteilnehmern zugänglich gemacht werden, und sie sollten die ihnen zugewiesene Zeit aufwenden, um Probleme zu finden und zu melden, was sie entdeckt haben.

Die Payment Card Industry (PCI) bietet eine Anleitung zum Pentesting unter *https://azsec.tech/0q2*.

Praktische Erfahrungen: Technische Sicherheitsschulden

Wir haben festgestellt, dass Menschen, die Praktiken zur Verbesserung der Sicherheit einführen, in der Regel als Erstes feststellen, dass ihr Code und ihr Design eine Menge Sicherheitsprobleme aufweisen. Die Probleme waren schon immer da, aber jetzt haben sie einige gefunden (aber nicht alle!). Dies ist ein gutes Beispiel für technische Sicherheitsschulden.

Sie müssen technische Sicherheitsschulden so schnell wie möglich abbauen, ohne den Code zu zerstören. Seien Sie besonders vorsichtig, wenn Sie aufgrund von Problemen, die Sie in einem Bedrohungsmodell gefunden haben, Änderungen am Entwurf vornehmen; es besteht immer die Gefahr von Regressionen. Auch große Codeänderungen können zu Regressionen führen. Sobald Sie Ihre technischen Schulden unter Kontrolle haben, können Sie sich darauf konzentrieren, Prozesse und Tools einzurichten, die das Auftreten neuer Schwachstellen in Ihrem System verhindern.

Wenn das Management einen Anstieg bei Sicherheitsfehlern feststellt, wird die Frage aufkommen, ob diese neue Sicherheitsinitiative rentabel ist! Denken Sie daran, dass die Fehler schon immer da waren. Es waren lediglich neue sicherheitsrelevante Schulungen, Prozesse und Werkzeuge nötig, um sie zu finden.

SDL-Aufgaben nach Sprint

Sie werden nicht alle SDL-Aufgaben in jedem Sprint erledigen, aber Sie müssen sie irgendwann erledigen. Hier finden Sie einen Überblick darüber, was Sie wann tun müssen:

- **Sicherheitsschulung** Alle Entwickler müssen die Sicherheitsaspekte in Bezug auf den Code verstehen, an dem sie in jedem Sprint arbeiten werden. Arbeiten Sie an Datenbankcode? Sorgen Sie dafür, dass sie SQL Injection und Injection im Allgemeinen verstehen. Arbeiten sie an kryptografischem Code? Sorgen Sie dafür, dass sie die kryptografischen Anforderungen verstehen, wo die Schlüssel gespeichert werden usw.
- **Bug Bar definieren** Dies sollte vor Beginn des Projekts geschehen – vielleicht als Teil des Sprints Zero. Sprint Zero ist ein Schritt vor dem ersten Sprint, in dem die Entwickler Aufgaben wie das Einrichten der Entwicklungsumgebung, Tools zur Aufgabenverfolgung und Bedrohungsmodellierung durchführen.
- **Angriffsfläche analysieren** Diese kann fortlaufend erfolgen, wenn Werkzeuge verwendet werden. Was die Angriffsfläche ausmacht, sollte im Vorfeld geklärt werden.

- **Bedrohungen modellieren** Ein grundlegendes Bedrohungsmodell sollte vor der Arbeit am Code erstellt werden, etwa im Sprint Zero. Wenn wesentliche Änderungen am Entwurf vorgenommen werden, sollten die Aktualisierungen in jedem Sprint in das Bedrohungsmodell eingearbeitet werden. Der Arbeitsaufwand für die Aktualisierung eines Bedrohungsmodells mit relativ kleinen Änderungen in einem Sprint ist gering.
- **Toolchain definieren** Dies sollte vor Beginn der Arbeit geschehen. Sobald die Toolchain steht, sollte das Tooling bei den einzelnen Sprints konsistent sein.
- **Verbotene Funktionalität vermeiden** Dies sollte vor Beginn definiert werden, möglicherweise als Teil des Sprints Zero. Diese Aufgabe sollte in jedem Sprint durchgesetzt werden.
- **Werkzeuge für die statische Analyse verwenden** Diese Werkzeuge werden in jedem Sprint verwendet – möglicherweise täglich an den Arbeitsplätzen der Entwickler und alle paar Tage, wenn es einen zentralen Satz von Werkzeugen gibt. Die von den Entwicklern und in den CI/CD-Pipelines (Continuous Integration/Continuous Delivery) genutzten Tools sollten ein Mindestmaß an Qualitätskontrolle gewährleisten. Diese Tools sollten so konfiguriert werden, dass sie nur Probleme mit hohem Schweregrad und hoher Zuverlässigkeit erkennen.

Praktische Erfahrungen: Qualitätsprüfpunkte/Quality Gates

Windows Vista war die erste Windows-Version mit einem Code-Check-in-Quality-Gate. Diese Quality-Gate-Tools konzentrierten sich auf hochspezifische Prüfungen, wie zum Beispiel bestimmte Arten von Speicherfehlern, verbotene Funktionen, profane Sprache, IPv4-Code-Abhängigkeiten (das heißt, eine IP-Adresse besteht nicht nur aus vier Oktetten) und andere.

- **Dynamische Analysewerkzeuge verwenden** Diese werden in jedem Sprint eingesetzt, solange es etwas Funktionales zu testen gibt, was immer der Fall sein sollte.
- **Code-Review unter Sicherheitsaspekten** Dies sollte bei jedem Pull-Request durch mindestens eine weitere Person erfolgen, die nicht der Autor des Codes ist.
- **Einen Plan für die Reaktion auf Zwischenfälle haben** Wahrscheinlich wird ein zentrales Team diese Aufgabe übernehmen, sodass sie für das Entwicklungsteam nicht wirklich von Belang ist.
- **Penetrationstests durchführen** Dies hängt von Ihren Anforderungen ab. PCI DSS 3.2.1 verlangt zum Beispiel mindestens jährliche Penetrationstests.

Das menschliche Element

Das Hauptproblem der Softwarebranche ist das Einstellen und das Binden von guten Ingenieuren in allen Entwicklungsdisziplinen, die etwas von Sicherheit verstehen. Der beste Weg, hier Abhilfe zu schaffen, ist der interne Aufbau von Fachwissen. Es wird immer jemanden geben, der eine Leidenschaft für Sicherheit hat, in dessen Titel oder Jobbezeichnung das Wort »Sicherheit« nicht vorkommt. Arbeiten Sie mit dieser Person (oder diesen Personen) zusammen, um sie dabei zu unterstützen, mehr über Sicherheit zu lernen und im gesamten Unternehmen etwas zu bewirken. Unterschätzen Sie niemals den Wert eines Fachexperten, der sich mit der Sicherheit in Ihrer Umgebung beschäftigt. Die Welt braucht mehr gut ausgebildete Sicherheitsexperten!

Wir bezeichnen diese Personen oft als *Sicherheitschampions,* Sicherheitsbeauftragte. Eine wichtige Aufgabe der Sicherheitschampions ist es, über neue Sicherheitsprobleme in der Branche auf dem Laufenden zu bleiben, daraus zu lernen und bei Bedarf Prozesse und Werkzeuge zu ändern, um ähnliche Probleme in Ihrem Code zu finden, zu beheben oder zu verhindern. Sicherheitschampions sind auch Ansprechpartner, wenn ein Architekt oder Entwickler sicherheitsrelevante Fragen hat. SAFECode hat ein ausgezeichnetes Dokument über Sicherheitschampions, das Sie hier finden: *https://azsec.tech/mib*.

Vielleicht sind Sie der neue Sicherheitschampion! Schließlich halten Sie dieses Buch in Ihren Händen!

Zusammenfassung

Bei der Sicherheit geht es nicht nur um Tools und Features. Es geht auch darum, Lösungen zu entwerfen, zu entwickeln und zu testen, um sie sicherer zu machen.

Sie müssen mehrere Techniken anwenden, um Ihre Sicherheitslage zu verbessern. Sie müssen dies jedoch auf eine relativ reibungslose Art und Weise tun, damit Sie die Werkzeuge so oft wie möglich nutzen, aber auch den kollektiven Sicherheits-IQ Ihrer Organisation erhöhen.

Wenn Sie die in diesem Kapitel beschriebenen Techniken anwenden, wird sich die Sicherheit Ihres Produkts nachweislich verbessern. Wenn Sie anfangen, werden Sie viele Sicherheitsprobleme finden, von denen Sie meist nicht wussten, dass Sie sie haben. Dies wird als technische Sicherheitsschulden bezeichnet, und Sie müssen sie so schnell wie möglich beseitigen.

Mit der Zeit werden Sie immer weniger Sicherheitsprobleme haben. Dennoch ist Sicherheit ein kontinuierlicher Prozess. Lernen Sie also aus neuen Untersuchungen und Schwachstellen und passen Sie sich entsprechend an. Die Änderung Ihrer Entwicklungsprozesse, um mehr Sicherheitsdisziplin zu gewährleisten, ist von größter Bedeutung, aber Sie müssen auch liefern, also seien Sie pragmatisch.

KAPITEL 2

Sicherer Entwurf

Am Ende dieses Kapitels

- können Sie bei der Entwicklung von Cloudlösungen Sicherheitsaspekte in die DevOps-Prozesse Ihres Unternehmens integrieren.
- sind Sie in der Lage, grundlegende Aspekte des Zero Trust-Konzepts in einem Entwicklungskontext anzuwenden.
- können Sie Verbesserungsmöglichkeiten bei der sicheren Gestaltung von Lösungen in der Cloud ermitteln.
- können Sie bei der Entwicklung von Azure-Lösungen grundlegende Sicherheitsdesignprinzipien anwenden.

Die Cloud, DevOps und Sicherheit

Die Cloud hat die Art und Weise, wie wir Lösungen entwickeln, revolutioniert. Unternehmen nutzen die Cloud wegen ihrer Flexibilität und ihrer Agilität. Dies hat Entwicklungsteams dazu gezwungen, die Art und Weise, wie sie Lösungen implementieren, weiterzuentwickeln, um die Versprechen der Cloud zu erfüllen. Aus diesem Grund ist es fast eine Notwendigkeit, bei der Entwicklung von Lösungen für die Cloud DevOps und agile Ansätze einzusetzen.

Agile ist mehr eine Philosophie als eine einzelne Methode zur Softwareentwicklung. Es handelt sich um eine Reihe von Grundsätzen und Techniken zur Verbesserung des Softwareentwicklungsprozesses, indem die Fähigkeit zur Anpassung an Veränderungen und schnelleren Bereitstellung von Werten verbessert wird. Beispiele für agile Frameworks sind Scrum und Extreme Programming. Die wichtigsten Merkmale der agilen Entwicklung werden hier erörtert: *https://agilemanifesto.org*.

Bei DevOps handelt es sich um eine Reihe von Praktiken, die darauf abzielen, den Lebenszyklus der Software- und Systementwicklung zu beschleunigen, indem die Entwicklung mit den IT-Aktivitäten verbunden wird. Es beinhaltet und unterstützt Prinzipien wie kontinuierliche Integration (continuous integration, CI) und kontinuierliche Bereitstellung (continuous delivery, CD), um die Zeit zu verkürzen, die für die Bereitstellung von Updates für Produktionssysteme erforderlich ist. In seiner reinsten Form ermöglicht DevOps, dass täglich Code in die Produktion übergeht, möglicherweise sogar mehrmals täglich.

Ein Hauptprinzip von DevOps besteht darin, alltägliche Aufgaben wie Erstellung, Test und Bereitstellung durch Automatisierung zu beschleunigen, um sie vorhersehbarer und wiederholbar zu machen. Ein Grundsatz von iterativen und agilen Prozessen wie Scrum ist es, mit jeder

Iteration einen Mehrwert zu schaffen. Wenn diese Methoden richtig angewendet werden, führen sie zur frühen Erstellung begrenzter, aber funktionierender Produkte mit schnellen inkrementellen Verbesserungen.

Üblicherweise werden spezialisierte Sicherheitstools eingesetzt, um den Code automatisch zu analysieren. Eine Beschreibung einiger gängiger Kategorien finden Sie in Kapitel 1, »Prozesse für sichere Entwicklungszyklen«. Diese Tools bewerten den für eine Lösung entwickelten Code und suchen nach allgemeinen Sicherheitsproblemen oder bekannten Schwachstellen. Manchmal können Sie diese automatisierten Tests durch manuelle Tests ergänzen, zum Beispiel durch Sicherheits-Code-Reviews oder Penetrationstests. Diese Ansätze sind komplementär, da sie sich auf unterschiedliche Kategorien von Problemen konzentrieren. Es ist nicht ungewöhnlich, dass einer dieser Ansätze Probleme aufdeckt, die die anderen übersehen haben.

Diese Werkzeuge decken im Allgemeinen keine Sicherheitsprobleme ab, die mit dem Entwurf der Lösung zusammenhängen. Penetrationstests können manche davon aufdecken, aber sie werden nur gelegentlich durchgeführt, oft erst später im Projekt, und die Abdeckung ist nie vollständig. Daher müssen Sie sich um die Sicherheit des Designs kümmern. Dieses Kapitel trägt einige der wichtigsten Konzepte zu diesem Thema zusammen.

Bei all diesen Werkzeugen zur Gewährleistung der Sicherheit Ihrer Lösung ist es nur normal, sich zu fragen, ob man sie alle braucht. Wie Sie sich vielleicht denken können, gilt die übliche Antwort: Es kommt darauf an. Die allgemeine Empfehlung lautet, sie alle einzubeziehen. Wenn Ihre Lösung nur eingeschränkt datenschutzrelevant und nicht angreifbar ist, können Sie sie als geringes Risiko für die Organisation und ihre Benutzer einstufen. Dies könnte Ihnen erlauben, auf einige dieser Praktiken zu verzichten. Unserer Erfahrung nach ist sicheres Design eine der wichtigsten und effektivsten Praktiken, und Sie sollten sie daher nicht außer Acht lassen.

IaaS vs. PaaS vs. SaaS und die gemeinsame Verantwortung

Einer der ersten Schritte, die Sie bei der Entwicklung einer Lösung unternehmen müssen, ist die Entscheidung für ein Cloud-Sicherheitsmodell. Diese Entscheidung ist von entscheidender Bedeutung, denn sie bestimmt, was Sie tun können, wofür Sie verantwortlich sind und welche Aufgaben der Cloudanbieter hat.

Das Modell der gemeinsamen Verantwortung gilt für alle Anbieter von Clouddiensten (Cloud Service Providers, CSPs), einschließlich Microsoft. Es lassen sich zwar einige gemeinsame Merkmale feststellen, die von der Cloud Security Alliance (CSA) unter *https://azsec.tech/cu0* zusammengefasst wurden, aber es gibt auch einige Unterschiede, die zu beachten sind. In diesem Buch konzentrieren wir uns auf Microsoft Azure.

Anhand des in Abbildung 2-1 dargestellten Modells der gemeinsamen Zuständigkeit bzw. Verantwortung in Azure lässt sich sagen, dass die Verantwortung je nach Art der verwendeten Dienste variiert. Microsoft kategorisiert die Azure-Dienste in drei Hauptkategorien:

- Infrastructure as a Service (IaaS) umfasst alle Dienste, die grundlegende Ressourcen bereitstellen. Zu dieser Kategorie gehören zum Beispiel virtuelle Computer (virtuelle Maschinen, VMs), Netzwerke und einfacher Speicher wie virtuelle Festplatten.
- Platform as a Service (PaaS) umfasst alle Dienste, die auf den grundlegenden Ressourcen aufbauen und Funktionen bieten, die Sie zur Entwicklung Ihrer Lösungen nutzen können. Zum Beispiel gehören App Services (die die Entwicklung von Webanwendungen und APIs ermöglichen), Azure SQL und Azure Data Lake Storage zu dieser Kategorie.
- Software as a Service (SaaS) umfasst Komplettlösungen, die Sie unverändert nutzen oder um Ihre spezifischen Funktionen erweitern können. Microsoft 365 und Power BI fallen unter diese Kategorie.

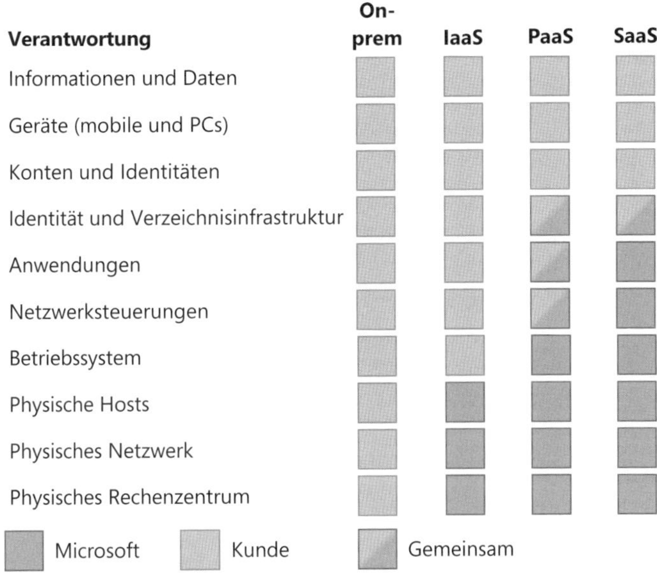

Abbildung 2-1 Das Modell der gemeinsamen Verantwortung. Quelle: *https://learn.microsoft.com/azure/security/fundamentals/shared-responsibility*.

Nichts hindert Sie daran, Lösungen zu erstellen, die mehrere Arten von Ressourcen umfassen. Es ist durchaus üblich, IaaS- und PaaS-Dienste gleichzeitig einzusetzen. Es ist auch üblich, SaaS-Lösungen mit IaaS oder PaaS zu erweitern.

Sie fragen sich vielleicht, ob es nicht besser wäre, eine reine IaaS-Lösung anstelle einer PaaS- oder SaaS-Lösung zu wählen. Dies ist ein Dilemma, das Sie nur lösen können, wenn Sie verstehen, wie sehr das Unternehmen die Kontrolle über die Qualität schätzt und wie sehr es die Bindung an einen Anbieter fürchtet. Der Grund dafür ist, dass etwas, das Sie für sich selbst entwickeln, ausgehend von Ihren spezifischen Anforderungen Ihnen die größte Kontrolle über das Endergebnis gibt, aber nicht so getestet und optimiert werden kann wie etwas, das von Hunderten oder Tausenden anderer Benutzer auf der ganzen Welt genutzt wird. Außerdem ist eine über IaaS erstellte Lösung leicht auf andere Systeme übertragbar, was bei Lösungen, die auf PaaS oder SaaS basieren, nicht unbedingt der Fall ist. Aber betrachten wir nur die Sicherheit als entscheidenden Faktor. In der Regel ist es besser, SaaS anstelle von PaaS und PaaS anstelle von IaaS zu verwenden, einfach weil es einfacher ist, ein System zu sichern, bei dem unsere Verantwortung begrenzt ist.

An diesem Punkt ist die Frage berechtigt, ob es einen Unterschied macht, eine Lösung auf IaaS zu betreiben, anstatt sie on-prem, also lokal, zu nutzen. Es gibt verschiedene Vor- und Nachteile für jede Option, und zwar selbst dann, wenn wir uns nur auf den Sicherheitsaspekt konzentrieren. Sie wissen vielleicht, dass Microsoft umfassende Sicherheitsrichtlinien für seine Rechenzentren implementiert. Diese Richtlinien umfassen die physische Sicherheit und die Art und Weise, wie die Microsoft-Administratoren auf Ihre Systeme und Daten zugreifen. Das allgemeine Prinzip ist, dass kein Microsoft-Administrator Zugang zu Ihren Daten hat, abgesehen von einigen wenigen Ausnahmen, da alles normalerweise automatisch gehandhabt wird. Microsoft hat mehrere Sicherheitskontrollen eingerichtet, um die Notwendigkeit des Zugriffs eines Microsoft-Mitarbeiters auf Ihre Daten zu minimieren. In Fällen, in denen Sie den Zugriff zulassen möchten, können Sie bei Microsoft angeben, ob Sie dies tun möchten. Wenn Sie beispielsweise einen Supportfall eröffnen, können Sie den Zugriff auf erweiterte Diagnoseinformationen, die vertrauliche Daten enthalten, zulassen oder verweigern.

Wenn Sie Kunden-Lockbox für Azure einsetzen, definieren Sie einen Eskalationspfad, der es den Microsoft-Supporttechnikern ermöglicht, Sie bei Bedarf um zusätzlichen Zugriff zu bitten. Wenn Sie sich entscheiden, Kunden-Lockbox für Azure nicht zu übernehmen, können die Microsoft-Supporttechniker immer noch den Zugriff erhalten, den sie benötigen, um die von Ihnen initiierten Supporttickets zu bearbeiten, aber der Eskalationspfad, um den Zugriff zu erhalten, ist vollständig intern bei Microsoft. Dies kann den Support beeinträchtigen, da die benötigten Informationen nicht verfügbar sind und es keinen Weg gibt, auf sie zuzugreifen. Dieser Ansatz schützt Ihre Daten, weil er deren Schutz als primäre Voraussetzung betrachtet.

Weitere Informationen zu Kunden-Lockbox für Microsoft Azure finden Sie hier: ***http://azsec.tech/o4z.***

Ein Vorteil von Azure IaaS gegenüber On-Premise-Lösungen ist, dass es die Einhaltung von Vorschriften erleichtert. Dieser Vorteil ist darauf zurückzuführen, dass Microsoft sich darauf konzentriert, für alle geltenden Gesetze und Standards zertifiziert zu werden, einschließlich DSGVO (Datenschutz-Grundverordnung der EU) und ISO/IEC 27018 für den Datenschutz und ISO/IEC 27001 und CIS Benchmark für die Sicherheit. Die wichtigste Quelle für Informationen über die Erfüllung von Compliancestandards in Azure ist das Azure Trust Center (*https://azsec.tech/hen*). Microsoft veröffentlicht die vollständige Liste der unterstützten Vorschriften und Standards unter *https://learn.microsoft.com/compliance/regulatory/offering-home*. Dies ist eine hilfreiche Ressource, wenn Sie Azure vor der Einführung auf Compliance prüfen oder die Compliance Ihrer über Azure erstellten Lösungen nachweisen müssen. Das Microsoft Azure Trust Center ermöglicht es Ihnen auch, Complianceberichte herunterzuladen und einzusehen, die von externen Zertifizierungsstellen für Microsoft erstellt wurden.

Kapitel 8, »Compliance und Risikomanagement«, erläutert die Bedeutung der Compliance und wie Azure Ihnen dabei helfen kann, die Erfüllung von Compliancestandards zu erreichen.

In Anbetracht der zahlreichen Microsoft-Maßnahmen sind Sie vielleicht schon davon überzeugt, dass die von den Azure-Rechenzentren gebotene Sicherheit mindestens gleichwertig, wenn nicht sogar besser ist als die vor Ort. Es gibt aber auch noch andere Gründe für einen Wechsel in die Cloud. Wie Sie in Abbildung 2-1 gesehen haben, liegt beispielsweise bei IaaS die Verantwortung für die Wartung der Hosts für virtuelle Computer bei Microsoft. Dies ist ein wesentlicher Vorteil gegenüber dem On-Prem-Szenario. Microsoft wendet auch Sicherheitsfixes für die Hosting-Umgebung an. Schwachstellen, wie die berüchtigte Log4Shell-Lücke, können für Unternehmen massive Probleme verursachen, von denen die meisten nicht darauf vorbereitet sind, Fixes schnell anzuwenden. Mehr über diese Schwachstelle können Sie hier lesen: *https://azsec.tech/9tz*. All dies bedeutet, dass es sinnvoll sein kann, wichtige Komponenten Ihrer Infrastruktur, wie die Hosting-Umgebung, von Microsoft verwalten und patchen zu lassen.

In der Anfangsphase von Azure stellte Microsoft fest, dass Angreifer noch Zeit hatten, die entsprechenden Schwachstellen auszunutzen, wenn sie die Sicherheitskorrekturen nach der Veröffentlichung der Bulletins anwendeten. Aus diesem Grund hat das Unternehmen damit begonnen, die Bulletins erst dann zu veröffentlichen, nachdem die Infrastruktur gepatcht wurde.

Natürlich haben Sie vielleicht immer noch Bedenken oder sogar Angst davor, Ihre Umgebung mit vielen anderen zu teilen, von denen einige möglicherweise bösartige Absichten haben. Um diese Bedenken zu zerstreuen, können Sie Features wie Azure Dedicated Hosts und Azure Confidential Computing nutzen.

Weitere Informationen zu Azure Dedicated Hosts finden Sie unter *https://azure.microsoft.com/products/virtual-machines/dedicated-host*. Informationen über Azure Confidential Computing finden Sie unter *https://azure.microsoft.com/solutions/confidential-compute*. Dieses Thema wird auch in Kapitel 11, »Confidential Computing«, behandelt.

Gemeinsame Verantwortung bedeutet genau das: Sie sind für die Auswahl der richtigen Dienste und deren korrekte Nutzung verantwortlich, während Microsoft dafür sorgt, dass sie sicher sind, indem sie nach den besten verfügbaren Verfahren entwickelt und betrieben werden, einschließlich des Microsoft SDL.

Die Frage ist also: Wie können Sie sichere Lösungen auf Azure entwerfen und entwickeln? Um die Antwort auf diese Frage zu erhalten, müssen Sie den Rest des Buches lesen!

Zero Trust für Entwickler

Das Dokument NIST SP 800-207 mit dem Titel »Zero Trust Architecture« definiert Zero Trust als »Cybersecurity-Paradigma, das sich auf den Schutz von Ressourcen und die Prämisse konzentriert, dass Vertrauen niemals implizit gewährt wird, sondern ständig evaluiert werden muss«. Weiter wird die Zero-Trust-Architektur definiert als »End-to-End-Ansatz für die Sicherheit von Unternehmensressourcen und -daten, der die Identität (von Personen und Nicht-Personen), Anmeldeinformationen, Zugriffsmanagement, Abläufe, Endpunkte, Hosting-Umgebungen und die Verbindungsinfrastruktur umfasst«. Sie können NIST SP 800-207 hier herunterladen: *https://azsec.tech/4rc*.

Zero Trust ist eine Konsequenz des Scheiterns traditioneller Verteidigungsansätze, die auf der Errichtung eines Perimeters beruhen und allem, was sich innerhalb dieses Perimeters befindet, implizites Vertrauen gewähren. Das Perimeter-Verteidigungsmodell geht davon aus, dass man eine undurchdringliche Trennung zwischen internen Ressourcen und der Außenwelt schaffen kann. Leider entspricht dies in keiner Weise den Tatsachen.

Perimeterschutzmechanismen können keine perfekte Sicherheit bieten. So hat jede Firewall bekannte und unbekannte Schwachstellen, die Angreifer ausnutzen können. Eine Umfrage des Ponemon Institute aus dem Jahr 2020 ergab, dass 60 Prozent der Befragten der Meinung sind, dass herkömmliche Firewalls nicht in der Lage sind, Angriffe auf geschäftskritische und cloudbasierte Anwendungen zu verhindern. Lesen Sie hier mehr darüber: *https://azsec.tech/336*. Darüber hinaus untergraben aktuelle Geschäftspraktiken wie Bring Your Own Device (BYOD) die Annahme, dass internen Ressourcen vertraut werden kann. Daher ist es notwendig, einen anderen Ansatz zu wählen, nämlich Zero Trust.

Eine Studie von Seny Kamara, Sonia Fahmy, Eugene Schultz, Florian Kerschbaum und Michael Frantzen aus dem Jahr 2003 mit dem Titel »Analysis of Vulnerabilities in Internet Firewalls« (Analyse von Schwachstellen in Internet-Firewalls) analysiert mehrere führende Firewalls, um eine mögliche Taxonomie für die Schwachstellen zu erstellen. Sie können die Studie hier herunterladen: *https://azsec.tech/vvc*.

Bei Cloudlösungen wird die Situation noch schlimmer, denn die Cloud ist per Definition dadurch gekennzeichnet, dass es keine Mauern gibt. Eine Cloudlösung wird nicht nur in einer virtuellen Umgebung im Internet gehostet, sondern möglicherweise haben auch andere Kunden des CSP Zugang zu denselben Ressourcen, die Sie nutzen. Daher ist ein Zero-Trust-Ansatz für Cloudlösungen noch wichtiger.

Was also ist Zero Trust? Kurz, es handelt sich um einen Ansatz, der auf den folgenden Grundsätzen beruht:

- **Authentifizieren des Gegenübers** Die Authentifizierung sollte unabhängig vom Standort sein. Sie können sich zum Beispiel nicht auf eine IP-Adresse oder eine MAC-Adresse verlassen, da böswillige Akteure diese leicht fälschen können. Die Authentifizierung mit Zertifikaten und privaten Schlüsseln oder anderen starken Berechtigungsnachweisen ist vorzuziehen. Wenn Sie einen Dienst aufrufen, müssen Sie sich authentifizieren, um Zugang zu erhalten. Sie müssen auch die Anmeldeinformationen des Dienstes überprüfen, da sich ein böswilliger Akteur als dieser ausgeben könnte. Für Benutzer ist die Multi-Faktor-Authentifizierung (MFA) ein anerkannter Ansatz, um gute Sicherheit zu gewährleisten.

- **Beim Zugriff auf sehr vertrauliche Dienste oder Daten eine stärkere Authentifizierung verlangen** Angenommen, Sie implementieren ein Webportal für eine Bank, das einen öffentlichen Bereich, einen Marketingbereich ohne vertrauliche Informationen und einen Homebanking-Bereich enthält. Der öffentliche Bereich würde keine Authentifizierung erfordern, da er öffentlich ist. Im Gegensatz dazu müsste im Marketingbereich der Kunde identifiziert werden, damit er relevante Nachrichten erhält. Der Homebanking-Bereich schließlich würde die stärkste Form der Authentifizierung erfordern, zum Beispiel MFA. Der Benutzer müsste sich also möglicherweise erneut authentifizieren, wenn er vom Marketing-Bereich in den Homebanking-Bereich wechselt.
- **Prinzip der minimalen, geringstmöglichen Berechtigungen anwenden** Wikipedia definiert das Prinzip der geringsten Rechte als die Anforderung, dass »jedes Modul (je nach Thema ein Prozess, ein Benutzer oder ein Programm) nur auf die Informationen und Ressourcen zugreifen können muss, die für seinen legitimen Zweck erforderlich sind«. Die Anwendung dieses Prinzips bedeutet, dass die zur Erfüllung bestimmter Aufgaben unbedingt erforderlichen Rechte zugewiesen werden und der Zugriff auf der Grundlage dieser Berechtigungen eingeschränkt wird.

Eine gute Möglichkeit zur Anwendung des Prinzips der geringstmöglichen Berechtigungen ist eine Lösung zur Verwaltung privilegierter Identitäten (PIM) wie Microsoft Entra ID Privileged Identity Management (PIM). Weitere Informationen zu Microsoft Entra ID PIM finden Sie unter *https://learn.microsoft.com/azure/active-directory/privileged-identity-management/pim-configure*. Außerdem wird Microsoft Entra ID PIM in Kapitel 5, »Identität, Authentifizierung und Autorisierung«, behandelt.

- **Richtlinienbasierte Autorisierung anwenden** Sie können diesen Ansatz umsetzen, indem Sie die Zugriffsrechte nicht nur anhand der Identität und des Standorts des Aufrufers, sondern auch anhand anderer Parameter wie der Integrität des Clients und des jüngsten Benutzerverhaltens bewerten. Um dies in Azure zu erreichen, können Sie Microsoft Entra ID Bedingten Zugriff (*https://learn.microsoft.com/azure/active-directory/conditional-access/overview*) und Microsoft Defender for Identity (*https://learn.microsoft.com/defender-for-identity/what-is*) verwenden.
- **Dauer der Zugriffsberechtigungen begrenzen** Zugriffsrechte auf Ressourcen sollten für die Dauer der Sitzung gelten und dann für jede neue Sitzung neu bewertet werden. Die Wiederholung der Zugriffsbewertung ist von grundlegender Bedeutung, um zugewiesene Rechte zu entfernen, kurz nachdem das System einen Benutzer oder ein Gerät als unsicher identifiziert hat. Microsoft Entra ID PIM stellt einen Ansatz zur Erreichung dieses Ziels dar, da es so konfiguriert werden kann, dass die Zugriffsrechte einige Stunden nach der Zuweisung automatisch entfernt werden.

- **Geltungsbereich der Zugriffsberechtigungen begrenzen** Die für eine Ressource gewährten Zugriffsberechtigungen sollten sich nicht auf eine andere Ressource erstrecken. Andernfalls ist die Zugriffssteuerung möglicherweise nicht so effektiv wie erwartet, sodass ein Angreifer die Kontrolle auf weitere Ressourcen ausweiten kann.
- **Mikrosegmentierung der Netzwerke** Bei herkömmlichen Sicherheitsansätzen wird zwischen dem Intranet eines Unternehmens und dem Internet unterschieden. Diese Unterscheidung ist jedoch so weit gefasst, dass ein Angreifer jedes beliebige System im Intranet kompromittieren und als Ausgangsbasis nutzen kann, um seine Reichweite zu vergrößern. Wenn wir unsere Netzwerke mikrosegmentieren, können wir die Reichweite des Angreifers minimieren, da jedes Segment nur einige wenige Ressourcen enthält und von anderen Segmenten aus nicht zugänglich ist. Die Mikrosegmentierung ist ein anerkanntes Instrument, um Zero Trust zu erreichen. Allerdings bedeutet sie auch einen erheblichen Verwaltungsaufwand. Daher ist es möglicherweise nicht einfach, sie flächendeckend in Ihrem Unternehmen einzuführen.
- **Daten während der Übertragung verschlüsseln** Dies gilt auch für Daten, die intern übertragen werden. Protokolle wie Transport Layer Security (TLS) sorgen für Vertraulichkeit und Integrität und bieten eine starke Authentifizierung für den aufgerufenen Dienst.
- **Dienste, Clients und Ressourcen sowie deren Zusammenspiel überwachen und scannen** So können Sie mögliche Probleme erkennen und Ihre Sicherheitslage verbessern. Überwachung allein reicht nicht aus, wenn Sie nichts tun, wenn Sie ein Problem entdecken; Sie müssen klar definieren, was zu tun ist, um jedes Problem zu lösen, dem Sie begegnen könnten. Außerdem müssen Sie einen kontinuierlichen Lernprozess in Gang setzen, um besser zu verstehen, wie Angriffe ablaufen und wie man sie verhindern kann, und um mit der zunehmenden Raffinesse der Angriffe Schritt zu halten.

Microsoft erweitert diese Grundsätze, indem es Zero Trust mit dem Assume-Breach-Ansatz verknüpft. Laut einem vom Microsoft Cyber Defense Operations Center veröffentlichten Strategiepapier bedeutet »Assume Breach«, dass »wir trotz aller vorhandenen Schutzmaßnahmen davon ausgehen, dass Systeme versagen oder Menschen Fehler machen und ein Angreifer in unsere Infrastruktur und Dienste eindringen kann. Diese Haltung versetzt uns in die Lage, immer bereit zu sein, um einen Angriff schnell zu erkennen und entsprechende Maßnahmen zu ergreifen«. Sie können das komplette Strategiepapier hier lesen: *https://azsec.tech/oy7*.

Die Assume-Breach-Ansatz spielt bei der Absicherung Ihrer Lösung eine wichtige Rolle. Wenn Sie davon ausgehen, dass Ihr Gegenüber nicht alle Sicherheitsvorgaben eingehalten hat oder dass dort Fehler gemacht werden, führen Sie mehrere Kontrollen durch, um alle Interaktionen zu überprüfen. Zum Beispiel würde es nicht ausreichen, sich zu authentifizieren, selbst mit starker Authentifizierung; Sie müssten auch die Integrität des Clients nachweisen.

Wenn wir von Zero Trust für Entwickler schreiben, meinen wir auf jeden Fall:

- **Entwerfen Sie Ihre Lösung so, dass die Konzepte hinter Zero Trust unterstützt werden.** So muss jede Komponente die Identität des Aufrufers und des Aufgerufenen überprüfen und dann die Berechtigung für jede Anfrage prüfen.

- **Schützen Sie die Entwicklungsumgebung durch Zero-Trust-Prinzipien.** Dazu müssen die Rechner der Entwickler gehärtet und geschützt werden. Andernfalls könnte ein Angreifer, wenn es ihm gelingt, einen dieser Rechner zu kompromittieren, bösartigen Code in die Lösung einschleusen, privilegierte Anmeldeinformationen stehlen oder sogar Produktionsdaten entwenden.
- **Verwenden Sie sichere CI/CD-Pipelines nach dem Zero-Trust-Prinzip.** So sollten die für diese Pipelines verwendeten Dienstkonten nur über die erforderlichen Rechte verfügen, um den Code zu erstellen und die generierten Artefakte bereitzustellen. Außerdem sollten nur einige ausgewählte Mitglieder des DevOps-Teams die Pipelines bearbeiten dürfen, und zwar auf vertrauenswürdigen Workstations.

Diese Szenarien zeigen, was Zero Trust für Entwickler normalerweise bedeutet. Wir glauben jedoch, dass es für die Softwareentwicklung darüber hinausgehen sollte. Zum Beispiel ist die Benutzereingabe zwar einer der kritischsten Aspekte der Softwaresicherheit, aber Zero Trust berücksichtigt sie nicht. Um Michael Howard und David LeBlanc aus ihrem Buch »Writing Secure Code« zu zitieren: »All input is evil«, traue keinen Benutzereingaben. Leider berücksichtigen die Gegenmaßnahmen, die in der Regel Teil einer Zero-Trust-Architektur sind, nicht die Eingaben, die an die verschiedenen Dienste gesendet werden. Vielmehr konzentrieren sie sich auf andere Kategorien wie Authentifizierung und Autorisierung. Unserer Meinung nach sollten jedoch alle Eingaben so lange als bösartig eingestuft werden, bis sie sich als gutartig erweisen. Folglich sollten Sie alles, was Sie erhalten, nach strengen Regeln validieren und alle Anfragen zurückweisen, die nicht den Vorschriften entsprechen. Sie könnten auch Eingaben codieren, damit Ihr Code keine Skripte und eingebetteten Befehle ausführen kann, die von einem böswilligen Benutzer eingeschleust wurden.

Viele Sicherheitsangriffe beruhen auf der Einspeisung von Befehlen als Teil der Eingabe. Cross-Site-Scripting (XSS)-Angriffe und SQL Injection-Angriffe sind hierfür gute Beispiele. Die Codierung ist ein wirksamer Ansatz zum Schutz vor einigen dieser Angriffe. Wenn Sie Ihre Überwachung auf das beschränken, was die Infrastruktur standardmäßig bereitstellt, entgehen Ihnen möglicherweise Angriffe, die für die in Entwicklung befindliche Lösung spezifisch sind. Daher müssen Sie Dienste wie Web Application Firewalls (WAFs) einbeziehen, die einige dieser Angriffe erkennen, Sie warnen und diese sogar blockieren können.

OWASP veröffentlicht eine Anleitung zur Verhinderung von Cross-Site-Scripting durch Codierung unter *https://azsec.tech/e33*. Eine ähnliche Anleitung zur Verhinderung von SQL Injection-Angriffen findet sich unter *https://azsec.tech/bf5*.

Azure Application Gateway mit WAF ist ein Beispiel für einen Dienst, der eine WAF umfasst. Weitere Informationen zu Azure Application Gateway mit WAF finden Sie unter *https://learn.microsoft.com/azure/web-application-firewall/ag/ag-overview*.

Dennoch reicht es möglicherweise nicht aus, sich auf Tools wie WAFs zu verlassen. Einige automatisierte Tools setzen WAF-Umgehungstechniken ein. So nutzen beispielsweise Tools wie SQLMap SQL-Injektionsprobleme aus. Diese Tools wenden Techniken an, wie sie von OWASP unter *https://azsec.tech/gl1* beschrieben werden. Experten könnten auch manuelle Angriffe durchführen, um unentdeckt zu bleiben.

SQLMap und ähnliche Sicherheitstools dürfen nur für autorisierte Sicherheitstests und Penetrationstests verwendet werden. Der unbefugte Einsatz dieser Tools stellt eine Straftat dar und kann strafrechtlich verfolgt werden.

Aus diesem Grund ist es von entscheidender Bedeutung, dass Sie Ihre Lösung defensiv gestalten und implementieren. Mit anderen Worten: Sie müssen das Prinzip der »Defense-in-Depth«-Sicherheit anwenden. Dieses Szenario besteht laut ISO/IEC 62443 1-1 im Wesentlichen aus »der Anwendung mehrerer Gegenmaßnahmen in einer geschichteten oder schrittweisen Weise, um Sicherheitsziele zu erreichen. Die Methodik beinhaltet die Schichtung heterogener Sicherheitstechnologien in den gängigen Angriffsvektoren, um sicherzustellen, dass Angriffe, die von einer Technologie verpasst werden, von einer anderen abgefangen werden«. Laienhaft ausgedrückt bedeutet die Anwendung von Defense in Depth, dass wir akzeptieren, dass jede Sicherheitsmaßnahme, die wir einführen, letztendlich versagen wird. Daher können wir uns nicht auf eine einzige Maßnahme verlassen, sondern müssen verschiedene Maßnahmen kombinieren, um die Wirksamkeit zu erhöhen. Um dies zu erreichen, müssen wir die Lösung sicher gestalten, indem wir darüber nachdenken, was schiefgehen kann, und die Abhilfemaßnahmen einbeziehen, die zur Erreichung des gewünschten Sicherheitsniveaus erforderlich sind.

Nachdenken über sicheres Design

Bislang haben Sie in diesem Kapitel gelernt, wie wichtig Zero Trust für Entwickler ist. Außerdem haben Sie gesehen, dass es möglicherweise nicht ausreicht, Zero-Trust-Prinzipien nach Vorschrift anzuwenden, sondern dass Sie die Besonderheiten Ihrer Lösung berücksichtigen müssen, um eine umfassende Antwort zu geben. Dies setzt voraus, dass Sie die Art und Weise überdenken, wie Sie Ihre Lösungen gestalten, um sie sicher zu machen. Mit anderen Worten: Sie müssen dafür sorgen, dass die Lösung durch Ihr Design sicher ist. Wikipedia definiert »Secure by Design« als einen Entwurfsansatz, bei dem »Sicherheit auf jeder Ebene berücksichtigt und in das System integriert wird und der mit einem robusten Architekturentwurf beginnt«.

Frühzeitig im Entwicklungszyklus an die Sicherheit zu denken, bedeutet, den Shift-Left-Ansatz zu verwenden. Normalerweise stellen wir Entwicklungsprozesse als einen von links nach rechts verlaufenden Strahl dar, sodass eine Verlagerung nach links bedeutet, Sicherheitsprobleme frühzeitig zu antizipieren.

Wird ein Problem, zum Beispiel eine Sicherheitslücke, zu einem früheren Zeitpunkt behoben, kann dies zu erheblichen Einsparungen führen. Laut einer älteren Studie des NIST kostet die Behebung eines Entwurfsproblems im Produktionscode etwa 30-mal mehr als die Behebung in der Entwurfsphase. Sie können die Studie hier lesen: *https://azsec.tech/wzz*. Man könnte über die Anwendbarkeit dieser Studie streiten, da wir heutzutage Software anders entwickeln; in der Tat sind die Einzelheiten der Studie wahrscheinlich nicht mehr relevant. Dennoch ist es offensichtlich, dass die Verschiebung von Sicherheitsüberlegungen auf das Ende des Entwicklungsprozesses viele Nachteile hat. Zum Beispiel:

- Es ist zu spät, um wesentliche Änderungen vorzunehmen, sodass Ihre Möglichkeiten begrenzt sind.
- Oft haben Sie zu diesem Zeitpunkt bereits den größten Teil des verfügbaren Budgets ausgegeben, was Ihre Möglichkeiten weiter einschränkt.
- Die zusätzlichen Aktivitäten, die zur Behebung des Sicherheitsproblems erforderlich sind, verzögern die Einführung in der Produktion.

Das hat zur Folge, dass Sie weniger tun, als Sie sollten, sodass die Lösung weniger sicher ist als erwartet, was sie zu einer leichten Beute für böswillige Akteure macht.

An diesem Punkt fragen Sie sich vielleicht, welche Verluste Ihr Unternehmen infolge einer Sicherheitsverletzung erleiden könnte. Um dies zu berechnen, könnten Sie eine quantitative Methode der Risikoanalyse wie FAIR anwenden. Dies könnte jedoch für unsere Zwecke zu aufwendig sein. Wenn Sie eine Größenordnung benötigen, können Sie sich auf den »Cost of Data Breach Report 2021« von IBM Security und dem Ponemon Institute stützen, der besagt, dass die durchschnittlichen Gesamtkosten eines Datenlecks bei 4,24 Millionen US-Dollar liegen. Megaverstöße, bei denen mehr als 50 Millionen Datensätze betroffen sind, lassen diese Kosten auf satte 401 Millionen US-Dollar ansteigen.

FAIR ist eine weithin anerkannte Methode für die quantitative Risikoanalyse. Sie wird kommerziell von RiskLens unterstützt. Das FAIR Institute (*https://www.fairinstitute.org*) ist eine Organisation, die sich der Vermittlung von FAIR an Sicherheitsexperten widmet, um die Einführung zu erleichtern. Eine Variante von FAIR ist von der Open Group als Open FAIR standardisiert worden.

Bei solchen Zahlen ist es leicht zu verstehen, warum es wichtig ist, die Sicherheit so weit wie möglich nach links zu verlagern. Aber wie? Die Antwort lautet, dass man sich während des Entwurfsprozesses auf die Sicherheit konzentrieren sollte. Eine Möglichkeit, dies zu tun, besteht darin, einige Prinzipien und Muster für das Sicherheitsdesign zu erlernen. Diese sind ein hervorragender Ausgangspunkt und können Sie bei der Entwicklung besserer Lösungen unterstützen. Diese werden in den nächsten Abschnitten dieses Kapitels und in Kapitel 3, »Sicherheitsmuster«, ausführlicher behandelt. Manchmal reicht dies jedoch nicht aus, und Sie müssen einen strukturierteren Ansatz wählen, um Ihre Lösung zu analysieren und sie sicher zu gestalten. Dieser Ansatz wird als *Bedrohungsmodellierung*, auch *Threat Modelling*, bezeichnet. Mehr über die Modellierung von Bedrohungen erfahren Sie in Kapitel 4, »Bedrohungsmodellierung«.

Azure-Entwurfsprinzipien für sichere Systeme

Die Geschichte der Entwicklung von Entwurfsprinzipien für sichere Systeme beginnt im Jahr 1975, als zwei Informatiker, Jerome Saltzer und Michael Schroeder, die erste Reihe von Prinzipien in einem Papier mit dem Titel »The Protection of Information in Computer Systems« definierten. Sie können es hier herunterladen: *https://azsec.tech/732*. Dieses Papier ist zwar alt, aber immer noch relevant, da es einige wesentliche Sicherheitskonzepte vorstellt. Wenn Sie diese Grundsätze anwenden, können Sie Ihre Sicherheitslage erheblich verbessern. Auf den folgenden Seiten werden diese Prinzipien zusammen mit einigen anderen Sicherheitsgrundsätzen aufgelistet, um zu erklären, worum es sich dabei handelt und inwiefern sie für die modernsten Lösungen auf Azure-Basis relevant sind.

Angriffsfläche reduzieren

Im Hinblick auf die Sicherheit ist es unerlässlich, das Konzept der Angriffsfläche zu verstehen. Das NIST definiert die Angriffsfläche einer Lösung als die »Menge der Punkte an der Grenze eines Systems, eines Systemelements oder einer Umgebung, an denen ein Angreifer versuchen kann, in das System, das Systemelement oder die Umgebung einzudringen, es zu beeinflussen oder Daten daraus zu extrahieren«. Mit anderen Worten: Es geht darum, wie anfällig das System für Angreifer ist.

Die Reduzierung der Angriffsfläche ist ein Prinzip, das in der Arbeit von Saltzer und Schroeder nicht enthalten ist.

Das Konzept der Verringerung der Angriffsfläche besteht darin, dass Angreifer mehr Möglichkeiten haben, ein System zu kompromittieren, wenn die Angriffsfläche zu groß ist. Eine hervorragende Möglichkeit zur Erhöhung der Sicherheit ist daher die Minimierung der Angriffsfläche, was in der Regel bedeutet, dass unnötige Funktionen entfernt und unnötige Einstiegspunkte geschlossen werden.

Microsoft hat dieses Prinzip seit Anfang der 2000er-Jahre, mit der Einführung von Windows Server 2003, übernommen. Bei dieser Version mussten Sie viele Features erst aktivieren, bevor Sie sie nutzen konnten. Ein Feature zu aktivieren bedeutete, es zu installieren; die Standardinstallation enthielt nicht einmal die Binärdateien für diese Features. Dies stand im Gegensatz zu Windows 2000 Server, bei dem standardmäßig alles installiert war.

Was hat sich in den Jahren zwischen 2000 und 2003 geändert? Im Jahr 2002 schickte Bill Gates, der damalige CEO von Microsoft, an alle Mitarbeiter eine berühmte E-Mail mit dem Titel »Trustworthy Computing«. Sie können die E-Mail hier lesen: *https://azsec.tech/60i*. Diese E-Mail bedeutete einen epochalen kulturellen Wandel für Microsoft und für die Sicherheit im Allgemeinen. Sie war deshalb so wichtig, weil sie die Sicherheit in den Verantwortungsbereich aller Mitarbeiter rückte und dem gesamten Unternehmen das Ziel vorgab, ein vertrauenswürdiges Unternehmen zu werden. Dies war nicht nur für Microsoft, sondern auch für viele andere Unternehmen ein Wendepunkt. Es führte zu einem Prozess der Sicherheitsverbesserung, der sich auch heute noch weiterentwickelt. Eines der sichtbarsten Ergebnisse dieser Initiative ist das Prinzip der Minimierung der Angriffsfläche. Dieses Prinzip ist in der Tat überall in Azure zu finden. Alle Dienste sind standardmäßig deaktiviert, und alle Ports sind geschlossen. Sie müssen sie ausdrücklich aktivieren, wenn dies für das Erreichen Ihrer Ziele erforderlich ist.

Sie müssen dieses Prinzip auch auf Ihre Lösungen anwenden. Wir haben viele Situationen erlebt, in denen Entwicklungsteams Lösungen entworfen und implementiert haben, ohne hierbei den Grundsatz der Minimierung der Angriffsfläche zu berücksichtigen. Nehmen wir zum Beispiel an, dass Ihr Bereitstellungsprozess Schnittstellen für den Übergang von Entwicklungs- zu Produktivumgebungen enthält. Wenn diese Schnittstellen eine Seite enthalten, die Zugriff auf alle Tabellen in Ihrer Datenbank gewährt, wäre dies ein unschätzbares Werkzeug für Entwickler – und für Angreifer.

Ein Beispiel, das wir aus eigener Erfahrung kennen, war eine Lösung, die verschiedene Konfigurationen unterstützen sollte. Das Problem bestand darin, dass bei der Installation nicht zwischen verschiedenen Nutzungsszenarien unterschieden wurde; es wurde einfach alles installiert, und zwar überall. Dann wurden logischerweise bestimmte Funktionen deaktiviert, je nach den Einstellungen. Kurz, dieses Unternehmen machte denselben Fehler, den Microsoft mit Windows 2000 Server machte.

Der einzige sichere Code ist der Code, der nicht existiert; daher müssen Sie alles Unnötige entfernen.

Seien Sie sich bewusst, dass Hintertüren und versteckte Funktionalitäten eine Verletzung des Prinzips der Minimierung der Angriffsfläche darstellen. Daher sollten Sie sie nicht implementieren. Dies ist besonders wichtig, da diese Funktionalitäten, wenn überhaupt, nur begrenzt getestet werden.

Vollständige Zugriffskontrolle

Beim Prinzip der vollständigen Zugriffskontrolle (engl. Complete Mediation) geht es darum, für jede Anfrage jeden Zugriff auf alle Objekte zu überwachen. Es verbietet ausdrücklich, ein Autorisierungs-Token irgendwo zu speichern, das jemand stehlen könnte, und dann den Zugang auf der Grundlage dieses Tokens zu erlauben.

Saltzer und Schroeder definieren Complete Mediation wie folgt:

> *»Jeder Zugriff auf jedes Objekt muss auf seine Berechtigung hin überprüft werden. Dieser Grundsatz ist, wenn er systematisch angewandt wird, die wichtigste Grundlage für das Schutzsystem. Es erzwingt eine systemweite Betrachtung der Zugriffssteuerung, die neben dem Normalbetrieb auch die Initialisierung, die Wiederherstellung, das Herunterfahren und die Wartung einschließt. Dies bedeutet, dass eine narrensichere Methode zur Identifizierung der Quelle jeder Anfrage entwickelt werden muss. Außerdem müssen Vorschläge zur Leistungssteigerung durch Speicherung des Ergebnisses einer Berechtigungsprüfung skeptisch geprüft werden. Bei einer Änderung der Autorität müssen solche gespeicherten Ergebnisse systematisch aktualisiert werden.«*

Mit dem Grundsatz der vollständigen Überprüfung aller Zugriffe wird versucht, das Problem der vermeintlichen Zugriffsberechtigung auf Ressourcen in einem bestimmten Bereich zu lösen, die darauf basiert, dass man Zugang zu diesem Bereich hat. Ein klassisches Beispiel für diese Situation ist der Zugriff auf Webseiten, die über zufällige Namen zugänglich sind. Wenn Sie den Zugriff auf diese Seiten nur deshalb gewähren, weil der Aufrufer deren Adressen kennt, könnte ein Benutzer, der die Links an einem öffentlichen Ort speichert, um sie später bequem abrufen zu können, den Schutz umgehen. Mit anderen Worten: Allein die Tatsache, dass jemand den Namen, die Adresse kennt, bedeutet nicht, dass er auf diese Seiten zugreifen können sollte.

Um dies mit Azure umzusetzen, ist die erste Empfehlung, wie üblich, so weit wie möglich die Azure-Infrastruktur zu nutzen. Microsoft Entra ID kann zum Beispiel eine wichtige Rolle spielen. Wenn Sie eine erfolgreiche Authentifizierung mit Microsoft Entra ID durchführen, wird ein Token ausgegeben, das Informationen über den Benutzer enthält, einschließlich seiner Berechtigungen, die angeben, was dieser Benutzer mit der Anwendung tun kann. Das Token hilft also sowohl bei der Authentifizierung des Benutzers als auch bei seiner Autorisierung. Dieses Verhalten ist nützlich, da der Benutzer kein Token erhält, wenn die Anmeldeinformationen falsch sind oder er keine Berechtigung zum Zugriff auf die Anwendung hat.

Dies ist jedoch keine vollständige Überwachung aller Zugriffe auf alle Objekte. Wenn Sie bei vollständiger Überwachung versuchen, auf eine von Ihrer Lösung bereitgestellte Ressource zuzugreifen, erhalten Sie den Zugriff nicht deshalb, weil Sie ein gültiges Token haben, sondern weil dieses Token die erforderliche Zugriffsebene bereitstellt. Dieses Verhalten wird von allen Ressourcen und Diensten, die Teil von Azure sind, standardmäßig bereitgestellt, aber Sie müssen es möglicherweise für den von Ihnen geschriebenen Code, wie APIs oder Seiten für Webanwendungen, implementieren.

Mehr über die vollständige Mediation erfahren Sie hier: *https://azsec.tech/ydn*.

Sicherheit in der Tiefe – Defense in Depth

Im Abschnitt über Zero Trust für Entwickler wurde das Prinzip »Defense in Depth« (Sicherheit in der Tiefe = Einsatz mehrerer Sicherheitsebenen) eingeführt, sodass wir das hier nicht noch einmal aufwärmen wollen. Dennoch kann es hilfreich sein, Sie an die Definition von »Defense in Depth« aus ISO/IEC 62443 1-1 zu erinnern, die lautet: »Die Anwendung mehrerer Gegenmaßnahmen in einer geschichteten oder schrittweisen Weise, um Sicherheitsziele zu erreichen. Die Methodik beinhaltet die Schichtung heterogener Sicherheitstechnologien in den gängigen Angriffsvektoren, um sicherzustellen, dass Angriffe, die von einer Technologie verpasst werden, von einer anderen abgefangen werden.«

Wir möchten hier hervorheben, wie Sie dieses Prinzip nutzen können, um die Sicherheit Ihrer Lösungen zu verbessern. Um der Tatsache Rechnung zu tragen, dass jede Sicherheitsmaßnahme versagen kann – und auch versagen wird –, müssen Sie mehrere Sicherheitsmaßnahmen kombinieren. Aber wie?

Denken Sie zum Beispiel an demilitarisierte Zonen (DMZs), ein altes Konzept, das typisch für traditionelle On-Prem-Architekturen ist und immer noch bei einigen Cloudarchitekturen verwendet wird. Wikipedia definiert DMZs wie folgt:

> *»Ein physisches oder logisches Teilnetz, das die nach außen gerichteten Dienste eines Unternehmens enthält und einem nicht vertrauenswürdigen, in der Regel größeren Netz wie dem Internet zugänglich macht. Eine DMZ dient dazu, dem lokalen Netzwerk (LAN) eines Unternehmens eine zusätzliche Sicherheitsebene hinzuzufügen: Ein externer Netzwerkknoten kann nur auf das zugreifen, was in der DMZ offengelegt ist, während das restliche Netzwerk des Unternehmens mit einer Firewall geschützt ist.«*

Wenn DMZs vor Ort implementiert werden, basieren sie in der Regel auf zwei Firewalls – eine zum Schutz der Kommunikation zwischen den Systemen in der DMZ und dem Internet und eine zweite zum Schutz der Kommunikation zwischen der DMZ und dem Intranet (siehe Abbildung 2-2). In vielen Fällen stammen die beiden Firewalls vom gleichen Unternehmen, sind vom gleichen Modell und haben in der Regel sogar die gleichen Patches installiert.

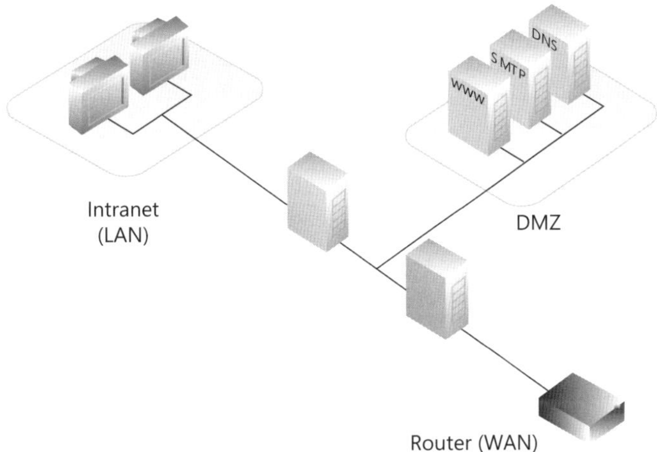

Abbildung 2-2 Diagramm eines typischen Netzwerks mit DMZ und zwei Firewalls. Quelle: *https://azsec.tech/nnb*.

Erfüllt diese Konfiguration das Prinzip »Defense in Depth«? Wenn Ihre Antwort nein lautet, haben Sie recht. Natürlich haben Sie zwei verschiedene Schichten, die durch die beiden Firewalls repräsentiert werden, aber sobald ein Angreifer die erste Schicht überwunden hat, ist die Kompromittierung der zweiten eine triviale Aufgabe.

Betrachten wir nun ein zweites Beispiel, das spezifischer für Azure ist. In diesem Beispiel, das in Abbildung 2-3 dargestellt ist, gibt es eine Instanz von Azure Storage, in der Benutzer Dateien speichern, und eine Azure-Funktion, die die Datei abruft und verarbeitet.

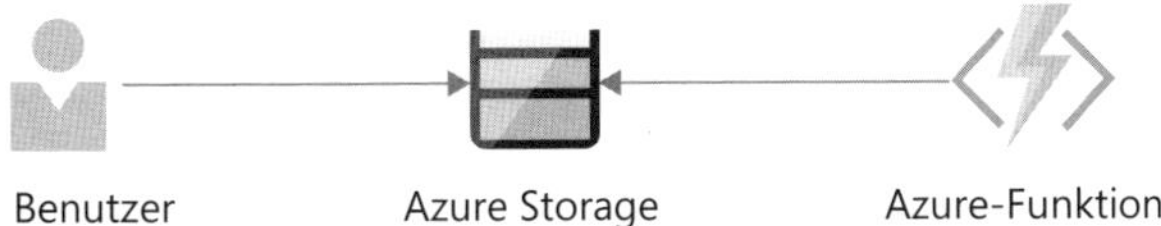

Abbildung 2-3 Eine einfache Lösung, bei der ein Benutzer Dateien in Azure Storage speichert

Wie Sie wissen, könnte ein böswilliger Benutzer eine leere Datei hochladen und so versuchen, die Azure-Funktion zum Absturz zu bringen und dann eine schändliche Aktion durchzuführen. Um dies zu verhindern, führt die Azure-Funktion eine einfache Dateivalidierung durch. Wenn die Datei leer ist, wird sie von der Azure-Funktion automatisch entfernt, bevor sie weiterverarbeitet wird. Nach einer Weile stellen Sie vielleicht fest, dass dies nicht ausreicht, also fügen Sie eine weitere Validierung für die Datei hinzu. Jetzt prüft unsere Azure-Funktion, ob die empfangene JSON-Datei strengen Regeln entspricht, die Feld für Feld definieren, was als gut gilt. Hier stellt sich dieselbe Frage: Erfüllen diese beiden kombinierten Überprüfungen das Prinzip Defense in Depth?

Auch wenn der zweite Ansatz besser ist als der erste, lautet die Antwort: Nein. Sie haben zwei sehr ähnliche Maßnahmen, und was noch wichtiger ist, die zweite beinhaltet die erste. Sie brauchen also etwas anderes. Unserer Erfahrung nach besteht der beste Ansatz zur Erreichung von Defense in Depth darin, verschiedene Arten von Sicherheitsmaßnahmen zu kombinieren. Tabelle 2-1 zeigt eine unvollständige Liste von Maßnahmen. Es gibt noch weitere Arten von Schutzmaßnahmen, die Sie in Betracht ziehen könnten, die aber in der täglichen Praxis weniger verbreitet sind.

Name	Beschreibung
Vorbeugend oder verhindernd	Vorbeugende Maßnahmen verringern die Wahrscheinlichkeit oder die Auswirkungen des Bedrohungsereignisses, wodurch Sie Zeit gewinnen und den Angreifer zu Versuchen zwingen, die Sie erkennen können. Diese Maßnahmen sind darauf ausgelegt, erfolgreiche Angriffe zu verhindern. Dennoch können sie von geschickten und entschlossenen Angreifern umgangen werden. Ein typisches Beispiel ist die Verschlüsselung von Daten während der Übertragung, um die Offenlegung von Informationen zu verhindern.
Detektivisch	Erkennende, detektivische Maßnahmen ermöglichen es Ihnen, einen Angriff zu erkennen, während er im Gange ist, aber sie stoppen den Angriff nicht. Ein typisches Beispiel sind die Überwachungsfunktionen, die von Azure Services standardmäßig bereitgestellt werden.
Korrektiv oder reagierend	Abhilfemaßnahmen reagieren auf Angriffe, während sie noch im Gange sind, und können diese Angriffe sogar stoppen. Ihr Hauptzweck besteht in der Regel darin, den Schaden zu verringern. Ein typisches Beispiel ist der Schutz vor verteilten Denial-of-Service-Angriffen (DDoS), der automatisch bösartige IPs identifiziert und blockiert.
Wiederherstellend	Sie können sich auf Wiederherstellungsmaßnahmen verlassen, um Schäden zu beheben, die als Folge eines Angriffs entstanden sind. Beispiele für wiederherstellende Maßnahmen sind Funktionen zur Sicherung und Wiederherstellung.
Abschreckend	Abschreckende Maßnahmen dienen meist dazu, potenzielle Angreifer davon zu überzeugen, dass die Kosten eines Angriffs höher sein könnten als der potenzielle Gewinn. Ein Beispiel dafür ist die Implementierung von Audit-Funktionen im Hinblick auf böswillige Insider.

Tabelle 2-1 Einige gängige Arten von Sicherheitsmaßnahmen

Wenn Sie die beiden vorherigen Beispiele mit diesem neuen Wissen betrachten, sollten Sie in der Lage sein, einen besseren Weg zu finden, sie zu sichern.

Für das erste Beispiel, das sich auf DMZs bezieht, könnten Sie zusätzliche Präventivmaßnahmen in Betracht ziehen, zum Beispiel die Einführung von bedingtem Zugriff, um Clients oder Konten zu sperren, die als potenzielle Risiken identifiziert wurden. Dieser Ansatz würde Microsoft Defender for Identity, Microsoft Defender for Endpoints und Intune erfordern. Zusammen können diese Tools eine ziemlich genaue Bewertung des Risikos liefern, das von den Benutzern und ihren Geräten ausgeht. Eine andere Vorgehensweise könnte darin bestehen, die Art der Überwachung insgesamt zu ändern. Sie könnten zum Beispiel die von den Firewalls blockierten Anfragen überwachen (eine detektivische Maßnahme) und die angreifende IP-Adresse für eine gewisse Zeit blockieren, wenn die Anzahl der Fehler über dem von Ihnen festgelegten Schwellenwert liegt. Darüber hinaus könnten Sie Ihr System so einrichten, dass es eine Warnung ausgibt, wenn dies zu oft geschieht. Diese Maßnahme wäre sowohl korrektiv (weil sie laufende Angriffe blockiert) als auch detektivisch (weil sie eine Warnmeldung auslöst). Dieser Ansatz wäre daher eine beispielhafte Anwendung des Grundsatzes Defense in Depth.

Das zweite Beispiel, das sich auf Benutzer bezieht, die eine Datei auf Azure Storage hochladen, könnte in ähnlicher Weise verbessert werden, indem man eine andere präventive Kontrolle hinzufügt – zum Beispiel strenge Zugriffsregeln, damit Benutzer nur auf einen bestimmten Ordner innerhalb von Azure Storage zugreifen können. Obwohl dieser Ansatz eine deutliche Verbesserung darstellt, könnten Sie noch mehr erreichen, indem Sie eine andere Art von Schutzmaßnahme hinzufügen. Sie könnten zum Beispiel eine detektivische Maßnahme einführen, indem Sie Ihr System so einrichten, dass eine Warnung ausgegeben wird, wenn eine fehlerhafte Datei empfangen wird. Oder Sie könnten eine korrektive Maßnahme ergänzen, die den Absender für eine gewisse Zeit blockiert, um laufende Angriffe zu verzögern.

Manchmal stellen Lösungen gleichzeitig mehrere Arten von Schutzmaßnahmen zur Verfügung. Azure Application Gateway mit WAF und Microsoft Defender für Endpunkt sind beispielsweise sowohl detektivische Maßnahmen (da sie die Erkennung abnormaler Situationen ermöglichen, die möglicherweise laufende Angriffe darstellen) als auch präventive Maßnahmen (da sie Angriffe blockieren können). Microsoft Defender für Endpunkt kann auch Konten sperren, die als potenziell gefährdet identifiziert wurden. Daher stellt er auch eine korrektive Maßnahme dar.

An diesem Punkt werden Sie sich vielleicht fragen, wann Sie aufhören sollten, nach zusätzlichen Maßnahmen zu suchen, die Sie implementieren können. Natürlich steigt die Sicherheit Ihrer Lösung mit der Anzahl der Maßnahmen. Gleichzeitig steigen die Implementierungs- und Betriebskosten, wenn neue Maßnahmen hinzugefügt werden. Sie sollten also ein Gleichgewicht zwischen den Kosten, die Ihnen durch potenzielle Angriffe entstehen, und den Kosten, die Ihnen durch die Implementierung und den Betrieb der zusätzlichen Schutzmaßnahmen entstehen, herstellen. Abbildung 2-4 zeigt diesen »Sweet Spot«, den Optimalpunkt, bei dem die Gesamtkosten minimiert werden.

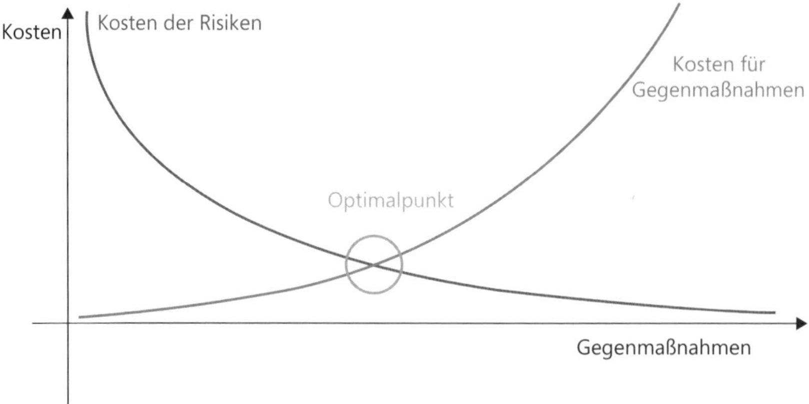

Abbildung 2-4 Optimierung des Restrisikos. Quelle: *https://azsec.tech/f48*.

An diesem Punkt sollten Sie idealerweise aufhören. In Wirklichkeit können Sie sogar noch früher aufhören. Es kann genügen, einen Punkt zu erreichen, an dem die potenziellen Verluste als akzeptabel angesehen werden, auch wenn es nicht das Beste ist, was Sie erreichen könnten. An diesem Punkt brauchen Sie keine weiteren Schutzmaßnahmen mehr zu ergreifen, da Sie Ihr Sicherheitsziel bereits erreicht haben.

Einfachheit der Mechanismen

Beim Prinzip der Einfachheit der Mechanismen (Economy of Mechanism) geht es um Einfachheit. Das heißt, je komplexer ein System ist, desto schwieriger ist es, es zu verstehen. Und je schwerer es zu verstehen ist, desto schwieriger ist es, Fehler und Fallstricke zu vermeiden, die ein böswilliger Akteur ausnutzen könnte, um es zu kompromittieren.

Saltzer und Schroeder beschreiben dies folgendermaßen:

> *»Halten Sie das Design so einfach und klein wie möglich. Dieser wohlbekannte Grundsatz gilt für jeden Aspekt eines Systems, aber bei Schutzmechanismen ist er aus diesem Grund besonders hervorzuheben: Entwurfs- und Implementierungsfehler, die zu unerwünschten Zugriffswegen führen, werden bei normaler Nutzung nicht bemerkt (da bei normaler Nutzung normalerweise nicht versucht wird, unzulässige Zugriffswege zu nutzen). Daher sind Techniken wie die zeilenweise Inspektion von Software und die physische Untersuchung von Hardware, die Schutzmechanismen implementiert, erforderlich. Damit solche Techniken erfolgreich sein können, ist ein kleines und einfaches Design unerlässlich.«*

Die erste Überlegung zum Prinzip der Einfachheit der Mechanismen ist, dass Sie Ihre Lösungen so einfach wie möglich gestalten müssen. Andernfalls öffnen Sie möglicherweise Angriffswege, die aufgrund der Komplexität der Lösung eine Zeit lang unentdeckt bleiben können. Dies macht eine Ursachenanalyse nahezu unmöglich.

Bei komplexen Lösungen ist es schwieriger, Angriffe zu erkennen und zu verstehen, was bedeutet, dass die Wahrscheinlichkeit größer ist, dass Angriffe erfolgreich sind und für längere Zeit unentdeckt bleiben.

Das Prinzip der Einfachheit von Mechanismen kann auch ein guter Leitfaden für die Auswahl der besten Arten von Clouddiensten sein. Wenn Sie sich auf PaaS oder noch besser SaaS verlassen, wird ein Teil der Komplexität abstrahiert, sodass Sie sich auf das Wesentliche konzentrieren können: die Lösung selbst. So abstrahieren beispielsweise Dienste wie Azure Functions und Azure SQL Serverless den Ort, an dem der Code ausgeführt oder die Daten gespeichert werden; all dies wird von der Infrastruktur verwaltet. Dadurch werden viele Aktivitäten einfacher, was bedeutet, dass Sie noch weniger Konfigurationsfehler machen und Ihre Lösung daher sicherer ist. Der Nachteil ist natürlich, dass Sie etwas Kontrolle einbüßen.

Mehr über die Einfachheit von Mechanismen erfahren Sie hier: *https://azsec.tech/Op2*.

Sichere Standardeinstellungen

In der Originalarbeit von Saltzer und Schroeder über die Grundsätze des Sicherheitsdesigns wird der Begriff »Fail-safe Defaults« eingeführt. Saltzer und Schroeder beschreiben diese als die Notwendigkeit, »Zugriffsentscheidungen auf der Grundlage von Berechtigungen und nicht von Ausschlüssen zu treffen«. Anders ausgedrückt geht es bei diesem Prinzip darum, den Zugriff zu gewähren, weil man weiß, dass eine Anfrage sicher ist, anstatt sie zu verweigern, wenn man weiß, dass sie nicht sicher ist. Es ist kompliziert, im Voraus zu bestimmen, was verhindert werden soll. Höchstwahrscheinlich wird man etwas übersehen. Daher ist es viel sicherer, wenn Sie sorgfältig festlegen, was erlaubt ist, und alles andere ablehnen.

Dieses Prinzip wird deswegen Fail-safe Defaults genannt, weil seine Anwendung dazu führen kann, dass gültige Anfragen abgelehnt werden, weil die Definition dessen, was sicher ist, zu restriktiv ist. Normalerweise beeinträchtigt eine zu restriktive Definition die Sicherheit nicht. Wenn Sie jedoch so restriktiv vorgehen, dass legitime Benutzer keine legitime Arbeit mehr ausführen können, kann dies zu einem Problem bei der Verfügbarkeit von Diensten führen, was sich auf die Sicherheit auswirkt. Dennoch sind beide Szenarien besser als die Vernachlässigung dieses Prinzips und die Definition dessen, was nicht sicher ist, anstatt dessen, was sicher ist, was dazu führen könnte, dass Ihre Lösung bösartige Eingaben als sicher akzeptiert.

In der Regel ist es sicherer, zu restriktiv zu sein als zu freizügig.

Fail Safe und Fail Secure

Fail Safe und Fail Secure sind zwei weitere Prinzipien des Sicherheitsdesigns im Papier von Saltzer und Schroeder. Laut NIST ist *Fail Safe* »ein Modus zur Beendigung von Systemfunktionen, die Schaden verhindert«. Und unter *Fail Secure* verstehen wir laut NIST einen »Modus zur Beendigung von Systemfunktionen, die den Verlust eines sicheren Zustands verhindert, wenn im System ein Fehler auftritt oder erkannt wird (wobei dies dann dennoch Schaden an einer Systemressource oder Systemeinheit verursachen kann)«. Diese beiden Grundsätze betreffen also die Frage, was im Falle eines Fehlers geschieht.

Nach dem Prinzip Defense in Depth wird jede Schutzmaßnahme scheitern, die eingeführt wird. Um Ihre Lösung abzusichern, benötigen Sie daher einen Plan zur Minimierung oder gar Beseitigung der Schäden, die bei einem Fehler entstehen. Darum geht es beim Fail-Safe-Prinzip. Man muss auch akzeptieren, dass es unmöglich ist, alle möglichen, durch einen Fehler verursachten Schäden zu vermeiden. Ab einem bestimmten Punkt wird ein Schaden auftreten. Der Fokus von Fail Secure liegt darin, sicherzustellen, dass Fehler nicht zu einer unsicheren Lösung führen, auch wenn sie einen gewissen Schaden verursachen.

Angenommen, Ihre Lösung hängt von einem externen Dienst ab und ein Angreifer schafft es, diesen Dienst offline zu schalten. In diesem Fall könnten Sie automatisch die Funktionen deaktivieren, die von diesem Dienst abhängen. Dies könnte natürlich erhebliche Auswirkungen auf Ihre Lösung haben. Es könnte sogar sein, dass Sie wesentliche Dienste nicht mehr bereitstellen können. Im schlimmsten Fall können Sie aber immer noch ein Minimum an Diensten bereitstellen, zum Beispiel die Information an Ihre Benutzer, dass Sie technische Schwierigkeiten haben.

Lassen Sie uns ein praktisches Beispiel betrachten. Nehmen wir an, dass Ihre Lösung eine Verbindung zu einem externen Dienst über HTTPS herstellen muss und dass die Zertifizierungsstelle (Certification Authority, CA), die das Zertifikat für diesen Dienst ausgestellt hat, an einem bestimmten Ort eine Zertifikatswiderrufsliste (Certificate Revocation List, CRL) veröffentlicht. Nehmen wir nun an, dass der CRL-Speicherort nicht mehr verfügbar ist und Ihre zwischengespeicherte Kopie der CRL abläuft, was bedeutet, dass Sie sich nicht mehr auf sie verlassen können. Was soll die Anwendung tun?

Da ein böswilliger Akteur das Zertifikat gestohlen haben könnte, sollte Ihre Anwendung dem externen Dienst nicht mehr vertrauen. Daher sollten alle Aktivitäten, die eine Interaktion mit dem externen Dienst erfordern, gestoppt werden, während alles andere aktiv bleibt. Außerdem sollte sie die Benutzer über technische Probleme informieren und gleichzeitig einen Alarm auslösen, damit die Mitarbeiter, die die Lösung betreiben, sich umgehend um die Fehlersuche und -behebung kümmern können. Natürlich würden Sie durch die vorübergehende Nichtverfügbarkeit einiger Funktionen Ihrer Lösung einen gewissen Schaden erleiden. Dennoch haben Sie durch die Anwendung des Fail-Secure-Grundsatzes die Sicherheit Ihrer Lösung in hohem Maße gewährleistet!

Ein zweites Beispiel: Nehmen wir an, der vorherige externe Dienst empfängt Nachrichten von Ihrem System, und es besteht keine strikte Anforderung an eine sofortige Verarbeitung. Also speichern Sie sie in einer lokalen Datenbank, während der externe Dienst nicht verfügbar ist. Sobald der externe Dienst wieder verfügbar ist, können Sie die nicht gesendeten Nachrichten aus der Datenbank abrufen und an den externen Dienst senden. Dieses Szenario ist ein Beispiel für das Fail-Safe-Prinzip, da die Sicherheit Ihres Systems nicht gefährdet wäre und Sie keinen Verlust erleiden würden.

Minimale gemeinsame Ressourcen

Das Prinzip der minimalen gemeinsamen Ressourcen (Least Common Mechanism) ist ein Sicherheitsprinzip, das besagt, dass man, um das NIST zu zitieren, »vermeiden sollte, dass mehrere Subjekte Mechanismen gemeinsam nutzen, um Zugang zu einer Ressource zu gewähren«. Dies könnte der Fall sein, wenn mehrere Dienste dieselben Kommunikationskanäle nutzen; ein böswilliger Akteur könnte alle diese Systeme beeinträchtigen, indem er eines davon angreift.

Hier ein Beispiel. Angenommen, Sie haben eine Warteschlange, die von vielen Diensten gemeinsam genutzt wird. Wenn ein Flood-Angriff auf einen dieser Dienste abzielt, kann es auch bei den anderen Diensten zu Beeinträchtigungen kommen. Ein anderes Beispiel wäre der Einsatz derselben Webanwendung für privilegierte und unprivilegierte Benutzer. Da diese Webanwendung den Code für beide Benutzerkategorien enthält, könnte ein böswilliger Benutzer in der Lage sein, eine Schwachstelle auszunutzen und den Code auszuführen, der höhere Privilegien erfordert.

Sie können all diese Probleme entschärfen, indem Sie die betroffenen Systeme isolieren. Das heißt, anstatt eine einzige Warteschlange zu implementieren, die von allen Diensten gemeinsam genutzt wird, können Sie mehrere unterschiedliche Warteschlangen definieren. Oder statt einer einzigen Webanwendung für privilegierte und unprivilegierte Benutzer können Sie zwei verschiedene Webanwendungen erstellen – eine für jeden Benutzertyp – und sicherstellen, dass keine der beiden Anwendungen die andere beeinflussen kann.

Bei Cloudinfrastrukturen wie Azure gibt es ein weiteres kritisches Szenario, bei dem das Prinzip minimale gemeinsame Ressourcen eine wichtige Rolle spielt: VM-Hosting. Tatsache ist, dass alle Dienste – IaaS, PaaS und SaaS – virtualisiert sind. In der Cloud werden die Anwendungen also in der Regel an zufälligen Orten bereitgestellt. Das bedeutet, dass Sie Ihre »Nachbarn« nicht kennen, was wiederum bedeutet, dass Sie denselben Rechner wie Ihr Konkurrent oder, schlimmer noch, ein bösartiger Akteur verwenden könnten!

Nach dem Grundsatz der minimalen gemeinsamen Ressourcen kann dies schlecht sein. Aber was sollten Sie tun? Und was noch wichtiger ist: Sollten Sie überhaupt etwas tun? Diese beiden Fragen sind von grundlegender Bedeutung, und wir sind nicht die Einzigen, die sie sich stellen. In der Tat hat Microsoft mehrere Schutzmaßnahmen eingeführt, um diese Risiken zu mindern.

Eine solche Maßnahme ist die schnelle Anwendung von Sicherheits-Patches. Microsoft wendet Sicherheitskorrekturen auf die Infrastruktur an, ohne auch nur auf die Veröffentlichung des Sicherheitsbulletins zu warten. Schließlich macht es keinen Sinn, unnötig zu warten, und die Beschleunigung der Bereitstellung dieser Korrekturen verringert die Wahrscheinlichkeit eines Angriffs auf die Plattform. (Natürlich schützt dies nicht unbedingt Ihre IaaS-Infrastruktur, denn es liegt in Ihrer Verantwortung, sie zu patchen, aber das ist eine andere Geschichte.)

Neben dem schnellen Patchen gibt es auch noch andere Schutzmaßnahmen. So werden beispielsweise Host-Rechner gehärtet, damit sie viel schwerer zu kompromittieren sind. Darüber hinaus unterhält Microsoft Bounty-Programme zur Förderung der Sicherheit. Im Rahmen dieser Programme suchen Forscher aktiv nach Schwachstellen in Microsoft-Produkten, einschließlich Hyper-V, der Virtualisierungs-Engine, mit der die meisten Azure-Dienste bereitgestellt werden.

Weitere Informationen über das aktuelle Bounty-Programm für Hyper-V finden Sie unter *https://azsec.tech/bpq*. Während wir diese Zeilen schreiben, zahlt Microsoft bis zu 250.000 US-Dollar für das Auffinden eines Remote Code Execution-Bugs, der es Angreifern ermöglicht, die Grenzen des Hypervisors zu umgehen und den Host oder eine andere Gast-VM zu kompromittieren.

Sich auf den Patching-Prozess von Microsoft und andere Maßnahmen zu verlassen, ist nicht die einzige Option, um das Risiko eines bösartigen Nachbarn zu mindern. Um dieses Risiko weiter einzuschränken, können Sie auf Azure Dedicated Host zurückgreifen. Mit Azure Dedicated Host steht Ihnen ein physischer Rechner zur Verfügung, der Ihnen garantiert, dass Sie keine externen Nachbarn haben werden.

Weitere Informationen zu Azure Dedicated Host finden Sie unter *https://azure.microsoft.com/products/virtual-machines/dedicated-host*.

Die Kombination dieser beiden Ansätze – der eine ist bereits in Azure enthalten, der andere wird über einen von Azure zur Verfügung gestellten Dienst bereitgestellt, um Ihre Sicherheit zu verbessern – stellt eine großartige Möglichkeit dar, Ihr Risiko entscheidend zu verringern.

Im Hinblick auf die Frage dieses Abschnitts – sollten Sie zusätzliche Schutzmechanismen einführen, um das Risiko zu verringern – lautet die Antwort wie immer: Es kommt darauf an. Fragen Sie sich: Wäre das Risiko akzeptabel, wenn Sie diese zusätzlichen Schutzmechanismen nicht einführen würden? Denken Sie daran, dass absolute Sicherheit kein erreichbares Ziel ist. Sie sollten also gerade genug Sicherheit anstreben. Alles, was darüber hinausgeht, stellt einen unnötigen Kostenfaktor dar. Woher wissen Sie, wann Sie gerade genug Sicherheit haben? Ein gutes Bedrohungsmodell kann Ihnen helfen, diese Frage zu beantworten. Mehr dazu erfahren Sie in Kapitel 4.

Minimale Berechtigungen

Minimale Berechtigungen (engl. least privilege) ist ein grundlegendes Sicherheitskonzept. Wie Wikipedia erklärt, bedeutet minimale Berechtigungen, dass »jedes Modul (je nach Thema ein Prozess, ein Benutzer oder ein Programm) nur auf die Informationen und Ressourcen zugreifen können muss, die für seinen legitimen Zweck notwendig sind.« Sie haben dieses Prinzip bereits im Abschnitt »Zero Trust für Entwickler« kennengelernt.

Wie bereits erwähnt, besagt das Prinzip Defense in Depth, dass jeder Schutz, den Sie einrichten, irgendwann versagen wird. Es gibt keine Garantie dafür, dass Sie Benutzerkonten vollständig schützen können, weshalb Sie davon ausgehen müssen, dass sie letztendlich gefährdet sind. Das bedeutet jedoch nicht, dass Sie Ihre Lösungen nicht schützen können. Im Gegenteil, Sie können viel tun, um Angreifern das Leben schwer zu machen und die meisten von ihnen sogar aufzuhalten. Das Prinzip der minimalen Berechtigungen ist eine der stärksten Waffen in Ihrem Arsenal, um dies zu erreichen.

Die Idee hinter dem Prinzip der minimalen Berechtigungen ist, dass nicht alle Benutzer gleich sind. Einige Benutzer erhalten Privilegien – manchmal sogar sehr weitreichende –, während andere keine haben. Wenn es einem Angreifer gelingt, sich als ein legitimer Benutzer mit umfangreichen Rechten auszugeben, erbt er diese Rechte und kann Schaden anrichten. Wenn der Angreifer hingegen ein Konto mit weniger Berechtigungen kompromittiert, das nur grundlegende Aktivitäten ausführen kann, sind seine Möglichkeiten sehr viel eingeschränkter. Die Idee besteht also darin, sicherzustellen, dass jeder Benutzer nur die Berechtigungen erhält, die er für seine Arbeit benötigt, und zwar nur für die Zeit, in der er sie benötigt, und nicht mehr.

In Azure können Sie dies erreichen, indem Sie von Microsoft Entra ID bereitgestellte Funktionen wie Microsoft Entra ID Zugriffsüberprüfungen nutzen. Dieser Dienst ermöglicht die regelmäßige Überprüfung von Konten, um zu gewährleisten, dass Ihre Rechte nicht länger als nötig zugewiesen werden. Ein weiteres hilfreiches Tool ist Azure AD Privileged Identity Management (PIM), das Berechtigungen bei Bedarf erteilt und sie automatisch entzieht, wenn sie nicht mehr benötigt werden.

Weitere Informationen zu Microsoft Entra ID Zugriffsüberprüfungen finden Sie unter *https://learn.microsoft.com/azure/active-directory/governance/access-reviews-overview*. Um mehr über Microsoft Entra ID PIM zu erfahren, besuchen Sie *https://learn.microsoft.com/azure/active-directory/privileged-identity-management/pim-configure*.

Allein durch die Anwendung des Prinzips der minimalen Berechtigungen wird Ihr Unternehmen viele mögliche Probleme entschärfen. Das bedeutet jedoch nicht, dass Sie Ihre Situation nicht noch weiter verbessern können. So müssen Sie beispielsweise nur einigen wenigen Benutzern administrative Rechte zuweisen. Einer der gängigsten Ansätze besteht darin, jedem dieser Benutzer zwei verschiedene Konten zuzuweisen – eines mit minimalen (wenn überhaupt) zugewiesenen Privilegien und das andere mit allen erforderlichen administrativen Berechtigungen. Auf diese Weise kann jeder dieser Benutzer sein Konto mit administrativen Rechten nur dann verwenden, wenn es unbedingt erforderlich ist, und den Rest der Zeit das weniger privilegierte Konto nutzen, um das Risiko einer Kompromittierung zu verringern.

Wenn Sie diesen Ansatz wählen, sollten Sie die beiden Konten so trennen, dass es nicht möglich ist, mit dem weniger privilegierten Konto Aktionen auszuführen, die das privilegiertere Konto erlaubt, und umgekehrt. Sie könnten beispielsweise das unprivilegierte Konto so einrichten, dass es auf externe Ressourcen wie kommerzielle Websites zugreifen kann, aber dem privilegierten Konto den Zugriff darauf verwehren. Um die Anfälligkeit weiter einzuschränken, sollten Sie die beiden Konten auf unterschiedlichen Rechnern betreiben und das privilegierte Konto nur auf gesicherten Geräten, wie zum Beispiel Geräte mit privilegiertem Zugriff (Privileged Access Workstations, PAWs), verwenden.

Informationen zu PAWs und zu ihrer Erstellung finden Sie unter *https://learn.microsoft.com/security/privileged-access-workstations/privileged-access-devices* und *https://learn.microsoft.com/security/privileged-access-workstations/privileged-access-deployment*.

Die Anforderung, Konten und Rechner zu duplizieren, gilt in der Regel nicht für alle Benutzer. Stattdessen gilt sie in den meisten Unternehmen nur für die Benutzer im Unternehmen, die die am weitesten reichenden Berechtigungen besitzen. Außerdem ist es möglich, diese PAWs zu virtualisieren und sogar auf demselben physischen Rechner zwei VMs zu nutzen: die erste für alle privilegierten Aktivitäten und die zweite für alles andere. Auf diese Weise würden sich die Unannehmlichkeiten in Grenzen halten.

Sie fragen sich vielleicht, warum dieser Grundsatz für Sie wichtig ist, da Sie nur Cloudanwendungen entwickeln. Die Verwaltung von Microsoft Entra ID ist die Angelegenheit von jemand anderem, warum sich also die Mühe machen? Tatsache ist, dass Ihre Lösung die Zuweisung von Berechtigungen für ihre eigene Verwaltung erfordert. Bei einigen Anwendungen, wie zum Beispiel mandantenfähigen SaaS-Lösungen, müssen Sie auch einige Benutzer mit den Rechten ausstatten, die für die Verwaltung ihrer Mandanten erforderlich sind. Es liegt in Ihrer Verantwortung, diese Rechte so zu gestalten, dass sie dem Prinzip der minimalen Berechtigungen entsprechen.

Vorhandene Komponenten nutzen

Die Nutzung vorhandener Komponenten ist eines dieser Prinzipien, das nicht in Saltzers und Schroeders Beschreibung enthalten ist. Am besten lässt es sich vielleicht anhand einer persönlichen Geschichte beschreiben. Das erste Projekt, das ich als Microsoft-Berater durchführte, erforderte die Entwicklung eines Cache. Damals gab es noch keinen Open Source, und die ehrwürdige und inzwischen eingestellte Patterns and Practices-Initiative von Microsoft war damals eine Sache, die erst Jahre später Wirklichkeit wurde. Also entwickelte unser Team einen Cache. Als das Projekt abgeschlossen war, begann unser Team mit der Arbeit an einem anderen Projekt, für das ebenfalls ein Cache benötigt wurde. Haben wir den Cache, den wir für das vorherige Projekt entwickelt hatten, wiederverwendet? Nein. Wir hatten zwar die Rechte, ihn wiederzuverwenden, aber unser leitender Entwickler war damit nicht zufrieden. Also haben wir andere Ressourcen investiert, um etwas Neues zu entwickeln.

Wenn Sie die Initiative »Patterns and Practices« noch nicht kennen, können Sie ihre Geschichte unter *https://learn.microsoft.com/archive/msdn-magazine/2009/may/patterns-and-practices-simplifying-patterns-and-practices* nachlesen.

Diese Geschichte ist aus historischer Sicht interessant, weil sie zeigt, wie wir vor mehr als 20 Jahren gearbeitet haben. Sie ist auch ein klares Beispiel dafür, wie wichtig es ist, unter geschäftlichen Aspekten Open Source zu nutzen. Aus der Sicht der Sicherheit ist dies jedoch ein wahrer

Albtraum. Die wiederholte Erstellung der von Ihnen verwendeten Komponenten hat erhebliche Auswirkungen auf die Sicherheit, denn Sie geben ihnen keine Zeit, sich zu konsolidieren und zu reifen. Denken Sie darüber nach: Würden Sie eine Anwendung erstellen, um Notepad zu ersetzen, wenn Sie dessen Funktionen benötigen? Nein, natürlich nicht! Der Aufwand, der erforderlich wäre, um sie auf vergleichbarem Niveau zu implementieren und zu testen, würde dieses Unterfangen zu teuer machen, ganz zu schweigen davon, dass Sie hiermit Ihre kostbare Zeit verschwenden würden.

Dieses Szenario hat zur Entwicklung des Prinzips der Nutzung vorhandener Komponenten geführt, das von Ihnen verlangt, vorhandene Komponenten zu übernehmen, wann immer sie verfügbar und anwendbar sind, anstatt eigene zu entwickeln.

Dieses Prinzip ist aus mehreren Gründen interessant. Erstens ist die Verwendung von Komponenten Dritter wie Open-Source-Code eine ausgezeichnete Wahl – vielleicht. Tatsache ist, dass nicht alle Open-Source-Projekte gleich sind. Einige dieser Projekte haben viele Mitwirkende und eine lange Geschichte voller Verbesserungen, und einige besonders erfolgreiche Projekte wurden von Millionen von Benutzern übernommen. Diese tugendhaften Beispiele für Open-Source-Projekte werden gelegentlich von Sicherheitsexperten unter die Lupe genommen, und einige bieten sogar Bug-Bounties an. Dies gilt jedoch nicht für die große Mehrheit der Open-Source-Projekte. Die meisten werden von einem einzigen Entwickler gepflegt, von einigen wenigen Nutzern angenommen und nur sporadisch aktualisiert. Sicherheitsexperten nehmen diese Projekte nur selten unter die Lupe, da sie wegen der Identifizierung ihrer Schwachstellen sich keinen Namen machen würden. Daher ist die Übernahme dieser Art von Open-Source-Komponenten nicht unbedingt eine bessere Wahl als die Wiederverwendung Ihres eigenen Codes. Im Gegenteil, einige dieser vernachlässigten Projekte stellen sogar ein noch größeres Risiko dar.

Eine zweite Überlegung ist, dass man bei Azure aufgrund des Prinzips der Nutzung vorhandener Komponenten SaaS gegenüber PaaS und PaaS gegenüber IaaS vorziehen sollte. Das liegt daran, dass man bei einer IaaS-Lösung das meiste selbst implementieren muss, während Azure bei PaaS und SaaS eine zunehmende Anzahl von Komponenten und eine größere Menge an Logik für Sie bereitstellt.

Offener Entwurf

Nach Saltzer und Schroeder bedeutet die Anwendung des Prinzips des offenen Entwurfs, dass das Design einer Lösung nicht geheim ist. Sie erklären:

> *»Die Mechanismen sollten nicht von der Unwissenheit potenzieller Angreifer abhängen, sondern vielmehr vom Besitz bestimmter, leichter zu schützender Schlüssel oder Kennwörter. Diese Entkopplung der Schutzmechanismen von den Schutzschlüsseln ermöglicht es, dass die Mechanismen von vielen Prüfern untersucht werden können, ohne dass man befürchten muss, dass die Überprüfung selbst die Schutzmechanismen gefährdet. Darüber hinaus kann sich jeder skeptische Benutzer davon überzeugen, dass das System, das er benutzen will, für seine Zwecke geeignet ist. Schließlich ist es einfach nicht realistisch, zu versuchen, jedes System, das weitverbreitet wird, geheim zu halten.«*

Sie kennen vielleicht ein ähnliches Prinzip, das Kerckhoffs'sche Prinzip, benannt nach dem Linguisten und Kryptografen Auguste Kerckhoffs aus dem 19. Jahrhundert. Dieser Grundsatz besagt, dass »ein Kryptosystem auch dann sicher sein sollte, wenn alles über das System, mit Ausnahme des Schlüssels, öffentlich bekannt ist«.

Das Prinzip des offenen Entwurfs ist der schlimmste Feind von jedem, der Sicherheit durch Unklarheit erreichen will. Wenn Sie davon ausgehen, dass Ihre Lösung sicher ist, weil niemand weiß, wie man sie kompromittieren kann, dann wird sie unsicher, wenn jemand herausfindet, wie man es tun kann. Und Sie können sicher sein, dass dies jemand tun wird, denn unabhängig davon, wie Sie Ihre Lösung gesichert haben, können Sie davon ausgehen, dass andere in der Vergangenheit dasselbe getan haben oder in Zukunft tun werden. Es ist also sicherer, Ihre Lösung mit Algorithmen und Mustern zu sichern, die allgemein bekannt sind und als sicher gelten.

Die Unklarheit hat auch andere Nachteile. Wie Saltzer und Schroeder festgestellt haben, können Prüfer Ihre Lösung zum Beispiel nicht überprüfen. Außerdem können Ihre Stakeholder nicht überprüfen, was Sie tun, und Ihre Reaktion könnte sich verzögern, wenn ein Zwischenfall eintritt. Die Wahrheit ist, dass die Unklarheit meist nicht aus Sicherheitsgründen, sondern zum Schutz des geistigen Eigentums Ihrer Lösung eingesetzt wird. Das Fazit ist, dass der Einsatz von Obskurität die Sicherheit beeinträchtigen kann und daher nach Möglichkeit vermieden werden sollte.

Sie sollten Sicherheit nicht als etwas Absolutes betrachten – etwas, das Sie einmal erreichen und dann niemals verlieren können. Im Gegenteil: Was heute als sicher gilt, kann später unsicher werden. Die Kryptografie ist voll von solchen Beispielen, wie DES, RC4, MD5 und SHA1. Sie müssen Ihre Lösung ständig neu bewerten, damit sie sicher bleibt.

Dennoch kann es in manchen Fällen sinnvoll sein, den Entwurf zu verstecken, um einen Angreifer aufzuhalten. Wie bereits in Tabelle 2-1 erwähnt, besteht das Hauptziel von vorbeugenden oder verhindernden Schutzmaßnahmen darin, Ihnen Zeit zu verschaffen, damit andere Schutzmaßnahmen greifen können. Daher kann die Unklarheit immer noch eine gewisse Rolle spielen. Dennoch ist es mit Sicherheit kontraproduktiv, wenn Sie Ihre gesamte Sicherheitsstrategie darauf aufbauen.

Offener Entwurf vs. Open Source

Offener Entwurf und Open Source sind nicht unbedingt miteinander verbunden. Das heißt, ein offenes Design bedeutet nicht, dass Ihre Lösung auch quelloffen ist. In diesem Zusammenhang könnten Sie eine Lösung mit offenem Design erstellen, deren Quellcode so komplex ist, dass er schwer zu analysieren ist, was in gewisser Weise seine »Offenheit« negiert. Es kann sogar sein, dass Sie dies absichtlich tun, indem Sie ein Verfahren wie die Quellcode-Obfuskation verwenden, die die Untersuchung des Codes erschwert. Weitere Informationen zur Quellcode-Obfuskation finden Sie unter *https://azsec.tech/mui*.

Sowohl Open Source als auch offener Entwurf können die Qualität und die Sicherheit Ihrer Lösung erhöhen, aber das Sicherheitsprinzip des offenen Entwurfs konzentriert sich natürlich auf Letzteres. In der Tat sollte ein offener Entwurf fast als Voraussetzung für die Erreichung von Sicherheit angesehen werden. Was die Auswirkungen von Open Source auf die Sicherheit betrifft, so werden diese, wie im Abschnitt »Vorhandene Komponenten nutzen« erörtert, in den meisten Fällen begrenzt sein, abgesehen von einigen wenigen Open-Source-Projekten, die von Millionen von Nutzern angenommen und von Sicherheitsexperten ständig überprüft werden.

Psychologische Akzeptanz

Saltzer und Schroeder definieren das Prinzip der psychologischen Akzeptanz als die Notwendigkeit, menschliche Schnittstellen so zu gestalten, dass sie »einfach zu bedienen sind, damit die Benutzer die Schutzmechanismen routinemäßig und automatisch korrekt anwenden. In dem Maße, in dem die mentale Vorstellung des Benutzers von seinen Schutzzielen mit den von ihm zu verwendenden Mechanismen übereinstimmt, werden auch Fehler minimiert. Wenn er seine Vorstellung von seinen Schutzbedürfnissen in eine völlig andere Spezifikationssprache übersetzen muss, wird er Fehler machen«.

Dieser Grundsatz wird gemeinhin so verstanden, dass leichte und einfache Sicherheitsanforderungen für die Benutzer akzeptabler sein können als zu komplexe Aufgaben. Aber auch andere Faktoren wie Routine können eine Rolle spielen und dazu führen, dass Benutzer schlechtere Ansätze bevorzugen. Veränderungen werden oft als inakzeptabler Aufwand betrachtet – selbst dann, wenn sie zum Besseren sind. Die wichtigste Erkenntnis aus diesem Sicherheitsprinzip ist, dass Sie niemals davon ausgehen sollten, dass die Benutzer die von Ihnen vorgeschlagenen Änderungen akzeptieren werden, auch wenn sie zum Besseren sind. Selbst einfache Änderungen, wie die Implementierung von MFA, können es erforderlich machen, dass Sie die Benutzer in den verschiedenen Phasen der Einführung schulen, überzeugen und unterstützen. Wenn Sie im Interesse der Sicherheit noch umfangreichere Änderungen einführen müssen, kann es erforderlich sein, ein Change Management Framework wie das ADKAR-Modell von Prosci einzusetzen. Dieses Modell soll helfen, zu verstehen, wie Veränderungen ablaufen, und den Weg des Veränderungsmanagements zu planen. Es umfasst fünf Phasen, von denen sich der Name des Modells ableitet: Awareness (Bewusstsein), Desire (Verlangen/Wunsch), Knowledge (Wissen), Ability (Fähigkeit) und Reinforcement (Verstärkung/Verankerung).

Wir befürworten Prosci nicht per se; wir kennen es einfach, weil es von Microsoft übernommen wurde.

Seien Sie sich bewusst, dass dieser Grundsatz nicht nur für unprivilegierte Benutzer, sondern auch für Administratoren gilt. Wenn Sie beispielsweise vorschlagen, dass Administratoren zwei verschiedene Konten verwenden, um die Sicherheit zu erhöhen, wobei jedes Konto für eine Reihe unterschiedlicher Aufgaben und Systeme bestimmt ist, könnten Sie auf starken Widerstand und geringe Akzeptanz stoßen. Daher sollten Sie eine akzeptablere Lösung definieren, auch wenn dies bedeutet, dass Sie auf einen Teil der Sicherheit verzichten müssen, und mit den Administratoren zusammenarbeiten, um die Annahme dieser Lösung zu erleichtern.

Funktionstrennung

Die Funktionstrennung (engl. separation of duties) ist einer der Grundsätze, die in dem Papier von Saltzer und Schroeder nicht enthalten sind. Laut NIST ist die Funktionstrennung »das Prinzip, dass kein Benutzer genügend Privilegien erhalten sollte, um das System allein zu missbrauchen. Zum Beispiel sollte die Person, die einen Gehaltsscheck autorisiert, nicht auch diejenige sein, die ihn vorbereiten kann«. Es gibt verschiedene Möglichkeiten, dieses Prinzip umzusetzen, darunter auch zwei Tools, die Azure selbst zur Verfügung stellt.

Das erste Werkzeug ist die rollenbasierte Zugriffssteuerung (Role Based Access Control, RBAC) von Microsoft Entra ID. Mit RBAC können Sie genau festlegen, wer die verschiedenen Ressourcen konfigurieren kann und wer auf die Daten zugreifen darf. Nehmen wir an, Sie weisen einer Benutzergruppe für eine Azure Storage-Instanz die Rolle Mitwirkender zu. In diesem Fall können die Mitglieder dieser Benutzergruppe die Konfiguration der Azure Storage-Instanz überprüfen und ändern, aber sie können nicht auf die Daten zugreifen. Nehmen wir nun an, Sie weisen einer anderen Benutzergruppe für dieselben Azure Storage-Instanz die Rolle Mitwirkender an Speicherblobdaten zu. Dadurch können diese Benutzer auf die Daten zugreifen, ohne dass ihnen irgendwelche Rechte zur Konfiguration der Instanz gewährt werden. Sie können dann eine Aufgabentrennung für die Azure Storage-Instanz erreichen, indem Sie diese beiden Gruppen trennen, sodass es keinen Benutzer gibt, der in beiden Gruppen Mitglied ist. Auf diese Weise können Benutzer, die die Azure Storage-Instanz verwalten, nicht auf die darin enthaltenen Daten zugreifen und andersherum.

Funktionstrennung in Azure

Wie weiter vorne bei der Einführung in das Modell der gemeinsamen Verantwortung erläutert, stellt die Azure Kunden-Lockbox ein Beispiel für die Trennung von Aufgaben dar. Sie ermöglicht es Ihnen, die Kontrolle über den Eskalationsprozess zu erlangen, den Supporttechniker verwenden können, um Zugang zu Ihren Daten zu erhalten, wenn dies zur Bearbeitung eines Supporttickets erforderlich ist. Weitere Informationen zu Azure Kunden-Lockbox finden Sie unter *http://azsec.tech/o4z*.

Microsoft Entra ID PIM ist ein weiteres Tool, um mit Azure eine Funktionstrennung zu erreichen. Es ermöglicht Ihnen, die Genehmigung einer anderen Person zu verlangen, bevor Sie Rechte erteilen. Microsoft Entra ID PIM stellt eine effektive Möglichkeit dar, möglichen Missbrauch zu verhindern – nicht nur wegen der Unterstützung von Autorisierungsprozessen, sondern auch, weil es die Angabe eines geschäftlichen Grundes erfordert, den Microsoft Entra ID PIM nachverfolgen kann.

Als Entwickler von Cloudlösungen können Sie sich auf die von Azure bereitgestellten Funktionen verlassen. Dennoch liegt es in Ihrer Verantwortung, Ihre Lösung so zu gestalten, dass sie das Prinzip der Funktionstrennung unterstützt. Aus diesem Grund ist es so wichtig, dass Sie es verstehen.

Single Point of Failure

Ein Single Point of Failure ist ein weiterer Grundsatz, der im Papier von Saltzer und Schroeders nicht enthalten ist. Wikipedia definiert einen Single Point of Failure als »einen Bestandteil eines technischen Systems, dessen Ausfall den Ausfall des gesamten Systems nach sich zieht«.

Der naheliegendste Weg, um das Problem des Single Point of Failure zu lösen, ist die Verwendung von Redundanz, um eine hohe Verfügbarkeit zu erreichen. Dies ist jedoch keine leichte Aufgabe. Wenn ein Teil des Systems ausfällt, wird allzu oft das gesamte System beschädigt, sodass die redundanten Systeme nicht mehr greifen können. Daher ist es unerlässlich, Redundanz und Hochverfügbarkeit auf der Infrastrukturebene zu gewährleisten.

Viele Azure-Dienste stellen von Haus aus Hochverfügbarkeit zur Verfügung. Aber selbst, wenn ein bestimmter Dienst nicht automatisch Hochverfügbarkeit bietet, können Sie diese dennoch erreichen, indem Sie eine der unterstützten Konfigurationen übernehmen. Azure-VMs verwenden beispielsweise Verfügbarkeitsgruppen, die Redundanz innerhalb desselben Rechenzentrums bieten. Auch nutzen sie Verfügbarkeitszonen, die für Redundanz innerhalb verschiedener Rechenzentren in derselben Region sorgen. Darüber hinaus bieten Azure VM Scale Sets (VMSS) eine fortschrittlichere Methode, um Redundanz für einen Satz von VMs zu erreichen, die über einen Load Balancer verfügen und die über verschiedene Verfügbarkeitszonen verstreut sind. Mit all diesen Ansätzen lassen sich VMs aktivieren, deaktivieren, bereitstellen, deprovisionieren und aktualisieren, ohne dass für den Nutzer sichtbare Ausfallzeiten entstehen, und eine Verfügbarkeit von 99,99 Prozent erreichen.

Informationen zu Verfügbarkeitsgruppen finden Sie unter *https://learn.microsoft.com/azure/virtual-machines/availability-set-overview*. Weitere Informationen über Verfügbarkeitszonen finden Sie unter *https://learn.microsoft.com/azure/reliability/availability-zones-overview*.

Azure Storage, ein Dienst, der sowohl ein IaaS als auch ein PaaS ist (zum Beispiel, weil er Data Lake-Funktionen unterstützt), unterstützt verschiedene Redundanzstufen, wie in Tabelle 2-2 erläutert.

Name	Beschreibung
Lokal redundanter Speicher (Locally redundant storage, LRS)	Bietet Redundanz innerhalb desselben Rechenzentrums durch Speicherung von drei Kopien der Daten in ebenso vielen Racks. Bietet einen begrenzten Schutz, ist aber auch die kostengünstigste der verfügbaren Methoden.
Georedundanter Speicher (Geo-redundant storage, GRS)	Baut auf LRS auf, indem eine synchrone Kopie der Daten an einer einzigen Stelle in der sekundären Region hinzugefügt wird. Diese Weitergabe löst die Erstellung von zwei weiteren Kopien unter Verwendung von LRS in der sekundären Region aus, wodurch sich sechs Kopien ergeben.
Zonenredundanter Speicher (Zone-redundant storage, ZRS)	Bietet Redundanz innerhalb derselben Region, indem in jedem Rechenzentrum eine Kopie gespeichert wird, die eine Verfügbarkeit von 99,9999999999 % (12 Neunen) bietet. Azure kümmert sich automatisch um alle auftretenden Probleme und schaltet den Zugriff auf eine der Kopien um, wenn die Hauptkopie ausfällt.
Geozonenredundanter Speicher (Geo-zone-redundant storage, GZRS)	Baut auf ZRS auf, indem eine synchrone Kopie der Daten an einem einzigen Ort in der sekundären Region hinzugefügt wird. Diese Weitergabe löst die Erstellung von zwei weiteren Kopien unter Verwendung von ZRS in der sekundären Region aus, wodurch sich sechs Kopien ergeben.

Tabelle 2-2 Redundanzstufen für Azure Storage

Azure App Services, ein PaaS-Dienst, kann mit Blick auf Redundanz entwickelt werden, indem verschiedene Instanzen in verschiedenen Regionen bereitgestellt werden und dann eine Lastenausgleichslösung wie Traffic Manager verwendet wird, um Anfragen zwischen ihnen zu verteilen. Weitere Informationen zu Traffic Manager finden Sie unter *https://learn.microsoft.com/azure/traffic-manager/traffic-manager-overview*. Eine fehlertolerante Lösung rekonfiguriert den Load Balancer, um den Datenverkehr von den fehlerhaften Instanzen wegzuleiten. Eine weitere ergänzende Option ist die Bereitstellung von Zonenredundanz in verschiedenen Verfügbarkeitszonen. Dieser zweite Ansatz erfordert App Service-Plan v2 oder v3. SaaS-Lösungen wie Exchange Online sind von Haus aus mit Hochverfügbarkeit konfiguriert und erfordern keine Maßnahmen Ihrerseits. Dies sind nur Beispiele dafür, wie Sie Dienste für Fehlertoleranz und Hochverfügbarkeit konfigurieren können. Unterm Strich kann eine Cloudinfrastruktur wie Azure entscheidend dazu beitragen, in Ihrer Lösung ein Single-Point-of-Failure-Szenario zu vermeiden.

Schwächstes Glied

Das schwächste Glied ist ein weiteres Prinzip, das im Papier von Saltzer und Schroeders nicht vorkommt. Das Konzept des schwächsten Glieds bezieht sich auf die Beobachtung, dass, um die Cybersecurity & Infrastructure Security Agency (CISA) zu zitieren, »Angreifer eher eine Schwachstelle in einem Softwaresystem angreifen, als in eine stark befestigte Komponente einzudringen«.

Sie können diese Beobachtung auf verschiedene Weise interpretieren. Eine erste, eher oberflächliche, aber immer noch gültige Lesart ist, dass Sie Gegenmaßnahmen für die am ehesten ausnutzbaren Schwachstellen Priorität einräumen sollten. Ein klares Beispiel dafür sind hochgespielte Schwachstellen in Software, auf die Sie angewiesen sind, denn viele Angreifer werden versuchen, Systeme zu kompromittieren, indem sie sie ausnutzen. Selbst Amateur-Angreifer, wie die sogenannten Skript-Kiddies, könnten dies mit im Internet gefundenen Proof-of-Concepts versuchen.

In seinem Security Intelligence Report Volume 21, der im Juni 2016 veröffentlicht wurde, veröffentlichte Microsoft eine Studie, in der hervorgehoben wurde, wie wichtig es ist, bei der Behebung von Schwachstellen Prioritäten zu setzen, um die am meisten ausnutzbaren Schwachstellen zu beheben. Die Studie konzentrierte sich auf einige der gefährlichsten Arten von Schwachstellen, zum Beispiel solche, die Remote Code Execution und die Erhöhung von Berechtigungen beinhalten. Im Jahr 2010 konnten Angreifer 28 Prozent dieser Schwachstellen innerhalb von 30 Tagen nach dem Aufspielen des Patches ausnutzen; dank des neuen Ansatzes sank diese Zahl jedoch im Jahr 2015 auf 4 Prozent. Sie können die Studie hier herunterladen: *https://azsec.tech/sek*.

Eine zweite Überlegung ist, dass, wenn der Angreifer nicht darauf aus ist, Sie zu kompromittieren, es möglich ist, seine Aufmerksamkeit abzulenken, indem man ihm die Arbeit erschwert. Dieser Ansatz ist für Angreiferkategorien wie die bereits erwähnten Skript-Kiddies, die nur leicht verfügbare Skripte verwenden, und für Cyberkriminelle, die ihren Aufwand möglichst gewinnbringend einsetzen wollen, sehr effektiv. Gegen Hacktivisten und staatlich geförderte Angreifer, die eher dazu neigen, ihre Angriffe gegen Sie fortzusetzen, wäre es weniger effektiv.

Seien Sie sich bewusst, dass dieses Konzept in der Praxis möglicherweise nicht sehr gut funktioniert. Jeder Angreifer verfügt über spezifische Fähigkeiten. Einige haben beispielsweise einen ausgeprägten Hintergrund als Softwareentwickler, während andere vielleicht gut im Social Engineering sind. Daher können Ihre Annahmen darüber, was es schwieriger macht, Ihr System zu kompromittieren, richtig oder falsch sein, je nachdem, wer Sie angreift und welche Wege er wählt. Aus diesem Grund spekulieren Microsoft-Experten in der Regel nicht über potenzielle Angreifer, sondern konzentrieren sich stattdessen auf die tatsächlichen Angriffswege und deren potenziellen Schaden.

Bei der Überarbeitung einer bestehenden Lösung haben wir einmal mehrere Schwachstellen im Entwurf und in der gesamten Infrastruktur festgestellt. Bei einer Besprechung dieser Probleme mit den Architekten des Projekts sagten diese, dass es zu viele Schwachstellen gäbe, um sie alle zu beheben. Also akzeptierten sie das Risiko und kümmerten sich um keine der Schwachstellen. Glücklicherweise konnten wir ihnen zeigen, wie falsch sie lagen. Das Prinzip der schwächsten Glieder bedeutet nicht, dass Sie Ihre Probleme ignorieren können, wenn Sie zu viele davon haben, denn egal, was Sie tun, Ihre Lösung wäre immer noch anfällig. Stattdessen sollten Sie sich auf die kritischsten Probleme konzentrieren, die Sie angehen können. Wenn das Ergebnis dann immer noch inakzeptabel ist, ist es vielleicht am besten, von vorne anzufangen.

Zusammenfassung

In diesem Kapitel wurde das Thema sicheres Design erörtert und erklärt, warum es so wichtig ist, bereits beim Entwurf das Thema Sicherheit im Fokus zu haben. Das Kapitel begann mit der Einführung grundlegender Konzepte wie Zero Trust für Entwickler. Dann wurden verschiedene Entwurfsprinzipien für sichere Systeme behandelt und beschrieben, wie sie bei der Entwicklung von Azure-Lösungen angewendet werden.

Sie haben gesehen, dass die Azure-Infrastruktur viele Funktionen bietet, auf die Sie sich verlassen können, um Ihre Arbeit zu vereinfachen und sicherere Lösungen zu erstellen. Sie haben auch begonnen, zu verstehen, welche Rolle diese Dienste spielen und welche Probleme sie lösen können. Durch die Anwendung der in diesem Kapitel (und im Rest des Buches) beschriebenen sicheren Entwurfspraktiken können Sie diese Probleme in Ihrer Software schnell identifizieren und festlegen, wie sie zu lösen sind.

Sicheres Design kann eine entscheidende Rolle bei der Verbesserung der Sicherheit und der Senkung der damit verbundenen Kosten spielen, da es eine hervorragende Verkörperung des Shift-Left-Prinzips von DevOps ist. Wir haben jedoch nur an der Oberfläche dieses Themas gekratzt. Mehr dazu erfahren Sie in Kapitel 3, in dem einige wichtige Muster für die Absicherung von Azure-Lösungen vorgestellt werden, und in Kapitel 4, das Ihnen zeigt, wie Sie mithilfe von Bedrohungsmodellen eine sichere Cloudlösung entwerfen.

KAPITEL 3

Sicherheitsmuster

Am Ende dieses Kapitels

- können Sie die vorgeschlagenen Muster übernehmen, um die sichere Gestaltung Ihrer Lösungen zu verbessern.
- erkennen Sie zahlreiche weitere Azure-Sicherheitsmuster, um Ihr Verständnis von Azure weiter zu verbessern.

Was ist ein Muster?

Entwurfsmuster sind in der Informationstechnologie nicht neu, aber sie spielen nach wie vor eine grundlegende Rolle. Entwurfsmuster wurden von einem britisch-amerikanischen Architekten österreichischer Herkunft namens Christopher Alexander entwickelt. Im Jahr 1977 schrieb Alexander ein Buch über wiederkehrende Lösungen für häufige Probleme im Zusammenhang mit dem Bau physischer Strukturen. Dieses Buch wurde jedoch über seinen ursprünglichen Bereich hinaus einflussreich. Alexanders Arbeit inspirierte nämlich vier Informatiker und Forscher – Erich Gamma, Richard Helm, Ralph Johnson und John Vlissides – dazu, die gleichen Konzepte auf die Softwareentwicklung anzuwenden. Das Ergebnis war ein Buch mit dem Titel »Design Patterns: Elements of Reusable Object-Oriented Software«, das auch heute noch weit verbreitet ist. (Die deutsche Ausgabe trägt den Titel »Entwurfsmuster. Elemente wiederverwendbarer objektorientierter Software«.)

In seinem Buch definiert Christopher Alexander Muster wie folgt:

> *»Jedes Muster beschreibt ein Problem, das in unserem Umfeld immer wieder auftritt, und beschreibt dann den Kern der Lösung für dieses Problem, und zwar so, dass man diese Lösung millionenfach anwenden kann, ohne es jemals zweimal auf die gleiche Weise zu tun.«*

Es geht hier darum, dass Muster einen strukturierten Ansatz zur Lösung gemeinsamer Probleme darstellen. Sie sind eine Möglichkeit, Know-how zu sammeln und weiterzugeben, das sich in vielen Disziplinen, einschließlich des Softwaredesigns, bewährt hat. Da sich dieses Buch auf die Entwicklung von sicheren Lösungen auf Azure bezieht, konzentrieren wir uns hier auf Entwurfsmuster in diesem Kontext.

Unsere Meinung zu Azure-Sicherheitsmustern

Azure verwendet in großem Umfang Entwurfsmuster. Sie sind fast überall zu finden, zum Beispiel bei dem Schutz von ruhenden Daten, bei der Implementierung der Benutzerauthentifizierung und bei zu vielen anderen Szenarien, um sie alle hier aufzuführen. Anstatt das Rad neu zu erfinden, verwendet Azure dieselben Muster und manchmal sogar dieselben Dienste, um wichtige Funktionen bereitzustellen und allgemeine Probleme zu lösen.

Es ist wichtig, die Sicherheitsmuster von Azure zu kennen, da sie den besten Weg darstellen, um allgemeine Sicherheitsprobleme zu lösen. Sie können Sie sogar in die Lage versetzen, sichere Lösungen zu entwerfen, ohne anspruchsvollere Ansätze wie die Bedrohungsmodellierung zu verwenden, die in Kapitel 4, »Bedrohungsmodellierung«, eingeführt wird. Dieses Kapitel stellt einige dieser Muster vor und enthält die folgenden Informationen zu jedem Muster:

- Der Name des Musters
- Die Absicht und Motivation hinter dem Muster
- Eine Beschreibung des Musters
- Beispiele für die Implementierung des Musters in Azure
- Verwandte Sicherheitsgrundsätze (erörtert in Kapitel 2, »Sicherer Entwurf«)
- Verwandte Muster

Außerdem sind die Muster in Kategorien unterteilt, um ihre Identifizierung zu erleichtern:

- **Authentifizierung** Diese Muster befassen sich mit der Authentifizierung der Kontrahenten einer Interaktion.
- **Autorisierung** Bei diesen Mustern geht es um die Kontrolle des Zugriffs auf Ressourcen.
- **Verwaltung von Geheimnissen** Bei diesen Mustern geht es darum, wie die Lösung Schlüssel und andere Geheimnisse verwaltet.
- **Verwaltung vertraulicher Informationen** Diese Muster befassen sich mit dem Umgang mit vertraulichen Informationen.
- **Verfügbarkeit** Bei diesen Mustern geht es darum, sicherzustellen, dass die Ressourcen für rechtmäßige Benutzer zugänglich sind.

Auf den folgenden Seiten werden einige Muster beschrieben. Diese Liste ist keineswegs erschöpfend. Sie enthält lediglich einige der gängigsten Muster, die wir in unserer Praxis gesehen haben und die sich ausschließlich auf den Lösungsentwurf konzentrieren. Dieses Kapitel befasst sich nicht mit Implementierungs- und Bereitstellungsmustern, wie zum Beispiel solchen, die sich auf die Lieferkette beziehen. Überlegungen, die sich auf diese Muster beziehen, werden an anderer Stelle im Buch, in Kapitel 9, »Secure Coding«, behandelt. Indem wir hier einige der wichtigsten Muster erörtern und klar darlegen, warum Sie sie übernehmen müssen, möchten wir Ihnen eine einheitliche Sichtweise vermitteln.

Eine vollständige Liste der Muster finden Sie unter ***https://learn.microsoft.com/azure/security/fundamentals/best-practices-and-patterns.***

Sobald Sie die Muster und ihre Bedeutung in Azure kennen, können Sie vielleicht auch andere Muster in den von Ihnen verwendeten Diensten erkennen. Dieses Verständnis von Entwurfsentscheidungen ermöglicht es Ihnen, bessere Lösungen zu entwerfen, indem Sie dieselben Konzepte übernehmen und Azure-Dienste richtig nutzen.

Das Azure Well-Architected Framework

Microsoft hat eine Reihe von Richtlinien zur Implementierung solider Architekturen auf Azure veröffentlicht. Diese Richtlinien sind als Teil des Azure Well-Architected Framework (WAF) verfügbar, das hier zu finden ist: *https://learn.microsoft.com/azure/well-architected*. Diese Richtlinien decken mehrere Aspekte der Implementierung von Architekturen ab, darunter Zuverlässigkeit, Sicherheit, Kostenoptimierung, optimaler Betrieb, Leistungseffizienz, Arbeitslasten und Dienste. Für unsere Zwecke ist der Abschnitt über Sicherheit am interessantesten. Er behandelt Themen wie Governance, Zielzonen, Identitäts- und Zugriffsmanagement und vieles mehr. Viele Konzepte innerhalb des Azure Well-Architected Framework lassen sich auf die in diesem Kapitel beschriebenen Entwurfsmuster abbilden, aber das würde den Rahmen unseres Buches sprengen. Wir empfehlen daher, einen Blick darauf zu werfen.

Authentifizierungsmuster

Authentifizierung ist eine wesentliche Eigenschaft jeder Lösung. Es geht darum, Ihr Gegenüber in einem Gespräch mit einiger Sicherheit zu identifizieren.

Wir bezeichnen den Grad der Gewissheit üblicherweise als *Authentifizierungsstärke*. Nehmen wir zum Beispiel an, jemand erklärt, wer er ist, ohne einen Beweis zu liefern. Dies wäre keine Authentifizierung, sondern eher eine Identifizierung. Wenn sich das Gegenüber etwas mehr Mühe gibt und ein Kennwort angibt, wäre dies eine schwache Authentifizierung. Natürlich können Sie Einschränkungen einführen, damit ein Angreifer die Kennwörter der Benutzer nicht einfach erraten kann, aber das hat nur eine begrenzte Auswirkung auf die Sicherheit.

Bei der Authentifizierung werden in der Regel ein, zwei oder alle der folgenden Parameter verwendet:

- **Etwas, das Sie wissen** Dies könnte ein Kennwort sein.
- **Etwas, das Sie haben** Dies kann Ihr Smartphone oder ein physischer Token sein.
- **Etwas, das Sie sind** Dies können biometrische Informationen sein.

Wenn Sie die Authentifizierung nur auf das Kennwort stützen, das heißt auf etwas, das Sie kennen, haben Sie eine Ein-Faktor-Autorisierung, die leicht missbraucht werden kann. Um die Sicherheit zu erhöhen, sollten Sie sie mit einem zweiten Faktor koppeln, zum Beispiel mit Ihrem Benutzernamen und Ihrem Kennwort (das Sie kennen) und Ihrem Handy (das Sie besitzen). Die

Idee dahinter ist, dass ein Angreifer zwar leicht einen der beiden Faktoren kompromittieren könnte, es aber viel schwieriger wäre, beide gleichzeitig zu kompromittieren. Schließlich können Sie den dritten Faktor – etwas, das Sie sind – hinzufügen, um die Sicherheit noch weiter zu erhöhen. Dieser Ansatz wird üblicherweise als Multi-Faktor-Authentifizierung (MFA) bezeichnet, da er sich auf mehr als einen Faktor stützt.

Kapitel 5, »Identität, Authentifizierung und Autorisierung«, enthält weitere Informationen zu diesem Thema.

Die Authentifizierung stellt keinen Wert an sich dar, ist aber für die Sicherheit Ihrer Anwendung und der Daten von entscheidender Bedeutung.

Dieser Abschnitt befasst sich mit einem gängigen Muster für die Sicherung Ihrer Lösung durch Authentifizierung: die Verwendung eines zentralisierten Identitätsanbieters für die Authentifizierung.

Zentralisierten Identitätsanbieter für die Authentifizierung verwenden

Intention und Motivation

Die Cloud ist eine bequeme Plattform für das Hosting von Anwendungen – so bequem sogar, dass Sie möglicherweise viele Anwendungen darauf hosten werden, die alle eine Authentifizierung erfordern. Es ist nur natürlich, dass Unternehmen einen zentralen Ansatz für die Identitätsverwaltung suchen, um mit einem einzigen Satz von Anmeldedaten auf alle verschiedenen Dienste zugreifen zu können. Dies ist nicht nur aus Gründen der Einfachheit erforderlich, sondern auch, um die Kontrolle und den Überblick zu behalten.

Die Zentralisierung der Identitätsverwaltung ermöglicht den Einsatz von Tools zur Analyse des Benutzer- und Entitätsverhaltens (User and Entity Behavior Analysis, UEBA). Mit diesen Tools können Sie feststellen, ob ein Konto oder ein System für die Organisation ein potenzielles Risiko darstellt; hierzu analysieren Sie das Verhalten, wobei häufig Algorithmen der künstlichen Intelligenz (KI) eingesetzt werden, die in der Lage sind, Veränderungen in den Nutzungsmustern zu erkennen.

Ein weiterer Vorteil zentraler Identitätssysteme besteht darin, dass sie einen einzigen Ort für die Verwaltung von Identitäten und Berechtigungen bieten. Sie ermöglichen auch die Integration des Identitätsmanagements in die HR-Prozesse, zum Beispiel das Entfernen oder Deaktivieren eines Benutzerkontos, sobald der Benutzer seine Beziehung zum Unternehmen beendet. Schließlich können Sie mit diesen Identitätssystemen zugewiesene Rechte überprüfen und bei Bedarf entfernen.

Beschreibung

Microsoft Entra ID stellt einen vollständigen und einheitlichen Ansatz für das Identitätsmanagement auf Azure dar. Es bietet grundlegende Funktionen, wie verwaltete Identitäten und

Zugriffsüberprüfungen, und kann mit zusätzlichen Diensten erweitert werden, um die Sicherheit zu erhöhen. Diese Dienste umfassen:

- **Microsoft Entra ID Identity Protection** Dieser Dienst ermittelt, welche Identitäten gefährdet sind, indem er Signale aus vielen Quellen analysiert, zum Beispiel Bedrohungsdaten, durchgesickerte Anmeldeinformationen und Microsoft Defender for Cloud Apps (Microsofts Cloud Access Service Broker, CASB).
- **Microsoft Defender for Cloud Apps** Sie können diesen Dienst nutzen, um die Übernahme von Anwendungen zu kontrollieren und einzuschränken und das Vorhandensein von Schatten-IT in Ihrer Organisation zu erkennen.
- **Microsoft Defender for Endpoints** Dies ist eine Lösung zur Analyse des Benutzer- und Entitätsverhaltens (UEBA), die in Windows 10, Windows 11 und verschiedene Geräte integriert werden kann.
- **Microsoft Entra ID Privileged Identity Management (PIM)** Mit diesem Dienst können Sie bei Bedarf Zugriffsrechte zuweisen, wobei vor der Ausführung der Zuweisung eventuell die Genehmigung einer dritten Partei erforderlich ist.

Microsoft Entra ID bietet außerdem Zero-Trust-Sicherheit für die Implementierung von Identitäten durch die Verwendung von bedingtem Zugriff. Hierbei werden Richtlinien definiert, um den Zugriff auf Dienste durch Benutzer zu verhindern, die nicht vertrauenswürdig genug sind. Nehmen wir zum Beispiel an, dass Microsoft Entra ID Identity Protection ein potenzielles Sicherheitsrisiko in Bezug auf einen bestimmten Benutzer identifiziert hat. Dann kann dieser Benutzer gezwungen werden, sich mit MFA zu authentifizieren, wenn er auf vertrauliche Ressourcen zugreift.

Microsoft Entra ID ist nicht Ihre einzige Option für die Identitätsverwaltung. Sie können stattdessen auch ein Tool eines Drittanbieters einsetzen. Es gibt in der Tat verschiedene Gründe, einen Identitätsanbieter eines Drittanbieters zu verwenden. Möglicherweise hat Ihr Unternehmen bereits für Ihre lokale Umgebung oder zur Unterstützung verschiedener Clouds einen anderen Anbieter eingesetzt, wie AWS oder GCP.

Beispiele

- Führen Sie bedingten Zugriff ein, um MFA für privilegierte Benutzer wie die Lösungsadministratoren zu verlangen.
- Verwenden Sie Microsoft Entra ID, um benutzerdefinierte Anwendungsrollen zu definieren, um zu steuern, wie die Lösung genutzt wird. Mehr darüber erfahren Sie hier: *https://learn.microsoft.com/azure/active-directory/develop/howto-add-app-roles-in-apps*.
- Obwohl einige Dienste wie Azure SQL-Datenbank, SQL Managed Instances, Cosmos DB und Azure Storage verschiedene Möglichkeiten zur Authentifizierung bieten, einschließlich Microsoft Entra ID-Anmeldeinformationen, sollten Sie wann immer möglich Microsoft Entra

ID-Anmeldeinformationen verwenden, da diese von einem zentralen Ort aus besser kontrolliert werden können. Microsoft Entra ID-Anmeldeinformationen ermöglicht auch die Übernahme aller Funktionen, die zur Sicherung dieser Identitäten angeboten werden.

Verwandte Sicherheitsgrundsätze

- Zero Trust
- Vollständige Berechtigungsüberprüfung
- Defense in Depth
- Einfachheit der Mechanismen
- Minimale Berechtigungen
- Vorhandene Komponenten nutzen

Verwandte Muster

- Einführung einer Just-in-Time-Administration
- Rollenbasierte Zugriffssteuerung (RBAC) verwenden
- Verwaltete Identitäten verwenden

Autorisierungsmuster

Die Autorisierung ist ein weiteres grundlegendes Merkmal jeder sicheren Lösung. Sie kommt nach der Authentifizierung. Bei der Autorisierung geht es darum, Benutzern die Durchführung von Aktionen zu ermöglichen, zu denen sie berechtigt sind, und sie an der Durchführung von Aktionen zu hindern, zu denen sie nicht berechtigt sind. Dieser Abschnitt befasst sich mit einigen gängigen Mustern zur Sicherung Ihrer Lösung durch Autorisierung.

Wir haben bereits erwähnt, dass die Authentifizierung keinen Wert an sich darstellt, aber sie ist für die Sicherheit Ihrer Anwendung und Daten von entscheidender Bedeutung. Das Gleiche gilt für die Autorisierung.

Einführung einer Just-in-Time-Administration

Intention und Motivation

Nicht alle Konten sind gleich. Einige sind mit beträchtlichen Privilegien ausgestattet, was sie zu einem interessanten Ziel für böswillige Akteure macht. Beispielsweise sind hoch privilegierte Administratoren, wie diejenigen, denen die Rollen des globalen Administrators oder des Benutzeradministrators zugewiesen sind, sehr mächtig, und es würde der Organisation erheblichen Schaden zufügen, wenn ihre Benutzerkonten missbraucht würden. Aus diesem Grund lautet die häufigste Empfehlung, das Prinzip der minimalen Berechtigungen anzuwenden, indem die verschiedenen Rollen nur denjenigen Benutzern zugewiesen werden, die sie aus einem legitimen geschäftlichen Grund benötigen, und nur dann, wenn es keine Alternative gibt, die die Zuweisung von weniger Rechten ermöglichen würde. Nehmen wir zum Beispiel an, dass ein Benutzer Sicherheitsberichte lesen muss, weil er im Sicherheitsteam arbeitet. In diesem Fall sollten Sie ihm die Rolle Sicherheitsleser anstelle von Sicherheitsadministrator oder Globaler Administrator zuweisen.

Dieser Ansatz ist eine wichtige bewährte Methode, weshalb die Wahrscheinlichkeit groß ist, dass Ihr Unternehmen ihn bereits anwendet. Dennoch haben zu viele Organisationen Schwierigkeiten, diesen Ansatz aufgrund der vielen in Microsoft Entra ID und Azure Services definierten Rollen zu übernehmen. Das heißt, manchmal ist die »beste« Rolle für einen Benutzer – diejenige, die seinen Bedürfnissen am ehesten entspricht – nicht die sicherste. Dieses Muster stellt sicher, dass keine unnötigen Rechte zugewiesen werden, die von einem Angreifer oder einem böswilligen Insider ausgenutzt werden könnten. Dennoch können die zugewiesenen Rechte ausreichen, um erhebliche Verluste zu verursachen.

Eine Studie von IBM Security und ObserveIT, die im Jahr 2020 veröffentlicht wurde, ergab, dass die durchschnittlichen Kosten eines durch einen Insider verursachten Sicherheitsverstoßes bei 11,45 Millionen US-Dollar liegen. Sie ergab außerdem, dass die im Rahmen der Studie befragten Unternehmen im Durchschnitt 3,2 solcher Vorfälle pro Jahr erlebten. Schließlich wurde in der Studie festgestellt, dass es möglich ist, diese Verluste durch die Einführung eines Tools zur Verwaltung privilegierter Zugriffe (Privileged Access Management, PAM) um etwa 3 Millionen Dollar zu verringern.

Sie können die hier erwähnte Studie von *https://azsec.tech/56t* herunterladen. Eine Diskussion finden Sie hier: *https://azsec.tech/au8*.

Die Idee hinter den PAM-Tools ist, dass die Benutzer nicht 24 Stunden am Tag und nicht an allen 7 Tagen einer Woche Privilegien benötigen. Vielmehr benötigen sie diese nur für eine begrenzte Zeit. Ein privilegiertes Konto stellt also nur dann ein potenzielles Risiko dar, wenn jemand es zur Durchführung notwendiger Aktionen nutzt. Außerhalb dieses Zeitraums kann ein PAM-Tool die Rechte entziehen, wodurch der betreffende Benutzer keine zugewiesenen Privilegien mehr hat. PAM-Tools schrecken auch vor einer böswilligen Nutzung ab, da sie von den Benutzern verlangen, dass sie einen geschäftlichen Grund angeben, um ein bestimmtes Privileg zu erhalten. Sie können auch verwendet werden, um die Zustimmung einer dritten Partei zur Zuweisung eines bestimmten Rechts zu verlangen, in Übereinstimmung mit dem Grundsatz der Aufgabentrennung.

Beschreibung

Microsoft Entra ID Privileged Identity Management (PIM) ist das wichtigste Tool innerhalb von Azure für die Just-in-Time-Verwaltung. Dieses Tool erweitert die Art und Weise, wie Sie Benutzern oder Gruppen Rollen zuweisen. Mit Microsoft Entra ID weisen Sie Rollen global oder innerhalb eines bestimmten Kontexts zu, je nach Umfang der Rolle. Die Rolle ist dann für immer zugewiesen. Mit Microsoft Entra ID PIM können Sie eine Rolle als berechtigt markieren und ihr dann Richtlinien zuweisen. Eine berechtigte Rolle bleibt inaktiv, bis sie aktiviert wird. Die Aktivierung kann genehmigungspflichtig sein und könnte eine zusätzliche Authentifizierung mit

MFA sowie die Angabe eines geschäftlichen Grundes erfordern. Die Aktivierung kann auch vorübergehend sein und nach einer bestimmten Zeit automatisch wieder aufgehoben werden.

Microsoft Entra ID PIM ist nicht etwas, was Sie für die Zwecke der Anwendungsentwicklung implementieren. Es ist Teil einer umfassenderen Initiative, die in der Regel in der Verantwortung derjenigen liegt, die Ihren Microsoft Entra ID-Mandanten verwalten. Wenn Sie entscheiden, dass Sie Microsoft Entra ID PIM benötigen, um die Exposition von privilegierten Konten für Ihre Anwendung einzuschränken, sollten Sie die Eigentümer des Mandanten bitten, dies zu aktivieren. Wenn Ihre Organisation PIM bereits einsetzt, können Sie darum bitten, die Regeln zu definieren, die Sie für Ihre Anwendung benötigen.

Beispiel

Manchmal benötigen Entwickler Zugang zu Produktionsdaten, um Probleme zu beheben. Das ist zwar verständlich, aber Sie sollten versuchen, es zu vermeiden. In einem Notfall lässt sich dies jedoch möglicherweise nicht vermeiden, da die Entwickler auf diese Daten zugreifen müssen, um schnell eine Lösung zu finden. Der beste Weg, mit solchen Situationen umzugehen, ist, sie zu planen. Dabei kann Microsoft Entra ID PIM eine wichtige Rolle spielen, indem es Ihnen ermöglicht, einen Autorisierungsprozess zu definieren, der einen gültigen Grund und die Genehmigung durch eine dritte Partei erfordert.

Verwandte Sicherheitsgrundsätze

- Angriffsfläche reduzieren
- Defense in Depth
- Minimale Berechtigungen
- Vorhandene Komponenten nutzen
- Funktionstrennung

Verwandte Muster

- Zentralisierten Identitätsanbieter für die Authentifizierung verwenden
- Rollenbasierte Zugriffssteuerung (RBAC) verwenden

Rollen an Gruppen zuweisen

Intention und Motivation

Seien wir ehrlich: Die erforderlichen Zugriffsberechtigungen festzulegen, ist nicht immer trivial. In vielen Fällen ist es eine Frage von Versuch und Irrtum, die richtige Mischung von Rechten zu finden. Es ist sehr verlockend, alle Rechte zu vergeben und die Sache damit zu beenden!

Dieses Verhalten ist eine Folge vieler Faktoren, nicht zuletzt der Anzahl der integrierten Rollen, die mit Azure bereitgestellt werden. Derzeit gibt es mehr als 80 integrierte Rollen für Microsoft Entra ID und mehr als 240 für Azure-Dienste! Kein Wunder, dass es so schwierig ist, die richtigen Rollen zuzuweisen.

Dennoch muss unbedingt ein praktikabler Ansatz gefunden werden, um zu gewährleisten, dass den Nutzern so wenig Berechtigungen wie möglich zugewiesen werden. Die Konzentration auf die Durchführbarkeit kann den Unterschied zwischen einer akademischen Anforderung und einer tatsächlichen Veränderung ausmachen.

Beschreibung

Der kritische Punkt dabei ist, die geringsten Privilegien anzuwenden, ohne die Verwaltbarkeit zu beeinträchtigen. Eine Möglichkeit, dies zu erreichen, ist die Verwendung von Gruppen. Die Idee dahinter ist, die von Ihnen benötigten Nutzungsszenarien zu definieren und dann zur Unterstützung dieser Szenarien Gruppen zu erstellen. Danach können Sie jeder Gruppe die erforderlichen Rollen zuweisen und dann die Benutzer nach Bedarf den Gruppen zuordnen.

Dieser Ansatz ist aus zwei Gründen hilfreich:

- Er minimiert den Verwaltungsaufwand, weil es die Gruppen entsprechend der Arbeitsweise der Organisation ausrichtet.
- Er ermöglicht Ihnen, die Anzahl der Rollenzuweisungen zu minimieren. Dies ist wichtig, da Azure die Anzahl der Rollenzuweisungen auf 2000 pro Abonnement beschränkt. Mehr dazu finden Sie unter *https://learn.microsoft.com/azure/role-based-access-control/troubleshooting?tabs=bicep#azure-role-assignments-limit.*

Übliche Ausnahmen von dieser Regel sind Dienstprinzipale und verwaltete Identitäten, denen die erforderlichen Rollen normalerweise direkt zugewiesen werden.

Die Entwicklung eines geeigneten Autorisierungsmodells ist eine Frage der Geschäftsanforderungen, die im Voraus zwischen den Stakeholdern aus Business, Architektur und Betrieb vereinbart werden müssen, und zwar entsprechend den aktuellen Richtlinien des Unternehmens und den Anforderungen aus den Bereichen Sicherheit und Operations. Viele Aspekte sind für alle Projekte gleich, aber die Details hängen von Ihrer Lösung ab.

Beispiel

Wenn Sie einen Data Lake einsetzen, möchten Sie vielleicht je nach Bereich unterschiedliche Sichtbarkeitsstufen gewährleisten. Sie können diese Anforderung erfüllen, indem Sie die erforderlichen Berechtigungen zuweisen. Am einfachsten ist es, für jede Benutzerkategorie (zum Beispiel HR, Forschung und Marketing) eine Gruppe zu definieren und dann die erforderlichen Berechtigungen je nach gewünschter Sichtbarkeit den verschiedenen Zweigen im Data Lake zuzuweisen. Sie können sogar dieselben Gruppen für viele Anwendungen wiederverwenden, indem Sie ihnen bei Bedarf einfach zusätzliche Rechte zuweisen.

Verwandte Sicherheitsgrundsätze

- Minimale Berechtigungen

Verwandte Muster

- Zentralisierten Identitätsanbieter für die Authentifizierung verwenden
- Rollenbasierte Zugriffssteuerung (RBAC) verwenden

Vom Internet isolieren

Intention und Motivation

Kapitel 2 hat gezeigt, dass Zero Trust entwickelt wurde, um die vielen Unzulänglichkeiten von Schutzmaßnahmen, die alles mit einer Mauer umgeben, zu beheben. Nehmen wir zum Beispiel an, dass Sie sich bei Ihrer Sicherheit nur auf Maßnahmen verlassen, die externen Benutzern den Zugriff auf die Interna Ihrer Lösung verwehren. In diesem Fall könnten Sie kompromittiert werden, sobald jemand herausfindet, wie Ihre Schutzschicht umgangen werden kann.

Die Antwort wäre also, sich nicht auf Firewalls und ähnliche Schutzmaßnahmen zu verlassen, oder? Falsch! Das Prinzip Defense in Depth besagt, dass jede einzelne Schutzmaßnahme, die Sie einrichten können, umgangen werden kann. Dieses Prinzip bedeutet jedoch nicht, dass Sie die Hoffnung aufgeben sollten, Ihre Lösung zu schützen, oder dass Sie auf Mechanismen wie Firewalls verzichten sollten, da diese allein keinen vollständigen Schutz bieten. Es bedeutet lediglich, dass Sie sie mit anderen Maßnahmen integrieren müssen, um Ihre Lösung sicherer zu machen. Unterm Strich spielt die Netzwerkisolierung in Azure immer noch eine wichtige Rolle.

Beschreibung

Wie können Sie also Ihre Lösung mit Netzwerksicherheitsmaßnahmen schützen? Der erste Schritt besteht darin, die Teile Ihrer Lösung zu identifizieren, die Sie dem Internet aussetzen müssen, sowie die Teile Ihrer Lösung, die intern bleiben müssen. Dann müssen Sie sich auf die Teile konzentrieren, die nicht offengelegt werden dürfen, damit diese nicht vom Internet aus von unbefugten Personen erreicht werden können.

Es gibt mehrere Möglichkeiten, dies zu erreichen:

- **Firewallregeln definieren** Die meisten Dienste können Firewallregeln definieren. Sobald diese Regeln definiert sind, können Sie sie verwenden, um den Zugriff aus dem Internet zu blockieren. Dieser Ansatz ist einfach und erfordert nur eine minimale Konfiguration. Sie hat jedoch einen Nachteil: Ihre Ressource oder Ihr Dienst ist gefährdet. Mit anderen Worten: Die Firewallregeln, die unerwünschten Datenverkehr blockieren, sind Ihr einziger Schutz gegen externe böswillige Akteure.
- **Private Endpunkte definieren** Wie bei Firewallregeln können die meisten Dienste auch private Endpunkte definieren. Bei privaten Endpunkten gibt es keine Offenlegung über das Internet, da der Endpunkt eine private IP-Adresse erhält. Sie können sich dann über private Links mit dem privaten Endpunkt verbinden. Die Konfiguration privater Endpunkte und privater Links erfordert mehr Arbeit als die Konfiguration von Firewallregeln, ist aber sicherer.

Kapitel 15, »Netzwerksicherheit«, enthält zusätzliche Informationen und Details zur Implementierung dieses Musters und zu Netzwerken im Allgemeinen.

Beispiele

- Wenn Sie eine Webanwendung oder eine Web-API haben, die nur für Ihr Unternehmen bestimmt ist und die Sie nicht im Internet veröffentlichen möchten, können Sie sie mit App Service-Umgebung (App Service Environment, ASE) hosten. Eine ASE ist eine isolierte Hochleistungsumgebung zum Hosten Ihrer Webanwendungen und APIs. ASE ist die einzige Möglichkeit, Webanwendungen und APIs, die auf App Service basieren, in einem VNet bereitzustellen.
- Sie können Azure SQL mit Firewallregeln konfigurieren, um den direkten Zugriff aus dem Internet insgesamt zu verhindern, aber dennoch den Zugriff von bestimmten IP-Adressen zu erlauben. Wenn Sie stattdessen jeglichen Zugriff aus dem Internet verhindern möchten, sollten Sie einen privaten Endpunkt verwenden.

Verwandte Sicherheitsgrundsätze

- Angriffsfläche reduzieren
- Defense in Depth

Verwandte Muster

- Sichere Kanäle schaffen
- Isolieren mit einem Identitätsperimeter

Isolieren mit einem Identitätsperimeter

Intention und Motivation

Sie haben aus dem vorherigen Muster, »Vom Internet isolieren«, gelernt, dass die Isolierung des Netzwerks eine wichtige Maßnahme ist, die Sie nicht außer Acht lassen sollten. Das Gleiche gilt für die Identität. Beide sollten nach dem Prinzip Defense in Depth gleichzeitig angewendet werden.

Dieses Muster ist mit dem vorherigen spiegelähnlich und komplementär zum vorherigen.

Beschreibung

Die Identität kann ein Perimeter darstellen, das ein Benutzer überschreiten muss, um Zugang zu geschützten Ressourcen zu erhalten. In dieser Hinsicht ist es ähnlich wie bei der Vernetzung. Beim Networking können Sie Regeln verwenden, um bestimmten IP-Adressen den Zugriff auf Ihre Lösung zu erlauben, anderen aber nicht. In ähnlicher Weise können Sie mit der Identitätsauthentifizierung und -autorisierung steuern, wer auf Ihre Ressourcen zugreifen darf und was er damit tun kann.

Diese Ansätze sind sowohl unterschiedlich als auch komplementär und bieten aufgrund ihrer jeweiligen Einschränkungen unterschiedliche Möglichkeiten. Mit der IP-Filterung können Sie zum Beispiel Anfragen aus bestimmten Regionen oder Gebäuden zulassen und alles andere ablehnen. Mit Authentifizierung und Autorisierung können Sie Regeln für einen bestimmten Benutzer oder ein bestimmtes Konto definieren und dessen Rechte in Bezug auf Ihre Lösung oder deren Komponenten festlegen.

Beispiel

Azure Front Door, App Gateway und API Management Gateway sind drei virtuelle Netzwerk-Appliances (NVAs), die Sie so konfigurieren können, dass sie über ein privates Netzwerk einen Schutz des Netzwerkrands bieten. Der Ansatz des privaten Netzwerks wird oft als ausreichend für viele Lösungen angesehen, aber ist das wirklich so? Wie üblich sagt das Defense-in-Depth-Prinzip nein. Die Empfehlung lautet vielmehr, eine Identitätsperimeter-Verteidigung als zusätzliche Verteidigungsschicht hinzuzufügen. Die Hinzufügung eines Identitätsschutzes wird in der Regel durch die gegenseitige TLS-Authentifizierung erreicht. Bei diesem Ansatz legt die NVA ihr Clientzertifikat dem Backend vor. Das Backend wiederum prüft das Zertifikat und seine Gültigkeit, um sicherzustellen, dass die Verbindung von der erwarteten NVA und nicht von einer böswilligen oder zufälligen Quelle stammt.

Verwandte Sicherheitsgrundsätze

- Zero Trust
- Defense in Depth

Verwandte Muster

- Zentralisierten Identitätsanbieter verwenden
- Vom Internet isolieren

Rollenbasierte Zugriffssteuerung (RBAC) verwenden

Intention und Motivation

Die Verwaltung von Berechtigungen kann kompliziert sein. Es gibt viele Ressourcen und Anwendungen, und jede von ihnen definiert mehrere Aktionen, die autorisiert werden müssen. Bei Tausenden von Aktionen, die autorisiert werden können, brauchen Sie eine Möglichkeit, sie zu gruppieren und zu verwalten. Außerdem benötigen Sie einen Mechanismus für die Verwendung mit benutzerdefinierten Lösungen. Der Gedanke dahinter ist, dass Sie durch einen weitverbreiteten Ansatz eine zuverlässigere und sicherere Methode für die Autorisierung erhalten, als dies mit einem benutzerdefinierten Autorisierungsprozess möglich wäre.

Beschreibung

Die rollenbasierte Zugriffssteuerung in Azure (Role Based Access Control, RBAC) ist ein allgemeiner Ansatz, den Sie für Microsoft Entra ID und Azure Services verwenden können. Er bietet eine strukturierte Methode, um Benutzern vorgefertigte Sätze von Rechten zuzuweisen, die auf alltägliche Bedürfnisse zugeschnitten sind. Microsoft Entra ID bietet derzeit mehr als 120 integrierte Rollen, aus denen Sie wählen können. Die Rolle »Leser« erlaubt es dem Benutzer beispielsweise, die Konfiguration eines Dienstes zu lesen, in der Regel aber nicht dessen Daten. Im Gegensatz dazu erlaubt die Rolle »Mitwirkender« dem Benutzer, die Konfiguration eines Dienstes zu ändern oder neue Ressourcen zu erstellen, je nachdem, wo die Rolle zugewiesen ist. Sie können auch benutzerdefinierte Rollen anlegen, aber diese sind nur selten notwendig und führen oft zu Verwaltungsproblemen.

Ein grundlegender Vorteil von Azure RBAC ist, dass es eine zentrale Übersicht über alle den Benutzern zugewiesenen Rechte ermöglicht. Dies ist bei einer Kompromittierung von entscheidender Bedeutung, da Sie so nach betroffenen Benutzerkonten suchen können, um die Sicherheitsauswirkungen ihrer Kompromittierung zu erfassen. Wenn Sie stattdessen für die Ressourcen lokale Anmeldeinformationen verwenden und Rechte zuweisen, ohne RBAC zu nutzen, müssen Sie jede Ressource überprüfen, um die gleichen Informationen zu erhalten. RBAC ermöglicht außerdem die Durchführung von Zugriffsüberprüfungen, um in regelmäßigen Abständen zu überprüfen, ob der gewährte Zugriff noch erforderlich ist. Durch die Einführung von Microsoft Entra ID-Anmeldeinformationen und RBAC können Sie eine wachsende Anzahl von Tools zur Analyse von Identitäten nutzen, wie Microsoft Entra ID Identity Protection und Sentinel.

Azure RBAC ist nicht der einzige Ansatz für die Autorisierung. Manchmal benötigen Sie vielleicht etwas anderes, zum Beispiel eine benutzerdefinierte Datenbank, die Ihre Autorisierungsmatrix darstellt. Bevor Sie jedoch nach einer alternativen Lösung suchen, sollten Sie zuerst untersuchen, ob Sie auch mit Azure RBAC das gewünschte Ergebnis erzielen können.

Rollen für Anwendungen

Vielleicht möchten Sie etwas Ähnliches wie RBAC für Ihre Anwendungen nutzen. Wenn Sie zum Beispiel ein Webportal einrichten und möchten, dass einige Benutzer Inhalte bereitstellen, wäre es großartig, wenn Sie eine Rolle mit dem Namen »Editor« definieren könnten und diese Rolle dann als Teil des Authentifizierungstokens an die Anwendung zurückgeschickt würde.

Natürlich könnten Sie dazu eine Azure-Gruppe verwenden, aber das bietet Ihnen möglicherweise nicht die richtige Granularität. Vielleicht möchten Sie zum Beispiel mehrere verschiedene Benutzergruppen mit der Rolle Editor haben, eine für jede Struktur in Ihrem Unternehmen. In diesem Fall wäre die Definition einer Rolle sehr nützlich, da Sie so beliebig viele Gruppen erstellen und die Rolle dann allen zuweisen können. Ihre Anwendung könnte dann prüfen, ob die Rolle vorhanden ist, und nicht, ob der Benutzer zu einer der Gruppen gehört.

→

Azure bietet diese Möglichkeit über die App-Rollen. App-Rollen können Benutzern und Gruppen zugewiesen werden und werden an die Anwendung gesendet, wenn ein Benutzer darauf zugreift. App-Rollen können auch Clientanwendungen zugewiesen werden, um auf Ihre Anwendung zuzugreifen. App-Rollen sind eine hervorragende Möglichkeit, die Zugriffssteuerung für Anwendungen zu strukturieren und dabei einen sicheren Ansatz zu verwenden, der in die Plattform integriert ist. Weitere Informationen zu App-Rollen finden Sie hier: *https://learn.microsoft.com/azure/active-directory/develop/howto-add-app-roles-in-apps*.

Beispiel

Angenommen, Sie müssen eine mehrstufige Berechtigungshierarchie erstellen. Ihr Unternehmen hat mehrere Abteilungen, darunter die Abteilung »Vertrieb«. Die oberste Ebene dieser Abteilung ist »Vertrieb Global«, die verschiedene Regionen kontrolliert. Wie in Abbildung 3-1 dargestellt, gibt es zum Beispiel eine Region namens ATZ, eine andere namens Europa und weitere Regionen. Zu jeder Region gehören mehrere Länder. So umfasst ATZ beispielsweise die USA, Kanada, Mexiko sowie andere Länder. Jeder Benutzer in *Vertrieb Global* hat einen vollständigen Überblick; jeder Benutzer, der mit einer bestimmten Region verbunden ist, kann alles innerhalb dieser Region sehen; und Benutzer, die mit einem bestimmten Land verbunden sind, können nur die Informationen sehen, die dieses Land betreffen.

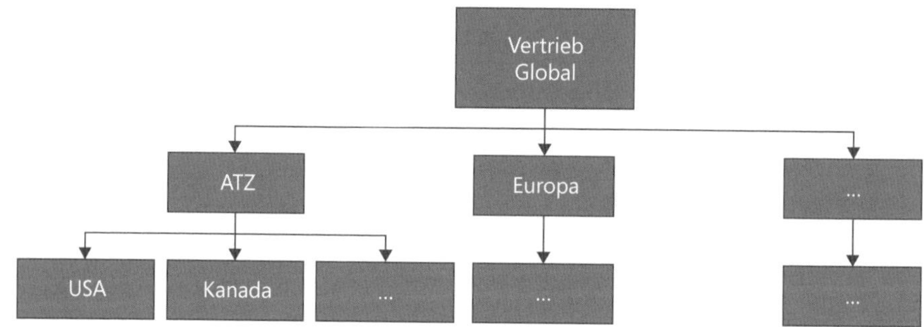

Abbildung 3-1 Die Hierarchie der Abteilung Vertrieb

Wie könnten Sie dieses Szenario mit Azure RBAC handhaben? Zumindest müssten Sie sich auf eine Datenbank verlassen, um die Hierarchie darzustellen, und auf benutzerdefinierten Code, um sie durchzusetzen. Aber Sie können es besser machen. Sie könnten zum Beispiel wie folgt vorgehen (siehe Abbildung 3-2):

1. Erstellen Sie eine Gruppe für jedes Land, eine Gruppe für jede Region und eine Gruppe für die globale Ebene.
2. Machen Sie die Gruppe für eine bestimmte Region zu einem Mitglied jeder Ländergruppe innerhalb dieser Region.
3. Machen Sie die globale Gruppe zu einem Mitglied der einzelnen regionalen Gruppen.

4. Verwenden Sie RBAC, um jeder Länder- und Regionalgruppe sowie der globalen Gruppe die erforderlichen Rechte zuzuweisen. Auf diese Weise erbt jede Regionalgruppe die Rechte der Ländergruppen in ihr, und die globale Gruppe erbt die Rechte jeder Regionalgruppe.

Abbildung 3-2 Wie die Gruppen verschachtelt werden müssen: Vertrieb Global ist Mitglied von ATZ, das wiederum Mitglied sowohl von USA als auch von Kanada ist.

Verwandte Sicherheitsgrundsätze

- Vorhandene Komponenten nutzen

Verwandte Muster

- Zentralisierten Identitätsanbieter für die Authentifizierung verwenden
- Rollen an Gruppen zuweisen

Muster für die Verwaltung von Geheimnissen

Geheimnisse sind wichtig, denn sie sind der Schlüssel für den Zugang zu Diensten und Daten. Der Schutz von Geheimnissen ist daher unerlässlich. Sie können den sichersten Authentifizierungsmechanismus haben, aber wenn Sie die Anmeldedaten nicht schützen, könnten Sie kompromittiert werden.

Leider kann der Schutz Ihrer Geheimnisse kompliziert sein. Ab einem bestimmten Punkt brauchen Sie sie, und genau dann könnte ein böswilliger Akteur Sie angreifen. Daher ist dies eine der Situationen, in denen es am wichtigsten ist, sich an bekannte sichere Muster zu halten.

Verwaltete Identitäten verwenden

Intention und Motivation

Die meisten Anwendungen enthalten mehrere Komponenten, bei denen es erforderlich ist, dass sie interagieren. Diese Kommunikation umfasst in der Regel eine Form von Anmeldeinformationen oder vertraulichen Informationen.

Nehmen wir zum Beispiel an, Sie stellen eine Verbindung zu einer Datenbank her. In diesem Fall benötigen Sie eine Verbindungszeichenfolge, die den Namen des Servers oder des Clusters, der die Datenbank bereitstellt, und die Zugangsdaten für den Zugriff auf die Datenbank enthält. Hier liegt das Problem: Wie können Sie diese Zugangsdaten sicher speichern?

Eine offensichtliche Lösung wäre, sie in Konfigurationsdateien zu speichern. Leider ist dies nicht sicher, denn jemand könnte sie stehlen. Natürlich könnte man die Dateien auch verschlüsseln, aber dann stellt sich das Problem des Schutzes des Verschlüsselungsschlüssels und so weiter.

Bei IaaS könnten Sie alternativ die Datenschutz-API (Data Protection API, DPAPI) verwenden, um die Konfigurationsdatei zu verschlüsseln. Leider hat auch dieser Ansatz eine Reihe von Nachteilen. Erstens bietet DPAPI nur teilweise Sicherheit, da Benutzer mit ausreichenden Rechten auf die durch DPAPI geschützten Geheimnisse zugreifen können. Zweitens werden die Geheimnisse im Speicher nicht geschützt.

Wenn Sie Ihre Lösung auf App-Dienste stützen, können Sie die Anwendungseinstellungen verwenden. Diese bieten einen gewissen Schutz und machen es überflüssig, Geheimnisse in Konfigurationsdateien zu speichern. Sie schützen jedoch nicht die Geheimnisse im Speicher. Und auch hier können Benutzer, die über ausreichende Rechte verfügen, die Geheimnisse lesen – beispielsweise über das Azure-Portal.

Beschreibung

Eine bessere Möglichkeit, Geheimnisse zu speichern, ist die Verwendung von verwalteten Identitäten. Dies sind Dienstkonten, die vollständig von Microsoft Entra ID verwaltet werden.

Bei verwalteten Identitäten haben Sie keinen Zugriff auf das Kennwort, und auch Ihre Anwendung hat keinen Zugriff darauf. Die Plattform injiziert es automatisch, wenn Sie eine Anfrage mit der verwalteten Identität senden.

Nicht alle möglichen Aufrufer auf Azure unterstützen verwaltete Identitäten, und auch nicht alle möglichen Dienste. Eine Liste der Dienste, die dies unterstützen, finden Sie unter *https://learn.microsoft.com/azure/active-directory/managed-identities-azure-resources/managed-identities-status*. Diese Liste wird ständig aktualisiert, daher sollten Sie sie häufig überprüfen. Azure Cosmos DB unterstützte zum Beispiel bis vor Kurzem keine verwalteten Identitäten.

Siehe *https://learn.microsoft.com/azure/cosmos-db/managed-identity-based-authentication* und *https://learn.microsoft.com/azure/cosmos-db/how-to-setup-rbac* für Informationen zur Verwendung von RBAC und verwalteten Identitäten mit Cosmos DB.

Verwaltete Identitäten können systemseitig oder benutzerseitig zugewiesen werden. Der Hauptunterschied besteht darin, dass systemseitig zugewiesene verwaltete Identitäten dem Dienst zugeordnet sind, während benutzerseitig zugewiesene verwaltete Identitäten von verschiedenen Diensten gemeinsam genutzt werden können. Wenn Sie also den Verwaltungsaufwand minimieren möchten und viele Instanzen derselben Anwendung haben, können Sie einfach allen dieselbe benutzerzugewiesene verwaltete Identität zuweisen.

Es gibt ein Szenario, in dem systemseitig zugewiesene verwaltete Identitäten den vom Benutzer zugewiesenen verwalteten Identitäten vorzuziehen sind: für die Ursachenanalyse nach einem Vorfall. Das liegt daran, dass systemseitig zugewiesene verwaltete Identitäten spezifisch für eine Instanz eines Dienstes sind, was es einfacher macht, die von dem Angriff betroffene Instanz zu identifizieren.

Sie können virtuellen Maschinen (VMs) verwaltete Identitäten zuweisen. Dies bedeutet jedoch nicht, dass alle Anwendungen, die von der VM gehostet werden, automatisch mit der zugewiesenen verwalteten Identität auf Ressourcen zugreifen können. Sie müssen Code schreiben, um diese Möglichkeit zu nutzen. Dies beinhaltet in der Regel das Senden einer Anfrage an den Azure Instance Metadata Service, um ein Token für die erforderliche Ressource zu erhalten. Siehe *https://learn.microsoft.com/azure/active-directory/managed-identities-azure-resources/how-to-use-vm-token* für Details zur Verwendung von verwalteten Identitäten mit Azure-VMs.

Die URL, die aufgerufen werden muss, um ein Token vom Azure Instance Metadata Service zu erhalten, lautet *http://169.254.169.254/metadata/identity/oauth2/token*. Die Azure-Infrastruktur injiziert automatisch die zugewiesene verwaltete Identität, ohne sie jemals preiszugeben, auch nicht in den Metadaten der Nachricht.

Beispiele

- Angenommen, Ihr Code kann verwaltete Identitäten verwenden und muss auf eine Ressource zugreifen, die verwaltete Identitäten unterstützt. In diesem Fall sollten Sie die Anmeldedaten nirgendwo speichern. Stattdessen wäre es am besten, direkt die verwaltete Identität für den Zugriff auf die Ressource zu verwenden.
- Wenn Ihr Code verwaltete Identitäten unterstützt, die Ressource jedoch nicht, prüfen Sie, ob sie zumindest verwaltete Identitäten für administrative Zwecke unterstützt. Wenn dies der Fall ist, können Sie möglicherweise dennoch verwaltete Identitäten verwenden, um einige Anmeldeinformationen abzurufen, die den Zugriff auf die Daten der Ressource ermöglichen. Daher könnte es möglich sein, eine Initialisierungsphase zu haben, um die Anmeldeinformationen vom Dienst mit Ihrer verwalteten Identität über die Kontrollebene abzurufen und sie dann für alle nachfolgenden Aufrufe zu verwenden. Microsoft empfahl beispielsweise diesen Ansatz für den Zugriff auf Cosmos DB Daten, bevor es Unterstützung für verwaltete Identitäten einführte.

Möglicherweise ziehen Sie diese Option der Alternative vor, die darin besteht, die Anmeldeinformationen in Azure Schlüsseltresor zu speichern, da sie die Exposition der Anmeldeinformationen verringert und die Verwaltung vereinfacht.

Verwandte Sicherheitsgrundsätze

- Angriffsfläche reduzieren
- Einfachheit der Mechanismen
- Vorhandene Komponenten nutzen

Verwandte Muster

- Zentralisierte Identitätsanbieter für die Authentifizierung verwenden
- Geheimnisse mit Azure Schlüsseltresor schützen

Geheimnisse mit Azure Key Vault schützen

Intention und Motivation

Wie im vorherigen Muster beschrieben, benötigen Sie einen Ort zum Speichern Ihrer Geheimnisse. Beispielsweise kann es erforderlich sein, anstelle eines Benutzernamens und eines Kennworts einen privaten Schlüssel in Verbindung mit einem Zertifikat speichern zu müssen. Ein typisches Beispiel ist ein Bring-your-own-key (BYOK)-Szenario, bei dem Sie einen Schlüssel zur Verfügung stellen, der auf irgendeine Weise verwendet werden soll, zum Beispiel zum Verschlüsseln einer SQL-Datenbank mit Transparent Data Encryption (TDE).

Sie können nicht immer verwaltete Identitäten verwenden, um dies zu erreichen. So kann es beispielsweise sein, dass ein Computedienst oder eine aufgerufene Ressource keine verwalteten Identitäten unterstützt. Oder eine Standardanwendung, die in IaaS gehostet wird, wurde möglicherweise nicht für die Unterstützung von verwalteten Identitäten modifiziert und kann sie daher nicht verwenden. Beispielsweise benötigt Microsoft manchmal einige Zeit, um die Unterstützung für verwaltete Identitäten in Open-Source-Lösungen wie Redis Cache zu implementieren, die als Azure-Dienste integriert sind.

Was ist also zu tun?

Beschreibung

Wenn Sie in Ihrer Situation keine verwalteten Identitäten verwenden können, um direkt auf eine Ressource zuzugreifen, ist es am besten, einen Schlüsseltresor in Azure Key Vault zu verwenden – ein sicherer und zentraler Speicher für Geheimnisse und Verschlüsselungsschlüssel. Azure Key Vault ist sicherer als die Alternativen, da er isoliert und vom Internet aus unzugänglich gemacht werden kann, selbst wenn Ihre Anwendung über private Links zugänglich sein muss. Sie können sich auf verschiedene Dienste verlassen, um Azure Schlüsseltresor zu sichern, wie zum Beispiel Microsoft Defender for Key Vault, der – neben anderen Funktionen – dabei helfen kann, anomale Interaktionen zu erkennen. Azure Schlüsseltresor ist außerdem sicherer als viele Alternativen, da die Premium SKU über Hardwaresicherheitsmodule (Hardware Security Module, HSM) verfügt, die Angreifer daran hindern, private Schlüssel zu stehlen.

Die Nutzung von Azure Schlüsseltresor reicht nicht aus, um Ihre Lösung sicher zu machen. Wenn Sie beispielsweise Code in einer Umgebung hosten, die verwaltete Identitäten unterstützt, wie zum Beispiel eine VM oder ein App-Dienst, sollten Sie eine verwaltete Identität verwenden, um Azure Schlüsseltresor aufzurufen, wie im Abschnitt über verwaltete Identitäten beschrieben. Wenn Sie einen Schlüssel benötigen, um auf den Schlüsseltresor zuzugreifen, haben Sie das Problem, diesen Schlüssel zu schützen, was sehr schwierig wird. Bei VMs können Sie DPAPI verwenden, aber bei einer PaaS-Lösung ist dies nicht möglich, da sie von der Azure-Infrastruktur gelegentlich auf andere Server verschoben werden könnten, wodurch Ihre Geheimnisse unzugänglich werden.

Eine weitere wichtige Entscheidung, die Sie treffen müssen, ist die Anzahl der zu verwendenden Azure Schlüsseltresor-Instanzen. Microsoft empfiehlt, mehrere Instanzen für Ihre Anwendung bereitzustellen – eine für jede Umgebung. Wir empfehlen, sogar noch mehr Instanzen zu nutzen, insbesondere für Produktionsumgebungen. Wenn Ihre Anwendung aus mehreren Schichten besteht, können Sie jeder dieser Schichten einen Azure Schlüsseltresor zuweisen, damit ein Angreifer bei einer Kompromittierung nur an einige wenige Geheimnisse gelangen kann (siehe Abbildung 3-3).

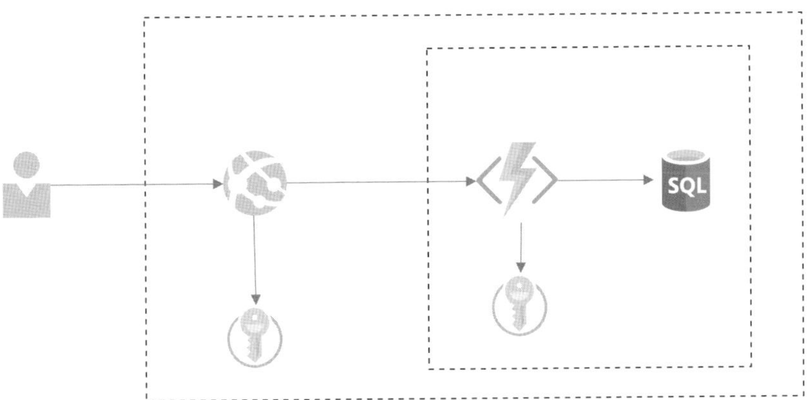

Abbildung 3-3 Ein Beispiel für ein System mit zwei Schlüsseltresoren: einer für das Front-End und einer für das Back-End

Dieser Ansatz mag radikal und manchmal unnötig erscheinen. Schließlich führen mehrere Azure Schlüsseltresore zu einer komplexeren Lösung, die zusätzlichen Verwaltungsaufwand mit sich bringt und die Möglichkeit von Fehlern erhöht, indem die Angriffsfläche vergrößert wird. Für welchen Ansatz Sie sich entscheiden, hängt also von den Merkmalen Ihrer Lösung ab.

Azure Key Vault für Microservices

Microservices-Architekturen stellen ein interessantes Szenario dar. Sie sind durch viele kleine Anwendungen gekennzeichnet, die miteinander interagieren. Müsste man für jeden Mikroservice einen Schlüsseltresor anwenden, würde das System schnell unübersichtlich werden. In diesem Fall ist es vielleicht am besten, die Fragmentierung der Azure Schlüsseltresore zu vermeiden und nur eine einzige Instanz zu verwenden. Denken Sie daran, dass nach dem Prinzip der Einfachheit der Mechanismen das Einfachste meist das Beste ist.

Beachten Sie, dass Sie auch ohne dedizierte Instanzen eine erhebliche Abschottung erreichen können. Dies wird in der Regel durch die Nutzung der Autorisierung erreicht. Azure Schlüsseltresor unterstützt zwei Autorisierungsmodelle: Tresorzugriffsrichtlinien und RBAC. Mit Tresorzugriffsrichtlinien weisen Sie Zugriffsrechte für ganze Kategorien von Objekten zu, zum Beispiel Geheimnisse oder private Schlüssel. Das bedeutet, dass Sie nicht zwischen Geheimnissen unterscheiden können; Sie können alle oder keines davon lesen. Im Gegensatz dazu können Sie mit RBAC Rollen sogar auf einer einzelnen Objektebene zuweisen. Sie können dann eine einzige Instanz nutzen, weil die RBAC-Rollenzuweisung auf Objektebene die nötige Granularität bietet, um genau festzulegen, wer worauf zugreifen kann.

Die Möglichkeit, Zugriffsberechtigungen so granular zuzuweisen, ist hervorragend, hat aber einen entscheidenden Nachteil: Azure unterstützt bis zu 2000 Rollenzuweisungen pro Abonnement. Es könnte also am besten sein, RBAC zu übernehmen (weil es die größte Flexibilität und Kontrolle bietet), aber es sparsam zu verwenden.

Wie bereits bei der Erläuterung des RBAC-Prinzips erwähnt, sollten Sie RBAC verwenden, da es Ihnen ermöglicht, Rollenzuweisungen zentral zu überprüfen und zu verwalten. Darüber hinaus können Sie dank dieser umfassenden Transparenz Werkzeuge zur Identifizierung potenzieller Risiken und Prozesse zur mehr oder weniger automatischen Verwaltung von Rollenzuweisungen einsetzen.

In Kapitel 10, »Kryptografie in Azure«, finden Sie weitere Einzelheiten zu Azure Key Vault.

Beispiele

Azure Key Vault eignet sich hervorragend zum Speichern von Geheimnissen für den Zugriff auf Ressourcen, die keine verwalteten Identitäten unterstützen, wie Azure Cache für Redis. Azure Schlüsseltresor eignet sich auch für die Speicherung von Geheimnissen, die Sie nicht durch verwaltete Identitäten ersetzen können, wie zum Beispiel Verbindungszeichenfolgen oder private Schlüssel. Wenn Sie private Schlüssel speichern, sollten Sie die Premium SKU wählen, um die HSM-Funktionen zu nutzen. Die Standard-SKU ist für alle anderen Szenarien ausreichend.

Verwandte Sicherheitsgrundsätze

- Fail Secure
- Minimale Berechtigungen
- Vorhandene Komponenten nutzen

Verwandte Muster

- Rollenbasierte Zugriffssteuerung (RBAC) verwenden
- Verwaltete Identitäten verwenden
- Bring Your Own Key (BYOK) einsetzen (Bringen Sie Ihren eigenen Schlüssel mit)

Muster für die Verwaltung vertraulicher Informationen

Geheimnisse sind wichtig, aber die Informationen, die sie schützen, sind noch wichtiger. Es gibt viele Optionen, um Ihre Daten zu schützen, aber nicht alle Optionen sind gleich, und es kann schwierig sein, die richtigen zu wählen. Betrachten wir zum Beispiel den Schutz von ruhenden Daten (Data at Rest): Alle Speicheroptionen von Azure erlauben oder erzwingen sogar die Verschlüsselung von ruhenden Daten. Beispielsweise werden Azure Managed Disks automatisch verschlüsselt. Sie können nur wenige Optionen festlegen, beispielsweise wie sie geschützt werden und wer den Verschlüsselungsschlüssel bereitstellt. Aber brauchen Sie diese Art der Verschlüsselung? Die Antwort ist natürlich ja, aber die Dinge sind nicht so einfach. Sie müssen mehrere Anforderungen an die Verschlüsselung erfüllen, und diese Art von Schutz deckt nur einige davon ab. Auch hier ist es wichtig, sich auf Muster zu verlassen, um die wichtigsten Probleme richtig anzugehen.

Sichere Kanäle schaffen

Intention und Motivation

Die Kommunikation ist in der Regel das Hauptrisiko für eine Lösung. Wenn Sie eine geschlossene Box haben, die keine Eingaben erhält und keine Ausgaben tätigt, ist sie vollständig geschützt und kann nicht angegriffen werden. Leider ist ein solches isoliertes System nur als intellektuelle Übung sinnvoll.

Alle praktischen Anwendungen der Technologie sind mit etwas verbunden. Das kann das Internet sein, ein lokales Netzwerk oder auch nur eine Steckdose. Selbst Geräte, die nicht mit irgendetwas verbunden sind, weil sie eine Batterie verwenden und bei denen die WLAN-Konnektivität deaktiviert ist, senden dennoch Informationen über Bildschirme oder einfach über das elektromagnetische Feld, das von ihrer Elektronik ausgestrahlt wird.

In Kapitel 2 haben Sie gelernt, dass das Azure-Sicherheitsmodell den Kunden eine Teilverantwortung für die Sicherheit der gehosteten Lösungen zuweist. Unabhängig davon, für welches Modell Sie sich entscheiden – IaaS, PaaS oder SaaS –, liegt es in der Verantwortung von Microsoft, die physischen Geräte zu schützen. Die gute Nachricht: Sie müssen sich keine Gedanken über Stromanschlüsse und elektromagnetische Felder machen! Alle anderen Probleme sind jedoch durchaus in Ihrem Einflussbereich.

Beschreibung

Was bedeutet es, sichere Kanäle zu schaffen? Oder besser, wie kann man feststellen, ob ein Kanal sicher ist? Es gibt einige Voraussetzungen, die erfüllt sein müssen:

- **Vertraulichkeit** Der Kanal muss die Vertraulichkeit der Daten wahren. Die Übertragung über das Internet durchläuft viele Systeme, und jedes dieser Systeme könnte möglicherweise den Inhalt der Kommunikation lesen und offenlegen. Um die Vertraulichkeit zu wahren, müssen Sie den Inhalt so verpacken, dass Unbefugte ihn nicht lesen können, normalerweise durch Verschlüsselung.
- **Authentifizierung** Der Kanal muss alle Parteien, die in die Kommunikation eingebunden sind, sicher authentifizieren. In den meisten Fällen steht die Authentifizierung des Aufrufers im Vordergrund, aber das sollte nicht der Fall sein. Sie müssen auch sicherstellen, dass der aufgerufene Dienst sich selbst authentifiziert. Glücklicherweise wird die Authentifizierung des Dienstes durch die Einführung von TLS implizit gewährleistet. Dennoch müssen Sie möglicherweise sicherstellen, dass Ihre Aufrufer zusätzliche Überprüfungen des bereitgestellten Zertifikats durchführen, zum Beispiel prüfen, ob das Zertifikat von der erwarteten Zertifizierungsstelle ausgestellt wurde.

- **Integrität** Sie müssen die Integrität der übermittelten Informationen bestätigen. Mit anderen Worten: Die Empfänger müssen überprüfen, ob die Daten während der Übertragung von einem Dritten verändert wurden. Übertragungsprotokolle teilen große Nachrichten normalerweise in mehrere Pakete auf. Daher können einige dieser Pakete bei der Übertragung verloren gehen oder in einer anderen Reihenfolge empfangen werden als erwartet. Um die Integrität zu wahren, müssen Sie sicherstellen, dass das, was empfangen wird, mit dem übereinstimmt, was gesendet wurde.

Azure erfüllt einige dieser Anforderungen, indem es für die meisten Kommunikationsvorgänge eine Kanalverschlüsselung vorsieht. Mit Kanalverschlüsselung, wie TLS, können Sie Vertraulichkeit, Integrität und Serverauthentifizierung gewährleisten. Sie müssen jedoch noch die Clientauthentifizierung berücksichtigen, die bei TLS optional ist.

Es gibt verschiedene Möglichkeiten, den Client zu authentifizieren – zu viele, um sie hier alle aufzuführen. Dennoch kann es hilfreich sein, eine der Möglichkeiten zu erörtern: Clientzertifikate. Diese stellen eine starke Verbindung her, die Man-in-the-Middle-Angriffe verhindert. Wenn Sie keine Clientzertifikate verwenden, kann ein Angreifer eine Kommunikation abfangen, den TLS-Kanal an seinem Ende beenden und einen neuen, falschen Kanal in Richtung des Servers erstellen. Wenn Sie jedoch Clientzertifikate mit TLS einsetzen, ist dies nicht möglich, da der Man-in-the-Middle dem Zielserver Ihr Zertifikat nicht vorlegen würde. (Zugegeben, wir nutzen selten Clientzertifikate, da sie mit hohen Kosten verbunden sind.)

Ein anderer Ansatz besteht darin, sichere Kanäle zu schaffen und diese vom Internet zu isolieren. Mit diesen sicheren Kanälen können Sie dann verhindern, dass Ihre Ressourcen und Dienste über das Internet zugänglich sind. In der Regel können Sie dies durch den Einsatz von VPNs oder ExpressRoute erreichen.

Die Wahrscheinlichkeit, abgehört zu werden

Wie wahrscheinlich ist es, dass ein Angreifer Ihren Datenverkehr abhört? Schließlich ist das Internet riesig, und jede Sekunde werden Milliarden von Nachrichten verschickt. Ihren Datenverkehr abzufangen ist nicht so einfach wie die Suche nach einer Nadel im Heuhaufen, sondern viel schwieriger! Wie groß ist das Problem also wirklich?

In der Tat gibt es einige Situationen, in denen die Wahrscheinlichkeit, dass Ihr Datenverkehr abgehört wird, erheblich steigt:

- Der Angreifer könnte gerade zur richtigen Zeit am richtigen Ort sein, und Sie könnten Ihren Datenverkehr unwissentlich in seine Richtung senden. Dies könnte passieren, wenn Sie einen leicht abzufangenden Kanal, wie zum Beispiel WLAN, verwenden, während der Angreifer in Ihrer Nähe ist. Diese Art von Angriffen kommt häufiger vor, als Sie sich vorstellen können – vor allem in bestimmten Situationen, wie zum Beispiel bei Sicherheitskonferenzen.
- Sie könnten Ihren Datenverkehr unwissentlich über böswillige Knotenpunkte leiten. Ein typisches Beispiel für diese Situation ist die Verwendung von Tor oder einem kostenlosen VPN. Böswillige Akteure hosten viele dieser Ressourcen und nutzen sie, um Ihren Datenverkehr anzuzapfen und potenziell bösartige Aktionen durchzuführen.

Beispiele

- Konfigurieren Sie Ende-zu-Ende-Verschlüsselung mit Azure Application Gateway, um sicherzustellen, dass TLS-Verschlüsselung intern zwischen Application Gateway und dem Zieldienst oder der Ressource bereitgestellt wird.
- Verwenden Sie ein Point-to-Site-VPN, um eine einzelne Workstation mit Ressourcen auf Azure zu verbinden, damit diese nicht über das Internet zugänglich sind.
- Verwenden Sie ein Site-to-Site-VPN, um einen Standort, beispielsweise Ihr Büro, mit Cloud-Ressourcen zu verbinden, die nicht über das Internet zugänglich sind. Dies erfordert in der Regel die Installation von VPN-Gateways, um den Datenverkehr auf beiden Seiten zu erfassen.
- Verwenden Sie ExpressRoute, um einen Standort zu verbinden, ähnlich wie bei einem Site-to-Site-VPN. Der Hauptunterschied besteht darin, dass ExpressRoute auf einer eigenen Infrastruktur basiert, sodass die Verbindung in der Regel schneller und zuverlässiger ist.

Verwandte Sicherheitsgrundsätze

- Defense in Depth

Verwandte Muster

- Daten clientseitig verschlüsseln
- Bring Your Own Key (BYOK) einsetzen (Bringen Sie Ihren eigenen Schlüssel mit)

Daten clientseitig verschlüsseln

Intention und Motivation

Wie bereits zu Beginn dieses Abschnitts erwähnt, verwendet Azure Verschlüsselung zum Schutz des gesamten Speichers. Das ist natürlich eine großartige Funktion, aber deckt sie alle Ihre Bedürfnisse ab? Um diese Frage zu beantworten, müssen Sie zunächst genau ermitteln, welche Anforderungen diese Art der Verschlüsselung erfüllt.

Die von Azure für die meisten Speicheroptionen angebotene Verschlüsselung für ruhende Daten fällt unter die Kategorie der transparenten Verschlüsselung. Mit anderen Worten: Wenn Sie über einen der genehmigten Kanäle auf den Speicher zugreifen, stehen die Daten in unverschlüsselter Form zur Verfügung. Greifen Sie jedoch über einen anderen Weg auf den Speicher zu, sind die Daten unlesbar. Wenn Sie beispielsweise versuchen, auf die Daten zuzugreifen, indem Sie die virtuellen oder physischen Festplatten stehlen, erhalten Sie verschlüsselte Inhalte, die nicht lesbar sind, selbst wenn Sie die erforderlichen Berechtigungen besitzen.

Die transparente Verschlüsselung erhöht also die Isolierung zwischen den Kundendaten und den Verwaltungsumgebungen von Microsoft. Genauer ausgedrückt, erschwert sie den Microsoft-Administratoren den Zugriff auf Ihre Daten. Es gibt jedoch noch andere Anforderungen, denen die transparente Verschlüsselung nicht gerecht wird. Zum Beispiel bleiben Daten im Arbeitsspeicher unverschlüsselt.

Daten können drei Zustände annehmen, und Sie müssen alle drei Zustände schützen:

- **Im Ruhezustand (at rest)** Dies ist der Zustand, wenn die Daten irgendwo gespeichert sind.
- **Während der Übertragung (in transit)** Dies ist der Zustand, wenn die Daten reisen, wenn Sie die Daten zwischen zwei Orten übertragen.
- **Im Arbeitsspeicher (in memory, in use)** Dies ist der Zustand, wenn die Daten vorübergehend im Arbeitsspeicher gespeichert werden und zur Verarbeitung bereitstehen.

Die transparente Verschlüsselung schützt die Daten nur im Ruhezustand. Wenn Sie die transparente Verschlüsselung verwenden, werden die Daten sowohl auf dem Datenbank- oder Speicherserver als auch auf dem Client unverschlüsselt gespeichert. Daher schützen Sie Daten bei der Übertragung in der Regel durch TLS, das in Azure standardmäßig aktiviert ist.

Gelingt es jedoch einem böswilligen Akteur, Authentifizierungsinformationen in die Hände zu bekommen, könnte er auf die im Arbeitsspeicher gespeicherten Daten zugreifen. Natürlich gibt es nur wenige Umstände, in denen dies passieren kann. So muss der böswillige Akteur beispielsweise Zugriff auf das Repository haben. Sind diese Bedingungen jedoch erfüllt, kann er die Daten lesen. Dies ist ein Szenario, das in den meisten Fällen als »bereits entschärft« betrachtet werden kann. Wenn Ihre Lösung jedoch ein höheres Maß an Sicherheitsgarantien erfordert, müssen Sie etwas anderes in Betracht ziehen, zum Beispiel eine clientseitige Verschlüsselung.

Beschreibung

Die Idee hinter der clientseitigen Verschlüsselung ist, dass Sie die Daten auf dem Client verschlüsseln, bevor Sie sie an das Speichersystem senden. Dadurch wird sichergestellt, dass die Daten von diesem Zeitpunkt an verschlüsselt sind, auch im Speicher des Repositorys. Natürlich muss die Anwendung die Daten entschlüsseln, um sie zu konsumieren. Zu diesem Zeitpunkt wären die Daten potenziell gefährdet.

Wenn Ihr Speichersystem ein Datenbankserver ist, werden die Dinge interessant. Da die clientseitig verschlüsselten Daten von der auf dem Datenbankserver ausgeführten Logik nicht gelesen werden können, wäre es unmöglich, typische Aktivitäten wie das Durchsuchen ihres Inhalts durchzuführen. Mit einigen Implementierungen der clientseitigen Verschlüsselung, wie Cosmos DB und SQL Server Always Encrypted, ist es jedoch möglich, begrenzte Vergleiche durchzuführen.

Die Implementierung einer clientseitigen Verschlüsselung ist möglich, wenn die Plattform sie unterstützt, und sie könnte auch als benutzerdefinierte Aktivität möglich sein. In diesem Fall sollte sie jedoch als heikle Aufgabe behandelt werden, die gründliche Tests und eine eingehende Validierung durch Experten erfordert, da es möglich ist, fatale Fehler zu machen. Und selbst unter den besten Bedingungen kann die clientseitige Verschlüsselung erhebliche Auswirkungen auf die Leistung des Systems haben, und zwar aufgrund der Rechenkosten und der Tatsache, dass es unmöglich sein kann, die Daten zu indizieren, um die Suchgeschwindigkeit zu erhöhen.

Wenn Sie die clientseitige Verschlüsselung implementieren, ist es ein typisches Muster, Azure Schlüsseltresor für die Speicherung der kryptografischen Schlüssel zu verwenden.

Beispiele

- Cosmos DB und SQL Server Always Encrypted bieten eine Möglichkeit zur Verschlüsselung von Daten auf der Client-Seite. Es umfasst einen Modus namens deterministische Verschlüsselung, der die Suche nach Datensätzen mit einem bestimmten Wert ermöglicht. Wenn Sie zum Beispiel eine Steuer-ID mit deterministischer Verschlüsselung verschlüsseln, können Sie alle Zeilen in einer Tabelle abrufen, in denen ein Feld dieselbe Steuer-ID hat.

Genau die Eigenschaft, die die deterministische Verschlüsselung so wertvoll macht, ist auch ihre größte Schwäche. Ein Angreifer könnte beispielsweise alle Datensätze, die mit derselben Steuer-ID verknüpft sind, gruppieren, was ihm genügend Informationen liefern könnte, um eine Person anhand der anderen Metadaten zu identifizieren. Aus diesem Grund sollten Sie die randomisierte Verschlüsselung als erste Option in Betracht ziehen und bei Bedarf auf die deterministische Verschlüsselung zurückgreifen.

- Einige Bibliotheken, die per Programm Zugriff auf Azure Storage bieten, implementieren die notwendige Logik, um die clientseitige Verschlüsselung für Azure Storage durchzuführen. Beispiele hierfür mit .NET-, Java- und Python-Code finden Sie unter *https://learn.microsoft.com/azure/storage/blobs/client-side-encryption?tabs=dotnet*.

Verwandte Sicherheitsgrundsätze

- Defense in Depth
- Fail Secure
- Vorhandene Komponenten nutzen

Verwandte Muster

- Geheimnisse mit Azure Schlüsseltresor schützen

Bring Your Own Key (BYOK) einsetzen

Intention und Motivation

Die Datenverschlüsselung hat mehrere Aufgaben. Eine der am wenigsten beachteten ist das Crypto-Shredding. Beim Crypto-Shredding werden die zur Sicherung vertraulicher Daten verwendeten Verschlüsselungscodes absichtlich gelöscht oder überschrieben. Auf diese Weise können Sie sicherstellen, dass niemand die Daten lesen kann, die Sie nicht mehr benötigen, oder Sie können die Datenexfiltration in einem Notfall blockieren. Mit Crypto-Shredding können Sie den Zugriff auf Ihre Daten für jeden unmöglich machen.

Beschreibung

Eine der besten Möglichkeiten, dies zu tun, ist die Verwendung von Bring Your Own Key (BYOK, »Bringen Sie Ihren eigenen Schlüssel mit«). Bei diesem Ansatz speichert Azure Schlüsseltresor den Schlüssel, der unter Ihrer Kontrolle steht. Um Ihre Daten kryptografisch zu schreddern, löschen Sie einfach Ihren Schlüssel aus dem Schlüsseltresor. Wenn Sie das tun, können ab sofort keine Daten mehr wiederhergestellt werden.

> **Mehr über BYOK**
>
> Einer der Hauptzwecke von BYOK besteht darin, die Kontrolle der Nutzer über ihre Schlüssel zu erhöhen. Die Idee ist, dass die Nutzer durch ihre eigenen Schlüssel dem Anbieter von Clouddiensten den Zugriff auf ihre Daten erschweren. Leider ist BYOK nicht deshalb so nützlich. Wenn Sie Microsoft Ihre Daten nicht anvertrauen, warum sollten Sie dann darauf vertrauen, dass es Ihren Schlüssel sicher verwaltet? Sie speichern ihn ja in seinen Systemen. Mit anderen Worten: Wenn Sie davon ausgehen, dass ein böswilliger Administrator auf Ihre Daten zugreifen könnte, sollten Sie auch davon ausgehen, dass diese Person auch auf Ihre Schlüssel zugreifen könnte. Glücklicherweise bietet Azure viele weitere Schutzmechanismen, um dies zu verhindern. Dazu gehören strenge physische Kontrollen und verschiedene Isolationsebenen, die für den Zugriff auf die Daten unter der Kontrolle des Kunden stehende Eskalationspfade erforderlich machen.

Natürlich ist dies ein zweischneidiges Schwert, denn ein böswilliger Akteur könnte diesen Ansatz nutzen, um eine Dienstverweigerung zu verursachen. Einige SaaS-Lösungen wie Microsoft 365 sehen Mechanismen vor, um Verluste durch die Zerstörung des BYOK zu verhindern. Eine solche Funktion heißt Availability Key und wird hier beschrieben: *https://azsec.tech/89t*.

Beispiel

Wenn Sie Azure SQL oder Azure Storage nutzen und BYOK verwendet haben, um die ruhenden Daten zu verschlüsseln, können Sie den Schlüssel von Azure Storage wieder löschen, um den Inhalt zu schreddern.

Verwandte Sicherheitsgrundsätze

- Defense in Depth
- Vorhandene Komponenten nutzen
- Funktionstrennung

Verwandte Muster

- Geheimnisse mit Azure Schlüsseltresor schützen

Verfügbarkeitsmuster

Die Verfügbarkeit wird oft als gegeben angesehen. Sie erwarten, dass Ihre Lösung zur Stelle ist, wenn sie gebraucht wird, und dass sie ihre Dienste jedem Benutzer zur Verfügung stellt. Leider lässt sich dies nicht so automatisch erreichen, und Sie müssen hart arbeiten, um zu gewährleisten, dass Ihre Lösung immer einsatzbereit ist.

In der Cloud ist die Situation sogar noch schlimmer, wenn dies überhaupt möglich ist. Wenn Sie ein komplexes System entwickeln, das viele Dienste integriert, sind Sie darauf angewiesen, dass alle Dienste verfügbar sind. Die Nichtverfügbarkeit eines Dienstes kann dazu führen, dass Ihre Lösung ganz oder teilweise nicht mehr verfügbar ist. Wenn jedes dieser Systeme zumindest teilweise von einer dritten Partei verwaltet wird, haben Sie keine Kontrolle über die Wartungsaktivitäten. Daher müssen Sie Ihre Lösung so gestalten, dass sie widerstandsfähiger ist, als dies bei On-Premise-Lösungen der Fall war.

Es wäre ein Fehler zu glauben, dass dieses Problem spezifisch für die Cloud oder für Azure ist. Ganz im Gegenteil, die weitverbreitete Automatisierung dieser Plattformen hat die Häufigkeit von Zwischenfällen im Vergleich zu On-Premises drastisch reduziert. Dennoch sind Vorfälle eine Möglichkeit und die Wartung eine Notwendigkeit. Der neue Ansatz gibt Ihnen dieses Bewusstsein und die Werkzeuge an die Hand, um Ihre Lösungen so zu konzipieren und zu implementieren, dass sie Ihren Verfügbarkeitsanforderungen gerecht werden.

Lassen Sie uns sehen, was Sie tun können, um die Verfügbarkeit Ihrer Lösung zu verbessern.

Entwurf für Denial of Service

Intention und Motivation

Denial-of-Service-Angriffe (DoS) kommen häufig vor. Sie treten auf, wenn jemand die Bedingungen dafür schafft, dass Ihre Lösung ausfällt, indem er sie mit mehr Anfragen bombardiert, als sie bewältigen kann, oder indem er kunstvoll gestaltete Nachrichten sendet, die Ihre Lösung zum Absturz bringen. In jedem Fall verursachen diese Angriffe die Nichtverfügbarkeit Ihres Dienstes. Eine Variante der DoS-Angriffe wird als Distributed DoS (DDoS) bezeichnet. DDoS-Angriffe zeichnen sich dadurch aus, dass der Angriff von mehreren Punkten aus erfolgt, manchmal in der Größenordnung von Tausenden oder Zehntausenden.

DoS und DDoS gehören zu den am einfachsten auszuführenden Angriffen. Einige Unternehmen bieten sogar DDoS-Angriffe als Dienstleistung an. Sie sagen ihnen, wer das Ziel ist, Sie bezahlen sie, und sie erledigen den Rest! Sehr bequem und leistungsstark.

Sie können dieses Problem auf verschiedene Weise angehen, aber die einfachste ist, Ihrer Anwendung einfach mehr Ressourcen hinzuzufügen. Eines der Merkmale der Cloud ist die Elastizität, das heißt, Sie können Ressourcen dynamisch zuweisen, je nachdem, wie Sie sie benötigen. Dies ist zwar einfach und schnell, kann aber auf lange Sicht teuer und nicht praktikabel sein. An dieser Stelle wird dieses Muster nützlich.

Beschreibung

Alle öffentlichen Cloudplattformen, einschließlich Azure, bieten einen Basisschutz vor DoS-Angriffen. Azure bietet außerdem den Azure DDoS Protection Standard (*https://learn.microsoft.com/azure/ddos-protection/ddos-protection-overview*), der öffentliche IP-Adressen vor potenziell massiven DDoS-Angriffen schützen soll.

Die Dokumentation für diesen Dienst enthält einige spezielle Formulierungen, die Sie beachten sollten:

> *»Azure DDoS Protection Standard, kombiniert mit Best Practices für den Anwendungsentwurf, bietet einen verbesserten DDoS-Schutz.«*

Beachten Sie, dass es sich um einen *verbesserten*, nicht um einen *vollständigen* Schutz handelt. Mit anderen Worten: Wie jedes andere Anti-DDoS-System kann Azure nicht Ihre einzige Verteidigungslinie gegen DDoS-Angriffe darstellen. Diese Systeme ergänzen eine umfassendere Strategie, die mit dem Entwurf Ihrer Lösung beginnt. Aus diesem Grund sollten Sie kein System entwerfen, ohne darüber nachzudenken, wie Ihre Architektur auf einen DDoS-Angriff reagieren könnte.

Ein Beispiel aus der Praxis: Ein Kunde mit fast 100 öffentlichen IP-Adressen, die durch den Azure DDoS Protection Standard Service geschützt sind, erlitt eine schwerwiegende Beeinträchtigung seiner Dienste. Dies war auf einen DDoS-Angriff zurückzuführen, der jedoch unentdeckt blieb, weil der Angriff »gering und langsam« war. Das heißt, er lag unterhalb der Auslöseschwelle für Azure DDoS Protection Standard, weshalb keine der Mitigationsrichtlinien des Dienstes ausgelöst wurde. Infolgedessen überlastete der kombinierte Verkehrsfluss über alle IP-Adressen hinweg die Back-End-NVAs, wodurch diese gezwungen waren, einen Teil des Datenverkehrs abzubrechen. Das Sicherheits-Anti-Pattern in diesem Design nimmt Daten von mehreren nicht vertrauenswürdigen Quellen und konzentriert diesen Datenverkehr auf einen einzigen internen Endpunkt. In diesem Fall konzentrierten sich all diese Daten auf eine einzige VM, auf der die NVA lief, und genau hier wurden die Auswirkungen des Angriffs deutlich. Der Kunde nutzte schnell die integrierten automatischen Skalierungsfunktionen der NVA, um mehr Netzwerkbandbreite und Rechenleistung online zu stellen. In diesem Szenario konnte der Angriff durch eine Reihe von ein bis drei NVAs abgewehrt werden.

Die Microsoft-Dokumentation zur Unterstützung von DoS- und DDoS-Schutz in Ihren Entwürfen finden Sie unter *https://learn.microsoft.com/azure/ddos-protection/ddos-protection-reference-architectures*.

Ein letzter Hinweis: Viele Azure-Dienste können Anfragen drosseln. Azure Schlüsseltresor erlaubt zum Beispiel 4000 geheime Transaktionen (zum Beispiel das Lesen einer SQL-Verbindungszeichenfolge) pro 10 Sekunden. Wenn Ihr Code diesen Schwellenwert überschreitet, werden weitere Anfragen gedrosselt und der Statuscode 429 (»Too Many Requests«, zu viele Anfragen) zurückgegeben. Um hier Abhilfe zu schaffen, sollten Sie die Daten nach Möglichkeit zwischenspeichern. Im Beispiel des Schlüsseltresors könnten Sie die Verbindungszeichenfolge 15 Minuten lang im Speicher zwischenspeichern und nur viermal pro Stunde aus dem Schlüsseltresor lesen, was weit unter dem Schwellenwert liegt. Eine Liste der Azure-Abonnement- und Service-Limits, -Quoten und -Einschränkungen finden Sie unter *https://learn.microsoft.com/azure/azure-resource-manager/management/azure-subscription-service-limits*.

Beispiele

- Viele Dienste können mit Netzwerkregeln oder privaten Endpunktverbindungen konfiguriert werden. Ein solcher Dienst ist Azure Storage. Wenn Sie sich für die Netzwerkregeln entscheiden, ist der Dienst selbst immer noch offen und kann Anfragen empfangen; Sie verfügen lediglich über einen schnellen Mechanismus, um die Anfragen zurückzuweisen, weil sie nicht von einer akzeptablen IP-Adresse stammen. Auch wenn dieser Mechanismus schnell ist, kann er dennoch überwältigt oder umgangen werden, beispielsweise durch einen IP-Spoofing-Angriff. Daher ist es in der Regel besser, private Endpunkte zu verwenden.
- Berücksichtigen Sie die Verfügbarkeitsanforderungen an Ihre Lösung. Wenn Sie strenge Verfügbarkeitsanforderungen haben, die eine teilweise Nichtverfügbarkeit nicht zulassen, ist es am besten, die Lösung entsprechend zu gestalten. So könnten Sie beispielsweise ein Content Delivery Network (CDN) für die Bereitstellung der statischen Inhalte und eine verteilte und redundante Architektur für die Bereitstellung des Dienstes in den entsprechenden Regionen verwenden.

Verwandte Sicherheitsgrundsätze

- Angriffsfläche reduzieren
- Defense in Depth
- Single Point of Failure
- Schwächstes Glied

Verwandte Muster

- Vom Internet isolieren
- Isolieren mit einem Identitätsperimeter

Zusammenfassung

In diesem Kapitel wurden Azure-Sicherheitsmuster vorgestellt. Es begann mit einer Diskussion darüber, warum das Konzept der Muster so wichtig ist. Anschließend wurden einige der gängigsten Muster zur Sicherung Ihrer Lösung auf Azure vorgestellt.

Diese Liste ist begrenzt, und Sie können vielleicht ein oder zwei wichtige Muster finden, die fehlen. Es geht hier nicht um Vollständigkeit, sondern darum, Ihnen einen Ansatz für die Entwicklung sicherer Software auf Azure vorzustellen, der auf der Übernahme bekannter Muster basiert.

Das nächste Kapitel geht darüber hinaus und stellt eine andere Art des Nachdenkens über Sicherheit und den Entwurf sicherer Lösungen vor: die Modellierung von Bedrohungen.

KAPITEL 4

Bedrohungsmodellierung

Am Ende dieses Kapitels

- können Sie erläutern, warum die Bedrohungsmodellierung für die Verbesserung der Sicherheit jeder Lösung einen besonderen Beitrag darstellt.
- können Sie den Microsoft STRIDE-Bedrohungsmodellierungsansatz beschreiben.
- sind Sie in der Lage, ein Tool für die Bedrohungsmodellierung auszuwählen, das Ihren spezifischen Anforderungen gerecht wird.
- haben Sie mit Threats Manager Studio eine einfache Übung zur Modellierung von Bedrohungen durchgeführt.

TL;DR

Die Modellierung von Bedrohungen ist eine wichtige Fähigkeit, die Sie mit der Zeit immer besser beherrschen werden. Aber es ist ein umfangreiches Thema – daher ist dies ein umfangreiches Kapitel. Aber glauben Sie uns: Selbst, wenn wir versuchen würden, in diesem Kapitel lediglich all das zusammenzufassen, was wir im Hinblick auf die Bedrohungsmodellierung für wichtig halten, wäre es immer noch ziemlich lang. Aber lassen Sie sich von dem Umfang nicht abschrecken! In diesem Kapitel finden Sie alle Informationen, die Sie brauchen, egal ob Sie bereits ein Experte für Bedrohungsmodellierung oder ein völliger Neuling sind.

Das Kapitel besteht aus acht Abschnitten:

- Was ist Bedrohungsmodellierung?
- Die vier Hauptphasen der Bedrohungsmodellierung
- Der STRIDE-Ansatz zur Klassifizierung von Bedrohungen
- Das Problem mit der Bedrohungsmodellierung
- Auf der Suche nach einem besseren Prozess zur Modellierung von Bedrohungen
- Ein besserer Weg, Bedrohungsmodelle zu erstellen: Die fünf Faktoren
- Tools zur Bedrohungsmodellierung
- Wie man ein Bedrohungsmodell erstellt: Ein Praxisbeispiel

Wenn Sie gerade erst in das Thema Bedrohungsmodellierung einsteigen, empfehlen wir Ihnen, dieses Kapitel von vorne nach hinten durchzuarbeiten. Wenn Sie bereits über fundierte Kenntnisse verfügen, können Sie mit dem Abschnitt »Das Problem mit der Bedrohungsmodellierung« beginnen und danach dann direkt beim Abschnitt »Tools zur Bedrohungsmodellierung« weitermachen.

Was ist Bedrohungsmodellierung?

Das »Threat Modeling Manifesto« (*https://www.threatmodelingmanifesto.org*) definiert Bedrohungsmodellierung als eine Sicherheitspraxis für die Analyse von »Darstellungen eines Systems, um Bedenken hinsichtlich der Sicherheits- und Datenschutzmerkmale aufzuzeigen«. Mit anderen Worten: Es ist eine Möglichkeit, die Sicherheit einer bestimmten Lösung zu bewerten und ihren sicheren Entwurf zu unterstützen.

Die Bedrohungsmodellierung zielt darauf ab, Sicherheitsprobleme zu ermitteln und zu bestimmen, wie sie zu lösen sind. Als Sicherheitsentwurfsprozess ermöglicht Ihnen die Bedrohungsmodellierung, Lösungen von Grund auf sicher zu gestalten, da Sie alle möglichen Angriffe in Betracht ziehen und die notwendigen Schutzmaßnahmen einbauen müssen, um sie zu verhindern.

Diese beiden Verwendungszwecke für die Bedrohungsmodellierung heben zwei einzigartig kombinierte Merkmale hervor: den Fokus auf den Entwurf der Lösung und auf die Identifizierung der am besten geeigneten Schutzmaßnahmen (was zu tun ist) und deren Verknüpfung mit den Bedrohungen selbst (warum die Schutzmaßnahmen erforderlich sind). Diese Kombination führt zu zwei wünschenswerten Ergebnissen:

- Sie sind bereit, in einem sehr frühen Stadium des Entwicklungsprozesses eine Bedrohungsmodellierung durchzuführen. Wie wichtig dies ist, um die Effektivität zu maximieren und gleichzeitig die Kosten zu senken, werden Sie auf den folgenden Seiten sehen.
- Sie beseitigt die meisten Unklarheiten darüber, warum Sie die vorgeschlagenen Gegenmaßnahmen umsetzen müssen.

Andere Sicherheitsansätze, die auf bewährten Verfahren beruhen, können nicht dieselben Vorteile bieten. Nehmen wir zum Beispiel eine Maßnahmenbibliothek wie Microsoft Cloud Security Benchmark (die bis Oktober 2022 als Azure Security Benchmark vermarktet wurde) . Dabei handelt es sich um einen Satz allgemeiner Maßnahmen für Azure als Ganzes und ein Referenztool für die Erstellung dienstspezifischer Anleitungen, die sogenannten Baselines. Microsoft hat Microsoft Cloud Security Benchmark und Azure Security Baselines entwickelt, um häufige Sicherheitsangriffe auf relevante Systeme abzuwehren. Jede enthaltene Maßnahme dient einem bestimmten Zweck. Das Problem ist nur, dass Sie möglicherweise nicht wissen, was es ist. Sie können nicht zwischen »Must-haves« und »Nice-to-haves« unterscheiden, weil es keine klare Verbindung zwischen den vorgeschlagenen Maßnahmen und ihrem Zweck gibt. Im Zweifelsfall könnten Sie also den Wunsch verspüren, alle Maßnahmen zu implementieren.

Weitere Informationen über Microsoft Cloud Security Benchmark und den Vorgänger Azure Security Benchmark finden Sie hier: *https://learn.microsoft.com/security/benchmark/azure/introduction*. Sie können ihn zusammen mit den zugehörigen Baselines unter *https://azsec.tech/fyc* herunterladen.

Andere Bibliotheken wie die Benchmarks des Center of Internet Security (CIS) liefern eine Begründung für ihre Empfehlungen. Bei den CIS-Benchmarks handelt es sich um Sammlungen von Methoden, die zur Absicherung bestimmter Produkte wie Windows, Linux, Oracle oder sogar Azure eingesetzt werden können. Dennoch kann es schwierig sein, die genaue Mischung von Gegenmaßnahmen zu bestimmen, die Sie benötigen, weil Sie über keinen Plan verfügen, der es Ihnen ermöglicht, die Folgen der verschiedenen Gegenmaßnahmen für Ihr spezifisches Szenario zu verstehen, was zu Einschränkungen führen könnte. Sie wollen also das, was unbedingt erforderlich ist, und nicht mehr. In jedem Fall sind diese Bibliotheken von Natur aus unvollständig, denn sie entsprechen den Szenarien anderer, nicht unbedingt Ihren eigenen Szenarien.

CIS-Benchmarks ist hier verfügbar: *https://azsec.tech/uki*.

Eine Lösung, die Strichcodes verwendet, ist ein hervorragendes Beispiel. Nehmen wir an, dass Sie bei der Entwicklung der Lösung nur bewährte Verfahren und Richtlinien wie CIS Benchmarks und Microsoft Cloud Security Baselines berücksichtigt haben. Dies stellt ein Problem dar, denn Sie könnten Strichcodes als Angriffsvektor übersehen. Böswillige Akteure könnten Ihre Benutzer dazu zwingen, Barcodes zu scannen, die URLs enthalten, die auf schadhafte Nutzdaten wie Skripte verweisen, die von Ihrer Anwendung ausgeführt werden und alle möglichen unangenehmen Dinge verursachen würden.

Die Tatsache, dass Sie diese Probleme mit der Bedrohungsmodellierung lösen können, bedeutet nicht, dass Sie Bibliotheken wie CIS Benchmarks und Microsoft Cloud Security Benchmark ignorieren sollten. Im Gegenteil, diese Bibliotheken sind für die schnelle Behebung der häufigsten Probleme unerlässlich. Sie haben sich bei der Verbesserung der Sicherheit einer Lösung bewährt, wenn Sie Ansätze wie die Bedrohungsmodellierung nicht anwenden können oder wollen. Dennoch haben sie ihre Grenzen – vor allem die Tatsache, dass sie nicht speziell auf Ihre Lösung zugeschnitten sind. Daher sind sie möglicherweise nicht ausreichend, wenn das System so kritisch ist, dass mehr erforderlich ist.

Es gibt verschiedene Methoden zur Bedrohungsmodellierung, die alle so unterschiedlich sind, dass es schwierig sein kann, den Prozess der Bedrohungsmodellierung genau zu definieren. Dieses Buch bezieht sich auf eine Variante des STRIDE-Ansatzes von Microsoft, der speziell zur

Verbesserung der DevOps-Integration erweitert wurde. Dieses Kapitel ist nur als einführende Anleitung gedacht; für weitere Informationen empfehlen wir die folgenden Bücher, die hier in der Reihenfolge ihrer Veröffentlichung aufgeführt sind:

- Adam Shostack. Threat Modeling: Designing for Security, 1. Auflage, Wiley, Februar 2014
- Brook S. E. Schoenfield. Securing Systems, 1. Auflage, CRC Press, Mai 2015
- Izar Tarandach und Matthew J. Coles. Threat Modeling: A Practical Guide for Development Teams, 1. Auflage, O'Reilly, Dezember 2020

Die vier Hauptphasen der Bedrohungsmodellierung

Die Bedrohungsmodellierung besteht in der Regel aus vier Hauptphasen. Diese Phasen entsprechen den vier Schlüsselfragen im Vier-Fragen-Framework. Dieses Framework wurde von Adam Shostack entwickelt und wird in seinem Buch beschrieben. Das Framework wurde auch in das »Threat Modeling Manifesto« aufgenommen.

Das »Threat Modeling Manifesto« ist ein Dokument, das von einer Gruppe führender Experten für Bedrohungsmodellierung entwickelt wurde, um zu beschreiben, was Bedrohungsmodellierung ist. Es abstrahiert die Merkmale aktueller Methoden, indem es gemeinsame Grundsätze und Werte aufzeigt. Sie können es hier lesen: *https://www.threatmodelingmanifesto.org*.

Die Phasen sind wie folgt:

1. **Analyse** Diese Phase entspricht der Frage »Woran arbeiten wir?« im Vier-Fragen-Framework. Sie beinhaltet die Analyse des Systems, was typischerweise (aber nicht unbedingt) zu einem Diagramm führt, das das System selbst darstellt. Der Ansatz von Microsoft bevorzugt die Erstellung von Datenflussdiagrammen (Data Flow Diagrams, DFDs), die sich darauf konzentrieren, wie Daten innerhalb des Systems fließen.
2. **Identifizierung von Bedrohungen** In dieser Phase – die mit der Frage »Was kann schiefgehen?« in Shostacks Framework korrespondiert – werden Bedrohungen identifiziert, die mögliche Angriffe auf das zu untersuchende System darstellen. Jede Bedrohung ist in der Regel ein kontextualisiertes Angriffsszenario.
3. **Identifizierung von Gegenmaßnahmen** In dieser Phase, die mit der Frage »Was werden wir dagegen tun?« korrespondiert, werden Gegenmaßnahmen identifiziert, die sich mit den im vorherigen Schritt aufgedeckten Bedrohungen befassen. Dieser Schritt stellt sicher, dass alle Gegenmaßnahmen eine Daseinsberechtigung haben.
4. **Validierung** In diesem Schritt validieren Sie die in den vorangegangenen Schritten geleistete Arbeit und schließlich ihre Integration oder Korrektur. Er entspricht der Frage: »Haben wir unsere Arbeit gut genug gemacht?«

Wie bereits erwähnt, spielen DFDs (siehe Abbildung 4-1) in vielen Prozessen zur Bedrohungsmodellierung eine wichtige Rolle, so auch bei Microsoft. Daher kann es hilfreich sein, ein paar grundlegende Dinge über sie zu wissen. DFDs gliedern das System in Teile, die als Prozesse (die Daten verarbeiten) und Datenspeicher (die Daten speichern) bezeichnet werden.

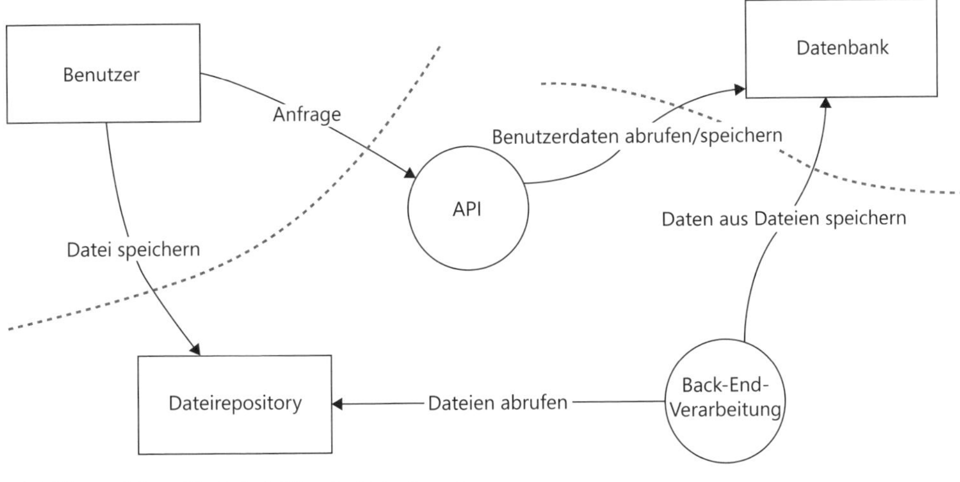

Abbildung 4-1 Ein Beispiel für ein Datenflussdiagramm

DFDs sind nicht die einzige Möglichkeit, ein System und seine Angriffspunkte darzustellen. Sie können auch UML, Angriffsbäume, Prozessflussdiagramme oder sogar einfache Tabellen in Excel-Dateien verwenden.

Der Unterschied zwischen Prozessen und Datenspeichern ist nicht immer klar zu erkennen. Gelegentlich gibt es Prozesse, die einen Teil des Speichers enthalten (wie Azure Databricks, das hauptsächlich Daten verarbeitet, aber über einen dedizierten Azure Storage-Speicher verfügt), oder Datenspeicher, die Geschäftslogik enthalten (wie Azure SQL, dessen Hauptzweck darin besteht, Daten zu speichern und darauf zuzugreifen, der aber auch Logik enthalten kann, beispielsweise in Form von gespeicherten Prozeduren). Ein gängiger Trick, um Unklarheiten zu beseitigen, besteht darin, die Komponente in zwei Teile aufzuteilen. Eine Azure SQL-Datenbank ist beispielsweise ein Datenspeicher und ein Prozess, der gespeicherte Prozeduren und die andere Logik enthält.

DFDs zeigen auch externe Entitäten an, die als Rechtecke dargestellt werden. Diese stellen alles dar, was das System nutzt oder vom System genutzt wird. Externe Entitäten sind zum Beispiel Benutzer und Administratoren, externe Dienste und manchmal auch lokale Systeme. Da sie außerhalb des Systems liegen, werden externe Entitäten als Blackboxes betrachtet. Ihr Innenleben ist daher nicht von Belang. Es wäre zum Beispiel ein Fehler, in einem DFD eine externe Entität darzustellen, die einen Dienst außerhalb der Lösung selbst aufruft.

All diese Elemente interagieren über den Austausch von Daten, der als *Datenfluss* oder, einfacher ausgedrückt, als *Fluss* bezeichnet wird. DFDs stellen Flüsse als gerichtete Pfeile dar, die die verschiedenen Einheiten miteinander verbinden. Es gibt verschiedene Ansätze, um diese Pfeile zu zeichnen. Wenn man die Richtung betrachtet, ist die Darstellung, die den Ursprüngen der DFDs am ehesten gerecht wird, normalerweise die Darstellung der Datenbewegung. Wenn

Sie zum Beispiel einen Client haben, der Azure SQL aufruft, um eine Abfrage durchzuführen, würde der Hauptdatenfluss von der Datenbank zum Client verlaufen. Dieser Ansatz wäre jedoch aus der Sicherheitsperspektive nicht praktikabel, da es darauf ankommt, wer den Aufruf initiiert. Dieses Wissen ist beispielsweise wichtig, um die Firewallregeln zu bestimmen, die erforderlich sind, um diesen Datenfluss zu ermöglichen. Mit anderen Worten: Ein Szenario, in dem ein von Ihnen kontrolliertes System eine externe Ressource aufruft, sollte als weniger riskant angesehen werden als ein Szenario, in dem eine externe Ressource Ihr System aufruft. Für unsere Zwecke ist es daher wichtiger, zu bestimmen, wer den Aufruf initiiert, als zu ermitteln, wie die Daten fließen.

Eine *Vertrauensgrenze* ist ein weiterer Bestandteil eines Datenflussdiagramms. Sie wird in der Regel als gestrichelte Linie oder als Kästchen mit gestricheltem Rand dargestellt, die das, was auf der einen Seite liegt, von dem trennt, was sich auf der anderen Seite befindet. Vertrauensgrenzen isolieren Bereiche auf unterschiedlichen Vertrauensebenen. In einem Bedrohungsmodell befinden sich beispielsweise externe Entitäten auf der niedrigsten Vertrauensstufe. Daher müssen sie durch Vertrauensgrenzen von allen Komponenten des Systems getrennt werden, mit denen sie verbunden sind. Sie sollten mindestens eine Vertrauensgrenze in alle Ihre Diagramme aufnehmen, die alle Ihre Prozesse und Datenspeicher enthält, um sie von allen externen Interaktoren zu trennen. Diese Vertrauensgrenze würde Ihre Lösung darstellen. Andere Vertrauensgrenzen könnten sein:

- **Ihr Mandant innerhalb von Azure** Dies umfasst alle Ihre Abonnements und deren Ressourcen. Standardmäßig vertraut der Mandant keiner externen Identität; Sie müssen explizit eine Vertrauensbeziehung herstellen. Daher ist der Mandant eine klare Vertrauensgrenze.
- **VNets** Steigt man in die Details ein, dann definieren VNets Vertrauensgrenzen. Es gibt eine klare Trennung zwischen dem, was sich in Bezug auf das VNet intern und was sich extern befindet, daher blockiert Azure standardmäßig jeglichen Verkehr über VNets hinweg. Sie müssen diesen Verkehr ausdrücklich autorisieren, damit er zugelassen wird.
- **Azure-Dienste** Alle Azure-Dienste erfordern eine Authentifizierung und bieten Autorisierungsmechanismen. Entscheidend ist, dass es kein implizites Vertrauen gibt, nur weil Sie sich auf Azure oder im gleichen Abonnement befinden. Dies stimmt mit dem Zero-Trust-Prinzip überein, das in Kapitel 2, »Sicherer Entwurf«, eingeführt wurde. Dennoch sollten Sie es vermeiden, alle Dienste in eine dedizierte Vertrauensgrenze einzuschließen, da dies das System komplexer machen würde, ohne großen Nutzen zu bringen. Aus diesem Grund vermeiden wir in der Regel die Einbeziehung dieser Vertrauensgrenzen.
- **Betriebssysteme** Betriebssysteme unterscheiden zwischen Code, der im Kernelmodus und im Benutzermodus ausgeführt wird, und gewähren dem im Kernelmodus ausgeführten Code höhere Privilegien. Aufgrund dieser Trennung ist Code im Kernelmodus vertrauenswürdiger als Code im Benutzermodus. Daher gibt es zwischen den beiden eine Vertrauensgrenze. Mit der Identifizierung der Vertrauensgrenze ergibt sich die Notwendigkeit, »an den Grenzen« zusätzliche Kontrollen einzuführen, damit Code, der im Benutzermodus ausgeführt wird, keinen Einfluss auf das hat, was im Kernelmodus ausgeführt wird. Dennoch müssen Sie einige kontrollierte Kommunikationen zulassen. Da dies über eine Vertrauensgrenze geschieht, muss diese Kommunikation einer bestimmten Choreografie folgen, die den Kernelmodus schützt.

Es sollte nun klar sein, warum es so wichtig ist, Vertrauensgrenzen festzulegen: Sie machen deutlich, dass zusätzliche Sicherheitskontrollen erforderlich sind.

Keine Vertrauensgrenzen?

Sie fragen sich vielleicht, ob es Situationen gibt, in denen keine Vertrauensgrenzen festgelegt sind. Die Antwort ist nein. Jedes System interagiert mit etwas, was außerhalb liegt; daher besitzt jedes System externe Interakteure. Und wie bereits erwähnt, müssen die Interaktionen zwischen externen Interakteuren und den Komponenten einer Lösung eine Vertrauensgrenze überschreiten.

Wenn Sie ein System haben, das vollständig von externen Interaktionen isoliert ist, dann liefert es keinen Wert. Es kann keine Daten sammeln oder verarbeiten, und niemand kann es konsultieren. Daher kann ein solches System nicht existieren. Aber selbst, wenn es existieren würde, wäre es aufgrund seiner vollständigen Isolierung kein wertvolles Ziel für ein Bedrohungsmodell.

Die Quintessenz ist, dass es ohne Vertrauensgrenzen kein Bedrohungsmodell geben kann. Wenn Sie also ein Datenflussdiagramm ohne Grenzen sehen, sollten Sie sich fragen, wo diese Grenzen verlaufen sollen.

Die Identifizierung aller externen Entitäten und der zugehörigen Vertrauensgrenzen ist einer der wichtigsten Schritte bei der Erstellung von Diagrammen. Denken Sie daran, dass Sie einen potenziellen Angriffsvektor übersehen, wenn Sie in Ihrem Bedrohungsmodell einen externen Interakteur auslassen. Daher lohnt es sich, der Aufzählung aller externen Interakteure besondere Aufmerksamkeit zu widmen.

Ein typischer Fehler, der dazu führt, dass einige externe Interakteure übersehen werden, besteht darin, dass Sie sich zu sehr auf das Hauptszenario Ihrer Lösung konzentrieren, ohne das Gesamtbild zu berücksichtigen. Berücksichtigen Sie zum Beispiel, wie Entwickler den Code bereitstellen, der in der Produktion eingesetzt wird? Wenn nicht, könnten Sie potenzielle Angriffe auf die Lieferkette übersehen, wie den, der SolarWinds und viele andere Unternehmen weltweit in Mitleidenschaft gezogen hat. Über den Angriff auf SolarWinds finden Sie hier mehr Informationen: *https://azsec.tech/21h*. Oder überlegen Sie, wie die Lösung in der Produktionsumgebung betrieben wird? Wenn nicht, könnten Sie potenzielle Insider-Angriffe übersehen. Diese Angriffe stellen ein erhebliches Risiko dar; eine im Mai 2021 veröffentlichte Studie von IBM X-Force hat gezeigt, dass bei 40 Prozent der analysierten Vorfälle ein Mitarbeiter mit Privilegien beteiligt war. Sie können die Studie unter *https://azsec.tech/nm5* herunterladen.

Seien Sie sich bewusst, dass das Datenflussdiagramm nicht das Bedrohungsmodell ist. Wir können dies nicht genug betonen. Das DFD ist lediglich der erste von vier Schritten im Prozess der Bedrohungsmodellierung. Wir haben Situationen erlebt, in denen aufgrund von Unerfahrenheit, vielleicht in Verbindung mit unzureichenden Werkzeugen, Organisationen glauben, dass das DFD der einzige wesentliche Teil des Bedrohungsmodells ist. Nichts könnte weiter von der Wahrheit entfernt sein. Der Wert des Bedrohungsmodelldiagramms besteht darin, das System so darzustellen, wie es verstanden wird, aber das Bedrohungsmodell ist viel mehr als das. Das Potenzial eines Bedrohungsmodells wird erst dann voll ausgeschöpft, wenn es dazu verwendet wird, die Umsetzung von Gegenmaßnahmen voranzutreiben und die Risiken akzeptabel zu machen. Ein Diagramm allein kann diesen Wert nicht bieten, da es weder die Bedrohungen noch die entsprechenden Gegenmaßnahmen identifiziert.

Der STRIDE-Ansatz zur Klassifizierung von Bedrohungen

Ihr DFD muss auf dem neuesten Stand und genau sein. Der Bedrohungsmodellierungsprozess von Microsoft baut auf dieser Grundlage auf, indem er den STRIDE-Ansatz zur Bedrohungsklassifizierung übernimmt. Daher bezeichnen viele den Microsoft-Bedrohungsmodellierungsprozess als den Microsoft STRIDE-Bedrohungsmodellansatz. STRIDE ist ein Akronym, das sich von den sechs Kategorien von Bedrohungen ableitet:

- **Spoofing (Identitätsverschleierung)** Hierbei gibt sich ein Angreifer als Benutzer oder System aus. Dies geschieht, wenn es ein Problem mit der Authentifizierung gibt. Spoofing ist in der Regel ein Mittel, um andere Ziele zu erreichen, wie zum Beispiel Manipulationen, Offenlegung von Daten oder Denial-of-Service.
- **Tampering (Manipulation)** Dies geschieht, wenn ein Angreifer in Ihrem System gespeicherte Daten verändert. Meist passiert dies, wenn es ein Problem mit der Integrität gibt. Manipulationen sind ein häufiges Ziel von Angreifern.
- **Repudiation (Leugnung)** Hier besteht die Möglichkeit, zu leugnen, dass ein Ereignis stattgefunden hat, oder zu leugnen, dass man daran beteiligt war.
- **Information disclosure (Offenlegung von Daten, Datenpanne)** Dies umfasst alle Bedrohungen, bei denen ein Angreifer auf die in Ihrem System gespeicherten Daten zugreifen kann. Dies geschieht, wenn es ein Problem mit der Vertraulichkeit gibt. Der Zugriff auf (vertrauliche) Daten ist ein häufiges Ziel von Angreifern.
- **Denial of Service (DoS, Dienstverweigerung)** Diese Angriffe erfolgen, wenn Angreifer den Zugang zum System für legitime Benutzer ganz oder teilweise verhindern. Sie entsprechen Verfügbarkeitsproblemen. DoS ist eines der häufigsten Ziele von Angreifern.
- **Elevation of privilege (Erhöhung der Berechtigungen)** Diese Kategorie umfasst Bedrohungen, bei denen es einem Angreifer gelingt, mehr Rechte zu erlangen, als ihm zustehen. Diese Angriffe erfolgen, wenn es ein Problem mit der Autorisierung oder mit Prozessen gibt, die mit hohen Privilegien ausgeführt werden. Die Erhöhung von Rechten ist in der Regel ein Mittel, um andere Ziele zu erreichen, wie zum Beispiel Manipulation, Offenlegung von Daten oder Denial of Service.

Eine Möglichkeit, STRIDE zu verstehen, ist, dass jedes Element in STRIDE das Ziel eines Angreifers ist. Wenn Sie sich die vorstehende Liste genau ansehen, erkennen Sie vielleicht den Zusammenhang mit dem klassischen Dreiklang aus Vertraulichkeit, Integrität und Verfügbarkeit (Confidentiality, Integrity, Availability, CIA). STRIDE ist eine feinkörnigere Version von CIA, allerdings aus der Sicht eines Angreifers. CIA steht für die Sicherheitseigenschaften, die sich Architekten in ihren Entwürfen wünschen. Ein Angreifer möchte zum Beispiel Daten einsehen (Offenlegung von Daten), und ein Verteidiger verwendet Vertraulichkeitskontrollen.

STRIDE wurde auf zwei Arten auf die Modellierung von Bedrohungen angewandt: STRIDE-pro-Element und STRIDE-pro-Interaktion. Die Idee hinter STRIDE-pro-Element ist, dass Sie die erforderlichen Bedrohungen identifizieren können, indem Sie jedes Element des Systems betrachten und dann die Informationen in Tabelle 4-1 anwenden.

	Spoofing (Identitätsverschleierung)	**Tampering (Manipulation)**	**Repudiation (Leugnung)**	**Information Disclosure (Offenlegung von Daten)**	**Denial of Service (Dienstverweigerung)**	**Elevation of privilege (Erhöhung von Rechten)**
Externe Entitäten	X		X			
Prozesse	X	X	X	X	X	X
Datenspeicher		X	X	X	X	
Datenflüsse		X		X	X	

Tabelle 4-1 Die STRIDE-Tabelle zur Identifizierung von Bedrohungen pro Element

Die Gefahr der Leugnung für den Datenspeicher besteht nur, wenn er Audit-Daten enthält.

Wenn Sie ein STRIDE-Bedrohungsmodell pro Element erstellen, identifizieren Sie Bedrohungen, indem Sie sich die Komponenten des Zielsystems ansehen. Anschließend können Sie anhand von Tabelle 4-1 feststellen, ob es zugehörige Bedrohungen einer bestimmten Kategorie gibt. Wenn Sie zum Beispiel einen externen Interakteur haben, ist er Spoofing und Repudiation ausgesetzt. Daher müssen Sie mindestens eine Spoofing- und eine Repudiation-Bedrohung identifizieren. Es liegt in Ihrer Verantwortung, diese zu identifizieren.

Das STRIDE-pro-Element-Verfahren wird seit vielen Jahren und auch heute noch aktiv eingesetzt. Dies ist jedoch nicht der einzige Ansatz. So haben Larry Osterman und Douglas McIver von Microsoft vor einigen Jahren einen Ansatz namens STRIDE-pro-Interaktion definiert. Bei diesem Ansatz wird eine umfassendere Analyse durchgeführt, die sich auf die Interaktion zwischen Elementen statt auf die Elemente selbst konzentriert. So kann man jetzt eine Bedrohung identifizieren, indem man einen umfassenderen Satz von Informationen berücksichtigt: den Datenfluss, seine Quelle, sein Ziel und schließlich alle Vertrauensgrenzen.

Mit diesem neuen Ansatz im Hinterkopf führte Microsoft mit dem Microsoft Threat Modeling Tool 2014 die automatische Generierung von Bedrohungen ein. Seitdem ist die Bedrohungsmodellierung eine stärker geführte Erfahrung, die auf Wissensdatenbanken basiert, die eine Reihe von Entitäten beschreiben, die die verschiedenen Arten von Objekten und die möglichen Bedrohungen in einem bestimmten Diagramm anhand von Regeln spezifizieren.

Das Problem mit der Bedrohungsmodellierung

Die bisher diskutierten Ansätze zur Bedrohungsmodellierung haben im Laufe der Jahre ihre Grenzen aufgezeigt. Im Jahr 2007 veröffentlichte Adam Shostack einen Blogbeitrag, in dem er Probleme im Zusammenhang mit den damals verwendeten Verfahren zur Bedrohungsmodellierung auflistete. Sie können den Blogbeitrag hier lesen: *https://azsec.tech/1tx*. Hier sind einige der wichtigsten Punkte mit unseren Kommentaren zur aktuellen Situation:

- **Es kann schwierig sein, sich in der Bedrohungsmodellierung zurechtzufinden, weil es zu viele Prozesse gibt** Diese Prozesse befassen sich nicht mit den typischen Problemen, mit denen Nichtexperten konfrontiert sind. Außerdem beinhalten sie eine spezielle Terminologie. Diese beiden Probleme machen die Bedrohungsmodellierung schwer verständlich und beherrschbar.
- **Die Bedrohungsmodellierung ist vom Entwicklungsprozess abgekoppelt** Shostack vermutet, dass dies daran liegt, dass die Bedrohungsmodellierung während des Entwicklungsprozesses nicht wiederholt wird, damit die Ergebnisse weiterhin mit dem Entwurf übereinstimmen. Shostack hat dieses Problem bereits vor 15 Jahren erkannt, aber es gilt auch heute noch. Und jetzt kommt noch ein neues Problem hinzu: Das Entwicklungsteam kann das Bedrohungsmodell nicht einfach übernehmen. Idealerweise sollte es einen Prozess geben, mit dem der Output des Bedrohungsmodells nahtlos in einen bestehenden DevOps-Prozess aufgenommen werden kann – nämlich in das Backlog –, damit die Entwickler es in ihre täglichen Aktivitäten einbeziehen können.
- **Es ist nicht klar, wie das Bedrohungsmodell zu validieren ist, um die Qualität und Vollständigkeit der Ergebnisse zu bestimmen** Viele Praktiker sind unsicher, wann sie aufhören sollen oder wie sie mit den Ergebnissen umgehen sollen.
- **Der Return on Investment (ROI) ist möglicherweise nicht offensichtlich** Dieser Punkt ist so wichtig, dass wir allmählich Situationen erleben, in denen die Entscheidungsträger in den Unternehmen den Wert der Bedrohungsmodellierung für ihre Initiativen erkennen. Sie betrachten es als eine Compliance-Anforderung, die sie nur deshalb erfüllen müssen, weil sie andernfalls keine Genehmigung für den Einsatz ihrer Lösungen erhalten würden.
- **Es erfordert eine bestimmte Denkweise, die man nicht improvisieren kann** Diese Denkweise beinhaltet, dass man wie der Angreifer denken muss. Hierdurch sind Sie besser in der Lage, den in einem bestimmten Szenario erforderlichen Schutz zu entwerfen. Diese Denkweise ist eine Herausforderung – und zwar nicht nur, weil sich Ihr Job stark von dem des Angreifers unterscheidet, sondern auch, weil es »den Angreifer« nicht gibt. Vielmehr gibt es unterschiedliche Arten von Angreifern. Zum Beispiel:
  - **Skript-Kiddies** Diese Angreifer können Tools und Skripte verwenden, die von anderen geschrieben wurden, können aber, wenn überhaupt, eigenständig nicht viel erreichen.

- **Cyberkriminelle** Diese Angreifer sind kompetenter und geschickter. Dennoch können Sie sie vielleicht entmutigen und in eine andere Richtung schicken, wenn Sie sie davon überzeugen, dass der Aufwand für die Kompromittierung Ihres Systems zu groß ist.
- **Staaten** Diese Angreifer sind noch kompetenter und entschlossener und verfügen über ein besseres Instrumentarium. Regierungen verfügen in der Regel auch über bessere finanzielle Mittel. Sie können diese Mittel für Forschungsarbeiten ausgeben, um bisher unbekannte Sicherheitslücken zu finden, die sie dann für böswillige Zwecke nutzen können. Oder sie können es für Exploits ausgeben, die sie von privaten Unternehmen kaufen. Siehe *https://azsec.tech/j29* für weitere Informationen.

Darüber hinaus neigen Angreifer mit soliden Entwicklungskenntnissen zu Angriffen, die die Entwicklung von bösartigem Code erfordern. Im Gegensatz dazu vermeiden Angreifer mit mehr Infrastrukturwissen im Allgemeinen alles, was die Entwicklung von Code erfordert.

Bei all diesen Alternativen ist es schwer, wie ein allgemeiner Angreifer zu denken – oder noch wichtiger, wie Ihr Angreifer zu denken –, und Sie müssen sich häufig mit weniger zufriedengeben.

All diese Probleme bestehen nach wie vor. Wenn überhaupt, dann haben sie sich durch die agilen Methoden und die durch die Cloud beschleunigten Softwarelebenszyklen sogar noch verschärft. Diese neuen Entwicklungsansätze erfordern, dass Sie über die alltäglichen Erfahrungen hinausgehen, um Probleme wie diese zu lösen:

- STRIDE-pro-Element und STRIDE-pro-Interaktion konzentrieren sich auf die Ermittlung von Bedrohungen. Diese sind zwar wichtig, aber Sie dürfen die Gegenmaßnahmen nicht vernachlässigen. Die Identifizierung von Gegenmaßnahmen ist der eigentliche Grund, warum Sie eine Bedrohungsmodellierung durchführen. Sie müssen Gegenmaßnahmen innerhalb des Bedrohungsmodells zu Bürgern erster Klasse erheben und ähnliche Unterstützung wie für die Bedrohungen bieten. Sie brauchen einen Ansatz, um die richtigen Gegenmaßnahmen zu identifizieren und sie mehr oder weniger automatisch anzuwenden, ähnlich wie bei STRIDE-pro-Interaktion für Bedrohungen.
- Bei DevOps ist es wichtiger, herauszufinden, was Sie tun müssen, als zu bestimmen, was Sie tun können. Der dritte Schritt des STRIDE-Bedrohungsmodellierungsprozesses tendiert dazu, für jede Bedrohung eine oder mehrere Optionen zu identifizieren, aber was Sie brauchen, ist, die richtigen Optionen zu identifizieren. Ein gutes Beispiel für eine »richtige Option« ist eine Option, die es Ihnen ermöglicht, dieselbe Gegenmaßnahme auf viele verschiedene Bedrohungen anzuwenden. Die Multi-Faktor-Authentifizierung (MFA) eignet sich beispielsweise für die meisten Situationen, in denen die Gefahr besteht, dass die Identität von Benutzern gefälscht wird. Wenn Sie so vorgehen, entstehen die Kosten nur einmal, Sie können die Vorteile aber mehrfach nutzen. Dies ist ein wesentlicher Faktor bei der Entscheidung, welche Gegenmaßnahmen zu implementieren sind.

Verbessern Sie Ihren ROI

Sie müssen Ihren ROI für die Bedrohungsmodellierung verbessern, indem Sie die damit verbundenen Kosten senken und den wahrgenommenen Wert erhöhen. Um die Effektivität der Bedrohungsmodellierung als Teil von DevOps zu verbessern, können Sie sie in Ihre bevorzugten Task- und Bug-Tracking-Programme integrieren. Dies erlaubt es, die Aktivitäten der Bedrohungsmodellierung effizienter in das Backlog aufzunehmen. Sicherheitsaktivitäten können priorisiert und mit den Sprint-Zielen abgeglichen werden, was von entscheidender Bedeutung ist.

Auf der Suche nach einem besseren Prozess zur Modellierung von Bedrohungen

In diesem Kapitel haben Sie den STRIDE-Ansatz zur Bedrohungsmodellierung und seine Grenzen bei der Anwendung auf DevOps-basierte Cloud-Projekte kennengelernt. Nun ist es an der Zeit zu erörtern, wie der Bedrohungsmodellierungsprozess weiterentwickelt werden kann, um ihn besser in Cloud- und DevOps-Szenarien zu integrieren.

Es gibt keine einheitliche Methode zur Erstellung von Bedrohungsmodellen. Verschiedene Organisationen haben unterschiedliche Ansätze, und Experten wenden aufgrund ihrer Erfahrungen verschiedene Techniken an, um Probleme zu lösen. Der derzeitige Trend geht dahin, die Verantwortung für die Bedrohungsmodellierung den Entwicklern zu übertragen, um deren intime Kenntnis der Lösung zu nutzen, ihre Beteiligung am Sicherheitsprozess zu erhöhen und den chronischen Mangel an Sicherheitsexperten zu beheben. Die Idee ist, Security Champions einzusetzen – ein Teammitglied innerhalb jedes Softwareentwicklungsteams, das sowohl als Vertreter des Sicherheitsteams als auch als Verbesserungsanreiz für das Team als Ganzes fungiert.

Security Champions sind Enthusiasten, die vom Sicherheitsteam geschult und gefördert werden, um grundlegende Sicherheitsaufgaben innerhalb des Entwicklungsteams auszuführen. Sowohl Forrester als auch Gartner betrachten Sicherheits-Champions als einen dringend benötigten Ansatz. SAFECode, eine führende Organisation für sichere Entwicklung, widmete dem Thema 2012 einen ganzen Monat mit Blogbeiträgen, die hier abrufbar sind: *https://azsec.tech/xwm*. SAFECode hat außerdem einen Leitfaden zur Erstellung eines Programms zur Einführung von Security Champions veröffentlicht, den Sie hier herunterladen können: *https://azsec.tech/mib*.

Sandy Carielli, eine leitende Analystin bei Forrester, schreibt hier über Security Champions: *https://azsec.tech/wli*. Richard Addiscott und Brian Reed, beide Analysten bei Gartner, bieten hier eine Anleitung zur Anwendung dieses Ansatzes: *https://azsec.tech/mlj*.

Bei der Bedrohungsmodellierung unterstützt der Security Champion das Team bei der Ausführung des Bedrohungsmodells. Dieser Prozess ist schnell, aber intensiv, und bezieht das gesamte Entwicklungsteam mit ein. Die Idee ist, regelmäßige Teamsitzungen einzuberufen, die jeweils nicht länger als ein paar Stunden dauern. In den Sitzungen wird ein Brainstorming durchgeführt und es werden nur einige wenige Sicherheitsprobleme und die dazugehörigen Gegenmaßnahmen identifiziert, in der Regel unter Verwendung des Vier-Fragen-Frameworks von Shostack. Die Idee ist, diesen Prozess in jedem Sprint zu wiederholen, um die Sicherheit im Laufe der Zeit zu verbessern.

Dieser Ansatz hat sich bei agilen Projekten als effizient und wirksam erwiesen, was zum Teil auf den geringen Umfang der betreffenden Initiative zurückzuführen ist. Bei umfangreicheren Projekten stößt dieser Ansatz jedoch an seine Grenzen und wird mit zunehmender Komplexität schnell unpraktisch. Außerdem hängt das Ergebnis natürlich in hohem Maße von der Qualität des Teams und der Führung durch den Security Champion ab.

An dieser Stelle könnten Agile-Puristen anmerken, dass eine große Initiative, die mit DevOps umgesetzt wird, aufgrund ihrer Größe nicht als agil bezeichnet werden kann. An agilen Initiativen sind in der Regel kleine Teams beteiligt, die nur aus einer Handvoll Mitglieder bestehen. Ein zu großes Team – zum Beispiel zehn Mitglieder – bedeutet einen erheblichen Mehraufwand und führt dazu, dass agile Zeremonien wie die Sprintplanung und Daily Scrums langwierig und unproduktiv werden. Natürlich haben die Agile-Puristen recht. Dennoch bleibt das Problem der begrenzten Konsistenz der Ergebnisse bestehen. Außerdem hält die Tatsache, dass die Größe von Teams begrenzt sein sollte, Unternehmen in vielen Branchen nicht davon ab, auch für umfangreiche Projekte mit Dutzenden von Entwicklern DevOps und agile Methoden einzusetzen.

Ein weiteres Problem bei diesem Ansatz ist, dass die Bedrohungsmodellierung zu einer intimen Erfahrung für das Entwicklungsteam wird. Dadurch wird einer der wichtigsten Vorteile der Bedrohungsmodellierung verpasst, nämlich die Schaffung einer Brücke zwischen den verschiedenen an der Entwicklung einer Lösung beteiligten Rollen zu erleichtern. Wenn der Fokus nur auf dem Entwicklungsteam liegt und die Ergebnisse nur auf dessen Anforderungen zugeschnitten sind, kann die Bedrohungsmodellierung nicht die Bedürfnisse anderer Rollen erfüllen, wie zum Beispiel des Product Owners, des Produktmanagers, des Operations-Teams, des Sicherheitsteams und des Chief Information Security Officer. In der Tat müssen wir einen solchen Kommunikationskanal einrichten, weil er enorme Vorteile mit sich bringt. Er kann sogar eine natürliche Zusammenarbeit zwischen den verschiedenen Rollen erleichtern, um die Lösung so schnell wie möglich in Produktion zu bringen.

Wir sind der Meinung, dass Sie diese Gelegenheit nicht verpassen dürfen, um die Bedrohungsmodellierung als gemeinsame Sprache für die Sicherheit zu nutzen. Sie brauchen einen besseren Ansatz, um diese Versprechen zu erfüllen.

Entwicklung vs. Sicherheit

Unserer Erfahrung nach hängen die meisten Probleme zwischen Entwicklungs- und Sicherheitsteams mit der Kommunikation zusammen. Beide Teams sehen nur ihre eigenen Probleme und versuchen, sie so schnell wie möglich zu lösen. Dadurch entsteht eine Situation, in der das Sicherheitsteam dem Entwicklungsteam Anforderungen auferlegt, zum Beispiel das Ausfüllen eines Fragebogens. Dies erscheint dem Entwicklungsteam oft als eine zusätzliche und überflüssige Belastung. Aus ihrer Sicht kommt die Anforderung zu spät im Entwicklungsprozess und verursacht zusätzliche Arbeit, die nicht vorhergesehen und nicht geplant war. Schlimmer noch: Für das Entwicklungsteam scheint der Fragebogen völlig losgelöst von der eigentlichen Lösung zu sein, die gerade entwickelt wird, weil das Sicherheitsteam ihn so konzipiert hat, dass er Szenarien abdeckt, die einfach nicht zutreffen. Aus diesem Grund erkennen die Entwickler nicht die Bedeutung des Fragebogens und die Dringlichkeit der Änderungen, die er als erforderlich identifiziert.

Ein besserer Weg, Bedrohungsmodelle zu erstellen: Die fünf Faktoren

Die in diesem Abschnitt dargelegten Überlegungen spiegeln unsere Meinung wider, die wir aufgrund unserer Erfahrungen bei der Unterstützung von Azure-Kunden bei der Bedrohungsmodellierung gewonnen haben.

Wie bereits erwähnt, können Sie bei großen Projekten keine kollegiale Vorgehensweise bei der Bedrohungsmodellierung anwenden. Stattdessen müssen Sie die Initiative zur Bedrohungsmodellierung wie jede andere Aktivität strukturieren. Dies sollte in der Verantwortung eines Teammitglieds liegen, das sich der Sicherheit widmet, wie zum Beispiel ein Sicherheitsexperte oder ein Security Champion, und beinhaltet Treffen mit Fachexperten, wie zum Beispiel Stakeholdern, Architekten, leitenden Entwicklern, Mitarbeiten in Operations und allen anderen, deren Anwesenheit unbedingt erforderlich ist. Diese Treffen sind Teil der Informationsbeschaffung, die die Analysephase und damit die gesamte Bedrohungsmodellierungsinitiative vorantreibt. Dieser Ansatz funktioniert besser, als während des gesamten Prozesses der Bedrohungsmodellierung Besprechungen mit allen Teammitgliedern durchzuführen, weil er die Fähigkeit der wichtigsten Teammitglieder, einen Beitrag zu leisten, maximiert (was bei mehr als fünf oder sechs Teammitgliedern nicht der Fall wäre) und gleichzeitig den Zeitaufwand für alle minimiert. Außerdem führt die Beauftragung einer Person, deren Schwerpunkt auf der Sicherheit liegt, bei der Initiative der Bedrohungsmodellierung zu besseren und beständigeren Ergebnissen, da sie die Möglichkeit hat, sich weiterzubilden und mit der Zeit mehr Erfahrung zu sammeln. Wir haben diesen Ansatz seit Jahren mit großem Erfolg angewandt.

Dieser Ansatz schließt nicht aus, dass Sie ein Security-Champion-Programm einführen. Im Gegenteil, er erfordert es in gewisser Weise, da es chronisch an Experten für Bedrohungsmodellierung mangelt.

Wenn Sie eine Initiative zur Bedrohungsmodellierung in Angriff nehmen, sollten Sie diese fünf Faktoren berücksichtigen, um optimale Ergebnisse zu erzielen:

- **Integration** Wir haben bereits erwähnt, wie wichtig es ist, einen Bedrohungsmodellierungsprozess einzuführen, der sich in die DevOps-Prozesse Ihres Unternehmens integrieren lässt. Außerdem ist es wichtig, die Bedrohungsmodellierung zu nutzen, um die Kommunikation zwischen den Entwicklungs- und Sicherheitsteams zu erleichtern. Ein weiteres Szenario, in dem die Integration von Nutzen ist, betrifft die Integration Ihres Überwachungssystems (zum Beispiel Ihres Security Information and Event Management, SIEM) mit dem Bedrohungsmodellierungstool. Eine solche Integration könnte es Ihnen beispielsweise ermöglichen, festzustellen, ob bestimmte Arten von Angriffen häufiger vorkommen. Sie könnten dann den Schweregrad der damit verbundenen Bedrohungen neu bewerten, da die Wahrscheinlichkeit, dass solche Angriffe auftreten könnten, gestiegen ist.
- **Gegenmaßnahmen** Idealerweise sollten Sie einen Ansatz wählen, der sich auf Gegenmaßnahmen konzentriert – ihre Priorisierung und deren Umsetzung. Dies ist wichtig, damit die Ergebnisse umsetzbar sind und den Entwicklungsteams einen Mehrwert bieten. Sie müssen auch dafür sorgen, dass sich der Ansatz nahtlos in die Tools einfügt, die das Entwicklungsteam bereits verwendet. Deren Leben ist bereits kompliziert; sie brauchen keine Bedrohungsmodellierung, die alles noch schlimmer macht, indem sie von ihnen verlangt, noch mehr Tools zu lernen und einzusetzen.
- **Anleitung** Ihr Bedrohungsmodellierungsprozess muss leicht erlernbar sein. Nur wenige verfügen über das erforderliche Wissen, um ein Bedrohungsmodell ohne Hilfe durchzuführen. Die Bereitstellung von Anleitungen in Form von Wissensdatenbanken und Dokumentationen ist für eine breite Akzeptanz entscheidend.
- **Automatisierung** Der Einsatz von Automatisierungstools kann die Identifizierung von Bedrohungen und Gegenmaßnahmen erleichtern und die Modellierung von Bedrohungen beschleunigen. Ein gängiger Ansatz sind Wissensdatenbanken, um typische Elemente des interessierenden Szenarios zu definieren und die Regeln für die Generierung von Bedrohungen und Gegenmaßnahmen aufzunehmen. Mit diesem Ansatz können Sie automatisch die typischen Artefakte generieren, die durch die Analyse der von Ihnen bereitgestellten Informationen über das betreffende System erforderlich sind.
- **Flexibilität** Sie benötigen einen flexiblen Ansatz, den Sie an die Bedürfnisse Ihrer Organisation anpassen können. Sie müssen beispielsweise in der Lage sein, Ihre Aktivitäten zur Bedrohungsmodellierung mit bestehenden Prozessen und Werkzeugen, zum Beispiel für das Risikomanagement, zu integrieren. Dazu gehören auch Tools, die speziell für Ihr Unternehmen entwickelt wurden. Diese Flexibilität ermöglicht es Ihnen auch, das Wissen Ihrer IT-Abteilung über die Arten von Angriffen zu nutzen, die sie beobachtet.

Der beste Weg, diese fünf Faktoren zu erreichen, ist die Auswahl der richtigen Werkzeuge. Lesen Sie weiter, um weitere Informationen zu erhalten.

Tools zur Bedrohungsmodellierung

Die Wahl des richtigen Tools zur Bedrohungsmodellierung kann eine schwierige Aufgabe sein, da es viele Optionen gibt und regelmäßig neue Tools auf den Markt kommen. Dies gilt insbesondere für die letzten Jahre, in denen das Interesse an der Bedrohungsmodellierung gestiegen ist.

Ein spezielles Tool zur Bedrohungsmodellierung ist zwar nicht zwingend erforderlich, aber durchaus hilfreich. Seit dem Aufkommen der Cloud ist die Entwicklung und Erstellung komplexer Anwendungen, die eng mit Dutzenden von anderen Systemen verbunden sind, immer häufiger geworden. Während wir an diesem Buch schreiben, bietet allein Azure mehr als 200 Produkte und Dienste an, und wenn Sie eine Verbindung zu externen Ressourcen herstellen, zum Beispiel zu lokalen Systemen, Konten sozialer Netzwerke, Identitätsanbietern, APIs oder IoT-Geräten, ist die Liste praktisch unbegrenzt. Bei so viel Komplexität kann die Analyse eines durchschnittlichen Systems ohne die Hilfe eines speziellen Tools zur Bedrohungsmodellierung ein unmögliches Unterfangen sein.

Sie brauchen also ein Werkzeug. Aber wie entscheiden Sie, welches Sie einsetzen? Ihre erste Überlegung ist, ob Sie für die Bedrohungsmodellierung ein kommerzielles oder ein kostenloses Tool einsetzen wollen. Kommerzielle Tools zur Bedrohungsmodellierung haben verschiedene Vorteile gegenüber den meisten kostenlosen Tools. Beispielsweise besitzen sie in der Regel eine Schnittstelle zu Task- und Bugtracking-Tools. Außerdem bieten sie umfassende Anleitungen, wie Wissensdatenbanken, die regelmäßig aktualisiert und verbessert werden. Im Gegensatz dazu erlauben kostenlose Tools einen leichten, unverbindlichen Einstieg in die Bedrohungsmodellierung. Diese Tools könnten für Ihre Bedürfnisse ausreichend sein, zumindest am Anfang und vielleicht sogar, wenn Sie mehr Praxis in der Bedrohungsmodellierung besitzen.

Wir haben vor allem Erfahrungen mit kostenlosen Tools gesammelt und werden uns daher in diesem Abschnitt auf diese konzentrieren. Dies erlaubt es uns, Stellungnahmen abzugeben, die auf eigenen Erfahrungen basieren. So können wir alle Funktionen der einzelnen Tools abdecken – etwas, was wir mit eingeschränkten Test- und Community-Versionen, wie sie für einige kommerzielle Tools angeboten werden, nicht tun könnten. In diesem Abschnitt stellen wir Ihnen sechs Tools vor, die wir in der Vergangenheit verwendet haben. Beachten Sie jedoch, dass es möglicherweise andere, hier nicht genannte Tools gibt, die Ihren Anforderungen vielleicht besser entsprechen.

Für jedes Werkzeug stellen wir die folgenden wesentlichen Informationen zur Verfügung:

- Die URL, unter der Sie es finden können
- Den Projektstatus (ob das Werkzeug gepflegt wird oder veraltet ist)
- Eine kurze Beschreibung des Tools
- Wie gut das Werkzeug jeden der fünf Faktoren unterstützt (siehe vorherigen Abschnitt)

Bitte interpretieren Sie unsere Entscheidung, sich auf kostenlose Tools zu konzentrieren, nicht so, dass wir kommerzielle Tools für unwirksam oder minderwertig halten. Im Gegenteil, wir wissen, dass einige dieser Tools – wie ThreatModeler, IriusRisk, Foreseeti securiCAD und Security Compass SD Elements – das Ergebnis von Hunderten von Jahren kollektiver Kenntnisse und Bemühungen sind. Wir schätzen die Beiträge dieser Unternehmen zur Bedrohungsmodellierung und glauben, dass sie ein wertvolles Gut für die gesamte Sicherheitsgemeinschaft sind.

Bewertung der fünf Faktoren

Bei der Bewertung, wie gut jedes Werkzeug jeden der fünf Faktoren unterstützt, verwenden wir drei Noten: Abwesend, Eingeschränkt und Vollständig. Wir stellen diese Bewertung in Tabellenform dar. Tabelle 4-2 zeigt zum Beispiel unsere Bewertung für ein Tool namens Threagile (auf das wir später in diesem Abschnitt näher eingehen).

Faktor	Bewertung
Integration	Abwesend
Fokus auf Gegenmaßnahmen	Abwesend
Anleitung	Abwesend
Automatisierung	Eingeschränkt
Flexibler Ansatz	Eingeschränkt

Tabelle 4-2 Bewertung der fünf Faktoren für Threagile

In diesem Beispiel können die zugewiesenen Bewertungen von dem abweichen, was Sie erwarten würden. Wenn Sie beispielsweise die Beschreibung von Threagile im nächsten Abschnitt lesen, könnten Sie daraus schließen, dass es die Integration mit GitHub unterstützt, da Sie eine YAML-Datei, die ein Bedrohungsmodell darstellt, einfach auf GitHub hochladen und eine GitHub-Aktion verwenden können, um eine Threagile-Ausführung als Teil einer Pipeline einzufügen. Allerdings ist es nicht möglich, identifizierte Gegenmaßnahmen in das Backlog einzufügen – eine der Hauptfunktionen des Faktors Integration. Ähnliche Überlegungen gelten auch für die anderen Faktoren. Mit anderen Worten: Im Zweifelsfall sollten Sie sich auf die Definition der einzelnen Faktoren im vorangegangenen Abschnitt beziehen.

CAIRIS

- **URL** *https://cairis.org*
- **Projektstatus** Wird aktiv gepflegt und unterstützt. Die aktuelle Version zum Zeitpunkt der Erstellung dieses Buches ist 2.3.8, veröffentlicht im Dezember 2020.

CAIRIS (ein Akronym für Computer Aided Integration of Requirements and Information Security) ist ein webbasiertes Tool zur Bedrohungsmodellierung. Da es sich um eine Webanwendung handelt, kann es von jedem autorisierten Gerät aus aufgerufen werden. Sie können CAIRIS so konfigurieren, dass zwei oder mehr Benutzer gleichzeitig auf dasselbe Bedrohungsmodell zugreifen können.

CAIRIS definiert Bedrohungsmodelle mithilfe mehrerer Tabellen, die Entitäten wie Rollen, Assets, Bedrohungstypen, Bedrohungen und Gegenmaßnahmen enthalten. Es unterstützt den Import von Objekten aus anderen Systemen, wie zum Beispiel XML-Dateien, aber es liegt an Ihnen, Ihre Daten in ein Format umzuwandeln, das CAIRIS akzeptieren kann.

Mit CAIRIS können Sie Beispiele für Bedrohungen aus der MITRE Common Weakness Enumeration (CWE), den MITRE Common Attack Pattern Enumerations and Classifications (CAPEC) und den OWASP Top 10 importieren. Bei diesen Dateien handelt es sich jedoch lediglich um Beispiele. Sie sind mehr als vier Jahre alt, enthalten nur einige wenige Elemente und können nicht für ein echtes Bedrohungsmodell verwendet werden. Stattdessen müssen Sie eine Art benutzerdefiniertes Skript oder eine Anwendung schreiben, um aus diesen Quellen aktuelle Bedrohungsarten zu importieren.

Das in CAIRIS definierte Objektmodell ist wahrscheinlich das reichhaltigste, das Sie unter allen hier enthaltenen Tools finden werden. Diese Vielfalt hat jedoch auch einen Nachteil: die steile Lernkurve. Außerdem besitzt CAIRIS eine komplexe Schnittstelle, sodass es einige Zeit dauert, bis man sich damit vertraut gemacht hat. Die Dokumentation des Tools hilft ein wenig, aber es braucht trotzdem Zeit, um zu lernen, wie die verschiedenen Konzepte zusammenpassen und wie alles funktioniert.

Um mit CAIRIS ein Bedrohungsmodell zu erstellen, müssen Sie verschiedene Tabellen in einer logischen Reihenfolge ausfüllen. Wenn Sie nicht die richtige Reihenfolge einhalten, verhindert das Tool, dass Sie fortfahren. CAIRIS verwendet dann die von Ihnen eingegebenen Informationen zur Bewertung Ihres Risikos und gibt seine Einschätzung in Form einer qualitativen Skala mit drei Werten zurück: Niedrig, Mittel und Hoch. Es kann dann automatisch eine Dokumentation in verschiedenen Formaten, einschließlich Diagrammen, erstellen. Darüber hinaus bietet CAIRIS einzigartige Funktionen, wie zum Beispiel die Verwaltung von Projektanforderungen, und deckt Datenschutzkonzepte ab – eine Seltenheit für ein Tool zur Bedrohungsmodellierung. Und es bietet Anleitungen zur Erweiterung.

Die Fehlersuche in CAIRIS kann problematisch sein. Da Sie viele Tabellen in einer bestimmten Reihenfolge ausfüllen müssen, kann es allzu leicht passieren, dass Sie etwas vergessen und ein falsches Ergebnis erhalten. In einigen Fällen werden Sie wissen, dass das Ergebnis falsch ist, in anderen wiederum nicht, was problematisch sein kann.

Hier sind noch ein paar weitere Punkte über CAIRIS, die es wert sind, beachtet zu werden:

- Im Hinblick auf die DevOps-Integration unterstützt CAIRIS nur Trello, eine Projektmanagement-Software im Kanban-Stil.
- Sie können CAIRIS lokal, in einem Container oder als virtuelle Ubuntu-Maschine installieren.
- CAIRIS erstellt Berichte in vielen Formaten, die jedoch alle vordefiniert sind. Es ist nicht möglich, das Layout der erstellten Berichte zu ändern.

Die fünf Faktoren

Faktor	Bewertung
Integration	Eingeschränkt
Fokus auf Gegenmaßnahmen	Eingeschränkt
Anleitung	Eingeschränkt
Automatisierung	Abwesend
Flexibler Ansatz	Eingeschränkt

Tabelle 4-3 Bewertung der fünf Faktoren für CAIRIS

Microsoft Threat Modeling Tool

- **URL** *https://azsec.tech/yiv*
- **Projektstatus** Wird regelmäßig aktualisiert, aber die Aktualisierungen sind gering. Dieses Tool hat seit 2016 keine wesentliche Aktualisierung erhalten.

Das Microsoft Threat Modeling Tool ist die offizielle Bedrohungsmodellierungssoftware von Microsoft. Es implementiert STRIDE-pro-Element. Um mit diesem Tool ein neues Bedrohungsmodell zu erstellen, müssen Sie eine Vorlage auswählen, die alle benötigten Entitäten und zugehörigen Bedrohungen enthält. Das Tool enthält standardmäßig drei Vorlagen, von denen eine speziell für Azure vorgesehen ist. Sie können auch andere Vorlagen online finden (obwohl diese selten sind) und bei Bedarf Ihre eigenen erstellen. Falls Ihr Bedrohungsmodell eine Vorlage verwendet, die aktualisiert wird, aktualisiert das Tool Ihr Bedrohungsmodell automatisch auf die neue Version.

Negativ ist anzumerken, dass das Microsoft Threat Modeling Tool etwas eingeschränkt ist. Zum Beispiel:

- Mit diesem Tool können Sie zwar Vorlagen mit hilfreichen Wissensdatenbanken für die Erstellung von Bedrohungsmodellen definieren und verwenden, es unterstützt jedoch keine Add-Ins.
- Das Dateiformat ist undokumentiert. Es ist möglich, Bibliotheken und Anwendungen von Drittanbietern zu finden, die es Ihnen ermöglichen, das vom Microsoft Threat Modeling Tool erstellte Dokument in anderen Dokumentformaten zu öffnen und zu verwenden, aber es gibt keine Garantie dafür, dass sie auch in Zukunft funktionieren werden. Dies schränkt Ihre Möglichkeiten, das Microsoft Threat Modeling Tool in andere Dienste und Anwendungen zu integrieren, weiter ein.
- Das Objektmodell des Tools ist minimal und lässt wesentliche Konzepte wie Gegenmaßnahmen vermissen. Im Gegensatz zu den meisten Vorlagen, die ein Textfeld (in der Regel mit der Bezeichnung »Begründung«) enthalten, in das Sie Gegenmaßnahmen eingeben können, sind in den Vorlagen dieses Tools keine entsprechenden Felder enthalten.

- Die Bearbeitung von Vorlagen kann schwierig sein, da jede Vorlage alle erforderlichen Informationen enthalten muss. Daher neigen Vorlagen dazu, unhandlich zu werden, wenn sie wachsen.
- Sie können die Vorlagendefinition nicht selbst integrieren. Wenn Sie zum Beispiel eine neue Art von Entität einführen, gehen Ihre Änderungen verloren, wenn Sie die neueste Vorlagenversion auf das Bedrohungsmodell anwenden.
- Auch wenn Sie mit dem Microsoft Threat Modeling Tool HTML-Berichte erstellen können, können Sie das Layout dieser Berichte nicht ändern.
- Das Microsoft Threat Modeling Tool kann nur auf Windows-Desktop-Computern installiert werden.

Das Microsoft Threat Modeling Tool ist eines der am besten dokumentierten Tools auf dem Markt. Sie finden Informationen über dieses Tool auf Pluralsight, LinkedIn, Udemy, YouTube und vielen anderen Websites.

Die fünf Faktoren

Faktor	Bewertung
Integration	Abwesend
Fokus auf Gegenmaßnahmen	Abwesend
Anleitung	Vollständig
Automatisierung	Eingeschränkt
Flexibler Ansatz	Abwesend

Tabelle 4-4 Bewertung der fünf Faktoren für das Microsoft Threat Modeling Tool

OWASP Threat Dragon

- **URL** *https://azsec.tech/ws7*
- **Projektstatus** Aktiv, wird regelmäßig aktualisiert. Die aktuelle Version zum Zeitpunkt der Erstellung dieses Buches ist 1.6.0, veröffentlicht im Dezember 2021. Version 2.0 befindet sich in der Entwicklung.

OWASP Threat Dragon ist ein webbasiertes Tool zur Modellierung von Bedrohungen. Es gibt auch eine auf Proton basierende Desktopversion, die Sie auf Windows-, macOS- und Linux-Rechnern installieren können.

OWASP Threat Dragon erzeugt einfache DFDs; Sie können damit keine speziellen Entitäten erstellen. Frühere Versionen enthielten Zeichenwerkzeuge und ermöglichten es Ihnen, Bedrohungen manuell einzufügen. Version 1.6.0, die im Dezember 2021 veröffentlicht wurde, enthält eine neue Engine zur automatischen Erzeugung von Bedrohungen. Mit dieser neuen Funktion können Sie eine Entität oder einen Fluss auswählen und dann die zugehörigen Bedrohungen generieren:

- Hinzufügen einer benutzerdefinierten Bedrohung
- Hinzufügen von Bedrohungen, die mit STRIDE-pro-Element identifiziert wurden, wobei Sie die Bedrohung für jede identifizierte Kategorie beschreiben müssen
- Hinzufügen von Bedrohungen über den Kontext

Die dritte Option, das Hinzufügen von Bedrohungen über den Kontext, basiert auf der Arbeit des OWASP-Projekts Automated Threats to Web Applications. Weitere Informationen zu diesem Projekt finden Sie unter *https://azsec.tech/3ab*.

OWASP Threat Dragon enthält wichtige Anleitungen, und seine Autoren haben es auf vielen Veranstaltungen vorgestellt. Angesichts seiner Einfachheit ist es ein angemessenes Werkzeug. Allerdings gibt es auch einige Nachteile:

- Die Benutzer können die Regeln, die zur Erzeugung der Bedrohungen verwendet werden, noch nicht erweitern.
- Obwohl Sie mit Threat Dragon PDF-Berichte erstellen können, können Sie das Layout dieser Berichte nicht ändern.
- Die Webversion von Threat Dragon speichert Dateien auf GitHub, während sie bei der Desktopversion lokal gespeichert werden.
- Threat Dragon speichert Gegenmaßnahmen in einem unstrukturierten Textfeld innerhalb der Bedrohung, weshalb es nicht möglich ist, Analysen oder Verarbeitungen von Abschwächungen durchzuführen, wie zum Beispiel die Anzeige der mit einer bestimmten Gegenmaßnahme verbundenen Bedrohungen.
- Threat Dragon kann nicht in ein DevOps-Task- und Bugtracking-System wie Azure DevOps oder Jira integriert werden.

Die fünf Faktoren

Faktor	Bewertung
Integration	Abwesend
Fokus auf Gegenmaßnahmen	Abwesend
Anleitung	Vollständig
Automatisierung	Eingeschränkt
Flexibler Ansatz	Abwesend

Tabelle 4-5 Bewertung der fünf Faktoren für OWASP Threat Dragon

pytm

- **URL** *https://azsec.tech/t7e*
- **Projektstatus** Aktiv, wird regelmäßig aktualisiert. Die aktuelle Version während der Erstellung dieses Kapitels ist 1.2.0, veröffentlicht im April 2021.

pytm ist ein Projekt von Izar Tarandach, einem renommierten Sicherheitsexperten und Autor von »Threat Modeling: A Practical Guide for Development Teams«. Dieses Tool wurde kürzlich als OWASP-Projekt aufgenommen.

Die Idee hinter pytm ist, dass Sie Ihr System mithilfe von Python-Code definieren. Da es aus Code besteht, können Sie es auf GitHub oder anderen Quellcode-Repositories hosten. Dieser Ansatz ermöglicht die Zusammenarbeit an der Datei. Die Datei kann verarbeitet werden, um DFDs, Unified Modeling Language (UML)-Sequenzdiagramme oder sogar vollwertige Berichte mit einer Markdown-Vorlage zu erstellen.

pytm generiert Bedrohungen anhand von Wissensdatenbanken, die als JSON-Dateien definiert sind. Diese JSON-Dateien enthalten Generierungsregeln in Form von bedingten Ausdrücken in einer natürlichen und einfachen Sprache. pytm bietet eine solche Datei, die etwa 100 verschiedene Bedrohungen definiert. Diese Bedrohungen beziehen sich auch auf Entwicklungsprobleme wie SQL-Injection und Buffer Overflow. Diese Probleme werden jedoch viel effizienter und effektiver durch statische Anwendungstests (SAST) angegangen, wie sie in Kapitel 9, »Secure Coding«, beschrieben werden.

Für pytm gibt es zahlreiche Anleitungen. Außerdem haben seine Autoren es auf vielen Veranstaltungen vorgeführt. In Anbetracht seiner Einfachheit kann das, was zur Verfügung steht, als angemessen betrachtet werden. Allerdings gibt es auch einige Nachteile:

- pytm speichert Gegenmaßnahmen in einem unstrukturierten Textfeld innerhalb der Bedrohungen. Daher ist es nicht möglich, Analysen oder Verarbeitungen von Gegenmaßnahmen durchzuführen, wie zum Beispiel die Anzeige der mit einer bestimmten Gegenmaßnahme verbundenen Bedrohungen.
- pytm kann nicht in ein DevOps-Task- und Bugtracking-System wie Azure DevOps oder Jira integriert werden.

Die fünf Faktoren

Faktor	Bewertung
Integration	Abwesend
Fokus auf Gegenmaßnahmen	Abwesend
Anleitung	Vollständig
Automatisierung	Eingeschränkt
Flexibler Ansatz	Eingeschränkt

Tabelle 4-6 Bewertung der fünf Faktoren für pytm

Threagile

- **URL** *https://threagile.io*
- **Projektstatus** Relativ neu. Bislang gibt es keine offizielle Veröffentlichung. Die Entwicklung scheint im November 2020 eingestellt worden zu sein, abgesehen von einem minimalen Update im November 2021.

Threagile ist ein Tool zur Bedrohungsmodellierung, das von Christian Schneider entwickelt wurde. Die Idee hinter Threagile ist, dass Sie Ihr System mithilfe einer YAML-Datei definieren. Sie erstellen sie als leeren Stub mit dem Threagile-Kommandozeilen-Tool. Dann fügen Sie alle Ihre Informationen an den verfügbaren Stellen ein. Threagile erleichtert die Bearbeitung durch Autovervollständigung und Syntaxfärbung für viele Editoren. Die YAML-Dateien können auf GitHub oder anderen Quellcode-Repositories gehostet werden, was die gleichzeitige Arbeit und Zusammenarbeit an der Datei ermöglicht. Threagile stellt geführte Tools zur Verfügung, die es Ihnen ermöglichen, dem YAML-Bedrohungsmodell Szenarien hinzuzufügen, indem Sie verschiedene Fragen beantworten. Eine der Optionen konzentriert sich zum Beispiel auf CI/CD-Pipelines.

Wenn Sie Threagile auf einer YAML-Datei ausführen, erzeugt es verschiedene Artefakte:

- Ein PDF-Bericht mit einem DFD, einer Beschreibung des Systems, einer Liste von Bedrohungen und deren Status sowie verschiedenen Aggregationen zur Erleichterung der Analyse. Dieser Bericht ist sehr ausführlich und umfasst leicht 100 Seiten oder mehr.
- Verschiedene Diagramme, darunter das DFD des Systems
- Eine XLSX-Datei, die dieselben Informationen wie das PDF-Dokument in tabellarischer Form enthält
- Verschiedene JSON-Dateien mit denselben Informationen zur Unterstützung der automatischen Verarbeitung

Die generierte JSON-Datei kann zur Erstellung von DFDs, UML-Sequenzdiagrammen oder sogar vollwertigen Berichten unter Verwendung einer Markdown-Vorlage verarbeitet werden.

Threagile erzeugt Bedrohungen anhand von Regeln, die als kompilierter Go-Code codiert sind. Sie können Ihre eigenen Regeln erstellen, indem Sie sie in Go schreiben und dann kompilieren. Die bereitgestellten Bedrohungen sind sehr heterogen. Sie beziehen sich auch auf Entwicklungsprobleme wie SQL-Injection und Buffer Overflow. Diese Probleme werden jedoch viel effizienter und effektiver von SAST-Tools angegangen, wie sie in Kapitel 9, »Secure Coding«, beschrieben werden.

Threagile speichert Gegenmaßnahmen in einem unstrukturierten Textfeld innerhalb der Bedrohungen. Daher ist es nicht möglich, eine Analyse oder Verarbeitung von Gegenmaßnahmen durchzuführen, wie zum Beispiel die Anzeige der mit einer bestimmten Gegenmaßnahme verbundenen Bedrohungen.

Sie können die Threagile-Verarbeitung der YAML-Datei in eine Build-Pipeline in GitHub einbinden, dank einer kostenlosen Aktion namens run-threagile-action. Threagile kann jedoch nicht in ein DevOps-Aufgaben- und Bugtracking-System wie Azure DevOps oder Jira integriert werden. Zum Beispiel müssen Sie den Status der Bedrohungen manuell in der YAML-Datei aktualisieren.

Für Threagile gibt es nicht viele Anleitungen, abgesehen von einigen Präsentationen, die auf Veranstaltungen gehalten und auf YouTube veröffentlicht wurden. Die bereitgestellte Dokumentation reicht nicht aus, um die Einführung des Tools zu erleichtern, da die Sprache komplex ist. Der Autor bietet jedoch Unterstützung über einen Community-Chat auf Gitter an.

Die fünf Faktoren

Faktor	Bewertung
Integration	Abwesend
Fokus auf Gegenmaßnahmen	Abwesend
Anleitung	Abwesend
Automatisierung	Eingeschränkt
Flexibler Ansatz	Eingeschränkt

Tabelle 4-7 Bewertung der fünf Faktoren für Threagile

Threats Manager Studio

- **URL** *https://threatsmanager.com*
- **Projektstatus** Aktiv, wird regelmäßig aktualisiert. Die aktuelle Version zum Zeitpunkt der Erstellung dieses Artikels ist 1.5.2, veröffentlicht im Januar 2022.

Threats Manager Studio ist das Lieblingsprojekt eines der Autoren dieses Buches, Simone Curzi. Auch die anderen Autoren haben in unterschiedlicher Weise an der Gestaltung und Entwicklung des Programms mitgewirkt.

Threats Manager Studio wurde Anfang 2018 entwickelt, um Probleme zu beheben, die bei der täglichen Bedrohungsmodellierung mit bestehenden Tools festgestellt wurden, die die spezifischen Bedürfnisse von Experten nicht berücksichtigen, einschließlich begrenzter Erweiterbarkeit und eines übermäßigen Fokus auf Automatisierung. Ab 2019 wurde es innerhalb von Microsoft aktiv genutzt und im November 2020 als kostenloses Tool für jedermann veröffentlicht. Threats Manager Studio wird kontinuierlich aktualisiert und um neue Funktionen erweitert.

Bei der Entwicklung von Threats Manager Studio wurde das Microsoft Threat Modeling Tool als Referenz verwendet. Es verbessert dieses Tool jedoch in mehrfacher Hinsicht:

- **Es ist offen** Fähigkeiten werden als Module, sogenannte Erweiterungen, implementiert, die vom Werkzeug dynamisch geladen werden.
- **Es unterstützt die dynamische Bearbeitung von Metadaten** Threats Manager Studio bietet minimale Metadaten für die verschiedenen Objekte, sodass Sie Ihre eigenen Metadaten zur Unterstützung Ihrer Prozesse erstellen können. Sie können neue Metadatendefinitionen anlegen und sie in Vorlagen exportieren, damit andere sie nutzen können.

- **Vorlagen sind ein Fragment der Wissensbasis** Bei diesem neuen Ansatz müssen Sie keine Vorlage auswählen, wenn Sie ein neues Bedrohungsmodell erstellen. Stattdessen können Sie importieren, was Sie brauchen, wenn Sie es brauchen. Die Vorlagen können also kleiner sein; ihre Pflege ist hierdurch viel einfacher.
- **Benutzer können ihre eigenen Entitäten, Bedrohungen und Gegenmaßnahmen definieren** Benutzer haben die volle Kontrolle über die in ihren Bedrohungsmodellen verwendeten Entitäten, Bedrohungen und Gegenmaßnahmen. Das bedeutet, dass sie die von den ausgewählten Wissensdatenbanken bereitgestellten Informationen je nach Bedarf problemlos integrieren können.
- **Es stellt verschiedene Ausführungsmodi bereit** Diese sind auf die spezifischen Bedürfnisse bestimmter Benutzerkategorien zugeschnitten. So gibt es beispielsweise einen Expertenmodus für Benutzer, die Vorlagen erstellen oder bearbeiten müssen, einen vereinfachten Modus für Benutzer, die nur Bedrohungsmodelle erstellen oder bearbeiten müssen, und einen Modus für Geschäftsentscheider, wie zum Beispiel Produktverantwortliche, die Risiken bewerten und Entscheidungen treffen müssen.
- **Es enthält ein Feature Gegenmaßnahmen** Dies ist bei der Priorisierung von Gegenmaßnahmen hilfreich und wird in Form eines Roadmap-Tools zur Verfügung gestellt. Es ist auch hilfreich für die Integration mit DevOps-Systemen (zunächst nur Azure DevOps), um Arbeitselemente aus Mitigations zu erstellen und den Status des Bedrohungsmodells zu aktualisieren, während die Implementierung voranschreitet.

Threats Manager Studio bietet außerdem Diagrammfunktionen, die mit DFD-Implementierungen wie dem Microsoft Threat Modeling Tool und OWASP Threat Dragon vergleichbar sind, verwendet jedoch eine andere Sprache, um einige der typischen Unklarheiten von DFDs zu beseitigen.

Zum Zeitpunkt der Erstellung dieses Kapitels sind dies die Nachteile von Threats Manager Studio:

- Es ist nur als Windows-Desktopanwendung für Windows 10 oder 11 verfügbar.
- Es unterstützt keine gleichzeitige Bearbeitung.
- Es bietet nur eine einzige Vorlage, die sich auf eine minimale Teilmenge von Azure PaaS-Diensten konzentriert.
- Eine benutzerdefinierte grafische Darstellung könnte für einige Organisationen Probleme bei der Einhaltung der Vorschriften mit sich bringen.
- Es ist zwar Dokumentation verfügbar, aber nur teilweise. Obwohl sie die meisten Funktionen beschreibt, sind einige der neuesten Funktionen des Tools noch nicht gut abgedeckt.

Die Modellierung von Bedrohungen in den Mittelpunkt des Risikomanagements stellen

Die Vision hinter Threats Manager Studio ist es, die Bedrohungsmodellierung in den Mittelpunkt des Risikomanagements zu stellen und sie mit Entwicklungsprozessen und DevOps zu verbinden. Diese Vision wurde als Threat Modeling vNext bezeichnet. Eine Einführung in vNext finden Sie hier: *https://azsec.tech/gl0*.

Außerdem hat Threats Manager Studio auch ein Papier mit dem Titel »Evolving Threat Modeling for Agility and Business Value« von Valani et al. inspiriert; zu den Mitwirkenden gehört auch einer der Autoren dieses Buches, Simone Curzi. Dieses Papier, das die aktuelle Vision für die Zukunft des Tools darstellt, ist hier verfügbar: *https://bit.ly/evolvetm*.

Die fünf Faktoren

Faktor	Bewertung
Integration	Vollständig
Fokus auf Gegenmaßnahmen	Vollständig
Anleitung	Eingeschränkt
Automatisierung	Vollständig
Flexibler Ansatz	Vollständig

Tabelle 4-8 Bewertung der fünf Faktoren für Threats Manager Studio

Wie man ein Bedrohungsmodell erstellt: Ein Praxisbeispiel

Es gibt keinen besseren Weg, etwas zu lernen, als es zu tun. Dieser Abschnitt enthält eine Beispielübung, die Sie schrittweise durch den Prozess der Bedrohungsmodellierung führt. Es ist nicht beabsichtigt, Ihnen eine vollständige Erfahrung zu vermitteln, sondern Ihnen eine Vorstellung davon zu geben, wie es funktioniert. Um den größtmöglichen Nutzen aus dieser Übung zu ziehen, folgen Sie den hier gezeigten Schritten und nutzen Sie das Begleitmaterial unter *https://azsec.tech/4ux*.

Es steht auch eine lokalisierte Version dieses Beispielmodells zur Verfügung, das Sie von der Website des dpunkt-Verlags herunterladen können. Weitere Informationen finden Sie in der Einleitung dieses Buches.

Das Szenario, das wir für diese Übung gewählt haben, ist eine Beispiel-Webanwendung zur Buchung von COVID-Impfungen. Der hier gewählte Ansatz stellt nur eine Möglichkeit dar, wie Sie die Bedrohungsmodellierung angehen können – und ist für Sie oder Ihr Unternehmen nicht unbedingt die beste Vorgehensweise. Wir haben diesen Ansatz auf der Grundlage des Ansatzes entwickelt, den wir in unserer täglichen Praxis anwenden, aber wir haben ihn vereinfacht, um die wichtigsten Konzepte hervorzuheben, ohne uns in allzu vielen Details zu verlieren.

Dieses Beispiel wurde entwickelt, um die in diesem Kapitel vorgestellten grundlegenden Konzepte der Bedrohungsmodellierung zu demonstrieren. Auch Ähnlichkeiten mit realen Projekten sind rein zufällig.

Diese Übung simuliert die Schritte einer realen Bedrohungsmodellierung unter Verwendung von Threats Manager Studio Version 1.5.2, der neuesten Version, die zum Zeitpunkt der Erstellung dieses Kapitels verfügbar war. Natürlich können Sie auch eine aktuellere Version verwenden; Sie sollten sich dann aber bewusst sein, dass Sie möglicherweise kleinere Unterschiede feststellen werden. Threats Manager Studio bietet alle erforderlichen Funktionen, um alle notwendigen Schritte abzudecken. Es lässt sich auch in Azure DevOps integrieren – eine wesentliche Fähigkeit zur Generierung umsetzbarer Ergebnisse für das Entwicklungsteam. Also fangen wir an!

Für diese Übung benötigen Sie die Hauptdistribution von Threats Manager Studio zusammen mit den Erweiterungsbibliotheken Automatic Threat Generation, Quality und DevOps. Diese sind hier erhältlich: *https://azsec.tech/tms*. Eine Anleitung zur Installation und Konfiguration des Tools finden Sie unter *https://azsec.tech/tqv*.

Analysieren Sie die Lösung: Das erste Meeting

Diese Übung beginnt bereits in den frühesten Phasen der Produktentwicklung. Als Bedrohungsmodellierer sollten Sie sich mit dem Entwicklungsteam in Verbindung setzen, um relevante Unterlagen zusammenzutragen und die Merkmale der Aktivität zu besprechen. Danach sollten Sie ein erstes Treffen mit den Lösungsarchitekten und anderen Mitgliedern des Entwicklungsteams abhalten, um die benötigten Informationen über die Lösung zu erhalten, um die es geht.

Nehmen wir an, dass wir bei unserem ersten Treffen das in Abbildung 4-2 dargestellte Diagramm erhalten. Natürlich ist dies kein Sicherheitsdiagramm. Es fehlt zu viel, zum Beispiel wie Systeme interagieren, wie Konten authentifiziert werden und wo vertrauliche Daten gespeichert werden (falls überhaupt). Dennoch ist es hilfreich für Sie, um Technologien zu erkennen, die Sie vielleicht noch nicht kennen, wie Kubernetes.

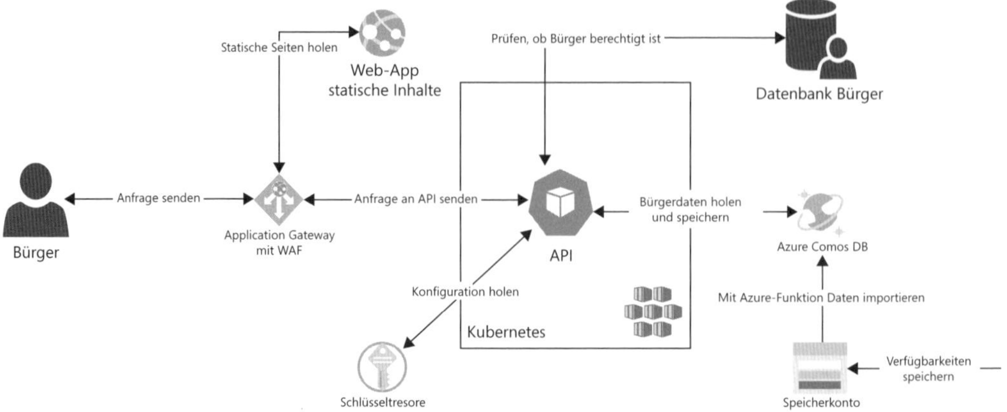

Abbildung 4-2 Schematische Darstellung einer Anwendung zur Buchung von COVID-Impfungen

Um die richtigen Fragen zu stellen und mögliche Probleme im Zusammenhang mit den Antworten zu erkennen, die Sie erhalten, ist es wichtig zu wissen, was bei den einzelnen Lösungskomponenten schiefgehen könnte. Daher ist es wichtig, bereits vor dem Treffen mit dem Entwicklungsteam einige Hintergrundinformationen über die Lösung zu haben und alles zu untersuchen, was Ihnen nicht bekannt ist. Eine weitere Technik, die Sie anwenden können, besteht darin, mehrere Sitzungen im Abstand von einigen Tagen abzuhalten, damit Sie die nötige Zeit haben, um zu verstehen, was fehlt, und um sinnvolle Fragen zu stellen.

Dieser Mangel an Wissen ist für alle, die Bedrohungsmodelle erstellen, eine alltägliche Situation. Die einzige Möglichkeit, dieses Problem zu lösen, besteht darin, einige Nachforschungen anzustellen, vorzugsweise, bevor man sich mit den Teammitgliedern trifft. Daher ist es wichtig, vor dem eigentlichen Auftrag ein Scoping-Gespräch zu führen. Dieses Treffen bietet die Gelegenheit, sich über die Dienste zu informieren, die das Team nutzt oder zu nutzen plant.

Nehmen wir an, dass Sie bei Ihrem ersten Treffen mit den Architekten und Entwicklern der fraglichen Lösung die folgenden Informationen erhalten haben:

- Das Team entwickelt eine Lösung, die es Bürgern ermöglicht, COVID-Impftermine zu buchen. Sie bietet drei Hauptfunktionen: Buchung einer COVID-Impfung, Einsicht in frühere und aktuelle Buchungen und Änderung anstehender Buchungen.
- Die Anwendung authentifiziert die Benutzer anhand ihrer Steueridentifikationsnummer, ihres Vor- und Nachnamens und ihres Geburtsdatums. Obwohl diese Informationen manchmal öffentlich sind oder abgeleitet werden, sind sie die einzige Option, da alle Bürger die Lösung nutzen müssen. Das Land verfügt über ein einheitliches Authentifizierungssystem für den Zugang zu den verschiedenen öffentlichen Websites, aber weniger als 50 Prozent der Bürger nutzen es.
- Die Verfügbarkeit der Lösung ist ein wichtiges Anliegen. Die Lösung sollte in der Lage sein, einen hohen Datenverkehr zu bewältigen und trotzdem reaktionsschnell zu sein.

- Die Lösung ist eine Webanwendung. Der statische Inhalt wird in Azure Storage gespeichert und über die Hostingfunktion für statische Websites bereitgestellt. Eine API, die in einem Container implementiert und in Azure Kubernetes Services gehostet wird, übernimmt die eigentliche Arbeit. Das Team wird sicherstellen, dass der Speicher nur über die Bereitstellungspipeline beschrieben werden kann.
- Benutzer greifen auf den statischen Inhalt und die API über Azure Application Gateway mit WAF zu.
- Die API greift auf die Bürger-DB zu, ein Repository mit Daten zu allen Bürgern. Jeder Bürger wird unter anderem durch seine Steuernummer, seinen Vor- und Nachnamen und sein Geburtsdatum repräsentiert. Um auf die Bürger-DB zuzugreifen, ruft die API der Lösung einen Webdienst auf, der eine grundlegende Authentifizierung mit den von den Eigentümern bereitgestellten Anmeldeinformationen erfordert. Azure Key Vault schützt diese Anmeldeinformationen.
- Die API greift auf eine Cosmos DB-Datenbank zu, die alle buchungsbezogenen Daten enthält. Wie bei der Bürger-DB greift die API auf die Cosmos DB-Datenbank zu, indem sie Anmeldeinformationen verwendet, die im gleichen Azure Key Vault gespeichert sind.
- Die Cosmos DB-Datenbank enthält Informationen über die Terminverfügbarkeit von verschiedenen Impfzentren in der Umgebung. Jedes Impfzentrum lädt eine Liste der verfügbaren Termine als CSV-Dateien in ein Azure Storage-Konto im Backend der Lösung hoch. Die Impfzentren verwenden einen der beiden Speicherkontoschlüssel, um sich zu authentifizieren und die Dateien in das Speicherkonto hochzuladen.
- Sobald eine Datei hochgeladen wird, wird automatisch eine Azure-Funktion ausgelöst. Daraufhin wird die Datei verarbeitet, und die Azure-Funktion speichert ihren Inhalt in der Cosmos DB-Datenbank. In beiden Fällen verwendet die Azure-Funktion die ihr vom System zugewiesene verwaltete Identität für den Zugriff auf die Ressource.

Analysieren Sie die Lösung: Das zweite Meeting

Wenn Sie ein erfahrener Experte im Bereich der Bedrohungsmodellierung sind, haben Sie anhand der Beschreibung im vorangegangenen Abschnitt wahrscheinlich verschiedene Probleme erkannt. Auch wenn Sie kein Experte sind, werden Sie vielleicht doch einige Schwachstellen erkennen. Das Wichtigste dabei ist jedoch, dass Sie verstehen, was Sie nicht analysieren können, und sich darauf konzentrieren. Fragen Sie sich zum Beispiel, ob Sie mit allen Lösungskomponenten vertraut sind. Auf diese Weise können Sie offene Punkte identifizieren, wie zum Beispiel diese:

- Was ist das Application Gateway mit WAF und welche verschiedenen Betriebsmodi gibt es? Verfügt die Lösung über eine sichere Konfiguration oder ist sie ineffektiv?
- Prüft die API, ob die Anfragen, die sie erhält, vom Application Gateway stammen?
- Was ist Kubernetes? Was sind die möglichen Schwachstellen für darauf basierende Lösungen?
- Können Sie die Geheimnisse aus einem Azure Schlüsseltresor sicher abrufen?
- Wie lauten die Azure Storage-Schlüssel, die von den Impfzentren für die Verbindung mit dem Back-End Azure Storage verwendet werden?
- Gibt es eine Möglichkeit, die Sicherheit der Authentifizierung der Bürger zu verbessern?

Diese letzte Frage ist von allen die wichtigste.

Diese Liste ist absichtlich unvollständig, und Sie haben vielleicht schon viele weitere Fragen gefunden. Es kann aber auch sein, dass Sie noch nicht alle Informationen haben, die Sie brauchen, um alle Fragen zu beantworten. In diesem Fall sollten Sie Nachforschungen anstellen oder das Team fragen.

Versuchen Sie, das System besser zu verstehen, und erstellen Sie in Threats Manager Studio ein Diagramm und verwenden Sie dazu die Vorlage Azure PaaS Core, das Sie hier finden: *https://azsec.tech/9uy*. Wenn Sie Threats Manager Studio öffnen, ist bereits ein leeres Bedrohungsmodell für Sie erstellt worden. Um im leeren Bedrohungsmodell mit dem Zeichnen Ihres Diagramms zu beginnen, klicken Sie auf der Registerkarte *Home* auf die Schaltfläche *Create Diagram* und zeichnen Sie das Diagramm, indem Sie die verschiedenen Schablonen aus dem Katalog *Item Templates* links neben dem Diagramm in den Zeichenbereich ziehen (siehe Abbildung 4-3). Um die vorhandenen Schablonen zu sehen, wählen Sie zunächst aus den Optionen am oberen Rand des Palettenbereichs eine Kategorie aus (in Abbildung 4-3 ist dies *Process*) und klicken Sie dann neben der Kategorieliste auf die Schaltfläche *Aktualisieren*.

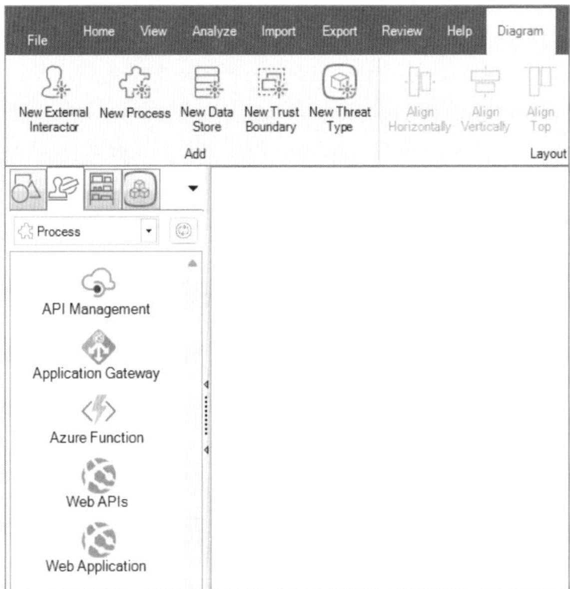

Abbildung 4-3 Der Katalog *Item Templates*

Sie können auch die Basisschablonen für Externe Interakteure, Prozesse oder Datenspeicher verwenden, um fehlende Schablonen darzustellen. Schließlich können Sie eine Elementvorlage zuweisen. Um beispielsweise im Diagramm die API zu erstellen, könnten Sie eine Standard-Prozess-Schablone ablegen, diese mit der rechten Maustaste anklicken, im Kontextmenü auf *Change Template* klicken und dann bei *Available Templates* den Eintrag *API* wählen. Um die

Abläufe zu erstellen, klicken und ziehen Sie einfach von der Mitte des Initiators aus; wenn der Mauszeiger zu einer Hand wird, ziehen Sie das Zielobjekt weiter. Abbildung 4-4 zeigt ein mögliches Ergebnisdiagramm.

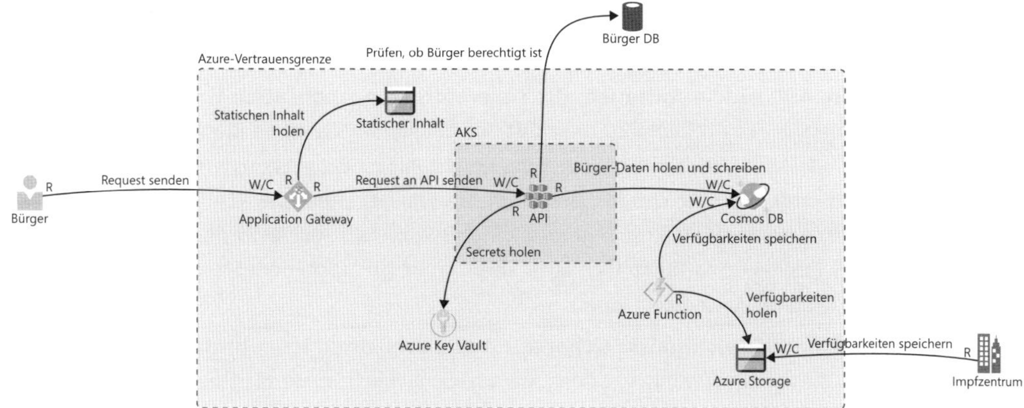

Abbildung 4-4 Diagramm eines Bedrohungsmodells für die COVID-Buchungslösung

Weitere Informationen über Threats Manager Studio zum Zeichnen von Diagrammen wie dem hier gezeigten finden Sie unter *https://azsec.tech/s4c* und *https://azsec.tech/u4q*.

Das in Abbildung 4-4 gezeigte Diagramm ist eine Umsetzung des in Abbildung 4-2 gezeigten Architekturdiagramms, weist jedoch einige bemerkenswerte Unterschiede auf:

- Die Flüsse sind vom Initiator zum Empfänger gerichtet. Das *R* in der Nähe des Initiators zeigt an, dass der Initiator Daten lesen kann, während das *W/C* in der Nähe des Ziels bedeutet, dass der Initiator Befehle an das Ziel senden oder dessen Status ändern würde.
- Die Rahmen markieren die in der Lösung festgelegten Vertrauensgrenzen. Sie trennen Bereiche mit unterschiedlichen Vertrauensstufen. Alles, was sich innerhalb der Azure-Vertrauensgrenze befindet, ist Teil der Lösung, während alles, was sich außerhalb dieser Grenze befindet, extern ist. *Bürger*, die *Bürger-DB* und die *Impfzentren* sind allesamt externe Interakteure.
- Das Diagramm enthält eine Reihe von Objekten, die im ursprünglichen Diagramm fehlen: die Azure-Funktion zum Importieren der Verfügbarkeitsdaten und die Impfzentren. Diese Objekte wurden impliziert, aber nicht dargestellt.

Beim zweiten Meeting werden Sie sich auf dieses Diagramm beziehen und den Architekten einige der Fragen stellen, die Sie sich bereits zuvor selbst gestellt haben. Für dieses Beispiel sind dies die Antworten der Architekten und die Schritte, die Sie daraufhin unternehmen sollten:

- **Was ist das Application Gateway mit WAF und welche verschiedenen Betriebsmodi gibt es? Verfügt die Lösung über eine sichere Konfiguration oder ist sie ineffektiv?** Die Architekten sagen, die WAF sei im Erkennungsmodus aktiviert. Sie recherchieren diesen Modus unter *https://learn.microsoft.com/azure/web-application-firewall/ag/ag-overview#waf-modes* und stellen fest, dass eine WAF im Erkennungsmodus keine Angriffe blockiert. Als Sie die Architekten um eine Erklärung bitten, warum sie diesen Ansatz gewählt haben, erklären sie, dass dies notwendig ist, weil es Fehlalarme gab, die legitime Anfragen blockierten. Sie denken sogar darüber nach, die WAF komplett zu deaktivieren, weil sie zu Verzögerungen führt.

- **Prüft die API, ob die Anfragen, die sie erhält, vom Application Gateway stammen?** Nach Aussage der Architekten überprüft die API nichts. Sie verwenden jedoch den Application Gateway Ingress Controller, der die Kommunikation zwischen dem Application Gateway und dem Pod, der die API hostet, verwaltet. Nachdem Sie sich unter *https://learn.microsoft.com/azure/application-gateway/ingress-controller-overview* über den Application Gateway Ingress Controller informiert haben, kommen Sie zu dem Schluss, dass damit das Problem angemessen gelöst wird.
- **Können Sie die Geheimnisse sicher aus Azure Schlüsseltresor abrufen?** Die Architekten sind sich einig: Natürlich können Sie das! Schließlich verwenden sie Azure Kubernetes Service (AKS), das von Microsoft verwaltet wird, die auch Key Vault verwaltet. Also ist alles per Definition sicher! Leider sind die Dinge nicht so einfach. So verwenden die APIs, die auf Key Vault zugreifen, Anmeldeinformationen, die in etcd gespeichert sind, einer Konfigurationsdatenbank, die Teil von Kubernetes ist, und in der die Geheimnisse Base64-codiert sind. Das Schlüsselwort ist hier codiert; es gibt keine Verschlüsselung. Daher wäre ein Angreifer, der sich Zugang zu etcd verschafft, per Definition in der Lage, die Geheimnisse zu lesen. Dies ist ein Problem, das Sie bei Ihrem Bedrohungsmodell berücksichtigen müssen. Eine gute Möglichkeit, dieses Problem zu lösen, wäre die Nutzung von verwalteten Identitäten unter Verwendung der Microsoft Entra ID Pod Identity. Weitere Informationen finden Sie unter *https://learn.microsoft.com/azure/aks/use-azure-ad-pod-identity*.

Zum Zeitpunkt der Erstellung dieses Dokuments ist Microsoft Entra ID Pod Identity veraltet und wird derzeit durch Microsoft Entra ID Workload Identity ersetzt. Weitere Informationen hierzu finden Sie in Kapitel 12.

Sie müssen jedoch nicht alle Fragen, die Sie sich zuvor gestellt haben, mit den Architekten besprechen. Einige davon können Sie selbst beantworten, indem Sie eigene Nachforschungen anstellen. Zum Beispiel:

- **Was ist Kubernetes? Was sind die möglichen Schwachstellen für darauf basierende Lösungen?** Kubernetes, besser bekannt als Azure Kubernetes Service (AKS), ist ein sehr komplexer Dienst. Microsoft verwaltet AKS, und als solcher enthält er im Vergleich zu einer durchschnittlichen, nicht verwalteten Kubernetes-Bereitstellung, einige bedeutende Schutzmaßnahmen. Sie beschließen, AKS zu untersuchen, um seine Sicherheit zu analysieren. Sie sehen sich insbesondere ein Video einer kürzlich gehaltenen Präsentation von Maor Kuriel von WhiteSource Software mit dem Titel »How to Build a Threat Model for Kubernetes Systems« (Wie erstellt man ein Bedrohungsmodell für Kubernetes-Systeme) unter *https://azsec.tech/56r* an. Dieses Video bezieht sich auf das Kubernetes-Bedrohungsmodell der Cloud

Native Computing Foundation (CNCF), das unter *https://azsec.tech/0ho* besprochen wird, also lesen Sie auch das. Auf diese Weise lernen Sie die verschiedenen möglichen Angriffsvektoren kennen, die die Lösung kompromittieren könnten, darunter Service-Tokens, kompromittierte Container, Netzwerkendpunkte, Denial-of-Service- und RBAC-Probleme. Sie verstehen, dass Sie diese Angriffsvektoren und mögliche Gegenmaßnahmen in das Bedrohungsmodell aufnehmen müssen, indem Sie sie aus der CNCF-Studie übernehmen. Aber Sie haben es mit AKS zu tun, nicht mit einer einfachen Kubernetes-Installation. Daher müssen Sie die Gegenmaßnahmen berücksichtigen, die Microsoft bereits in AKS integriert hat und die hier beschrieben werden: *https://learn.microsoft.com/azure/aks/concepts-security*. Kapitel 12 enthält verschiedene andere Überlegungen zum Thema AKS und Containersicherheit.

- **Was sind die Azure-Speicherkontoschlüssel, die von den Impfzentren verwendet werden, um sich mit dem Back-End Azure Storage zu verbinden?** Die Nutzung von Speicherkonto-Zugriffsschlüsseln ist oft ein schlechter Schachzug. In diesem Fall führen sie zu zwei Problemen:
    - Speicherkonto-Zugriffsschlüssel sind extrem leistungsfähig und bieten vollständige Kontrolle über die in Azure Storage gespeicherten Daten.
    - Es ist unmöglich, zwischen den einzelnen Impfstellen zu unterscheiden. Daher wäre es nicht möglich, bei einem Fehler oder Missbrauch zu ermitteln, wer den Schaden verursacht hat.
- **Gibt es eine Möglichkeit, die Sicherheit der Authentifizierung der Bürger zu verbessern?** Dies ist eine wichtige Frage, denn in diesem Fall können Sie keine der Standardgegenmaßnahmen verwenden, die Sie normalerweise zur Verbesserung der Authentifizierung einsetzen: MFA. Stattdessen müssen Sie sich auf eine völlig unsichere Authentifizierung verlassen, da sich die Organisation aus geschäftlichen Gründen bereits für diese entschieden hat und die Beteiligten die Konsequenzen bereits akzeptiert haben. Es stellt sich also die Frage, was Sie angesichts dieser Einschränkungen tun können, um die Situation zu verbessern. Wie bei der vorherigen Frage sollten Sie diese Frage nicht den Architekten stellen, sondern versuchen, sie als Bedrohungsmodellierer und Sicherheitsexperte zu beantworten. Die beste Herangehensweise ist, sich auf die in Kapitel 2 vorgestellten Prinzipien des Sicherheitsentwurfs zu beziehen. Eines dieser Prinzipien ist hier besonders nützlich: Defense in Depth. Da Sie MFA nicht als präventive Maßnahme einsetzen können, gibt es eine andere Maßnahme, die Sie in Betracht ziehen können? Diese Frage werden Sie im nächsten Abschnitt beantworten.

Identifizierung spezifischer Bedrohungen und Gegenmaßnahmen

Obwohl Sie Threats Manager Studio verwenden können, um für Ihr Bedrohungsmodell automatisch Bedrohungen und Gegenmaßnahmen zu generieren – und das werden Sie im nächsten Abschnitt tun –, reicht dies nicht aus. Das Hinzufügen der Bedrohungen und Gegenmaßnahmen, die Sie durch das Stellen der richtigen Fragen ermittelt haben, ist in der Regel wichtiger, und das werden Sie jetzt tun.

Erinnern Sie sich an die bisher ermittelten Bedrohungen und Gegenmaßnahmen:

- Die Authentifizierung ist schwach, das heißt, ein Angreifer könnte sich als ein Bürger ausgeben.
- Die Lösung könnte nicht mehr verfügbar sein, weil sie nicht für hohe Verfügbarkeit konfiguriert ist.
- Die API greift auf alle Ressourcen mit Anmeldeinformationen zu, die in einem Azure Schlüsseltresor gespeichert sind, und greift später auf den Azure Schlüsseltresor mit Anmeldeinformationen zu, die in etcd gespeichert sind, was nicht sicher ist.
- Impfzentren greifen auf Azure Storage mit einem Speicherkonto-Zugriffsschlüssel zu, was die falsche Entscheidung ist.

Wir können hier nicht auf alle vier der oben beschriebenen Bedrohungen eingehen und sie zu dem zuvor erstellten Bedrohungsmodell hinzufügen, da dies zu viele Seiten in Anspruch nehmen würde. Daher konzentrieren wir uns auf die erste – das Authentifizierungsproblem – und überlassen Ihnen den Rest als Übung.

Zunächst müssen Sie erkennen, dass es sich bei dem Authentifizierungsproblem um eine Schwachstelle und nicht um eine Bedrohung handelt. Der Unterschied besteht darin, dass eine Schwachstelle ein Problem in einem System darstellt, während eine Bedrohung beschreibt, wie ein böswilliger Akteur eine Schwachstelle zu einem ungerechtfertigten Vorteil ausnutzen könnte. Im Allgemeinen sollten Sie sich auf Bedrohungen konzentrieren, weil Sie dadurch verstehen können, wie jemand die entsprechenden Schwachstellen ausnutzen könnte. Wenn Sie sich nur auf Schwachstellen konzentrieren, werden Sie nie an einen Punkt gelangen, an dem Sie feststellen können, ob eine Schwachstelle tatsächlich ein Risiko für Sie darstellt.

Worin besteht also die Bedrohung? Bevor wir diese Frage beantworten, sollten wir uns die drei wichtigsten Funktionen der Lösung ansehen:

- COVID-Impfungen buchen
- Einsicht in frühere und aktuell gebuchte Termine
- Ändern bevorstehender, gebuchter Termine

Die Gefahr besteht also darin, dass sich ein Angreifer bei einer schwachen Authentifizierung als Bürger ausgeben könnte. Der Angreifer könnte dann feststellen und möglicherweise offenlegen, ob ein bestimmter Bürger eine Impfung gebucht und erhalten hat, was ein erhebliches Risiko für die Privatsphäre darstellt. Der Angreifer könnte auch eine Buchung stornieren oder ändern, was einen Schaden verursachen würde, da die Impfstelle dem Bürger die Impfung verweigern könnte. Es gibt also zwei Bedrohungen, die Sie in Ihr Bedrohungsmodell aufnehmen müssen, die beide mit dem Bürger-Objekt verbunden sind (weil sie sich auf dessen Authentifizierung beziehen).

Führen Sie die folgenden Schritte aus, um in das Diagramm Ihres Bedrohungsmodells eine Bedrohung hinzuzufügen (siehe Abbildung 4-5):

1. Klicken Sie im Diagramm auf die Form des Bürgers.

   Beachten Sie, dass der Bereich rechts neben dem Diagramm die Details des ausgewählten Objekts anzeigt. Dieser Bereich wird als **Item Editor** (Objekteditor) bezeichnet.

2. Klicken Sie im Objekteditor unterhalb der Liste der *Threat Event* auf die Schaltfläche *Add*.
3. Geben Sie im Dialogfeld *Select Threat Type* (Bedrohungstyp auswählen) die folgenden Informationen über die Bedrohung ein (siehe Abbildung 4-5) und klicken Sie auf *OK*:
   - **Assign a New Threat Type (Neuen Bedrohungstyp zuweisen)** Wählen Sie dieses Optionsfeld aus. Sie müssen eine neue Bedrohung erstellen, weil die vorhandenen Bedrohungstypen nicht passen.

In anderen Situationen können Sie möglicherweise einen vorhandenen Bedrohungstyp zuweisen. In diesem Fall wählen Sie das Optionsfeld *Use Existing Threat Type* (Vorhandenen Bedrohungstyp verwenden) und wählen dann den gewünschten Bedrohungstyp in der entsprechenden Dropdownliste aus.

   - **Name** Geben Sie einen Namen für den neuen Bedrohungstyp ein – in diesem Beispiel **Information Disclosure of Bookings** (Offenlegung von Buchungsdaten)
   - **Description (Beschreibung)** Geben Sie optional eine Beschreibung für den neuen Bedrohungstyp ein.
   - **Severity (Schweregrad)** Wählen Sie in der Dropdownliste *High* aus.

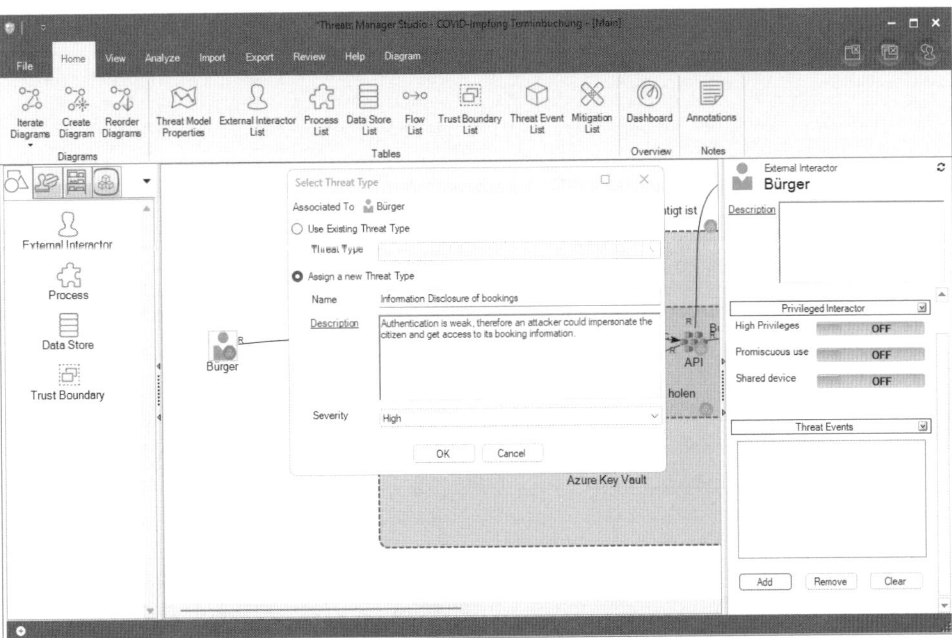

Abbildung 4-5 Erstellen einer neuen Bedrohung

Angabe des Schweregrads

Wie Sie gesehen haben, müssen Sie bei der Angabe der Bedrohungsdetails den Schweregrad angeben, der sich in der Regel sowohl auf die möglichen Auswirkungen als auch auf die Wahrscheinlichkeit des Auftretens bezieht. Das in Tabelle 4-9 gezeigte Klassifizierungsschema (Bug Bar genannt) beschreibt die verfügbaren Optionen.

Schweregrad	Definition
Critical/Kritisch	Bedrohungen der kritischen Ebene beziehen sich auf die wichtigsten Probleme, sowohl was die Wahrscheinlichkeit als auch die potenziellen Auswirkungen betrifft. Kritische Bedrohungen haben eine hohe Wahrscheinlichkeit, einen katastrophalen Ausfall der Lösung und kritische Schäden bei den betroffenen Partnern zu verursachen.
High/Hoch	Bedrohungen mit dem Schweregrad Hoch beziehen sich auf wichtige Themen sowohl hinsichtlich ihrer Wahrscheinlichkeit als auch ihrer potenziellen Auswirkungen. Die Wahrscheinlichkeit, der Lösung und den beteiligten Vertragspartnern großen Schaden zuzufügen, ist signifikant.
Medium/Mittel	Mittelschwere Bedrohungen sind sowohl hinsichtlich ihrer Wahrscheinlichkeit als auch der möglichen Auswirkungen mit durchschnittlichen Problemen verbunden.
Low/Niedrig	Geringfügige Bedrohungen beziehen sich auf geringfügige Probleme, sowohl hinsichtlich ihrer Wahrscheinlichkeit als auch ihrer potenziellen Auswirkungen.
Info	Sie wählen diese Bedrohungsstufe für minimierte und abgemilderte Bedrohungen, die mit einer vernachlässigbaren Wahrscheinlichkeit Schäden an der Lösung und den beteiligten Partnern verursachen können.

Tabelle 4-9 Klassifizierungsschema für den Schweregrad

In Wirklichkeit unterscheidet sich diese Bug Bar von derjenigen, die in der aktuellen Version von Threats Manager Studio verwendet wird. Während diese Bug Bar den Schweregrad sowohl mit der Auswirkung als auch mit der Wahrscheinlichkeit verknüpft, verknüpft jene Bug Bar den Schweregrad nur mit der Auswirkung, was falsch ist. Unter *https://azsec.tech/kla* finden Sie Informationen darüber, wie Sie die Definition der verschiedenen Schweregradoptionen in Ihrer Instanz von Threats Manager Studio ändern können.

In Anbetracht dessen, was Sie über die Lösung wissen, denken Sie wahrscheinlich, dass Sie den beiden identifizierten Bedrohungen einen Schweregrad von *Hoch* oder *Kritisch* zuweisen wollen. Wir raten Ihnen, *Hoch* zu wählen. Denn obwohl es einfach ist, einen bestimmten Bürger anzugreifen, was einen solchen Angriff sehr wahrscheinlich macht, ist dies etwas anderes als ein Angriff auf die gesamte Bevölkerung. Außerdem könnte der Angreifer zwar dem angegriffenen Bürger einen gewissen Schaden zufügen, doch wäre dieser Schaden wahrscheinlich nicht katastrophaler Natur.

Letztlich ist der von Ihnen gewählte Schweregrad willkürlich. Sie sollten darauf vorbereitet sein, Ihre Entscheidung zu verteidigen, aber wenn sie von der Entscheidung der Architekten abweicht, müssen Sie gleichzeitig offen für deren Vorschläge sein. Ihre Arbeit als Bedrohungsmodellierer muss für die Beteiligten von Nutzen sein, nicht nur für Sie.

Gegenmaßnahmen festlegen

Nun sind Sie bereit, für die von Ihnen identifizierten Bedrohungen Gegenmaßnahmen zu definieren. Erinnern Sie sich daran, dass Ihre Kunden MFA bereits zugunsten einer weniger sicheren Authentifizierungsmethode abgelehnt haben. Aber nur weil sie diese Gegenmaßnahme abgelehnt haben, bedeutet das nicht, dass Sie sie nicht in Ihr Bedrohungsmodell aufnehmen sollten, wenn Sie glauben, dass sie eine wichtige Rolle spielen könnte. Um ein Beispiel zu geben, fügen wir diese Gegenmaßnahmen jetzt hinzu:

1. Klicken Sie im Diagramm auf die Form des Bürgers.

   Details zu dem ausgewählten Objekt werden im Objekteditor rechts neben dem Diagramm angezeigt.
2. Doppelklicken Sie in der Liste *Threat Events* auf die Bedrohung, zu der Sie eine Gegenmaßnahme hinzufügen möchten – in diesem Fall *Information Disclosure of Bookings* (Offenlegung von Buchungsdaten), um den Item-Editor dieses Elements zu öffnen.
3. Klicken Sie unter der Liste der Gegenmaßnahmen auf *Add*, um das Dialogfeld *Associate a Mitigation to the Threat* zu öffnen (siehe Abbildung 4-6).

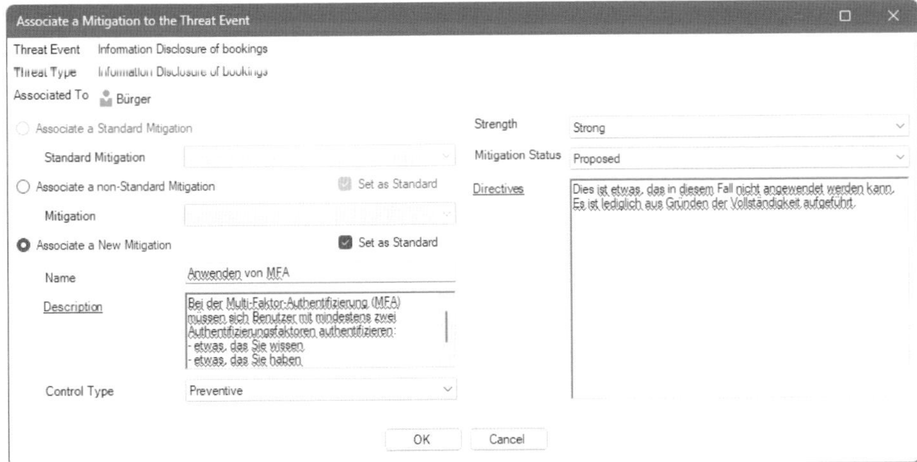

Abbildung 4-6 Erstellen einer neuen Gegenmaßnahme

4. Sie können wählen, ob Sie der Bedrohung eine Standardmaßnahme, eine Nicht-Standardmaßnahme oder eine neue Maßnahme zuordnen möchten. Für diese Übung wählen Sie das Optionsfeld *Associate a New Mitigation*.

5. Geben Sie einen Namen für die neue Gegenmaßnahme in das Feld *Name* und optional eine Beschreibung in das Feld *Description* ein.
6. Öffnen Sie die Dropdownliste *Control Type* und wählen Sie den Typ der Schutzmaßnahme aus – in diesem Fall *Preventive/Vorbeugend*.

Eine Übersicht über die verschiedenen Arten von Schutzmaßnahmen finden Sie im Abschnitt »Defense in Depth« in Kapitel 2.

7. Um anzugeben, wie wirksam die Schutzmaßnahme sein wird, öffnen Sie die Dropdownliste *Strength* und wählen Sie eine der folgenden Optionen. Im Beispiel haben wir *Strong* gewählt.
   - **Maximum** Die Schutzmaßnahme ist so stark wie möglich und könnte ausreichen, um die Bedrohung zu beseitigen.
   - **Strong (Stark)** Die Schutzmaßnahme ist stark, aber möglicherweise nicht stark genug, um der Bedrohung zu begegnen.
   - **Average (Durchschnittlich)** Die Gegenmaßnahme ist durchschnittlich stark. Sie könnte der Bedrohung entgegenwirken, ist aber wahrscheinlich nicht ausreichend.
   - **Weak (Schwach)** Die Gegenmaßnahme ist schwach. Dennoch wird sie eine messbare Auswirkung auf die Bedrohung haben.
   - **Negligible (Vernachlässigbar)** Die Gegenmaßnahme hat keine messbaren Auswirkungen auf die Bedrohung.
8. Um den Status der Gegenmaßnahme anzugeben, öffnen Sie die Dropdownliste *Status* und wählen Sie eine der folgenden Optionen. Hier im Beispiel haben wir *Proposed/Vorgeschlagen* gewählt.
   - **Existing (Existiert)** Die Gegenmaßnahme ist bereits vorhanden.
   - **Proposed (Vorgeschlagen)** Der Bedrohungsmodellierer hat die Gegenmaßnahme vorgeschlagen.
   - **Approved (Genehmigt)** Die Schutzmaßnahme wurde genehmigt und befindet sich im Backlog, aber es gibt keinen festen Termin für den Beginn der Entwicklung.
   - **Planned (Geplant)** Die Gegenmaßnahme ist geplant, sie befindet sich im Backlog, und es wurde ein ungefährer Termin für ihre Umsetzung festgelegt.
   - **Implemented (Implementiert)** Die Gegenmaßnahme wurde implementiert. Sie wählen diesen Status, wenn Sie ein System überarbeiten, für das bereits ein Bedrohungsmodell erstellt wurde. Er ermöglicht es Ihnen, Abhilfemaßnahmen zu identifizieren, die nach einer früheren Bewertung implementiert wurden.
9. Optional können Sie in das Feld *Directives* (Richtlinien) zusätzliche Informationen zu der Empfehlung eingeben.

Eine weitere Möglichkeit, die Bedrohung durch die Authentifizierung abzumildern, könnte darin bestehen, ein Registrierungsverfahren in die Lösung aufzunehmen. Wenn ein Bürger zum ersten Mal versucht, die Lösung zu nutzen, wird er aufgefordert, seine persönlichen Daten zur Identifizierung einzugeben, zum Beispiel seine Steuernummer, seinen Vor- und Nachnamen, sein Geburtsdatum, seine Telefonnummer und (optional) seine E-Mail-Adresse. Von da an wird jedes Mal, wenn der Bürger die Lösung nutzen möchte, ein einmaliges Kennwort an sein Telefon und an seine E-Mail-Adresse (falls konfiguriert) gesendet. Der Bürger verwendet dann seine Steueridentifikationsnummer als Benutzernamen und das erhaltene Einmalkennwort, um sich beim System zu authentifizieren. Sie können diese Gegenmaßnahme mit denselben Schritten wie zuvor vorschlagen.

Dies sind nur zwei von vielen möglichen Schutzmaßnahmen. Eine andere Möglichkeit wäre, von den Bürgern zu verlangen, dass sie ihre eigenen Kennwörter festlegen, aber dann müssten Sie sie (oder besser ihre salted Hashes!) irgendwo sicher speichern. Normalerweise ist es besser, Informationen, die man nicht braucht, nicht zu speichern, daher sind die beiden anderen Schutzmaßnahmen für unser Szenario vielleicht besser geeignet.

Annahmen

Bei dieser Gegenmaßnahme wird davon ausgegangen, dass es sich bei einer Person, die sich bei der Lösung registriert, um einen Bürger und nicht um einen Feind handelt. Sie möchten diese und andere Annahmen nachverfolgen, indem Sie sie zur Liste der Annahmen Ihres Bedrohungsmodells hinzufügen. Um auf diese Liste zuzugreifen, wählen Sie im Menüband von Threats Manager den Befehl *Home | Threat Model Properties*.

Eine weitere typische Annahme ist, dass Azure-Dienste sicher implementiert sind, weil Microsoft für ihre Sicherheit verantwortlich ist. Dies wurde in Kapitel 2 im Abschnitt »IaaS vs. PaaS vs. SaaS und die gemeinsame Verantwortung« erörtert. In der Regel können Sie diese Annahme jedoch nicht auf Dienste von Drittanbietern ausweiten, wenn diese nicht genau in den Anwendungsbereich Ihrer Analyse fallen. Nehmen wir beispielsweise an, dass eine interne Struktur einen Drittanbieterdienst verwaltet, auf den Sie angewiesen sind. Sie können davon ausgehen, dass dieser Dienst sicher ist, weil Sie ihn nicht im Rahmen Ihres Bedrohungsmodells analysieren können. Sie können jedoch nicht davon ausgehen, dass ein vollständig externer Dienst wie die Bürger-DB sicher ist, da er für Sie eine Blackbox darstellt. Sie müssen ihn also wie einen externen Interakteur behandeln.

Automatisch zusätzliche Bedrohungen und Gegenmaßnahmen identifizieren

Nachdem Sie alle Bedrohungen, die Sie mit Ihrem Einfallsreichtum identifiziert haben, zu Ihrem Bedrohungsmodell hinzugefügt haben, können Sie mit einem automatischen Tool innerhalb von Threats Manager Studio auf der Grundlage der importierten Vorlage(n) zusätzliche Bedrohungen generieren. Sie sollten den Wert der automatischen Generierung von Bedrohungen und Gegenmaßnahmen nicht unterschätzen, denn sie verhindert, dass Sie einige der häufigsten Bedrohungen übersehen. Wählen Sie dazu im Menüband den Befehl *Analyze | Generate Threat Events & Mitigations* und bestätigen Sie mit *OK*.

Einige Vorlagen markieren einige Bedrohungen und Abhilfemaßnahmen als *Top*. So können Sie feststellen, was in der Regel am wichtigsten ist. Wenn Sie mit einer solchen Vorlage arbeiten, werden Sie im Tool *Generate Threat Events & Mitigations* gefragt, ob Sie alle Bedrohungen und Schutzmaßnahmen generieren möchten (klicken Sie in diesem Fall auf *Yes*) oder nur die wichtigsten (klicken Sie auf *No*). Wenn Ihre Vorlagen das Tag *Top* verwenden, empfiehlt es sich, *No* zu wählen, um nur diese Bedrohungen zu generieren; dies spart in der Regel bis zu zwei Drittel der Zeit, die normalerweise für die Erstellung des Bedrohungsmodells benötigt wird.

Das Tool zur automatischen Generierung von Bedrohungsereignissen und Schutzmaßnahmen liefert keine perfekten Ergebnisse. Es kann vorkommen, dass einige der generierten Bedrohungen oder Schutzmaßnahmen nicht auf Ihre Lösung zutreffen. Aus diesem Grund sollten Sie die generierte Liste überprüfen und nicht zutreffende Bedrohungen überarbeiten oder entfernen, bevor Sie mit Ihrer Analyse fortfahren. Dazu verwenden Sie die Liste der Bedrohungsereignisse (*Threat Event List)* und die Liste der Gegenmaßnahmen (*Mitigation List*), auf die Sie über die Registerkarte *Home* zugreifen können.

Der nächste Schritt besteht darin, jeder Gegenmaßnahme einen Status zuzuweisen. Glücklicherweise können Sie jeder Art von Maßnahmen einen Status zuweisen, anstatt dies für jede Gegenmaßnahme einzeln zu tun; dieser Status wird dann auf jede Gegenmaßnahme dieses Typs angewendet. Auf diese Weise können Sie in unserem Beispiel die Anzahl der zu aktualisierenden Objekte von 131 auf 47 reduzieren – eine Verbesserung von mehr als 64 Prozent. Führen Sie dazu die folgenden Schritte aus:

1. Wählen Sie im Menüband den Befehl *Home | Mitigation List.*
2. Klicken Sie auf der Registerkarte *Mitigation List* auf die Schaltfläche *Full Expand.*
3. Klicken Sie mit der rechten Maustaste auf die erste Maßnahme in der Liste und wählen Sie im Kontextmenü den Befehl *Apply Status to All Instances* (siehe Abbildung 4-7).
4. Öffnen Sie im Dialogfeld *Select the Status to Be Applied to All instances of This Mitigation* die Dropdownliste *Status* und wählen Sie den Status aus, den Sie zuweisen möchten. (Wenn Sie sich nicht sicher sind, lesen Sie den vorhergehenden Abschnitt »Gegenmaßnahmen festlegen«, um Ihre Statusoptionen zu überprüfen.) Klicken Sie dann auf *OK.*

Wenn Sie den Status den meisten, aber nicht allen Instanzen einer Maßnahme zuweisen möchten, können Sie dies problemlos tun. Sie müssen lediglich die Maßnahmen, die einen anderen Status haben sollen, einzeln bearbeiten.

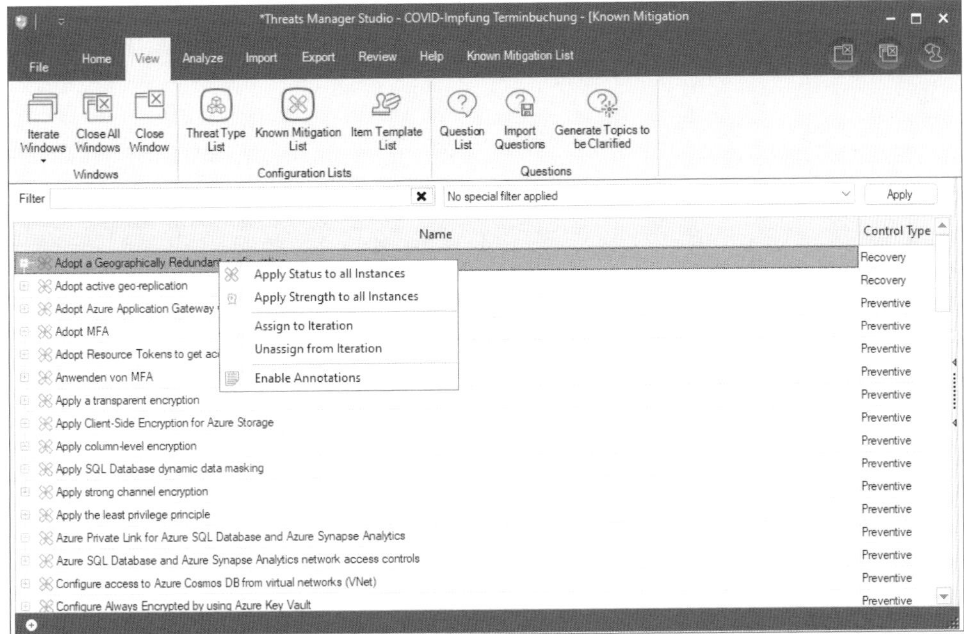

Abbildung 4-7 Das Kontextmenü für die Maßnahmenliste

Danach können Sie den Schweregrad der einzelnen Bedrohungen festlegen, die mit dem Tool zur Erzeugung von Bedrohungsereignissen und Gegenmaßnahmen identifiziert wurden. Es gibt nur ein Problem: Bedrohungsereignisse, die mit Gegenmaßnahmen verbunden sind, deren Status *Existiert* oder *Implementiert* lautet, haben automatisch einen niedrigeren Schweregrad als in Ihrem Bedrohungsmodell, und Sie müssen das Bedrohungsmodell aktualisieren, um dies zu berücksichtigen. Threats Manager Studio enthält keinen Prozess zur automatischen Anwendung dieser Änderungen, aber eine Funktion in der Erweiterungsbibliothek *Quality* des Tools tut dies. Diese Funktion ermöglicht es Ihnen auch, jede Änderung zu genehmigen, bevor sie durchgeführt wird.

Um diese Funktion zu aktivieren, öffnen Sie das Menü *File* und wählen Sie *Options*. Klicken Sie dann im Dialogfeld *Options* auf *Quality*, aktivieren Sie das Kontrollkästchen *Enable Support for Calculated Severity* (Unterstützung für berechneten Schweregrad aktivieren) und klicken Sie auf *OK*. Führen Sie dann die folgenden Schritte aus:

1. Wählen Sie im Menüband den Befehl *Review | Calculated Severity List*.

   Die daraufhin angezeigte Liste enthält alle Bedrohungen, deren zugewiesener Schweregrad sich von dem berechneten unterscheidet (siehe Abbildung 4-8).

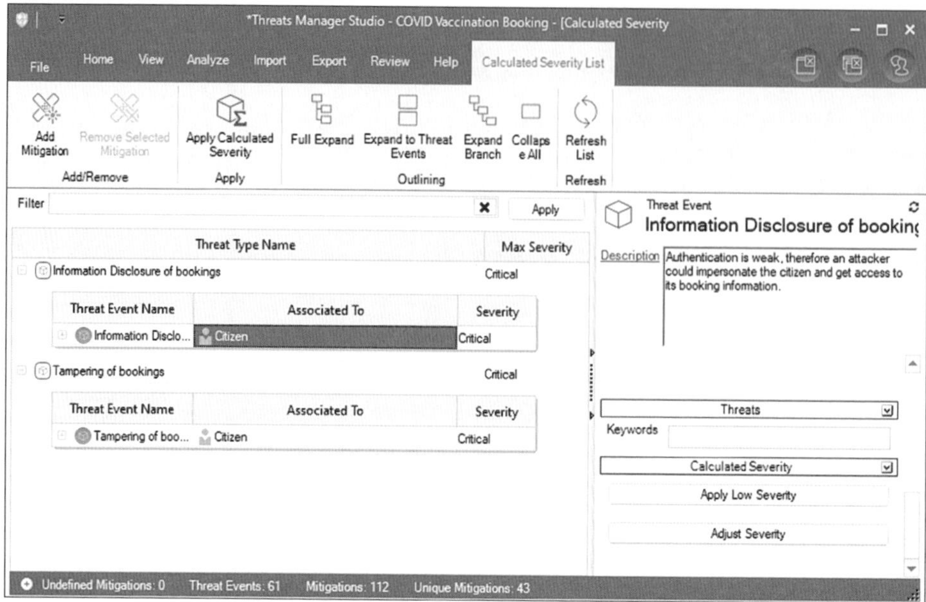

Abbildung 4-8 Die Liste der berechneten Schweregrade zeigt zwei Bedrohungsereignisse mit einem berechneten Schweregrad, der sich von dem zugewiesenen unterscheidet.

2. Führen Sie einen der folgenden Schritte aus:
   - Wenden Sie für jede Bedrohung mit unterschiedlichen Schweregraden den berechneten Schweregrad an, indem Sie im Elementeditor auf die Schaltfläche *Apply [berechneter Schweregrad] Severity* klicken. In Abbildung 4-8 ist der berechnete Schweregrad *Low*, weshalb die Beschriftung der Schaltfläche *Apply Low Severity* lautet.
   - Wenn der berechnete Schweregrad nicht richtig ist, können Sie ihn im Objekteditor über die Schaltfläche *Adjust Severity* anpassen.
   - Um den berechneten Schweregrad auf alle Bedrohungen mit unterschiedlichen Schweregraden anzuwenden, klicken Sie auf der Registerkarte *Calculated Severity List* auf die Schaltfläche *Apply Calculated Severity*. Klicken Sie dann zur Bestätigung auf *OK*.

Roadmap erstellen

Threats Manager Studio bietet ein Roadmap-Tool, mit dem Sie eine mögliche Verteilung der empfohlenen Schutzmaßnahmen in drei aufeinanderfolgenden Phasen festlegen können. Abbildung 4-9 zeigt ein Beispiel.

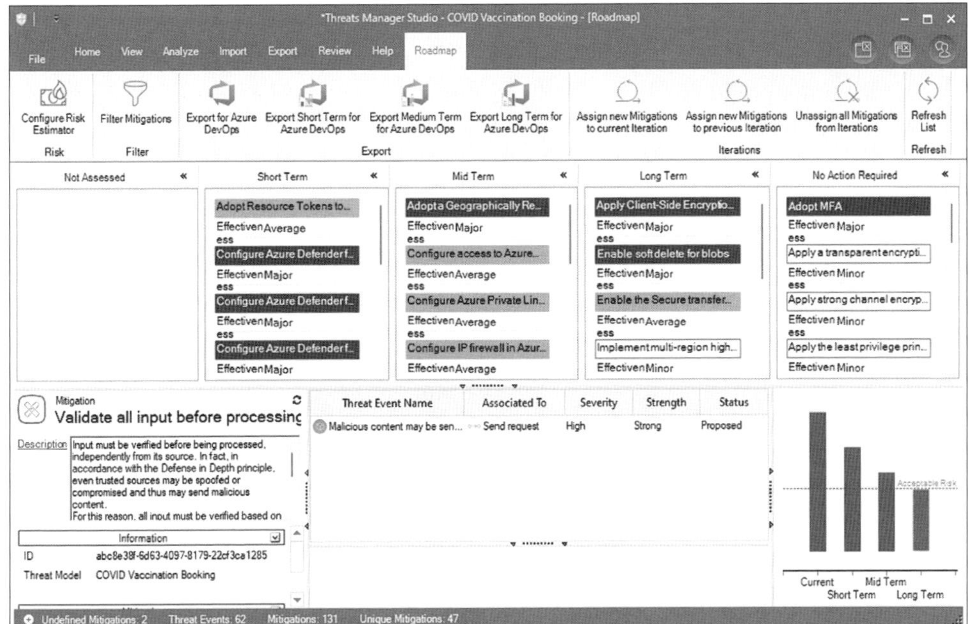

Abbildung 4-9 Ein Beispiel für eine Roadmap

Gehen Sie folgendermaßen vor, um dieses Tool zu verwenden:

1. Wählen Sie im Menüband den Befehl *Analyze | Roadmap.*

   In der sich öffnenden Roadmap werden die meisten der definierten Abhilfemaßnahmen in der Spalte *Not Assesed* und einige andere in der Spalte *No Action Required* aufgeführt. Alle Gegenmaßnahmen erscheinen als blaue Rechtecke mit weißem Text.

Die Spalte *No Action Required* enthält alle Abhilfemaßnahmen mit dem Status *Exists* oder *Implemented*. Sie sind bereits vollständig umgesetzt, sodass keine weiteren Maßnahmen erforderlich sind.

Der nächste Schritt besteht darin, die Wirksamkeit der Abhilfemaßnahmen zu bewerten und festzulegen, was ein akzeptables Risiko für das System darstellt. Dies geschieht mithilfe eines Schätzers. Zum Zeitpunkt der Erstellung dieses Dokuments gibt es nur einen Schätzer: den Bug Bar Residual Risk Estimator.

2. Klicken Sie in der Registerkarte *Roadmap* auf die Schaltfläche *Configure Risk Estimator.*
3. Geben Sie im Dialogfeld *Residual Risk Estimator Configuration* (siehe Abbildung 4-10) die folgenden Informationen ein. Klicken Sie dann auf *OK.*
   - **Estimator** Wählen Sie *Bug Bar Residual Risk Estimator* aus.
   - **Maximum Critical Severity Threat Events Count (Maximale Anzahl von Bedrohungsereignissen mit kritischem Schweregrad)** Setzen Sie diesen Wert auf 00.

- **Maximum High Severity Threat Events Count (Maximale Anzahl von Bedrohungsereignissen mit Schweregrad Hoch)** Setzen Sie diesen Wert auf 00.
- **Maximum Medium Severity Threat Events Count (Maximale Anzahl von Bedrohungsereignissen mit mittlerem Schweregrad)** Setzen Sie diesen Wert auf 10.
- **Maximum Low Severity Threat Events Count (Maximale Anzahl von Bedrohungsereignissen mit niedrigem Schweregrad)** Setzen Sie diesen Wert auf 50.
- **Maximum Value (Maximalwert)** Setzen Sie diesen Wert auf 100. Die in den vorherigen Feldern eingegebenen Werte werden auf den hier angegebenen Wert begrenzt.

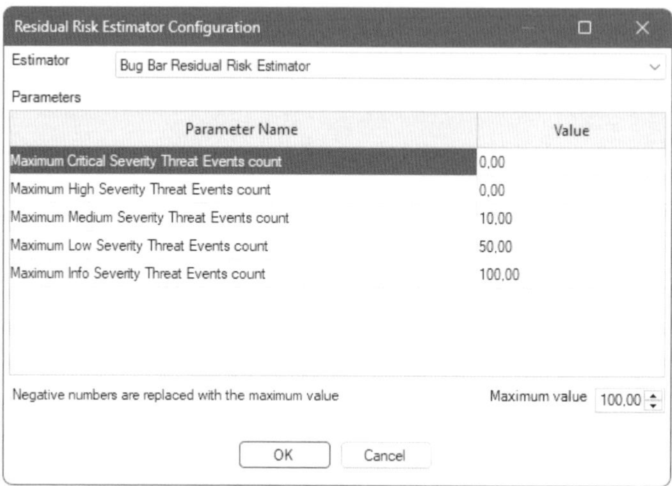

Abbildung 4-10 Das Dialogfeld *Residual Risk Estimator Configuration*

Nachdem Sie die Restrisikoeinschätzung konfiguriert haben, ändern die in der oberen Hälfte der Roadmap-Oberfläche aufgelisteten Gegenmaßnahmen ihre Farbe. Jetzt ist jede Gegenmaßnahme je nach Wirksamkeit farblich gekennzeichnet. Die Effektivität jeder Gegenmaßnahme wird außerdem in einem Beschriftungsfeld unterhalb der Kopfzeile angezeigt.

4. Ziehen Sie im Hauptfenster des Roadmap-Tools jede Gegenmaßnahme aus der Spalte *Not Assessed* in die gewünschte Zielspalte.

   Die Spalte, die Sie für jede Gegenmaßnahme wählen, hängt von verschiedenen Faktoren ab, zum Beispiel von der berechneten Wirksamkeit, der Implementierung, den Betriebskosten und davon, ob sie für eine oder mehrere Bedrohungen mit den Schweregraden Kritisch oder Hoch gilt. Die Schnittstelle zeigt die meisten dieser Informationen auf einen Blick an; sie zeigt jedoch nicht die Kosten der Gegenmaßnahme an. Die Spalten sind wie folgt aufgebaut:

   - **Short Term (Kurzfristig)** Diese Spalte ist für die Gegenmaßnahmen vorgesehen, die Sie als Erstes umsetzen wollen, vielleicht in den ersten paar Sprints.

- **Mid Term (Mittelfristig)** Diese Spalte ist für die Gegenmaßnahmen vorgesehen, die Sie nach den Maßnahmen in der Spalte *Kurzfristig* durchführen wollen.
- **Long Term (Langfristig)** Diese Spalte ist für die Gegenmaßnahmen vorgesehen, die Sie als Letztes umsetzen wollen.
- **No Action Required (Keine Aktion erforderlich)** Tragen Sie in diese Spalte alle Maßnahmen ein, die Sie nicht berücksichtigen möchten, weil sie bereits vollständig umgesetzt wurden oder weil Sie sie nicht empfehlen möchten.

Wenn Sie Ihre Gegenmaßnahmen per Drag & Drop verschieben, wird das Diagramm in der rechten unteren Ecke der Roadmap aktualisiert, um zu zeigen, wie die Umsetzung der einzelnen Risikominderungen das geschätzte Risiko verändert. In Abbildung 4-9 sehen Sie beispielsweise, dass das berechnete Risiko für die langfristige Phase unter dem Schwellenwert für das akzeptable Risiko liegt (der durch die Parameter der Risikoeinschätzung definiert ist), weshalb die entsprechende Spalte im Diagramm grün ist. Dies ist ein großartiges Ergebnis!

Das Dashboard verwenden

Threats Manager Studio bietet nicht nur eine Roadmap, die Ihnen einen Überblick über Ihren Plan zur Eindämmung von Bedrohungen gibt, sondern auch ein Dashboard, das die allgemeine Sicherheitslage der Lösung zeigt. Abbildung 4-11 zeigt ein Beispiel. Um auf das Dashboard zuzugreifen, klicken Sie einfach in der Registerkarte *Home* auf die Schaltfläche *Dashboard*.

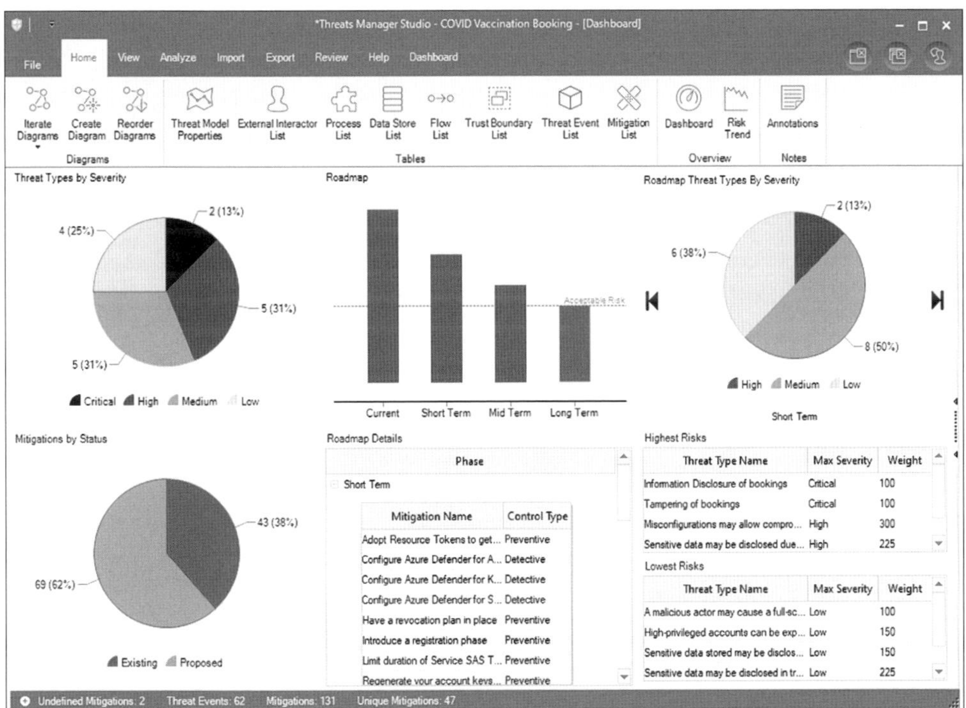

Abbildung 4-11 Das Dashboard

Das Dashboard ist ein hervorragendes Instrument, um die Gesamtsicherheit Ihrer Lösung mit den Beteiligten zu diskutieren oder ein Gespräch mit dem Sicherheitsteam zu beginnen. Es bietet viele visuelle Werkzeuge, um Ihre Sicherheitssituation zu vermitteln. Beginnend in der oberen linken Ecke und nach Uhrzeiten geordnet, sind diese Werkzeuge wie folgt:

- **Threat Types by Severity (Bedrohungsarten nach Schweregrad)** In diesem Kreisdiagramm wird der aktuelle Sicherheitsstatus dargestellt.
- **Roadmap** Dieses Säulendiagramm stellt dar, wie die aktuelle Situation verbessert werden könnte.
- **Roadmap Threat Types by Severity (Roadmap-Bedrohungsarten nach Schweregrad)** Diese Reihe von Kreisdiagrammen, die Sie durch Anklicken der Pfeile auf beiden Seiten anzeigen können, zeigt die voraussichtliche Situation nach der Umsetzung der kurz-, mittel- und langfristig geplanten Gegenmaßnahmen, die in der Roadmap festgelegt sind.
- **Highest Risks and Lowest Risks (Größte und geringste Risiken)** In diesen Tabellen sind die Bedrohungen aufgeführt, die die größten bzw. geringsten Risiken darstellen.
- **Roadmap Details** Diese Tabelle zeigt für jede Phase der Roadmap die verfügbaren Gegenmaßnahmen an.
- **Mitigations by Status (Gegenmaßnahmen nach Status)** Dieses Kreisdiagramm zeigt die Verteilung der Abhilfemaßnahmen nach Status.

Ausgewählte Gegenmaßnahmen in das Backlog pushen

Der letzte Schritt dieser Übung beinhaltet die Interaktion mit DevOps-Systemen, um in Azure DevOps Arbeitselemente zu erstellen, die den ausgewählten Gegenmaßnahmen entsprechen. Mit anderen Worten: Sie pushen diese Gegenmaßnahmen von Threats Manager Studio in das Azure DevOps Backlog. Dieser grundlegende Schritt macht Ihre Gegenmaßnahmen umsetzbar und verbindet die Erfahrung der Bedrohungsmodellierung mit dem DevOps-Prozess.

Derzeit unterstützt Threats Manager Studio nur Azure DevOps. Wir gehen davon aus, dass Sie über Kenntnisse von Azure DevOps verfügen. Falls erforderlich, können Sie Ihr Wissen hier auffrischen: ***https://learn.microsoft.com/training/paths/evolve-your-devops-practices.***

Führen Sie die folgenden Schritte aus, um ausgewählte Gegenmaßnahmen aus Threats Manager Studio in das Azure DevOps-Backlog zu verschieben:

1. Öffnen Sie Azure DevOps in Ihrem Webbrowser und suchen Sie die Organisation, in der das Projekt, mit dem Sie sich verbinden möchten, veröffentlicht ist.
2. Erstellen Sie ein persönliches Zugriffstoken, weisen Sie ihm Lese- und Schreibrechte für Workitems zu und legen Sie eine Kopie davon an. Weitere Informationen zu persönlichen

Zugriffstokens finden Sie unter *https://learn.microsoft.com/azure/devops/organizations/accounts/use-personal-access-tokens-to-authenticate?view=azure-devops&tabs=Windows.*

3. Öffnen Sie das Azure DevOps-Projekt und erstellen Sie ein neues Epic mit dem Namen **Threat Model**. Sie werden dieses als übergeordnetes Arbeitsobjekt in Threats Manager Studio verwenden.

Wenn Sie dieses übergeordnete Workitem als Epic erstellen, können Sie später Workitems, die sich auf Abhilfemaßnahmen beziehen, als Features generieren. Dies ist wichtig, da sich die Implementierung der Abhilfemaßnahmen über mehrere Sprints erstrecken kann.

4. Wählen Sie in Threats Manager Studio den Befehl *Analyze | Connect.*
5. Wählen Sie im Dialogfeld *Connect to DevOps* in der Liste *DevOps* den *Azure DevOps Connector* aus.
6. Geben Sie in das Feld *Server URL* die URL für die Organisation im Format *https://dev.azure.com/***[Organisationsname]** ein.
7. Geben Sie in das Feld *Access Token* das persönliche Zugriffstoken ein, das Sie zuvor erstellt haben.
8. Klicken Sie auf die Schaltfläche *Load*. Threats Manager Studio lädt eine Liste der verbundenen Projekte in Azure DevOps.
9. Wählen Sie das gewünschte Projekt aus und klicken Sie auf *OK*.

Threats Manager Studio speichert das persönliche Zugriffstoken in der Registrierung an einem Ort, der nur für Sie zugänglich ist. Es ist außerdem mit DPAPI verschlüsselt, sodass nur Sie es lesen können.

Nachdem Sie das Bedrohungsmodell erfolgreich mit dem DevOps-Projekt verknüpft haben, aktiviert Threats Manager Studio im Menüband alle Schaltflächen für DevOps auf der Registerkarte *Analyze* mit Ausnahme der Schaltfläche *Mitigations Kanban*. Sie müssen den *Mitigations Kanban* aktivieren, mit dem Sie ausgewählte Gegenmaßahmen in Ihr Azure DevOps-Backlog schieben können.

10. Klicken Sie auf der Registerkarte *Analyze* auf die Schaltfläche *Configure*.
11. Geben Sie im Dialogfeld *DevOps Configuration* die folgenden Informationen ein und klicken Sie auf *Close* (siehe Abbildung 4-12).

    - **Parent** Geben Sie die ersten drei Buchstaben des übergeordneten Workitems ein (in diesem Fall **thr**). Wählen Sie dann den vollständigen Namen des übergeordneten Workitems aus der angezeigten Liste – in unserem Fall *Threat Model*.

Wenn Sie das übergeordnete Workitem nicht mit der Maus auswählen können, verwenden Sie die Pfeiltasten auf Ihrer Tastatur.

- **Parent Item Type** Dies sollte automatisch den Elementtyp wiedergeben, den Sie zuvor zugewiesen haben (Epic).
- **Parent Item Type** Für dieses Beispiel wählen Sie *Feature*.
- **Tag** Geben Sie optional ein Tag ein oder lassen Sie es unverändert. Der Standardwert ist *ThreatModeling*.
- **States** Überprüfen Sie die Statuswerte in dieser Tabelle. Die für den ausgewählten Objekttyp verfügbaren Statuswerte erscheinen auf der linken Seite, während die entsprechenden von Threats Manager Studio unterstützten Statuswerte auf der rechten Seite angezeigt werden.

In den meisten Fällen werden die Statuswerte automatisch ermittelt. Wenn dies nicht möglich ist, wird in der rechten Spalte der Wert *Unknown* angezeigt. Threats Manager Studio zeigt im Mitigations Kanban keine Abhilfemaßnahmen an, die den Status *Unknown* besitzen.

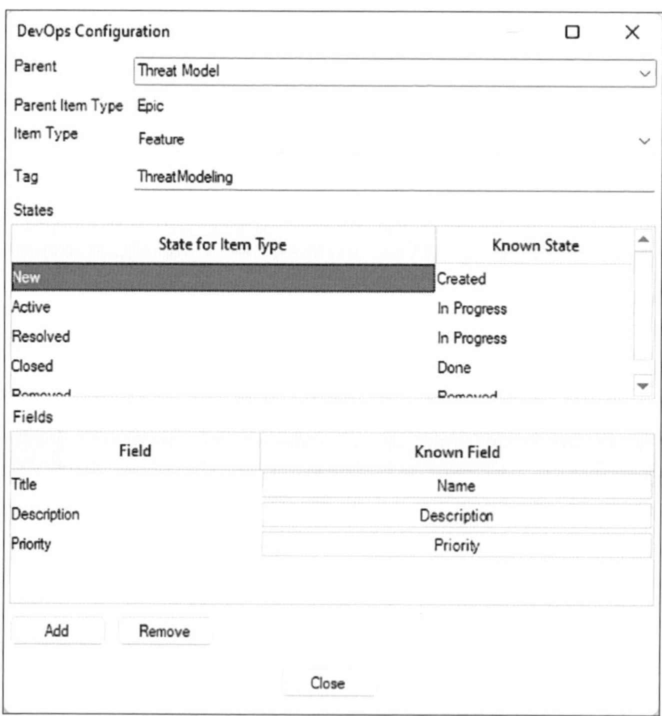

Abbildung 4-12 Das Dialogfeld *DevOps Configuration*

- **Fields** Optional können Sie diese Liste mit den Schaltflächen *Add* und *Remove* direkt unterhalb der Liste bearbeiten. Weitere Informationen finden Sie unter *https://az-sec.tech/viu*.

Die Schaltfläche *Mitigations Kanban* ist nun aktiviert. Jetzt können Sie die Gegenmaßnahmen in Ihrem Bedrohungsmodell in Ihr Azure DevOps-Backlog verschieben.

12. Klicken Sie auf die Schaltfläche *Mitigations Kanban*.
13. Ziehen Sie auf der Seite *Mitigations Kanban* eine Gegenmaßnahme aus der Spalte *Unknown* in eine beliebige andere Spalte – in diesem Fall in die Spalte *Created*.
14. Wechseln Sie zu Azure DevOps und überprüfen Sie Ihr Projekt. Beachten Sie, dass ein Feature mit demselben Namen wie Ihre Gegenmaßnahme im Epic *Threat Model* erstellt wurde.
15. Öffnen Sie die Gegenmaßnahme (Feature) in Azure DevOps und ändern Sie ihren Status auf *Aktiv* (um sie sich selbst zuzuweisen), geben Sie einen Kommentar in das Feld *Diskussion* ein und klicken Sie auf *Speichern & Schließen*.
16. Kehren Sie zurück zu Threats Manager Studio und klicken Sie auf der Registerkarte *DevOps* auf die Schaltfläche *Synchronize*.

    Die Gegenmaßnahme wird aus der Spalte *Created* in die Spalte *In Progress* verschoben.
17. Klicken Sie die Gegenmaßnahme an.

    Beachten Sie in der unteren linken Ecke der Seite *Mitigations Kanban*, dass sich der Status der Abhilfemaßnahme von *Proposed* auf *Planned* geändert hat und dass der Kommentar, den Sie in Schritt 15 in das Feld *Diskussion* eingegeben haben, nun in der unteren rechten Ecke erscheint (siehe Abbildung 4-13.)

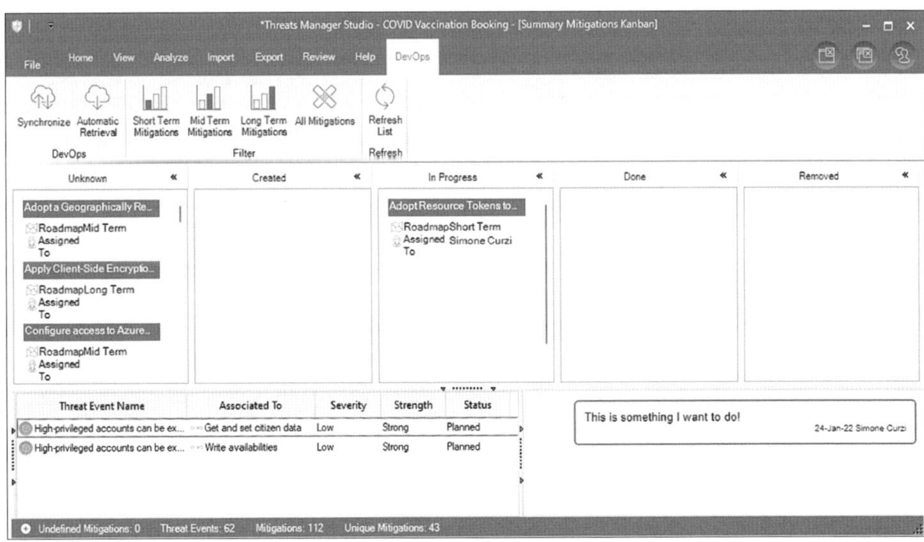

Abbildung 4-13 Das Kanban für Gegenmaßnahmen

Die Synchronisierung zwischen dem Mitigations Kanban und DevOps ist besonders leistungsfähig, wenn sie mit den Funktionen zur Berechnung des Schweregrads verknüpft ist. Zusammen ermöglichen sie es Ihnen, den Status jeder Gegenmaßnahme automatisch zu aktualisieren, während das Team sie implementiert. An diesem Punkt wird die Aktualisierung des Schweregrads der betroffenen Bedrohungen mit der Liste des berechneten Schweregrads zu einer einfachen Aufgabe.

Sie haben viel über die Erstellung von Bedrohungsmodellen mit Threats Manager Studio gelernt, aber es gibt noch viel zu lernen!

Zusammenfassung

In diesem Kapitel wurden viele verschiedene Themen erwähnt. Es begann mit einer Einführung in die Bedrohungsmodellierung und wir analysierten den STRIDE-Ansatz von Microsoft. Anschließend wurden wesentliche Fragen zur Bedrohungsmodellierung im Einklang mit DevOps (wie die meisten Entwicklungsteams Cloudlösungen implementieren) gestellt und beantwortet. Danach wurden einige Open-Source-Tools zur Bedrohungsmodellierung analysiert, um Ihnen bei der Auswahl eines Tools zu helfen, das Ihren Anforderungen entspricht. Schließlich wurde gezeigt, wie Sie mit Threats Manager Studio ein reales System modellieren können.

Mit diesem Kapitel schließen wir unsere Serie über die grundlegenden Konzepte des sicheren Entwurfs ab. Das nächste Kapitel befasst sich mit der Absicherung bestimmter Aspekte unserer Lösungen. Wir beginnen mit den Konzepten der Identität, Authentifizierung und Autorisierung.

KAPITEL 5

Identität, Authentifizierung und Autorisierung

Am Ende dieses Kapitels

- verstehen Sie die grundlegenden Identitäts-, Authentifizierungs- und Autorisierungskonzepte in Azure.
- verstehen Sie, wann die verschiedenen Identitäts-, Authentifizierungs- und Autorisierungsmethoden am besten eingesetzt werden.
- kennen Sie die Grundlagen von OpenID Connect und OAuth2.
- wissen Sie, was die Microsoft-Identitätsplattform ist.
- kennen Sie bewährte Sicherheitspraktiken bei der Verwendung der Microsoft-Identitätsplattform.

Identität, Authentifizierung und Autorisierung unter dem Aspekt der Sicherheit

Identität, Authentifizierung und Autorisierung sind wichtige Sicherheitsmaßnahmen. Dieses Kapitel befasst sich eingehend mit diesen Themen aus der Sicht des Entwurfs und der Entwicklung und betrachtet sie eher aus der Perspektive der Sicherheit als aus der Sicht der reinen Identität. In den meisten entwicklerorientierten Dokumentationen zu Identität fehlt das Thema Sicherheit. Diese Dokumentation beschreibt nur selten die Sicherheitsauswirkungen der verschiedenen beweglichen Teile, aus denen sich die Welt der Identität zusammensetzt.

Dieses Kapitel behandelt viele Aspekte von Identität, die Sie vielleicht nicht kennen müssen. Das liegt daran, dass Microsoft eine Reihe von Bibliotheken – die Microsoft Authentication Library (MSAL) – zur Verfügung stellt, die den größten Teil der Arbeit für Sie erledigen. Entwickler sind jedoch intellektuell neugierig. Wir möchten verstehen, warum Dinge so sind, wie sie sind, und wie sie funktionieren. Daher konzentrieren wir uns in diesem Kapitel zwar auf pragmatische Aspekte, gehen aber auch auf andere Aspekte ein, um Ihnen ein besseres Verständnis für die Funktionsweise der Identität zu vermitteln.

Praktische Erfahrungen: Identität und Sicherheit

Wir alle drei hatten schon Besprechungen mit Sicherheitsteams von Kunden, bei denen das Thema Microsoft Entra ID, Benutzerkonten und Authentifizierung zur Sprache kam. An diesem Punkt schaltet das Sicherheitsteam oft ab und fragt nach dem Identitätsteam. Zugegebenermaßen ist die Identität kein zentrales Sicherheitsprinzip, aber sie ist ein entscheidender Teil Ihrer allgemeinen Sicherheitslage. Die besten Sicherheitsteams unterstellen Sicherheit und Identität einem einzigen, multidisziplinären Team und nicht zwei unzusammenhängenden Fachgebieten, die nicht miteinander sprechen.

Das Netz ist nicht mehr die einzige Sicherheitsgrenze. Die Identität ist jetzt eine ebenso wichtige Grenze.

Authentifizierung vs. Autorisierung vs. Identität

Dieses Kapitel ist in drei Hauptabschnitte unterteilt, die Identität, Authentifizierung und Autorisierung behandeln. In diesem Abschnitt wird jeder dieser Bereiche kurz definiert.

Authentifizierung (abgekürzt AuthN) ist der Vorgang, bei dem etwas oder jemand – in der Sicherheitssprache oft als *Prinzipal* bezeichnet – einem anderen gegenüber nachweist, wer oder was er ist. Mit anderen Worten, eine Person, eine Anwendung oder ein Gerät beweist, dass sie oder er diejenige oder derjenige ist, der sie oder er behauptet zu sein, indem sie oder er eine Art von Berechtigungsnachweis verwendet. Dabei handelt es sich um etwas, das der Prinzipal weiß (zum Beispiel einen Schlüssel oder ein Kennwort), etwas, das er besitzt (zum Beispiel ein Mobiltelefon oder ein Hardwaretoken), oder etwas, das er ist (ein physischer Aspekt des Prinzipals, zum Beispiel eine Iris oder ein Fingerabdruck).

Autorisierung (abgekürzt als AuthZ) ist das, was Prinzipale, einschließlich Benutzer und Anwendungen, tun dürfen. Sobald ein System oder Dienst den Prinzipal authentifiziert hat, werden Berechtigungen verwendet, um die jeweilige Autorisierungsrichtlinie durchzusetzen. Berechtigungen ist ein weit gefasster Begriff, der je nach Umgebung oder Betriebssystem Berechtigungen (natürlich), Rollen, Zugriffssteuerungslisten und Privilegien umfassen kann. Eine Berechtigung kann von der Erlaubnis, den Inhalt einer Datei anzuzeigen, bis hin zur Erlaubnis, neue Azure-Ressourcen zu erstellen, reichen.

Identität wird von Merriam-Webster als »der kennzeichnende Charakter oder die Persönlichkeit einer Person« definiert. In diesem Zusammenhang stellt sie die Eigenschaften dar, die eine mit einem Benutzer oder Prozess verbundene digitale Persona charakterisieren. Mit anderen Worten: Die Identität definiert einen Benutzer und enthält Informationen, die zur Durchführung von AuthN und AuthZ verwendet werden.

Wenn man über Identität spricht, muss man in der Regel berücksichtigen, wie sie verwaltet wird. Identitäts- und Zugriffsverwaltung (Identity Access Management, IAM) ist die Gesamtheit der Richtlinien und der Verwaltung, die während des gesamten Authentifizierungs- und Autorisierungslebenszyklus verwendet werden. Dieses Kapitel befasst sich nicht mit Richtlinien, Governance und Verwaltung, sondern mit den Sicherheitsimplikationen des Einsatzes von zwei Protokollen für die Authentifizierung und Autorisierung: OpenID Connect und OAuth2.

> **Authentifizierung, Autorisierung und Bedrohungsmodelle**
>
> Ihre Bedrohungsmodelle müssen detailliert darlegen, wo und wie Sie Authentifizierungs- und Autorisierungstechniken einsetzen, um sicherzustellen, dass diese angemessen sind. Dies gilt insbesondere für alle von Ihnen erstellten Dienste, die beispielsweise öffentlich zugängliche APIs zur Verfügung stellen. Diese müssen über eine starke Authentifizierung und Autorisierung verfügen.

Moderne Identität und Zugriffsmanagement

Moderne Identität ist ein Oberbegriff, der die Authentifizierung und Autorisierung mit modernen und offenen Protokollen umfasst. Ein Kennzeichen der modernen Identität ist, dass die Authentifizierung und Autorisierung oft von einem anderen Dienst, dem sogenannten *Identitätsanbieter*, übernommen wird, und nicht etwas, um das Sie sich als Anwendungsdesigner oder -entwickler kümmern müssen.

Dies bietet viele Sicherheitsvorteile, unter anderem die Tatsache, dass Ihr Code sich nicht mit Benutzerkontoinformationen wie Kennwörtern und Authentifizierungsrichtlinien wie der Multi-Faktor-Authentifizierung (MFA) oder der Erkennung potenziell verdächtiger Anmeldungen befassen muss. Es kann auch bei der Erfüllung von Compliance-Anforderungen helfen, wie zum Beispiel der DSGVO, die in Kapitel 8, »Compliance und Risikomanagement«, behandelt wird.

Die moderne Identität bindet Sie nicht an einen bestimmten Anbieter. Das liegt daran, dass es sich bei den Protokollen um offene Standards wie OpenID Connect, OAuth2 und SAML handelt, die in diesem Kapitel behandelt werden. Darüber hinaus unterstützt die moderne Identität nativ und sicher das »neue normale« Paradigma der Arbeit von zu Hause aus. Der Teil »Zugriffsmanagement« von IAM bezieht sich auf die Governance, die Richtlinien und den Lebenszyklus der Verwaltung von Identitäten.

Dieses Buch richtet sich an ein Entwicklerpublikum. Das Thema Identität ist jedoch so wichtig für die Sicherung moderner Cloudanwendungen, dass Sie die Rolle Ihres Security Operations Teams (SecOps) nicht aus den Augen verlieren dürfen. Microsoft hat eine Pflichtlektüre zu diesem Thema mit dem Titel »Leitfaden für Microsoft Entra ID-Sicherheitsvorgänge für Anwendungen« erstellt, erhältlich unter *https://learn.microsoft.com/azure/active-directory/architecture/security-operations-applications*.

Identität: Grundlagen von OpenID Connect und OAuth2

Bevor wir OpenID Connect und OAuth2 erklären, müssen wir erörtern, warum diese beiden Standards wichtig sind und welches Problem sie lösen. OpenID Connect und OAuth2 sind heute die Eckpfeiler der Protokolle, die für moderne Identitätslösungen verwendet werden.

Angenommen, Sie nutzen eine App, um Nachrichten an andere zu senden, und die App bittet Sie um Ihre Zustimmung, Ihre Kontakte in Ihrem E-Mail-Dienst zu lesen. In früheren Jahren hätten Sie der App Ihren Benutzernamen und Ihr Passwort für Ihren E-Mail-Dienst geben müssen. Niemand, der bei klarem Verstand ist, würde das heute tun, auch weil wir eine bessere Technologie haben: OpenID Connect und OAuth2.

OAuth2 wurde entwickelt, um den Zugriff auf Ressourcen mithilfe von mit TLS verschlüsselten HTTP-Anfragen und -Antworten zu delegieren, ohne die Anmeldedaten des Benutzers an einen anderen Dienst als den Authentifizierungsanbieter weiterzugeben. Im Falle von Azure ist dies Microsoft Entra ID. Mit anderen Worten: Sie können einer Anwendung Zugriff gewähren, ohne ihr Ihre Anmeldedaten mitzuteilen. Stattdessen erhält die App ein Token, das einen bestimmten Zugriff auf Ressourcen gewährt – wiederum ohne Ihre Anmeldedaten zu kennen. Dieses Token ist nur für einen bestimmten Zeitraum gültig, der bei Microsoft Entra ID bis zu 28 Stunden betragen kann.

In unserem imaginären Szenario geschieht Folgendes:

1. Der Benutzer (Eigentümer der Ressource) öffnet seine App zum Senden von Nachrichten (Client), um Nachrichten an verschiedene Kontakte zu senden.
2. Die App sendet eine Anfrage an den Autorisierungsserver, um im Namen des Benutzers auf Kontakte zuzugreifen.
3. Der Autorisierungsserver fordert den Benutzer zur Eingabe seiner Anmeldedaten auf. Der Grund dafür ist, dass die Anwendung im Namen des Benutzers handeln soll und der Autorisierungsserver daher wissen muss, wer der Benutzer ist.
4. Der Autorisierungsserver bittet den Benutzer um seine Zustimmung, dass die App im Namen des Benutzers handeln darf.
5. Wenn dies erfolgreich ist, generiert der Autorisierungsserver ein Token, das der Clientanwendung die Möglichkeit gibt, die Kontakte des Benutzers zu lesen.

Abbildung 5-1 zeigt eine abstrakte Darstellung des Prozesses.

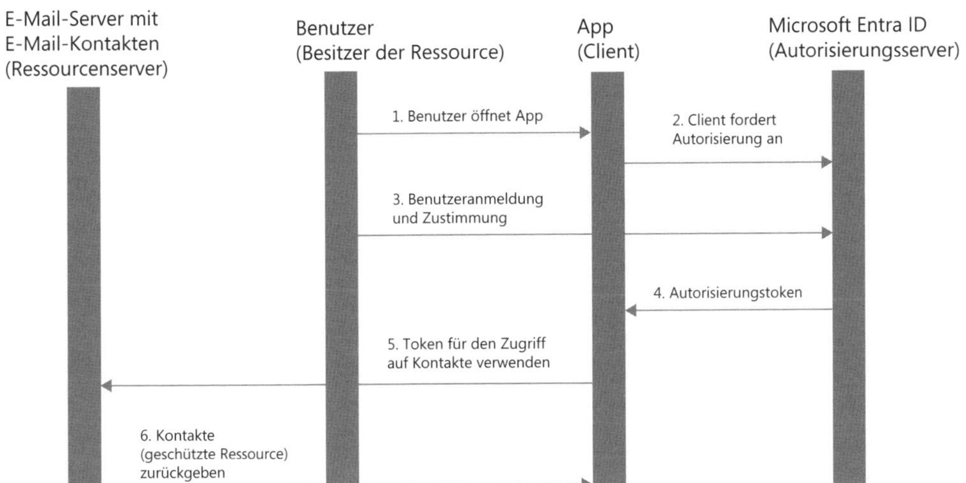

Abbildung 5-1 Eine allgemeine Darstellung, wie OAuth2 den Zugriff auf geschützte Ressourcen ermöglicht

In diesem Szenario meldet sich der Benutzer nicht bei der App an. Stattdessen fragt die App nach einem Zugriffstoken, über das sie keine Informationen über den Benutzer erhalten kann. Der App ist es möglicherweise sogar egal, ob sich der Benutzer anmeldet, solange sie im Namen des Benutzers auf die Ressource zugreifen kann.

Der Benutzer wird in Abbildung 5-1 als Besitzer der Ressource bezeichnet, da die geschützte Ressource – in diesem Fall die Kontakte des Benutzers – ihm gehört. Außerdem bezieht sich der Client auf den Code, der auf die geschützte Ressource zugreifen möchte. In vielen Informationssystemen wird der Client als Benutzer bezeichnet, aber das ist in der OAuth2-Welt nicht der Fall.

Wir greifen ein wenig vor, aber der in Abbildung 5-1 dargestellte End-to-end-Prozess ist eine allgemeine Darstellung der Funktionsweise von OAuth2. Die verschiedenen Rollen, die über HTTPS miteinander interagieren, werden als Flow bezeichnet. OAuth2 verfügt über eine kleine Anzahl von unterschiedlichen Flows, die je nach Rolle und Umgebung in verschiedene Szenarien passen. Einige sind einfach, wie zum Beispiel der implizite Flow, und andere sind komplexer, wie der Authorization Code Flow mit PKCE (Proof Key for Code Exchange).

Das Wichtigste dabei ist, dass weder E-Mail-Server noch die Anwendung jemals die Anmeldeinformationen des Benutzers sehen. Wenn der Autorisierungsserver – in diesem Fall Microsoft Entra ID – die Anmeldeinformationen des Benutzers validiert, erstellt er stattdessen ein Token, das Informationen wie die folgenden enthält:

- ID des Benutzers
- Wann das Token ausgestellt wurde
- Wann das Token gültig wird und wann es abläuft
- Für wen das Token bestimmt ist
- Den Umfang der erlaubten Aktionen (zum Beispiel Lesen von Kontakten)

Die Clientanwendung gibt das Token an den Messaging-Dienst weiter, der es wiederum an den E-Mail-Dienst weitergibt. Der E-Mail-Dienst überprüft dann, ob das Token korrekt ist, und gibt die Kontakte an den Nachrichtendienst zurück. In diesem Szenario sieht der Nachrichtendienst nie die Anmeldeinformationen des Benutzers und kann nur bestimmte Vorgänge durchführen.

Sie verwenden OAuth2 jeden Tag

Sie können dies in Aktion sehen, wenn Sie sich bei *https://portal.azure.com* anmelden. Wenn Sie Ihre Anmeldedaten eingeben, werden Sie feststellen, dass die URL in der Adressleiste nicht mehr die Adresse des Azure-Portals ist. Stattdessen lautet sie etwa *https://login.microsoftonline.com/organizations/oauth2/v2.0/authorize*. Dies ist ein OAuth2-Endpunkt für Microsoft Entra ID.

Nachdem Sie Ihre Anmeldedaten korrekt eingegeben haben und Microsoft Entra ID sie validiert hat (sowie alle anderen Anmeldeanforderungen wie MFA oder Richtlinien für bedingten Zugriff angewendet hat), werden Sie zum Azure-Portal weitergeleitet. Das Azure-Portal verfügt zu keinem Zeitpunkt über Ihre Anmeldedaten. Es verfügt jedoch über ein Token von Microsoft Entra ID, mit dem das Portal in Ihrem Namen auf Azure-Ressourcen zugreifen kann.

Wir sagen es geradeheraus: OAuth2 auf niedriger Ebene ist komplex. *Unglaublich* komplex. Es ist sogar so komplex, dass Sie sich nicht mit den feinen Nuancen des Protokolls beschäftigen sollten. Der OAuth2-Kaninchenbau geht schnell in die Tiefe. Anstatt also alles zu erklären, was es über OAuth2 und OpenID Connect zu wissen gibt, werden wir die Protokolle auf einem hohen Niveau erklären, auf potenzielle Sicherheitsprobleme hinweisen und einige bewährte Verfahren aufzeigen. Im weiteren Verlauf werden wir auch einige Dinge erklären müssen:

- OpenID Connect und OAuth2
- Registrierung der Anwendung
- Microsoft-Authentifizierungsbibliothek (Microsoft Authentification Library, MSAL)
- Rollen in OAuth2
- Flows
- Clienttypen
- Token
- Gültigkeitsbereiche, Genehmigungen und Zustimmung

- Anatomie eines JWT
- Verwendung moderner Authentifizierung in Ihren Azure-Anwendungen

OpenID Connect und OAuth2

Auf die Frage: »Wie authentifizieren Sie Benutzer?«, haben wir mehr als eine Person antworten hören: »Wir verwenden OAuth2.« Das ist keine korrekte Antwort, denn OAuth2 ist ein Autorisierungsprotokoll, kein Authentifizierungsprotokoll. OpenID Connect seinerseits ist eine Authentifizierungsschicht, die auf OAuth2 aufbaut. Es ist eines von vielen Authentifizierungsprotokollen, die für Anwendungen verfügbar sind. OAuth2 erfordert nicht, dass Ihre Anwendung OpenID Connect für die Authentifizierung verwendet, aber die beiden werden oft zusammen eingesetzt.

OAuth2 befasst sich mit der Ausstellung und Verwendung von Token, das heißt zeitlich begrenzten Blobs, die Ansprüche darstellen. Diese Ansprüche können von Diensten verwendet werden, um festzustellen, ob ein Prinzipal Aktionen durchführen darf oder nicht. Unglaublicherweise wird das Format dieser Token dem Implementierer überlassen. Die Microsoft-Identitätsplattform nutzt das Format JSON Web Token (JWT), ausgesprochen *jot*; es wird häufig für OAuth2 verwendet. Technisch gesehen ist ein JWT eine JSON Web Signature (JWS), die eine digitale Signatur einsetzt, um Manipulationen zu verhindern und die Authentizität zu beweisen. Wir werden JWTs später in diesem Kapitel ausführlicher erläutern.

OAuth2-Token werden wie Anmeldeinformationen behandelt und sind daher vertraulich. Daher muss von allen Kommunikationskanälen, die zur Übertragung der Token eingesetzt werden, TLS verwendet werden.

Da OAuth2-Token je nach Identitätsanbieter unterschiedliche Formate haben können, sollte der Client sie als undurchsichtig behandeln und sich den Inhalt nicht ansehen.

In ihrem Buch »OAuth2 in Action« bieten die Autoren Justin Richer und Antonio Sanso eine hervorragende Definition von OAuth2: »OAuth 2.0 ist ein Delegationsprotokoll, ein Mittel, mit dem eine Person, die eine Ressource kontrolliert, einer Softwareanwendung den Zugriff auf diese Ressource in ihrem Namen erlaubt, ohne sich als sie auszugeben.« Wir empfehlen dieses Buch sehr, wenn Sie ein tiefes Verständnis für die technischen Aspekte von OAuth2 erlangen wollen.

> **Was ist mit SAML?**
>
> Die Security Assertion Markup Language (SAML) wird für die Authentifizierung in Single Sign-On-Umgebungen von Unternehmen verwendet. Anstatt JSON-Nutzdaten (die später vorgestellt werden) wie OpenID Connect einzusetzen, nutzt SAML XML-Nutzdaten.
>
> SAML-Authentifizierung wird oft in Verbindung mit Active Directory Verbunddiensten (Active Directory Federation Services, AD FS) verwendet und kommt daher häufig in Unternehmensanwendungen zum Einsatz. Im Gegensatz dazu wird OpenID Connect häufig für Anwendungen genutzt, die sich ausschließlich in der Cloud befinden, wie mobile Anwendungen, Webanwendungen und Web-APIs. In den meisten Fällen verwenden Azure und Microsoft Entra ID OpenID Connect und OAuth2 anstelle von SAML. Unter *https://learn.microsoft.com/azure/active-directory/develop/saml-protocol-reference* können Sie mehr über SAML und Microsoft Entra ID erfahren.

Anwendung registrieren

Bevor Sie Anwendungscode schreiben können, der OAuth2 verwendet, müssen Sie die Anwendung registrieren, die den Code enthalten wird. Diesen Vorgang führen Sie in Microsoft Entra ID durch.

Wir möchten dies klarstellen, weil es zu Verwirrung führen kann: Der Begriff »App-Registrierung« ist eine falsche Bezeichnung. Wenn Sie eine Anwendung registrieren, haben Sie es nicht mit Code zu tun, sondern Sie stellen Konfigurationsinformationen über die Anwendung bereit, damit der Anwendungscode OAuth2 korrekt unterstützen kann. Mit anderen Worten: Wenn Sie Ihre Anwendung registrieren, wird sie so konfiguriert, dass sie den von der Microsoft-Identitätsplattform ausgegebenen Sicherheitstoken vertraut. Auf diese Weise teilt eine Anwendung Microsoft Entra ID mit, dass die Anwendung Token von Microsoft Entra ID vertraut.

Wenn Sie Ihre App in Microsoft Entra ID registrieren, weist die Microsoft-Identitätsplattform ihr standardmäßig bestimmte Werte zu, während andere auf der Grundlage des Anwendungstyps konfiguriert werden können. Zwei wichtige Einstellungen für die App-Registrierung sind:

- **Anwendungs-(Client-)ID** Dieser Wert, häufig eine GUID, wird Ihrer Anwendung von der Microsoft-Identitätsplattform zugewiesen. Die Client-ID identifiziert Ihre Anwendung eindeutig und ist in den von der Plattform ausgestellten Token enthalten. Diese ID ist nicht geheim und muss nicht abgesichert werden.
- **Redirect URI** Der Autorisierungsserver verwendet einen Redirect URI, um den User Agent des Ressourcenbesitzers (Webbrowser oder mobile App) nach Abschluss der Interaktion zu einem anderen Ziel zu leiten, zum Beispiel nachdem sich der Endbenutzer beim Autorisierungsserver authentifiziert hat. Nicht alle Clienttypen verwenden Redirect-URIs.

Die Registrierung Ihrer App enthält auch Informationen über die Authentifizierungs- und Autorisierungsendpunkte, die Sie in Ihrem Code nutzen werden, um ID- und Zugriffstoken zu erhalten. Sie können diese Endpunkte sehen, indem Sie bei der Anzeige einer App-Registrierung auf die Option *Endpunkte* klicken.

> **Microsoft Entra**
>
> Während der Arbeiten an diesem Buch wurde Microsoft Entra eingeführt, eine Familie von Identitäts- und Zugriffslösungen. Dazu gehören Microsoft Entra ID, Microsoft Entra Permissions Management und Microsoft Entra Verified ID. Unter *https://docs.microsoft.com/de-de/entra* erfahren Sie mehr über Microsoft Entra.

Microsoft-Authentifizierungsbibliothek

Die Microsoft-Authentifizierungsbibliothek (Microsoft Authentication Library, MSAL) ermöglicht es Entwicklern, Token von der Microsoft-Identitätsplattform zu beziehen, um Benutzer zu authentifizieren und auf sichere Web-APIs zuzugreifen. MSAL wird von Microsoft-Produkten wie Microsoft 365 verwendet. Das mag ein wenig albern klingen, aber wenn Sie einfach MSAL einsetzen, haben Sie 90 Prozent der Arbeit erledigt, eine Clientlösung zu erstellen, die die Vorteile moderner Identitäten nutzt, weshalb wir sie in unserer Beispielanwendung verwenden werden.

Die folgende Website erläutert alle aktuellen Authentifizierungsbibliotheken und SDKs, die für verschiedene Microsoft-Technologien verfügbar sind, wobei der Schwerpunkt auf MSAL liegt: *https://learn.microsoft.com/azure/active-directory/develop/reference-v2-libraries*.

Mit MSAL werden all die harte Arbeit, die Fehlerkorrekturen und die subtilen Protokollprobleme für Sie erledigt. Wenn das OAuth2-Protokoll aktualisiert wird und neue Funktionen zur Verfügung gestellt werden, wird auch MSAL aktualisiert, und zwar von Leuten, die OAuth2 gut verstehen. Zum Beispiel wurde kurz vor dem Verfassen dieses Kapitels angekündigt, dass OAuth2 bald Proof of Possession (PoP) unterstützen wird, um vor Token-Replay-Angriffen zu schützen. Wenn dies geschieht, wird MSAL entsprechend aktualisiert.

MSAL ist für viele gängige Programmiersprachen und -umgebungen geeignet, darunter die folgenden:

- Android
- Angular
- Go
- iOS und macOS
- Java
- JavaScript
- .NET
- Node
- Python
- React

MSAL zielt auf Clients oder Anwendungen ab, die sich wie Clients verhalten. Ein Webbrowser, in dem Angular ausgeführt wird, fungiert beispielsweise als Client, wenn er auf einen Server zugreift. Ähnlich verhält es sich bei einer Azure-Funktion, die auf Microsoft Graph zugreift: Die Funktion fungiert als Client.

In OAuth2 ist ein Benutzer nicht mit einem Client gleichzusetzen. Ein Benutzer ist ein Mensch, und ein Client ist die Software, die von einem Menschen oder einem anderen Prinzipal, zum Beispiel einem Prozess, verwendet wird.

Microsoft Authentication Library (MSAL)

Eine ältere Bibliothek, Active Directory Authentication Library (ADAL), lässt sich nur mit Microsoft Entra ID integrieren. ADAL wurde jedoch zugunsten von MSAL als veraltet eingestuft. MSAL lässt sich mit Microsoft Entra ID, persönlichen Microsoft-Konten und Microsoft Entra External ID integrieren, das Benutzer über andere Identitätsanbieter wie Facebook, Google und Twitter authentifizieren kann. Daher sollten Sie ADAL nicht verwenden, und wenn Sie derzeit ADAL einsetzen, müssen Sie so schnell wie möglich zu MSAL migrieren. Über die Unterschiede zwischen ADAL und MSAL erfahren Sie hier mehr: *https://learn.microsoft.com/azure/active-directory/develop/msal-net-differences-adal-net*.

MSAL unterstützt die fortlaufende Zugriffsevaluierung (Continuous Access Evaluation, CAE). Das bedeutet, dass der Zugriff auf eine geschützte Ressource schnell verweigert werden kann, wenn sich die Situation des Benutzers ändert, beispielsweise wenn auf dessen Laptop Schadsoftware entdeckt wird. Hier ein weiteres Beispiel: Angenommen, ein Mitarbeiter meldet sich zu Hause an seinem Arbeitslaptop an und greift auf eine geschützte Ressource zu. Dann stellt er seinen Laptop in den Ruhezustand, packt ihn ein und nimmt ihn mit in ein Café, wo er bei einem Milchkaffee weiterarbeitet. Da sich die Situation, hier der Standort, geändert hat, wird der Mitarbeiter möglicherweise aufgefordert, sich erneut anzumelden und vielleicht sogar einen zweiten Authentifizierungsfaktor zu erfüllen, zum Beispiel mittels einer App auf seinem Smartphone die Anmeldung zu genehmigen.

MSAL unterstützt außerdem unterschiedliche Anwendungstypen, zum Beispiel Webanwendungen, mobile Anwendungen, native Anwendungen, Daemons und Dienste. Dies ist wichtig, da verschiedene Anwendungstypen unterschiedliche Sicherheitsimplikationen haben und verschiedene OAuth2-Flows verwenden, die wir im Abschnitt »Flows« erläutern werden.

Falls Sie MSAL nicht verwenden können – weil Sie beispielsweise eine nicht von MSAL unterstützte Programmiersprache einsetzen –, sollten Sie stattdessen eine aktiv gepflegte Bibliothek nutzen. Optionen finden Sie unter *https://openid.net/developers/certified*.

Sehen wir uns nun einige Beispiele für JavaScript-Code an. Der folgende Code erstellt ein MSAL-Objekt. Wie Sie hier sehen können, übernimmt MSAL eine immense Menge an Arbeit, die Sie nicht leisten müssen, und das in einer kleinen Menge Code.

```
const msalConfig = {
  auth: {
    clientId: "d1361825-38d2-413a-9d2c-00e79a3a9221",
    authority: "https://login.microsoftonline.com/common",
    redirectUri: "https://localhost:4242",
  }, <snip>

const myMSALObj = new msal.PublicClientApplication(msalConfig);
```

Der hier gezeigte Abschnitt `msalConfig` ist wichtig. (In diesem Beispiel ist er abgekürzt.) Er enthält die folgenden Parameter:

- **clientId** Dies ist der Wert der Anwendungs-(Client-)ID im Azure-Portal für diese Anwendung. Sie können ihn in Microsoft Entra ID finden, indem Sie *App-Registrierungen* und dann den Namen der Anwendung auswählen.

Die `clientId` ist kein Geheimnis. Wir können dies nicht oft genug betonen: Die Client-ID muss nicht geschützt werden. Dies unterscheidet sich von den Zugangsdaten von vertraulichen Clients, die ein Geheimnis sind und geschützt werden müssen. Wir erläutern vertrauliche Clients im Abschnitt »Flows« weiter hinten in diesem Kapitel.

- **authority** Dies ist die Cloud-Instanz. Die zugehörige URL ist eine Erkennungs-URL, die von Microsoft Entra ID verwendet wird, um Informationen über Ihre Anwendung zu finden, und ändert sich je nach den Arten von Benutzern, die Sie anmelden. Hier enthält die URL `/common`, was auf ein Arbeits-, Schul- oder persönliches Microsoft-Konto hinweist. Andere Optionen sind wie folgt:
  - **/organizations** Dies gilt für Arbeits-, Uni- und Schulkonten
  - **/consumers** Dies ist für persönliche Microsoft-Konten (Xbox, Outlook.com usw.)
  - **/<tenant>** Dies ist die GUID für den Mandanten. Sie meldet nur Benutzer einer bestimmten Organisation an.
- **redirectUri** Dies ist der URI, der nach der Ausgabe des Zugriffstokens zurückgegeben wird. In diesem Beispiel wird `localhost` als Redirect-URI verwendet, was bedeutet, dass dieser Code noch nicht produktionsreif ist. Wenn der Code produktionsreif ist, wird dieser Parameter durch einen echten URI ersetzt.

Eine vollständige Erklärung von `msalConfig` finden Sie unter *https://learn.microsoft.com/azure/active-directory/develop/msal-js-initializing-client-applications*. (Beachten Sie, dass viele dieser Daten beim Erstellen einer Anwendungsregistrie-

rung gefunden werden.) Eine vollständige Erläuterung aller Konfigurationsoptionen finden Sie hier: *https://learn.microsoft.com/azure/active-directory/develop/msal-client-application-configuration*.

Praktische Erfahrungen: Fehlersuche bei OpenID Connect und OAuth2

Wir alle wissen, dass im Code manchmal etwas schiefgeht. Zum Glück verfügt MSAL – insbesondere MSAL JS – über eine hervorragende Debug-Protokollierung. Wenn in Ihrem MSAL-Clientcode etwas nicht wie erwartet funktioniert, öffnen Sie die Seite *Entwicklertools* (in Edge `Strg`+`⇧`+`I` drücken) und klicken Sie auf die Registerkarte *Konsole*. In der Konsole finden Sie alle Fehler und Warnungen von MSAL.

Der obige Code instanziiert auch eine `PublicClientApplication`-Klasse. Der Grund ist, dass es sich bei dem Code um JavaScript handelt, das in einem Browser ausgeführt wird. Als solches kann es keine Geheimnisse sicher speichern, also kann es kein vertraulicher Client sein. Wenn Sie sich den MSAL-JavaScript-Quellcode ansehen, werden Sie feststellen, dass es keine Unterstützung für vertrauliche Clients gibt, weil die Unterstützung eines vertraulichen Clients nicht möglich ist.

Nachdem Sie das MSAL-Objekt erstellt haben, implementieren Sie den folgenden Code, um den Benutzer anzumelden:

```
const loginRequest = {
   scopes: ["User.Read"]
 };
 myMSALObj.loginPopup(loginRequest)
   .then(handleResponse)
   .catch(error => {
      console.error(error);
   });
```

Schließlich verwenden Sie Code wie diesen, um Zugangstoken zu erhalten:

```
request.account = myMSALObj.getAccountByUsername(username);

return myMSALObj.acquireTokenSilent(request)
   .catch(error => {
      console.warn("Stiller Token-Erhalt schlägt fehl. Token-Erhalt über Popup");
      if (error instanceof msal.InteractionRequiredAuthError) {
         // Rückgriff auf Interaktion, wenn stiller Aufruf fehlschlägt
         return myMSALObj.acquireTokenPopup(request)
            .then(tokenResponse => {
               console.log(tokenResponse);
               return tokenResponse;
            }).catch(error => {
```

```
                console.error(error);
            });
        } else {
            console.warn(error);
        }
    });
```

Für .NET ist MSAL in `Microsoft.Identity.Client` implementiert.

Eine vollständigere Version dieses Beispiels finden Sie unter *https://learn.microsoft.com/azure/active-directory/develop/tutorial-v2-javascript-auth-code*, und den Quellcode und die Dokumentation für die JavaScript MSAL-Bibliothek finden Sie unter *https://azsec.tech/jsm*. Wenn Sie MSAL noch nicht kennen, sollten Sie den Artikel »Übersicht über die Microsoft-Authentifizierungsbibliothek (MSAL)« unter *https://learn.microsoft.com/azure/active-directory/develop/msal-overview* lesen, da er einen umfassenden Überblick über MSAL bietet.

Wo wird Ihre Anwendung gehostet?

Dies mag auf der Hand liegen, aber Ihr Anwendungscode – unabhängig davon, ob es sich um eine mobile, native, eine Web-API oder etwas anderes handelt – muss nicht in Azure gehostet werden. Nehmen wir zum Beispiel an, Sie schreiben eine Anwendung in C#, die auf den Desktops Ihrer Benutzer läuft und auf Cosmos DB in Azure zugreift. Unter der Haube würde diese Anwendung alle entsprechenden Authentifizierungen und Autorisierungen mit MSAL und Microsoft Entra ID durchführen.

Rollen in OAuth2

An der OAuth2-Zeremonie sind verschiedene Parteien bzw. Rollen beteiligt:

- **Ressourcenbesitzer** Dies ist häufig jemand, der einer Clientanwendung die Möglichkeit gibt, auf Daten zuzugreifen, die ihm gehören. Nehmen wir an, Toby gewährt einem E-Mail-Client nur Lesezugriff auf seine E-Mails. In diesem Fall ist die Ressource E-Mail, und der Eigentümer der Ressource ist Toby.
- **Ressourcenserver** Dies ist eine geschützte Ressource. Um beim Beispiel von Tobys E-Mail zu bleiben: Ein E-Mail-Server ist der Ressourcenserver, auf den über REST-APIs zugegriffen werden kann.
- **Client** Dies ist eine Anwendung, die versucht, auf Ressourcen auf einem Ressourcenserver zuzugreifen. Bei der Anwendung kann es sich um einen Webbrowser handeln, der von einem Benutzer verwendet wird, oder um eine VM, die eine Managed Identity einsetzt, usw.

- **Autorisierungsserver** Dieser authentifiziert den Client und stellt Token für den Zugriff auf Ressourcenserver aus. In unserem Azure-Beispiel ist Microsoft Entra ID der Autorisierungsserver. Autorisierungsserver werden oft als Identitätsanbieter bezeichnet.

Flows

OAuth2 definiert verschiedene Interaktionen zwischen den im vorangegangenen Abschnitt definierten Rollen, und diese Interaktionen werden als *Flows* bezeichnet. Ein Beispiel für einen Flow ist die Interaktion zwischen einer Clientanwendung und einem Autorisierungsserver. Bei Microsoft Entra ID ist das Ergebnis dieser Abläufe ein JWT, das verwendet werden kann, um eine bestimmte Stufe des Zugriffs auf eine Ressource zu gewähren. Beachten Sie, dass wir *eine Ressource* und nicht *Ressourcen* schreiben. Wir werden den Unterschied im folgenden Abschnitt über Token erklären.

Oft finden Sie auch Verweise auf Grant Flows. Die Begriffe Flow und Grant Flow sind austauschbar.

Es gibt verschiedene Arten von OAuth2-Flows. Jeder Flow hat die gleichen Ziele: ein Token zu erhalten, das eine Reihe von Berechtigungen darstellt, um im Namen eines Benutzers zu handeln und eine oder mehrere Aufgaben im Namen des Benutzers durchzuführen. Die Erlangung eines Tokens umfasst zwei Schritte:

1. Abrufen des Tokens von einem Identitätsanbieter wie Microsoft Entra ID oder Facebook
2. Verwenden des Tokens, um eine Aufgabe im Namen des Nutzers auszuführen, zum Beispiel um die E-Mail-Adresse eines Nutzers zu lesen oder, im Falle von Facebook, ein Bild in der Timeline des Nutzers zu posten.

Die verschiedenen von OAuth2 unterstützten Flows unterscheiden sich nur im ersten Schritt (Abrufen des Tokens). Der Grund dafür ist, dass unterschiedliche Anwendungstypen und Einsatzszenarien bestimmen, welche Flows funktionieren und welche nicht.

Die drei wichtigsten OAuth2-Flows sind die folgenden:

- **Autorisierungscodeflow (authorization code flow)** Dies ist derzeit der sicherste und daher der bevorzugte Flow, da er keine Anmeldeinformationen an andere Prozesse oder Dienste weitergibt (mit Ausnahme des OAuth2-Identitätsanbieters – zum Beispiel Microsoft Entra ID –, der bereits über Ihre Kennwortkennung verfügt und vertrauenswürdig ist). Sie können hier mehr darüber erfahren: *https://learn.microsoft.com/azure/active-directory/develop/v2-oauth2-auth-code-flow*.

Proof of Key for Code Exchange

Der Austausch von Autorisierungscodes kann durch eine Erweiterung namens Proof of Key for Code Exchange (PKCE), ausgesprochen *pixie*, noch sicherer gemacht werden. MSAL verwendet PKCE automatisch, wann immer es möglich ist.

PKCE trägt dazu bei, Cross-Site Request Forgery (CSRF) und andere Injektionsangriffe abzuschwächen, insbesondere gegen öffentliche Clients (die im nächsten Abschnitt über Clienttypen erläutert werden). Zu diesem Zweck wird ein ephemeres, vom Client generiertes Geheimnis verwendet, das als Code-Verifier bezeichnet wird. PKCE ist im RFC 7363 definiert, der hier zu finden ist: *https://azsec.tech/pkce.*

- **Flow mit Client-Anmeldedaten (Client Credentials Flow)** Dieser Flow wird häufig verwendet, wenn zwei Dienste, beispielsweise zwei Daemons, miteinander kommunizieren. Er erlaubt es dem Clientwebdienst, seine eigenen Anmeldedaten zur Authentifizierung zu verwenden, wenn er einen anderen Webdienst aufruft. Diese Clients werden als *vertrauliche Clients* bezeichnet, da sie Anmeldeinformationen speichern und schützen können. Weitere Informationen zu diesem Flow finden Sie unter *https://learn.microsoft.com/azure/active-directory/develop/v2-oauth2-client-creds-grant-flow.*

Veröffentlichen Sie niemals Clientzugangsdaten in Ihrem Quellcode, betten Sie sie nie in Webseiten ein und codieren Sie diese niemals fest in einer Clientanwendung, die auf den Geräten oder Computern der Benutzer läuft.

Sie können auch ein X.509-Zertifikat und einen privaten Schlüssel anstelle eines gemeinsamen Geheimnisses als Anmeldeinformationen für eine Clientanwendung verwenden. In der Produktion sollten Sie X.509-Zertifikate und private Schlüssel anstelle von Shared Secrets einsetzen.

- **On-behalf-Of (OBO)-Flow** Wenn Sie mit dem Identitätswechsel auf Windows-Systemen vertraut sind, ist der OBO-Fluss ein enger, aber sicherer Cousin. (Wir schreiben sicherer, weil der Identitätswechsel in Windows den Zugriff nicht einschränkt. Wenn Cheryl beispielsweise eine Verbindung zu einem Windows-Dienst herstellt, der sich als sie ausgibt, kann der Dienst alles tun, was Cheryl auf diesem Computer tun kann.) OBO wird verwendet, wenn eine Anwendung einen Dienst oder eine Web-API aufruft, die ihrerseits einen anderen Dienst oder eine andere Web-API aufrufen muss. Die Idee besteht darin, die delegierte Benutzeridentität und die Berechtigungen über die Anforderungskette weiterzugeben. Zum Zeitpunkt der Erstellung dieses Dokuments funktioniert der OBO-Flow nur für Benutzerkonten, nicht für Dienstprinzipale. Weitere Informationen über den OBO-Flow finden Sie unter *https://learn.microsoft.com/azure/active-directory/develop/v2-oauth2-on-behalf-of-flow.*

OBO kann nicht mit Microsoft Entra External ID verwendet werden. Für weitere Informationen siehe *https://learn.microsoft.com/azure/active-directory-b2c/application-types#unsupported-application-types*.

Zusätzlich zu diesen Flows gibt es drei weitere Flows, die nicht verwendet werden sollten, da sie ein Sicherheitsrisiko darstellen:

- **Impliziter Flow** Der implizite Flow wurde vor mehr als einem Jahrzehnt erfunden und wird in Webbrowser-Clients verwendet. In den letzten Jahren hat sich die Sicherheitstechnologie für Webbrowser weiterentwickelt, sodass dieser Flow veraltet ist und bald nicht mehr genutzt werden wird. Das Problem mit dem impliziten Flow besteht darin, dass bei seiner Verwendung Token-Informationen, bei denen es sich um vertrauliche Daten handelt, in der Adressleiste des Browsers sichtbar sind. Man könnte meinen, dies sei keine große Sache, bis man bedenkt, dass die Daten in der Adressleiste im Browserverlauf landen, potenziell für Browser-Plug-ins zugänglich sind und mit einem anderen Browser auf dem Telefon oder einem anderen Computer des Benutzers synchronisiert werden könnten. Das bedeutet, dass das Unternehmen, das die Synchronisierung durchführt, auch über die Daten verfügt! Mehr über den impliziten Flow erfahren Sie hier: *https://learn.microsoft.com/azure/active-directory/develop/v2-oauth2-implicit-grant-flow*.

Es gibt ein Szenario, in dem der implizite Flow in Ordnung ist. Sie können hier mehr darüber lesen: *https://learn.microsoft.com/azure/active-directory/develop/v2-oauth2-implicit-grant-flow#suitable-scenarios-for-the-oauth2-implicit-grant*.

- **Flow mit den Anmeldedaten des Ressourcenbesitzers (ROPC-Flow, Resource Owner Password Credentials Flow)** Im Gegensatz zum Anwendungscode-Flow werden beim ROPC-Flow die Benutzerdaten an potenziell nicht vertrauenswürdige Zwischenprozesse weitergegeben. Dieser Flow, der nur von der MSAL .NET-Bibliothek unterstützt wird, birgt Risiken, die in anderen Flows nicht vorhanden sind, und erfordert daher ein sehr hohes Maß an Vertrauen. Der ROPC-Flow löst auch nicht den Microsoft Entra ID-bedingten Zugriff aus. In den meisten Szenarien sind sicherere Alternativen verfügbar und werden empfohlen. Mehr über den ROPC-Flow erfahren Sie hier: *https://learn.microsoft.com/azure/active-directory/develop/v2-oauth-ropc*.

Im Allgemeinen sind wir der Meinung, dass der ROPC-Flow nie verwendet werden sollte. Wie beim impliziten Flow gibt es jedoch ein Szenario, in dem ROPC eine Option darstellt: für automatisierte Tests in Nicht-Produktionsumgebungen. Weitere Informationen finden Sie unter *https://learn.microsoft.com/azure/active-directory/develop/test-automate-integration-testing?tabs=dotnet*.

- **Geräteautorisierungsflow** Dieser Flow wird verwendet, um Clients zu unterstützen, die möglicherweise nicht über umfangreiche Eingabemethoden verfügen, zum Beispiel ein Smart-TV. Der Geräteautorisierungsflow ist jedoch einer neuen Klasse von Phishing-Angriffen ausgesetzt, die hier beschrieben werden: *https://azsec.tech/6af*. Daher sollten Sie den Geräteautorisierungsflow nur dann verwenden, wenn es einen besonderen Grund dafür gibt und kein anderer Flow funktioniert. Weitere Informationen über den Geräteautorisierungsflow finden Sie unter *https://learn.microsoft.com/azure/active-directory/develop/v2-oauth2-device-code*.

Ausführlichere Informationen zu allen in diesem Abschnitt behandelten Flows finden Sie unter *https://learn.microsoft.com/azure/active-directory/develop/authentication-flows-app-scenarios*.

Tabelle 5-1 zeigt, welche Flows für welche Anwendungstypen gelten. Beachten Sie, dass diese Tabelle auch die oben genannten Flows enthält, die ein Sicherheitsrisiko darstellen.

Anwendungstyp	Unterstützter OAuth2 Flow
Single-Page-Webanwendung	Autorisierungscode mit PKCE Implizit
Webanwendung, die Benutzer anmeldet	Autorisierungscode
Webanwendung, die Benutzer anmeldet und auf andere Web-APIs zugreift	Autorisierungscode
Desktopanwendung, die auf andere Web-APIs zugreift	Autorisierungscode mit PKCE Flow mit Anmeldedaten des Ressourcenbesitzers
Browserlose Anwendung	Gerätecode
Mobile App	Autorisierungscode mit PKCE Flow mit Anmeldedaten des Ressourcenbesitzers
Linux-Daemon oder Windows-Dienst, der auf andere Web-APIs zugreift	Clientanmeldeinformationen
API-Anwendung, die im Namen eines Kunden auf andere APIs zugreift	On-Behalf-Of

Tabelle 5-1 Verschiedene Anwendungstypen und unterstützte OAuth2-Flows

Clienttypen

OAuth2 unterteilt Clients in zwei Kategorien:

- **Öffentliche Clients** Dazu gehören Webseiten, wie Single-Page-Anwendungen (SPAs), die mit Frameworks wie Angular JavaScript, vanilla-JavaScript oder TypeScript geschrieben wurden. Mobiler Code ist ebenfalls ein öffentlicher Client. Öffentliche Clients können ihre Geheimnisse nicht schützen. Wenn Sie sich die Liste der unterstützten Flows und Anwendungstypen in Tabelle 5-1 ansehen, werden Sie feststellen, dass die öffentlichen Clients PKCE verwenden, um mehr Sicherheit zu bieten.

- **Vertrauliche Clients** Bei diesen Clients handelt es sich in der Regel um serverbasierte Dienste, wie zum Beispiel Webservercode. Da diese Dienste für nicht vertrauenswürdige Benutzer nicht direkt zugänglich sind, können Konfigurationsdaten und Prozessspeicher nicht eingesehen werden. Daher können sie Geheimnisse sicher speichern, einschließlich eines Geheimnisses, das wie Anmeldeinformationen behandelt wird.

Verwechseln Sie den Begriff »vertraulich« im Zusammenhang mit OAuth2 nicht mit Confidential Computing (das in Kapitel 11, »Confidential Computing«, ausführlich behandelt wird). Beide weisen überhaupt keine Ähnlichkeit auf.

Eine vollständige Erklärung der Clienttypen finden Sie unter *https://learn.microsoft.com/azure/active-directory/develop/msal-client-applications*.

Token

Es gibt drei gängige Arten von Token, von denen Sie immer wieder hören werden:

- **ID-Token** OpenID Connect generiert diese nach erfolgreicher Authentifizierung.
- **Zugriffstoken** OAuth2 generiert diese und gibt sie an den Client weiter, damit dieser sie für den Zugriff auf Ressourcen im Namen des Ressourcenbesitzers verwenden kann. Der Zugriff erfolgt häufig über APIs, die von einem Ressourcenserver zur Verfügung gestellt werden – zum Beispiel REST-APIs für den Zugriff auf Schlüsseltresore in Azure Key Vault. Zugriffstoken sind für Clients undurchsichtig, aber der Ressourcenserver muss das Token verifizieren und in ihm nachsehen, um den Zugriff zu bestimmen. Ein Zugriffstoken kann nur auf einen einzigen Ressourcentyp zugreifen. Beispielsweise kann ein Zugriffstoken, das für den Zugriff auf Key Vault verwendet wird, nicht für den Zugriff auf Azure Storage genutzt werden.
- **Aktualisierungstoken** Diese Token werden ebenfalls an den Client ausgegeben und dienen dazu, neue Kopien von ID-Token und Zugriffstoken zu erhalten, wenn diese kurz vor dem Ablauf stehen. Aktualisierungstoken lassen sich auch verwenden, um mehrere Zugriffstoken von einem einzigen Authentifizierungsereignis zu erhalten. So können Sie beispielsweise ein Zugriffstoken für Key Vault und ein weiteres für Azure SQL-Datenbank erhalten, ohne sich mehrfach anmelden zu müssen.

Wie bereits erwähnt, sind Zugriffstoken und Aktualisierungstoken für Kunden undurchsichtig.

Wir werden Token später in diesem Kapitel im Abschnitt »Anatomie eines JSON Web Token (JWT)« ausführlicher behandeln.

Gültigkeitsbereiche, Berechtigungen und Zustimmung

OAuth2 ermöglicht die Verwendung von Gültigkeitsbereichen (Scopes), um eine sehr viel feinere Kontrolle der Zugriffsrechte zu erreichen. Ein *Gültigkeitsbereich* ist eine Berechtigung oder ein Satz von Berechtigungen für den Zugriff auf Ressourcen.

Es gibt zwei Hauptarten von Berechtigungen für Anwendungen:

- **Delegierte Berechtigungen** Diese ermöglichen es einer Clientanwendung, im Namen eines Benutzers zu handeln. Beachten Sie, dass bei delegierten Berechtigungen auch die Berechtigung des Benutzers verwendet wird, um festzustellen, ob die Anwendung auf die Ressource zugreifen kann.
- **Anwendungsberechtigungen** Diese erlauben es einer Anwendung, ihre eigene Identität zu verwenden, zum Beispiel eine verwaltete Identität, und nicht die eines angemeldeten Benutzers.

Sie können diese im Azure-Portal sehen, wenn Sie den Berechtigungstyp einer App auswählen.

Unterschiedliche Ressourcen haben unterschiedliche Berechtigungen oder Gültigkeitsbereiche. Einige davon sind von Natur aus vertraulich und ihre Verwendung erfordert eine administrative Genehmigung. Microsoft Graph verfügt beispielsweise über viele Bereiche, darunter auch Bereiche, die sich auf die Fähigkeit zum Lesen von Geräten beziehen. Dazu gehören die folgenden:

- **Device.Read** Dieser Bereich ermöglicht es der App, die Geräte des aktuellen Benutzers zu lesen, erfordert jedoch keine administrative Zustimmung, da der Benutzer die App zum Lesen seiner eigenen Geräte verwendet.
- **Device.Read.All** Mit diesem Umfang kann die App alle Geräte aller Benutzer lesen, die der Benutzer lesen kann. Dies ist eindeutig eine erweiterte Anforderung und erfordert daher eine administrative Genehmigung.

Wenn ein Benutzer eine Anwendung zum ersten Mal verwendet, wird ihm eine Liste von Berechtigungen angezeigt und er wird aufgefordert, Zugriffsanfragen zu gewähren oder zu verweigern. Die Liste der Berechtigungen stammt von der Anwendung selbst. Erinnern Sie sich an den Abschnitt »Microsoft-Authentifizierungsbibliothek«, dort lautete im Code unserer Beispielanwendung der Abschnitt Scopes für Login-Requests wie folgt:

```
const loginRequest = {
   scopes: ["User.Read"]
};
```

In diesem Beispiel würde der Zustimmungsbildschirm wie in Abbildung 5-2 aussehen.

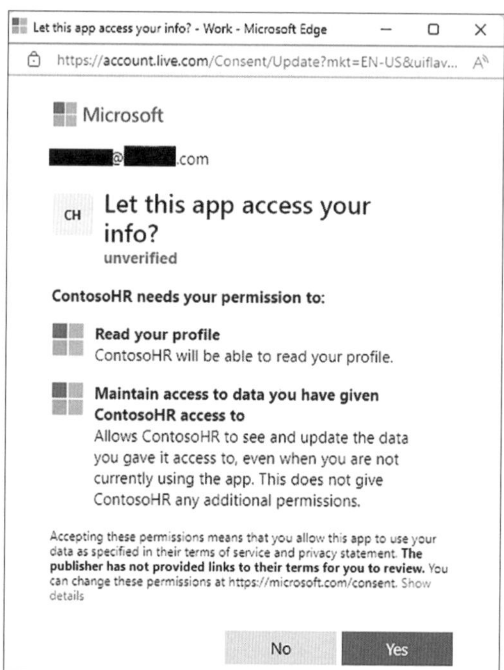

Abbildung 5-2 Ein Beispiel für einen Zustimmungsbildschirm

Obwohl Sie die gewünschten Berechtigungen im Azure-Portal konfigurieren können, kommt es darauf an, ob der Benutzer oder ein Administrator einer Berechtigung zustimmt (oder nicht). In dem in Abbildung 5-3 dargestellten Bildschirm zeigt die Anwendung beispielsweise an, dass sie die Microsoft Graph-Berechtigung User.ReadWrite anfordern möchte.

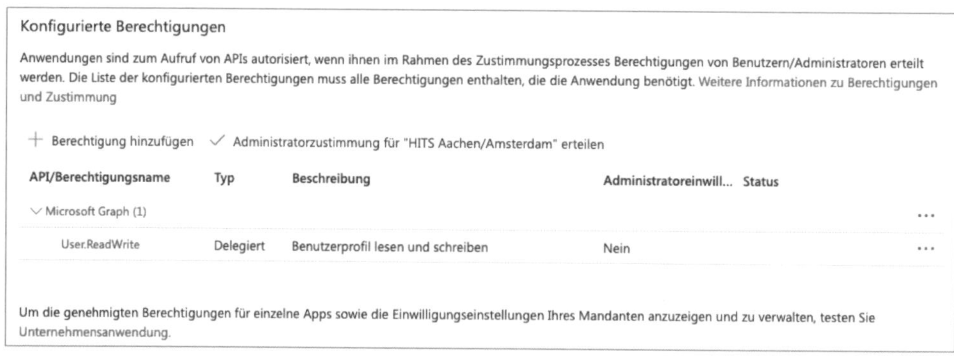

Abbildung 5-3 Konfigurieren von Berechtigungen im Azure-Portal für eine App-Registrierung

Unsere Beispielanwendung stellt jedoch zur Laufzeit die folgende Anfrage:

```
const loginRequest = {
   scopes: ["User.Read"]
};
```

Der Benutzer hat also bereits im Rahmen der Anmeldung dem Bereich User.Read zugestimmt.

Etwas später in der Beispielanwendung möchte der Code Ihre E-Mail lesen. Der Code, der die Eingabeaufforderung erzwingt, lautet wie folgt:

```
return myMSALObj.acquireTokenSilent(request)
```

Und die Anforderung lautet wie folgt:

```
const tokenRequest = {
  scopes: ["User.ReadWrite", "Mail.Read"],
};
```

An diesem Punkt fordert der Code zur Anzeige eines weiteren Zustimmungsdialogfelds auf (siehe Abbildung 5-4), allerdings nur für die Anfrage, der der Benutzer noch nicht zugestimmt hat: Mail.Read. Dies wird *inkrementelle Zustimmung* genannt.

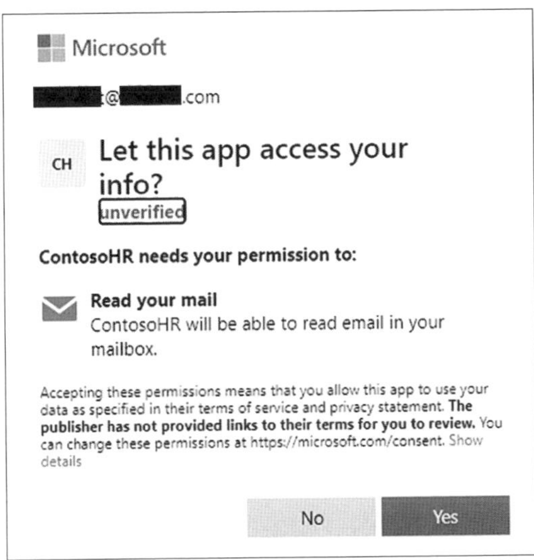

Abbildung 5-4 Die Microsoft-Identitätsplattform fordert den Benutzer auf, dieser Anwendung das Lesen seiner E-Mails zu erlauben (oder nicht).

Einige Bereiche sind gefährlich und erfordern oft eine Administratorzustimmung. Die folgenden Bereiche bzw. Berechtigungen sollten mit Vorsicht verwendet werden, da sie bei Missbrauch schwerwiegende Sicherheitsauswirkungen haben. Bei all diesen Bereichen handelt es sich um Microsoft Graph-Berechtigungen, und die Sternchen stehen für alle Bereiche, beispielsweise Read, Write und Update.

- Mail.*
- Mail.Send
- MailboxSettings.*
- Contacts.*
- People.*
- Files.*

- Notes.*
- Directory.AccessAsUser.All
- Directory.ReadWrite.All
- Application.ReadWrite.All
- Domain.ReadWrite.All
- EduRoster.ReadWrite.All
- Group.ReadWrite.All
- Member.Read.Hidden
- RoleManagement.ReadWrite.Directory
- User.ReadWrite.All
- User.ManageCreds.All

Andere Gültigkeitsbereiche sind nicht so gefährlich, hierzu gehören die folgenden:

- User.Read
- openid
- email
- profile

Eine ausführlichere Erläuterung zu Berechtigungen, Geltungsbereichen und Zustimmungen finden Sie unter *https://learn.microsoft.com/azure/active-directory/develop/permissions-consent-overview*.

Anatomie eines JSON Web Token (JWT)

Wie bereits erwähnt, verwenden die Microsoft Identitätsplattform und Microsoft Entra ID JWTs. Und wie ebenfalls bereits erwähnt, müssen Sie sich in den meisten Fällen mit JWT auf der Clientseite nicht mit dem Inhalt befassen, da JWTs undurchsichtig sind. Da Entwickler jedoch so wissbegierig sind, haben wir beschlossen, diesen Abschnitt hinzuzufügen, damit Sie wissen, was in einem JWT steckt. Außerdem gibt es einige Szenarien, in denen Sie das Token auswerten möchten, um beispielsweise den Namen des Benutzers anzuzeigen. In diesem Fall können Sie ein id_token parsen, um einen Anspruch auf einen Anzeigenamen zu erhalten.

Ein JWT ist keine JSON-Datei. Vielmehr besteht es aus drei JSON-Abschnitten: dem Header, der Payload und der Signatur. Der Header beschreibt den Signaturalgorithmus, einen Token-Typ und möglicherweise eine Schlüssel-ID (kid), die zur Erstellung der Signatur verwendet wird. Die Payload enthält einzelne Elemente, sogenannte Ansprüche (Claims), und unterstützende Daten. Die Signatur ist eine digitale Unterschrift.

Die einzelnen Abschnitte des JWTs werden jeweils durch einen Punkt voneinander getrennt. Das Format eines JWTs ist also wie folgt:

```
Header.Payload.Signatur
```

Sie können einen Blick in ein JWT werfen, indem Sie Websites wie *https://jwt.ms* oder *https://jwt.io* verwenden. Um eine dieser Websites zur Erforschung eines Tokens (in diesem Fall *https://jwt.ms*) zu nutzen, führen Sie die folgenden Schritte aus:

1. Geben Sie in die Adressleiste Ihres Webbrowsers *https://azsec.tech/jwt* ein. Sie werden zu *https://login.microsoftonline.com/common/oauth2/v2.0/authorize* mit einigen OAuth2-spezifischen Parametern weitergeleitet. (An diesem Punkt des Kapitels sollten Sie verstehen, was die Parameter bedeuten!)
2. Melden Sie sich mit einem Microsoft Entra ID-Konto an.

   Der Browser wird eine Fehlermeldung anzeigen. Das ist in Ordnung – und wird sogar erwartet –, weil Sie derzeit nichts haben, was auf die URI-Umleitung hört: *http://localhost/myapp*. Außerdem enthält die Adressleiste des Browsers ein Base64-codiertes implizites Flow-ID-Token. Der gesamte Inhalt der Adressleiste sieht dann etwa so aus:

   ```
   http://localhost/myapp/
   #id_token=eyJ0eXAiOiJKV1QiLCJhbGciOiJSUzI1NiIsImtpZCI6ImJXOFpjTWp
   CQ25KWlMtaWJYNVVRRE5TdHZ4NCJ9.
   eyJ2ZXIiOiIyLjAiLCJpc3MiOiJodHRwczovL2xvZ2luLm1pY3Jvc29mdG9ubGlu
   <snip>
   QXTlxRJRzUUIz472JMczIanGv81reUVGlUfTjAjvl4IMivwQuQMO4kyrGr2eIpn48KfL
   YZerApVeusj8j7zcvdGMPXqU7Y7FA2EUyeDER96obdjyznIelt8bnpN8nbcIMEwr6kGF8q-1wQ_
   J21vcw&state=12345
   ```
3. Wählen Sie das Base64-codierte Token aus und kopieren Sie es – also alles nach `#id_token=` in der ersten Zeile und vor *&state=* in der letzten Zeile in obiger URL.
4. Rufen Sie in Ihrem Browser *https://jwt.ms* auf und fügen Sie das Base64-codierte Token ein, das Sie gerade kopiert haben. Sie sollten eine Ausgabe ähnlich der in Abbildung 5-5 sehen.

Wenn Sie dasselbe Token in *https://jwt.io* einfügen, wird die Signatur ebenfalls überprüft. *https://jwt.ms* zeigt nichts an, während *https://jwt.io* eine Fehlermeldung »Invalid Signature« anzeigt.

Sie können die vollständige URL ändern, sodass der Parameter `redirect_uri` *https://jwt.ms* lautet. Probieren Sie es unter *https://azsec.tech/fpd* aus.

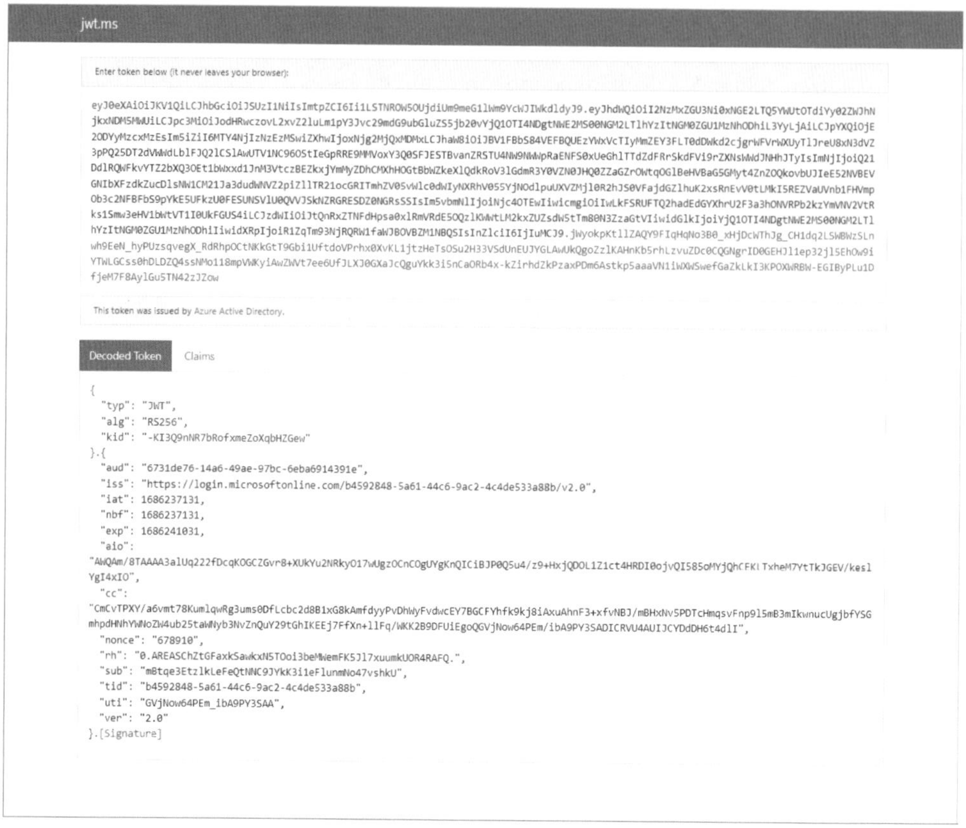

jwt.ms

Enter token below (it never leaves your browser):

eyJ0eXAiOiJKV1QiLCJhbGciOiJSUzI1NiIsImtpZCI6Ii1LSTNROW5OUjdiUm9meG1lWm9YcWJIWkdldyJ9.eyJhdWQiOiI2NzMxZGU3Ni0xNGE2LTQ5YWUtOTdiYy02ZWJhNjkxNDM5MWUiLCJpc3MiOiJodHRwczovL2xvZ2luLm1pY3Jvc29mdG9ubGluZS5jb20vYjQ1OTI4NDgtNWE2MS00NGM2LTlhYzItNGM0ZGU1MzNhODhiL3YyLjAiLCJpYXQiOjE2ODYyMzcxMzEsIm5iZiI6MTY4NjIzNzEzMSwiZXhwIjoxNjg2MjQxMDMxLCJhaW8iOiJBV1FBbS84VEFBQUEzYWxVcTIyMmZEY3FLT0dDWkd2cjgrWFVrWXUyTlJreU8xN3dVZ3pPQ25DT2dVWWdLblFJQ2lCSlAwUTV1NC96OStIeGpRRE9MMVoxY3Q0SFJESTBvalZRSTU4NW9NWWpRaENFS0xUeGhlTTdZdFRrSkdFVi9rZXNsWWdJNHhJTyIsImNjIjoiQ21DdlRQWFkvYTZ2bXQ3OEt1bWxxd1JnM3VtczBEZkxjYmMyZDhCMXhHOGtBbWZkeXlQdkRoV3lGdmR3Y0VZN0JHQ0ZZaGZrOWtqOGlBeHVBaG5GMytmdk5CSi9tQkhYTnY1UERUY0htcXN2Rm5wOTltQjNtSWt3bnVjVWdqYmZZU0dtaHBkSE5oWVdOb1pXNXRlc1NsMW1CM21Ja3dudWNVZ2piZllTR0ZSaG9vTkh5VjNOdlpuUXVZMjl0R2hJS0VFajdGZlhuKzxsRnEvV0tLMkI5REZVaUVnb1FHVmpOb3c2NFBFbS9pYkE5UFkzU0FESUNSVlU0QVVJSkNZRGRESDZ0NGRsSSIsIm5vbmNlIjoiNjc4OTEwIiwicmgiOiIwLkFSRUFTQ2hadEdGYXhrU2F3a3hONVRPb2kzYmVNV2VtRks1Smw3eHV1bWtVT1I0UkFGUS4iLCJzdWIiOiJtQnRxZTNFdHpsa0xlRmVRdE5OQzlKWWtLM2kxZUZsdW5tTm80N3ZzaGtVIiwidGlkIjoiYjQ1OTI4NDgtNWE2MS00NGM2LTlhYzItNGM0ZGU1MzNhODhiIiwidXRpIjoiR1ZqTm93NjRQRW1faWJBOVBZM1NBQSIsInZlciI6IjIuMCJ9.jWyokpKtllZAQY9FIqHqNo3B0_xHjDcWThJg_CH1dq2LSWBWzSLnwh9EeN_hyPUzsqvegX_RdRhpOCtNKkGtT9Gbi1UftdoVPrhx0XvKL1jtzHeTsOSu2H33VSdUnEUJYGLAwUkQgoZzlKAHnKb5rhLzvuZDc0CQGNgrID0GEHJl1ep32jl5EhOw9iYTWLGCss0hDLDZQ4ssNMo118mpVWKyiAwZWVt7ee6UfJLXJ0GXaJcQguYkk3i5nCaORb4x-kZirhdZkPzaxPDm6Astkp5aaaVN1iWXWSwefGaZkLkI3KPOXWRBW-EGIByPLu1DfjeM7F8AylGu5TN42zJZow

This token was issued by Azure Active Directory.

Decoded Token Claims

```
{
  "typ": "JWT",
  "alg": "RS256",
  "kid": "-KI3Q9nNR7bRofxmeZoXqbHZGew"
}.{
  "aud": "6731de76-14a6-49ae-97bc-6eba6914391e",
  "iss": "https://login.microsoftonline.com/b4592848-5a61-44c6-9ac2-4c4de533a88b/v2.0",
  "iat": 1686237131,
  "nbf": 1686237131,
  "exp": 1686241031,
  "aio":
"AWQAm/8TAAAA3alUq222fDcqKOGCZGvr8+XUkYu2NRkyO17wUgzOCnCOgUYgKnQICiBJP0Q5u4/z9+HxjQDOL1Z1ct4HRDI0ojvQI585oMYjQhCFKLTxheM7YtTkJGEV/kesl
YgI4xIO",
  "cc":
"CmCvTPXY/a6vmt78KumlqwRg3ums0DfLcbc2d8B1xG8kAmfdyyPvDhWyFvdwcEY7BGCFYhfk9kj8iAxuAhnF3+xfvNBJ/mBHxNv5PDTcHmqsvFnp9l5mB3mIkwnucUgjbfYSG
mhpdHNhYWNoZW4ub25taWNyb3NvZnQuY29tGhIKEEj7FfXn+llFq/WKK2B9DFUiEgoQGVjNow64PEm/ibA9PY3SADICRVU4AUIJCYDdDH6t4dlI",
  "nonce": "678910",
  "rh": "0.AREASChZtGFaxkSawkxN5TOoi3beMWemFK5Jl7xuumkUOR4RAFQ.",
  "sub": "mBtqe3EtzlkLeFeQtNNC9JYkK3i1eFlunmNo47vshkU",
  "tid": "b4592848-5a61-44c6-9ac2-4c4de533a88b",
  "uti": "GVjNow64PEm_ibA9PY3SAA",
  "ver": "2.0"
}.[Signature]
```

Abbildung 5-5 Anzeigen eines JWT mit *https://jwt.ms*

5. Klicken Sie auf die Registerkarte *Claims*, um eine Liste und Erläuterungen zu jedem Claim im Token anzuzeigen.

Weitere Informationen zu den einzelnen Claims finden Sie unter *https://learn.microsoft.com/azure/active-directory/develop/id-tokens#payload-claims*.

Token validieren

Wenn Sie mit X.509-Zertifikaten vertraut sind, wissen Sie, dass Sie sie validieren müssen, indem Sie überprüfen, ob ihr Name, ihr Datumsbereich, ihre Signatur und andere Parameter korrekt sind. Das Gleiche gilt für JWTs – zumindest für Server. Denken Sie daran, dass JWTs für die meisten Clients undurchsichtig sind, mit Ausnahme von id_tokens. Abgesehen von der Erfahrung und dem Lernen ist es nicht nötig, diese Arbeit auf einem Client zu erledigen. Sie müssen jedoch eine JWT-Validierung auf jedem Server durchführen, der JWTs akzeptiert.

Für .NET 6.0 und höher sind die beiden für die Validierung zu verwendenden Namespaces wie folgt:

- **Microsoft.IdentityModel.Tokens** Hier befindet sich der Datentyp `SecurityToken`.
- **System.IdentityModel.Tokens.Jwt** Dieser Namespace enthält alle Validierungsfunktionen.

Die Klasse `JwtSecurityToken` enthält viele Methoden, mit denen Sie verschiedene Teile eines Tokens validieren können. Dazu gehören die folgenden:

- **ValidateToken** Hierbei handelt es sich um ein Catchall, das Sie einsetzen können, um Flags und Werte in einem Aufruf zu setzen. Es verwendet eine Klasse namens `TokenValidationParameters`, die mit den zu überprüfenden Parametern gefüllt wird. Weitere Informationen über die Methode `ValidateToken` finden Sie unter *https://azsec.tech/val1*. Weitere Informationen über die Klasse `TokenValidationParameters` finden Sie unter *https://azsec.tech/parm*.
- **ValidateSignature** Hiermit wird eine symmetrische Signatur (zum Beispiel `alg=="HS256", HMAC-SHA256`) oder eine asymmetrische Signatur (zum Beispiel `alg=="RS256", RSA SHA-256`) validiert. Lesen Sie unter *https://azsec.tech/val2* mehr über diese Methode.
- **ValidateLifetime** Hiermit werden die Angaben zu Datum/Uhrzeit, die nicht vor dem Ablaufdatum liegen, validiert. Für weitere Informationen siehe *https://azsec.tech/val3*.
- **ValidateIssuer** Hiermit wird der Token-Aussteller validiert. Weitere Details finden Sie hier: *https://azsec.tech/val4*.
- **ValidateAudience** Hiermit wird die Zieldomäne für das Token validiert. Siehe *https://azsec.tech/val5* für weitere Informationen.

Sie können Code wie den folgenden verwenden, um einzelne Angaben aus einem JWT zu holen. Dieser Code holt den Claim Audience heraus, der angibt, für wen dieses JWT bestimmt ist. Das Token ist ein Base64-codiertes JWT.

```
var tokenHandler = new JwtSecurityTokenHandler();
var jwtToken = (JwtSecurityToken)tokenHandler.ReadToken(token);

string aud = jwtToken.Claims.First(claim => claim.Type == "aud").Value;
```

Web-APIs müssen an sie gesendete Zugriffstoken validieren und dürfen nur Token akzeptieren, die ihren Zielgruppenanspruch (aud) enthalten, das heißt die Zieldomäne, für die das Token bestimmt ist.

Suche nach dem Zertifikat, das mit dem Signierschlüssel verbunden ist

Das ist ein wenig kompliziert, und Sie müssen es nicht wirklich verstehen, aber es ist immer gut zu wissen, wie die Dinge funktionieren. Also, los geht's.

Jeder von Microsoft Entra ID ausgestellte JWT enthält iss- und kid-Claims. Dies sind der Aussteller und die Schlüssel-ID, die zum Signieren des Tokens verwendet werden. Sie sehen wie folgt aus:

```
iss: https://login.microsoftonline.com/9188040d-6c67-4c5b-b112-36a304b66dad/v2.0
kid: bW8ZcMjBCnJZS-ibX5UQDNStvx4
```

Gehen Sie wie folgt vor, um das mit dem Signierschlüssel verbundene Zertifikat zu finden:

1. Fügen Sie den folgenden Code an die iss-URL an: **/.well-known/openid-configuration**. Die URL sollte nun wie folgt lauten:

   https://login.microsoftonline.com/9188040d-6c67-4c5b-b112-36a304b66dad/v2.0/.well-known/openid-configuration

2. Geben Sie diese URL in die Adressleiste Ihres Webbrowsers ein.

   Sie werden auf eine Seite weitergeleitet, die den Inhalt einer JSON-Datei mit nützlichen Informationen über die OpenID Connect-Konfiguration des Dienstes enthält.

   Ein Eintrag in der JSON-Datei ist `jwks_uri`, gefolgt von dem URI für eine JSON-Datei, die die Informationen zum öffentlichen Schlüssel enthält. Er könnte wie folgt aussehen:

   ```
   https://login.microsoftonline.com/9188040d-6c67-4c5b-b112-36a304b66dad/discovery/v2.0/keys
   ```

3. Geben Sie diesen URI in die Adressleiste Ihres Webbrowsers ein, um die JSON-Datei abzurufen.

   Es wird eine Liste von Schlüsseln angezeigt. Einer dieser Schlüssel hat ein `kid`, das mit dem `kid` am Anfang übereinstimmt. In diesem Beispiel ist das `kid` am Anfang `bW8ZcMjBCnJZS-ibX5UQDNStvx4`. Beachten Sie, dass dies auch in dieser Liste von Schlüsseln erscheint:

   ```
   {
      "kty": "RSA",
      "use": "sig",
      "kid": "bW8ZcMjBCnJZS-ibX5UQDNStvx4",
      "x5t": "bW8ZcMjBCnJZS-ibX5UQDNStvx4",
      "n": "2a70SwgqIh8U-Shj1jM <snip> 5vKOmouQi8a8Q",
      "e": "AQAB",
      "x5c": [
   "MIIDYDCCAkigAwIBAgIJAN2X7t+ckntxMA0GCSqGSIb3DQEBCwUAMCkxJzAlBgNVBAMTHkxpdmUgSUQgU1RTIF
   NpZ25pbmcgUHVibGljIEtleTAeFw0yMTAzMjkyMzM4MzNaFw0yNjAzMjgyMzM4MzNaMCkxJzAlBgNVB
   <snip>
   FgXGPjYPLW0j10d0qzHHJ84saclVwvvu0rpp75Y+0Du5Z20rjNF1W4dEWZMJmm0e73e
   jAnoiWJI25kQpkd4ooNasw3HIZEJZ6cKctmPJLdvx0tJ8bde4DivtW0eFIw
   cAkokH2jlHmA0ipNETw=="
      ],
      "issuer": "https://login.microsoftonline.com/9188040d-6c67-4c5b-b112-36a304b66dad/
   v2.0"
   }
   ```

Das Feld `x5c` ist das X.509-Zertifikat, das den öffentlichen Schlüssel enthält, der mit dem Signierschlüssel verbunden ist, der zum Signieren dieses JWT verwendet wird. Ihr Dienst sollte diese Schlüssel alle 11 bis 13 Stunden abrufen, da sich die Schlüssel schnell ändern können.

Für die JWT-Überprüfung muss ein Server mindestens Folgendes validieren:

- Der Zieldomänen-Claim `aud` (audience) darf nicht fehlen. Außerdem muss es Ihr Server-aud sein und nichts anderes.
- Das aktuelle Datum und die Uhrzeit müssen `>= nbf` (not before) und `<= exp` (expiry) sein.
- Die Angabe `alg` (Signaturalgorithmus) sollte das sein, was Sie erwarten – in vielen Fällen `RS256`. Sie darf nicht `"None"` lauten.
- Die Signatur muss korrekt sein.
- Der Claim `iss` (issuer, Herausgeber) muss gültig sein.

OAuth2 in Ihren Azure-Anwendungen verwenden

Der Feind Nr. 1 in den OWASP-Top-10 2021 (*https://owasp.org/Top10*), der in Kapitel 9, »Secure Coding«, ausführlicher behandelt wird, ist eine fehlerhafte Zugriffssteuerung. Wie in der OWASP-Dokumentation unter *https://azsec.tech/kgp* erläutert, handelt es sich dabei um einen Mangel an Authentifizierung und Autorisierung für Anwendungsendpunkte.

Wie wir später erklären werden, besteht eine Möglichkeit zur Authentifizierung und Autorisierung des Zugriffs auf einen Anwendungsendpunkt wie eine REST-API darin, eine geheime Zeichenfolge zu verwenden. Das ist üblich und einfach. Aber es ist auch unsicher, weil die Zeichenfolge irgendwo gespeichert werden muss.

Eine bessere Lösung zum Schutz von Endpunkten, die mit ASP.NET, Node.js, Azure Functions usw. entwickelt wurden, ist OpenID Connect und OAuth2. Dies ist genau das, was die Azure REST-APIs tun. Wenn Sie beispielsweise eine Cosmos DB-Datenbank erstellen und eine C#-Klasse, ein PowerShell-Cmdlet oder die Azure-CLI verwenden, wird letztendlich eine REST-API aufgerufen, die eine POST-Methode auf *https://{databaseaccount}.documents.azure.com/dbs* akzeptiert. Damit dies geschehen kann, muss sich der Benutzer jedoch zunächst bei Azure authentifizieren. Andernfalls schlägt der REST-Aufruf fehl, was in etwa so aussieht:

```
Invoke-WebRequest -Method POST https://foo.documents.azure.com/dbs
Invoke-WebRequest: {"code":"Unauthorized","message":"Required Header authorization is
missing. Ensure a valid Authorization token is passed.\r\nActivityId: c6412411-fbdc-4320-
ab96-b37f77172c32, Microsoft.Azure.Documents.Common/2.14.0"}
```

Die Art und Weise, wie Sie Ihren Endpunkt schützen, kann je nach Produkt variieren, da unterschiedliche Produkte in der Regel OpenID Connect- und OAuth2-Aufgaben mithilfe unterschiedlicher Bibliotheken ausführen. Informationen zum Schutz von ASP.NET-Anwendungen finden Sie hier: *https://learn.microsoft.com/azure/active-directory/develop/scenario-protected-web-api-app-configuration?tabs=aspnetcore*.

Als Beispiel fügen wir die Authentifizierung und Autorisierung zu einer Azure Function-App hinzu. Sie können jeden der folgenden Identitätsanbieter verwenden, aber in diesem Test werden wir GitHub nutzen:

- Microsoft Entra ID
- Apple
- Facebook
- Google
- GitHub
- Twitter
- OpenID Connect

Mit der letzten Option, OpenID Connect, können Sie im Wesentlichen jeden OpenID Connect-Identitätsanbieter verwenden.

Jeder dieser Identitätsanbieter macht die Einrichtung eines authentifizierten Frontends für Ihre Azure-Funktionen einfach, da die Möglichkeit, sowohl die Authentifizierung als auch die Autorisierung innerhalb eines Identitätsanbieters zu föderieren, in das Azure Function-Apps-Portal integriert ist. Der schnellste und einfachste Weg, dies mit einem anderen Identitätsanbieter als Microsoft Entra ID zu tun, ist die Verwendung von GitHub, da Sie wahrscheinlich bereits ein GitHub-Konto haben.

Hier sehen Sie, wie dies konfiguriert wird. (Beachten Sie, dass wir uns in diesem Beispiel einfach über GitHub authentifizieren, es aber keine GitHub-App gibt.)

1. Öffnen Sie im Azure-Portal den Abschnitt *Funktions-App*, navigieren Sie zur Seite *Authentifizierung* und klicken Sie auf *Identitätsanbieter hinzufügen* (siehe Abbildung 5-6).

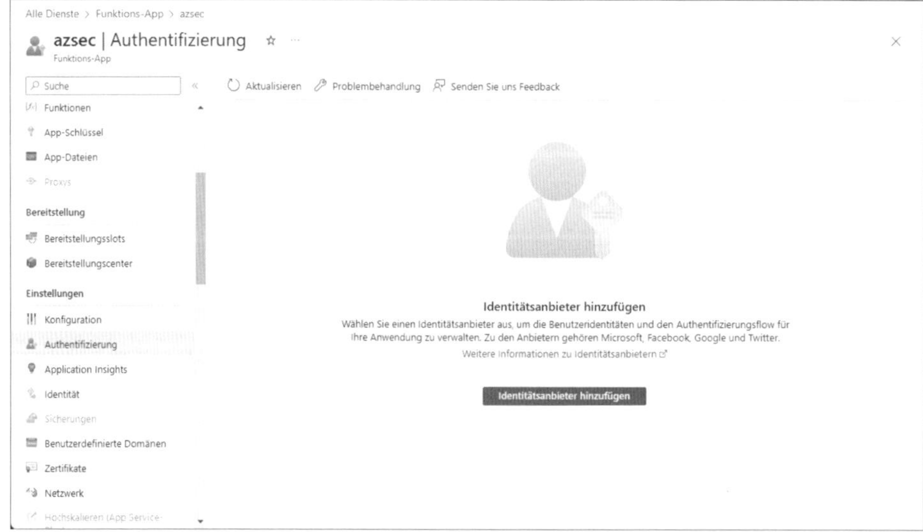

Abbildung 5-6 Hinzufügen eines Identitätsanbieters zu einer Azure Funktions-App

2. Geben Sie auf der Seite *Identitätsanbieter hinzufügen* (siehe Abbildung 5-7) die folgenden Informationen ein:
   - **Identitätsanbieter** Wählen Sie *GitHub*.
   - **Client-ID** Lassen Sie dieses Feld vorerst leer; Sie werden es gleich ausfüllen.
   - **Geheimer Clientschlüssel** Lassen Sie dieses Feld vorerst leer; Sie werden es gleich ausfüllen.
   - **Zugriff einschränken** Wählen Sie das Optionsfeld *Authentifizierung erforderlich*.
   - **Nicht authentifizierte Anforderungen** Wählen Sie die Option *HTTP 302 (Umleitung): Für Websites empfohlen.*
   - **Tokenspeicher** Aktivieren Sie dieses Kontrollkästchen.

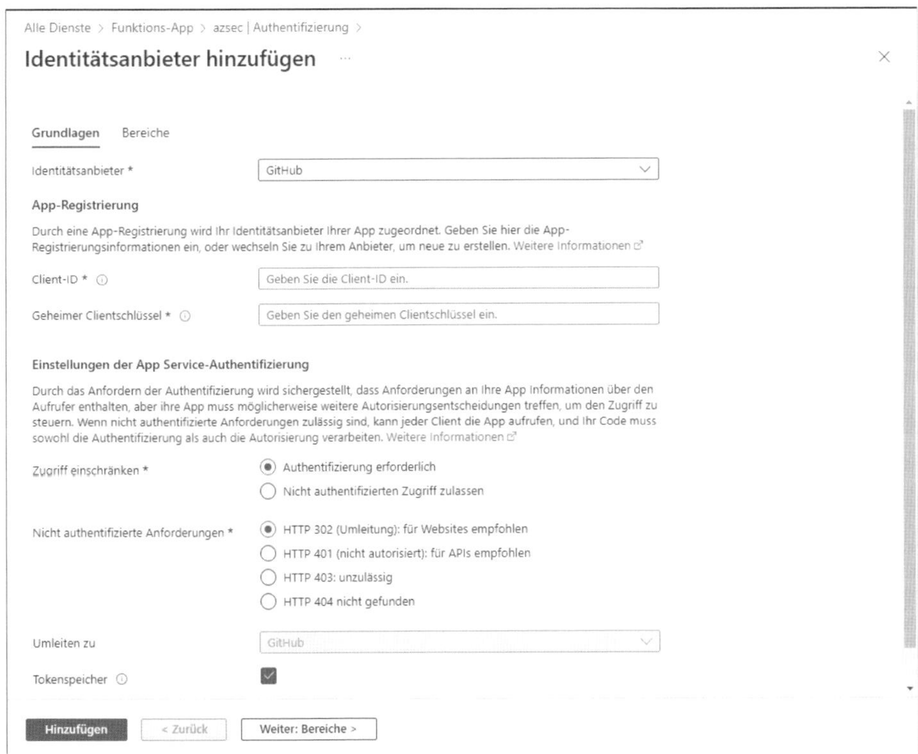

Abbildung 5-7 Konfigurieren von GitHub als Identitätsanbieter für Ihre Funktions-App

3. Melden Sie sich bei GitHub an.
4. Klicken Sie auf Ihr Profilbild oben rechts und navigieren Sie zur Seite *Settings*.
5. Klicken Sie im Abschnitt *Developer* der Seite *Settings* (im unteren linken Teil des Bildschirms) auf *New GitHub App* und melden Sie sich an, wenn Sie dazu aufgefordert werden.
6. Fügen Sie die erforderlichen Angaben zu Ihrer Anwendung hinzu, zum Beispiel den Namen und die URL der Homepage.

7. Deaktivieren Sie für dieses Beispiel das Kontrollkästchen *Webhook Active*. Klicken Sie dann auf *Create GitHub App*.

Sie können sogar GitHub-Gültigkeitsbereiche, wie zum Beispiel Nur-Lese- oder Lese-Schreib-Zugriff, zu Ihren Repos, Diskussionen, Issues, Projekten und sogar zu administrativen Rechten hinzufügen.

8. Notieren Sie sich auf dem Bildschirm *About* (siehe Abbildung 5-8) die angezeigte Client-ID. Klicken Sie dann auf die Schaltfläche *Generate a new client secret*, um ein Client-Geheimnis zu generieren. Notieren Sie auch dieses.

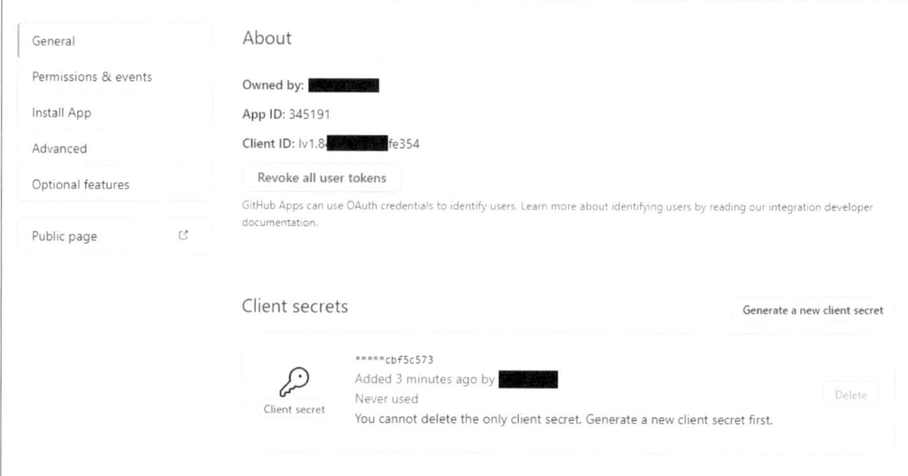

Abbildung 5-8 Einrichten des GitHub-App-Endpunkts, einschließlich der Client-ID und der Client-Geheimnisse

9. Geben Sie auf der Seite *Identitätsanbieter hinzufügen* im Abschnitt *Funktions-App* des Azure-Portals (siehe Abbildung 5-7) die Client-ID und das Client-Geheimnis in die Felder *Client-ID* bzw. *Geheimer Clientschlüssel* ein und klicken Sie auf *Hinzufügen*.
10. Klicken Sie im Fensterbereich auf der linken Seite des Azure-Portals auf *Funktionen*.
11. Klicken Sie auf *Erstellen*, um eine einfache HTTP-Trigger-Funktion mit Standardgerüst zu erstellen.
12. Wählen Sie die Vorlage *HTTP-Trigger*.
13. Geben Sie der Funktion einen Namen oder verwenden Sie einfach die Standardeinstellung, da dies nur ein Test ist.
14. Lassen Sie die *Authorization level* auf *Function* eingestellt.
15. Klicken Sie auf *Erstellen*.
16. Geben Sie die URL der Azure Funktions-App in Ihrem Webbrowser ein. Sie werden aufgefordert, sich mit den GitHub-Anmeldedaten anzumelden, wie in Abbildung 5-9 dargestellt.

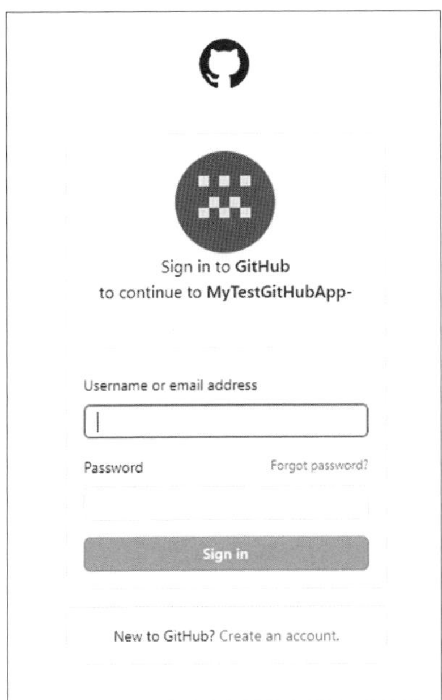

Abbildung 5-9 Zugriff auf eine Funktions-App über Ihre GitHub-Anmeldung

Um herauszufinden, wie Sie diese Aufgabe auch mit anderen Identitätsanbietern durchführen können, zum Beispiel Facebook, Apple und Google, siehe *https://learn.microsoft.com/azure/app-service/configure-authentication-provider-github*. Wenn Sie erfahren wollen, wie Sie das bisher Gelernte auf Logic-Apps anwenden können, lesen Sie unter *https://learn.microsoft.com/azure/logic-apps/logic-apps-custom-api-authentication?tabs=azure-portal* weiter.

Wenn Sie noch tiefer in den OAuth2-Kaninchenbau einsteigen und sich über aktuelle Best Practices informieren möchten, lesen Sie den neuesten IETF-Entwurf zu diesem Thema unter *https://azsec.tech/sec*.

Authentifizierung

Authentifizierung ist der Vorgang, bei dem etwas oder jemand einem Gegenüber beweist, wer oder was er oder sie ist. Im Zusammenhang mit dieser Definition gibt es einige wichtige Überlegungen:

- Die Authentifizierung erfolgt während einer Interaktion mit einer externen Gegenpartei. Je nachdem, wo Sie die Grenze ziehen, die definiert, was »extern« und was »etwas anderes« ist, müssen Sie sich also möglicherweise nicht authentifizieren. Diese Grenze wird normalerweise als Vertrauensgrenze festgelegt. (Wenn Sie eine Auffrischung zu Vertrauensgrenzen benötigen, schlagen Sie Kapitel 4, »Bedrohungsmodellierung«, auf.)

- Es reicht nicht aus, sich gegenüber einem Server auszuweisen; Sie müssen auch beweisen, wer Sie sind.
- Wie bereits erwähnt, können Sie Ihre Identität mit einem oder mehreren von drei Faktoren nachweisen: etwas, das Sie wissen, etwas, das Sie haben, und etwas, das Sie sind.

Etwas, das Sie wissen

Wenn Sie sich mit etwas, das Sie wissen, authentifizieren, bedeutet das, dass Sie Informationen verwenden, die nur Sie kennen, um Ihre Identität zu beweisen. Das bedeutet nicht unbedingt, dass Sie diese Informationen bereitstellen, sondern nur, dass Sie nachweisen können, dass Sie sie haben.

Die einfachste Art der Authentifizierung auf der Grundlage von etwas, das Sie wissen, ist die Angabe eines Kennworts. Wenn Ihre Gegenstelle Ihren Namen und Ihr Kennwort erhält, vergleicht sie diese mit einigen gespeicherten Informationen, um festzustellen, ob das erhaltene Kennwort tatsächlich das richtige ist.

Darin liegt ein erheblicher Trugschluss: Es wird angenommen, dass nur ein rechtmäßiger Benutzer das Kennwort kennt. Das ist natürlich nicht immer der Fall. Ein Kennwort könnte abgefangen werden, wenn es zur Authentifizierung gesendet wird. Es könnte auch vom System des Benutzers oder von dem entfernten System, das das Kennwort überprüft, gestohlen werden. Und natürlich könnte das Kennwort einfach erraten werden, wenn es Wörter oder Zahlen enthält, die mit dem Benutzer in Verbindung stehen, wie zum Beispiel der Name seines Kindes. Um diesem Irrtum entgegenzuwirken, haben die meisten Organisationen Mechanismen eingeführt, um die Speicherung von Kennwörtern in ihren Systemen zu verbessern oder die Benutzer dazu anzuhalten, Kennwörter zu wählen, die schwieriger zu erraten sind – manchmal auf eine Weise, die an Illegalität grenzt. Unter *https://azsec.tech/fvx* finden Sie einige Beispiele hierfür.

Kennwörter sind seit den Anfängen der Computertechnik die am häufigsten verwendete Methode zur Authentifizierung. Im Laufe der Jahre haben sie jedoch ihre Schwächen gezeigt – so sehr, dass der aktuelle Konsens lautet, dass sie in den meisten Szenarien nicht ausreichen. In den folgenden Abschnitten werden Sie einige Möglichkeiten kennenlernen, wie Sie damit umgehen können.

Null-Wissen-Kennwortbeweis (Zero-Knowledge Password Proof)

Wie bereits erwähnt, bedeutet die Authentifizierung mit etwas, das man weißt, in der Regel die Übermittlung eines Kennworts an eine Gegenstelle. Wenn Sie dies tun, besteht die Gefahr, dass das Kennwort von einem böswilligen Akteur abgefangen wird. Schlimmer noch: Mit jedem Mal, wenn Sie dies tun, erhöht sich das Risiko. Aus diesem Grund verlangen viele Unternehmen von ihren Benutzern, dass sie ihre Kennwörter regelmäßig ändern.

→

Es gibt jedoch eine Reihe von Möglichkeiten, dies zu vermeiden. Die vielversprechendste davon ist der Null-Wissen-Kennwortbeweis (Zero-Knowledge Password Proof, ZKPP). Bei ZKPP wird das Kennwort nicht gesendet, sondern Sie beweisen der Gegenpartei lediglich, dass Sie es haben. Die Gegenpartei erhält also niemals in irgendeiner Form das Passwort. Azure unterstützt ZKPP noch nicht, aber wer weiß, vielleicht werden in der nächsten Ausgabe dieses Buches ein paar Seiten diesem Thema gewidmet. In der Zwischenzeit können Sie unter *https://azsec.tech/rv8* mehr darüber erfahren.

Etwas, das Sie besitzen

Die Authentifizierung mit etwas, das Sie besitzen, setzt normalerweise voraus, dass Sie im Besitz eines Objekts sind, zum Beispiel eines Telefons oder eines Tokens.

Dies kann eine wirksame Form der Authentifizierung sein, ist aber nicht ohne Risiken. Ein Smartphone könnte zum Beispiel gestohlen werden oder verloren gehen. Aber selbst, wenn Sie das Smartphone nicht verlieren, könnte ein Angreifer die SMS abfangen, wenn Sie sie für die Authentifizierung verwenden. Eine Möglichkeit, dies zu tun, besteht darin, einen SIM-Austausch-Angriff zu starten. Nach Angaben des FBI wird beim SIM-Swapping »der Mobilfunkanbieter dazu gebracht, die Handynummer des Opfers auf eine SIM-Karte im Besitz des Kriminellen zu übertragen. Sobald die SIM-Karte ausgetauscht ist, werden die Anrufe, Textnachrichten und anderen Daten des Opfers auf das Gerät des Kriminellen umgeleitet« – einschließlich der SMS-Nachrichten, die sie zur Authentifizierung erhalten.

In einer aktuellen FBI-Warnung wird davor gewarnt, dass SIM-Swap-Angriffe immer häufiger werden. Sie können die Warnung hier lesen: *https://azsec.tech/wao*.

Microsoft empfiehlt, die SMS-basierte Authentifizierung zu vermeiden. Ziehen Sie stattdessen Tools wie Microsoft Authenticator oder Google Authenticator oder ein Hardware-Token wie das auf FIDO2 basierende in Betracht. Diese beiden Technologien werden durch kryptografische Algorithmen unterstützt, die ihre Sicherheit garantieren. Außerdem verfügen sie über Mechanismen, die das Risiko des Diebstahls und der Verwendung durch böswillige Akteure verringern. Mit dem Azure Temporary Access Pass (TAP), der Teil von Microsoft Authenticator ist, können Sie beispielsweise einen Mechanismus definieren, mit dem Sie bei Bedarf die Kontrolle über Ihre Identität wiedererlangen. Weitere Informationen finden Sie unter *https://learn.microsoft.com/azure/active-directory/authentication/howto-authentication-temporary-access-pass*.

> **Kennwortlose Authentifizierung**
>
> Die Probleme und das Scheitern der kennwortbasierten Authentifizierung hat zur Entwicklung alternativer Ansätze geführt. Eine davon wird als kennwortlose Authentifizierung bezeichnet und basiert auf der Idee, dass wir Kennwörter ganz weglassen können. Fast Identity Online (FIDO) 2 ist einer der Standards, die eine kennwortlose Authentifizierung unterstützen. Er verwendet eine Kombination aus asymmetrischen Schlüsseln und hardwarebasiertem Schutz, um die Identität eines Benutzers zu überprüfen. Mit FIDO2 tauschen Sie niemals Geheimnisse mit Servern aus; Ihr Sicherheitsschlüssel bleibt immer auf Ihrem Gerät. Es handelt sich also um ein Beispiel für eine Null-Wissen-Benutzerauthentifizierung (siehe *https://azsec.tech/gcu*). Dieser Ansatz behebt einige der Risiken, die mit der kennwortbasierten Authentifizierung verbunden sind, und ist daher einer der vielversprechendsten Trends im Bereich der Authentifizierung.

Etwas, das Sie sind

Wenn Sie sich mit etwas authentifizieren, das Sie sind, verwenden Sie Ihre physischen Merkmale für den Zugang. Dieser Mechanismus wird häufig für die Authentifizierung auf Geräten eingesetzt, aber selten für die Authentifizierung auf externen Systemen. Wie bei Kennwörtern ist die Authentifizierung mit etwas, das Sie sind, in der Regel nicht ausreichend sicher. Schlimmer noch: Während Sie ein Kennwort leicht ändern können, können Sie Ihre körperlichen Merkmale nicht einfach ändern – zumindest nicht ohne teure und schmerzhafte Operation. Daher wird diese Methode weniger häufig verwendet.

Die Aufmerksamsten unter Ihnen werden sich vielleicht über den vorangegangenen Satz wundern. Denn unterstützen Windows und Azure nicht die biometrische Authentifizierung mit Windows Hello for Business? Ja. Aber Windows Hello for Business verwendet keine Ein-Faktor-Authentifizierung. Vielmehr nutzt es die Multi-Faktor-Authentifizierung (MFA). Um mehr darüber zu erfahren, lesen Sie weiter.

Multi-Faktor-Authentifizierung

Jedes Beispiel für etwas, das Sie wissen, etwas, das Sie haben, und etwas, das Sie sind, ist eine Form der Single-Faktor-Authentifizierung (SFA). SFA-Mechanismen haben im Laufe der Jahre ihre Schwächen gezeigt. Diese sind so eklatant, dass heutzutage der vielversprechendste Ansatz für die Authentifizierung darin besteht, zwei oder mehr dieser Mechanismen zusammen zu verwenden.

Dieser Ansatz wird als Multi-Faktor-Authentifizierung (MFA) bezeichnet. Die Idee hinter MFA ist, dass Sie es durch die Kombination der Sicherheitsmerkmale der verschiedenen Authentifizierungsmechanismen einem Angreifer schwerer machen, sich als Sie auszugeben. Ein klassisches Beispiel für MFA ist die Verwendung eines Benutzernamens und eines Kennworts (etwas, das Sie kennen) gemeinsam mit einer Nummer, die eine App auf Ihrem Smartphone (etwas, das Sie haben) generiert hat.

Wie bereits erwähnt, verwendet Windows Hello for Business MFA und ermöglicht es Ihnen, Benutzer mit einer Kombination aus etwas, das sie haben (ein Gerät, auf dem Windows Hello for Business genutzt wird), und etwas, das sie sind (unter Verwendung der Fingerabdruck- oder Gesichtserkennung), zu authentifizieren, das auf diesem Gerät gespeichert ist. Das funktioniert folgendermaßen:

1. Sie trainieren Ihr Gerät, Sie zu erkennen. Dabei werden die Informationen, die für Ihre künftige Erkennung erforderlich sind, auf dem Gerät gespeichert.
2. Sie verwenden das Gerät, um auf eine Windows Hello for Business-Ressource zuzugreifen.
3. Windows verwendet die auf dem Gerät gespeicherten biometrischen Informationen, um Ihre Identität zu überprüfen.
4. Wenn es eine Übereinstimmung gibt, gewährt Windows Ihnen Zugriff auf kryptografische Schlüssel, die Sie zur Authentifizierung für den Zugriff auf die Windows Hello for Business-Ressource verwenden.

Der Vorteil dieses Ansatzes ist, dass er Ihre physischen Merkmale mit einem bestimmten Gerät verknüpft. Daher stellt er implizit ein Beispiel für MFA dar. Um sich zu authentifizieren, müssen Sie Ihre Identität anhand Ihrer physischen Merkmale (etwas, das Sie sind) und eines Geräts nachweisen, das bereits mit Ihren Parametern verknüpft wurde (etwas, das Sie besitzen). Eine andere Person, die dieses Gerät verwendet, würde nicht authentifiziert werden. Ebenso werden Sie nicht authentifiziert, wenn Sie ein anderes Gerät einsetzen, auf dem Ihre Parameter noch nicht gespeichert sind.

Bei der Entwicklung einer MFA-Lösung müssen Sie darauf achten, dass Sie die richtigen Authentifizierungsmechanismen auswählen. Wir haben zum Beispiel mit Unternehmen zusammengearbeitet, die MFA implementieren wollen, indem sie von den Benutzern verlangen, zusätzlich zur Eingabe des Kennworts eine vordefinierte Frage zu beantworten. Das Problem bei diesem Ansatz ist, dass beide Mechanismen auf etwas basieren, das Sie kennen – das heißt, dass ein Angreifer, der Sie gut kennt, in der Lage sein könnte, sowohl Ihr Kennwort als auch die vordefinierte Frage zu erraten. Daher würde dieser Ansatz die Sicherheit nicht wesentlich erhöhen.

Wer authentifiziert wen?

Bis jetzt hat sich dieses Kapitel auf die Benutzerauthentifizierung konzentriert. Schließlich ist es das, womit wir uns normalerweise beschäftigen: Benutzer, die in irgendeiner Form auf eine Ressource zugreifen müssen. Daraus ergeben sich jedoch zwei Fragen:

- Wer authentifiziert den Benutzer wirklich?
- Reicht es aus, den Benutzer zu authentifizieren?

In den Anfängen des Internets war jede Anwendung isoliert, sodass die Last der Benutzerauthentifizierung bei den Anwendungen selbst lag. Dieser Ansatz hatte jedoch viele Nachteile. Glücklicherweise wurde er weitgehend durch die zentralisierte Authentifizierung über Identitätsanbieter (IdPs) wie Microsoft Entra ID ersetzt.

Wenn Sie beispielsweise über das Azure-Portal auf eine Ressource zugreifen, werden Sie normalerweise an Microsoft Entra ID weitergeleitet, wo Sie authentifiziert werden. Mit anderen Worten, das Azure-Portal führt die Authentifizierung nicht selbst durch; es delegiert diese Verantwortung an die Microsoft-Identitätsplattform, die Microsoft Entra ID als Autorität verwendet. Dies bedeutet zwei Dinge:

- Das Azure-Portal muss keine Anmeldedaten oder andere Verifizierungsdaten speichern.
- Die Microsoft-Identitätsplattform kann Sicherheitsrichtlinien wie bedingten Zugriff und MFA durchsetzen.

Sobald die Authentifizierung erfolgreich ist, erstellt Microsoft Entra ID ein Token. Das Azure-Portal verwendet dann dieses Token, um den Zugriff auf die betreffende Ressource zu ermöglichen. Das vom Azure-Portal erhaltene Token ist jedoch nicht die Authentifizierung, sondern eine signierte Erklärung über die Identität des Benutzers. Es enthält keine Anmeldedaten. Stattdessen enthält es die Benutzer-ID, Ansprüche (Claims), die sich darauf beziehen, was er tun kann, und andere kontextbezogene Informationen. Alles wird von Microsoft Entra ID signiert; Azure-Portal kann dann die Signatur überprüfen, ob Microsoft Entra ID das Token tatsächlich ausgestellt hat. Mit anderen Worten: Das Azure-Portal erkennt das Token an und weist seinem Inhaber die bescheinigten Rechte zu.

Damit ist die Authentifizierung des Nutzers gelöst, aber ist das ausreichend? Bei jeder Kommunikation gibt es mindestens zwei Beteiligte. In diesem Fall handelt es sich um den Benutzer (oder Client) und die Ressource, die durch einen Azure-Dienst repräsentiert wird, auf den über das Azure-Portal zugegriffen wird. Wir haben bereits erläutert, wie die Ressource den Benutzer indirekt authentifizieren und seine Identität und zugewiesenen Rechte erhalten kann, indem sie sich auf Microsoft Entra ID stützt. Aber wie kann der Benutzer sicher sein, dass er mit der gewünschten Ressource interagiert oder dass die Instanz von Microsoft Entra ID tatsächlich eine legitime Instanz darstellt? Schließlich wäre es für einen Schurkenstaat nicht so schwer, ein gefälschtes Microsoft Entra ID zu erstellen, da es Protokolle verwendet, die auf öffentlichen Standards basieren.

Die Antwort liegt in der Authentifizierung – in diesem Fall mit dem Transport Layer Security (TLS)-Protokoll. Wie in Kapitel 10, »Kryptografie in Azure«, ausführlich erläutert, authentifiziert TLS den Server, indem es eine Reihe von kryptografischen Operationen durchführt und überprüft, ob der Name im Zertifikat mit dem Namen in der Adressleiste des Browsers übereinstimmt. Dies wird als Serverauthentifizierung bezeichnet; im Wesentlichen authentifiziert der Client den Server.

Warum sollten sich Entwickler dafür interessieren?

In den letzten Abschnitten wurden Konzepte beschrieben, die hauptsächlich in den Zuständigkeitsbereich des Identitätsteams fallen. Die Konfiguration von MFA erfolgt zum Beispiel zentral in Microsoft Entra ID. Daher ist es Ihnen vielleicht unklar, warum wir all diese Informationen aufgenommen haben. Wäre es nicht ausreichend, sich darauf zu verlassen, dass Microsoft Entra ID seine Aufgabe erfüllt?

⟶

Diese Frage hat ihre Berechtigung. Wir beginnen unsere Antwort mit einigen Hintergrundinformationen. Viele unserer Kunden hatten in der Vergangenheit Probleme damit, die Kontrolle über die von ihrer Organisation übernommenen Anwendungen und Ressourcen zu behalten. Active Directory (heute Microsoft Entra ID genannt) trug wesentlich zu einem einheitlicheren Ansatz bei, aber seien wir ehrlich: Es war kompliziert, Anwendungen einzubinden, die nicht nativ an diese Plattform angepasst waren.

Die Cloud hat dies geändert. Sie hat die Möglichkeiten zur Integration erweitert und ein nie da gewesenes Maß an Kontrolle über die Ressourcen des Unternehmens ermöglicht. Dennoch liegt es in Ihrer Verantwortung, sicherzustellen, dass Ihre Lösungen mit Azure integriert sind. Sie können Tools wie Microsoft Entra ID Identity Protection nicht nutzen, wenn Ihre Benutzer ausschließlich von Ihrer Anwendung verwaltet werden. Darüber hinaus müssen Sie die spezifischen Sicherheitsanforderungen Ihrer Lösung hervorheben, damit sie erfüllt werden, zum Beispiel durch die Implementierung einer speziellen Richtlinie für bedingten Zugriff, die MFA für alle Benutzer erforderlich macht. Wenn Sie die Plattform kennen, können Sie eine besser integrierte Lösung erstellen und Fehler vermeiden, die typischerweise auftreten, wenn Sie versuchen, Ihre eigenen Lösungen für komplexe Probleme zu implementieren, wie im nächsten Abschnitt beschrieben.

Erstellen einer eigenen Authentifizierungslösung

Vielleicht denken Sie darüber nach, für Ihre Lösung selbst eine Art von Authentifizierungsfunktion zu entwickeln. Dafür gibt es einige Gründe, nämlich technische Beschränkungen oder Kosten. Wenn Sie zum Beispiel Millionen von Benutzern aus dem Internet verwalten müssen, kann eine kommerzielle Lösung, die pro Benutzer bezahlt wird, schnell erhebliche Kosten verursachen. Aber es gibt noch viel mehr Gründe, die dagegensprechen. Dazu gehören die folgenden:

- Benutzerdefinierte Authentifizierungslösungen werden in der Regel von Entwicklern und Architekten erstellt, die nur wenig (wenn überhaupt) Erfahrung mit dieser Art von Tools haben. Außerdem werden diese Lösungen nur begrenzt getestet, da sie auf ein einziges Szenario angewendet werden. Daher weisen sie höchstwahrscheinlich erhebliche Sicherheitslücken auf, die nicht bekannt sind und ausgenutzt werden könnten.
- Die Überwachungs- und Kontrollinstrumente für benutzerdefinierte Lösungen sind in der Regel minimal oder werden völlig vernachlässigt. Daher sind Sie möglicherweise nicht in der Lage, Angriffe zu erkennen, wenn sie passieren. Darüber hinaus kann Ihre Fähigkeit, aus vergangenen Fehlern zu lernen, beeinträchtigt sein, ebenso wie Ihre Fähigkeit, schnell auf Angriffe und Datenschutzverletzungen zu reagieren.
- Möglicherweise können Sie die Identitäten nicht zentral verwalten. Das bedeutet, dass Sie keine Sicherheitsdienste nutzen können, die es Ihnen ermöglichen würden, potenziell bösartiges Verhalten zu erkennen. Da Sie keine bereits vorhandene Lösung eines Identitätsanbieters nutzen können, müssen Sie wahrscheinlich Berichtsfunktionen und Dashboards implementieren, um Missbrauch, Nutzung und Statistiken aufzuzeigen.

Sie könnten unwissentlich gegen Vorschriften wie die DSGVO verstoßen, wenn Sie vertrauliche Daten und personenbezogene Daten speichern, ohne sie angemessen zu schützen.

Wir raten dringend davon ab, eine eigene Authentifizierungslösung zu erstellen.

Die Rolle des einmaligen Anmeldens (Single Sign-On)

Die Authentifizierung ist eine Notwendigkeit. Aber seien wir ehrlich: Niemand macht das gerne. Manchmal wird es so umständlich, dass man anfängt, Abkürzungen zu nehmen, zum Beispiel Kennwörter auf Zettel zu schreiben und an den Bildschirm zu kleben oder für jede Anwendung das gleiche schwache Passwort zu verwenden. Kein Wunder, dass eine der gefragtesten Authentifizierungsfunktionen das einmalige Anmelden, Single Sign-On (SSO) ist!

Praktische Erfahrungen: SSO

Einer von uns hat direkte Erfahrungen mit dem Aufbau eines SSO-Dienstes gemacht. Dies geschah vor mehr als 20 Jahren bei einem seiner ersten Projekte als Microsoft-Berater. Viele Organisationen hatten das Bedürfnis, die Authentifizierung für ihre Mitarbeiter und Kunden zu vereinfachen. Das Projekt war ein großer Erfolg.

SSO ermöglicht es Benutzern, sich einmal zu authentifizieren und dann für einen bestimmten Zeitraum automatisch von allen Anwendungen in ihrem Unternehmen erkannt zu werden, ohne ihre Anmeldedaten erneut einzugeben. Wie wird dieser Zauber vollbracht? Es wird von Microsoft Entra ID durchgeführt.

SSO funktioniert folgendermaßen: Wenn Sie auf eine Anwendung zugreifen, leitet diese Sie an Microsoft Entra ID weiter. Microsoft Entra ID authentifiziert Sie dann und stellt der Anwendung Informationen zur Verfügung, damit diese Ihnen die erforderlichen Zugriffsrechte zuweisen kann. Je nach Anwendung und ihrer Konfiguration kann Microsoft Entra ID diese Informationen auf unterschiedliche Weise an die Anwendung weitergeben:

- OpenID Connect und OAuth 2 verwenden
- SAML verwenden
- Anwendungsspezifischen Benutzernamen und Kennwort bereitstellen
- Einen Header verwenden
- Integrierte Windows-Authentifizierung (IWA) verwenden
- Verbund mit einem verknüpften Identitätsanbieter nutzen

Diese verschiedenen Ansätze ermöglichen es Microsoft Entra ID, der betreffenden Anwendung Authentifizierungsinformationen so bereitzustellen, wie die Anwendung sie erwartet. Sie geben in den Konfigurationseinstellungen der Anwendung an, welche Methode verwendet werden soll. Sie können SSO in diesen Einstellungen bei Bedarf auch deaktivieren.

Die Integration einer Anwendung mit Microsoft Entra ID SSO ist in der Regel für native Cloudanwendungen durch die Übernahme von OpenID Connect nahtlos. Traditionellere (das heißt, nicht Cloud-native) Anwendungen müssen möglicherweise Microsoft Entra ID Application Proxy verwenden, damit Microsoft Entra ID die Authentifizierung durchführt und der Anwendung die für die Gewährung des Zugriffs erforderlichen Informationen bereitstellen kann.

Dies erklärt nicht, wie Sie SSO über mehrere Anwendungen hinweg erreichen können, sodass Sie Ihre Anmeldedaten nicht mehr tagelang neu eingeben müssen. Auch dies wird durch Microsoft Entra ID erreicht. Die Idee ist, dass Microsoft Entra ID lokal auf dem Gerät einige Informationen speichert, um den Benutzer auch zu einem späteren Zeitpunkt zu erkennen. Unter Windows bedeutet dies in der Regel (aber nicht notwendigerweise) die Erstellung einer Art Token, dem sogenannten *primären Aktualisierungstoken (Primary Refresh Token, PRT)*. Dieses Token ist 14 Tage lang gültig und wird standardmäßig alle vier Stunden automatisch erneuert. Gültige PRTs werden jedes Mal, wenn Sie sich authentifizieren müssen, automatisch an Microsoft Entra ID gesendet, damit Sie Ihre Anmeldedaten nicht erneut eingeben müssen.

Weitere Informationen zu SSO finden Sie unter *https://learn.microsoft.com/azure/active-directory/manage-apps/what-is-single-sign-on*.

Ist SSO sicher?

SSO schwächt die Sicherheit ein wenig, da es lokal auf Ihrem System Informationen speichert, um sich als Sie zu authentifizieren. In einem Blogbeitrag mit dem Titel »Abusing Azure AD SSO with the Primary Refresh Token« beschreibt Dirk-Jan Mollema, wie es ihm und Benjamin Delpy gelungen ist, ein PRT zu stehlen und auf einem anderen Rechner wiederzuverwenden, selbst wenn es sich in der am besten geschützten Konfiguration befand, indem sie ein Trusted Platform Module (TPM) nutzten. Sie können den Artikel hier lesen: *https://azsec.tech/j9s*.

Angesichts dessen könnten Sie versucht sein, SSO für alle Anwendungen zu deaktivieren. Dies ist jedoch nicht unbedingt der richtige Weg. Es wird Sie vielleicht überraschen, dass viele Sicherheitsexperten SSO als Abschwächung potenzieller Angriffe betrachten, weil es die psychologische Belastung durch die meisten Sicherheitskontrollen verringert. Genauer, es verringert die Notwendigkeit, Anmeldedaten erneut einzugeben. Es unterstützt also die Auswahl sicherer Kennwörter.

Letztendlich wird die Verwendung von SSO empfohlen, und Sie sollten sie nicht deaktivieren. Aber Sie müssen sich der möglichen Nachteile bewusst sein. Daher sollten Sie Tools wie Microsoft Defender for Endpoint einsetzen, um zu erkennen, wann Clients möglicherweise kompromittiert wurden, und dann umgehend handeln, um Abhilfe zu schaffen, indem Sie beispielsweise den Benutzer zur erneuten Authentifizierung zwingen und alle PRTs für ungültig erklären.

Zugriff ohne Authentifizierung erhalten

Manchmal müssen sich Benutzer nicht authentifizieren, um auf eine Ressource zuzugreifen. Vielmehr muss ihnen einfach der Zugang gewährt werden. Falls sich das seltsam anhört, hier ein Beispiel, um es zu erklären. Nehmen wir an, Sie haben eine Anwendung, die den Benutzer auffordert, eine Datei hochzuladen. Ein typisches Beispiel ist eine Anwendung, die den Benutzer durch den Prozess der Beantragung einer Versicherungspolice führt; nachdem der Benutzer seine persönlichen Daten angegeben hat, fordert die Anwendung ihn auf, einen Scan seines Personalausweises hochzuladen.

Angenommen, der Benutzer lädt den Scan seines Personalausweises hoch und Sie möchten, dass dieser in einem Azure Storage-Konto gespeichert wird. Am einfachsten ist es, dem Benutzer direkten Zugriff auf das Azure Storage-Konto zu gewähren. Die Frage ist, ob sich der Benutzer beim Zugriff auf den Speicher authentifizieren muss. Nun, eigentlich nicht. Es könnte in Ordnung sein, wenn die Anwendung einfach spontan einen Ordner erstellt, in den der Benutzer seinen Scan für eine begrenzte Zeit hochladen kann. Nur dieser Ordner wäre für ihn zugänglich, und die Berechtigung würde nach einigen Minuten automatisch aufgehoben.

Sie können dies durch ein SAS-Token (Shared Access Signature) erreichen. Azure Storage unterstützt drei Arten dieser Token:

- **Dienst-SAS-Token** Diese werden am häufigsten verwendet. Sie sind mit einem bestimmten Dienst innerhalb des Azure Storage-Kontos verbunden. Dies könnte der Blob Storage Service, der Queue Storage Service oder der Azure Files Service sein.
- **Konto-SAS-Token** Diese gewähren Zugriff auf mehrere Dienste, die zum selben Azure Storage-Konto gehören.

  Sowohl Dienst- als auch Konto-SAS-Token werden mit Speicherkontoschlüsseln generiert, bei denen es sich um Signierschlüssel handelt, die eindeutig mit dem Azure Storage-Konto verknüpft sind.
- **SAS-Token für die Benutzerdelegierung** Im Gegensatz zu Dienst- und Konto-SAS-Token werden diese Token nicht mithilfe von Speicherkontoschlüsseln erzeugt. Vielmehr werden sie mit den Anmeldeinformationen eines Benutzers generiert und bieten dem Inhaber einen benutzerdelegierten Zugriff. Microsoft empfiehlt diesen Typ von SAS-Token.

Weitere Informationen zu SAS-Token finden Sie unter *https://learn.microsoft.com/azure/storage/common/storage-sas-overview*.

Beachten Sie, dass Sie SAS-Token mit gespeicherten Zugriffsrichtlinien (Stored Access Policies, SAPs) verknüpfen können. Es wird empfohlen, diesen Ansatz zu wählen, anstatt SAS-Token direkt zu verwenden. Auf diese Weise können Sie die Konfiguration des SAS-Tokens ändern, auch nachdem es ausgestellt wurde, und Sie können es leichter ungültig machen. Weitere Informationen über SAPs finden Sie unter *https://learn.microsoft.com/rest/api/storageservices/define-stored-access-policy*.

Apropos Ungültigmachen: Sie können SAS-Token, die mit Speicherkontoschlüsseln generiert wurden, ungültig machen, was jedoch bedeutet, dass alle mit demselben Schlüssel generierten SAS-Token gleichzeitig ungültig werden. In diesem Zusammenhang ist anzumerken, dass Azure für jedes Speicherkonto zwei Speicherkontoschlüssel bereitstellt, um die Regeneration der SAS-Token ohne Ausfallzeiten zu ermöglichen. Aus diesem Grund sollten Sie nicht beide Speicherkontoschlüssel gleichzeitig verwenden. Wir empfehlen Ihnen sogar, die Speicherkontoschlüssel zu vergessen und sie nur einzusetzen, wenn es keine andere Möglichkeit gibt. Sie können sogar noch einen Schritt weitergehen und Speicherkontoschlüssel ganz deaktivieren. Weitere Informationen finden Sie hier: *https://learn.microsoft.com/azure/storage/common/shared-key-authorization-prevent?tabs=portal*.

Praktische Erfahrungen: Missbrauch von Speicherkontoschlüsseln

Wir haben viele Situationen erlebt, in denen Speicherkontoschlüssel missbräuchlich verwendet wurden, was zu erheblichen Problemen führte. Einer unserer Kunden entschied sich beispielsweise, einen Speicherkontoschlüssel für die Generierung von SAS-Token und einen zweiten für die Verbindungszeichenfolge zu verwenden, die von einem Dienst für die Verbindung mit dem Speicherkonto genutzt wurde. Dieser Ansatz erforderte einen zusätzlichen Aufwand, sobald der Kunde ein SAS-Token ungültig machen musste.

Ein weiteres häufiges Problem mit Speicherkontoschlüsseln ist, dass sie für den Zugriff auf das Speicherkonto verwendet werden können. Dies ist leider eine der gängigeren Möglichkeiten, sich mit Azure Storage zu verbinden, aber es ist kaum etwas, was wir aus einer Sicherheitsperspektive empfehlen können. Speicherkontoschlüssel sind zu mächtig und erlauben es nicht, zu bestimmen, wer sie benutzt. Aus diesem Grund ist es weitaus besser, einen Dienstprinzipal oder – noch besser – eine verwaltete Identität zu nutzen, da Sie damit Rechte granular zuweisen und eine effektive Überwachung und Überprüfung durchführen können.

Authentifizierung von Anwendungen

Wir haben den Authentifizierungskonzepten für Benutzer viele Seiten gewidmet, aber sie sind nicht die einzigen Subjekte, die sich authentifizieren müssen. Auch Anwendungen müssen sich authentifizieren, um auf andere Ressourcen zuzugreifen. Typische Beispiele sind, wenn eine Anwendung auf eine Ressource in Azure oder On-Premise zugreifen muss. Eine Anwendung muss möglicherweise auch auf externe Ressourcen wie APIs von Drittanbietern zugreifen, die über das Internet zugänglich sind.

Authentifizierung für Azure-Ressourcen

Wenn Sie sich für Ressourcen auf Azure, wie Azure SQL, Cosmos DB oder Azure Storage, authentifizieren, haben Sie mehrere Möglichkeiten. In den meisten Fällen können Sie einen Dienstprinzipal und für einige Dienste dienstspezifische Anmeldedaten verwenden. Ein Dienstprinzipal ist ein Konto, das einer Anwendung zugewiesen wird. Jeder Dienstprinzipal hat einen Namen und ein Kennwort, mit denen der Anwendungscode auf Ressourcen in Azure zugreifen kann. Sie können Dienstprinzipalen Rollen zuweisen, wie Sie es auch mit jedem anderen Konto tun würden. Da diese Konten jedoch, wie bereits erwähnt, nicht Benutzern zugewiesen sind, können Sie sie nicht für die Verwendung von MFA konfigurieren.

Im Unterschied zu Benutzern können Dienstprinzipale MFA nicht verwenden, da sie keine Smartphones oder FIDO-Schlüssel besitzen und nicht über physische Merkmale wie Fingerabdrücke verfügen.

Während Dienstprinzipale in Microsoft Entra ID definiert werden, werden dienstspezifische Anmeldeinformationen, wie SQL-Konten, direkt vom Dienst selbst verwaltet. Daher können Sie auf sie keine zentralisierte Governance anwenden. Aus diesem Grund sollten Sie, wann immer möglich, Dienstprinzipale verwenden. Aber auch Dienstprinzipale haben ihre Grenzen. So neigen sie beispielsweise dazu, ihre Kennwörter länger als nötig unverändert zu lassen, möglicherweise sogar über Jahre hinweg. Eine Möglichkeit, dieses Problem zu lösen, ist die Implementierung eines – vorzugsweise automatisierten – Prozesses zur regelmäßigen Änderung des Kennworts. Ein anderer Ansatz ist jedoch noch besser: verwaltete Identitäten, die von Microsoft Entra ID bereitgestellt werden.

Eine verwaltete Identität ist ein Dienstprinzipal, dessen Anmeldeinformationen von Microsoft Entra ID verwaltet werden. Interessanterweise müssen Sie bei verwalteten Identitäten die Anmeldeinformationen nirgendwo speichern! Betrachten Sie das folgende Codefragment, das zeigt, wie Sie mit einer verwalteten Identität auf einer virtuellen Maschine (VM) oder einer Funktions-App eine Verbindung zu Azure Key Vault-Geheimnissen herstellen können:

```
SecretClient client = new SecretClient(new Uri(uriKeyVault), new DefaultAzureCredential());
```

Sie verwendet `DefaultAzureCredential()`, um auf die verwaltete Identität zu verweisen. Das war's! Sie müssen nichts weiter angeben (außer natürlich die Adresse der Key Vault-Instanz).

`DefaultAzureCredential()` ist nicht spezifisch für verwaltete Identitäten. Da der Code in diesem Fall jedoch keine Parameter angibt, wird ihm standardmäßig die verwaltete Identität zugewiesen. Unter der Haube verwenden die verschiedenen Authentifizierungs- und Autorisierungs-APIs wie `DefaultAzureCredential()` OpenID Connect und OAuth2. Erfahren Sie mehr über `DefaultAzureCredential()` und seine Funktionsweise unter *https://learn.microsoft.com/dotnet/azure/sdk/authentication?tabs=command-line*.

Das Schöne an verwalteten Identitäten ist, dass Azure sie automatisch zur Laufzeit injiziert. Sie haben nicht einmal Zugriff auf die Anmeldeinformationen im Speicherbereich Ihrer Anwendung! Da Sie nichts konfigurieren müssen, kann auch nichts gestohlen werden. Der Haken an der Sache ist, dass nicht alle Dienste und Ressourcen verwaltete Identitäten unterstützen. Glücklicherweise tun dies jedoch viele. Sie können hier auf eine aktualisierte Liste zugreifen: *https://learn.microsoft.com/azure/active-directory/managed-identities-azure-resources/managed-identities-status*.

Verwaltete Identitäten sind der am häufigsten empfohlene Authentifizierungsmechanismus auf Azure, und Sie sollten sie wann immer möglich verwenden.

Es gibt zwei Arten von verwalteten Identitäten: systemseitig zugewiesene und benutzerseitig zugewiesene. Der einzige Unterschied besteht darin, dass systemseitig zugewiesene verwaltete Identitäten den Diensten automatisch vom System zugewiesen werden, während benutzerseitig zugewiesene verwaltete Identitäten separat erstellt und mehreren Instanzen zugewiesen werden können. Dies macht benutzerseitig zugewiesene verwaltete Identitäten zu einer idealen Wahl für Situationen, in denen Sie Redundanz oder Skalierbarkeit benötigen.

Authentifizierung aus einem virtuellen Computer heraus

Bei einigen Kunden ist es üblich, sich von einer VM aus für Azure-Dienste zu authentifizieren. Ein gängiges Beispiel ist die Abfrage von Azure SQL DB durch Code, der in einer VM ausgeführt wird. (In diesem Artikel wird erklärt, wie das gemacht wird: *https://learn.microsoft.com/azure/active-directory/managed-identities-azure-resources/tutorial-windows-vm-access-sql*.) Wenn Sie in der VM eine verwaltete Identität verwenden, ist der Prozess jedoch etwas anders als das, was wir bisher behandelt haben. Im Großen und Ganzen sehen die Schritte wie folgt aus:

1. Erstellen Sie eine verwaltete Identität für die VM. In diesem Beispiel werden wir sie *VM Name* nennen.
2. Führen Sie in Azure SQL DB die folgenden T-SQL-Befehle aus:

   ```
   CREATE USER [VM Name] FROM EXTERNAL PROVIDER
   ALTER ROLE db_datareader ADD MEMBER [VMName]
   ```

3. Holen Sie mithilfe des PowerShell-Codes das Zugriffstoken der VM aus dem Azure Instance Metadata Service, der eine private, nicht routingfähige Adresse überwacht, zum Beispiel 169.254.169.254. Der Code wird in etwa so aussehen:

   ```
   $response = Invoke-WebRequest -Uri 'http://169.254.169.254/metadata/identity/oauth2/
   token?api-version=2018-02-01&resource=https://database.windows.net/' -Method GET
     -Headers
   @{Metadata="true"}
   $content = $response.Content | ConvertFrom-Json
   $AccessToken = $content.access_token

   $SqlConnection = New-Object System.Data.SqlClient.SqlConnection
   $SqlConnection.ConnectionString = "Data Source = <SQL-DB>; Initial Catalog = <DB>"
   $SqlConnection.AccessToken = $AccessToken
   $SqlConnection.Open()
   ```

Weitere Informationen über den Azure Instance Metadata Service finden Sie unter *https://learn.microsoft.com/azure/virtual-machines/instance-metadata-service?tabs=linux.*

Wenn Sie bei der Ausführung dieses Codes die Fehlermeldung »Identität nicht gefunden« erhalten, bedeutet dies, dass Sie für die VM keine verwaltete Identität eingerichtet haben.

Beachten Sie das `Ressource=https://database.windows.net/'` in der ersten Zeile in obigem Code. Die URL in diesem Ausschnitt ändert sich je nach der Ressource, für die Sie ein Token wünschen. In der folgenden Liste ist angegeben, welche URL für die verschiedenen Dienste gilt:

- **Azure SQL DB** *https://database.windows.net*
- **Key Vault** *https://vault.azure.net*
- **Microsoft Graph** *https://graph.microsoft.com*
- **Azure Storage** *https://storage.azure.com*
- **Azure Management Plane** *https://management.azure.com*

Eine vollständige Erläuterung des Verfahrens für den Zugriff auf gesicherte Azure-Ressourcen von VMs aus finden Sie unter *https://learn.microsoft.com/azure/active-directory/managed-identities-azure-resources/tutorial-windows-vm-access-sql.*

Autorisierung

Die Azure-Autorisierung basiert hauptsächlich auf Microsoft Entra ID und auf Rollen. Einige Datenspeicherdienste verwenden alternative Authentifizierungsmethoden und sind daher mit einer Authentifizierung verbunden. Dienste, die keine Microsoft Entra ID-Authentifizierung nutzen, werden mit Microsoft Entra ID nachgerüstet, damit sie sowohl den Legacy-Ansatz zur Authentifizierung als auch den modernen Microsoft Entra ID-Ansatz gleichzeitig anbieten können.

Wann immer möglich, sollten Sie die Microsoft Entra ID-Authentifizierung und -Autorisierung mit Azure-Rollen verwenden.

Viele Azure-Dienste, zum Beispiel Azure Key Vault und Azure Storage, verfügen über separate Berechtigungen in zwei Kategorien:

- **Steuerungsebene** Sie dient der Verwaltung der Ressource im Azure Resource Manager (ARM) und wird daher auch Verwaltungsebene oder Managementebene genannt.
- **Datenebene** Diese kontrollieren die im Dienst gespeicherten Daten.

Mit anderen Worten, es gibt unterschiedliche Rollen für die von ARM-Funktionen verwendete Steuerungsebene und die während des Betriebs genutzte Datenebene. Diese getrennten Berechtigungen ermöglichen die korrekte Anwendung des Prinzips der minimalen Berechtigungen und eine Funktionstrennung innerhalb einer Organisation. Zugegeben, die Unterscheidung ist nicht immer offensichtlich, und wir verwenden hier eine vereinfachte Definition. Grundsätzlich ist ARM das Tor zur Steuerungsebene, unabhängig vom eingesetzten Mechanismus – ob ARM-Vorlagen, Biceps, Terraform, Azure-Portal, Azure CLI, Azure PowerShell oder REST-Aufrufe –, und die Operationen der Steuerungsebene werden vom Ressourcenanbieter abgewickelt.

Microsoft Entra ID-Rollen und -Bereiche

Microsoft Entra ID bietet moderne Authentifizierung und Unterstützung für Autorisierung. Azure definiert Rollen und Berechtigungen, die Microsoft Entra ID-Benutzern, Dienstprinzipalen, verwalteten Identitäten und Gruppen innerhalb eines bestimmten Bereichs zugewiesen werden.

Wie bereits erwähnt, hat das Wort *Bereich (Score)* im Kontext von Azure eine andere Bedeutung als im Kontext von OAuth2. Bei OAuth2 bezieht sich der Gültigkeitsbereich auf eine Berechtigung – beispielsweise gewährt der Bereich Read Benutzern die Berechtigung, auf Microsoft Graph zuzugreifen oder den Kalender eines anderen Benutzers anzuzeigen. Im Gegensatz dazu sind Azure-Bereiche Orte in der Azure-Hierarchiestruktur, an denen Aktionen stattfinden. Wie in Abbildung 5-10 dargestellt, gibt es in Azure vier Bereichsebenen:

- Verwaltungsgruppen
- Abonnements
- Ressourcengruppen
- Ressourcen

Weitere Informationen zu Bereichen in Azure finden Sie unter *https://learn.microsoft.com/azure/role-based-access-control/scope-overview*.

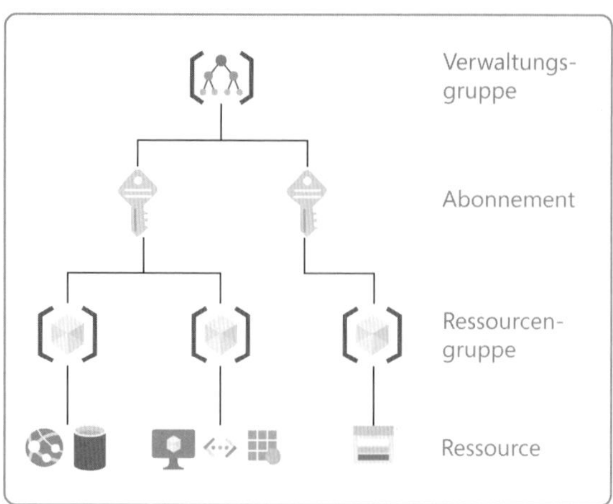

Abbildung 5-10 Azure-Bereichshierarchie

Hier sind einige wichtige Punkte zum Thema Rollen:

Sie können integrierte Rollen zuweisen oder benutzerdefinierte Rollen definieren, um Berechtigungen für jeden Bereich zu erteilen. Die Rollen, die Sie einem Bereich zuweisen, werden an alle in der Hierarchie darunter liegenden Bereiche vererbt.

Azure bietet keine expliziten Verweigerungsberechtigungen. Daher können einmal erteilte Berechtigungen nicht direkt widerrufen werden. Verweigerungsberechtigungen sind für die interne Verwendung durch komplexe Azure-Dienste wie Azure Synapse reserviert. Blueprints und Azure Locks (Sperren) ermöglichen jedoch eine Annäherung an die Verweigerungsberechtigung. (Weitere Informationen finden Sie im Abschnitt »Zuweisungen ablehnen« weiter hinten in diesem Kapitel.)

Azure-Rollen verhalten sich wie Rollen in jedem anderen System zur rollenbasierten Zugriffssteuerung (Role-Based Access Control, RBAC). Sie gewähren einem einzelnen Benutzer, einer Microsoft Entra ID-Gruppe, einem Dienstprinzipal oder einer verwalteten Identität eine Rolle nach dem Prinzip der minimalen Berechtigungen.

Integrierte Azure-RBAC-Rollen für die Steuerungsebene

Operationen auf der Azure-Steuerungsebene haben vier eingebaute Rollen, die dem Prinzip der geringsten Berechtigung folgen (siehe Abbildung 5-11).

- **Leser** Wer diese Rolle hat, kann die Ressourcenkonfiguration nur lesen.
- **Mitwirkender** Personen mit der Rolle Mitwirkender können Ressourcen lesen und aktualisieren und in einigen Fällen untergeordnete Ressourcen erstellen. Beispielsweise kann ein Benutzer mit der Rolle Mitwirkender für eine Ressourcengruppe Ressourcen in dieser Ressourcengruppe anlegen, aktualisieren und besitzen. Ein Benutzer mit der Rolle Mitwirkender in einer Verwaltungsgruppe kann Ressourcen in dieser Verwaltungsgruppe erstellen, aktualisieren und besitzen sowie untergeordnete Verwaltungsgruppen anlegen und Abonnements in die Verwaltungsgruppe aufnehmen.

- **Benutzerzugriffsadministrator** Diese Rolle gewährt Rechte zum Erstellen von Rollen und Rollenzuweisungen. Damit ist die volle Kontrolle gegeben, denn alle derzeit nicht zugewiesenen Rollen können von jemandem mit dieser Rolle für die Steuerungsebene oder die Datenebene zugewiesen werden.
- **Besitzer** Wer die Rolle Besitzer hat, verfügt über alle Berechtigungen der Rollen Mitwirkender und Benutzerzugriffsadministrator.

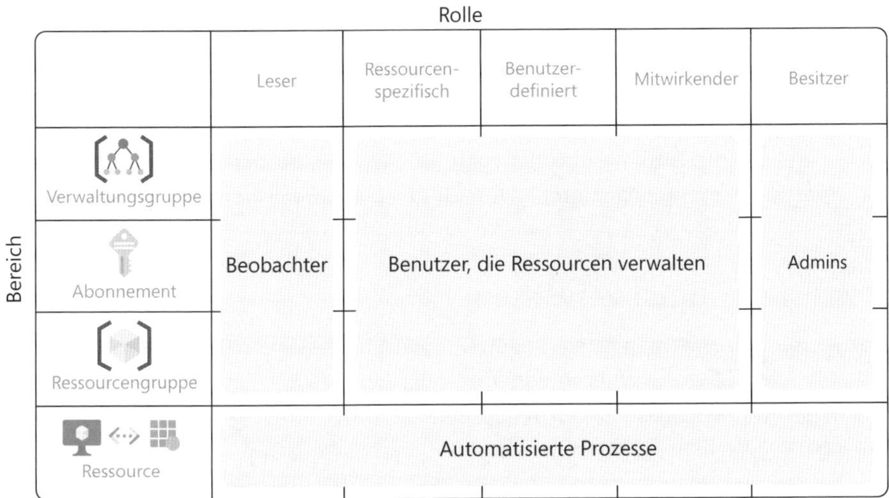

Abbildung 5-11 Azure-Rollen und das Prinzip der minimalen Berechtigungen

Weitere Informationen zu integrierten RBAC-Rollen finden Sie unter *https://learn.microsoft.com/azure/role-based-access-control/built-in-roles#general*.

Die Azure-Steuerungsebene gewährt keine Rechte direkt auf der Datenebene. Personen mit den Rollen Mitwirkender und Besitzer können Benutzern der Datenebene Rechte gewähren, aber Personen mit der Rolle Leser auf der Steuerungsebene können nur die Steuerungsebene sehen. Wie Sie später in diesem Kapitel sehen werden, kann dies für die Funktionstrennung und zur Einhaltung des Prinzips der minimalen Berechtigungen nützlich sein. Beispielsweise sind das Erstellen, Aktualisieren, Löschen, Verwalten und Herunterfahren von VMs Vorgänge der Steuerungsebene. Auf VMs über das Remote Desktop Protocol (RDP) zuzugreifen, ist jedoch eine Operation der Datenebene. In ähnlicher Weise erstellen, aktualisieren und verwalten Sie einen Event Hub-Namensraum über die Steuerungsebene, während die Datenebene die Vorgänge enthält, die für die Veröffentlichung und die Verarbeitung von Ereignissen erforderlich sind.

Integrierte Azure-RBAC-Rollen für die Datenebene

Die Microsoft Entra ID-Rollen für Datenebenen für verschiedene Dienste finden Sie hier nach den vier Rollen der Steuerungsebenen: *https://learn.microsoft.com/azure/role-based-access-control/built-in-roles#compute*. Beachten Sie, dass einige spezialisierte Steuerungsebenenoperationen mit den Datenebenenrollen vermischt sind. Die Klassifizierung einer Rolle als Steuerungsebenenrolle oder Datenebenenrolle spielt oft keine Rolle.

Die Berechtigungen und Rollen für Vorgänge auf der Azure-Datenebene hängen von der Authentifizierungsmethode und den Fähigkeiten des Ressourcenanbieters ab. Viele Ressourcenanbieter unterstützen Microsoft Entra ID für Operationen auf der Datenebene. Während einige Ressourcenanbieter mit der Microsoft Entra ID-Autorisierung begonnen haben, verlassen sich andere auf Kontenschlüssel, Ressourcentoken, SAS-Token und interne relationale Datenbank-Authentifizierungs- und Autorisierungsprozesse.

Dienste, die von einer der schwächeren Authentifizierungsmethoden auf Microsoft Entra ID umgestellt wurden, unterstützen sowohl die Legacy-Autorisierung als auch die Microsoft Entra ID-Autorisierung. Es ist davon auszugehen, dass zukünftig die meisten Ressourcenanbieter Microsoft Entra ID unterstützen werden.

Rollenzuweisungen verwalten

Rollenzuweisungen gewähren einem Benutzer, einer Gruppe, einem Dienstprinzipal oder einer verwalteten Identität die in einer integrierten oder benutzerdefinierten Rolle definierten Berechtigungen für einen bestimmten Azure-Bereich. Um eine Rolle zuzuweisen, müssen Sie Werte angeben, wie in *https://learn.microsoft.com/azure/role-based-access-control/role-assignments-steps* gezeigt.

Im Allgemeinen sind die Schritte wie folgt:

1. Bestimmen Sie, wer Zugang benötigt.
2. Wählen Sie die entsprechende Rolle.
3. Legen Sie den Bereich fest.
4. Überprüfen Sie Ihre Voraussetzungen.
5. Weisen Sie die Rolle zu.

Sie können Rollenzuweisungen in der Azure CLI auflisten, wie hier gezeigt. Wenn Sie `-all` angeben, wird eine Liste aller Zuweisungen für das aktuelle Abonnement oder den aktuellen Bereich zurückgegeben.

```
az role assignment list --scope $scope --assignee $principalId
```

Benutzerdefinierte Rollendefinitionen

Um die Struktur einer Rollendefinition zu untersuchen, schauen wir uns die integrierte Rolle Mitwirkender (Contributor) an. Um die JSON-Definition der Rolle abzurufen, verwenden Sie den folgenden Befehl:

```
az role definition list --name Contributor
```

Die folgende Struktur wird zurückgegeben:

```
[
  {
    "assignableScopes": [
      "/"
    ],
    "description": "Grants full access to manage all resources, but does not allow you to
assign roles in Azure RBAC, manage assignments in Azure Blueprints, or share image
galleries.",
    "id": "/subscriptions/ad0465ab-61e9-41bc-b074-d789572d8ad5/providers/
Microsoft.Authorization/roleDefinitions/b24988ac-6180-42a0-ab88-20f7382dd24c",
    "name": "b24988ac-6180-42a0-ab88-20f7382dd24c",
    "permissions": [
      {
        "actions": [
          "*"
        ],
        "dataActions": [],
        "notActions": [
          "Microsoft.Authorization/*/Delete",
          "Microsoft.Authorization/*/Write",
          "Microsoft.Authorization/elevateAccess/Action",
          "Microsoft.Blueprint/blueprintAssignments/write",
          "Microsoft.Blueprint/blueprintAssignments/delete",
          "Microsoft.Compute/galleries/share/action"
        ],
        "notDataActions": []
      }
    ],
    "roleName": "Contributor",
    "roleType": "BuiltInRole",
    "type": "Microsoft.Authorization/roleDefinitions"
  }
]
```

Diese Definition enthält die folgenden Elemente:

- **assignableScopes** Dies kann ein beliebiger Azure-Bereich sein, in der Regel handelt es sich jedoch um eine Verwaltungsgruppe. In diesem Fall bezieht er sich auf die Stamm-Verwaltungsgruppe des Mandanten und alle darunter liegenden Gruppen. Beachten Sie, dass Sie in einer benutzerdefinierten Rollendefinition mehr als einen Bereich angeben können.
- **description** Dies ist eine Beschreibung der Rolle. Die Angabe der Beschreibung ist optional.
- **name** Dies ist ein eindeutiger Name innerhalb des Geltungsbereichs der Definition. Bei integrierten Rollen handelt es sich immer um eine GUID.

- **id** Dies ist die vollständig qualifizierte Ressourcen-ID der Rollendefinition. Bei integrierten Rollen ist sie eine Verkettung des aktuellen Bereichs (hier ein Abonnement) und des Namens (GUID).
- **actions** Dies ist eine Liste der zulässigen Aktionen der Steuerungsebene. Ein Sternchen (*) bedeutet »alle«.
- **dataActions** Dies ist eine Liste von Datenebenen-Aktionen. Wenn die nachfolgenden Klammern leer sind, bedeutet dies, dass es keine gibt.
- **notActions** Dies ist eine Liste der ausgeschlossenen Kontrollebenen-Aktionen, zum Beispiel das Erstellen oder Löschen von Rollenzuweisungen.
- **notDataActions** Dies ist eine Liste der ausgeschlossenen Datenebenen-Aktionen.
- **roleName** Dies ist der Anzeigename der Rolle, um sie für die Benutzer leichter verständlich zu machen.

Sie können eine Liste der integrierten Rollen unter *https://learn.microsoft.com/azure/role-based-access-control/built-in-roles* einsehen. Alternativ können Sie eine Liste dieser Rollen über die Azure-Befehlszeile mit dem folgenden Befehl abrufen:

```
az role definition list
```

Um eine benutzerdefinierte Rolle zu definieren, können Sie einfach die Vorlage für eine vorhandene Rolle ändern und sie mit Ihrer bevorzugten Bereitstellungstechnologie bereitstellen. Wenn wir zum Beispiel eine benutzerdefinierte Rollendefinition erstellen müssen, kopieren wir immer eine integrierte Rolle und fügen sie ein, und wenn diese zu viele Berechtigungen gewährt, entfernen wir nach Bedarf Elemente aus actions und dataActions. Hier ist ein Beispiel in PowerShell, das von *https://learn.microsoft.com/azure/role-based-access-control/custom-roles-powershell#create-a-custom-role-with-the-psroledefinition-object* stammt:

```
$role = Get-AzRoleDefinition "Virtual Machine Contributor"
$role.Id = $null
$role.Name = "Virtual Machine Operator"
$role.Description = "Can monitor and restart virtual machines."

$role.Actions.Clear()
$role.Actions.AddRange(@(
    "Microsoft.Storage/*/read",
    "Microsoft.Network/*/read", "Microsoft.Compute/*/read",
    "Microsoft.Compute/virtualMachines/start/action",
    "Microsoft.Compute/virtualMachines/restart/action",
    "Microsoft.Authorization/*/read",
    "Microsoft.ResourceHealth/availabilityStatuses/read",
    "Microsoft.Resources/subscriptions/resourceGroups/read",
    "Microsoft.Insights/alertRules/*", "Microsoft.Support/*"
  ))
```

```
$role.AssignableScopes.Clear()
$role.AssignableScopes.AddRange(@(
    "/subscriptions/00000000-0000-0000-0000-000000000000",
    "/subscriptions/11111111-1111-1111-1111-111111111111"
  ))

New-AzRoleDefinition -Role $role
```

Eine Liste aller actions und dataActions, die Sie in Ihre benutzerdefinierte Rolle aufnehmen können, gegliedert nach Ressourcenanbieter, finden Sie hier: *https://learn.microsoft.com/azure/role-based-access-control/resource-provider-operations*. Jede Tabelle beginnt mit den Aktionen, die in der Kopfzeile angegeben sind. Die dataActions beginnen in der Mitte der gleichen Tabelle nach einer Zeile mit einer Zwischenüberschrift. (Drücken Sie Strg+F, um diese Zwischenüberschriftenzeile zu finden.)

Zuweisungen ablehnen

Nur Azure-Dienste können Ablehnungszuweisungen erstellen, um die Interna der Dienste zu schützen. Azure Synapse tut dies zum Beispiel, um zu verhindern, dass Benutzer das enthaltene Data Warehouse und den Speicher ändern. Darüber hinaus werden Azure Blueprints Managed Locks durch Ablehnungsberechtigungen implementiert. Weitere Informationen finden Sie unter *https://learn.microsoft.com/azure/role-based-access-control/deny-assignments*.

Azure Blueprints

Da sich Azure Blueprints derzeit in der Vorschau befinden, haben wir sie in diesem Buch nicht behandelt. Wir sind jedoch der Meinung, dass Blueprints für die Bereitstellung von Zielzonen verwendet werden sollten. Abgesehen davon sollten Richtlinienzuweisungen nicht mit Blueprints bereitgestellt werden, da die Vermischung von Richtlinie und Infrastruktur gegen das Prinzip der Funktionstrennung verstößt. Weitere Informationen zu Azure Blueprints finden Sie unter *https://learn.microsoft.com/azure/governance/blueprints/overview*.

Bewährte Verfahren für die Rollenzuweisung

Im Folgenden finden Sie einige bewährte Verfahren, die Sie bei der Zuweisung von Rollen beachten sollten:

- Verwenden Sie immer Microsoft Entra ID-basierte RBAC für die Steuerungsebene und die Datenebene, es sei denn, ein besonderer Umstand erfordert einen alternativen Ansatz (zum Beispiel SAS-Token).

- Ordnen Sie Benutzer immer Microsoft Entra ID-Gruppen zu und weisen Sie den Gruppen Rollen zu. Dies ermöglicht eine skalierbare Verwaltung und verhindert, dass Sie die Begrenzung von 2000 Rollenzuweisungen pro Abonnement ausschöpfen.
- Wir empfehlen, benutzerdefinierte Rollen zu vermeiden, um »perfekte« minimale Berechtigungen zu erreichen. Es ist wahrscheinlich, dass eine der integrierten Rollen dem nahe genug kommt. Es gibt jedoch gute Anwendungsfälle für benutzerdefinierte Rollen. Azure Policy bietet zum Beispiel keine eingebaute Policy Reader-Rolle, die Sie wie hier gezeigt erstellen können:

```
$role =
[Microsoft.Azure.Commands.Resources.Models.Authorization.PSRoleDefinition]::new()
$role.Name = 'Policy Reader'
$role.Id = '2baa1a7c-6807-46af-8b16-5e9d03fba029'
$role.Description = 'Read access to Azure Policy.'
$role.IsCustom = $true
$perms = @(
    "Microsoft.Authorization/policyAssignments/read",
    "Microsoft.Authorization/policyDefinitions/read",
    "Microsoft.Authorization/policySetDefinitions/read"
)

$role.Actions = $perms
$role.NotActions = $()
$role.AssignableScopes = $pacEnvironment.rootScopeId
New-AzRoleDefinition -Role $role
```

- Benutzern sollten in Qualitätssicherungs- und Produktivumgebungen keine Schreibrechte gewährt werden, da alle Änderungen durch Automatisierung gehandhabt werden sollten. In dem seltenen Fall, dass Benutzer direkten Zugriff auf solche Umgebungen benötigen, verwenden Sie Microsoft Entra ID Privileged Identity Management (PIM), das im nächsten Abschnitt beschrieben wird.
- Weisen Sie den Dienstkonten direkt Rollen zu. Befolgen Sie, wie bei Benutzern, das Prinzip der minimalen Berechtigungen. Gewähren Sie zum Beispiel einem Prozess für einen Event Hub keine Veröffentlichungsrechte, wenn dieser Prozessor ein Konsument von Ereignissen ist.

Microsoft Entra ID Privileged Identity Management

Für jede privilegierte Operation, sei es Lese- oder Schreibzugriff, sollten Sie Microsoft Entra ID Privileged Identity Management (PIM) verwenden. PIM erlaubt autorisierten Benutzern vorübergehend den Zugriff auf privilegierte Operationen und Daten. PIM weist autorisierten Benutzern Rollen auf der Grundlage einer Genehmigung zu, und diese Rollenzuweisungen sind auf einen kurzen Zeitraum beschränkt (standardmäßig eine Stunde). Dies mindert die Gefahr, dass gestohlene Anmeldedaten für Vorgänge mit hohen Berechtigungen verwendet werden, und verringert außerdem Benutzerfehler.

Sie können PIM für folgende Aufgaben verwenden:

- Bereitstellen von Just-in-time privilegiertem Zugriff auf Microsoft Entra ID- und Azure-Ressourcen
- Zuweisen von zeitgebundenem Zugriff auf Ressourcen mit Start- und Enddatum
- Genehmigung für die Aktivierung privilegierter Rollen erforderlich machen
- Erzwingen von MFA, um jede Rolle zu aktivieren
- Verlangen, dass der Benutzer, der eine PIM-Rolle anfordert, in Textform eine Begründung liefert (Text)
- Benachrichtigungen erhalten, wenn privilegierte Rollen aktiviert werden
- Durchführen von Zugriffsüberprüfungen, ob die Benutzer noch Rollen benötigen
- Herunterladen eines Prüfungsverlaufs für interne oder externe Prüfungen
- Verhindern, dass die letzte aktive Zuweisung der Rollen Globaler Administrator und Privilegierter Rollenadministrator entfernt wird

PIM erfordert eine Microsoft Entra ID P2-Lizenz. Weitere Informationen zu PIM finden Sie unter *https://learn.microsoft.com/azure/active-directory/privileged-identity-management/pim-configure*.

Attributbasierte Zugriffssteuerung in Azure

Wie der Name schon sagt, handelt es sich bei der attributbasierten Zugriffssteuerung (Azure Attribute-Based Access Control, ABAC) um einen Autorisierungsmechanismus, der Zugriffsebenen auf der Grundlage von Attributen definiert, die mit Benutzern, Dienstprinzipalen, Ressourcen, Anforderungen und der Umgebung verbunden sind. ABAC baut auf RBAC auf und ist eine Kontrolle auf der Datenebene. Mit ABAC können Sie den Zugriff auf Ressourcen auf der Grundlage einer Bedingung gewähren, die als Prädikat unter Verwendung dieser Attribute ausgedrückt wird.

Während der Erstellung dieses Kapitels befindet sich ABAC in der Vorschau und ist nur für Azure Storage-Konten verfügbar. Mit der Zeit wird Azure ABAC auf andere Dienste ausweiten.

Zugriffsbedingungen werden zu bestimmten Rollen der Datenebene hinzugefügt, wie zum Beispiel die folgenden:

- Storage-Blobdatenleser (Storage Blob Data Reader)
- Mitwirkender an Speicherblobdaten (Storage Blob Data Contributor)
- Besitzer von Speicherblobdaten (Storage Blob Data Owner)

- Mitwirkender an Storage-Warteschlangendaten (Storage Queue Data Contributor)
- Verarbeiter von Speicherwarteschlangen-Datennachrichten (Storage Queue Data Message Processor)
- Absender der Speicherwarteschlangen-Datennachricht (Storage Queue Data Message Sender)
- Storage-Warteschlangendatenleser (Storage Queue Data Reader)

Eine der nützlichsten Anwendungen für ABAC ist die Einschränkung des Zugriffs auf der Grundlage von Blob-Indizes. Ein Blob-Index ist so etwas wie ein Ressourcen-Tag. Sie können ABAC mit den folgenden Schritten auf ein bestehendes Blob-Storage-Konto anwenden:

1. Klicken Sie auf der Seite des Blob-Storage-Kontos im Azure-Portal im linken Fensterbereich auf *Container*.
2. Klicken Sie auf den Container, auf den Sie ABAC anwenden möchten.
3. Klicken Sie im linken Fensterbereich auf *Zugriffssteuerung (IAM)*.
4. Klicken Sie auf *Rollenzuweisungen*.
5. Klicken Sie auf *+Hinzufügen*, um eine neue Rollenzuweisung hinzuzufügen.
6. Wählen Sie *Rollenzuweisung hinzufügen*.
7. Wählen Sie eine Datenebenenrolle aus, zum Beispiel *Storage-Blobdatenleser*. Klicken Sie dann auf *Weiter*.
8. Fügen Sie dieser Rolle ein Mitglied hinzu. Dies kann ein Benutzer, eine Gruppe, ein Dienstprinzipal oder eine verwaltete Identität sein. Klicken Sie dann auf *Weiter*.
9. Klicken Sie unter *Bedingungen* auf *Bedingung hinzufügen*.
10. Geben Sie auf der Seite *Bedingung für Rollenzuweisung hinzufügen* die in Abbildung 5-12 gezeigten Einstellungen ein.

In diesem Beispiel haben die Mitglieder, denen diese Rolle zugewiesen wurde, Lesezugriff, aber nur, wenn der Blob-Index mit dem Namen Status auf ReadyToEdit gesetzt ist.

Sie können ABAC-Richtlinien über die soeben gezeigte visuelle Schnittstelle oder über Code festlegen. Der Code für diesen Ausdruck lautet wie folgt:

```
@Resource[Microsoft.Storage/storageAccounts/blobServices/containers/blobs/
tags:Status<$key_case_sensitive$>] StringEquals 'ReadyToEdit'
```

Abbildung 5-12 Beispiel für eine Bedingung, die einer Rollenzuweisung hinzugefügt wurde

Weitere Informationsquellen zur attributbasierte Zugriffssteuerung in Azure

Im Folgenden finden Sie einige Ressourcen, auf die Sie zugreifen können, um mehr über ABAC-Richtlinien für Speicherkonten zu erfahren:

- »Was ist die attributbasierte Zugriffssteuerung in Azure (Azure Attribute-Based Access Control, Azure ABAC)?« (*https://learn.microsoft.com/azure/role-based-access-control/conditions-overview*)
- »Autorisieren des Zugriffs auf Azure Blob Storage mithilfe von Bedingungen für die Azure-Rollenzuweisung« (*https://learn.microsoft.com/azure/storage/blobs/storage-auth-abac*)
- »Beispiel: Bedingungen für die Azure-Rollenzuweisung für Blob Storage« (*https://learn.microsoft.com/azure/storage/blobs/storage-auth-abac-examples?tabs=portal-visual-editor*)
- »Aktionen und Attribute für Azure-Rollenzuweisungsbedingungen für Azure Blob Storage« (*https://learn.microsoft.com/azure/storage/blobs/storage-auth-abac-attributes*)
- »New Attribute-Based Access Control for Blob«, Video (*https://azsec.tech/jsabac*)

Zusammenfassung

Dies war ein komplexes Kapitel mit vielen technischen Themen, aber es deckt einen wichtigen Satz von Technologien ab. Identität, Authentifizierung und Autorisierung sind das Herzstück des Schutzes von allem, was Sie auf Azure bereitstellen. Da diese Themen so wichtig sind, ist ein überdurchschnittliches Wissen darüber erforderlich.

Es ist von entscheidender Bedeutung, dass Sie die Grundlagen von OpenID Connect und OAuth2 verstehen, da diese Technologien so wichtig sind.

Die Autorisierung sollte immer dem Prinzip der geringsten Berechtigungen folgen und Microsoft Entra ID RBAC für die Steuerungsebene und, sofern verfügbar, auch für die Datenebene nutzen.

KAPITEL 6

Überwachung und Überprüfung

Am Ende dieses Kapitels

- wissen Sie, welche verschiedenen Arten der Protokollierung es gibt.
- sind Sie in der Lage, die verschiedenen Komponenten der Azure-Überwachungsplattform zu identifizieren und ihre Rolle zu beschreiben.
- können Sie in Kusto Query Language (KQL) einfache Abfragen erstellen.
- können Sie einen Plan zur Überwachung und Überprüfung Ihrer Anwendung definieren.
- sind Sie in der Lage, für Ihre Anwendung benutzerdefinierte Ereignisse zu implementieren.

Überwachung, Überprüfung, Protokollierung. Ach du meine Güte!

»Wir sind kein Angriffsziel. Daher müssen wir uns nicht auf die Sicherheit konzentrieren.«

Die Kunden sagen uns oft, ihr Sicherheitsniveau sei in Ordnung, weil alle ihr Unternehmen lieben. Das sagt uns aber nicht, dass sie keinen Angriffen ausgesetzt sind, sondern nur, dass sie nichts davon wissen!

Jeder ist Angriffen ausgesetzt. Erstellen Sie einfach einen einfachen Honeypot mit HoneyPi oder einem anderen ähnlichen Tool, und die ersten Scans werden in Sekundenschnelle durchgeführt. Einige dieser Scans sind eher harmlos. Projekte wie Shodan, eine Suchmaschine, die sich auf die Identifizierung von mit dem Internet verbundenen Geräten spezialisiert hat, könnten beispielsweise potenziell gefährdete Systeme identifizieren, um das Bewusstsein zu schärfen und Gegenmaßnahmen zu erleichtern. Die meisten Projekte stellen jedoch nur die erste Phase eines Angriffs dar, die sogenannte Reconnaissance-Phase, auf die in der Regel Versuche folgen, die Ressource zu kompromittieren. Die Informationsbeschaffung vor dem Angriff ist weit verbreitet, aber sie ist nur eine Möglichkeit, bösartige Gegenüber zu identifizieren.

Über HoneyPi finden Sie unter *https://azsec.tech/3pq* weitere Informationen. Mehr über Shodan erfahren Sie unter *https://shodan.io*.

Wenn Sie in irgendeiner Weise exponiert sind, gibt es jemanden, der ein Interesse daran hat, Sie zu kompromittieren. Typische Gründe sind:

- Um Geld von Ihnen zu bekommen, indem sie einen vorübergehenden Schaden verursachen und anbieten, diesen gegen eine Gebühr zu beheben (Ransomware)
- Informationen von Ihnen zu erhalten, um sie zu nutzen oder zu verkaufen (Wirtschaftsspionage)
- Schaden anzurichten, weil man Sie als Feind betrachtet. Das kann passieren, wenn Ihr Unternehmen umstritten ist oder sich in einem »Feindesland« befindet.
- Zum Spaß, das heißt, für den Nervenkitzel ohne besonderen Grund, etwas Verbotenes zu tun

Robert S. Mueller III, ehemaliger Direktor des FBI, sagte einmal: »Es gibt nur zwei Arten von Unternehmen: diejenigen, die gehackt wurden, und diejenigen, die gehackt werden.« Dieser Satz wurde inzwischen von John T. Chambers, dem ehemaligen CEO von Cisco, zu: »Es gibt nur zwei Arten von Unternehmen: die, die gehackt wurden, und die, die nicht wissen, dass sie gehackt wurden«, aktualisiert. Die Frage ist, ob Sie die Hacker, die sich bereits in Ihrem Unternehmen befinden, lieber nicht bemerken oder ob Sie etwas unternehmen wollen, um sie zu identifizieren und zu vertreiben.

Wenn Sie sie loswerden wollen, müssen Sie in eine wirksame Überwachungs- und Überprüfungsstrategie und in die Auswahl der richtigen Tools investieren. Hier liegt das Problem: Es gibt eine Vielzahl von Tools, sowohl innerhalb von Azure als auch von Drittanbietern. Das kann es schwierig machen, herauszufinden, was Sie brauchen, wie die standardmäßig bereitgestellten Funktionen zusammenpassen, und ob Sie etwas anderes tun müssen, um fehlende Funktionen zu ersetzen. Dieses Kapitel befasst sich mit dieser Frage.

Bevor wir auf die Antwort eingehen, sollten wir einige Definitionen einführen:

- **Protokollierung** Die Aufzeichnung von Ereignissen oder Aktionen im Zusammenhang mit Interaktionen jeglicher Art, einschließlich solcher, die innerhalb des betrachteten Systems stattfinden
- **Protokollierung fürs Auditing, die Überprüfung** Eine Form der Protokollierung, bei der die aufgezeichneten Informationen über einen längeren Zeitraum – in der Regel mehrere Monate oder Jahre – gespeichert werden, um sie später für rechtliche und Compliance-Zwecke sowie für die Ursachenanalyse zur Verfügung zu stellen
- **Protokollierung im Rahmen der Entwicklung** Eine Form der Protokollierung, die für die Fehlersuche verwendet wird. Die Entwicklung liefert wertvolle Informationen zum Verständnis der Vorgänge innerhalb der Lösung, um die Ursachen für ein mögliches Fehlverhalten zu ermitteln. Sie zeichnet sich durch eine begrenzte Aufbewahrungsdauer aus – in der Regel Stunden bis ein paar Tage.
- **Monitoring/Überwachung** Eine vorübergehende Form der Protokollierung. Die Überwachung beschreibt die aktuelle Situation und hebt eventuelle Probleme hervor, sobald sie auftreten. Sie zeichnet sich durch sehr kurze Aufbewahrungsfristen aus – in der Regel von wenigen Minuten bis zu einigen Stunden.

Überprüfung, Entwicklung und Überwachung sind drei verschiedene Formen der Protokollierung. Alle drei sind in der Regel erforderlich, um die Sicherheit Ihrer Lösung zu gewährleisten.

Die Möglichkeiten der Azure-Plattform nutzen

Azure bietet mit Azure Monitor eine vollständige Infrastruktur für die Protokollierung. Bei Azure Monitor handelt es sich um eine Reihe von Diensten und Funktionen zum Speichern, Aufnehmen, Visualisieren, Analysieren und Reagieren auf Ereignisse, einschließlich Sicherheitsereignisse.

Diagnoseeinstellungen

Die meisten Azure-Dienste sind in Azure Monitor integriert und können vordefinierte Sätze von Ereignissen und Metriken erzeugen. Azure-Dienste sammeln standardmäßig eine begrenzte Anzahl von Metriken, aber sie erzeugen keine Protokolle. Sie müssen die Protokolle ausdrücklich über die Diagnoseeinstellungen für den Dienst aktivieren, wie in Abbildung 6-1 dargestellt. Sie verwenden die Einstellungen in diesem Bildschirm, der die Diagnoseeinstellungen für eine auf App Service gehostete Webanwendung zeigt, um bestimmte Kategorien von Protokollen und Metriken zu aktivieren und zu bestimmen, wo die Protokolle gespeichert werden sollen.

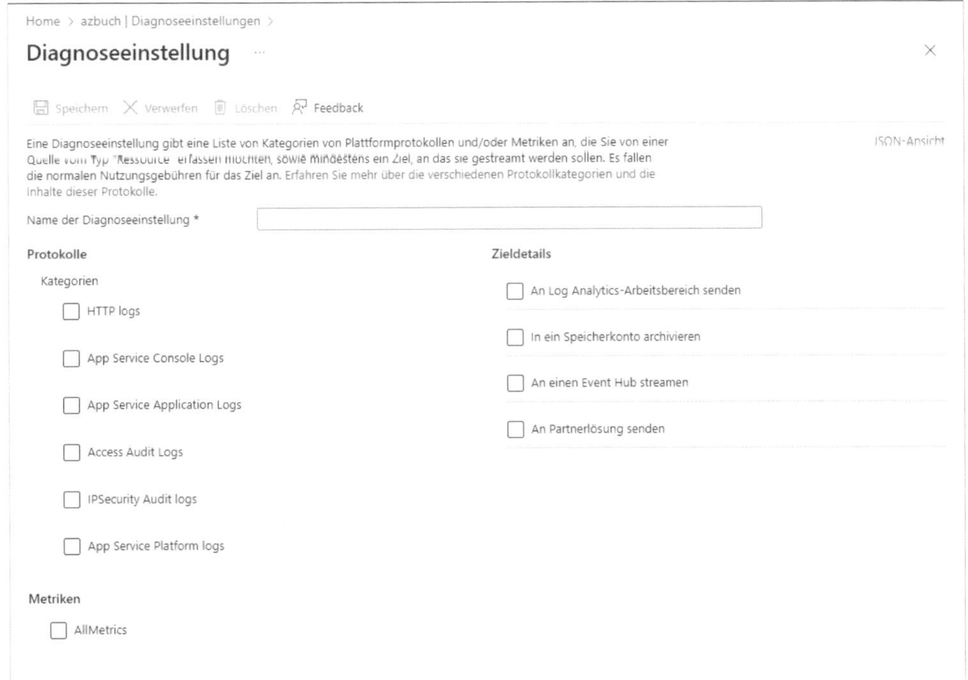

Abbildung 6-1 Die Diagnoseeinstellungen für eine auf App Service gehostete Webanwendung

Der App-Dienst unterstützt die folgenden Protokollkategorien:

- **HTTPLogs** Protokolle in dieser Kategorie zeichnen eingehende Anfragen auf, einschließlich Details wie die IP-Adresse des Clients, die URL, andere Anfragestatistiken und den Antwortcode, aber nicht die eigentliche Nutzlast der Anfrage oder der Antwort. Diese Kategorie entspricht den Webserver-Protokollen.
- **App Service Console Logs** Diese Kategorie enthält Standard-Konsolenprotokolle.
- **App Service Application Logs** Logs in dieser Kategorie zeichnen Traces auf, die von der Anwendung mithilfe von Tracern wie AzureMonitorTraceListener, der Teil von Microsoft.WindowsAzure.WebSites.Diagnostics ist, erzeugt werden.
- **Access Audit Logs** Die Protokolle dieser Kategorie zeichnen den Veröffentlichungszugriff auf. So wird beispielsweise jedes Mal ein Protokoll erstellt, wenn sich jemand über FTP anmeldet, um neue Versionen der Anwendungsdateien hochzuladen.
- **IPSecurity Audit Logs** Diese Kategorie enthält Protokolle, die Informationen über IP-Zugriffsbeschränkungsregeln aufzeichnen. Mit App Service können Sie Zugriffsbeschränkungsregeln definieren – zum Beispiel, den Zugriff nur von bestimmten IP-Adressbereichen aus zuzulassen. Diese Konfiguration kann einen unbeschränkten Zugriff auf die Anwendung verhindern, aber sie könnte zu unerwünschten Ergebnissen führen, die Sie mit dieser Ereigniskategorie leichter erkennen und beheben können.
- **App Service Platform Logs** Hierbei handelt es sich um Protokolle, in denen die Ausgabe der Docker-Befehle zur Verwaltung des Containers angezeigt wird.

Diese Liste ist unvollständig, spezifisch für den gewählten Dienst und kann sich ändern. Für Azure-Speicherkonten gibt es zum Beispiel eine andere Liste. Sie kann sich auch je nach Service-Tier, das Sie haben, unterscheiden. Wenn Sie zum Beispiel einen App-Dienst der Premium-Stufe nutzen, sehen Sie auch die Kategorie *App Service File Audit Logs*, die Änderungen an Site-Inhalten protokolliert.

Bei der Auswahl der verschiedenen Protokollkategorien sollten Sie nur das aktivieren, was erforderlich ist, da viele Protokolle eine große Datenmenge erzeugen, was zu erheblichen Kosten führt.

Mit den Einstellungen für die *Zieldetails* in dem in Abbildung 6-1 gezeigten Bildschirm können Sie angeben, wo die Protokolle gespeichert werden. Azure unterstützt derzeit vier verschiedene Ziele:

- **Log Analytics-Arbeitsbereiche** Mit diesem Ziel können Sie die Azure Monitor-Plattform und die damit verbundenen Dienste wie Azure Sentinel, Microsofts Lösung für das Sicherheitsinformations- und Ereignis-Management (SIEM) und die Sicherheits-Orchestrierung, -Automatisierung und -Reaktion (SOAR) für Azure, voll nutzen. Dieses Ziel ist in der Regel für alle Protokollierungszwecke nützlich, insbesondere für die Überwachung und Entwicklungsprotokollierung.

- **Speicherkonto/Azure Storage** Mit diesem Ziel können Sie Protokolle als Dateien erstellen, um sie länger aufzubewahren, was ideal für Audits ist. Wenn Sie Azure Storage auswählen, können Sie die Datenaufbewahrungsdauer für jede Kategorie in Tagen angeben. Diese Einstellung ermöglicht die automatische Entfernung von Daten, wenn die eingestellte Aufbewahrungszeit abgelaufen ist.

In der Regel ist es am besten, die Aufbewahrungszeit auf 0 zu setzen. Wenn Sie die Aufbewahrungszeit in den Diagnoseeinstellungen ändern, gilt der neue Wert nur für neue Protokolle. Dieses Verhalten ist in der Regel unerwünscht, da Aufbewahrungsrichtlinien in der Regel rückwirkend sind. Daher müssen Sie einen anderen Mechanismus verwenden, nämlich die Ablaufzeit auf 0 zu belassen. Auf diese Weise deaktivieren Sie die Kontrolle der Aufbewahrungsdauer durch die Diagnoseeinstellungen und können andere Mechanismen wie Azure Storage Lifecycle Policy oder einen geplanten Job zum Entfernen alter Protokolldateien einsetzen.

- **Event Hub** Dies ist der Premium-Mechanismus zum Senden von Ereignissen an andere Systeme, zum Beispiel an ein unterstütztes SIEM eines Drittanbieters. Sie können diesen Ansatz auf alle Formen der Protokollierung anwenden.
- **Partnerlösung** Zum Zeitpunkt der Erstellung dieses Kapitels unterstützt Azure Apache Kafka für Confluent Cloud, Datadog, Elastic und Logz.io. Weitere Informationen finden Sie unter *https://learn.microsoft.com/azure/partner-solutions/overview*.

Sie können auch mehrere Kategorien und Ziele gleichzeitig konfigurieren. Sie könnten sogar mehrere Diagnoseeinstellungen erstellen, um verschiedene Kombinationen zu konfigurieren, damit bestimmte Kategorien an einige Ziele gesendet werden und an andere nicht. Es ist jedoch selten, dass eine Regel mehrere Ziele abdeckt, da diese unterschiedliche Ereignisse empfangen müssen.

Log-Kategorien und Kategoriegruppen

Wie im vorangegangenen Abschnitt erwähnt, unterstützt jeder Ressourcentyp – und manchmal auch verschiedene SKUs innerhalb desselben Ressourcentyps – einen anderen Satz von Kategorien. Dies erschwert die Verwendung von Azure-Richtlinien zur Verwaltung von Diagnoseeinstellungen. Um dieses Problem zu lösen, hat Azure Kategoriegruppen eingeführt. Derzeit sind zwei Gruppen definiert (siehe Abbildung 6-2):

- **audit** Diese Kategorie bestimmt, welche Untergruppe von Protokollkontrollkästchen einbezogen wird. Nicht jeder Ressourcenanbieter unterstützt diese Kategoriegruppe. Bei der Implementierung von Diagnoseeinstellungen mit Azure Policy ist es üblich, die Audit-Gruppe für Feeds an ein SIEM/SOAR-System, wie Azure Sentinel oder ein SIEM eines Drittanbieters, zu verwenden.
- **allLogs** Wie der Name schon sagt, ist dies gleichbedeutend mit dem Aktivieren aller Kontrollkästchen im Portal. Jeder Ressourcenanbieter unterstützt diese Kategoriegruppe.

Eine Diagnoseeinstellung gibt eine Liste von Kategorien von Plattformprotokollen und/oder Metriken an, die Sie von einer Quelle vom Typ "Ressource" erfassen möchten, sowie mindestens ein Ziel, an das sie gestreamt werden sollen. Es fallen die normalen Nutzungsgebühren für das Ziel an. Erfahren Sie mehr über die verschiedenen Protokollkategorien und die Inhalte dieser Protokolle.

Name der Diagnoseeinstellung *

Protokolle

Kategoriegruppen

audit

allLogs

Kategorien

Logs related to ApiManagement Gateway

Logs related to Websocket Connections

Zieldetails

An Log Analytics-Arbeitsbereich senden

In ein Speicherkonto archivieren

An einen Event Hub streamen

An Partnerlösung senden

Abbildung 6-2 Kategoriegruppen in den Diagnoseeinstellungen für Azure API Management Gateway

Richtlinien für Diagnoseeinstellungen

Heinrich Gantenbein, einer der Autoren, hat eng mit dem Azure Monitor-Team zusammengearbeitet, um integrierte Richtlinien und Initiativen zu definieren, und hat die Vorteile von Kategoriegruppen genutzt, um die Protokollierung in großem Stil zu ermöglichen. Diese DeployIfNotExists-Richtliniendefinitionen unterstützen Log Analytics, Event Hub und Storage Account Ziele.

Log Analytics

Log Analytics-Arbeitsbereiche sind die Hauptziele für Protokolle und auch Sie werden Ihre Protokolle höchstwahrscheinlich dorthin senden wollen. Der Grund dafür ist, dass Log Analytics-Arbeitsbereiche es Ihnen ermöglichen, die Kusto Query Language (KQL) zu verwenden, um Abfragen durchzuführen, um nach Informationen zu suchen und Muster zu erkennen.

Das bedeutet nicht, dass Sie die anderen Ziele einfach vergessen können. Jedes hat seinen Nutzen. Azure Storage speichert beispielsweise Protokolle über einen längeren Zeitraum, und Event Hub kann Protokolle an Drittanbietersysteme wie SIEMs senden. Aber in den meisten Situationen werden Sie wahrscheinlich Log Analytics-Arbeitsbereiche verwenden wollen, weil sie eine umfassende Erfahrung für den Betrieb ermöglichen.

Log Analytics ermöglicht es Ihnen auch, Informationen selektiver an andere Ziele zu senden. Sie haben bereits gesehen, dass Sie in den Diagnoseeinstellungen verschiedene Ziele wie Azure Storage oder Event Hub angeben können und dass Sie einige Kategorien von Protokollen an Log Analytics und andere an Azure Storage senden können. Diese Funktion ist zwar sehr leistungsfähig, aber in vielen Situationen möglicherweise nicht flexibel genug. So können Sie beispielsweise nur bestimmte Arten von protokollierten Ereignissen an ein SIEM senden, zum Beispiel Fehler, anstatt alle Protokolle zu senden. Dies kann die Kosten, die in der Regel mit der Menge der gesendeten Daten verbunden sind, erheblich senken.

Mit Log Analytics können Sie KQL-Abfragen verwenden, um Warnungen zu definieren. Wenn die Warnung ausgelöst wird, können Sie eine Exportregel nutzen, um nur die Protokolle zu exportieren, die Sie als wichtig identifiziert haben. Diesen Ansatz können Sie auch nutzen, um Ereignisse, Warnungen und Vorfälle zu exportieren, die vom Azure-SIEM, das heißt Azure Sentinel, erkannt wurden, da Azure Sentinel Log Analytics zum Speichern seiner Daten verwendet. Darüber hinaus können Sie Logic-Apps einsetzen, um Ereignisse aus Azure Analytics mithilfe von KQL-Abfragen selektiv zu exportieren.

Logic-Apps könnten in vielen Situationen die beste Lösung sein. Später in diesem Kapitel wird die Erstellung von benutzerdefinierten Ereignissen zur Hervorhebung von Angriffen, die speziell auf Ihre Lösung abzielen, erörtert. Aufgrund ihrer Spezifität können diese Arten von Angriffen von Diensten wie der Azure Web Application Firewall (WAF) unerkannt bleiben. Um diese ungewöhnlichen Situationen zu bewältigen, sollten Sie Ihre Lösung so gestalten, dass sie benutzerdefinierte Ereignisse auslöst, und dann Azure Sentinel verwenden, um Warnungen auszulösen oder Sicherheitsvorfälle für diese Ereignisse zu erstellen. Wenn Sie diese Ereignisse an ein externes System senden müssen, sind Sie auf Logic-Apps angewiesen, da Diagnoseeinstellungen und Log Analytics-Exportregeln keine benutzerdefinierten Protokolle unterstützen.

Kusto-Abfragen

In diesem Buch geht es nicht um Kusto, aber es ist dennoch hilfreich, seine wesentlichen Elemente vorzustellen. Kusto ist eine Datenanalyseplattform, die eine umfangreiche Abfragesprache namens Kusto Query Language (KQL) verwendet. Auch wenn Log Analytics nicht alle Möglichkeiten von KQL nutzt, so sind doch genug KQL-Features vorhanden, um eine Diskussion über KQL und den speziellen KQL-Dialekt, der von Log Analytics verwendet wird, sinnvoll zu machen.

In Log Analytics enthält die einfachste KQL-Abfrage nur den Namen einer Log Analytics-Tabelle. Jede zuvor beschriebene Kategorie wird einer Log Analytics-Tabelle zugeordnet. Wenn Sie also die neuesten Webserver-Protokolle abrufen möchten, führen Sie im Azure-Portal über die Seite *Protokolle* für den Log Analytics-Arbeitsbereich die Abfrage AppServiceHTTPLogs aus (siehe Abbildung 6-3). Auf der Seite *Protokolle* können Sie auch einen Zeitbereich angeben.

Dies kann ein beliebiger Datums- und Zeitbereich oder sogar ein benutzerdefinierter Zeitraum sein. Die Zeitspanne beträgt standardmäßig 24 Stunden, aber in dem in Abbildung 6-3 gezeigten Beispiel ist sie auf 7 Tage eingestellt.

Wenn Sie nicht die erwarteten Ergebnisse erhalten, überprüfen Sie die Einstellung für den Zeitbereich.

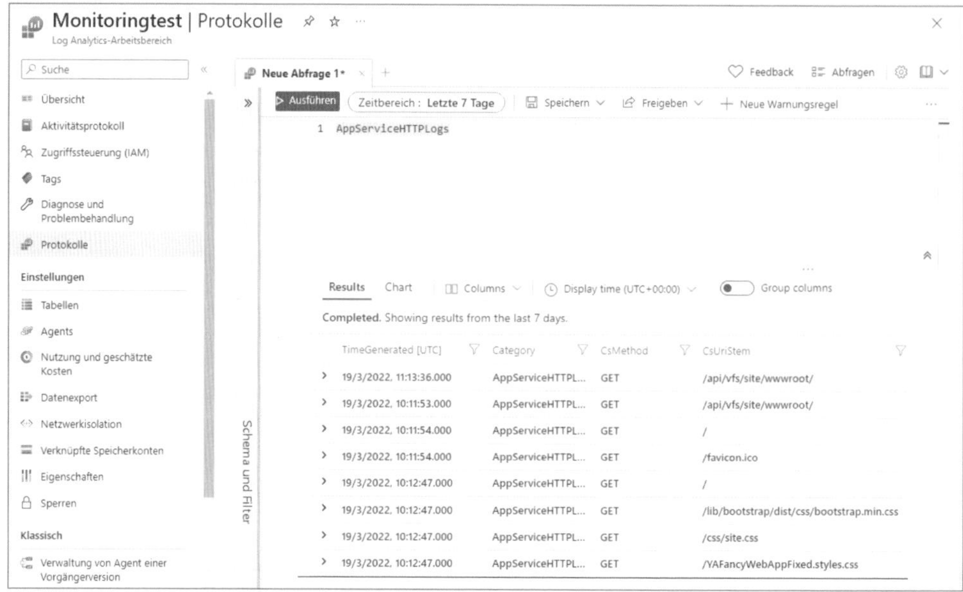

Abbildung 6-3 Die einfachste in Log Analytics ausgeführte KQL-Abfrage

Mit KQL können Sie Befehle mit dem Pipe-Zeichen (|) verketten, etwa so:

```
AppServiceHTTPLogs
| take 10
```

Standardmäßig gibt eine KQL-Abfrage bis zu 10.000 Zeilen zurück, aber diese Abfrage – eine Tabellenabfrage – beschränkt die zurückgegebenen Elemente auf die ersten zehn gefundenen Zeilen.

Zusätzlich zu Tabellenabfragen können Sie mit KQL auch Suchabfragen schreiben. Der Unterschied zwischen Such- und Tabellenabfragen besteht darin, dass Sie mit Suchabfragen nach bestimmten Inhalten innerhalb einer Tabelle suchen können, während Tabellenabfragen den gesamten Inhalt einer Tabelle zurückgeben. Außerdem sind Suchabfragen in der Regel langsamer als Tabellenabfragen.

Die folgende Suchanfrage durchsucht die angeforderten JavaScript-Dateien und gibt die ersten zehn Zeilen zurück:

```
search in (AppServiceHTTPLogs) ".js"
| take 10
```

Diese Suchabfrage durchsucht alle Spalten in der Tabelle AppServiceHTTPLogs. Wenn Sie `in (AppServiceHTTPLogs)` weglassen würden, würde die Suche global für alle Tabellen gelten.

Um den Inhalt einer einzelnen Spalte zu filtern, sollten Sie eine Tabellenabfrage wie die hier gezeigte verwenden, die nur die ersten zehn Anforderungen zurückgibt, die im angegebenen Zeitraum mit einem Statuscode 200 (OK) abgeschlossen wurden:

```
AppServiceHTTPLogs
| where ScStatus == 200
| take 10
```

Sie können den Operator `where` verwenden, um weitere Bedingungen anzuwenden. Wenn Sie mehrere Bedingungen anwenden müssen, können Sie auch den Operator `and` einsetzen, etwa so:

```
AppServiceHTTPLogs
| where ScStatus == 200 and TimeTaken > 100
| take 10
```

Alternativ können Sie auch mehrere `where`-Operatoren verketten, wie im folgenden Statement zu sehen:

```
AppServiceHTTPLogs
| where ScStatus == 200
| where TimeTaken > 100
| take 10
```

KQL unterstützt auch den Operator `or`, wie in diesem Beispiel gezeigt:

```
AppServiceHTTPLogs
| where ScStatus <> 200 or TimeTaken > 100
| take 10
```

Normalerweise wird das Ergebnis nach der Zeit in aufsteigender Reihenfolge sortiert. Um das Ergebnis nach der Zeit in absteigender Reihenfolge nach einem ganz anderen Kriterium zu sortieren, können Sie den Operator `sort` verwenden:

```
AppServiceHTTPLogs
| sort by TimeGenerated desc
```

Was ist, wenn Sie nur die ersten zehn Zeilen zurückgeben möchten? Eine Möglichkeit, dies zu tun, wäre, die folgende Tabellenabfrage zu schreiben:

```
AppServiceHTTPLogs
| sort by TimeGenerated desc
| take 10
```

Es gibt aber auch eine kürzere Möglichkeit, denselben Befehl zu formulieren:

```
AppServiceHTTPLogs
| top 10 by TimeGenerated
```

In diesem Fall ist »absteigend« (desc) die Standardreihenfolge und kann daher weggelassen werden.

Sie haben bereits gesehen, wie sich das Ändern des Zeitbereichs auf der Seite *Protokolle* im Azure-Portal auf die Ergebnisse auswirkt, die Sie abrufen. Was aber, wenn Sie den Bereich innerhalb der Abfrage selbst steuern möchten? Sie können dies mit einem Zeitfilter tun, der zwischen runden Klammern angegeben wird. Im folgenden Beispiel wenden wir einen Zeitfilter an, um nur die Datensätze abzurufen, die älter als ein Tag sind.

```
AppServiceHTTPLogs
| where TimeGenerated > ago(1day)
```

Sie können auch bestimmte Datumsangaben machen. Dazu verwenden Sie den `datetime`-Operator. Sie könnten zum Beispiel die folgende Abfrage nutzen, um alle Requests zwischen dem 1. März 2023 und dem aktuellen Tag zu erhalten:

```
AppServiceHTTPLogs
| where TimeGenerated >= datetime(2023-03-01)
```

Manchmal möchten Sie vielleicht nicht alle Spalten einer Tabelle abrufen, sondern nur eine Teilmenge. Dies können Sie mit dem Operator `project` erreichen:

```
AppServiceHTTPLogs
| project TimeGenerated, CsMethod, CsUriStem, CsUriQuery, ScStatus
```

Sie können auch berechnete Spalten erstellen und die Namen der Spalten ändern, wie im folgenden Beispiel gezeigt:

```
AppServiceHTTPLogs
| project TimeGenerated, CsMethod, CsUriStem, CsUriQuery, ScStatus, IsFast = TimeTaken < 100
```

Wenn Sie alle Spalten der Originaltabelle beibehalten und eine berechnete Spalte hinzufügen möchten, können Sie den `extend`-Operator verwenden:

```
AppServiceHTTPLogs
| extend IsFast = TimeTaken < 100
```

Mit KQL können Sie auch Zeilen aggregieren, indem Sie den Operator `summarize` verwenden. Die folgende Abfrage gibt zum Beispiel die maximale Zeit für die Anfragen nach Ressource zurück:

```
AppServiceHTTPLogs

| summarize max(TimeTaken) by CsUriStem
```

Es gibt noch weitere Aggregierungsfunktionen, wie `avg` und `count`.

Sie können auch eine Aggregierung für mehrere Spalten durchführen, wie im folgenden Beispiel zu sehen:

```
AppServiceHTTPLogs
| summarize avg(TimeTaken) by CsUriStem, ScStatus
```

Wenn Sie häufig dieselbe Abfrage immer wieder verwenden, können Sie die Abfrage auf der Seite *Protokolle* speichern. Nehmen wir als Beispiel die folgende Abfrage. Sie gibt Anfragen zurück, die zu einem internen Fehler in der Webanwendung führen, der einen HTTP-Statuscode von 500 hat.

```
AppServiceHTTPLogs
| project TimeGenerated, CsMethod, CsUriStem, CsUriQuery, ScStatus
| where ScStatus == 500
```

Speichern einer Abfrage

Wenn Sie eine Abfrage häufig verwenden und sie speichern möchten, gehen Sie folgendermaßen vor:

1. Klicken Sie am oberen Rand der Seite *Protokolle* auf die Schaltfläche *Speichern* und dann auf *Als Abfrage speichern*.
2. Geben Sie im Bereich *Als Abfrage speichern* in das Feld *Abfragename* einen Namen für die Abfrage ein.
3. Geben Sie in das Feld *Beschreibung* eine kurze Beschreibung der Abfrage ein.
4. Vergewissern Sie sich, dass das Kontrollkästchen *Als Legacy-Abfrage speichern* nicht aktiviert ist. Andernfalls können Sie nicht in Abfragepaketen speichern.
5. Aktivieren Sie das Kontrollkästchen *In Standardabfragepaket speichern*. Dies ist der Zielspeicherort für die Abfrage.
6. Verwenden Sie die Dropdownlisten *Ressourcentyp, Kategorie* und *Bezeichnung*, um Tags hinzuzufügen, die die Suche und das Abrufen von Informationen vereinfachen.

In diesem Beispiel nennen wir die Abfrage **Interne Serverfehler** und übernehmen alle Standardeinstellungen (siehe Abbildung 6-4).

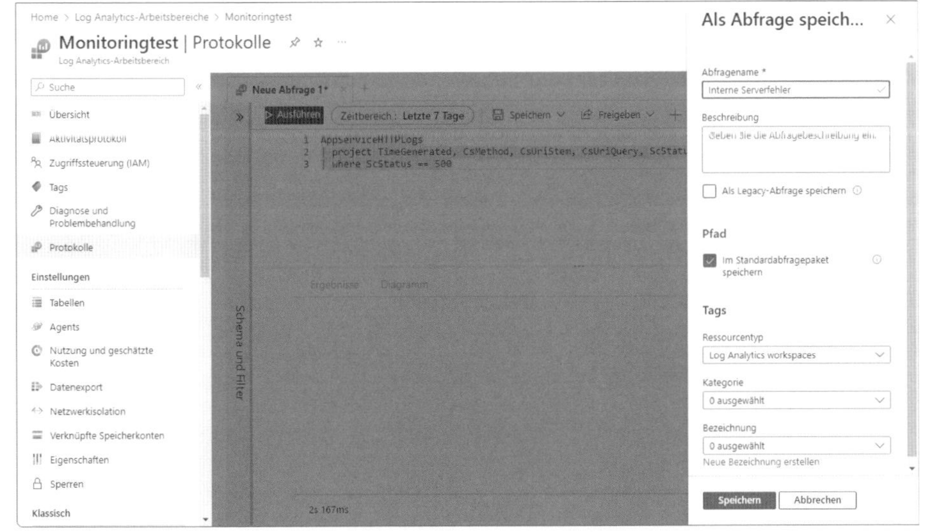

Abbildung 6-4 Der Bereich *Als Abfrage speichern* auf der Seite *Protokolle* für einen Log Analytics-Arbeitsbereich im Azure-Portal

Wir haben hier kaum an der Oberfläche von KQL angekratzt. Es gibt noch viel mehr als das. Im Idealfall reicht dies jedoch als Starthilfe aus.

Warnungen auslösen

Nachdem Sie die Protokollsammlung eingerichtet haben, können Sie Warnungen definieren, die Sie für diejenigen Ereignisse auslösen möchten, die Sie aus der Sicherheitsperspektive für wichtig halten.

Dieser Abschnitt beschreibt, wie Sie Warnungen von Azure Log Analytics auslösen. Die eigentliche Frage ist jedoch, wie Sie feststellen, welche Alarme Sie auslösen sollten. Der beste Ansatz ist die Nutzung der Bedrohungsmodellierung. Erinnern Sie sich daran, dass in Kapitel 4, »Bedrohungsmodellierung«, die Verfügbarkeit als eine der wichtigsten Überlegungen genannt wurde. Glücklicherweise bietet Log Analytics vordefinierte Ereignisse, um festzustellen, ob eine Lösung verfügbar ist. So können Sie beispielsweise AppServiceHTTPLogs-Protokolle verwenden, um die Ausführungszeit oder den Status der Antwort zu überprüfen. Wenn die Ausführungszeiten zu lang sind oder Sie zu viele interne Serverfehler erhalten, haben Sie ein Verfügbarkeitsproblem.

Sie können mit einfachen KQL-Abfragen Warnungen aus Log Analytics auslösen. Zunächst müssen Sie jedoch eine Regel anlegen, um diese Warnungen auszulösen, was Sie im entsprechenden Log Analytics-Arbeitsbereich tun. Angenommen, Sie möchten eine Warnungsregel erstellen, die eine Warnung auslöst, wenn in Ihrer Anwendung innerhalb eines Zeitraums von 30 Minuten mehr als fünf interne Serverfehler (500) auftreten. Dazu führen Sie die folgenden Schritte aus:

1. Navigieren Sie zur Seite *Warnungen* des entsprechenden Log Analytics-Arbeitsbereichs. Klicken Sie dann auf die Schaltfläche *Benutzerdefinierte Warnungsregel erstellen* (siehe Abbildung 6-5).

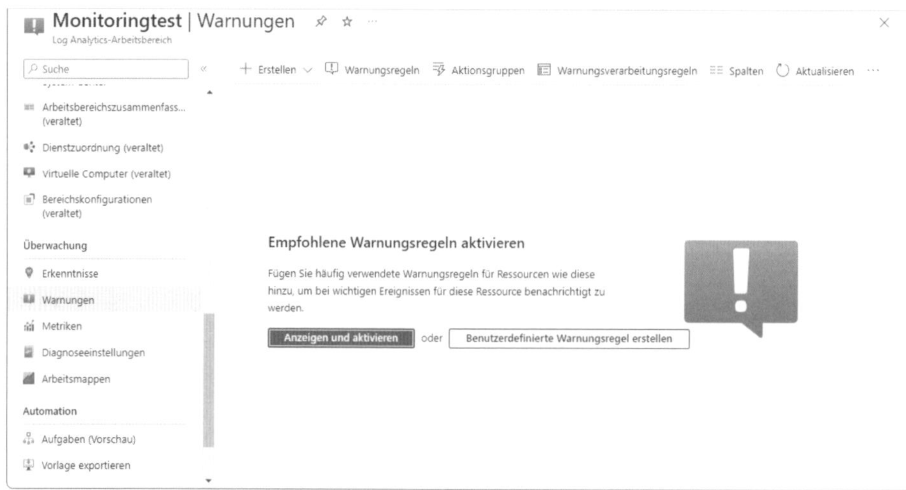

Abbildung 6-5 Die Seite *Warnungen* für den Log Analytics-Arbeitsbereich

Das Tool zum Erstellen einer Alarmregel beginnt mit der Seite *Signal auswählen*. Hier wählen Sie das Signal aus, das als Bedingung für die Auslösung des Alarms verwendet werden soll. Ein Signal ist nichts anderes als eine vordefinierte KQL-Abfrage; die Zielressource sendet sie aus. Azure stellt standardmäßig viele Signale zur Verfügung, und Sie können sie durchsuchen, um zu sehen, ob es etwas gibt, das Ihren Anforderungen entspricht. Für dieses Beispiel werden Sie jedoch die KQL-Abfrage *Interne Serverfehler* auswählen, die Sie im vorangegangenen Abschnitt gespeichert haben.

2. Öffnen Sie das Listenfeld *Signalname* und wählen Sie *Benutzerdefinierte Protokollsuche* aus (siehe Abbildung 6-6).

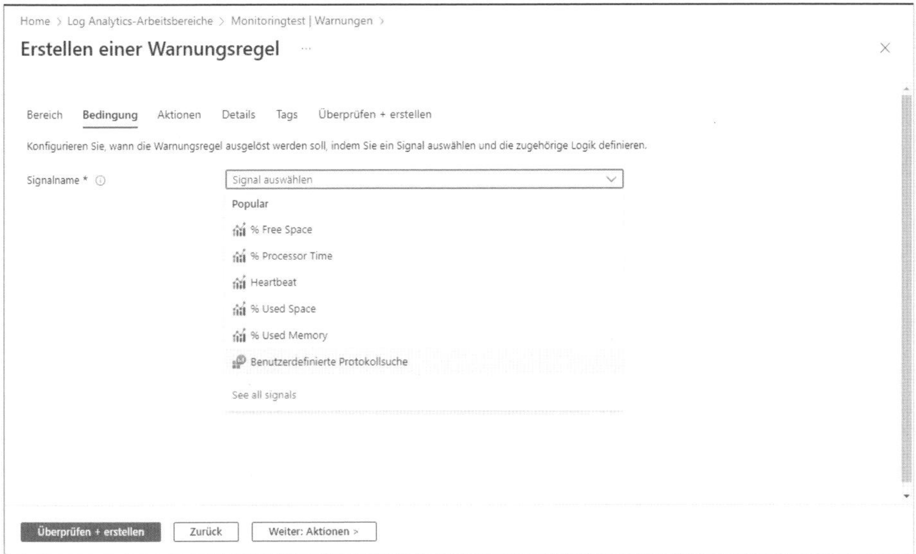

Abbildung 6-6 Erstellen einer Warnungsregel für einen Log Analytics-Arbeitsbereich

Das Azure-Portal öffnet die bekannte Seite *Protokolle*.

3. Öffnen Sie bei Bedarf den Bereich *Schema und Filter* auf der linken Seite des Bildschirms (siehe Abbildung 6-7). Klicken Sie dann auf die Registerkarte *Abfragen*.
4. Klicken Sie im Abschnitt *Favoriten* des Bereichs *Abfragen* unter *Sonstiges* auf *Interne Serverfehler*.

Sie können die im Abfragebereich angezeigten Abfragen filtern, um die gewünschte Abfrage leichter zu finden.

5. Klicken Sie auf die Schaltfläche *Ausführen*, um die Abfrage zu testen.
6. Wenn Sie sich vergewissert haben, dass die Abfrage funktioniert, klicken Sie auf die Schaltfläche *Bearbeitung der Warnung fortsetzen*.

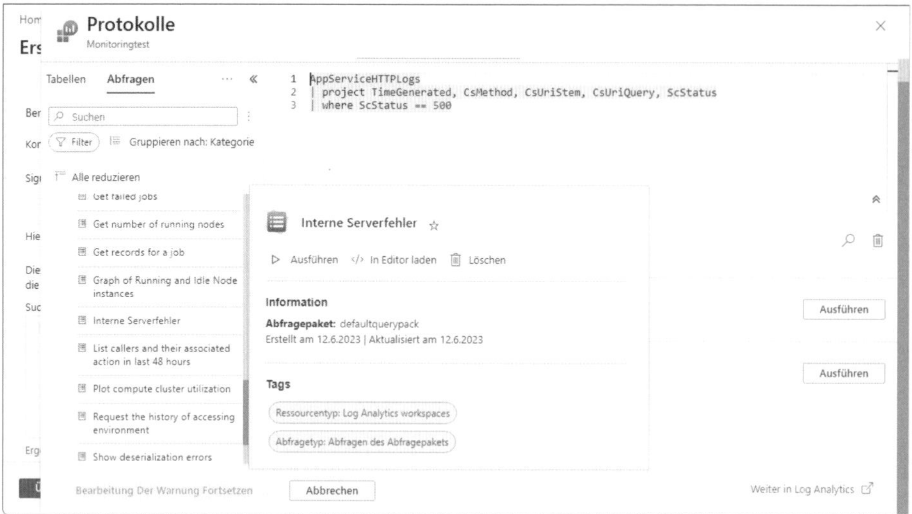

Abbildung 6-7 Festlegen der Abfrage für die Warnungsregel

7. Geben Sie im Fenster *Warnungsregel erstellen* (siehe Abbildung 6-8 und Abbildung 6-9) die folgenden Informationen ein:

   - **Messung** Diese Einstellungen stellen die Regel dar, die zur Auswertung der von der Abfrage zurückgegebenen Datensätze verwendet werden soll. Für dieses Beispiel belassen Sie *Measure* auf *Tabellenzeilen*, um sich auf die Ergebnisse der Abfrage zu beziehen, ändern Sie *Aggregationstyp* auf *Anzahl* (um die Anzahl der Tabellenzeilen zu zählen) und ändern Sie *Aggregationsgranularität* auf *30 Minuten* (um die letzten 30 Minuten zu berücksichtigen).
   - **Nach Dimensionen teilen** In diesem Fall brauchen Sie nicht nach Dimensionen aufzuteilen, lassen Sie diese Einstellungen also unverändert.

Die Aufteilung nach Dimensionen wäre hilfreich, wenn Sie zwischen den verschiedenen Knoten unterscheiden wollen. Zu diesem Zweck müssen Sie den Bezeichner der Ressource (_ResourceId) angeben.

   - **Warnungslogik** Ändern Sie in diesem Abschnitt die Einstellung *Operator* auf *Größer als*, die Einstellung *Schwellenwert* auf *5* und die Einstellung *Häufigkeit der Auswertung* auf *30 Minuten.*

Sie können eine höhere Frequenz wählen, die jedoch nicht unter dem Wert für die Granularität (30 Minuten) liegen darf. Höhere Frequenzen verbessern die Reaktionsfähigkeit, erhöhen aber auch die Kosten.

- **Erweiterte Optionen** Klicken Sie auf den Abwärtspfeil, um diese Optionen anzuzeigen. Wählen Sie in der Dropdownliste *Anzahl von Verstößen* die Option *2*, in der Dropdownliste *Auswertungszeitraum* die Option *2 Stunden* und lassen Sie die Einstellung *Zielbereich für Außerkraftsetzungsabfrage* unverändert. Dadurch wird ein Alarm ausgelöst, wenn innerhalb von zwei Stunden zwei Verstöße auftreten (siehe Abbildung 6-9).

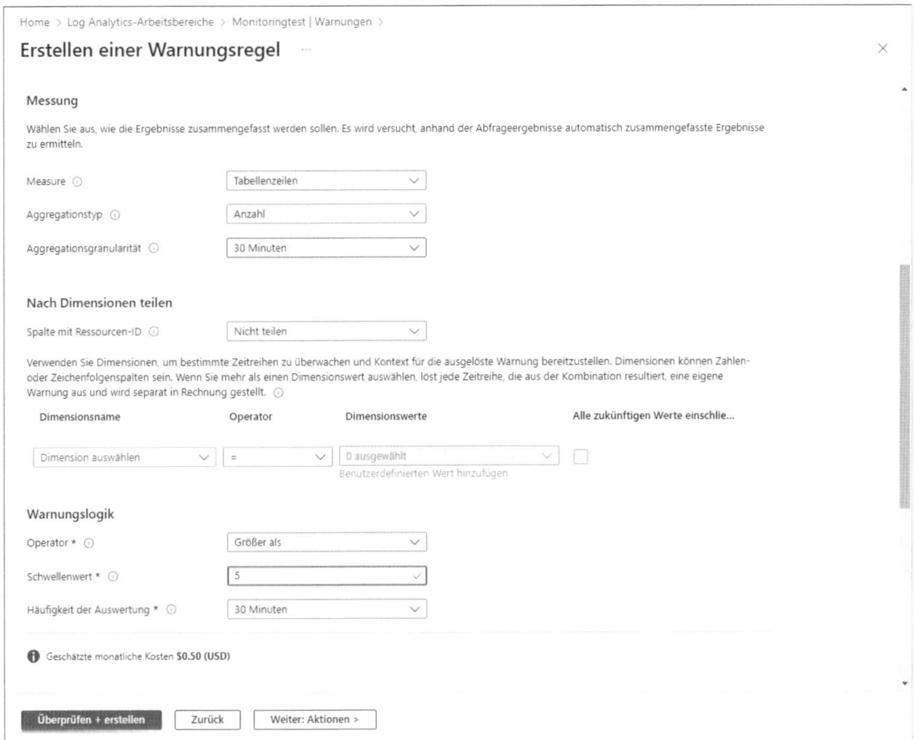

Abbildung 6-8 Konfiguration der Einstellungen für Messung, Teilen nach Dimensionen und Warnungslogik für die neue Warnungsregel

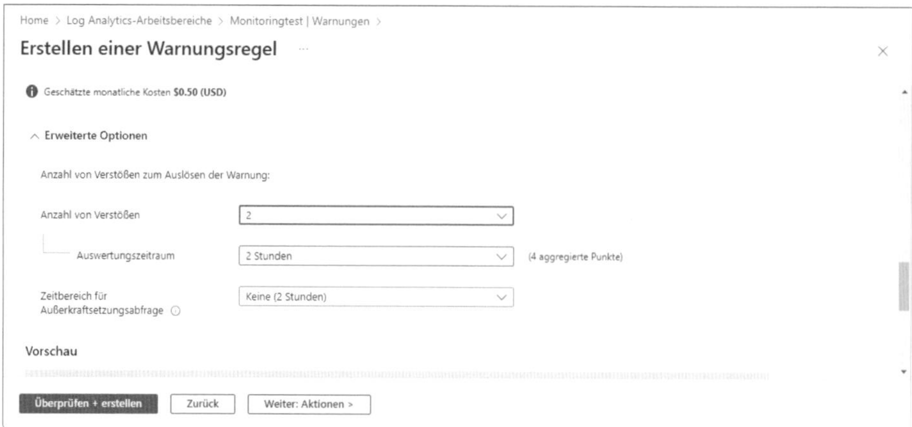

Abbildung 6-9 Konfiguration der Einstellungen in den erweiterten Optionen für die neue Warnungsregel

Der nächste Schritt besteht darin, Aktionen zu erstellen, die automatisch ausgelöst werden, wenn die Warnungsregel ausgelöst wird. Zu diesem Zweck erstellen Sie eine Aktionsgruppe.

8. Klicken Sie auf der Registerkarte *Aktionen* auf die Schaltfläche *Aktionsgruppe erstellen*. Daraufhin öffnet sich die in Abbildung 6-10 dargestellte Schnittstelle. Geben Sie nun die erforderlichen Informationen ein und klicken Sie auf *Weiter*.

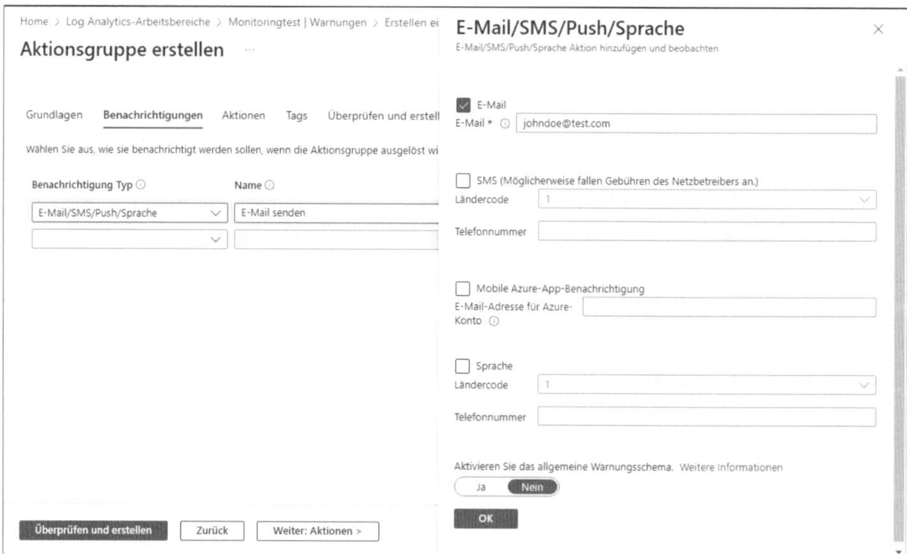

Abbildung 6-10 Konfiguration einer Aktionsgruppe, die mit der Warnung verbunden ist

Aktionsgruppen

Eine Aktionsgruppe ist eine Sammlung von Aktionen, die durch eine Warnungsregel ausgelöst werden. Sie definieren eine Aktionsregel, indem Sie einen Namen und einen Anzeigenamen zuweisen und dann auswählen, ob die Aktionsgruppe eine Benachrichtigung (E-Mail, SMS, Mobile-App-Benachrichtigung oder Sprachnachricht) und/oder eine oder mehrere Aktionen erzeugt. In Aktionsgruppen können Sie derzeit die folgenden Aktionen einschließen:

- Ausführen eines Automation Runbook
- Auslösen einer Azure-Funktion
- Senden der Warnung an den Event Hub
- Erstellen eines ITSM-Tickets (vorausgesetzt, es besteht bereits eine ITSM-Verbindung)
- Ausführen einer Logik-App
- Aufrufen eines sicheren Webhooks (ein mit Microsoft Entra ID authentifizierter Webhook)
- Aufrufen eines Standard-Webhooks (der keine Authentifizierung erfordert)

9. Geben Sie auf der Registerkarte *Details* die folgenden Informationen ein und klicken Sie danach auf *Überprüfen + erstellen.*

   - **Details zur Warnungsregel** Öffnen Sie die Dropdown-Liste *Schweregrad* und wählen Sie den Schweregrad aus, der der generierten Warnmeldung zugewiesen werden soll, geben Sie in das Feld *Name der Warnungsregel* einen Namen für die Warnungsregel ein, geben Sie in das Feld *Beschreibung der Warnungsregel* eine Beschreibung der Warnungsregel ein und öffnen Sie optional die Dropdownliste *Region* und wählen Sie die Region aus, für die die Regel gelten soll.
   - **Erweiterte Optionen** Aktivieren Sie je nach Bedarf eines der folgenden Kontrollkästchen: *Beim Erstellen aktivieren* (um die Warnungsregel sofort zu aktivieren), *Warnungen automatisch auflösen* (wenn das Problem verschwindet; dieses Feature befindet sich derzeit in der Vorschau), *Aktionen unterdrücken* (um die Ausführung der mit der Warnungsregel verbundenen Aktionen zu unterbrechen, auch wenn die Bedingungen noch nicht gelöst wurden) und *Erfordert einen mit einem Arbeitsbereich verknüpften Speicher* (um die Erstellung der Warnungsregel mit der Erstellung eines dedizierten Azure-Speichers zu verknüpfen, der mit dem Arbeitsbereich verknüpft ist).

Nachdem Sie die Warnungsregel erstellt und aktiviert haben, kann es einige Zeit dauern, bis sie wirksam wird, aber schließlich werden Sie sehen, dass die Warnungen und konfigurierten Aktionen ausgeführt werden.

Viele der in diesem Abschnitt beschriebenen Konzepte gelten auch für Azure Sentinel, bei dem es sich, wie bereits erwähnt, um die SIEM- und SOAR-Lösung von Microsoft für Azure handelt. Sowohl Log Analytics als auch Sentinel ermöglichen Ihnen die Erstellung von Warnungen und die Durchführung von Aktionen; dies ist eine natürliche Folge davon, dass Sentinel auf Azure Monitor basiert. Das bedeutet jedoch nicht, dass Sie Azure Sentinel durch Azure Monitor ersetzen können. Azure Sentinel konzentriert sich auf die Sicherheit und bietet spezielle Tools für die Verwaltung von Sicherheitsvorfällen, Ursachenanalysen und forensische Analysen, spezielle Regeln und die Integration mit der Threat Intelligence Platform von Microsoft. Azure Monitor bietet diese Funktionen nicht.

Schutz von Überwachungsprotokollen

Azure Monitor und seine Komponentendienste, einschließlich Log Analytics, sind PaaS-Angebote, wodurch ein großer Teil der Verantwortung für deren Verwaltung und Sicherheit bei Microsoft liegt. Aber auch die Benutzer tragen einen Teil der Verantwortung für den Schutz der Audit-Protokolle. In diesem Abschnitt werden die wichtigsten Praktiken für diese Aufgabe erörtert.

Log Analytics verwendet Azure Storage, um seine Daten, einschließlich der Protokolle, zu speichern. Dies geschieht normalerweise unter der Haube, ohne dass Sie es merken. Aber manchmal müssen Sie vielleicht eine Azure Storage-Instanz bereitstellen, die direkt von Ihnen verwaltet wird – zum Beispiel, um sie mit kundenseitig verwalteten Schlüsseln (Customer-Managed Keys, CMKs) zu konfigurieren, auch bekannt als Bring Your Own Key (BYOK). In diesem Fall übernehmen Sie die Verantwortung für die Verwaltung des Azure-Speicherkontos.

Mit CMKs stellen Sie einen Verschlüsselungsschlüssel bereit, der im Azure Key Vault gespeichert wird, vorzugsweise in einem Premium-Plan, der den privaten Schlüssel in Hardware schützt. Die Speicherung von Verschlüsselungsschlüsseln in Hardware bietet zusätzlichen Schutz vor dem unbefugten Zugriff auf den Schlüssel durch Microsoft oder andere Personen. Wenn Sie einen CMK konfigurieren, können Sie praktisch alle Inhalte im Azure Storage zerstören, indem Sie einfach den Schlüssel aus dem Azure Key Vault entfernen – ein Feature, das als Crypto-Shredding bezeichnet wird. Weitere Details zur Konfiguration eines CMK mit Azure Monitor finden Sie unter *https://learn.microsoft.com/azure/azure-monitor/logs/customer-managed-keys?tabs=portal*.

Die Verschlüsselung von Daten mit CMKs gibt Ihnen mehr Kontrolle, aber auch mehr Verantwortung. Wenn Sie nicht über eine Kopie des Schlüssels verfügen oder Key Vault nicht mit einem Löschschutz konfigurieren und die Verwaltungsberechtigung einschränken, könnten böswillige Akteure den Schlüssel unwiderruflich aus dem System entfernen. Diese Aktion würde sofort alle gespeicherten Daten unzugänglich machen.

Sie können Azure Monitor auch so konfigurieren, dass der Zugriff darauf eingeschränkt wird, indem Sie den öffentlichen Endpunkt durch einen privaten Endpunkt ersetzen. Mit dieser Konfiguration können Sie die Datenverarbeitungsströme und Abfragen separat steuern. So können Sie beispielsweise festlegen, dass Daten von Systemen, die sich in autorisierten VNets auf Azure oder über ExpressRoute oder eine VPN-Verbindung befinden, an Log Analytics gesendet werden dürfen, und gleichzeitig Abfragen von autorisierten Clients aus dem Internet zulassen, wie in Abbildung 6-11 dargestellt.

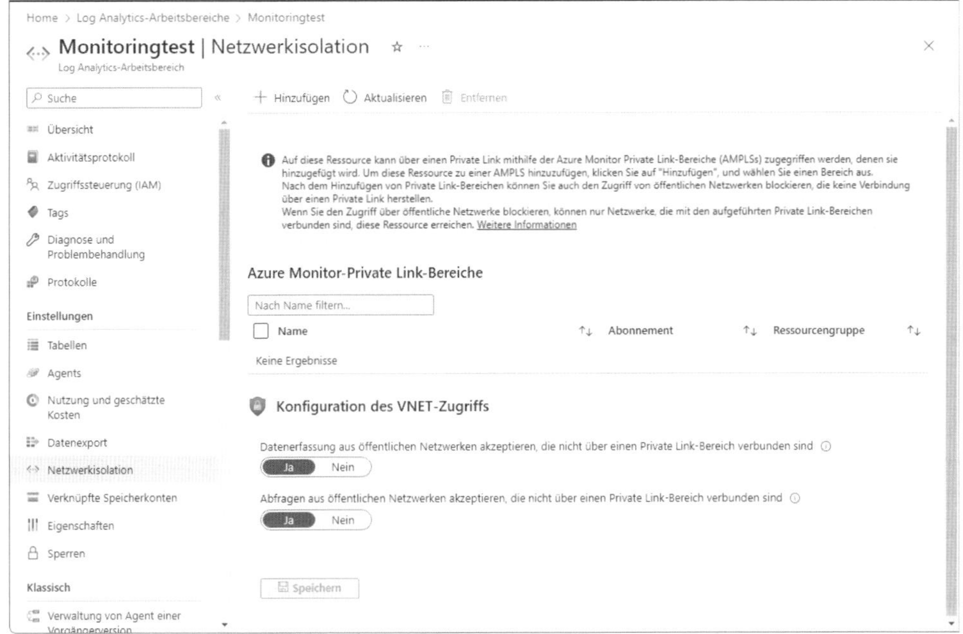

Abbildung 6-11 Konfigurieren der Netzwerkisolation für einen Log Analytics-Arbeitsbereich

Die oben genannten Punkte gelten für Log Analytics. Sie gelten auch für ein anderes Ziel von Ereignissen, die von den Diagnoseeinstellungen ausgelöst werden, mit ein paar geringfügigen Anpassungen: Azure Storage. In diesem Zusammenhang sei angemerkt, dass einer der häufigsten Anwendungsfälle für Azure Storage als Ereignisziel die langfristige Speicherung von Audit-Protokollen ist. In diesem Szenario möchten Sie natürlich sicherstellen, dass niemand die Protokolle ändert. Eine Möglichkeit, dies zu kontrollieren, besteht darin, die Schreibrechte sparsam zu vergeben. Ein effektiverer Ansatz besteht jedoch darin, den Azure-Speicher unveränderlich zu machen. Sie können die Unveränderlichkeit auf den gesamten Azure Storage anwenden, wenn Sie das Speicherkonto erstellen (siehe Abbildung 6-12), oder Sie können jederzeit eine Unveränderlichkeitsrichtlinie auf Containerebene anwenden.

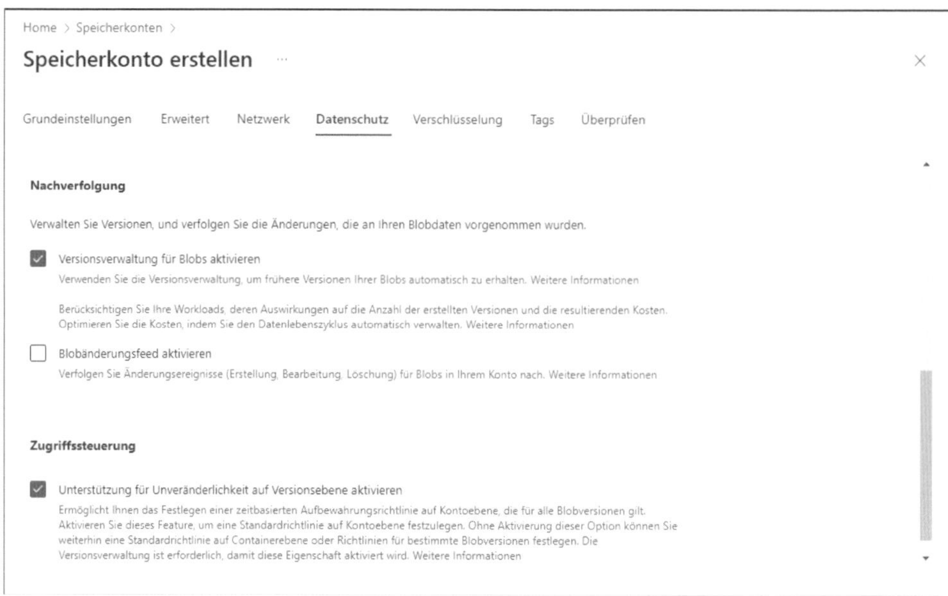

Abbildung 6-12 Während der Erstellung des Azure-Speicherkontos die Unterstützung der Unveränderlichkeit auf Versionsebene aktivieren

Es gibt zwei Arten von Unveränderlichkeitsrichtlinien. Die eine Art ist die Aufbewahrungsrichtlinie mit gesetzlicher Sperrfrist. Dabei sind die Dateien so lange geschützt, bis die rechtliche Sperre aufgehoben wird. Die andere Art, die in Azure für die Speicherung von Auditprotokollen viel häufiger verwendet wird, sind zeitbasierte Aufbewahrungsrichtlinien. Mit diesen Richtlinien können Sie die Unveränderlichkeit für die Dauer der Aufbewahrungsfrist festlegen. Diese wird in Tagen ausgedrückt und muss einen Wert zwischen 1 und 146.000 (400 Jahre) haben. Danach können die Daten entfernt, aber nicht mehr verändert werden. Auf diese Weise können Sie die Unveränderlichkeit vorübergehend anwenden.

Wenn Sie eine neue Richtlinie erstellen, gilt sie für alle relevanten Dateien, die Sie danach anlegen. Sie gilt auch für alle relevanten Dateien, die bereits vorhanden sind. Das Ablaufdatum wird dynamisch auf der Grundlage des Erstellungsdatums des BLOBs berechnet. Angenommen, Sie erstellen eine Richtlinie mit einer Laufzeit von fünf Jahren. Jede Datei, die Sie hochladen, nachdem Sie die Richtlinie angewendet haben, wird fünf Jahre lang geschützt sein. Jede Datei, die Sie vor der Anwendung der Richtlinie hochgeladen haben, wird jedoch für einen kürzeren Zeitraum geschützt, je nachdem, wann die Datei erstellt wurde. Wenn Sie die Datei zum Beispiel vor genau einem Jahr hochgeladen haben, würde Azure Storage sie für vier statt für fünf Jahre schützen.

Wenn Sie eine vom Kunden verwaltete Instanz von Azure Storage für Azure Log Analytics konfigurieren, konfigurieren Sie sie nicht als unveränderlich, da dies zu unerwünschten Ergebnissen führen kann. Ziehen Sie diese Fähigkeit stattdessen für Azure Storage-Instanzen in Betracht, die als Diagnoseeinstellungsziele für verschiedene Azure-Ressourcen fungieren oder Auszüge aus Log Analytics empfangen sollen.

Richtlinien zum Hinzufügen von Überwachungsprotokollen verwenden

Das Konfigurieren jeder Ressource in Ihren Abonnements, um die richtigen Ereignisse an die richtigen Ziele zu senden, kann sowohl umständlich als auch fehleranfällig sein. Aus diesem Grund ist es vielleicht am besten, Azure Policy zu verwenden, um eine Protokollierungs-Baseline zu definieren und sie global anzuwenden.

Wenn Sie es noch nie getan haben, kann das Erstellen geeigneter Azure-Richtlinien für Ihre Protokolle kompliziert sein. Um Ihnen hierbei zu helfen, befassen wir uns damit ausführlicher in Kapitel 7, »Governance«. Darüber hinaus finden Sie hier zwei Ressourcen, die Ihnen den Einstieg erleichtern:

- Das AzurePolicy-Repository von Jim Britt auf GitHub (*https://azsec.tech/brt*) ist äußerst hilfreich für die Erstellung von Azure-Richtlinien im Zusammenhang mit der Überwachung und Protokollierung. Es sammelt verschiedene Skripte, die zur Erstellung von Richtlinien und Initiativen mit DeployIfNotExists-Funktionen erforderlich sind.
- Das Repository Enterprise-Azure-Policy-As-Code auf GitHub (*https://azsec.tech/iv8*), das Heinrich Gantenbein in Zusammenarbeit mit anderen Experten pflegt, kann ebenfalls nützlich sein. Es enthält eine Reihe von Skripten, die sich mit der Übernahme von Azure-Richtlinien durch Unternehmen befassen. Dieses Repo konzentriert sich nicht nur auf die Überwachung und Protokollierung, sondern erstreckt sich auf alle Aspekte der Governance. Es ist eine besonders gute Ressource, wenn Sie eine umfassendere Cloud-Governance-Strategie benötigen.

Eindämmung der Kosten

Die Cloud bietet scheinbar unbegrenzte Ressourcen, und man könnte versucht sein, Dienste einzurichten und sie zu vergessen. Auch wenn dies in manchen Situationen akzeptabel sein mag, müssen Sie bedenken, dass diese Dienste mit Kosten verbunden sind. Die Protokollierungsdienste bilden da keine Ausnahme. Ereignisse werden pro Gigabyte abgerechnet, und Sie zahlen für die von Ihnen ausgelösten Warnungen.

Weitere Einzelheiten zu den nutzungsbasierten Kosten von Azure Monitor finden Sie unter *https://learn.microsoft.com/azure/azure-monitor/usage-estimated-costs*.

Wenn Sie bei der Auswahl der zu verfolgenden Ereignisse nicht die nötige Sorgfalt walten lassen und die Liste auf das Notwendige beschränken, könnten Sie unvorhergesehene Kosten verursachen und, schlimmer noch, unnötig Geld ausgeben. Bei einem unserer Kunden sind beispielsweise vor Kurzem dessen Log Analytics-Kosten in einer Woche um 100.000 Dollar gestiegen, weil er die Konfiguration der Protokollierung nicht sorgfältig genug vorgenommen hat. Es ist wichtig, zunächst ein Minimum an infrastrukturbezogenen Ereignissen zu definieren, die erfasst werden sollen, und dann für jede Anwendung den zusätzlichen Bedarf zu ermitteln.

Wie Sie im nächsten Abschnitt sehen werden, reicht es nicht aus, sich auf die infrastrukturellen Ereignisse zu konzentrieren, da diese die Besonderheiten Ihrer Lösung nicht berücksichtigen.

Auch wenn Sie viele Ereignisse erzeugen und verarbeiten müssen, können Sie viel tun, um Ihre Kosten zu senken. So können Sie zum Beispiel anstelle eines Pay-as-you-go-Modells das Modell der reservierten Kapazität anwenden oder Log Analytics an Sentinel anschließen. Beide Ansätze garantieren erhebliche Einsparungen. Außerdem können Sie Ihre Protokollierungskosten überwachen und Warnungen erzeugen, wenn die Kosten zu hoch werden. Weitere Informationen finden Sie unter *https://learn.microsoft.com/azure/azure-monitor/best-practices-cost#send-alert-when-data-collection-is-high* und *https://learn.microsoft.com/azure/azure-monitor/logs/analyze-usage#data-volume-by-solution*.

Die Notwendigkeit einer gezielten Sicherheitsüberwachung und -überprüfung

Viele Unternehmen setzen auf einen DevOps-basierten Entwicklungsprozess – zumindest auf dem Papier. Aber nur wenige verstehen, was DevOps wirklich bedeutet. Microsoft definiert DevOps wie folgt:

> *»DevOps ist ein Zusammenschluss von Entwicklung (Dev, Development) und Betrieb (Ops, Operations). DevOps ist die Verbindung von Menschen, Prozessen und Technologie, um den Kunden kontinuierlich einen Mehrwert zu bieten.« Microsoft führt weiter aus, dass eines der Ziele von DevOps darin besteht, »ehemals getrennte Rollen – Entwicklung, IT-Betrieb, Qualitätstechnik und Sicherheit – zu koordinieren und zusammenzuarbeiten, um bessere und zuverlässigere Produkte zu produzieren.«*

Wenn man darüber nachdenkt, ist DevOps aus der Sicherheitsperspektive sinnvoll, denn die Sicherung eines Systems setzt ein tiefes Verständnis der Eigenschaften dieses Systems voraus – wie es funktioniert und wie es missbraucht werden könnte. Ein zentralisiertes SOC-Team (Security Operations Center), das die Sicherheit für alle Lösungen Ihres Unternehmens verwaltet, kann keine genauen Kenntnisse über Ihr System haben. Das SOC-Team muss sich also ausschließlich auf Standard-Tools und allgemeine Best Practices verlassen, um Ihre verschiedenen Systeme zu sichern, und übersieht dabei alle spezifischen Bedrohungen.

Dieser Ansatz führt nicht zu einem angemessenen Sicherheitsniveau für alle Systeme in Ihrem Unternehmen. Wenn Sie jedoch Entwicklung, Betrieb und Sicherheit ineinander verzahnen, können Sie einen Kommunikationskanal einrichten, der die Effektivität aller drei Bereiche verbessert. Durch diese Zusammenarbeit ist Ihr Unternehmen in der Lage, die richtige Strategie für die Überwachung und Überprüfung der einzelnen Anwendungen umzusetzen.

Die Rolle der Bedrohungsmodellierung

In Kapitel 4 haben wir uns mit der Modellierung von Bedrohungen befasst. Aber was bedeutet das in der Praxis?

Um diese Frage zu beantworten, konzentrieren wir uns auf Ihre Rolle und Ihre Aufgaben als Mitglied des Entwicklungsteams für eine Lösung – speziell die in Kapitel 4 erstellte Webanwendung zur Buchung von COVID-Impfungen. Sie wissen, dass die Bedrohungsmodellierung ein effektiver Ansatz ist, um herauszufinden, wie böswillige Akteure Ihr System angreifen könnten. Daher werden wir uns hier darauf beziehen.

Wir erinnern daran, dass wir bei dieser Analyse mehrere erhebliche Schwachstellen festgestellt haben. Dazu gehörten die folgenden:

- Die Authentifizierung ist schwach, sodass sich ein Angreifer als Bürger ausgeben könnte.
- Die Lösung könnte nicht mehr verfügbar sein, weil sie nicht für die Unterstützung von Hochverfügbarkeit konfiguriert ist.
- Die API greift auf alle Ressourcen mit Anmeldeinformationen zu, die in einem Key Vault gespeichert sind, und sie greift auf den Key Vault mit Anmeldeinformationen zu, die in etcd gespeichert sind. Allerdings ist etcd nicht sicher.
- Impfzentren greifen auf Azure Storage mit einem Azure-Speicherkontoschlüssel zu.

In Kapitel 4 ging es hauptsächlich um die erste Schwachstelle: schwache Authentifizierung. Lassen Sie uns also auch hier damit fortfahren.

Wenn Sie sich erinnern, haben wir in Kapitel 4 zwei Bedrohungen im Zusammenhang mit schwacher Authentifizierung identifiziert:

- Die Offenlegung von vertraulichen Informationen
- Die Fähigkeit eines böswilligen Akteurs, Buchungen zu ändern oder zu löschen

  Für diese haben wir eine Reihe möglicher Gegenmaßnahmen in Betracht gezogen:

- Einführen der Multi-Faktor-Authentifizierung (MFA)
- Erstellen eines Registrierungsverfahrens

Bei beiden Maßnahmen handelt es sich um präventive Kontrollen, das heißt, sie versuchen, die Wahrscheinlichkeit oder die Auswirkungen des Angriffs zu verringern. Während diese Kontrollen Angreifer mit mangelnden Fähigkeiten und/oder mangelnder Entschlossenheit blockieren würden, stellen sie für bessere Angreifer lediglich eine Verzögerung dar. Was ist also zu tun?

Das Prinzip Defense in Depth macht die Einführung mehrerer Arten von Maßnahmen erforderlich, um die Sicherheit zu erhöhen. Da es in diesem Kapitel um Überwachung und Überprüfung geht, bedeutet dies, dass wir uns jedes Mal, wenn wir eine Bedrohung erkennen, weil wir nur präventive Kontrollen haben, zwei einfache Fragen stellen sollten:

- Wie können wir erkennen, wann ein solcher Angriff tatsächlich stattfindet?
- Welche Informationen müssen wir verfolgen, um festzustellen, wie dieser Angriff ausgeführt wurde?

Die erste Frage bezieht sich auf die Ermittlung der erforderlichen Überwachungskontrollen, während sich die zweite Frage auf das Auditing bezieht.

Betrachten wir nun unsere spezifischen Bedrohungen. Nehmen wir zunächst an, ein Angreifer authentifiziert sich als Bürger und schafft es so, auf sensible Informationen zuzugreifen oder Buchungen zu ändern oder zu löschen. Nun stellen Sie sich die erste Frage: Wie können wir erkennen, wann diese Art von Angriff tatsächlich stattfindet? Bei einer schwachen Authentifizierung unternimmt der Angreifer in der Regel mehrere Fehlversuche, bevor er schließlich Erfolg hat und in das System eindringt. Um also zu erkennen, wann diese Art von Angriff tatsächlich stattfindet, könnten Sie eine Warnung auslösen, wenn Sie innerhalb eines bestimmten Zeitraums mehrere fehlgeschlagene Zugriffsversuche feststellen. Dann könnten (und sollten) Sie bestimmte Maßnahmen ergreifen – entweder manuell oder automatisch –, um den Schaden zu kontrollieren und zu begrenzen. Tabelle 6-1 skizziert ein solches Szenario mit den zu überwachenden Ereignissen, den auszulösenden Warnungen und den zu ergreifenden Maßnahmen.

Ereignis	Warnungen	Aktionen
Fehlgeschlagene Authentifizierung: Dies ist der Fall, wenn die Authentifizierung eines Benutzers fehlschlägt. Das Ereignis sollte den Namen des Kontos, die IP-Adresse des Aufrufers und seinen User Agent enthalten.	**Zu viele fehlgeschlagene Authentifizierungen:** Dies sollte ausgelöst werden, wenn innerhalb von zehn Minuten mehr als fünf fehlgeschlagene Authentifizierungsereignisse auftreten.	Erstellen Sie einen Sicherheitsvorfall, wenn innerhalb von einer Stunde mehr als zwei Warnungen über zu viele fehlgeschlagene Authentifizierungen ausgelöst werden. Untersuchen und lösen Sie den Sicherheitsvorfall. Wenn sich innerhalb von zehn Minuten mehr als zehn markierte Ereignisse auf die gleiche IP-Adresse beziehen, blockieren Sie diese IP-Adresse für eine Stunde.
Erfolgreiche Authentifizierung: Dies ist der Fall, wenn ein Benutzer erfolgreich authentifiziert wurde. Das Ereignis sollte den Namen des Kontos, die IP-Adresse des Aufrufers und seinen User Agent enthalten.	keine	keine

Tabelle 6-1 Ereignisse, Warnungen und Aktionen zur Erkennung des Zugriffsversuchs eines nicht autorisierten Benutzers auf Ihr System

Beachten Sie bei der Auswahl von Ereignissen mögliche Einschränkungen durch einschlägige Gesetze und Vorschriften. Einige Datenschutzgesetze erlauben es Ihnen beispielsweise nicht, IP-Adressen zu verfolgen. Andere Felder könnten vertrauliche Informationen preisgeben, einschließlich des Textes einiger Nachrichten. Seien Sie sich außerdem darüber bewusst, dass einige Gesetze, wie die Allgemeine Datenschutz-Grundverordnung der EU (DSGVO), für Ihre Lösung gelten könnten,

auch wenn Sie in einem anderen Land angesiedelt ist, da einige Nutzer in der EU wohnen oder Bürger der EU sein könnten. Prüfen Sie diese Situationen sorgfältig mithilfe interner Datenschutzexperten oder Anwälten, die auf Datenschutz spezialisiert sind.

Nicht alle Ereignisse müssen überwacht werden. Beispielsweise ist es wahrscheinlich nicht notwendig, Ereignisse der erfolgreichen Authentifizierung zu überwachen, da diese in den meisten Fällen kein Problem darstellen und ihre Verfolgung eine zusätzliche Belastung bedeuten und zusätzliche Kosten verursachen würde. Aus diesem Grund sind in Tabelle 6-1 für dieses Ereignis keine Warnungen oder Aktionen aufgeführt. Dennoch sollten Sie erfolgreiche Authentifizierungsereignisse im Audit-Protokoll protokollieren, da dies bei der Ursachenanalyse bei einem Vorfall wichtige Informationen liefern kann.

In jedem Fall beginnt alles mit den beiden Ereignissen: erfolgreiche Authentifizierung und fehlgeschlagene Authentifizierung. Es spielt keine Rolle, ob diese Ereignisse von der Azure-Infrastruktur oder von der Anwendung selbst ausgelöst werden, aber sie müssen in gewisser Weise genutzt werden, sonst würden sie übersehen. In diesem Beispiel werden diese beiden Ereignisse von der Anwendung ausgelöst, da die Authentifizierung benutzerdefiniert ist. Es liegt dann in der Verantwortung des Operations-Teams, entsprechende Warnungen zu definieren und zu generieren, wenn diese Ereignisse auftreten, und die erforderlichen Maßnahmen durchzuführen.

Zusammenfassend lässt sich ein möglicher Ansatz für den Umgang mit Ereignissen, Warnungen und Aktionen wie folgt beschreiben:

1. Bei der Bedrohungsmodellierung wird ermittelt, welche Ereignisse Sie benötigen und warum Sie diese benötigen, um eine bestimmte Bedrohung bzw. bestimmte Bedrohungen zu erkennen, und es wird beschrieben, wie Sie diese Ereignisse nutzen würden.
2. Anhand der Informationen aus dem Bedrohungsmodell und in Absprache mit den Sicherheits- und Operations-Teams entwirft das Entwicklungsteam die Ereignisse, die in der Anwendung erkannt werden sollen. Gleichzeitig entwirft das Operations-Team in Absprache mit dem Sicherheitsteam Warnmeldungen und entsprechende Maßnahmen für jedes Ereignis (falls erforderlich).
3. Das Entwicklungsteam implementiert die Ereignisse in die Lösung.
4. Das Operations-Team setzt die Warnungen und Maßnahmen in der Lösung um.

Benutzerdefinierte Ereignisse

Alles, was bisher in diesem Kapitel beschrieben wurde, ist Teil der Azure-Infrastruktur oder ein Prozess, den Sie in Ihrem Unternehmen implementieren können. Es gibt nur eine Ausnahme, die wir noch nicht erläutert haben: das Erstellen von benutzerdefinierten Ereignissen, wie das bereits erwähnte Ereignis »Fehlgeschlagene Authentifizierung«.

Das Ereignis »Erfolgreiche Authentifizierung« stellt kein Problem dar. Sie können es als Standard-Konsolenereignis auslösen. Verwenden Sie alternativ etwas wie den AzureMonitorTraceListener, der Teil von Microsoft.WindowsAzure.WebSites.Diagnostics ist, und konfigurieren Sie dann die Diagnoseeinstellungen, um das Ereignis an Azure Storage zu senden.

Das Erstellen von benutzerdefinierten Ereignissen in Log Analytics basiert auf der Log Analytics Data Collector API, die sich derzeit in der Vorschau befindet. Wenn Sie dies lesen, wird sie im Idealfall bereits allgemein verfügbar sein. Wir sind der Meinung, dass man am besten anhand von Beispielen lernt. Daher werden wir die API anhand eines einfachen Szenarios mit einer von uns erstellten Webanwendung namens YAFancyWebApp vorstellen. Sie finden sie hier: *https://azsec.tech/fq1*. Diese Anwendung tut nicht viel; sie fragt lediglich nach Ihrem Namen und heißt Sie willkommen (siehe Abbildung 6-13).

Abbildung 6-13 Die Startseite der YAFancyWebApp

Dieser Abschnitt befasst sich hauptsächlich mit der Übermittlung benutzerdefinierter Ereignisse an Log Analytics. Das Repository bietet eine einfache Schritt-für-Schritt-Anleitung für die Bereitstellung dieses Beispiels in Ihrem Azure-Abonnement.

Wenn Sie in das Feld *Please Specify Your Name* (Bitte geben Sie Ihren Namen an) **John Doe** eingeben und auf die Schaltfläche *Submit* (Senden) klicken, begrüßt Sie die Webanwendung mit einer freundlichen Meldung: »Welcome John Doe!« Hinter den Kulissen führt die Startseite der App, Index.cshtml, eine Umleitung auf die Seite Welcome.cshtml mit einem POST aus und sendet den Benutzernamen in ein Feld namens *Username*. Dieser wird dann von der Zielseite abgerufen und unverändert angezeigt, ohne dass eine Überprüfung stattfindet.

Normalerweise wäre das in Ordnung, aber der Code in diesem Beispiel wurde geschickt so gestaltet, dass er für Cross-Site-Scripting (XSS) anfällig ist. In Kapitel 9, »Secure Coding«, wird ausführlicher erklärt, was XSS ist. Wenn Sie also den Text **John<script>alert('XSS!')</script>** auf der Startseite der Anwendung eingeben, erhalten Sie eine Meldung, die fröhlich XSS! ankündigt (siehe Abbildung 6-14). Dies zeigt, dass die Website in der Tat für XSS anfällig ist. Ein Angreifer wäre also in der Lage, ein Skript seiner Wahl auszuführen.

Abbildung 6-14 Das gefürchtete XSS!-Panel

Diese Website basiert auf ASP.NET MVC Razor von .NET 6. Diese Technologie ist in der Regel ausreichend, um Websites gegen gängige XSS-Angriffe wie diesen zu schützen. In diesem Fall ist das jedoch nicht der Fall, da wir auf der Seite Welcome. cshtml `@Html.Raw(Model.Message)` anstelle des natürlicheren `Model.Message` verwendet haben. Während dies für unser Beispiel in Ordnung ist, wäre eine solche Wahl normalerweise ein Fehler, da sie Schwachstellen einführt.

Wie können wir dieses Verhalten beheben? Das Projekt YAFancyWebAppFixed zeigt Ihnen wie. Ändern Sie zunächst die `OnPost()`-Methode auf der Welcome-Seite wie folgt (siehe Datei Welcome.cshtml.cs):

```
public IActionResult OnPost()
{
   var username = Request.Form["Username"];
   if (Validate(username))
   {
      Message = "Welcome " + username + "!";
      return Page();
   }
   else
   {
      SecurityLogger.Instance.Log("xss", username);
      return RedirectToPage("./NiceTry");
   }
}
```

Der neue Code erhält den Benutzernamen als Post-Feld mit dem Namen `"Username"`, so wie es der ursprüngliche Code tat. Anstatt ihn jedoch direkt in die Meldung einzubauen, wird er zunächst mit der Methode `Validate()` überprüft. Wenn alles korrekt ist, wird die Meldung aktualisiert, und der Benutzer sieht die Willkommensseite. Schlägt die Validierung jedoch fehl, wird ein SecurityLogger aufgerufen, um das Problem zu protokollieren, und der Browser wird auf eine NiceTry-Seite umgeleitet.

Versuchen Sie nun, nach der Bereitstellung von YAFancyWebAppFixed, die Website mit **John<script>alert ('XSS!')</script>** aufzurufen. Sie erhalten die XSS-Meldung nicht mehr, aber eine Seite mit einem Comicstrip von XKCD zeigt die Folgen einer unzureichenden Validierung Ihrer Eingaben.

Diese Überprüfungsfunktion ist einfach: Sie verwendet einen regulären Ausdruck, der alphabetische Zeichen akzeptiert und alles andere ablehnt. In Kapitel 9 werden weitaus bessere Möglichkeiten zur Durchführung der Validierung vorgestellt, weshalb wir für die Einzelheiten auf dieses Kapitel verweisen. Für den Moment ist der wichtigste Teil des Beispiels für unseren Zweck die Klasse `SecurityLogger`. Diese Klasse basiert auf `LogAnalytics.Client`, einem NuGet-Paket, das den Zugriff auf die LogAnalytics Data Collector API umschließt. Diese Bibliothek ist quelloffen und ihr Repo ist unter *https://azsec.tech/vu0* verfügbar.

`SecurityLogger` ist ein Singleton. Sie müssen es initialisieren, bevor Sie es verwenden, indem Sie die Methode `Initialize()` aufrufen. Sie finden diesen Aufruf am Anfang von Program.cs, wodurch sichergestellt wird, dass er so früh wie möglich ausgeführt wird. Diese Methode ist asynchron, da sie ein paar Initialisierungsaktivitäten durchführt, die einige Zeit in Anspruch nehmen können:

1. Es ruft die URL des Key Vault mit den Konfigurationsinformationen aus der Umgebungsvariablen `"KeyVaultUri"` ab.
2. Er stellt eine Verbindung zum Key Vault her und authentifiziert sich mit der verwalteten Identität, die dem App Service zugewiesen ist, der die Webanwendung hostet.
3. Über diese Verbindung zu Key Vault werden die `WorkspaceId` und der `WorkspaceKey` des Referenzarbeitsbereichs von Log Analytics abgerufen.
4. Mit diesen Informationen wird der `LogAnalyticsClient` initialisiert, der den Client für die von `LogAnalytics.Client` implementierte Datensammler-API darstellt.

```
public class SecurityLogger
{
  private static readonly SecurityLogger _instance = new SecurityLogger();
  private LogAnalyticsClient? _client;

  private SecurityLogger()
  {
  }

  public static SecurityLogger Instance => _instance;

  public void Log(string category, string payload)
  {
    var encoder = HtmlEncoder.Create(allowedRanges : new[] { UnicodeRanges.BasicLatin});
    _client?.SendLogEntry<PossibleAttackAttempt>(new PossibleAttackAttempt()
    {
      Category = category,
      Payload = encoder.Encode(payload)
    }, "Security");
  }

  public async Task Initialize()
  {
    var uri = Environment.GetEnvironmentVariable("KeyVaultUri");
```

```
        if (uri != null)
        {
          SecretClient client = new SecretClient(new Uri(uri), new
            DefaultAzureCredential());
          var workspaceId = (await client.GetSecretAsync("WorkspaceId"))?.Value?.Value;
          var workspaceKey = (await client.GetSecretAsync("WorkspaceKey"))?.Value?.Value;
          if (!string.IsNullOrWhiteSpace(workspaceId)
            && !string.IsNullOrWhiteSpace(workspaceKey))
          {
            _client = new LogAnalyticsClient(
            workspaceId: workspaceId,
            sharedKey: workspaceKey);
          }
        }
      }
    }
```

Nach der Initialisierung ist es möglich, mit der `Log()`-Methode von `SecurityLogger` ein Ereignis an die Log Analytics Data Collector API zu senden. Diese Methode benötigt zwei Parameter: eine Kategorie (zum Beispiel XSS für erkannte Cross-Site-Scripting-Angriffe) und die als potenziell bösartig identifizierte Nutzlast (Payload).

Die Methode `Log()` beginnt mit der Definition eines HTML-Codierers. Seine Verwendung ist von entscheidender Bedeutung, da er die Umwandlung potenziell bösartiger Nutzdaten ermöglicht, um zu verhindern, dass sie zusätzlichen Schaden anrichten. Aus diesem Grund initialisiert der Code den Codierer so, dass er jedes Zeichen des Basic Latin Unicode-Zeichensatzes als sicher betrachtet, während er alles andere codiert.

Danach wird die Methode `SendLogEntry()` des `LogAnalyticsClient` aufgerufen. Diese Methode ist besonders wichtig; daher ist es notwendig, ihr etwas Zeit zu widmen. Sie wird hier gezeigt:

```
_client?.SendLogEntry<PossibleAttackAttempt>(new PossibleAttackAttempt()
{
  Category = category,
  Payload = encoder.Encode(payload)
}, "Security
```

`SendLogEntry` ist eine generische Methode, die eine Klasse als Parameter besitzt und die eine Instanz dieser Klasse als erstes Argument und eine Zeichenkette als zweites Argument annimmt. Die Klasse `PossibleAttackAttempt` definiert die Ereignisfelder, die Sie in Log Analytics benötigen, wie hier gezeigt:

```
public class PossibleAttackAttempt
{
  public string? Category;
  public string? Payload;
}
```

Die Klasse `PossibleAttackAttempt` stellt die Felder des Ereignisses als Felder der Klasse dar. Es werden jedoch nicht alle Typen unterstützt. Derzeit sind nur die folgenden Typen erlaubt:

- string
- bool
- double
- DateTime
- Guid

Wie in der Klassendeklaration angegeben, können diese Felder nullable (nullfähig) sein.

In unserem Fall haben wir nur zwei Felder als Zeichenfolgen. Dem zweiten, `Payload`, wird der codierte Wert der empfangenen Nutzlast zugewiesen, während das erste die Kategorie ist, die als erstes Argument an die Methode `Log()` übergeben wird.

Der zweite Parameter der Methode `Log()` ist der Name des zu erstellenden benutzerdefinierten Protokolls – oder um genau zu sein, ein Teil davon. Azure Log Analytics fügt das Suffix _CL an den als Argument übergebenen Namen an, um den Namen des benutzerdefinierten Protokolls zu generieren. Wenn der zweite Parameter den Wert `"Security"` hat, erzeugt der Code ein benutzerdefiniertes Protokoll mit dem Namen Security_CL.

Wenn Sie zum ersten Mal ein Ereignis an Log Analytics senden, dauert es einige Minuten, bis dieses Ereignis sichtbar wird, da Log Analytics die erforderlichen Tabellen aus der empfangenen Anfrage erstellen muss. Nach dieser ersten Anfrage ist die erforderliche Zeit jedoch viel kürzer.

Warnungen für benutzerdefinierte Ereignissen auf Azure Sentinel

Nun, da wir die ersten benutzerdefinierten Ereignisse in unserem System haben, fragen Sie sich vielleicht, was Sie damit machen können. Sie haben bereits gesehen, wie man Warnungsregeln in Log Analytics erstellt; dieses Mal möchten wir Ihnen etwas anderes zeigen: wie man Warnungsregeln in Azure Sentinel erstellt. Wie bereits erwähnt, ist Azure Sentinel das SIEM von Microsoft für Azure. Da wir es in diesem Kapitel bereits ein paar Mal erwähnt haben, sollten Sie zumindest eine vage Vorstellung davon haben. Lassen Sie uns also die Warnung in Sentinel konfigurieren.

Zunächst müssen Sie eine Instanz von Azure Sentinel erstellen und diese mit einem Log Analytics-Arbeitsbereich verknüpfen. Dazu können Sie die Instanz von Azure Sentinel so anlegen, wie Sie jede andere Ressource auf Azure erstellen würden. Der Referenz-Log-Analytics-Arbeitsbereich ist ein erforderlicher Parameter für die Erstellung der Azure Sentinel-Instanz. Für unsere Zwecke ist es am einfachsten, denselben Arbeitsbereich zu verwenden, den Sie bisher eingesetzt haben, da er Einblick in alle dort gespeicherten Ereignisse gibt, einschließlich benutzerdefinierter Protokolle wie Security_CL.

Als Nächstes müssen Sie eine Warnung einrichten, wenn innerhalb von 30 Minuten mehr als fünf Ereignisse auftreten. Dazu erstellen Sie im Assistenten für Azure Sentinel-Analyseregeln eine Regel für geplante Abfragen aus der Analytics-Konfigurationseinstellung für Sentinel (siehe Abbildung 6-15). Auf der ersten Registerkarte des Assistenten mit der Bezeichnung *Allgemein* geben Sie den *Namen* der Regel, die *Beschreibung*, die Klassifizierung durch MITRE ATT&CK (im Feld *Taktik und Techniken*) und den *Schweregrad* an.

Auf der Registerkarte *Regellogik festlegen* des Assistenten definieren Sie eine KQL-Abfrage, mit der Sie die Ereignisse von Interesse identifizieren können. In unserem Fall könnten wir die folgende Abfrage verwenden:

```
Security_CL
| where Category == 'XSS'
```

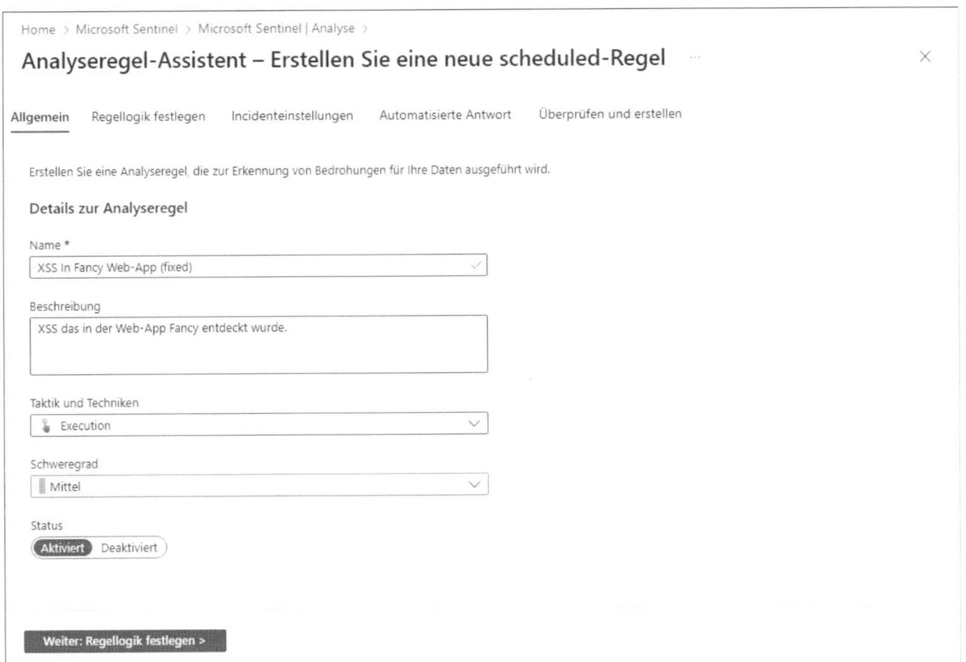

Abbildung 6-15 Die Registerkarte *Allgemein* des Assistenten für Analyseregeln

Auf derselben Registerkarte können Sie im Abschnitt *Warnungsdetails* einige Details für die zu generierenden Warnungen festlegen, wie beispielsweise

- **Format des Warnungsnamens** Hier wird das Format des Warnungsnamens festgelegt. In diesem Fall geben Sie an, dass die Parameter zwischen doppelten geschweiften Klammern stehen sollen, etwa so: **"{{Category}} attempt"**.
- **Format der Warnungsbeschreibung** Hier wird das Format der *Warnungsbeschreibung* festgelegt. Dies funktioniert wie das Feld *Format des Warnungsnamens*. Sie könnten zum Beispiel **"This is a {{Category}} attempt."** verwenden.

Im Abschnitt *Abfrageplanung* legen Sie die Planungsparameter der Abfrage fest:

- **Abfrage ausführen alle** Hier wird festgelegt, wie häufig die Abfrage ausgeführt wird. Setzen Sie diesen Wert auf *15 Minuten*.
- **Datensuche für letzte** Gemäß den Spezifikationen der Warnung stellen Sie diesen Wert auf *30 Minuten* ein. Diese Einstellung muss gleich oder größer sein als die Einstellung für die Ausführungsfrequenz.

Schließlich sollten Sie die zusätzlichen Parameter am Ende der Registerkarte *Regellogik festlegen* konfigurieren:

- **Warnungsschwellenwert** Wählen Sie gemäß den Spezifikationen des Alarms **Ist größer als 5**.
- **Ereignisgruppierung** Gruppieren Sie alle Ereignisse in einer einzigen Warnung, um zu viele Warnungen zu vermeiden.
- **Unterdrückung** Wählen Sie *4 Stunden* für die Abfrage, damit sie vier Stunden, nachdem Sentinel die Warnmeldung erzeugt hat, abläuft. Dadurch wird die Anzahl der generierten Warnungen reduziert.

Sie können dann die automatische Generierung eines Sicherheitsvorfalls mit der Warnung aktivieren, alle anderen Standardeinstellungen akzeptieren und die Regel erstellen. Versuchen Sie nach kurzer Zeit, einige simulierte Angriffe auf die Webanwendung durchzuführen. Nachdem Sie den sechsten Angriff innerhalb weniger Minuten ausgeführt haben, generiert Sentinel eine Warnung und einen Sicherheitsvorfall (siehe Abbildung 6-16).

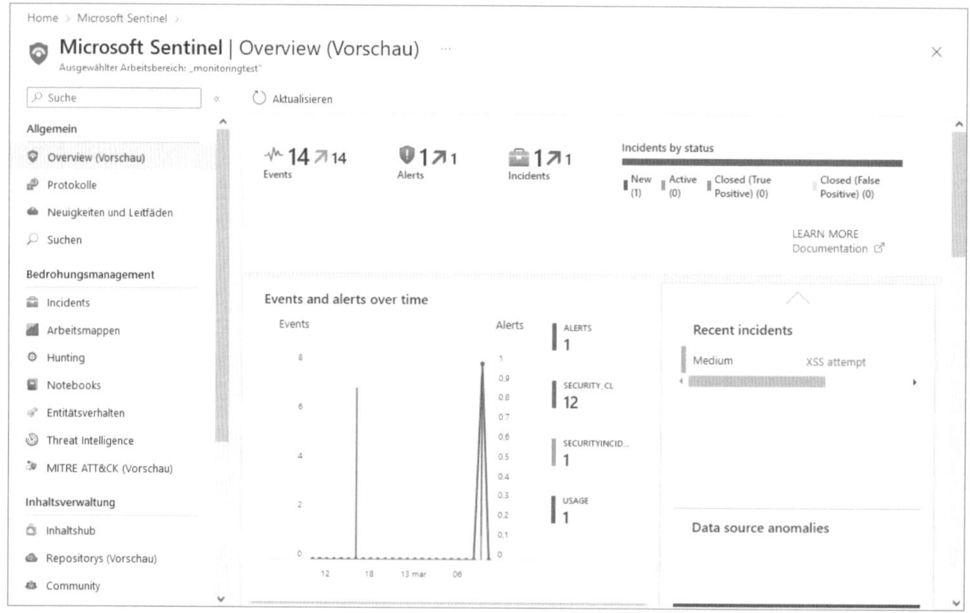

Abbildung 6-16 Durch die neue Regel erzeugte Warnungen und Vorfälle

Zusammenfassung

Überwachung und Überprüfung spielen bei der Sicherung von Lösungen eine wesentliche Rolle. Allzu oft werden sie erst ganz am Ende des Entwicklungsprozesses berücksichtigt. Dieser Ansatz ist zwar verständlich, kann aber verheerende Auswirkungen auf die Sicherheit unserer Lösungen haben.

Es reicht nicht aus, alle von der Infrastruktur ausgelösten Ereignisse zu aktivieren. Dieses Kapitel befasst sich mit den grundlegenden Funktionen, die Azure bietet, und das ist erst der Anfang. Mit den verschiedenen Microsoft Defender-Diensten bietet Azure beispielsweise eine ganze Reihe von Tools zur Integration und Erweiterung der Überwachung der Azure-Infrastruktur. Aber selbst, wenn Sie alle diese Tools aktivieren würden, wäre das nicht genug. Denn eine wirksame Überwachungs- und Protokollierungsstrategie basiert nicht nur auf den verwendeten Tools, sondern vor allem auf einem klaren Verständnis der Angriffe, denen Sie möglicherweise ausgesetzt sind. Mit diesem Wissen können Sie die Ereignisse identifizieren, die erforderlich sind, um laufende Angriffe zu erkennen, Warnungen auszulösen und Maßnahmen zur Reaktion zu ergreifen. Eine gute Reaktion ist nur möglich, wenn die Überwachung gut ist, und eine gute Überwachung ist nur möglich, wenn sie nicht nur auf der Infrastruktur basiert, in der Ihre Lösungen gehostet werden, sondern auf den spezifischen Merkmalen dieser Lösungen.

In diesem Kapitel wurden all diese Konzepte vorgestellt, und im Idealfall haben Sie verstanden, welche ersten Schritte Sie unternehmen können, um Ihre Überwachungs- und Auditing-Strategie zu verbessern.

In diesem Kapitel wurde das Thema Governance kurz angerissen; in Kapitel 7 werden Sie mehr über dieses wichtige Thema erfahren.

KAPITEL 7

Governance

Am Ende dieses Kapitels

- können Sie den Zweck von Governance erklären.
- verstehen Sie, welche Themen Governance beinhaltet und wie sich die Governance auf Ihre Lösung auswirkt.
- sind Sie in der Lage, die Konformität Ihrer Lösung im Azure-Portal zu überprüfen.
- ist Ihnen deutlich, warum die Governance zunehmend strenger durchgesetzt wird, wenn Ihre Lösung in Richtung Produktion die verschiedenen Umgebungen durchläuft.
- verstehen Sie die Rolle, die Microsoft Defender für Cloud bei der Governance spielt.
- kennen Sie die bewährten Verfahren bei der Sicherheitsbewertung von Microsoft Defender für Cloud.

Governance und der Entwickler

IT-Governance beinhaltet die Definition und Abstimmung der IT auf die Unternehmensziele und -strategien. Eine engere Definition, die in diesem Kapitel verwendet wird, entstammt dem GRC-Modell (Governance, Risiko und Compliance): IT-Governance befasst sich mit der Erstellung von Prozessen und Richtlinien sowie mit deren Durchsetzung durch Leitplanken wie Azure Policy.

Jede IT- und Cybersicherheitsorganisation setzt Governance ein, um das Risiko von Sicherheitsverletzungen zu mindern. Dieselbe Governance wird auch verwendet, um Systeme verwaltbar zu halten. Vieles davon bleibt den Lösungsentwicklern verborgen. In diesem Kapitel werden die Governance und ihre Auswirkungen auf Ihre Projekte erörtert.

Die allgemeine Governance, zum Beispiel zulässige Azure-Standorte, erforderliche Tags und zulässige Ressourcentypen, wird häufig mit denselben Prozessen und Technologien durchgesetzt.

Die Governance-Bereiche sind eng mit Compliance-Frameworks wie CIS und NIST 800-53 abgestimmt. Microsoft hat dies durch den Microsoft Cloud Security Benchmark (MCSB) Version 1 (*https://docs.microsoft.com/security/benchmark/azure/overview*) festgelegt.

Der Azure Security Benchmark (ASB) wurde im Jahre 2019 eingeführt und im Laufe der Zeit wurden drei verschiedene Versionen veröffentlicht. Im Oktober 2022 hat Microsoft den Nachfolger von ASB vorgestellt: Microsoft Cloud Security Benchmark (MCSB), Version 1. Hierbei handelt es sich um eine erweiterte und verbesserte Version von ASB Version 3, der um Sicherheitsleitfäden für Multi-Cloud-Umgebungen ergänzt wurde.

Microsoft Cloud Security Benchmark Version 1

Der Microsoft Cloud Security Benchmark (MCSB) bietet präskriptive Sicherheits-Best-Practices und Empfehlungen zur Verbesserung der Sicherheitslage Ihrer Azure-Workloads. Wenn Sie sich mit dem Thema Sicherheit befassen, sollte der MCSB Ihre primäre Referenz sein, da viele Tools in Azure darauf verweisen. Sie können den MCSB hier aufrufen: *https://learn.microsoft.com/security/benchmark/azure/overview*. Er ist in Sicherheitskontrollen gegliedert, die hier vorgestellt werden.

Azure-Sicherheitsbaselines sind die Azure-Service-spezifischen Implementierungs- und Durchsetzungsrichtlinien der MCSB-Sicherheitskontrollen, die der gleichen Struktur und Benennung folgen. Die folgende Liste führt Sie zu den Sicherheitsbaselines für einige Azure-Dienste:

- **Cosmos DB** *https://learn.microsoft.com/security/benchmark/azure/baselines/azure-cosmos-db-security-baseline*
- **Azure Key Vault** *https://learn.microsoft.com/security/benchmark/azure/baselines/key-vault-security-baseline*
- **Virtuelle Linux-Computer (VMs)** *https://learn.microsoft.com/security/benchmark/azure/baselines/virtual-machines-linux-virtual-machines-security-baseline*
- **Logic Apps** *https://learn.microsoft.com/security/benchmark/azure/baselines/logic-apps-security-baseline*

Viele Themen in MCSB sind globale Kontrollmechanismen und erfordern keine spezifischen Einträge in den Sicherheitsbaselines. In v1.x und v2.0 der ASB werden diese globalen Kontrollen manchmal von der Sicherheitsbaseline wiederholt. Nicht alle Sicherheitskontrollmechanismen sind auf alle Azure-Dienste anwendbar.

Netzwerksicherheit

Dieses Thema ist das sichtbarste, da es sich direkt auf den Entwurf und die Implementierung von Netzen und die Anforderungen an Lösungsarchitekturen auswirkt. Übliche Muster sind die folgenden:

- Hub/Spoke-Topologie für virtuelle Netze (VNets), wie im Cloud Adoption Framework für die Implementierung von Zielzonen auf Großunternehmen (*https://learn.microsoft.com/azure/cloud-adoption-framework/ready/enterprise-scale/implementation*) definiert
- Perimeterschutz (zum Beispiel Firewalls, Netzwerksicherheitsgruppen, Gateways usw.), der zum Schutz des Netzes eingesetzt wird. Dies ist die ausgereifteste Form der Sicherheit, da sich traditionelle Verteidigungsmaßnahmen stark auf die Perimeterverteidigung stützen
- VM-Zugriff, wie zum Beispiel Just-in-Time (JIT) und Azure Bastion
- Netzwerkisolierung von PaaS-Diensten mit privaten Endpunkten, VNet-Integration, VNet-Injection und von Azure-Diensten verwaltete VNets. Dies sind die sichtbarsten Kontrollmechanismen für die Softwareentwicklung, da sie Bereitstellungen einschränken und zusätzliche Anforderungen an den Zugriff stellen, zum Beispiel an das Debugging.
- Schutz vor verteilten Denial-of-Service-Angriffen (DDoS)

Identitätsmanagement

Wenn Sie Microsoft Entra ID als Identitätssystem verwenden, verfügt die IT-Abteilung über ein spezielles Team, das mit der Entwicklung, dem Betrieb und dem Schutz von Identitätssystemen beauftragt ist.

Die folgenden Punkte betreffen die Lösungsarchitektur und die Sicherheit:

- Verwenden von modernen Authentifizierungssystemen wie Microsoft Entra ID für die Benutzer- und Prozessauthentifizierung
  - Verwenden von einfachem Microsoft Entra ID, Microsoft Entra External ID für Partner (B2B) oder Microsoft Entra External ID für Kunden (CIAM) für die Authentifizierung der Endbenutzer
  - Durchsetzen von MFA und anderen Schutzmechanismen für den bedingten Zugriff
- Verwenden von verwalteten Identitäten für Prozesse
- Authentifizieren jedes Endpunkts eines in Anspruch genommenen Dienstes mit Transport Layer Security (TLS) oder Ähnlichem
- Bei bestehenden Lösungen mit Legacy-Identitätsmanagement ist das Identitätsmanagement wichtig und muss bewährte Verfahren einhalten. Erwägen Sie ein Upgrade auf eine moderne Authentifizierungs- und Autorisierungslösung, wie zum Beispiel Microsoft Entra ID.

Privilegierter Zugriff

Privilegierter Zugriff wird wahrscheinlich vom Identitätsteam gehandhabt. Die Entwickler werden die Auswirkungen bemerken, zum Beispiel die Anforderungen an die Multi-Faktor-Authentifizierung (MFA), JIT-Zugriffsrechte und Genehmigungen. Je nach Zugriffsstufe müssen Entwickler möglicherweise auch eine Arbeitsstation mit privilegiertem Zugriff (Privileged Access Workstation, PAW) verwenden.

Datenschutz

Datenschutz beginnt mit dem Wissen um den Wert oder die Vertraulichkeit von Daten.

> **Praktische Erfahrungen: Schutz trivialer Daten mit Nachdruck**
>
> Heinrich befasste sich mit einer Azure-Integrationslösung, die eine bestehende Lösung ablösen sollte und vom Infosec-Team genehmigt werden musste. Eines der Probleme war ein Speicherkonto, das aus technischen Gründen öffentlich sein musste und nur triviale Daten enthielt, die weder für das Unternehmen noch für einen Angreifer einen erkennbaren Wert hatten. Wir konnten das Sicherheitsteam nicht davon überzeugen, uns eine Ausnahme zu gewähren, was das Unternehmen jeden Monat 30 Millionen Dollar an Lizenzkosten kostete, da das alte System gewartet werden musste, während die Bereitstellung des Ersatzsystems blockiert wurde. Erschwerend kam hinzu, dass das Sicherheitsteam auf einer komplexen Lösung bestand, die die echten Geschäftsdaten weniger sicher machte, während die Sicherheit für die wertlosen Daten verbessert wurde.

Die Verschlüsselung von ruhenden Daten und Daten bei der Übertragung wird als Mindestanforderung für jedes System angesehen. Für Entwicklungsteams ergeben sich Verantwortlichkeiten in Bezug auf die Unterstützung der Schlüsselverwaltung, die Flexibilität von Krypto und die Vermeidung von Geheimnissen im Code. Die Verantwortung für die Bereitstellung und Rotation von Geheimnissen, Zertifikaten und Schlüsseln wird häufig von einer kleinen Betriebsgruppe mit Schlüsselverwaltungsaufgaben übernommen. Dies gewährleistet eine Funktionstrennung und minimiert die Anzahl der Personen, die Zugriff auf diese Elemente haben. Kapitel 10, »Kryptografie in Azure«, befasst sich ausführlich mit der Kryptografie in Azure.

Azure unterstützt kundenseitig verwaltete Schlüssel (Customer Managed Keys, CMKs) für viele Verschlüsselungsdienste für ruhende Daten. Viele Fachleute empfehlen, CMKs zu vermeiden, es sei denn, dies ist gesetzlich oder aus Compliance-Gründen erforderlich. Der manuelle Umgang mit Geheimnissen ist ein größeres Risiko als ein falscher Umgang des Cloudanbieters mit Geheimnissen. Verwenden Sie stattdessen die Kunden-Lockbox für Microsoft Azure (*https://learn.microsoft.com/azure/security/fundamentals/customer-lockbox-overview*), um in den Entscheidungsprozess einbezogen zu werden, wenn ein Microsoft-Techniker Zugriff auf Ihre Schlüssel benötigt. CMK kann jedoch verwendet werden, um Crypto-Shredding zu aktivieren. Siehe Kapitel 10 für weitere Informationen.

Asset-Management

Die Verwaltung von Assets ist eine betriebliche Anforderung und für die Sicherheit unerlässlich. Fragen Sie sich: Wie kann ich Anlagen schützen, von denen ich nichts weiß? Cybersecurity-Personal erhält die Rolle des Sicherheitsleseberechtigten auf Mandantenebene, um die Sicherheitslage zu überprüfen und Vorfälle zu untersuchen. Dies fällt nicht in den Zuständigkeitsbereich der Softwareentwicklung.

Protokollierung und Bedrohungserkennung

Die Protokollierung wird häufig über Azure-Richtlinien mit dem Effekt DeployIfNotExists aktiviert, der über die Diagnoseeinstellungen konfiguriert wird (*https://docs.microsoft.com/azure/governance/policy/concepts/effects#deployifnotexists*).

Azure bietet auch erweiterte Funktionen zum Schutz vor Bedrohungen unter der Marke Defender. Defender wird vom Betriebsteam verwaltet, und alle erkannten Vorfälle werden von SIEM- (Security Information and Event Management) und SOAR-Systemen (Security Orchestration Automation and Response), wie Azure Sentinel, verwaltet. Selbst in einer DevOps-Organisation liegt dies nicht in der Verantwortung der Softwareentwicklung.

Reaktion auf Vorfälle

Die Reaktion auf Vorfälle liegt in der Verantwortung der Cybersicherheitsabteilung. Die Lösungsteams werden gebeten, die Untersuchung von Vorfällen und die Implementierung von Wiederherstellungsmaßnahmen zu unterstützen.

Status- und Sicherheitsrisikoverwaltung

Dieses Thema enthält mehrere relevante Punkte:

- Eine sichere Konfiguration wird durch IaC (Infrastructure as Code) erreicht, bei der jede Bereitstellung gleich ist. Durch die Überprüfung des IaC wird sichergestellt, dass die wiederholbare Bereitstellung sicher ist.
- Dies wird mit Azure Policy durchgesetzt, um Bereitstellungen, die nicht den Sicherheitsanforderungen entsprechen, zu prüfen und sogar abzulehnen.
- Kern-Images sind gehärtet.
- Aktualisierungen für Sicherheitslücken erfolgen schnell und automatisch. Die meisten Sicherheitsexperten gehen davon aus, dass alle Aktualisierungen von Betriebssystemen und Softwarekomponenten innerhalb von Stunden nach ihrer Veröffentlichung oder höchstens innerhalb von Tagen vorgenommen werden sollten. Das Gegenargument verweist oft auf Regressionstests. In der Realität können IT-Organisationen eine neue Betriebssystemversion nicht vollständig auf Regression testen. Daher ist es am besten, die Aktualisierung anzuwenden, aber Strategien für die Unterbrechung von Änderungen zu haben, wie zum Beispiel Blau/Grün-Bereitstellungen mit schrittweiser Umleitung des Datenverkehrs oder Möglichkeiten zur Rücknahme von Aktualisierungen. Dieser Ansatz erfordert einen höheren Reifegrad des automatisierten Bereitstellungsansatzes. Zumindest muss jedes Unternehmen den Prozess, den Zeitrahmen und die Prüfpfade für solche Aktualisierungen festlegen und dabei die Sicherheit der Schwachstelle berücksichtigen.
- Führen Sie Red-Team-Übungen durch, um Schwachstellen zu finden, bevor es Ihre Gegner tun.

Endpunktsicherheit

In diesem Zusammenhang bezieht sich die Endpunktsicherheit auf den Schutz der VM vor Bedrohungen wie Viren und anderen. Dieser Kontrollbereich ist nicht Teil des Lösungsdesigns oder der Implementierung.

Sicherung und Wiederherstellung

Während die Durchführung von Sicherungen und Wiederherstellungen eine operationelle Aufgabe ist, ist die Entwicklung eines Systems, das Sicherungen und Wiederherstellungen ermöglicht, und die Entwicklung von Widerstandsfähigkeit und Wiederherstellbarkeit im Katastrophenfall ein wichtiger Teil eines guten Systemdesigns.

DevOps-Sicherheit

Dieses Thema wirkt sich direkt auf die Entwicklung von Lösungen aus und wird in diesem Buch behandelt.

Governance und Strategie

Dieser Bereich befasst sich mit der Unternehmensstrategie und der Definition einer Governance-Architektur für das Unternehmen. Er umfasst auch die Prozesse, die Definition der Kontrollmechanismen und die Durchsetzung und Prüfungsstrategien für die anderen Microsoft Cloud Security Benchmark-Kontrollbereiche. Dieser Bereich wird von Unternehmensarchitekten und Cybersicherheitsarchitekten bearbeitet.

Durchsetzung der Governance

Die Governance wird durch Prozesse (Überprüfungen und Genehmigungen), Schulung/Dokumentation (Bibliothek mit Kontrollzielen und Kontrollmechanismen), rollenbasierte Zugriffssteuerung (RBAC) und automatische Durchsetzung durchgesetzt.

Durchsetzung durch Prozesse

Die typischen Mittel für diese Art der Durchsetzung sind Architekturprüfungsgremien (Architecture Review Boards, ARBs), Pull-Request-Prüfungen/-Genehmigungen, Betriebsgenehmigungen (Permission To Operate, PTO), Service-Ticket-Genehmigungen und Genehmigungen für die Pipeline-Stufe der kontinuierlichen Integration/der kontinuierlichen Bereitstellung (CI/CD).

Governance-Dokumentation und Sicherheitsschulung

Cybersecurity wird in Zusammenarbeit eine Liste von Kontrollzielen erstellen. Von diesen Kontrollzielen werden Kontrollmechanismen für die Plattform und einzelne Azure-Ressourcentypen abgeleitet. Für Azure werden diese Punkte im MCSB und den Azure-Sicherheitsbaselines für die Ressourcentypen mit umsetzbaren Empfehlungen festgelegt. Diese Dokumente müssen allen IT-Mitarbeitern und Lösungsentwicklern in einer Bibliothek zur Verfügung stehen. Cybersecurity sollte Schulungen zum Lesen und Verwenden der Kontrolllisten anbieten.

Rollenbasierte Zugriffssteuerung

Die rollenbasierte Zugriffssteuerung (RBAC) wird verwendet, um den Zugriff auf Benutzer und Prozesse nach dem Prinzip der geringsten Privilegien zu beschränken. So sollte beispielsweise Entwicklern kein permanenter Änderungszugriff auf Produktionssysteme gewährt werden, und wenn dies erforderlich ist, muss ein strenger Genehmigungsworkflow eingehalten werden. Auch die Auftraggeber von Diensten müssen das Prinzip der geringsten Berechtigung befolgen, um bei einer Beeinträchtigung des Dienstes großen Schaden zu verhindern.

Automatisierte Durchsetzung während der Bereitstellung

Eine gute Governance erfordert die Automatisierung von allem, was automatisiert werden kann. In der Cloud-Welt verwenden wir IaC, um jeden Aspekt der Infrastruktur in jeder Umgebung zu definieren. IaC muss über CI/CD-Pipelines angewendet werden. Eine solche Disziplin sorgt dafür, dass die Umgebung stabil, sicher, konform und nach einem zerstörerischen Angriff (zum Beispiel durch Ransomware) wiederherstellbar ist. Sie ermöglicht auch fortgeschrittene Szenarien wie CD in beliebig kurzen Zeitabständen und Blau/Grün-Bereitstellungsszenarien.

Der Code muss mindestens mit statischen Sicherheitsanalysewerkzeugen (Static Analysis Security Tools, SAST) und Software zur Softwarekomponentenanalyse (Software Component Analysis, SCA) überprüft werden, um Fehler zu erkennen. Diese Anforderung gilt auch für IaC.

Microsoft Defender für Cloud

Microsoft Defender für die Cloud (DfC) spielt eine wichtige Rolle für Ihre Sicherheitslage im Allgemeinen und für die Governance im Besonderen. Zusätzlich zu den dienstspezifischen Defender-Modulen, die eine ausgefeilte Erkennung bieten, bezieht sich Defender für die Cloud auch auf sicherheitsbezogene Ansichten im Azure-Portal, früher bekannt als Azure Security Center.

Nutzen Sie die folgenden URLs, um über den Status von Microsoft Defender für Cloud auf dem neuesten Stand zu bleiben:

- **Neuerungen in Microsoft Defender für Cloud** *https://learn.microsoft.com/azure/defender-for-cloud/release-notes*
- **Wichtige bevorstehende Änderungen an Microsoft Defender für Cloud** *https://learn.microsoft.com/azure/defender-for-cloud/upcoming-changes*

Unter der zweiten URL finden Sie die Daten, an denen Sie damit rechnen können, dass die Aktualisierungen in Kraft treten und sich auf Ihre Sicherheitsbewertung auswirken (siehe nächster Abschnitt).

Sicherheitsbewertung

Die Sicherheitsbewertung stellt keinen Industriestandard dar. Sie wird von Microsoft definiert und stellt eine punktuelle Bewertung eines Systems dar. Sie kann nicht zum Vergleich von Systemen verwendet werden. Außerdem berücksichtigt die Sicherheitsbewertung nicht die geschäftlichen Anforderungen. So werden beispielsweise Azure-Speicherkonten, die über das Internet zugänglich sind, hervorgehoben, selbst wenn dies so vorgesehen ist und Sie alle Vorsichtsmaßnahmen zu deren Schutz getroffen haben.

Kunden sollten nicht danach streben, eine Punktzahl von 100 Prozent zu erreichen. In jedem System wird es Ausnahmen geben. Es geht darum, diese Ausnahmen strukturiert zu verwalten.

Die Sicherheitsbewertung ist nur eine Möglichkeit, Ihre Sicherheitslage im Laufe der Zeit zu verfolgen, und sollte als Basisüberprüfung verwendet werden. Wie bei jeder als Prozentsatz ausgedrückten Kennzahl sollten Sie keine 100 Prozent anstreben. Wichtiger ist es, zu verfolgen, ob Ihr Wert steigt oder sinkt. Im Allgemeinen sollte er nicht sinken, aber es ist ein wenig komplizierter als das. Die Sicherheitsbewertung ist eine zeitpunktbezogene Messung, aber die Messpunkte variieren, da die Service-Prüfungen in unterschiedlichen Abständen stattfinden. Einige VM-Prüfungen finden zum Beispiel alle 24 Stunden statt, andere alle acht Stunden. So kann es sein, dass eine Änderung in der Umgebung erst nach etwa einem Tag in Ihrer Sicherheitsbewertung auftaucht. Es ist auch wichtig zu verstehen, dass die Sicherheitsbewertung im Laufe der Zeit steigen und fallen kann. Das ist normal und zu erwarten. Sie kann größer werden, wenn Sie Empfehlungen anwenden oder nicht konforme Ressourcen ausschließen, und sie kann sich verringern, wenn neue Dienste eingeführt werden.

Falls Sie keine Änderungen vornehmen, sinkt die Sicherheitsbewertung, wenn neue Überprüfungen von Azure online gehen.

Ein letzter Punkt: Sie sollten die Arbeitsmappe *Sicherheitsbewertung im Zeitverlauf* aktivieren. Damit können Sie Ihr Delta im Laufe der Zeit nachverfolgen. Sie zeigt Ihnen auch, was sich in dem betreffenden Zeitraum verändert hat.

Praktische Erfahrung: Sicherheitsbewertung ansehen

Jemand in Ihrer Organisation muss die Sicherheitsbewertung verwalten, damit sie nicht unerwartet abrutscht. Diese Person weiß, welche Änderungen bei der Sicherheitsbewertung anstehen, und hilft bei der Entscheidung, welche Prüfungen zu korrigieren oder auszuschließen sind.

Überprüfung des Konformitätsstatus für die Lösung

Das Azure-Portal bietet viele Möglichkeiten, nach nicht konformen Ressourcen zu suchen. Lösungsteams benötigen Zugriff als Sicherheitsleseberechtigter, um nicht konforme Ressourcen in Entwicklungsabonnements zu untersuchen.

Microsoft Defender für Cloud kann nur die nicht konformen Ressourcen, eine Sicherheitsbewertung und eine Ansicht zur Einhaltung von Vorschriften basierend auf den Kontrollzielen in Microsoft Cloud Security Benchmark und anderen Compliance-Frameworks anzeigen (siehe Abbildung 7-1).

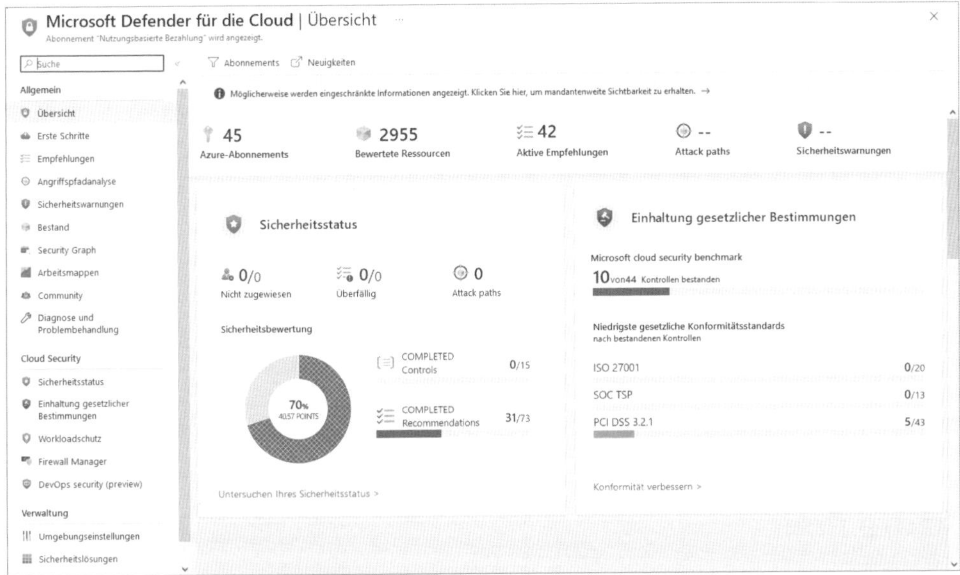

Abbildung 7-1 Microsoft Defender für Cloud Blade

Das Policy-Blade des Azure-Portals zeigt Definitionen, Zuweisungen, Compliance und Abhilfemaßnahmen. Für Entwicklungsteams ist die Seite *Einhaltung gesetzlicher Bestimmungen* die wichtigste. Sie listet nicht nur nicht konforme Ressourcen auf, sondern ist auch mit Compliance-Frameworks verknüpft (siehe Abbildung 7-2). Einzelheiten zur Compliance werden in Kapitel 8, »Compliance und Risikomanagement«, behandelt.

Microsoft cloud security benchmark

Unter jeder anwendbaren Compliancekontrolle befindet sich der Satz von Bewertungen, die durch Defender für die Cloud ausgeführt werden und die dieser Kontrolle zugeordnet sind. Wenn alle grün angezeigt werden, bedeutet dies, dass diese Bewertungen zurzeit bestanden werden. Eine vollständige Konformität mit dieser Kontrolle wird dadurch aber nicht sichergestellt. Darüber hinaus werden nicht alle Kontrollen für jede Verordnung durch Defender für die Cloud-Bewertungen abgedeckt. Dieser Bericht ist daher nur eine partielle Ansicht Ihres gesamten Konformitätsstatus.

"Microsoft cloud security benchmark" wird auf das Abonnement "Nutzungsbasierte Bezahlung" angewendet.

Alle Konformitätskontrollen erweitern

- NS. Netzwerksicherheit
- IM. Identitätsverwaltung
- PA. Privilegierter Zugriff
- DP. Datenschutz
- AM. Ressourcenverwaltung
- LT. Protokollierung und Bedrohungserkennung
  - LT-1. Funktionen für die Bedrohungserkennung aktivieren Details zur Kontrolle
  - LT-2. Bedrohungserkennung für die Identitäts- und Zugriffsverwaltung aktivieren Details zur Kontrolle
  - LT-3. Protokollierung für Sicherheitsuntersuchung aktivieren Details zur Kontrolle MS K
  - LT-4. Netzwerkprotokollierung für Sicherheitsuntersuchung aktivieren Details zur Kontrolle
  - LT-5. Zentralisieren der Verwaltung und Analyse von Sicherheitsprotokollen Details zur Kontrolle
  - LT-6. Konfigurieren der Protokollspeicheraufbewahrung Details zur Kontrolle
  - LT-7. Verwenden genehmigter Zeitsynchronisierungsquellen Details zur Kontrolle
- IR. Reaktion auf Incidents
- PV. Status und Sicherheitsrisikomanagement
- ES. Endpunktsicherheit

Abbildung 7-2 Registerkarte *Konformitätsdetails* für Microsoft Cloud Security Benchmark

Azure Policy

Azure Policy (*https://learn.microsoft.com/azure/governance/policy/overview*) wird verwendet, um Governance für die Sicherheit und operationale Aspekte durchzusetzen. Die meisten MCSB-Kontrollbereiche (die weiter vorne in diesem Kapitel beschrieben werden) verfügen über integrierte Azure-Richtlinien, um sicherheitsrelevante Einstellungen zu überprüfen und/oder durchzusetzen. Die meisten Service-Baselines listen die anwendbaren dienstspezifischen Richtlinien für jedes Thema auf.

Azure Policy könnte ein ganzes Buch füllen; wir behandeln hier nur die wichtigsten Themen.

Azure-Initiativen und Frameworks für die Einhaltung von Vorschriften

Richtlinieninitiativen (ursprünglich Richtliniensätze genannt) bündeln viele Richtlinien in einer einzigen zuweisbaren Einheit. Die meisten Initiativen bündeln die Richtlinien (Kontrollen) für ein Compliance-Framework.

Die integrierte Microsoft Cloud Security Benchmark-Initiative bündelt die relevanten Richtlinien aus MCSB und den dienstspezifischen Sicherheitsgrundlagen. Ähnliche Initiativen gibt es auch für andere Frameworks (zum Beispiel NIST SP-800-53 r5, NIST SP-800-171 usw.). Diese Initiativen erleichtern die Zuweisung von Richtlinien, indem sie Hunderte von Richtlinien bündeln. Vor allem aber steuern sie die Anzeige der Konformität, des Sicherheitsstatus und vielen anderen Ansichten in DfC (die weiter oben in diesem Kapitel behandelt wurden). Dies geschieht über eine Zuordnung namens `groupNames` in der JSON-Initiativdefinition.

Auswirkungen von Azure Policy

Azure Policy verwendet den Effektwert (der oft als Parameter an die Richtlinie übergeben wird), um auszuwählen, welche Fähigkeit für eine Richtlinie verwendet werden soll. Zum Beispiel:

- Überprüfen der Ressourceneinstellungen auf Einhaltung der Sicherheitskontrollmechanismen durch die Effekte durch Audit oder AuditIfNotExists (AINE). Eine solche Richtlinie kennzeichnet eine Ressource als nicht konform. Diese Funktion ist über Defender für Cloud und Azure Sentinel verfügbar. Wenn eine Ressource in einer Lösung als nicht konform gekennzeichnet ist, werden die Eigentümer durch die Sicherheitsabteilung kontaktiert.
- Ablehnen der Bereitstellung und der Änderung von nicht konformen Ressourcen durch den Deny-Effekt
- Beseitigen von nicht konformen Ressourcen während der Bereitstellung oder bei Bedarf für vorhandene Ressourcen mit den Effekten DeployIfNotExists, Modify oder Append

Wenn Sie ein IaC-Desired-State-Management verwenden, zum Beispiel Terraform, müssen Sie das Desired-State-System anweisen, die direkten Eigenschaften zu ignorieren, die durch eine Richtlinie behoben werden. Dies gilt nur für die Effekte Modify (oft für Tags genutzt) und Append (selten eingesetzt), nicht für den Effekt DeployIfNotExists (der abhängige/untergeordnete Ressourcen erstellt). Wenn dies nicht geschieht, wird Terraform die von der Richtlinie vorgenommenen Änderungen rückgängig machen und die Richtlinie wird versuchen, die Rückgängigmachungsanweisungen von Terraform *ad infinitum* zu korrigieren.

Durchsetzungsebenen (Effekte) und RBAC nach Umgebung

Der Grad der Durchsetzung hängt oft mit dem Umgebungstyp zusammen, beispielsweise SANDBOX, DEV, DEVINT, QA oder PROD. In einigen Fällen können einzelne Lösungen sogar noch strengere Kontrollmechanismen erfordern, zum Beispiel PCI, HIPAA und andere Compliance-Frameworks, die sehr vertrauliche Daten betreffen. Außer in SANDBOX- und DEV-Umgebungen sollten Entwickler keine Möglichkeit haben, Umgebungen direkt zu verändern. Alle Einsätze müssen automatisiert werden.

In NONPROD-Umgebungen können unterschiedliche Sicherheitsstufen verwendet werden, um die Entwicklung zu vereinfachen (nicht empfohlen) oder um die Verwendung von weniger teuren SKUs zu ermöglichen oder sogar zu erzwingen, zum Beispiel HSM-basierte gegenüber softwarebasierten Schlüsseln in Key Vault-Schlüsseltresoren, für die ein Premium-Plan erforderlich ist, oder eine dedizierte PaaS-Ressource anstelle einer gemeinsam genutzten PaaS-Ressource.

Tabelle 7-1 zeigt die geeigneten Einstellungen für die Durchsetzung je nach Umgebung.

Umgebung	Richtlinie	Entwickler-RBAC	Bereitstellungsagent-RBAC
SANDBOX	Disabled	Mitwirkender oder Besitzer	Nicht anwendbar
DEV	Audit oder Deny Disabled für Richtlinien, die die Verwendung von teuren SKUs implizieren	Mitwirkender	Mitwirkender oder kleiner
DEVINT	Deny Disabled für Richtlinien, die die Verwendung von teuren SKUs implizieren	Leser	Mitwirkender oder kleiner
QA	Deny	Leser	Mitwirkender oder kleiner
PROD	Deny	Keine permanent oder Leser	Mitwirkender oder kleiner

Tabelle 7-1 Azure Richtlinie-Effekt-Einstellungen, RBAC-Einstellungen je nach Umgebung

Richtlinienzuweisungen

Richtlinien- und Initiativendefinitionen haben keine Wirkung, wenn sie nicht in einer Richtlinienzuweisung verwendet werden. Eine Richtlinienzuweisung sollte immer auf der Ebene der Verwaltungsgruppe angewendet werden. Wenn Sie die Durchsetzungsebenen nicht nach Umgebungen differenzieren, sollten die Zuweisungen auf der obersten Ebene der Verwaltungsgruppe erfolgen, entweder auf der Ebene des Stamm-Mandanten oder auf der Ebene der einzelnen Verwaltungsgruppen direkt unter dem Stamm-Mandanten (wie vom Cloud Adoption Framework empfohlen). Wenn Sie eine Differenzierung vornehmen, sollten Sie sie den Verwaltungsgruppen zuweisen, die die Umgebungsebenen definieren.

Wir empfehlen Ihnen, die folgenden Zuweisungen zu verwenden:

- Sicherheit und Compliance
  - **Microsoft Cloud Security Benchmark-Initiativen** Sie sollten diese immer anwenden, da sie die Sicherheitsbewertung bestimmen. Sie müssen die automatischen Richtlinienzuweisungen bei jedem in DfC registrierten Abonnement entfernen.
  - **Compliance-Initiativen (zum Beispiel NIST SP-800-53)** Wenden Sie diese nach Bedarf an. Wenn dieselbe Richtlinie in mehreren Initiativen existiert, ist es wichtig, sie nur in einer der Initiativen auf Deny/Verweigern und in den anderen auf Audit/Überwachen zu setzen, um seltsame Verhaltensweisen bei der Gewährung von Ausnahmen zu vermeiden.

- **Org Security Benchmark Custom Initiative** Hier werden benutzerdefinierte Richtliniendefinitionen gebündelt und mit `groupNames` Ihren Compliance-Bedürfnissen zugeordnet (die Zuordnung in DfC erfolgt auf die gleiche Weise wie bei integrierten Richtlinien).

- Bereitstellung von Diagnoseeinstellungen mit DeployIfNotExists
  - Diagnoseeinstellungen-Initiativen (siehe Kapitel 6, »Überwachung und Überprüfung«)
  - Eintragung von Abonnements in DfC für alle Dienste, die DfC unterstützen
- Sonstige Governance
  - Erforderliche Tags
  - Tags vererben
  - Erlaubte Standorte
  - Zulässige Ressourcentypen

Richtliniendefinitionen als Code

Richtliniendefinitionen sollten als Code verwaltet werden, wie jedes andere Stück Infrastruktur. Die Bereitstellung von Richtlinien würde den Rahmen dieses Buches sprengen. Heinrich empfiehlt Enterprise Policy as Code (EPAC; *https://azsec.tech/q6p*); er ist einer der Betreuer dieser Open-Source-Lösung.

Zusammenfassung

Governance ist die Grundlage eines jeden systematischen Sicherheitsansatzes. Sie befasst sich mit der Definition von Sicherheitskontrollen, bewährten Verfahren, der Durchsetzung und der Überprüfung. In diesem Kapitel wurde die große Menge an Inhalten zum Thema Governance auf die wichtigsten Punkte für Entwickler reduziert. Governance muss bei der Implementierung von Compliance- und Risikoprogrammen berücksichtigt werden, die im nächsten Kapitel behandelt werden.

KAPITEL 8

Compliance und Risikomanagement

Am Ende dieses Kapitels

- verstehen Sie die Bedeutung von Compliance-Programmen und Programmen zum Risikomanagement.
- können Sie Informationen zur Azure-Compliance, zu Berichten und Audits finden.
- haben Sie Ihren Wortschatz um zentrale Compliance- und Risikoprogramme erweitert.
- wissen Sie, wie sich Compliance- und Risikoprogramme auf Ihre Sicherheitsarchitektur auswirken können.
- verstehen Sie den Zusammenhang zwischen technischen Risiko- und Compliance-Kontrollen und der Bedrohungsmodellierung.

Vorweg: Mögliche Missverständnisse ausräumen

Die Einhaltung gesetzlicher und anderer Regularien, Vorschriften und Bestimmungen, auch Compliance genannt, ist ein komplexes Thema, das oft auch rechtliche Auswirkungen hat. In Unternehmen gibt es Mitarbeiter, deren einzige Aufgabe darin besteht, sich um die Einhaltung von Vorschriften zu kümmern. Dieses Kapitel macht Sie keineswegs zu einem Compliance-Experten. Es ist eine Einführung in das Thema. Die Autoren sind keine Juristen und auch keine Compliance-Auditoren, aber wir haben Erfahrung im Umgang mit Compliance-Anforderungen von Kunden und mit Mitarbeitern, die mit Compliance-Programmen zu tun haben. In diesem Kapitel werden einige Compliance-Programme und Programme für das Risikomanagement beschrieben, auf die wir bei unserer Arbeit mit Kunden, die Azure einsetzen, gestoßen sind. Wenn dieses Kapitel nichts anderes erreicht, dann sollte es zumindest Ihren beruflichen Wortschatz um wichtige Begriffe erweitern.

Was ist Compliance?

Im Zusammenhang mit sicherem Design und sicherer Entwicklung sollten wir damit beginnen, was Compliance nicht ist: Compliance ist nicht Sicherheit! Sie können sichere Lösungen entwickeln, die möglicherweise nicht mit einem oder mehreren Compliance-Programmen konform sind, und Sie können konforme Lösungen entwickeln, die nicht sicher sind. Die Welt ist voll von kompromittierten HIPAA-konformen Organisationen im Gesundheitswesen und kompromittierten PCI-konformen Organisationen, die Kreditkartendaten verarbeiten.

Das bedeutet nicht, dass die Einhaltung von Vorschriften wertlos ist – im Gegenteil. Die Einhaltung von Vorschriften und gesetzlichen Bestimmungen ist ein wichtiger Bestandteil jeder Organisation und kann nicht ignoriert werden. Es gibt jedoch große Überschneidungen zwischen vielen Compliance-Programmen und der Sicherheit; außerdem kann Compliance ein integraler Bestandteil eines Sicherheitsprogramms sein. Die Finanzierung der Einhaltung von Vorschriften kann sogar zur Finanzierung von Sicherheitsprogrammen beitragen. In den letzten Jahren nutzte jedes Unternehmen, mit dem wir zusammengearbeitet haben und das seine Workloads zu Azure verlagert hat, ein oder mehrere Compliance-Programme oder musste diese einhalten.

Was sind also Compliance-Programme? Es gibt viele Compliance-Programme für verschiedene Branchen (Gesundheitswesen, Finanzwesen, Behörden usw.) und Regionen auf verschiedenen Ebenen (Staatenbund, Land, Bundestaat/Bundesland und Stadt). Einige sind vorgeschrieben – das heißt, Sie *müssen* diese Dinge tun –, während andere beschreibend sind und Anleitungen für bewährte Verfahren bieten.

Unternehmen leiten ihre eigenen internen Compliance-Programme häufig von externen Compliance-Programmen ab, wie sie in diesem Kapitel behandelt werden.

Ein Compliance-Programm ist ein System von Prozessen, Richtlinien, Verfahren und Kontrollen, die entwickelt wurden, um die Einhaltung aller geltenden Regeln, Vorschriften, Verträge und Richtlinien zu gewährleisten, die das Handeln einer Organisation regeln. Auf einer höheren Ebene und in einem breiteren Kontext ist Compliance ein Bestandteil eines GRC-Konzepts (Governance, Risk, Compliance). GRC kann in den Zuständigkeitsbereich des Chief Information Officer (CIO), des Chief Information Security Officer (CISO), des Chief Risk Officer (CRO) oder sogar des Chief Financial Officer (CFO) fallen.

Viele Compliance-Programme erfordern technische Kontrollen. Technische Kontrollen tragen zur Risikominderung bei, und viele Programme zur Einhaltung von Vorschriften wurden im Hinblick auf mögliche Risiken geschrieben. Es sind diese technischen Kontrollen, die wir als Entwickler und Programmierer kontrollieren können und die wir als Teil unserer Entwürfe berücksichtigen sollten.

Die meisten Unternehmen haben einen Compliance-Beauftragten, der die Prozesse und Dokumentationsanforderungen zur Unterstützung verschiedener Compliance-Programme verwaltet. Diese Personen stehen in Kontakt mit Compliance-Auditoren und Compliance-Organen und benötigen unter Umständen unterstützende Dokumente vom technischen Team. Hier kommen Sie ins Spiel, wenn es um Compliance geht. Es ist wichtig, dass Sie alles zur Verfügung stellen, was die Mitglieder des Compliance-Teams benötigen, damit sie ihre Arbeit erledigen können. Denken Sie daran, dass Ihr Unternehmen Ihre Lösung möglicherweise nicht freigeben kann, wenn sie nicht als konform erachtet wird.

Es gibt viele Compliance-Programme, und der Platz in diesem Buch reicht nicht aus, um auch nur einen kleinen Prozentsatz aller bestehenden Programme zu behandeln. Stattdessen werden wir kurz auf einige der wichtigsten und einflussreichsten Compliance-, Risiko- und Best-Practice-Programme eingehen:

- HIPAA
- HITRUST
- DSGVO (GDPR)
- PCI DSS
- FedRAMP
- NIST SP 800-53
- NIST Cybersecurity Framework
- FIPS 140
- SOC
- ISO/IEC 27001
- ISO/IEC 27034
- Center for Internet Security Benchmarks
- Azure Security Benchmark
- OWASP
- MITRE

Keine Sorge, Sie werden die Bedeutung all dieser Akronyme im weiteren Verlauf dieses Kapitels kennenlernen!

Weitere Compliance-Informationen, Berichte und unabhängige Audits zu Microsoft Azure und Microsoft 365 finden Sie im Service Trust Portal unter *https://servicetrust.microsoft.com*. Diese Website sollte Ihre erste Anlaufstelle sein, wenn Sie sich über fast alles informieren, was mit Compliance und Azure zu tun hat. Darüber hinaus verfügt Azure über integrierte Azure-Richtlinieninitiativen, die Ihnen helfen, verschiedene Programme zur Einhaltung von Bestimmungen innerhalb Ihrer Abonnements durchzusetzen. Hier ist beispielsweise ein Link zu weiteren Informationen über NIST SP 800-53: *https://learn.microsoft.com/azure/governance/policy/samples/nist-sp-800-53-r5*.

Wenden wir uns nun den verschiedenen gängigen Compliance-Programmen zu. Zu Beginn jedes Abschnitts werden wir die übergeordneten Zuständigkeitsbereiche auflisten, wie zum Beispiel die Region und die Branchenzugehörigkeit, falls zutreffend.

HIPAA

Region: USA

Branche: Gesundheitswesen

Typ: Vorschrift

Der Health Insurance Portability and Accountability Act (HIPAA) aus dem Jahre 1996 ist ein US-Bundesgesetz zum Schutz vertraulicher Gesundheitsdaten von Patienten, damit diese nicht ohne deren Zustimmung weitergegeben werden.

Auf technischer Ebene ist das häufigste Anliegen der Entwickler der Schutz vertraulicher Gesundheitsdaten – oft als *protected health information (PHI)* bezeichnet, gleichgültig ob es sich um ruhende Daten (data at rest) oder um Daten bei der Übertragung handelt. Der Wortlaut des HIPAA kann jedoch vage sein und lässt oft Interpretationen zu.

Ein Beispiel für eine technische Kontrolle im Rahmen des HIPAA lautet wie folgt:

> **§ 164.312 Technical safeguards.** (iv) Encryption and decryption (Addressable). Implement a mechanism to encrypt and decrypt electronic protected health information.
>
> ***§ 164.312 Technische Sicherheitsvorkehrungen.*** *(iv) Verschlüsselung und Entschlüsselung (adressierbar). Implementierung eines Mechanismus zur Ver- und Entschlüsselung elektronischer geschützter Gesundheitsinformationen.*

2009 erließ die US-Regierung das Gesetz »Health Information Technology for Economic and Clinical Health (HITECH) Act«, das Teile verschiedener HIPAA Datenschutz- und Sicherheitsgesetze und -vorschriften erweitert und das im Hinblick auf die Verschlüsselung von ruhenden Daten und Daten bei der Übertragung spezifische Vorgaben macht.

HITRUST

Region: Global

Branche: Ursprünglich Gesundheitswesen, wird inzwischen aber auch in anderen Branchen eingesetzt

Typ: Framework für das Risikomanagement

Der Health Information Trust (HITRUST; *https://hitrustalliance.net*) ist eine Organisation, die von Vertretern aus verschiedenen Branchen geleitet wird. Es handelt sich nicht um eine Regierungsbehörde. HITRUST hat das Common Security Framework (CSF), ein zertifizierbares Framework für Sicherheits- und Datenschutzkontrollen, geschaffen und pflegt es, um Organisationen des Gesundheitswesens und ihren Anbietern dabei zu helfen, Sicherheit und Compliance auf einheitliche Weise nachzuweisen.

Das HITRUST CSF bietet Unternehmen einen umfassenden, flexiblen und effizienten Ansatz zur Einhaltung von Vorschriften und zum Risikomanagement. Es enthält Querverweise auf mehr als 40 maßgebliche Quellen. Es wird regelmäßig aktualisiert, wenn sich die verwendeten maßgeblichen Quellen ändern und neue maßgebliche Quellen eingeführt werden. Da das HITRUST CSF sowohl risiko- als auch konformitätsbasiert ist, können Organisationen mit unterschiedlichen Risikoprofilen die Sicherheits- und Datenschutzkontrollgrundlagen anhand einer Vielzahl von Faktoren wie Art, Größe, Systeme und gesetzliche Anforderungen anpassen.

Obwohl die HITRUST CSF-Dokumentation sehr umfangreich ist – sie umfasst mehr als 500 Seiten –, ist sie gut lesbar, spezifisch und strukturiert. Sie ist auch eine nützliche Querverweisliste für andere Compliance-Programme. Beispielsweise zeigt die HITRUST 9.6.0-Dokumentation, dass HITRUST »Control Reference: 01.c Privilege Management« mit den folgenden und weiteren Bestimmungen übereinstimmt:

- FedRAMP AC-6
- NIST SP 800-53 R4 AC-21(2)[S]
- NIST Cybersecurity Framework v1.1 PR.AC-4
- PCI DSS v3.2.1 7.1

Hier ein Beispiel für eine technische Kontrolle in HITRUST:

> **Control Reference: 01.a Access Control Policy:** An access control policy shall be established, documented, and reviewed based on business and security requirements for access.
>
> ***Kontrollreferenz:*** 01.a Zugriffssteuerungsrichtlinie: *Auf der Grundlage der geschäftlichen und sicherheitstechnischen Anforderungen an den Zugriff ist eine Zugriffssteuerungsrichtlinie zu erstellen, zu dokumentieren und zu überprüfen.*

DSGVO (GDPR)

Region: EU (auch außerhalb der EU)

Branche: Alle

Typ: Verordnung

Die Datenschutz-Grundverordnung (General Data Protection Regulation, GDPR) – oder formeller, die Verordnung (EU) 2016/679 – ist eine Datenschutzverordnung in der Europäischen Union (EU), die »Vorschriften zum Schutz natürlicher Personen bei der Verarbeitung personenbezogener Daten und zum freien Verkehr solcher Daten« festlegt. Kurz, die DSGVO ist eine Sicherheits- und Datenschutzverordnung, die erhebliche Auswirkungen darauf hat, wie Unternehmen personenbezogene Daten von EU-Bürgern und in der EU ansässigen Personen erfassen, speichern und verarbeiten.

Der letzte Punkt, »EU-Bürger und in der EU ansässige Personen«, ist wichtig; die DSGVO gilt für jedes Unternehmen, das mit diesen Daten umgeht, unabhängig davon, ob es in der EU ansässig ist oder nicht – zum Beispiel ein US-Unternehmen, das einer Person in Italien Dienstleistungen oder Waren anbietet, oder ein Unternehmen mit einer Website in Japan, das Cookies verwendet und die IP-Adressen von Besuchern aus der EU aufzeichnet.

Artikel 32, »Sicherheit der Verarbeitung«, hat einen großen Einfluss auf Softwarearchitekten und -entwickler. Das folgende Beispiel stammt aus Artikel 32:

> (1) Unter Berücksichtigung des Stands der Technik, der Implementierungskosten und der Art, des Umfangs, der Umstände und der Zwecke der Verarbeitung sowie der unterschiedlichen Eintrittswahrscheinlichkeit und Schwere des Risikos für die Rechte und Freiheiten natürlicher Personen treffen der Verantwortliche und der Auftragsverarbeiter geeignete technische und organisatorische Maßnahmen, um ein dem Risiko angemessenes Schutzni-

veau zu gewährleisten; diese Maßnahmen schließen gegebenenfalls unter anderem Folgendes ein:

a) die Pseudonymisierung und Verschlüsselung personenbezogener Daten;
b) die Fähigkeit, die Vertraulichkeit, Integrität, Verfügbarkeit und Belastbarkeit der Systeme und Dienste im Zusammenhang mit der Verarbeitung auf Dauer sicherzustellen;

Verschiedene Länder außerhalb der EU entwickeln derzeit neue Vorschriften auf der Grundlage der Datenschutz-Grundverordnung.

PCI DSS

Region: Global

Branche: Finanzwesen (Kreditkarten)

Typ: Verordnung

Der Payment Card Industry Data Security Standard (PCI DSS) ist ein globaler Informationssicherheitsstandard, der die Kontrolle von Kreditkartendaten vorschreibt. Die Einhaltung des PCI DSS ist für alle Organisationen erforderlich, die Daten zu Zahlungen oder Karteninhabern speichern, verarbeiten oder übertragen.

Die PCI DSS-Dokumentation beschreibt nicht nur die Anforderungen, sondern enthält auch Testverfahren, um festzustellen, ob es Probleme gibt, oder um zu überprüfen, ob ein Verfahren durch das Hinzufügen neuer Funktionen oder das Beheben von Fehlern Regressionsprobleme aufweist.

PCI hat außerdem den Payment Application Data Security Standard (PA DSS) geschaffen, der Softwareanbietern bei der Entwicklung von Sicherheitsanwendungen zur Verwaltung von Zahlungsdaten helfen soll. Der PA DSS wird bis Ende 2022 durch das PCI Software Security Framework (PCI SSF) ersetzt.

Unter dem Dach des PCI SSF gibt es zwei Standards:

- Secure Software Standard (Sicherer Software-Standard)
- Secure Software Lifecycle Standard (Standard für einen sicheren Software-Lebenszyklus)

Viele der in der Norm zum Lebenszyklus angesprochenen Punkte sind in Kapitel 1, »Prozesse für sichere Entwicklungszyklen«, beschrieben.

Abweichungen und Risikoakzeptanz

PCI DSS ist ein Beispiel für ein präskriptives Compliance-Framework. Bei einem präskriptiven Framework sind Abweichungen oder Risikoakzeptanzprozesse in der Regel nicht vorgesehen, es sei denn, sie werden ausdrücklich genannt. Mit anderen Worten: Sie sind entweder im Hinblick auf das jeweilige Framework konform oder nicht konform.

Ein Beispiel für eine technische Kontrolle im Rahmen des PCI DSS lautet wie folgt:

2.4 Maintain an inventory of system components that are in scope for PCI DSS.

2.4 *Führen Sie ein Inventar der Systemkomponenten, die in den Geltungsbereich des PCI DSS fallen.*

FedRAMP

Region: USA

Branche: US-Bundesregierung

Typ: Verordnung

Das Federal Risk and Authorization Management Program (FedRAMP) stammt aus dem Jahr 2011 und bietet einen Standardansatz zur Beschleunigung der Einführung sicherer Cloudlösungen durch US-Bundesbehörden. Es trat im Rahmen des Federal Information Security Management Act (FISMA) in Kraft, der von den Bundesbehörden verlangt, verbindliche Prozesse und Kontrollen zur Gewährleistung der Sicherheit einzuführen. Im Wesentlichen ermöglicht FedRAMP Cloud-basierten Lösungen, die FISMA-Anforderungen zu erfüllen.

FedRAMP leitet seine Kontrollmechanismen von der SP 800-53 des National Institute of Standards and Technology (NIST) ab (wird nachfolgend behandelt) und verwendet unterschiedliche Kontrollen auf der Grundlage der Auswirkungsstufen der Lösung: Low, Medium und High (Niedrig, Mittel und Hoch). Die Auswirkungsstufen sind in NIST PUB 199 beschrieben. NIST PUB 199 definiert die Kategorien Low, Medium und High (Niedrig, Mittel und Hoch) auf der Grundlage der Auswirkungen von Vertraulichkeit, Integrität und Verfügbarkeit.

FedRAMP gilt für Cloudanbieter.

Hier ist ein Beispiel für einen technischen Kontrollmechanismus in FedRAMP High:

AU-09 Audit and Accountability: The information system implements cryptographic mechanisms to protect the integrity of audit information and audit tools.

Supplemental Guidance: Cryptographic mechanisms used for protecting the integrity of audit information include, for example, signed hash functions using asymmetric cryptography enabling distribution of the public key to verify the hash information while maintaining the confidentiality of the secret key used to generate the hash. Related controls: AU-10, SC-12, SC-13.

AU-09 Audit und Rechenschaftspflicht: *Das Informationssystem setzt kryptografische Mechanismen ein, um die Integrität von Auditinformationen und Auditwerkzeugen zu schützen.*

Ergänzende Hinweise: *Zu den kryptografischen Mechanismen, die zum Schutz der Integrität von Auditinformationen eingesetzt werden, gehören beispielsweise signierte Hash-Funktionen, die asymmetrische Kryptografie verwenden und die Weitergabe des öffentlichen Schlüssels zur Verifizierung der Hash-Informationen ermöglichen, während die Vertraulichkeit des geheimen Schlüssels, der zur Erzeugung des Hashwerts verwendet wird, gewahrt bleibt. Verwandte Kontrollen: AU-10, SC-12, SC-13.*

NIST SP 800-53

Region: USA

Branche: US-Bundesregierung

Typ: Framework für das Risikomanagement

Das National Institute of Standards and Technology (NIST) ist eine nicht-regulatorische Behörde innerhalb des US-Handelsministeriums, die bei der Entwicklung und Veröffentlichung von IT-Sicherheitsstandards hilft.

NIST Special Publication (SP) 800-53, »Security and Privacy Controls for Information Systems and Organizations« (Sicherheits- und Datenschutzkontrollmechanismen für Informationssysteme und Organisationen), ist ein Katalog von Sicherheits- und Datenschutzkontrollen, der für alle Informationssysteme des Bundes in den Vereinigten Staaten gilt. Er bietet ein Verfahren zur Auswahl von Sicherheitsmechanismen, um Organisationen vor Cyberangriffen und anderen Bedrohungen zu schützen. NIST SP 800-53 ist nur eines aus einer Reihe weiterer SP 800-Dokumente, die sich alle auf die Computersicherheit beziehen. Die aktuelle Revision ist Revision 5, oft abgekürzt als r5 oder R5.

Obwohl SP 800-53 für Bundesbehörden gilt, wird es auch von vielen Nichtregierungsorganisationen verwendet, da es sehr umfassend und gut dokumentiert ist. NIST SP 800-53 definiert Kontrollmechanismen innerhalb einer Reihe von Familien:

- **AC** Access Control (Zugriffssteuerung)
- **AT** Awareness and Training (Bewusstsein und Training)
- **AU** Audit and Accountability (Audit und Verantwortlichkeit)
- **CA** Assessment, Authorization, and Monitoring (Bewertung, Autorisierung und Monitoring)
- **CM** Configuration Management (Konfigurationsverwaltung)
- **CP** Contingency Planning (Notfallplanung)
- **IA** Identification and Authentication (Identifizierung und Authentifizierung)
- **IR** Incident Response (Reaktion auf Vorfälle)
- **MA** Maintenance (Wartung)
- **MP** Media Protection (Medienschutz)
- **PE** Physical and Environmental Protection (Physischer Schutz und Schutz der Umwelt)
- **PL** Planning (Planung)
- **PM** Program Management (Programm-Management)
- **PS** Personnel Security (Personalsicherheit)
- **PT** PII Processing and Transparency (Verarbeitung personenbezogener Daten und Transparenz)
- **RA** Risk Assessment (Risikobewertung)

- **SA** System and Services Acquisition (System- und Diensterwerb)
- **SC** System and Communications Protection (System- und Kommunikationsschutz)
- **SI** System and Information Integrity (System und Informationsintegrität)
- **SR** Supply Chain Risk Management (Risikomanagement in der Lieferkette)

NIST SP 800-53-Kontrollen werden häufig von anderen Compliance- und Risikoprogrammen zitiert. Hier ist ein Beispiel für einen technischen Kontrollmechanismus nach NIST SP 800-53:

> **AC-6 Least Privilege. (2) LEAST PRIVILEGE | NON-PRIVILEGED ACCESS FOR NON-SECURITY FUNCTIONS**
>
> Require that users of system accounts (or roles) with access to [Assignment: organization-defined security functions or security-relevant information] use non-privileged accounts or roles, when accessing non-security functions
>
> ***AC-6 Geringste Berechtigungen. (2) GERINGSTE BERECHTIGUNGEN | NICHT-PRIVILEGIERTER ZUGRIFF FÜR NICHT-SICHERHEITSFUNKTIONEN***
>
> *Verlangt, dass Benutzer von Systemkonten (oder -rollen) mit Zugriff auf [Zuweisung: vom Unternehmen definierte Sicherheitsfunktionen oder sicherheitsrelevante Informationen] nicht privilegierte Konten oder Rollen verwenden, wenn sie auf Nicht-Sicherheitsfunktionen zugreifen.*

NIST Cybersecurity Framework

Region: USA

Branche: Öffentlicher und privater Sektor

Typ: Risiko-Framework

Das NIST Cybersecurity Framework (NICT CSF) oder, genauer, das Framework for Improving Critical Infrastructure Cybersecurity, wurde 2014 als Executive Order des US-Präsidenten veröffentlicht und hat sich zu einer unschätzbaren Ressource für Unternehmen des privaten Sektors und öffentliche Einrichtungen entwickelt. Eine präsidiale Anordnung aus dem Jahr 2017 schreibt die Einhaltung des NIST CSF für US-Bundesbehörden und für Einrichtungen in der Lieferkette der US-Bundesregierung vor.

Die Kernkomponenten des NIST CSF sind in fünf Bereiche der Cybersicherheit unterteilt:

- Identifizieren
- Schützen
- Erkennen
- Reagieren
- Wiederherstellen

Das NIST CSF ist relativ anspruchsvoll, verweist aber auf Dokumente wie NIST 800-53, um detailliertere Informationen über die Implementierung bestimmter Kontrollen und Prozesse zu erhalten. Das NIST CSF-Dokument ist nur etwa 40 Seiten lang, während NIST SP 800-53 Release 5 stolze 500 Seiten umfasst.

Wie hängen FedRAMP, NIST SP 800-53 und NIST CSF zusammen?

Es ist nicht so komplex, wie es scheint! Stellen Sie sich NIST SP 800-53 als einen Kernsatz von technischen Kontrollen vor, die von anderen Compliance-Programmen verwendet werden. FedRAMP betrachtet die NIST SP 800-53-Kontrollen durch die Brille von US-Bundesbehörden, die Lösungen auf einer Cloudplattform bereitstellen möchten. Das NIST CSF nutzt ebenfalls die NIST SP 800-53-Kontrollen, betrachtet diese jedoch aus einer übergeordneten Perspektive, die nicht nur für Bundesbehörden, sondern auch für den privaten Sektor gilt. Ein weiteres Dokument, NIST SP 800-171, »Protecting Controlled Unclassified Information in Nonfederal Systems and Organizations« (Schutz kontrollierter, nicht klassifizierter Informationen in nicht-bundesstaatlichen Systemen und Organisationen), hilft ebenfalls bei der Erläuterung der Verwendung von NIST SP 800-53-Kontrollen. Im Idealfall hilft das, die Dinge ein wenig zu klären!

Ein Beispiel für eine technische Kontrolle im Rahmen des NIST CSF lautet wie folgt:

> **PR.DS-7:** The development and testing environment(s) are separate from the production environment.
>
> ***PR.DS-7:*** *Die Entwicklungs- und Testumgebung(en) sind von der Produktionsumgebung getrennt.*

Beachten Sie, dass diese Kontrolle weitere Verweise auf NIST SP 800-53 CM-2 enthält, die wie folgt beginnt:

> **CM-2 BASELINE CONFIGURATION**
>
> Control: a. Develop, document, and maintain under configuration control, a current baseline configuration of the system.
>
> ***CM-2 BASISKONFIGURATION***
>
> *Kontrollmechanismus: a. Entwicklung, Dokumentation und Pflege einer aktuellen Basiskonfiguration des Systems unter Konfigurationskontrolle.*

FIPS 140

Region: USA

Branche: US-Regierung (wird auch oft im privaten Sektor verwendet)

Art: Verordnung

Wie der Name schon sagt, handelt es sich bei der Federal Information Processing Standard (FIPS) Publication 140, »Security Requirements for Cryptographic Modules«, um einen Standard der US-Regierung, der die Sicherheitsanforderungen an ein kryptografisches Modul festlegt. Die Sicherheitsanforderungen von FIPS 140 umfassen elf Bereiche, die sich auf den Entwurf und die Implementierung eines kryptografischen Moduls beziehen. Der Standard sieht vier Sicherheitsstufen vor, von 1 bis 4 durchnummeriert, wobei die Sicherheit mit jeder Stufe zunimmt. Die meisten US-Behörden verlangen die Verwendung von FIPS-140-validierten kryptografischen Modulen, und zwar möglicherweise auf bestimmten Sicherheitsstufen. Einige kommerzielle Organisationen verlangen beides.

Die Prüfung von kryptografischen Modulen nach FIPS 140-2 endete am 22. September 2021 und wird nun durch FIPS 140-3 ersetzt.

Es herrscht große Verwirrung darüber, was FIPS 140 ist, daher wollen wir die Dinge klarstellen. FIPS 140 ist ein Standard, mit dem die Implementierung von kryptografischen Modulen validiert wird. Ein Modul kann eine Bibliothek sein, die einen kryptografischen Algorithmus implementiert, oder es kann ein kryptografisches Gerät sein.

Hier sind zwei Beispiele:

- FIPS 140
- SHA-2 in NET

FIPS 140 und SHA-2 in .NET

Sie wissen vielleicht, dass es drei Implementierungen der verschiedenen SHA-2-Hash-Algorithmen in .NET gibt:

- System.Security.Cryptography.SHA256Cng
- System.Security.Cryptography.SHA256CryptoServiceProvider
- System.Security.Cryptography.SHA256Managed

Es gibt auch Implementierungen von SHA384 und SHA512, aber wir wollen es einfach halten und uns nur auf die 256-Bit-Versionen von SHA-2 konzentrieren.

SHA-2 ist in einem anderen FIPS-Standard definiert: FIPS 180-4, »Secure Hash Standard«. Dieses Dokument beschreibt den Code hinter SHA-2 sowie Testwerte, mit denen eine Implementierung auf Korrektheit überprüft werden kann.

Andere kryptografische Algorithmen sind in anderen FIPS-Normen definiert:

- AES ist in FIPS 197 definiert.
- SHA-1 ist in FIPS 180-1 definiert.
- 3DES ist in FIPS 46-3 definiert.

Wer einen kryptografischen Algorithmus implementiert, kann sich dafür entscheiden, die Implementierung anhand von FIPS 140-3 überprüfen und validieren zu lassen. Die Überprüfung wird von einer unabhängigen dritten Partei durchgeführt, die für die Durchführung dieser Arbeit zertifiziert ist.

Kommen wir zurück zu den .NET SHA-2-Implementierungen. SHA256Cng und SHA256CryptoServiceProvider rufen die Windows SHA-2-Implementierungen auf, die beide FIPS-140-2-validierte (weil vor FIPS 140-3) Implementierungen von SHA-2 sind. Wenn Sie sich den Quellcode für diese drei Implementierungen auf der .NET-Quellcode-Website (*https://referencesource.microsoft.com*) ansehen, können Sie Folgendes erkennen:

- SHA256Managed ist eine vollständige Implementierung des Algorithmus in C#.
- SHA256CryptoServiceProvider ruft die Windows CryptoAPI-Funktion `CapiHashAlgorithm()` auf.

- SHA256Cng ruft die Windows Cryptography Next Generation (CNG)-Funktion `BCryptHashAlgorithm()` auf.

Hier wird es interessant (und wichtig): Die Windows CNG- und CryptoAPI-Implementierungen von SHA-2 sind FIPS-140-2-validiert, SHA256Managed jedoch nicht. Alle drei sind funktional identisch und alle drei sind Implementierungen des FIPS 180-4 Hash-Algorithmus. Dies ist deshalb wichtig, weil Ihr Unternehmen oder einige Ihrer Kunden möglicherweise FIPS-140-validierte Implementierungen verlangen.

Zur Einhaltung der Bestimmungen kann Windows in einen FIPS-140-Modus versetzt werden. Anwendungen, die kryptografische Operationen durchführen, können diese Einstellung abfragen, um die zu verwendenden Algorithmen zu bestimmen. Diese Einstellung sollte jedoch mit Vorsicht eingesetzt werden, da sie dazu führen kann, dass einige Anwendungen auf »mysteriöse Art und Weise« fehlschlagen, wenn sie angesichts dieser Einstellung nicht ordnungsgemäß fehlschlagen. Außerdem ist diese Einstellung keine Garantie dafür, dass eine Anwendung nur FIPS-140-validierte Algorithmen verwendet, da sie die Einstellung möglicherweise nicht liest oder einfach ignoriert.

Sie können die FIPS-Richtlinie über eine Gruppenrichtlinie festlegen (siehe Abbildung 8-1).

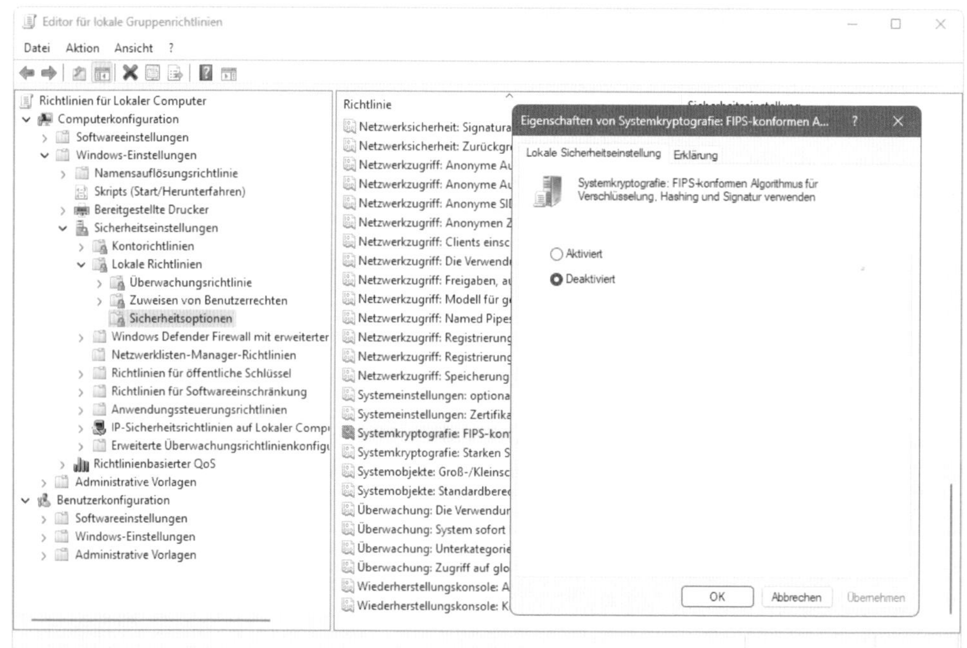

Abbildung 8-1 Verwendung der Windows-Richtlinie, um FIPS-140-validierte Algorithmen zu verlangen

Sie können die Richtlinie auch direkt in der Registrierung unter HKEY_LOCAL_MACHINE\System\CurrentControlSet\Control\Lsa\FipsAlgorithmPolicy festlegen. Setzen Sie *Enabled* auf 1 oder 0, um die FIPS-Richtlinie zu aktivieren bzw. zu deaktivieren.

FIPS 140 und Azure Schlüsseltresor und verwaltetes Hardwaresicherheitsmodul

Azure Key Vault ist ebenfalls ein kryptografisches Modul. Erinnern Sie sich, dass wir erwähnt haben, dass FIPS 140-2 und FIPS 140-3 steigende Sicherheitsstufen von 1 bis 4 haben? Die folgende Liste zeigt, wie die verschiedenen Mitglieder der Azure Schlüsseltresor-Familie den verschiedenen FIPS 140-Stufen zugeordnet sind:

- **Software-geschützte Schlüssel in Tresoren (Premium- und Standardpläne)** FIPS 140-2 Level 1-validiert
- **HSM-geschützte Schlüssel in Tresoren (Premium-Pläne)** FIPS 140-2 Level 2-validiert
- **HSM-geschützte Schlüssel in verwaltetes HSM (Hardwaresicherheitsmodul)** FIPS 140-2 Level 3-validiert

Managed HSM (verwaltetes Hardwaresicherheitsmodul) wird in Kapitel 10, »Kryptografie in Azure«, ausführlicher behandelt.

Für Azure Schlüsseltresor gilt die FIPS 140-Validierung nur für Schlüssel (RSA und elliptische Kurve), nicht für Geheimnisse oder Zertifikate. Managed HSM kann nur Schlüssel speichern.

Weitere Informationen über die Bedeutung der verschiedenen Stufen finden Sie in Abschnitt 4, »Security Requirements«, in der FIPS 140-Dokumentation.

SOC

Region: Global

Branche: Alle

Typ: Verordnung

System and Organization Controls (SOC, ausgesprochen *Sock*) sind interne Prüfberichte, die vom American Institute of Certified Public Accountants (AICPA) erstellt wurden. Sie sollen die von einer Dienstleistungsorganisation erbrachten Dienstleistungen untersuchen, damit die Endnutzer das mit einer Dienstleistung verbundene Risiko bewerten und angehen können.

- SOC 1 ist ein Framework für die Finanzprüfung, das die zum Schutz der Integrität von Finanzdaten implementierten Kontrollen analysiert.
- SOC 2 wurde speziell für Auditoren entwickelt, die die Datensicherheits- und Datenschutzkontrollen von Dienstanbietern wie Azure bewerten.
- Ein SOC 3-Bericht ist eine kürzere Version eines SOC 2-Berichts, die öffentlich verfügbar sein können.

Um die Sache ein wenig komplexer zu machen, gibt es zwei Arten von SOC-Berichten:

- Ein Bericht des Typs 1 bewertet die Kontrollen zu einem bestimmten Zeitpunkt und prüft, ob ihr Design geeignet ist, die relevanten Vertrauensgrundsätze zu erfüllen.

- In einem Bericht des Typs 2 wird die operative Wirksamkeit der Kontrollen über einen bestimmten Zeitraum, beispielsweise sechs oder zwölf Monate, untersucht.

Verschiedene unabhängige Azure-Auditberichte, einschließlich SOC 2 Typ 2, sind auf dem Service Trust Portal verfügbar.

SOC 2 befasst sich mit den folgenden fünf Trust Service Principles (TSP):

- Sicherheit
- Verfügbarkeit
- Integrität der Verarbeitung
- Vertraulichkeit
- Datenschutz

Ein Beispiel für die SOC 2 Trust Service-Kriterien lautet wie folgt:

> **CC6.6** The entity implements logical access security measures to protect against threats from sources outside its system boundaries.
>
> ***CC6.6*** *Die Entität implementiert logische Sicherheitsmaßnahmen für den Zugriff, um sich gegen Bedrohungen von Quellen außerhalb ihrer Systemgrenzen zu schützen.*

ISO/IEC 27001

Region: Global

Branche: Alle

Typ: Verordnung

Die ISO/IEC 27000-Normen (International Organization for Standardization/International Electrotechnical Commission) umfassen Hunderte von Anforderungen und Sicherheitsmechanismen, die Unternehmen bei der Sicherung ihrer Umgebungen unterstützen.

ISO/IEC 27001, »Information Security Management«, ist eine Sicherheitsnorm, die Anforderungen für die Implementierung, Überwachung, Aufrechterhaltung und kontinuierliche Verbesserung der Sicherheit festlegt. Außerdem werden bewährte Verfahren beschrieben, die Dokumentationsanforderungen, Verantwortungsbereiche, Verfügbarkeit, Zugriffskontrolle, Sicherheit, Audits sowie Korrektur- und Präventivmaßnahmen umfassen. Die Norm umfasst nicht nur technische, sondern auch physische Kontrollen wie Türschlösser und Zuverlässigkeitsüberprüfungen, die eindeutig nicht in den Anwendungsbereich von Software fallen.

Einer der Vorteile der ISO/IEC 27001-Zertifizierung besteht darin, dass sie international anerkannt ist, sodass sie Organisationen dabei hilft, andere regulatorische und gesetzliche Anforderungen in Bezug auf die Sicherheit von Informationen zu erfüllen.

Vom Umfang her ähnelt die Norm der NIST 800-53:

- NIST 800-53 umfasst 20 Familien von Sicherheitsmaßnahmen und Hunderte von Sicherheitsmechanismen.
- ISO/IEC 27001 hat 14 Kontrollkategorien und 114 Sicherheitsmechanismen.

Ein Beispiel für einen Mechanismus nach ISO/IEC 27001 lautet wie folgt:

> **A.9.4.1** Access to information and application system functions shall be restricted in accordance with the access control policy.
>
> ***A.9.4.1*** *Der Zugang zu den Informationen sowie den Anwendungssystemfunktionen ist gemäß der Zugriffssteuerungsrichtlinie zu beschränken.*

Hier ein weiterer:

> **A.10.1.2** A policy on the use, protection and lifetime of cryptographic keys shall be developed and implemented through their whole lifecycle.
>
> ***A.10.1.2*** *Es ist eine Richtlinie für die Verwendung, den Schutz und die Lebensdauer kryptografischer Schlüssel zu entwickeln und während ihres gesamten Lebenszyklus umzusetzen.*

ISO/IEC 27034

Region: Global

Branche: Alle

Typ: Vorschrift

Eine weitere Vorschrift unter dem Dach der ISO/IEC 27000, ISO/IEC 27034, »Informationstechnik – IT Sicherheitsverfahren – Sicherheit von Anwendungen. Teil 1: Überblick und Konzepte«, konzentriert sich auf sichere Softwarepraktiken. Es handelt sich dabei nicht um ein einzelnes Dokument, sondern um eine Reihe von sechs Dokumenten, die Unternehmen dabei helfen, ihre derzeitigen Softwareentwicklungspraktiken mit den aktuellen bewährten Sicherheitspraktiken abzugleichen.

Anhang A des ersten Dokuments, ISO/IEC 27034-1, enthält eine Fallstudie, die beschreibt, wie ein bestehender Softwareentwicklungsprozess auf einige der Komponenten von ISO/IEC 27034 abgebildet werden kann. Diese Fallstudie ist der Microsoft Security Development Lifecycle (SDL), den wir in Kapitel 1 erläutern.

Center for Internet Security Benchmarks

Region: Global

Branche: Alle

Typ: Risiko-Framework

Das Center for Internet Security (CIS) ist eine unabhängige Gruppe von Sicherheitsexperten aus Wissenschaft, Industrie und Regierung, die zusammenarbeiten, um präskriptive Sicherheitsrichtlinien für viele Produkte zu erstellen, darunter Azure, Microsoft Exchange, IIS, iOS, NGINX und vieles mehr. Die präskriptiven Anleitungen werden in Form umfangreicher Benchmarks bereitgestellt. CIS verfügt außerdem über gehärtete Betriebssystem-Images, die die verschiedenen Benchmarks in den Images verkörpern. Diese Betriebssystem-Images können von verschiedenen Clouddiensten, einschließlich Azure, heruntergeladen werden.

Der CIS-Benchmark ist ein umfassender Satz von Mechanismen und wird häufig in Microsoft-Dokumenten zitiert, einschließlich des Azure Security Benchmark. Die Elemente in jedem

Benchmark entsprechen einer oder mehreren Methoden in den CIS-Maßnahmen (sowie PCI und SOC; weitere werden im Laufe der Zeit hinzugefügt). Jede CIS-Methode ist komplett, enthält die Begründung für die Richtlinie sowie den Schritten zu ihrer Festlegung über das Azure-Portal, die Azure-CLI, PowerShell und Links zu weiteren Ressourcen. Dies ist äußerst nützlich.

Einige Beispiele für CIS-Kontrollen für Azure sind die folgenden:

> **1.14** Ensure That 'Restrict access to Microsoft Entra ID administration portal' is Set to "Yes" (maps to 6.8 'Define and Maintain Role-Based Access Controls' in CIS Controls v8.0)
>
> **2.8** Ensure that Microsoft Defender for Key Vault is set to 'On' (maps to 10.1 'Deploy and Maintain Anti-Malware Software' in CIS Controls v8.0)
>
> **3.10** Ensure Storage logging is Enabled for Blob Service for 'Read', 'Write', and 'Delete' requests Database (maps to 8.5 'Collect Detailed Audit Logs' in CIS Controls v8.0)
>
> **4.1.2** Ensure that 'Data encryption' is set to 'On' on a SQL Database (maps to 3.11 'Encrypt sensitive data at rest' in CIS Controls v8.0)
>
> ***1.14*** *Sicherstellen, dass »Zugriff auf Microsoft Entra ID-Administrationsportal einschränken« auf »Ja« gesetzt ist (entspricht 6.8 »Rollenbasierte Zugriffskontrollen definieren und verwalten« in CIS Controls v8.0)*
>
> ***2.8*** *Sicherstellen, dass Microsoft Defender für Key Vault auf »Ein« eingestellt ist (entspricht 10.1 »Bereitstellung und Wartung von Anti-Schadsoftware« in CIS Controls v8.0)*
>
> ***3.10*** *Sicherstellen, dass die Speicherprotokollierung für den Blob-Dienst für »Lese«-, »Schreib«- und »Lösch«-Anfragen aktiviert ist (entspricht 8.5 »Detaillierte Audit-Protokolle sammeln« in CIS Controls v8.0)*
>
> ***4.1.2*** *Sicherstellen, dass »Datenverschlüsselung« auf einer SQL-Datenbank auf »Ein« gesetzt ist (entspricht 3.11 »Verschlüsselung vertraulicher ruhender Daten« in CIS Controls v8.0)*

Microsoft Cloud Security Benchmark (MCSB)

Region: Global

Branche: Alle

Typ: Risiko-Framework

Microsoft Cloud Security Benchmark (MCSB), früher Azure Security Benchmark (ASB) genannt, ist eine Reihe von Sicherheitsempfehlungen, die Mandanten helfen sollen, ihre Abonnements zu sichern. Aus dem MCSB leiten die Azure-Produkte ihre eigene Interpretation der einzelnen Empfehlungen ab. Diese werden als Sicherheitsbaselines für Azure bezeichnet. In Abbildung 8-2 sehen Sie exemplarisch, wie eine der MCSB-Empfehlungen anderen in diesem Kapitel beschriebenen Compliance-Programmen zugeordnet ist.

DP-2: Überwachen von Anomalien und Bedrohungen für sensible Daten

CIS Controls v8-ID(s)	ID(s) von NIST SP 800-53 r4	PCI-DSS-ID(s) v3.2.1
3.13	AC-4, SI-4	A3.2

Abbildung 8-2 Zuordnung einer MCSB-Empfehlung zu anderen Compliance-Programmen

Hier ist ein weiteres Beispiel für eine MCSB-Empfehlung aus dem Kontrollbereich *Datenschutz* (DP, Data Protection):

DP-3: Verschlüsselung in Übertragung begriffener vertraulicher Daten

Hier ist, was die Empfehlung bedeutet, wenn sie auf Cosmos DB abgebildet wird:

Beschreibung: Der Dienst unterstützt die Verschlüsselung von Daten während der Übertragung für die Datenebene.

Featurehinweise: Cosmos DB unterstützt die Datenverschlüsselung während der Übertragung mit TLS v1.2 oder höher, und dies kann nicht deaktiviert werden. Azure bietet auch Verschlüsselung für Daten, die zwischen Azure-Rechenzentren übertragen werden.

Konfigurationsleitfaden: Es sind keine zusätzlichen Konfigurationen erforderlich, da dies in einer Standardbereitstellung aktiviert ist.

Für Azure Purview sind die Informationen für diese Empfehlung wie folgt:

Beschreibung: Der Dienst unterstützt die Datenverschlüsselung während der Übertragung für die Datenebene.

Konfigurationsleitfaden: Es sind keine zusätzlichen Konfigurationen erforderlich, da dies in einer Standardbereitstellung aktiviert ist.

Tools wie Microsoft Defender für die Cloud bieten unter anderem eine direkte Zuordnung zwischen einem Problem, das einen Azure-Mandanten gefährden könnte, und den entsprechenden MCSB-Informationen. Abbildung 8-3 zeigt eine Teilansicht des Bereichs *Einhaltung gesetzlicher Bestimmungen* von Microsoft Defender für die Cloud.

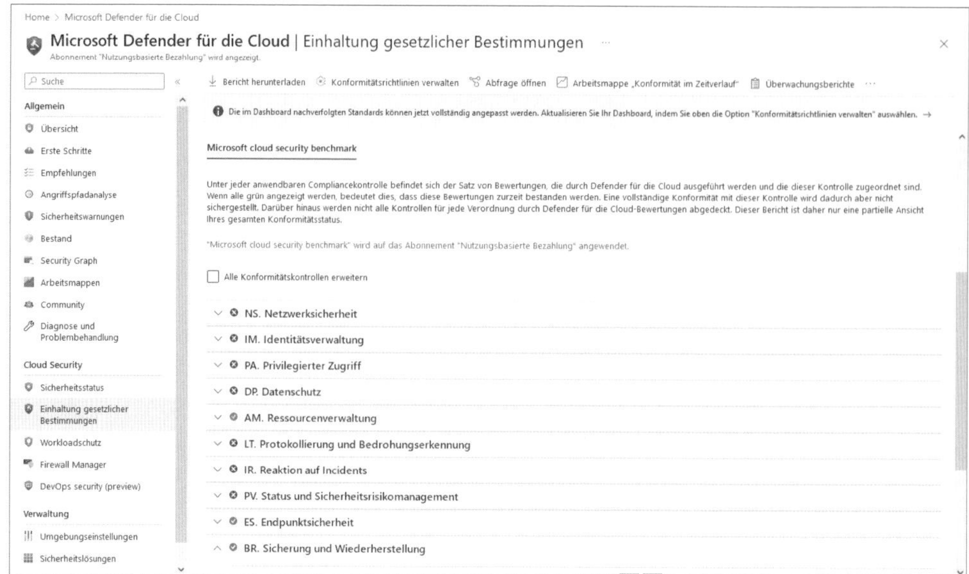

Abbildung 8-3 Der Abschnitt *Einhaltung gesetzlicher Bestimmungen* in Microsoft Defender für die Cloud. In diesem Beispiel ist Microsoft Cloud Security Benchmark ausgewählt.

OWASP

Region: Global

Branche: Alle

Kategorie: De-facto-Standard für bewährte Praktiken

Das Open Web Application Security Project (OWASP) wurde vor mehr als 20 Jahren von Mark Curphey als Reaktion auf die ständige Zunahme von Sicherheitslücken in webbasierten Anwendungen gegründet. OWASP ist vor allem für seine OWASP-Top-10-Liste bekannt, die alle paar Jahre aktualisiert wird und die wichtigsten Schwachstellenklassen, Auswirkungen und Gegenmaßnahmen enthält. Die aktuelle Version ist die OWASP Top 10 für 2021.

Die OWASP Top 10 ist absolut keine Vorschrift, sondern eine Sammlung von Best Practices. Jeder Architekt und Entwickler sollte die OWASP Top 10 verstehen und über Praktiken verfügen, um jedes Problem in der Liste zu verhindern oder zu entschärfen. Konkrete Praktiken zur Bewältigung der OWASP Top 10 sind immer eine gute Idee, da die mittlere und obere Führungsebene oft nach ihnen fragt (auch wenn sie nicht genau wissen, was sie sind!).

Natürlich gibt es auch Schwachstellen außerhalb der Top 10. Werkzeuge und Prozesse sollten mehr als die Top 10 abdecken, da sie nur alle zwei Jahre oder so aktualisiert werden und immer wieder neue Probleme gefunden werden. Im Rahmen einer guten Abwehrhaltung sollten Sie ein Auge auf neue und sich weiterentwickelnde Bedrohungen haben. Dennoch stellt diese Liste immer eine gute und solide Grundlage dar.

OWASP unterhält noch weitere Projekte, die über die Top 10 hinausgehen, wie zum Beispiel ein Sicherheitsreifegradmodell, Tests und andere.

MITRE

Region: Global

Branche: Alle

Kategorie: De-facto-Normen und Verfahren

Kein Buch über Compliance, bewährte Verfahren, Risiken und De-facto-Standards ist komplett, wenn MITRE nicht erörtert wird. MITRE ist eine US-amerikanische Non-Profit-Organisation, die unter anderem im Bereich der Sicherheitsforschung eng mit Industrie, Hochschulen und Regierungen zusammenarbeitet. MITRE hat zwar seinen Sitz in den Vereinigten Staaten, ist aber in der ganzen Welt angesehen.

Im Laufe der Jahre hat MITRE beim Aufbau und der Pflege einiger der wichtigsten und einflussreichsten Sicherheitsprogramme geholfen. Die folgende Liste enthält einige von ihnen:

- CVE
- CWE
- ATT&CK
- CAPEC

Lassen Sie uns in die einzelnen Bereiche eintauchen.

CVE

Common Vulnerabilities and Exposures (CVE) ist der Grundstein für die Katalogisierung von Schwachstellen. Jede veröffentliche Schwachstelle hat ihre eigene Kennung. Betrachten Sie sie als Primärschlüssel für alle anderen Referenzen und Nachforschungen zu einer Schwachstelle. CVE ermöglicht eine präzise Kommunikation zwischen technischen Mitarbeitern, wenn sie sich auf Schwachstellen beziehen. Hier ist eine kurze Liste einiger berühmter CVEs aus den letzten Jahren:

- **CVE-2002-0649** Speicherbeschädigungsfehler in SQL Server, der zum Slammer-Wurm führte
- **CVE-2014-0160** Heartbleed-Bug in OpenSSL
- **CVE-2008-1447** DNS Cache Poisoning (der Kaminsky-Bug)
- **CVE-2014-6271** GNU Bash Remote-Code-Ausführung (Shellshock)
- **CVE-2014-3566** SSL 3.0 POODLE
- **CVE-2021-44228** Log4J Remote-Codeausführung

- **CVE-2002-0965** Pufferüberlauf in Oracle 9i (einer von mehreren, die von David Litchfield gefunden wurden, um die von Oracle proklamierte Unverwundbarkeit von Oracle-Datenbanken zu widerlegen)

Das Schöne an CVE ist, dass Sie, da es sich um einen Primärschlüssel handelt, mit Ihrer bevorzugten Suchmaschine suchen und schnell Informationen zu dem Thema finden können.

Berechnung des Risikos eines CVE mit CVSS

Das Common Vulnerability Scoring System (CVSS), definiert durch das Forum of Incident Response and Security Teams (FIRST), ist eine Methode zur Bestimmung des Schweregrads einer Schwachstelle auf einer Skala von 0 bis 10, wobei 10 den höchsten Schweregrad darstellt. CVSS verwendet zahlreiche Bedingungen, beispielsweise ob eine Schwachstelle nur lokal oder über ein Netzwerk auftritt, welche Arten von Berechtigungen oder Privilegien erforderlich sind und vieles mehr. Zur Veranschaulichung: CVE-2021-44228, die Log4J-Schwachstelle zur Remotecodeausführung vom Dezember 2021, wird mit 10 bewertet, dem größtmöglichen Schweregrad. Aus diesem Grund hat sich die Welt beeilt, so schnell wie möglich Korrekturen zu veröffentlichen.

Die CVE-Website finden Sie unter *https://www.cve.org*. Ein CVSS-Rechner ist verfügbar unter *https://nvd.nist.gov/vuln-metrics/cvss/v3-calculator* und *https://azsec.tech/3n0*. First.org verfügt über eine Website mit CVSS-Beispielen unter *https://azsec.tech/wt7*, damit Sie lernen, wie Sie Schwachstellen bewerten können.

National Vulnerability Database (NVD)

Die NVD (National Vulnerability Database – *https://nvd.nist.gov*) ist eine vom NIST verwaltete, ständig aktualisierte Liste öffentlich bekannt gemachter Schwachstellen. Jeder Schwachstelle wird eine eindeutige CVE und ein Schweregrad unter Verwendung von CVSS zugewiesen, und den meisten werden ein oder mehrere CWEs zugewiesen.

CWE

Die Common Weakness Enumeration (CWE) ist eine hierarchische Liste von Software- und Hardwareschwachstellen. Sie ist eine gängige Methode zur Beschreibung von Schwachstellenklassen. Zum Beispiel war die Speicherbeschädigung in CVE-2002-0649 eine CWE-120 mit der Bezeichnung »Buffer Copy without Checking Size of Input ('Classic Buffer Overflow')« – »Kopieren eines Puffers, ohne die Größe der Eingabedaten zu prüfen ('klassischer Pufferüberlauf')«.

Weitere Beispiele für CWEs sind die folgenden:

- **CWE-798** Use of hard-coded credentials – Verwendung von hartcodierten Anmeldeinformationen
- **CWE-89** SQL-Injection

- **CWE-79** Cross-Site-Scripting (XSS)
- **CWE-20** Improper input validation (parent to CWE-89 and CWE-9) – Nicht ordnungsgemäße Validierung der Eingabe (übergeordnet zu CWE-89 und CWE-9)

Eines der Ergebnisse von CWE ist die CWE Top 25, die der OWASP Top 10 ähnelt, sich aber auf die 25 größten Schwachstellen laut MITRE konzentriert. Die CWE-25 ist umfassender als die OWASP Top 10. Sie sollten in Erwägung ziehen, mit den OWASP Top 10 zu beginnen und im Laufe der Zeit die CWE-25 einzubeziehen, da beide eine ausgezeichnete Dokumentation aufweisen.

Die CWE-Website finden Sie unter *https://cwe.mitre.org*.

ATT&CK

ATT&CK ist eine Wissensdatenbank mit Informationen über die Vorgehensweise von Angreifern. Sie bildet die gängigen Techniken ab, die Angreifer auf ihrem Weg von der Aufklärung bis hin zur Ausführung, Beharrlichkeit, dem Versuch, nicht entdeckt zu werden, bis hin zur Steuerung und Kontrolle und dem anschließenden Datendiebstahl einsetzen.

ATT&CK wird zu einem wichtigen Bestandteil von Sicherheitstools. Dazu gehören SIEM-Systeme (Security Information and Event Management) wie Azure Sentinel, die es Analysten ermöglichen, Angriffsketten besser zu verknüpfen. Microsoft hat auch Azure-Sicherheitskontrollen auf ATT&CK abgebildet. Weitere Informationen hierzu finden Sie unter *https://azsec.tech/n2z*.

Die ATT&CK-Website ist *https://attack.mitre.org*.

CAPEC

Common Attack Pattern Enumeration and Classification (CAPEC) bietet einen Katalog gängiger Angriffsmuster, die Softwareentwicklern helfen zu verstehen, wie Angreifer bestimmte Schwachstellen ausnutzen können. CAPEC-66, »SQL Injection«, erklärt zum Beispiel, wie Angreifer SQL-Injection Schwachstellen im Code ausnutzen können. Weitere Beispiele sind die folgenden:

- **CAPEC-34** »How to Exploit HTTP Response Splitting« (dt.: Wie man die Aufteilung der HTTP-Antwort ausnutzt)
- **CAPEC-63** »How to Exploit XSS« (dt.: Wie man XSS ausnutzt)

Jeder CAPEC-Eintrag enthält auch Verweise zu den betreffenden CWEs. Die CAPEC-Website ist *https://capec.mitre.org*.

Übersicht zu weiteren Compliance-Programmen

Es gibt noch viele weitere Compliance- und Risikoprogramme. Dazu gehören die folgenden:

- ISO 27002 Informationssicherheitsmaßnahmen
- US Department of Defense Cybersecurity Maturity Model Certification (CMMC)
- Internet of Things (IoT) Cybersecurity Improvement Act of 2020
- Cloud Security Alliance Cloud Control Matric (CSA CCM)

- Criminal Justice Information Services (CJIS)
- International Traffic in Arms Regulations (ITAR)
- NIST SP 800-171, »Protecting Controlled Unclassified Information (CUI) in Nonfederal Systems and Organizations« (dt.: Schutz kontrollierter nicht klassifizierter Informationen in Informationssystemen und Organisationen, die nicht unter US-Bundesbehörden fallen)
- Gramm-Leach-Bliley Act (GLBA)
- UK Cyber Essentials Plus
- Sarbanes-Oxley Act (SOX)
- California Privacy Rights Act (CPRA)
- Children's Online Privacy Protection Rule (COPPA)
- New Zealand ISM Restricted

Wir könnten so weitermachen! Es ist von entscheidender Bedeutung, dass alle technischen Mitarbeiter über ein Grundwissen über die gängigsten Compliance-Programme verfügen, die sie bei der Konzeption, Entwicklung und Prüfung einer Lösung betreffen könnten.

Programme zur Einhaltung gesetzlicher Bestimmungen sind ein wichtiges Mittel zur Bewältigung von Sicherheitsrisiken, aber sie sind keine Garantie für eine sichere Lösung.

Praktische Erfahrungen: Wie unsere Kunden Compliance- und Risikoprogramme nutzen

Alle drei Autoren dieses Buches haben mit Kunden in fast allen Branchen weltweit zusammengearbeitet. In dieser Zeit haben wir verschiedene Trends bei der Einhaltung von Vorschriften und beim Risikomanagement beobachtet.

Fast alle Kunden, mit denen wir zusammenarbeiteten, beziehen sich auf die OWASP Top 10, um ihre internen Entwicklungspraktiken zu steuern. Viele verwenden CWE und eine Vielzahl CVSS. Für jede öffentlich gemachte Sicherheitslücke gibt es ein CVE. Einige Kunden setzen NIST SP 800-53-Kontrollmechanismen ein, viele nutzen NIST CSF (das NIST SP 800-53-Kontrollen verwendet), und andere ISO 27001, um ihre allgemeine Compliance-Strategie zu steuern. SOC 2 ist eine gängige Anforderung.

Branchen wie das Gesundheits- und Finanzwesen haben ihre eigenen Programme, die sie einhalten müssen, wie HIPAA und PCI. Wenn es um Kryptografie geht, haben einige Kunden spezielle FIPS 140-Anforderungen, aber das ist nicht üblich. Wenn sie jedoch spezielle FIPS 140-Anforderungen haben, sind diese in Stein gemeißelt und ein Muss. Und schließlich werden CIS und MCSB aufgrund der Art und Weise, wie Compliance-Details in Microsoft Defender für Cloud dargestellt werden, häufig auch auf Azure verwendet.

Eine Möglichkeit, den Entwurf eines Systems auf die Sicherheitskontrollmechanismen abzubilden, die von Compliance-Programmen gefordert werden, ist die Verwendung von Bedrohungsmodellen. Dies wird als Nächstes behandelt.

Verwendung von Bedrohungsmodellen zur Erstellung von Compliance-Artefakten

Programme zur Einhaltung von Vorschriften, wie die bereits erwähnten, verfügen über technische Kontrollen. Die meisten Compliance- und Risikoprogramme enthalten auch nicht-technische Kontrollmechanismen, wie zum Beispiel Schlösser an Gebäuden, Zuverlässigkeitsüberprüfungen von Personen und so weiter. In diesem Fall geht es jedoch um die technischen Kontrollmechanismen. Ein wichtiges Ergebnis eines Bedrohungsmodells ist eine Liste der technischen Kontrollmechanismen, die das Risiko mindern.

Nehmen wir das Beispiel einer Azure SQL-Datenbank, die vertrauliche Daten speichert. Die Lösung verwendet Always Encrypted, und die Verschlüsselungsschlüssel werden in Azure Schlüsseltresor mit einer entsprechenden RBAC-Richtlinie und Audit-Richtlinie gespeichert.

Nehmen wir an, Sie müssen PCI DSS und NIST SP 800-53 einhalten. Um die laufende Verwaltung zu erleichtern, wird Ihr Unternehmen MCSB verwenden und dies in Microsoft Defender für Cloud verfolgen. Tatsächlich wird Ihr Unternehmen MCSB einsetzen und dann die entsprechenden ASB-Richtlinien auf PCI DSS und NIST SP 800-53 abbilden. Wenn Sie sich MCSB ansehen, sehen Sie, dass sich ein Punkt auf die Verschlüsselung von ruhenden Daten bezieht (siehe Abbildung 8-4).

DP-4: Aktivieren einer standardmäßigen Verschlüsselung für ruhende Daten

CIS Controls v8-ID(s)	ID(s) von NIST SP 800-53 r4	PCI-DSS-ID(s) v3.2.1
3.11	SC-28	3.4, 3.5

Sicherheitsprinzip: Zur Ergänzung der Zugriffssteuerung sollten ruhende Daten durch Verschlüsselung vor Out-of-Band-Angriffen (z. B. zugriff auf den zugrunde liegenden Speicher) geschützt werden. Dadurch wird sichergestellt, dass die Daten von Angreifern nicht einfach gelesen oder geändert werden können.

Azure-Leitfaden: Bei vielen Azure-Diensten ist die Verschlüsselung ruhender Daten standardmäßig auf der Infrastrukturebene mithilfe eines dienstverwalteten Schlüssels aktiviert. Diese vom Dienst verwalteten Schlüssel werden im Auftrag des Kunden generiert und automatisch alle zwei Jahre rotiert.

Abbildung 8-4 MCSB DP-4, die die Verschlüsselung von ruhenden Daten verlangt

In Abbildung 8-4 können Sie außerdem erkennen, dass DP-4 (DP = Data Protection) auf die folgenden Bestimmungen abgebildet wird:

- **Center for Internet Security (CIS) controls** »3.1.1 Encrypt Sensitive Data at Rest« (dt.: Verschlüsselung von vertraulichen ruhenden Daten)
- **NIST SP 800-53** SC-28(1): »SC-28(1): Cryptographic Protection: Implement cryptographic mechanisms to prevent unauthorized disclosure and modification of the following information at rest.« (dt.: Kryptografischer Schutz: Implementieren Sie kryptografische Mechanismen, um die unbefugte Offenlegung und Änderung der folgenden Informationen im Ruhezustand zu verhindern.)
- **PCI DSS** »PCI DSS Requirement 3.4: Make PAN (Personal Account Number) unreadable wherever it is stored.« (dt.: PCI DSS-Anforderung 3.4: Machen Sie die PAN (Personal Account Number) unlesbar, wo immer sie gespeichert ist.)

Sie können nun für jede Gegenmaßnahme in Ihrem Bedrohungsmodell den gleichen Prozess durchführen. Jetzt haben Sie nicht nur ein fertiges Bedrohungsmodell, sondern auch ein Bedrohungsmodell, das Ihre Gegenmaßnahmen mit einer oder mehreren Compliance-Anforderungen verknüpft. Das ist unglaublich leistungsfähig. Es hilft den Technikern, die Lücke zwischen Architektur, Sicherheit und Compliance zu schließen. Jeder Compliance-Auditor, mit dem wir gesprochen haben, schätzt dies, da es ein nützliches Artefakt darstellt, das zeigt, wie die Architektur bestimmte Gegenmaßnahmen einsetzt und wie diese dann auf die Einhaltung der Vorschriften abgestimmt sind. Dies verringert die Reibung bei einer Compliance-Prüfung, da sie die Rückverfolgbarkeit sehen können. Beispielsweise gibt die Architektur an, dass Daten in SQL Server verschlüsselt werden müssen. Der Sicherheitskontrollmechanismus lautet »Always Encrypted«, und dies entspricht FedRAMP High SC-28(1).

Stellen Sie sich dies wie einen Stein von Rosette für die Sicherheit vor, aber anstelle von griechischen sowie demotischen Schriftzeichen und Hieroglyphen stellt ein Bedrohungsmodell mit Compliance-Informationen Architektur, Sicherheit und Compliance in einem Artefakt dar.

Das Hinzufügen von Compliance-Daten zu einem Bedrohungsmodell ist ein einfacher Prozess:

1. Bestimmen Sie im Vorfeld Ihren Bedarf an Compliance (HITRUST, PCI, SP 800-53 usw.).
2. Stellen Sie sicher, dass das Bedrohungsmodell vollständig und genau ist.
3. Bestimmen Sie für jede technische Gegenmaßnahme, was diese Mitigation in jedem der für Sie relevanten Compliance-Programme erfüllt.
4. Fügen Sie diese Informationen dem Bedrohungsmodell hinzu.

Einer der Vorteile von Azure PaaS- und SaaS-Lösungen besteht darin, dass aufgrund des Modells der gemeinsamen Verantwortung einige Gegenmaßnahmen von Azure übernommen werden und nicht vom Azure-Kunden selbst durchgeführt werden müssen. Ein gutes Beispiel ist das Patching. Die meisten Compliance-Programme erfordern Patches, und für PaaS-Lösungen wird dies von Azure übernommen.

Zusammenfassung

Compliance-Programme sind für die meisten Unternehmen, die Workloads in die Cloud verlagern, eine wichtige Grundlage. Compliance berührt fast jede Azure-basierte Lösung.

Als jemand, der Azure-Lösungen entwirft oder entwickelt, müssen Sie verstehen, wie sich die Einhaltung von Vorschriften auf die Funktionen auswirken kann, an denen Sie arbeiten. Als absolutes Minimum sollten Sie die OWASP Top 10 und den Microsoft Cloud Security Benchmark (MSCB) kennen und wissen, wie sie mit anderen Programmen wie DSGVO, PCI DSS, NIST SP 800-53 und anderen zusammenhängen.

Sehen Sie sich als Übung den Abschnitt zur Compliance in Microsoft Defender für Cloud an. Verstehen Sie, warum einige Bereiche als nicht konform gekennzeichnet sind, und beheben Sie sie dann. Verstehen Sie auch, warum Sie sie übersehen haben und wie Ihre Entwürfe diese in Zukunft berücksichtigen werden.

TEIL 2

Sichere Implementierung

KAPITEL 9

Secure Coding

Am Ende dieses Kapitels

- verstehen Sie die grundlegenden Regeln für das Schreiben von sicherem Code.
- können Sie defensiven Code schreiben, der Angriffen standhalten kann.
- kennen Sie häufige Probleme von unsicherem Code und können sie beheben.
- sind Sie in der Lage, einige wirksame Sicherheitstesttechniken zu implementieren.

Unsicherer Code

Zu viel Code, der heute geschrieben wird, ist unsicher. Das liegt nicht daran, dass die Entwickler faul sind, sondern oft daran, dass sie einfach nicht wissen, was sicheren Code ausmacht. Aber genau hier wird es interessant. In den meisten Fällen funktioniert ein unsicheres System korrekt und besteht alle Funktionstests. Warum also finden Tester keine Sicherheitsprobleme? Dafür gibt es einen Grund, und der liegt in dieser Aussage:

> *»Ein sicheres System ist ein System, das das tut, was es tun soll, und nichts anderes.«*

Einfach ausgedrückt: Wenn aus dem »nichts anderes« ein »etwas anderes« wird, werden Sicherheitsprobleme gefunden, denn das ist typischerweise dann der Fall, wenn ein böswilliger Akteur eine Schwachstelle ausnutzt.

Ein Beispiel: Ein Datenbanksystem, das SQL-Befehle verwendet, wird wahrscheinlich alle Funktionstests bestehen, auch wenn es eine SQL-Injection-Schwachstelle aufweist. Jedoch kann ein Angreifer diese Schwachstelle ausnutzen und das System dazu bringen, »etwas anderes« zu tun, zum Beispiel eine andere Tabelle anzuzeigen oder Daten in einer Tabelle oder sogar die Tabelle selbst zu löschen. Genau dieses »etwas anderes« ist ein Sicherheitsproblem!

Ihr Ziel als Entwickler ist es, »etwas anderes« in Ihrem Code zu vermeiden. Bei der Entwicklung von Systemen gibt es zwei übergeordnete Ziele, die Sie im Auge behalten müssen:

- Reduzieren Sie die Anzahl der Schwachstellen in Ihrem Code.
- Reduzieren Sie den Schweregrad der Schwachstellen, die Sie übersehen.

Die erste Aussage besagt im Grunde: »Versuchen Sie, alles richtig zu machen«, und die zweite lautet: »Aber gehen Sie davon aus, dass Sie es nicht schaffen.« Das ist eine gesunde Spannung, die man beim Schreiben von Code berücksichtigen sollte. Alles in diesem Kapitel dreht sich um diese beiden Leitprinzipien.

Regel Nr. 1: All input is evil

Wir sagen dies seit mehr als 20 Jahren, und es ist heute noch genauso gültig wie zur Jahrhundertwende:

> *All input is evil. Alle Eingaben sind böse.*

Diese Aussage gilt für alle Programmiersprachen, Betriebssysteme, Entwicklungsprozesse, Bereitstellungsumgebungen und alles, was dazwischen liegt. Sie gilt für Windows-Dienste, die in C++ geschrieben wurden, für Linux-Treiber, die in C geschrieben wurden, für containerisierte Anwendungen, die in Go auf AWS geschrieben wurden, für C#-Code, der in Azure-Funktionen ausgeführt wird, und für eine einfache Webanwendung, die in PHP geschrieben wurde und auf Nginx läuft.

Die Idee dahinter ist einfach: Eingehende Daten sind die Ursache für zahlreiche Sicherheitslücken, daher ist es wichtig, dass alle Daten, die in Ihren Code gelangen, auf ihre Korrektheit hin überprüft werden.

Vor etwa 20 Jahren, in den Anfängen des Confidential Computing und des Microsoft Security Development Lifecycle (SDL), wurde Michael (einer der Autoren) damit betraut, neue Softwareentwickler über sicheres Design und sichere Entwicklung zu unterrichten. Neue Mitarbeiter mussten einen vierstündigen Kurs mit dem Titel »Grundlagen des sicheren Softwareentwurfs, der Entwicklung und des Tests« besuchen. Die zugehörige PowerPoint-Präsentation enthielt etwa 100 Folien mit dichtem Material. Folie 52, die in Abbildung 9-1 zu sehen ist, enthielt diese etwas augenzwinkernde Aussage direkt vor 50 Folien mit Beispielen für unsicheren Code und Abhilfemaßnahmen.

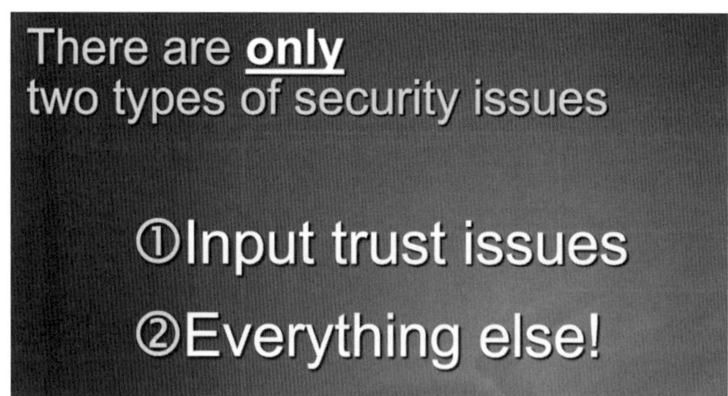

Abbildung 9-1 Folie 52 aus einer PowerPoint-Präsentation aus den frühen 2000er-Jahren bei Microsoft

Einige der häufigsten und schwerwiegendsten Sicherheitsprobleme auf Code-Ebene sind einfach darauf zurückzuführen, dass nicht überprüft wurde, ob Daten aus nicht vertrauenswürdigen Quellen korrekt sind. Die berüchtigte Apache-Sicherheitslücke log4j (CVE-2021-44228) vom Dezember 2021 war beispielsweise ein Problem mit ungültigen Eingaben. Beispiele für Probleme mit der Vertrauenswürdigkeit von Eingaben sind die folgenden:

- Speicherkorruption (zum Beispiel Pufferüberläufe)
- Ganzzahlüberlauf und -unterlauf
- Cross-Site-Scripting (XSS)
- Directory Traversal
- Offene Weiterleitungen
- Serverseitige Anfragenfälschung (Server-Side Request Forgery, SSRF)
- Cross-Site Request Forgery (CSRF)
- SQL Injection
- XML Injection
- Kanonisierung
- OS-Befehlsinjektion

Wir behandeln in diesem Kapitel einige dieser Schwachstellen, aber nicht alle, denn jede kann einfach durch die Überprüfung nicht vertrauenswürdiger Daten bei der Eingabe in Ihren Code behoben werden. Unser Hauptaugenmerk liegt hier auf dem Kernkonzept, das all diesen Problemen zugrunde liegt: nicht vertrauenswürdige Daten.

Die wichtigste Lektion lautet: Wenn Ihr Code Eingaben aus einer potenziell nicht vertrauenswürdigen Quelle akzeptiert, muss er diese Eingaben auf ihre Korrektheit überprüfen.

Bedrohungsmodelle verwenden

Mithilfe von Bedrohungsmodellen können Sie feststellen, ob eingehende Daten nicht vertrauenswürdig sind. Alle Daten, die eine Vertrauensgrenze überschreiten und dann von einem Prozess gelesen werden, müssen auf ihre Korrektheit überprüft werden.

Abbildung 9-2 zeigt einen kleinen Ausschnitt aus dem Bedrohungsmodell der Anwendung für COVID-Impfbuchungen aus Kapitel 4, »Bedrohungsmodellierung«. Wie Sie sehen können, werden Daten, die von der Impfstelle eingehen, in einem Azure-Speicherkonto gespeichert und dann von einer Azure-Funktion gelesen. Der Kasten in diesem Diagramm stellt eine Vertrauensgrenze dar. Das Impfzentrum befindet sich außerhalb der Grenze, während sich alles andere innerhalb der Grenze befindet. Der Code in der Funktion muss also überprüfen, ob die eingehenden Daten korrekt sind, da die Impfdaten eine Vertrauensgrenze überschreiten. Jede Impfstelle könnte einer unserer Geschäfts- und Gesundheitspartner sein, aber das bedeutet nicht, dass wir den Daten vertrauen, die sie uns zur Verfügung stellen!

→

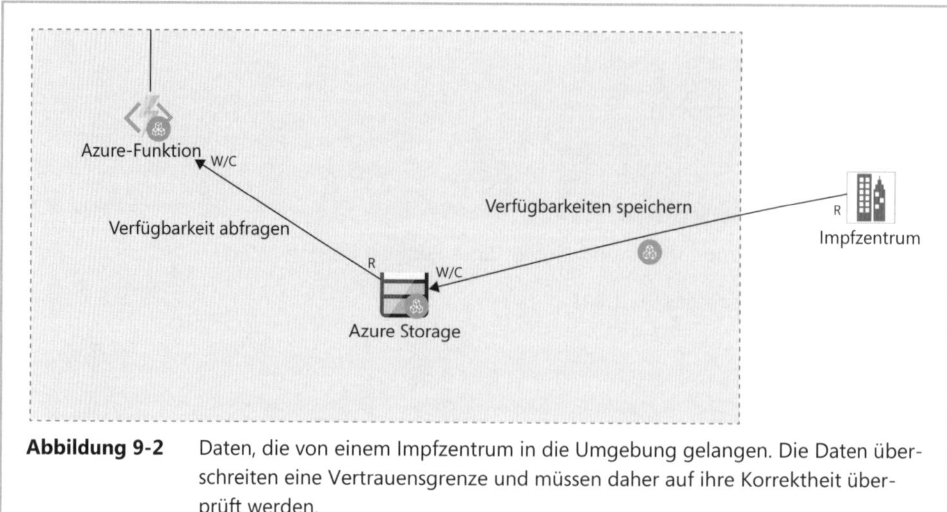

Abbildung 9-2 Daten, die von einem Impfzentrum in die Umgebung gelangen. Die Daten überschreiten eine Vertrauensgrenze und müssen daher auf ihre Korrektheit überprüft werden.

Verstehen, wer ein Angreifer sein könnte

Wenn man bedenkt, dass »alle Eingaben böse sind«, ist es wichtig zu verstehen, wer ein Angreifer sein könnte und was er kontrollieren kann. Schauen wir uns diese Punkte jetzt an.

Wer ein Angreifer sein könnte, lässt sich an einem einfachen Beispiel erläutern. Angenommen, Sie haben zwei REST-APIs:

- Die erste API ist dem Internet ausgesetzt und verwendet keine Authentifizierung.
- Die zweite API überwacht nur einen kleinen IP-Adressbereich und erfordert eine moderne Authentifizierung mit Microsoft Entra ID Ihres Mandanten als Identitätsanbieter.

Wer ist der potenzielle Angreifer für die erste API? Jeder Mensch auf diesem Planeten! Möglicherweise Milliarden von Menschen – gelangweilte Teenager, Nationalstaaten, Bots und alles dazwischen. Im Gegensatz dazu ist der potenzielle Angreifer für die zweite API jeder, der aus dem kleinen IP-Adressbereich kommt und ein Konto im Microsoft Entra ID Ihres Mandanten besitzt. Je nachdem, wie viele Konten Sie haben, sind das vielleicht nur 100 oder so Benutzer.

Die erste API ist eindeutig stärker »gefährdet«. Die Daten, die in diese API einfließen, können von jedermann stammen, was bedeutet, dass die Wahrscheinlichkeit hoch ist, dass die Daten bestenfalls fehlerhaft und schlimmstenfalls bösartig sind. Daher muss jeder Code, der mit dieser API verknüpft ist, grundsolide sein. Bei der zweiten API ist die Wahrscheinlichkeit, Opfer einer böswilligen Eingabe zu werden, viel geringer, weil die Zahl der potenziellen Angreifer viel kleiner ist. Das bedeutet nicht, dass Sie in der zweiten API irgendeinen Schrottcode schreiben können; es bedeutet lediglich, dass Ihnen nur eine begrenzte Zeit zur Verfügung steht, weshalb Sie mehr Zeit darauf verwenden müssen, damit der Code für die erste API solide ist. (Denken Sie jedoch daran, dass auch Insider eine Bedrohung darstellen können, wie in Kapitel 3, »Sicherheitsmuster«, beschrieben.)

Der Grad der Gefährdung bestimmt, wie Sie Ihre Zeit für die Codeüberprüfung und das Testen einteilen. Wir bezeichnen diesen Grad der Gefährdung oft als Angriffsfläche einer Anwendung. Sie sollten immer versuchen, die Angriffsfläche einer Anwendung zu verringern. Eine Möglichkeit, dies zu tun, ist, die Angriffsfläche des Netzwerks zu reduzieren. In Azure bedeutet die Verringerung der Angriffsfläche des Netzwerks, dass Sie vom öffentlichen Zugang zu einer der folgenden Möglichkeiten wechseln:

- Erlauben des Zugriffs nur auf Teilnetze oder VNets, zum Beispiel durch Verwendung privater Endpunkte
- Beschränkung des Zugriffs auf eine kleine Gruppe von IP-Adressen oder einen CIDR-Bereich, häufig erreicht durch PaaS-Firewalls und Netzwerksicherheitsgruppen (Network Security Groups, NSGs), um eingehende Anfragen auf bestimmte IP-Adressen zu beschränken

Sie können die Angriffsfläche ebenfalls verringern, indem Sie das Niveau der Authentifizierung und Autorisierung erhöhen. Im Falle der ersten API könnten Sie von keiner Authentifizierung zu Authentifizierung ohne Autorisierung oder Authentifizierung mit entsprechender Autorisierung übergehen.

Bei der Betrachtung von Datenströmen in einem Bedrohungsmodell, die eine Vertrauensgrenze überschreiten, ist es wichtig zu verstehen, wie die weniger vertrauenswürdige Seite des Datenstroms authentifiziert wird und wie Aktionen autorisiert werden, sowie die Netzwerkzugänglichkeit dieses Datenstroms. Abbildung 9-3 fasst das Konzept der Angriffsfläche zusammen.

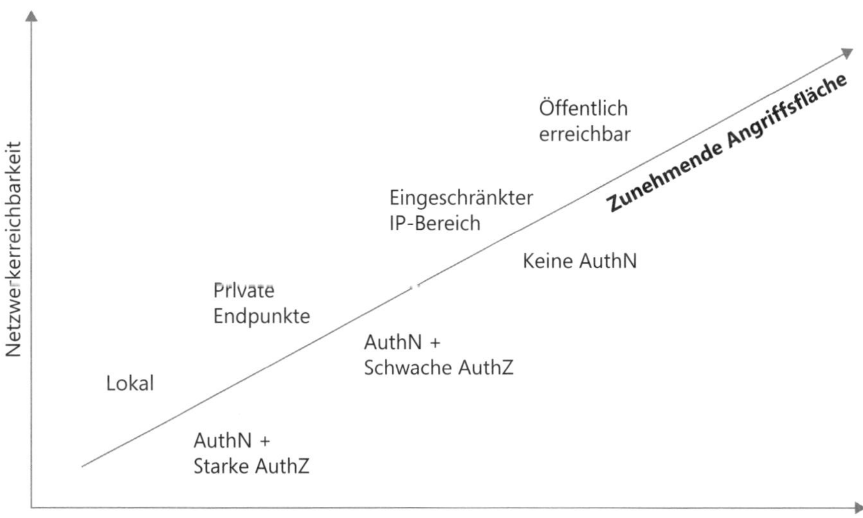

Abbildung 9-3 Welchen Einfluss die Erreichbarkeit des Netzwerks und Authentifizierung/Autorisierung auf Angriffsfläche haben

Die Auswirkungen der Angriffsfläche lassen sich in einem Satz zusammenfassen: Eine größere Angriffsfläche ist schlecht, eine geringere Angriffsfläche ist gut. Das liegt daran, dass eine größere Angriffsfläche mehr Angreifer und mehr potenzielle Schwachstellen bedeutet.

Verstehen, was ein Angreifer kontrolliert

Sehen Sie sich das folgende Low-Level-Codefragment in C an:

```
char dst[4];
```

Dieser einfache Code weist einer Variablen namens `dst` (für destination) vier Bytes (weil ein char ein Byte belegt) Speicherplatz zu.

Sehen Sie sich nun diesen Code an:

```
char dst[4];
dst[4] = 'X';
```

Die zweite Zeile scheint an das vierte Element (Offset) im Array ein `'X'` zu schreiben. Tatsächlich aber wird `'X'` an das fünfte Element geschrieben, da in C (und in jeder anderen »anständigen« Programmiersprache) das erste Element eines Arrays den Index 0 besitzt, und nicht 1. Das Element mit der Nummer 4 ist in Wirklichkeit das fünfte Element: 0, 1, 2, 3, 4.

Dabei handelt es sich um eine klassische Speicherkorruption oder ein Pufferüberlaufproblem. Aber ist es eine Sicherheitslücke? Die Antwort ist ein klares Nein! Denn der Angreifer kontrolliert nichts. Es handelt sich aber auf jeden Fall um einen Fehler in der Codequalität, der behoben werden sollte.

Sehen Sie sich nun diese Variante an:

```
if (recv(sock, (char*)data, sizeof(data), 0) >= 0) {
   dst[data.index] = data.value;
   ...
```

Dieser Code liest von einem TCP-Socket Daten und verwendet sie, um einen in `data .value` enthaltenen Wert in das Array am Offset `data.index` zu schreiben. Wenn der Socket eine große Angriffsfläche hat, ist er im Internet ohne Authentifizierung zugänglich. Ich denke, wir können uns darauf einigen, dass diesen Daten nicht vertraut werden kann. Aber so wie dieser Code aussieht, kann er beliebige Daten an jeder beliebigen Stelle im Speicher schreiben. So sind alle der folgenden Zuweisungen möglich:

```
dst[12234] = 'a';
dst[-9872] = 'z';
```

In diesem Szenario hat der Angreifer ungehinderten Zugriff sowohl auf den Array-Offset als auch auf die Daten, die in diesen Array-Offset geschrieben werden sollen. Dies ist unglaublich gefährlich und stellt eine ernsthafte Sicherheitslücke dar. Dies muss behoben werden.

Wir haben also soeben zwei Szenarien der Speicherkorruption beschrieben. Das eine war ein Problem der Codequalität, weil der Angreifer nichts kontrollierte, das andere war eine echte Sicherheitslücke, weil ein Angreifer sehr viel kontrollieren kann.

Unser Beispiel ist zwar in C, aber diese Art von Problem gilt auch für andere Sprachen. Stellen Sie sich einen Servercode in Java vor, der einen nicht vertrauenswürdigen Index aus einer REST-API liest und diesen dann zum Indizieren eines Arrays verwendet, wie es das folgende Codesnippet zeigt:

```
if (index < arr.length)
   arr[index] = n;
```

Oberflächlich betrachtet sieht der Code gut aus – bis man sich daran erinnert, dass Java keine vorzeichenlosen Variablen kennt, sodass `index` vorzeichenbehaftet ist. Ein Wert von -1 umgeht die Prüfung der Array-Länge und versucht, `n` an einen negativen Array-Offset zu schreiben, und die Anwendung stürzt mit dem Laufzeitfehler `java.lang.ArrayIndexOutOfBoundsException` ab. Der gleiche Fehlertyp würde in C# auftreten, wenn `index` den Datentyp `int` und nicht `uint` besäße.

Wenn Sie Code überprüfen und die Wahrscheinlichkeit bestimmen müssen, dass es sich bei einem Bug in der Codequalität um eine Sicherheitslücke handelt, sollten Sie wissen, was der Angreifer kontrolliert. Je mehr er kontrolliert, desto größer ist die Wahrscheinlichkeit, dass es sich um ein ernsthaftes Sicherheitsproblem handeln könnte. Achten Sie auch auf Eigenheiten wie vorzeichenbehaftete Ganzzahlen in Java.

Explizit überprüfen

Präsident Ronald Reagan sagte einmal über die damalige Sowjetunion: »Trust, but verify.« Vertrauen ist gut, Kontrolle ist besser. In einer Zero-Trust-World sagen wir stattdessen: »Explizite Kontrolle ist besser.« Und das ist genau das, was wir als Nächstes beschreiben.

Es gibt drei grundlegende Schritte zur Einschränkung ein- und ausgehender Daten:

1. Ermitteln Sie die Korrektheit.
2. Lehnen Sie bekannte fehlerhafte Daten ab.
3. Codieren Sie die Daten.

Schauen wir uns die einzelnen Punkte im Detail an.

Ermitteln Sie die Korrektheit

Die Korrektheit zu ermitteln bedeutet, die Wohlgeformtheit der Daten zu untersuchen. Dies ist das Gegenteil davon, die Fehlerhaftigkeit der Daten zu untersuchen. Die Feststellung, dass Daten fehlerhaft sind, ist eine gute Sicherungsstrategie, aber sie ist kein Ersatz für die Überprüfung der Korrektheit von Daten, denn niemand kann alle potenziellen Möglichkeiten kennen, eingehende Daten falsch zu gestalten.

Das Testen auf Korrektheit und das Fehlschlagen, wenn die richtigen Daten nicht gefunden werden, ist ein Beispiel für das Prinzip Fail Secure, das in Kapitel 2, »Sicherer Entwurf«, behandelt wird.

»Suchen Sie nicht nach fehlerhaften Dingen.« Das setzt voraus, dass man alle fehlerhaften Dinge kennt, und das tut niemand. Prüfen Sie stattdessen auf korrekte und wohlgeformte Daten. Auf diese Weise schlägt Ihr Code immer sicher fehl, was manchmal auch als »failing closed« bezeichnet wird. Halten Sie einen Moment inne und denken Sie nach: Wenn ein Benutzer eine gültige Eingabe macht, diese aber von Ihrem Code nicht als gültig angesehen wird, müssen Sie sich schlimmstenfalls mit einem Support-Ticket herumschlagen.

Wenn Sie wissen, dass die Daten für ein bestimmtes Feld eine ganze Zahl sein sollten, warum sollten Sie dann etwas anderes zulassen? Wenn eine Zeichenkette nicht länger als 16 Zeichen sein sollte, warum sollten Sie dann etwas Längeres zulassen?

Es gibt viele Strategien, um Daten in ihre korrekte Form zu bringen. Die meisten Programmiersprachen bieten Bibliotheksfunktionen oder -methoden an, die eine grundlegende Überprüfung von Anforderungen an die Daten durchführen. Sie können auch reguläre Ausdrücke verwenden, aber diese sollten für komplexere Datenformate reserviert werden oder wenn alternative Methoden nicht korrekt funktionieren.

Alle sicherheitsrelevanten Datenvalidierungen müssen auf dem Server durchgeführt werden. Es ist in Ordnung, auf dem Client zu validieren, um einen Roundtrip zum Server zu vermeiden, jedoch bringt die clientseitige Logik keinerlei Sicherheitsvorteile mit sich.

Praktische Erfahrungen: Wenn das Vertrauen in die Eingabe furchtbar schiefgeht

Im Jahr 2006 meldete der berühmte Datenbankforscher David Litchfield einen bösen Sicherheitsfehler in Oracle-Systemen. Sie können den Fehler unter *https://azsec.tech/9md* nachlesen, aber die Kurzversion lautet wie folgt: Oracle PLSQL Gateway ist ein Tool, das sich auf einem Webserver befindet und Benutzern die Ausführung von SQL-Code in der Datenbank über den Webserver ermöglicht. In einem Versuch, die Sicherheit zu erhöhen, verwendete Oracle eine Ausschlussliste, die nach »Bösartigkeit« suchte und jede Anfrage zurückwies, die diese enthielt.

Ein solches Konstrukt ist SYS. Diesem Konto gehören das Datenwörterbuch der Datenbank sowie potenziell vertrauliche Tabellen. Aus diesem Grund blockiert der Gateway-Code jede Anfrage, die die Zeichenfolge SYS enthält. Wie David jedoch herausfand, kann dies durch die Zeichenfolge `%0ASYS` oder `S%FFS` umgangen werden.

`%0A` ist das Zeichen für den Zeilenumbruch, weshalb eine Anfrage mit der Zeichenfolge `%0ASYS` die Zeichenfolgenprüfung umgeht. `%FF` seinerseits ist der Kleinbuchstabe y mit Trema (ÿ). Offensichtlich ist `SÿS` nicht dasselbe wie `SYS`; daher überlebt `SÿS` einen Zeichenfolgenvergleich, der nach dem »schlechten« SYS-String sucht. Wenn die Zeichenfolge dann an die darunter liegenden Systeme weitergegeben wird, sieht der Code ein ungültiges ÿ und ändert es in das nächstgelegene ASCII-Zeichen, nämlich ein y. Jetzt hat der Angreifer also Zugriff auf Objekte, die dem SYS-Konto gehören. Ups!

Kehren wir als Beispiel zu der Anwendung für die Buchung eines Impftermins zurück. Nehmen wir an, dass es sich bei der vom Impfzentrum hochgeladenen Datei um eine einfache kommaseparierte Textdatei (CSV) mit den folgenden Feldern handelt:

```
centerId, date and time, vaccination type, open spots, comment
```

Das ist ganz einfach. Die Formate für die einzelnen Datenelemente sind wie folgt:

- **centerId** Dies ist die ID des Impfzentrums. Sie ist eine sechsstellige Zahl. Dieses Feld darf nicht leer sein.
- **date and time** Hierfür verwenden Sie das Datums- und Zeitformat ISO 8601. Dieses Feld kann nicht leer sein.
- **vaccination type** Dies ist eine Zeichenfolge, die den Namen eines gültigen Impfstoffherstellers darstellt. Dieses Feld darf nicht leer sein.
- **open spots** Dies ist eine Zahl zwischen 0 und 999. Dieses Feld kann leer sein; wenn es leer ist, ist es gleich 0.
- **comment** Dies ist ein Textfeld, in das ein Mitarbeiter des Impfzentrums einen Kommentar eingeben kann. Dieser Kommentar kann bis zu 200 Zeichen lang sein.

Die CSV-Datei enthält eine Zeile für jedes Impfzentrum, Datum und Uhrzeit sowie den Impfstofftyp. Die Datei wird auf ein Azure-Speicherkonto hochgeladen und von dort aus von einer Azure-Funktion gelesen. Mit diesem Gedanken im Hinterkopf können Sie Code erstellen, der prüft, ob die Daten korrekt aufgebaut sind. Es gibt mehr als eine Möglichkeit, dies zu tun, daher zeigen wir verschiedene Beispiele.

Bei der Überprüfung der Gültigkeit wollen Sie so leistungsfähig wie möglich sein. Reguläre Ausdrücke (Regex) sind eine gängige Methode zur Validierung von Daten, aber einfache Datenformate erfordern keinen Regex, und andere Optionen sind schneller und gut genug.

Bevor Sie jedes Element in jeder Zeile der CSV-Datei validieren, müssen Sie sicherstellen, dass jede Zeile die richtige Anzahl von Feldern enthält. Das ist ganz einfach. Sie teilen die Zeile einfach anhand des Trennzeichens auf. Wenn es sich um eine JSON- oder XML-Datei handelt, können Sie auch sicherstellen, dass es sich um gültiges JSON oder XML handelt. Sie können auch anhand eines Schemas validieren.

Der folgende C#- und JavaScript-Code prüft, ob eine Zeile der CSV-Datei aus fünf Feldern und nur aus fünf Feldern besteht. Alles andere als fünf Felder sind falsche Daten.

C#

```
if (line.Split(",").Length == NUM_FIELDS) {
   // Korrekte Anzahl von Feldern
}
```

JavaScript

```
if (line.split(",").length == NUM_FIELDS) {
   // Korrekte Anzahl von Feldern
}
```

C++ enthält keine `split()`-Methode. Wenn Sie die Boost C++-Bibliothek (*https://www.boost.org*) verwenden, können Sie `boost::split` benutzen. Andernfalls müssen Sie eine eigene Methode schreiben:

C++

```
#include <Vektor>
#include <string>

using namespace std;

auto split(const string &str, const string &delim) {
   vector<string> vs;
   size_t pos = 0;

   for (size_t i = 0;
        (i = str.find(delim, pos)) != string::npos; pos = i + delim.size())
     vs.emplace_back(str.data() + pos, str.data() + i);

   vs.emplace_back(str.data() + pos, str.data() + str.size());
   return vs;
}

vector<string> v = split(line, ",");
if (v.size() == NUM_FIELDS) {
   // Korrekte Anzahl Elemente
}
```

> **Namespace std verwenden**
>
> Ja, wir sind uns der Argumente für und gegen das C++-Konstrukt »using namespace« bewusst, aber wir haben uns entschieden, es zu verwenden.

Go

```
import (
   "strings"
)
res := len(strings.Split(line, ","))
if res == NUM_FIELDS {
   // Korrekte Anzahl der Elemente
}
```

Python

```
if len(line.split(",")) == NUM_FIELDS:
    # Korrekte Anzahl der Elemente
```

PowerShell

```
if ($line.Split(",").Count -eq NUM_FIELDS) {
    # Korrekte Anzahl der Elemente
}
```

Java

```
if (line.split(",").length == NUM_FIELDS) {
    # Korrekte Anzahl der Elemente
}
```

ID des Impfzentrums validieren

Die ID ist eine sechsstellige Zahl, die nicht leer sein darf. In C# könnten Sie `TryParse()` verwenden. Zum Beispiel:

```
if (UInt32.TryParse(id, out val) == true) {
    // Handelt es sich um eine vorzeichenlose, sechsstellige Ganzzahl?
    if (val >= 0 && val <= 999999) {
        // ID ist korrekt
    }
}
```

`UInt32.TryParse()` ist schnell, aber ungenau, da ein `UInt32` Werte im Bereich 0 ... 4.294.967.295 darstellen kann, aber für die Erkennung fehlerhafter Eingabedaten ist das völlig in Ordnung. Sie konnten diesen Code verwenden und im Erfolgsfall überprüfen, ob die zurückgegebene Ganzzahl zwischen 0 und 999999 liegt. Sie könnten für höhere Genauigkeit auch einen regulären Ausdruck einsetzen, wie im folgenden Code gezeigt:

C#

```
var re = new Regex(@"^\d{6}$");
if (re.IsMatch(id)) {
   // Ist genau sechsstellig
}
```

Dieser reguläre Ausdruck sucht nach Eingaben, die genau sechs Ziffern lang sind; alles andere ist falsch.

In JavaScript können Sie weder `isNaN()` (is not a number) noch `parseInteger()` verwenden, weil sie nicht präzise genug sind. `isNaN()` kennzeichnet -3.1415926536 als Zahl, aber das ist nicht die Datenform, die wir brauchen. `parseInteger()` gibt 42 zurück, wenn die eingehende Zeichenkette `"42xyzzy123"` lautet. Die beste Lösung ist ein regulärer Ausdruck.

JavaScript

```
const re = /^\d{6}$/;
if (id.match(re) != null) {
   // Ist genau sechsstellig
}
```

Java kennt keine ganzen Zahlen ohne Vorzeichen, weshalb eine zusätzliche Validierung erforderlich ist, damit das Ergebnis innerhalb des definierten Bereichs von 0 bis 999999 liegt.

Java

```
try {
   int num = Integer.parseInt(id);
   if (num >= 0 && num <= 999999) {
      // gültig
   } else {
      // ungültig
   }
} catch (java.lang.NumberFormatException ex) {
      // ungültig
}
```

Datum und Uhrzeit validieren

Interessanterweise ist dies effizienter und korrekter als die Verwendung eines Regex. Das Datumsformat ist im ISO 8601-Format, hat also die folgende Form:

```
2022-02-23T03:08:00-06:00
```

was dieser Syntax entspricht:

```
JJJJ-MM-ddThh:mm:ss[+/-]hh:mm
```

Der letzte Teil ist der Zeitversatz zur UTC- oder Zulu-Zeit. UTC ist mit +00:00 gekennzeichnet oder die Zeichenfolge endet mit einem Z für Zulu. Beachten Sie, dass die ISO 8601-Datums- und-Zeitformate mehrere Anordnungen haben können, aber dies ist diejenige, die wir wählen. Internet-Datums- und -Zeitangaben sind in RFC 3339 definiert, einem Profil von ISO 8601, das unter *https://datatracker.ietf.org/doc/html/rfc3339* verfügbar ist.

Das folgende C#-Programm führt dieses Parsing korrekt für uns aus:

C#

```
if (DateTime.TryParse(dt, out dt2) == true) {
   // Gültige Zeitangabe
}
```

Der folgende reguläre Ausdruck stimmt mit einem ISO 8601-Datum und einer ISO 8601-Uhrzeit überein, aber nicht mit dem Zeitzonen-Offset:

```
^(-?(?:[1-9][0-9]*)?[0-9]{4})-(1[0-2]|0[1-9])-(3[01]|0[1-9]|[12][0-9])T(2[0-3]|[01]
[0-9]):([0-5] [0-9]):([0-5][0-9])(\.[0-9]+)?(Z|[+-](?:2[0-3]|[01][0-9]):[0-5][0-9])?$
```

Leider werden reguläre Ausdrücke schnell komplex und können fehleranfällig und schwer zu beheben sein! Es gibt Websites, auf denen Sie mit regulären Ausdrücken experimentieren können und die Ihnen helfen, die Syntax zu analysieren, um Fehler zu finden. Beispiele hierfür sind:

- *https://www.regexpal.com*
- *https://regexr.com*
- *https://regex101.com*

Das Überprüfen einer ISO 8601-Datumszeit in PowerShell ist einfach. Wenn das Format falsch ist, löst der folgende Code eine Ausnahme aus:

PowerShell

```
[datetime]::Parse($date)
```

Java verfügt über eine Klasse, die Datumsangaben parsen kann, einschließlich ISO 8601. Es gibt viele unterstützte Datumsformate; Sie müssen nur das Format in `DateTimeFormatter` festlegen.

Java

```
try {
   DateTimeFormatter formatter = DateTimeFormatter.ISO_OFFSET_DATE_TIME;
   var odt = LocalDate.parse(dt, formatter);
} catch (java.time.format.DateTimeParseException ex) {
   // Nicht gültig
}
```

Art des Impfstoffs validieren

Das ist ganz einfach. Es handelt sich lediglich um einen String-Vergleich mit einer Liste von Impfstofftypen. Das folgende C#-Beispiel verwendet Language Integrated Query (LINQ), um nach dem Pharmaunternehmen zu suchen. Das ist nicht die einzige Möglichkeit, eine Liste zu durchsuchen, aber sie ist kurz, prägnant und offensichtlich.

C#

```
string[] validPharam = { "PharmaA", "PharmaB", "PharmaC" };
bool valid = validPharam.Any(x => x.Contains(pharma,
                                StringComparison.OrdinalIgnoreCase));
```

JavaScript

```
var validPharma = ["PharmaA", "PharmaB", "PharmaC"];
var valid = validPharma.find((str) => str === pharma);
if (valid != undefined)) {
   // pharma ist gültig
}
```

Die Methode `Contains()` in Go ist spezifisch für Strings. Go 1.18 fügt Generika hinzu, aber zum Zeitpunkt der Erstellung dieses Kapitels befand sich 1.18 noch in der Vorab-Testphase. Sobald die Generika freigegeben sind, könnte dieser Code geändert werden, um die gängigsten Datentypen zu unterstützen.

Go

```
func Contains(s []string, e string) bool {
   for _, v := range s {
      if v == e {
         return true
      }
   }
   return false
}

arrPharma := []string{"PharmaA", "PharmaB", "PharmaC"}
if Contains(arrPharma, pharma) == true {
   // pharma ist gültig
}
```

In diesen Codebeispielen ist die Liste der Impfstoffanbieter fest codiert, was keine gute Idee ist. Stattdessen sollte die Liste in einer Konfigurationsdatei gespeichert werden, die der Code zum Zeitpunkt des Ladens lesen kann. Wenn Sie dies tun, müssen Sie sich jedoch der Autorisierungsrichtlinien (RBAC, ACLs, Berechtigungen usw.) für die Datei bewusst sein, in der die Liste der Anbieter gespeichert ist. Aus der Perspektive der Bedrohungsmodellierung geht es uns um die Gefahr der Manipulation.

Freie Termine validieren

Dies ist eine Zahl von 0 bis 999. Es ist höchst unwahrscheinlich, dass jemals 999 Plätze frei sein werden, aber es gibt Ihnen viel Spielraum. Sie können Code wie diesen in C# verwenden, wobei `min` gleich 0 und `max` gleich 999 ist.

C#

```
public bool IntegerRangeCheck(string input, out uint result, uint min, uint max) {
   return uint.TryParse(input, out result) && (result >= min && result <= max);
}
```

In Go verwenden Sie einen regulären Ausdruck. Beachten Sie die Verwendung des Gravis (Backtick) für die Regex-Zeichenfolgen. Dadurch wird die Zeichenfolge wörtlich behandelt, und Sie können Backslash-Zeichen (\) sicher verwenden, ohne dass Sie Sonderzeichen ausblenden müssen. Dadurch ist die Zeichenkette einfacher zu lesen.

Go

```
re, _ := regexp.Compile(`^\d{1,3}$`)
if (len(re.FindString(dt)) > 0) {
   // 000-999
}
```

Python

```
val = int(line)
if val >=0 and val <= 999:
    # gültig
```

Für PowerShell könnten Sie den PowerShell-Code weiter vorn in diesem Kapitel verwenden, der nach 0–999999 sucht, aber das Ergebnis auf 0–999 beschränkt. Sie können auch denselben Java-Code wie zuvor verwenden, der nach 0–999999 sucht, das Ergebnis aber auf 0–999 einschränkt.

Validierung des Kommentarfeldes, einschließlich internationaler Zeichen

Das kann knifflig sein, denn ein Kommentarfeld ist ein Bereich für Text, aber dieser Text kann auch andere Zeichen als a–zA–Z0–9 enthalten. Ein Kommentar könnte zum Beispiel lauten: »Dies wird von Dr. Françoise d'Aubigné verwaltet.« Beachten Sie die Cedille unter dem c und das Akzentzeichen über dem e. Beide liegen nicht im Bereich a–zA–Z, daher müssen Sie darauf achten.

Da Sie den Daten nicht trauen, müssen Sie sicherstellen, dass die Daten wohlgeformt sind. Zunächst müssen Sie festlegen, welche Untergruppe von Zeichen in das Kommentarfeld aufgenommen werden kann. Wie bereits erwähnt, repräsentiert a–zA–Z nicht alle möglichen Zeichen in anderen Sprachen, zum Beispiel Französisch, Spanisch, Griechisch und natürlich viele mehr. Glücklicherweise unterstützen viele moderne reguläre Ausdrücke internationale Zeichen mithilfe eines Escapezeichens. Im Folgenden finden Sie ein in Rust geschriebenes Beispiel für ein Testbed:

```
use regex::Regex;
use lazy_static::lazy_static;

fn is_valid_comment(comment: &str) -> bool {
    if comment.len() > 200 {
        return false;
    }
    lazy_static! {
        static ref RE: Regex =
            Regex::new(r"^[\p{Letter}\p{Number}\p{Other_Punctuation}\s]+$").unwrap();
    }
    RE.is_match(comment)
}

fn main() {
    let comments =
        vec!["تعلمت الكثير من هذا الكتاب.",          // Arabisch
             "Jeg lærte meget af denne bog.",        // Dänisch
             "He nui aku ako mai i tēnei pukapuka.", // Māori
             "I learned a lot from this book.",      // Englisch
```

```
        "ከዚህ መጽሐፍ ብዙ ተምሬያለሁ ።",                // Amharisch
        "This won't <script> work!"];

    for comment in comments.iter() {
        if is_valid_comment(comment) {
            println!("Gültig: {}", comment);
        } else {
            println!("Ungültig: {}", comment);
        }
    }
}
```

Dieser Code durchläuft verschiedene Sprachen und ist bei allen erfolgreich, außer bei der letzten, da sie Zeichen enthält, die nicht in der Liste der zulässigen Zeichen enthalten sind.

Wir suchen nach »Güte« als Hauptschutz gegen potenziell bösartige Eingaben, nicht nach »Fehlerhaftigkeit«.

Wenn man den regulären Ausdruck aufschlüsselt, ergibt sich folgendes Bild:

- **^** Der Anfang der Zeichenkette
- **[** Der Anfang einer Folge einzelner Zeichen
- **\p{Letter}** Jeder Unicode-Buchstabe, Groß- oder Kleinbuchstabe, nicht nur a–z oder A–Z. Beachten Sie, dass `\p{L}` ebenfalls gültig ist.
- **\p{Number}** Jede Unicode-Zahl, nicht nur 0–9. Beachten Sie, dass `\p{N}` ebenfalls gültig ist.
- **\p{Other_Punctuation}** Verschiedene Interpunktionszeichen, einschließlich des ¿ und ¡ im Spanischen. Beachten Sie, dass `\p{Op}` ebenfalls gültig ist.
- **\s** Ein Leerzeichen
- **]** Das Ende einer Folge einzelner Zeichen
- **+** Eine oder mehrere
- **$** Das Ende der Zeichenkette

In diesem Beispiel können Sie `\p{Punctuation}` nicht verwenden, da es die Satzzeichen < und > einschließt. Diese werden in HTML genutzt und können bei einem Cross-Site-Scripting-Angriff (XSS) eingesetzt werden. Außerdem könnte das + in dem Regex durch andere Längenbeschränkungen ersetzt werden.

Was ist, wenn Sie HTML verwenden müssen?

Was ist, wenn Sie eine Teilmenge von HTML unterstützen wollen, um Markup im Kommentarfeld zu erlauben? Klar, Sie können sichere Auszeichnungen zulassen, wie <i></i>, <b></b>, <ul></ul>, <h1>, <h2>, <p> und andere. Aber ehrlich, wenn Sie mehr als einfachen Text hinzufügen wollen, ist es sicherer, einfach Markdown zu verwenden. Wenn Sie mit Markdown nicht vertraut sind, können Sie hier mehr erfahren: *https://www.markdownguide.org*.

Sie müssen Code zu Ihrer Website hinzufügen, um Markdown in sicheres HTML zu konvertieren. Der Azure Security Podcast (*https://azsecuritypodcast.net*) beispielsweise rendert Markdown aus Transkripten mithilfe einer JavaScript-Bibliothek namens Showdown (*http://showdownjs.com*). Wie die Podcast-Website diese Bibliothek verwendet, können Sie unter *https://azsec.tech/tw2* nachlesen.

Es gibt einen wichtigen Vorbehalt: Einige Sprachen enthalten von Haus aus keine Regex-Bibliothek, die Unicode verarbeiten kann, und einige Sprachen unterstützen die langen Namen für die Zeichenklassen nicht. So unterstützt .NET beispielsweise \p{L}, aber nicht \p{Letter}.

Für JavaScript, einschließlich Node.js, müssen Sie den Qualifier `u` als Teil des regulären Ausdrucks verwenden. Der folgende kurze Testcode zeigt dies in Aktion. Der erste Regex funktioniert, aber der zweite gibt null zurück, weil er keinen u-Qualifier enthält.

```
let str = "Έμαθα πολλά από αυτό το βιβλίο.";

console.log(str.match(/\p{L}/gu) );
console.log(str.match(/\p{L}/g) );
```

Einen guten Überblick über Unicode-Strings in regulären Ausdrücken finden Sie unter *https://azsec.tech/5tq*.

Apropos griechisch ...

Hier ist ein Streich, den Sie den Entwicklern spielen können. Das griechische und koptische Fragezeichen ist das Zeichen ;. Obwohl es genau wie ein Semikolon aussieht, ist es keines. Ein Semikolon in Unicode ist U+003B, während das griechische Fragezeichen U+037E ist (siehe Abbildung 9-4). Der Streich besteht darin, den Quellcode eines Entwicklers so zu verändern, dass das Semikolon am Ende einer Zeile durch ein griechisches Fragezeichen ersetzt wird, und zu beobachten, wie er durchdreht, wenn sein Code nicht kompiliert werden kann und er nicht weiß, warum. Das mag albern erscheinen, ist aber auch ein Beispiel für einen homomorphen Angriff.

→

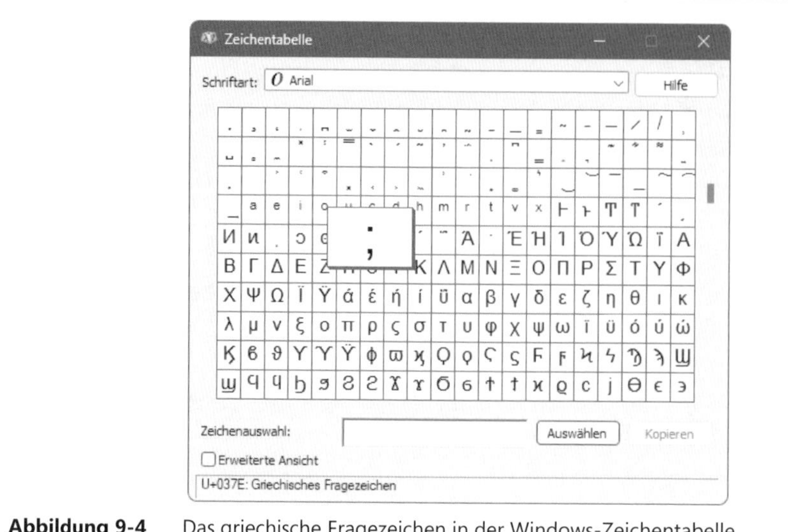

Abbildung 9-4 Das griechische Fragezeichen in der Windows-Zeichentabelle

Bevor wir mit dem nächsten Abschnitt fortfahren, müssen Sie etwas gestehen: Es gibt einen Bug im Code! Wir haben ihn bis jetzt zurückgestellt, hauptsächlich, um zu zeigen, wie einfach es ist, einfache Fehler zu machen. Das Problem ist, dass das Kommentarfeld eine freie Form mit einigen Einschränkungen hat. Sie können also Kommata in das Kommentarfeld einfügen, aber dies würde den Code, der auf `fieldcount==5` prüft, falsch machen.

Um dies zu beheben, könnten Sie die Kommata aus dem Kommentarfeld entfernen. Dies ist jedoch gefährlich, weil es zu dem Problem »Kommas retten Leben« führen kann, das heißt, es besteht ein großer Unterschied zwischen »Let's eat, Grandma« and »Let's eat Grandma«. Alternativ können Sie für alle Kommata im Kommentarfeld das HTML-Escapezeichen , verwenden. So wird ein Satz wie »Let's eat, Grandma« zu »Let's eat, Grandma«. Das ist zwar nicht schön, aber sicher. Ehrlich gestanden, zeigt all dies die Anfälligkeit von CSV-Dateien. Es ist vielleicht besser, eine JSON-Darstellung der Daten zu nutzen.

Verwendung von High-Level-Validierungswerkzeugen

In diesem Kapitel lag der Schwerpunkt auf flexiblem serverseitigem Low-Level-Code für die Datenvalidierung. Einige Entwicklungsplattformen unterstützen jedoch auch integrierte Validierung. Zum Beispiel:

- ASP.NET MVC (*https://learn.microsoft.com/aspnet/core/mvc/models/validation?view=aspnetcore-6.0*)
- .NET Fluent Validator (*https://azsec.tech/11b*)
- Node.js mit Express (*https://azsec.tech/1mc*)
- JavaScript (serverseitig) Joi (*https://joi.dev*)
- Python (*https://azsec.tech/law*)
- Go (*https://azsec.tech/yyv*)

> **Treffen Sie niemals eine Sicherheitsentscheidung auf der Grundlage eines Namens**
>
> Es gibt eine Klasse von Sicherheitsschwachstellen, die als *Kanonisierungsschwachstellen* bezeichnet werden. Das grundsätzliche Problem besteht darin, dass der Code den Namen von etwas überprüft, zum Beispiel einem Konto oder einem Dateinamen, und diesen Namen verwendet, um den Zugriff zu bestimmen. Stellen Sie sich Code vor, der den Namen des Benutzers abfragt, der auf das System zugreift, und dann den Zugriff verweigert, wenn der Aufrufer sich in der Domäne CONTOSO befindet. Der Code verwendet einen regulären Ausdruck, um diese Entscheidung zu treffen, zum Beispiel eine Regex-Zeichenkette, die die Groß- und Kleinschreibung nicht berücksichtigt, ^CONTOSO\/.+$, und die daher Zeichenfolgen wie contoso/michaelh, CONTOSO/SimoneC und so weiter finden würde. Wenn sich jedoch ein Benutzer beim System anmeldet und Kerberos genutzt wird, ist der alte SAM-Domänenname möglicherweise nicht vorhanden; stattdessen lauten die Anmeldenamen michaelh@dev.contoso.com und simonec@arch.contoso.com. Daher schlägt die Regex-Prüfung fehl, und beiden Benutzern wird der Zugriff auf die betreffende Ressource gewährt. Das gleiche Problem gilt für Dateinamen. Der richtige Weg, diese Probleme zu beheben, besteht darin, RBAC, Zugriffssteuerungen und Berechtigungen für die Ressource zu verwenden, um den Zugriff zu erlauben oder zu verweigern, und die zugrunde liegende Infrastruktur (Security Reference Monitor) die Prüfungen korrekt durchführen zu lassen.

Was tun bei Fehlern?

Was sollten Sie tun, wenn Sie in eingehenden Daten einen (böswilligen oder versehentlichen) Fehler entdecken? Zunächst möchten Sie dem potenziellen Angreifer nicht zu viel verraten, also halten Sie die Antwort kurz, knapp und ohne etwas, das er nutzen kann, um seinen Angriffsplan zu ändern. Ein einfacher 400-Fehler könnte beispielsweise ausreichen. Seien Sie außerdem konsequent. Wenn Sie eine 400-Fehlermeldung senden, weil ein API-Argument falsch ist, dann senden Sie auch für andere API-Fehler eine 400-Fehlermeldung.

Protokollieren Sie außerdem den Grund für den Fehler, damit ein Administrator reagieren kann. Sie können eine Textdatei oder ein Speicherkonto für die Daten oder benutzerdefinierte Protokolle zur Verwendung in Azure Monitor einsetzen. Weitere Informationen hierzu finden Sie in Kapitel 6, »Überwachung und Überprüfung«. Sie können sich auch hier darüber informieren: *https://learn.microsoft.com/azure/azure-monitor/logs/tutorial-logs-ingestion-portal*.

Bekannte fehlerhafte Daten ablehnen

Die Beschränkung auf bekannte Daten ist immer die richtige Strategie, wenn es um die Überprüfung eingehender Daten geht. Einige Entwickler gehen jedoch noch einen Schritt weiter und fügen eine weitere Maßnahmenschicht hinzu, die auf bekannte, fehlerhafte Daten prüft. Nehmen wir zum Beispiel an, Ihr Code erwartet als Argument einen Dateinamen, wie im folgenden Python-Code:

```
import re
def is_filename_valid(filename):
   valid = re.match("^.+\.(?i)(jpg|png|gif|bmp|tiff)$",filename)
   return (valid != None)
```

Dies ist ein einfacher regulärer Ausdruck, der zufällig auch zu locker und angreifbar ist. Damit sind Dateinamen wie die folgenden möglich:

- diving-the-uss-vandenberg.jpg
- picsofdogs.bmp
- CatsBehavingBadly.png

Das scheint in Ordnung zu sein. Der reguläre Ausdruck erlaubt jedoch auch Folgendes:

- ..\..\docs\taxreturn2022.jpg
- /home/blake/docs/mysecretinvention.doc
- c:\secretpics\nicoles-taxreturn2022.jpg

Ups!

Sie könnten einen weiteren regulären Ausdruck hinzufügen, der nach fehlerhaften Dingen sucht, um alles abzulehnen, was Sie bei der ersten Überprüfung übersehen haben könnten. Zum Beispiel:

```
def is_filename_valid(filename):
   valid = re.match("^.+\.(?i)(jpg|png|gif|bmp|tiff)$",filename)
   bad = re.match("[\:\\\/]+",filename)
   return (valid != None and bad == None)
```

Dieser reguläre Ausdruck sucht nach unzulässigen Zeichen, vor allem nach Doppelpunkten, Schrägstrichen und Backslashs.

Die eigentliche Lösung besteht jedoch darin, einen restriktiveren Regex zu erstellen, wie diesen hier:

```
import re
def is_filename_valid(filename):
   valid = re.match("^(?i)[a-z0-9]{1,24}\.(?i)(jpg|png|gif|bmp|tiff)$").,filename)
   return (valid != None)
```

Dieser reguläre Ausdruck ist korrekt. Es kann jedoch nicht schaden, die Haltung »dieser Regex könnte nicht richtig sein« einzunehmen und eine Liste bekannter, in Dateinamen nicht erlaubter Zeichen hinzuzufügen – wie zum Beispiel Doppelpunkt, Schrägstrich und umgekehrten Schrägstrich (Backslash).

Die Überprüfung auf ungültige, fehlerhafte Dinge ist in Ordnung, stellt aber keinen Ersatz dafür dar, auf die richtigen, erlaubten Dinge hin zu überprüfen.

Reguläre Ausdrücke sind eine großartige Möglichkeit, Daten zu validieren, aber sie haben eine dunkle Seite: Das Hinzufügen dieser Ausdrücke kann Ihren Code angreifbar machen! Dies liegt daran, dass einige Klassen von Regex einem Regex Denial of Service (ReDoS) unterliegen. Weitere Informationen über ReDoS finden Sie in diesem von OWASP veröffentlichten Artikel: *https://azsec.tech/z5y*. Ein Großteil der ersten Arbeiten zu diesem Thema wurde von Bryan Sullivan bei Microsoft durchgeführt.

Außerdem kann ein Regex eine ganze Menge Speicherplatz beanspruchen. Der Ausdruck mag wie eine kleine Zeichenkette aussehen, aber unter der Haube baut der Regex-Code einen Zustandsautomaten auf, der komplex werden und große Speichermengen belegen kann. Dieser erhöhte Speicherverbrauch gilt insbesondere für bestimmte Regex-Konstrukte. Der Qualifier + (ein oder mehr) erzeugt beispielsweise einen kleineren Zustandsautomaten der Qualifier {1,200} (zwischen 1 und 200 Zeichen, inklusive).

Der folgende Rust-Code wird nicht ausgeführt:

```
static ref RE: Regex =
Regex::new(r"^[\p{Letter}\p{Number}\p{Other_Punctuation}\s]{1,200}}$").unwrap();
```

Die Fehlermeldung lautet:

```
thread 'main' panicked at 'called `Result::unwrap()` on an `Err` value:
CompiledTooBig(10485760)', src\main.rs:102:103
```

Der Regex läuft hingegen korrekt, wenn Sie {1,200} durch + ersetzen. Warum? Wie bereits erwähnt, ist der Zustandsautomat für {1,200} wesentlich komplexer als ein einfaches + und verbraucht mehr Speicher. Standardmäßig erlaubt Rust nur einen Zustandsautomaten von maximal 1 MB, aber dieser Zustandsautomat ist mehr als 22 MB groß!

In Rust können Sie das Standard-Speicherlimit ändern, indem Sie Code wie diesen verwenden:

```
use regex::RegexBuilder;
let re = RegexBuilder::new(r"^[\p{Letter}\p{Number}}\p{Other_Punctuation}\s]{1,200}$")
        .size_limit(23 * 1024 * 1024) // 22MB
        .build()
        .unwrap();
```

Sie können mit diesem Code auf dem Rust Playground experimentieren, den Sie hier finden: *https://azsec.tech/y6i*. Führen Sie den Code aus, entfernen Sie die Methode `.size_limit()` und führen Sie ihn erneut aus.

Verschiedene Regex-Implementierungen haben unterschiedliche Auswirkungen auf den Speicher, aber es lohnt sich zu verstehen, welche Auswirkungen auf den Speicher für Ihr Betriebssystem, Ihre Programmiersprache und die verwendete Bibliothek zu erwarten sind.

Der nächste Punkt ist die Leistung. Um die Leistung zu verbessern, sollten Sie die Definition eines regulären Ausdrucks nicht in eine Schleife oder in eine Funktion einfügen, die stark genutzt wird. Wie bereits erwähnt, benötigt die Konstruktion des Zustandsautomaten Zeit. Aus diesem Grund wird im Rust-Beispielcode ein Lazy Static verwendet, das heißt, der Regex wird beim ersten Aufruf kompiliert und erst danach referenziert. Sie könnten Ihre Regexe auch einmal mit einer Klassenkonstruktion erstellen.

Für .NET sollten Sie die folgende Seite mit Informationen zur Wiederverwendung von regulären Ausdrücken lesen: *https://learn.microsoft.com/dotnet/standard/base-types/compilation-and-reuse-in-regular-expressions*.

Ein wichtiger letzter Hinweis zu regulären Ausdrücken: Verwenden Sie niemals nicht vertrauenswürdige Eingaben als Teil einer regulären Ausdruckskette. Mit anderen Worten: Der Angreifer sollte niemals einen Teil der Regex-Zeichenkette kontrollieren.

Während der Arbeit an diesem Kapitel wurde .NET 7 RC 1 veröffentlicht, das einen Regex-Quellcodegenerator enthält. Dieser verbessert die Leistung von regulären Ausdrücken erheblich, indem er den Regex vorkompiliert, anstatt ihn zur Laufzeit zu erstellen. Weitere Informationen finden Sie hier: *https://azsec.tech/leb*.

Daten codieren

Dies gilt vor allem für Daten, die als Echo an den Browser des Benutzers zurückgesandt werden. Auch nach der Codierung aller eingehenden Daten ist es vorteilhaft und sicherer, die Daten zu bereinigen, bevor sie an einen Browser zurückgesendet werden. Dies gilt vor allem für Daten, die aus einer nicht vertrauenswürdigen Quelle stammen. Ziel ist es, potenziellen HTML-Code und Skripte unbrauchbar zu machen, vor allem, um XSS-Probleme zu entschärfen.

Wenn Sie Daten haben, die aus einer potenziell nicht vertrauenswürdigen Quelle stammen und dann in einem Browser zurückgesendet werden, müssen diese Daten codiert werden, bevor sie zurückgesendet werden. Die bekannteste Methode, dies zu erreichen, ist die einfache HTML-Codierung aller Ausgaben. Einige Frameworks – zum Beispiel ASP.NET MVC und Razor – tun dies automatisch. Bei anderen müssen Sie möglicherweise eine Funktion aufrufen, die die Daten aufnimmt, codiert und dann im Browser rendert.

Der folgende C#-Codeausschnitt veranschaulicht dies:

```
using System.Text.Encodings.Web;
using System.Text.Unicode;
string bad = @"<script>alert(1);</script>";
var encoder = HtmlEncoder.Create(allowedRanges: new[] { UnicodeRanges.BasicLatin });
Console.WriteLine(encoder.Encode(bad));
```

Erinnern Sie sich an das Beispiel des Kommentarfeldes weiter vorn in diesem Kapitel. Die Verarbeitung des in dieses Feld eingegebenen Textes umfasst die folgenden Schritte:

1. Ein Benutzer gibt einen Kommentar ein.
2. Der Server nimmt die Eingabe entgegen und lässt sie durch einen Regex laufen, um sicherzustellen, dass der Kommentar wohlgeformt ist. Wenn er nicht korrekt ist, wird der Kom-

mentar zurückgewiesen. Wenn das Format korrekt ist, wird der Kommentar in eine Cosmos DB-Datenbank geschrieben.

3. Wenn ein anderer Benutzer durch die Kommentare blättert, wird jeder Kommentar aus der Cosmos DB-Datenbank gelesen.
4. Jeder Kommentar wird durch eine HTML-Funktion geleitet.
5. Das Ergebnis der HTML-Codierung wird im Browser des Benutzers wiedergegeben.

Weitere Informationen zur HTML-Codierung finden Sie im OWASP XSS Prevention Cheat Sheet unter *https://azsec.tech/e33*.

Weitverbreitete Schwachstellen

Es gibt Hunderte, wenn nicht Tausende von verschiedenen Schwachstellenarten, und es ist unmöglich, hier auf jede einzelne einzugehen. Aus diesem Grund werden wir uns auf eine der bekanntesten Listen von Schwachstellen in der Branche konzentrieren: die OWASP Top 10. Diese wird in Kapitel 10, »Kryptografie in Azure«, etwas ausführlicher behandelt und ist hier verfügbar: *https://owasp.org/Top10*. Es gibt auch eine OWASP API Security Top 10 unter *https://azsec.tech/4tq*.

Wenn Sie so viel wie möglich über jede Schwachstellenklasse erfahren möchten, empfehlen wir Ihnen die folgenden Schritte:

1. Informieren Sie sich über jedes der zehn Themen, die im folgenden Abschnitt behandelt werden.
2. Lesen Sie zu jedem Problem auf der OWASP-Website die Informationen über die Schwachstelle und sehen Sie sich dann am Ende jeder Seite die Querverweise auf die CWEs an.
3. Klicken Sie auf den Link eines der CWEs, um so mehr über die verschiedenen Themen zu erfahren.

Lassen Sie uns nun die Top-10-Themen durch eine Azure-Linse betrachten.

A01: Fehler in der Zugriffssteuerung

Weitere Informationen *https://azsec.tech/kgp*

Wie wir in Kapitel 5 betonen, ist die Zugriffssteuerung entscheidend. In Azure bedeutet dies in der Regel die Verwendung der rollenbasierten Zugriffssteuerung (RBAC), obwohl einige Dienste eine attributbasierte Zugriffssteuerung (ABAC) unterstützen. Einige Azure-Dienste, wie zum Beispiel Speicherkonten, unterstützen auch SAS-Tokens (Shared Access Signature), die verwendet werden, um den Zugriff auf einen Prozess oder Benutzer zu ermöglichen, der das Token besitzt. Ein SAS-Token kann Zugriffsanforderungen wie Lesen, Schreiben und Löschen enthalten.

In Azure bedeutet die Implementierung der Zugriffssteuerung auch, dass es eine begrenzte Anzahl von Benutzern mit erweiterten Rollen gibt, zum Beispiel Besitzer und Mitwirkender, aber auch dienstspezifische Rollen wie Mitwirkender von Speicherkonto. Konten mit diesen Rollen können häufig Dienste lesen und konfigurieren, aber keine Zugriffsrichtlinien ändern.

Es ist von entscheidender Bedeutung, dass alle Zugriffsrichtlinien so restriktiv wie möglich sind und den Prinzipalen nur den Zugriff gewähren, den sie zur Erfüllung ihrer Aufgaben benötigen, und nicht mehr.

A02: Kryptografische Fehler

Weitere Informationen *https://azsec.tech/q8v*

Dies betrifft zum Teil die Verschlüsselung von ruhenden Daten und Daten bei der Übertragung. Bei ruhenden Daten bedeutet dies, dass keine kryptografischen Schutzmechanismen vorhanden sind oder die Implementierung mangelhaft ist, zum Beispiel wenn eine Spalte mit vertraulichen Daten in SQL Server nicht verschlüsselt wird. Für Daten bei der Übertragung bedeutet dies in der Regel, dass kein sicheres Protokoll wie TLS 1.2 verwendet wird.

Viele davon können mithilfe von Azure-Richtlinien durchgesetzt werden, wie in Kapitel 7, »Governance«, beschrieben. Das Beispiel unter *https://azsec.tech/t0x* erzwingt zum Beispiel HTTPS (HTTP über TLS) für Azure-Speicherkonten. Eine Ebene tiefer kann dies die Verwendung unsicherer Ciphersuiten in TLS (wie TLS_RSA_ WITH_3DES_EDE_CBC_SHA) oder unsicherer kryptografischer Algorithmen (wie RC4, DES, 3DES, MD5) umfassen.

Weitere Beispiele für kryptografische Fehler sind die folgenden:

- Schlechte Schlüsselgenerierung, zum Beispiel durch einen deterministischen Zufallszahlengenerator
- Schlechte Schlüsselableitung, zum Beispiel die direkte Verwendung eines Kennworts als kryptografischer Schlüssel
- Verwendung »benutzerdefinierter« kryptografischer Algorithmen anstelle von überprüften Algorithmen, die Industriestandards entsprechen
- Verschlüsselung von Daten, aber keine Maßnahmen verwenden, um Manipulationen zu erkennen
- Wiederverwendung von Initialisierungsvektoren (IVs)

Wenn Sie das Microsoft Crypto SDK verwenden, das in Kapitel 10 beschrieben wird, werden viele der oben genannten Punkte von der Bibliothek berücksichtigt.

A03: Injection

Weitere Informationen *https://azsec.tech/u90*

Beispiele für Injection sind SQL Injection (SQLi) und Cross-Site-Scripting. Eine Möglichkeit, diese Probleme zu lösen, besteht in der Überprüfung der Eingabe und der Verschlüsselung der Ausgabe. Eine andere Möglichkeit sind Technologien, die über spezielle Schutzmechanismen zur Eindämmung von Injektionen verfügen. SQL verfügt zum Beispiel über parametrisierte Abfragen, um die als Teil der Abfrage verwendeten Variablen zu neutralisieren. Der folgende C#-Code nutzt die Klasse `SQLParameter`, um eine dynamische SQL-Abfrage sicher zu erstellen:

```
SqlDataAdapter myCommand = new SqlDataAdapter(
   "SELECT au_lname, au_fname FROM Authors WHERE au_id = @au_id", conn);
SQLParameter parm = myCommand.SelectCommand.Parameters.Add("@au_id",
   SqlDbType.VarChar, 11);
Parm.Value = idAuthor;
```

SQLi ist keine Sicherheitslücke in der Back-End-Datenbank. Es handelt sich um ein Problem in der Art und Weise, wie SQL-Anweisungen vom Client konstruiert werden. Diese Seite bietet einen guten Überblick über die Einschleusung von SQL-Befehlen: *https://learn.microsoft.com/sql/relational-databases/security/sql-injection?view=sql-server-ver15*.

Außerdem erstellen viele Anwendungsframeworks und Konstrukte automatisch SQL-Anweisungen aus Text. In C# ist LINQ to SQL beispielsweise dazu gedacht, gesicherte SQL-Abfragen zu erstellen. Weitere Informationen finden Sie hier: *https://learn.microsoft.com/dotnet/framework/data/adonet/sql/linq/frequently-asked-questions#sql-injection-angriffe*.

Azure Logic Apps unterliegen SQLi, wie hier erklärt: *https://azsec.tech/hzj*. Dasselbe gilt für Cosmos DB bei Verwendung des SQL-Clients, wie hier beschrieben: *https://azsec.tech/uwi*. Microsoft Defender für SQL bietet SQL Advanced Threat Protection, um versuchte SQLi-Angriffe nahezu in Echtzeit zu erkennen. Mehr dazu erfahren Sie hier: *https://learn.microsoft.com/azure/azure-sql/database/threat-detection-overview?view=azuresql-mi*.

Wie bereits erwähnt, ist XSS ein weiteres Beispiel für Injection. Das Kernproblem bei XSS ist das Akzeptieren nicht vertrauenswürdiger Eingaben – zu denen HTML oder Skripte gehören können – und die anschließende Verwendung dieser Eingaben als HTML-Ausgabe. Die Lösung ist einfach: Validieren Sie eingehende Daten und codieren Sie ausgehende Daten mit HTML-Methoden wie `HttpUtility.HtmlEncode()` von .NET. Diese Kombination aus Eingabe- und Ausgabelogik wird oft als *Filter Input, Escape Output (FIEO)* bezeichnet.

A04: Unsicheres Design

Weitere Informationen *https://azsec.tech/4i6*

Dies wird durch Bedrohungsmodellierung gemildert. Bei der Bedrohungsmodellierung geht es vor allem darum, den Entwurf einer Lösung und die zum Schutz des Systems eingesetzten Gegenmaßnahmen zu verstehen. Wenn bei der Bedrohungsmodellierung Sicherheitsprobleme gefunden werden, können diese behoben werden, was zu einem sichereren Entwurf führt.

A05: Sicherheitsrelevante Fehlkonfiguration

Weitere Informationen *https://azsec.tech/ng0*

Dies kommt sehr häufig vor. Man stellt eine sichere Konfiguration bereit, aber im Laufe der Zeit schleichen sich kleine Änderungen ein, und die Dienste entfernen sich langsam von den ursprünglichen sicheren Standardeinstellungen. Darum verwenden Sie in Azure Governance-Dienste wie Azure Policy: um dieses Abdriften einzuschränken und um zu verhindern, dass neue Dienste mit unsicheren Standardeinstellungen bereitgestellt werden.

Eines der häufigsten Probleme, die wir gesehen haben, sind virtuelle Computer (VMs) mit öffentlichen IP-Adressen. VMs sollten sich hinter einem Load Balancer oder einem Dienst wie Azure Bastion befinden. Aber wir haben schon mehr als einmal mit Kunden gesprochen, deren VMs einen RDP- oder SSH-Port verwenden, der über das Internet zugänglich ist. Das ist eine schlechte Idee.

Azure Resource Graph ermöglicht es Ihnen, die Einstellungen aller genutzten Dienste zu analysieren. So zeigt beispielsweise die Abfrage unter *https://learn.microsoft.com/azure/virtual-machines/resource-graph-samples?tabs=azure-cli#list-virtual-machines-with-their-network-interface-and-public-ip* alle VMs mit öffentlichen IP-Adressen an.

Fehlkonfigurationen erstrecken sich oft auf die Konfiguration verschiedener Dienste. Ein klassischer und häufiger Fehler ist das Versäumnis, sicherheitsrelevante Header zu HTTP-Servern hinzuzufügen. Jeder HTTP-Server sollte die folgenden Header setzen, egal ob Sie einen Apache-Server in einer Linux-VM oder einen App-Dienst verwenden. Diese Header weisen den Browser an, wie er bestimmte Sicherheitsregeln durchsetzen soll. Die aktuelle Liste der gängigen, sicherheitsrelevanten HTTP-Header lautet wie folgt:

- `Content-Security-Policy`
- `Referrer-Policy`
- `Strict-Transport-Security`
- `X-Content-Type-Options`
- `X-Frame-Options`
- `X-XSS-Protection`
- `Access-Control-Allow-Origin` (cross-origin resource sharing [CORS])

Diese Liste ist dynamisch. Im Laufe der Jahre wurden neue Header hinzugefügt oder aktualisiert. Die Website Security Headers (*https://securityheaders.com*) bietet eine hervorragende Analyse der verschiedenen Header und ihrer Einstellungen, ebenso wie das Mozilla Developer Network (*https://azsec.tech/ggb*).

Für Azure-App-Dienste (zum Beispiel den Dienst, der *https://azsecuritypodcast.net* ausführt) können Sie web.config aktualisieren. Der folgende Code ist die web.config-Datei, die vom Azure Security Podcast verwendet wird:

```
<?xml version="1.0" encoding="utf-8" ?>
<configuration>
  <system.webServer>
    <httpProtocol>
      <customHeaders>
        <clear />
          <add name="Content-Security-Policy" value="default-src 'self' *.rss.com; scriptsrc
'self' https://ajax.aspnetcdn.com "/>
          <add name="Referrer-Policy" value="strict-origin-when-cross-origin" />
          <add name="Strict-Transport-Security" value="max-age=63072000" />
          <add name="X-Content-Type-Options" value="nosniff" />
          <add name="X-Frame-Options" value="ALLOW-FROM https://player.rss.com" />
          <add name="X-XSS-Protection" value="1; mode=block" />
          <add name="Access-Control-Allow-Origin" value="https://player.rss.com
https://apollo.rss.com" />
          <add name="Cache-Control" value="max-age=31536000" />
      </customHeaders>
    </httpProtocol>
  </system.webServer>
</configuration>
```

Der Header `Content-Security-Policy` (CSP) ist komplex und mächtig, und ein gutes Verständnis seiner Funktionsweise ist von entscheidender Bedeutung. Beachten Sie, dass das vorangegangene Beispiel Verweise auf *.rss.com enthält. Dabei handelt es sich um einen mit HTML implementierten Media Player, mit dem ein Benutzer eine Episode im Browser abspielen kann. Wenn die verschiedenen Header nicht *.rss.com zuließen, würde der Media Player nicht gerendert werden, da das HTML von einer anderen Website abgerufen wird. Beachten Sie auch, dass `script-src` auf ajax.aspnetcdn.com verweist, was es dem Browser ermöglicht, jQuery von außerhalb der Hauptwebsite zu beziehen. Ohne diesen Verweis würde jQuery bei Verwendung von CSP nicht geladen werden.

Und schließlich – und das ist wichtig – führen diese Header oft dazu, dass eine Website nicht korrekt gerendert wird, wodurch Sie möglicherweise den Code Ihrer Website ändern oder die Header optimieren müssen. Ein gutes Beispiel ist die Verwendung von Inlinecode oder Styles, um die Content-Security-Policy zu umgehen. Sie sollten Inlinecode und Styles in eine separate Datei verschieben und am Anfang Ihrer HTML-Dateien auf sie verweisen.

Praktische Erfahrungen: Inline-Skripte und Inline-Styles

Inline-Skripte (das heißt `<script>`-Blöcke auf der Webseite) und Inline-Styles (zum Beispiel `<img style=`) werden von CSP blockiert. Es gibt Möglichkeiten, dies zu umgehen, beispielsweise durch Hashes oder Nonces, aber sie sind oft schwierig zu verwenden.

Tun Sie sich selbst einen Gefallen und verschieben Sie alle Skripte und Style-Elemente in externe Dateien und referenzieren Sie sie in Ihren Seiten mit Konstrukten wie `<link rel="stylesheet" href="rss.css">`. Glauben Sie uns: Es ist einfacher, dies zu tun, als gegen CSP zu kämpfen. Wir sprechen aus Erfahrung, weil wir dies tun mussten, damit der eingebettete Audioplayer von rss.com auf der Azure Security Podcast-Website korrekt funktioniert.

Sie können ein Tool wie das von *https://report-uri.com/home/generate* verwenden, das Ihnen bei der Erstellung einer Richtlinienzeichenfolge hilft. Für eine statische Azure-Website können Sie eine neue Datei im Stammordner mit dem Namen staticwebapps.config.json wie folgt hinzufügen:

```
{
   "globalHeaders": {
      "content-security-policy": "default-src 'self'",
      "Referrer-Policy":"no-referrer",
      "Strict-Transport-Security": "max-age=63072000",
      "X-Frame-Options": "SAMEORIGIN",
      "X-Permitted-Cross-Domain-Policies": "none",
      "X-Content-Type-Options": "nosniff"
   }
}
```

Andere Webserver und Umgebungen haben ihre eigenen Header-Konfigurationsdateien. So können Sie beispielsweise in Apache (der in einer VM läuft) die Datei httpd.conf bearbeiten, um am Ende der Datei diese Anweisungen hinzuzufügen:

```
<IfModule mod_headers.c>
  Header always set X-Content-Type-Options "nosniff"
  Header always set Content-Security-Policy "default-src 'self'"
  Header always set Referrer-Policy "no-referrer"
  Header always set Strict-Transport-Security "max-age=31536000; includeSubDomains"
  Header always set X-Frame-Options "DENY"
  Header always set X-XSS-Protection "1; mode=block"
</IfModule>
```

Die Branche verwendet heutzutage weniger X-Frame-Options und setzt stattdessen Content-Security-Policy-Frame-Ancestors, da CSP umfassender ist.

Es gibt einen weiteren neuen Header: `Permissions-Policy`. Er ersetzt den Header `Feature-Policy`. Weitere Informationen finden Sie hier: *https://www.permissionspolicy.com*. Um zu überprüfen, ob die von Ihren Anwendungen unterstützten Browser mit dem Header umgehen können, können Sie die Website *Can I Use* verwenden, die Sie hier finden: *https://caniuse.com/?search=Permissions-Policy*. Die Azure Security Podcast-Seite setzt diesen Header derzeit absichtlich nicht. Wenn er populärer wird, werden wir ihn auf der Website aktivieren.

Beachten Sie, dass der Header `Server:`, der den Typ und die Versionsnummer des Webservers angibt, nicht entfernt werden muss. Das Entfernen oder Ersetzen dieses Headers hat keinen wirklichen Sicherheitswert; es ist nur ein Sicherheitstheater, denn ein einigermaßen sachkundiger Angreifer kann leicht einen »Fingerabdruck« des Servers erstellen, um dessen Typ und Version zu ermitteln.

In diesem Zusammenhang ist anzumerken, dass der Header `Access-Control-Allow-Origin`, der zur Unterstützung der gemeinsamen Nutzung von Ressourcen, die von unterschiedlichen Domains stammen, verwendet wird, die Sicherheit nicht verbessert. Vielmehr verringert er die Sicherheit etwas, indem er eine kontrollierte Schwächung der Browser-Sicherheitsrichtlinien für den gleichen Ursprung ermöglicht. Der Grund für die Existenz von CORS ist, dass es einen bevorzugten Weg gibt, HTTP-Anfragen über Websites hinweg zu senden, ohne auf einige katastrophale Workarounds zurückgreifen zu müssen, die in der Vergangenheit verwendet wurden. CORS ermöglicht einige sicherere OAuth2-Abläufe. Einige Dienste in Azure unterstützen CORS, zum Beispiel Azure-Funktions-Apps, wie in Abbildung 9-5 dargestellt.

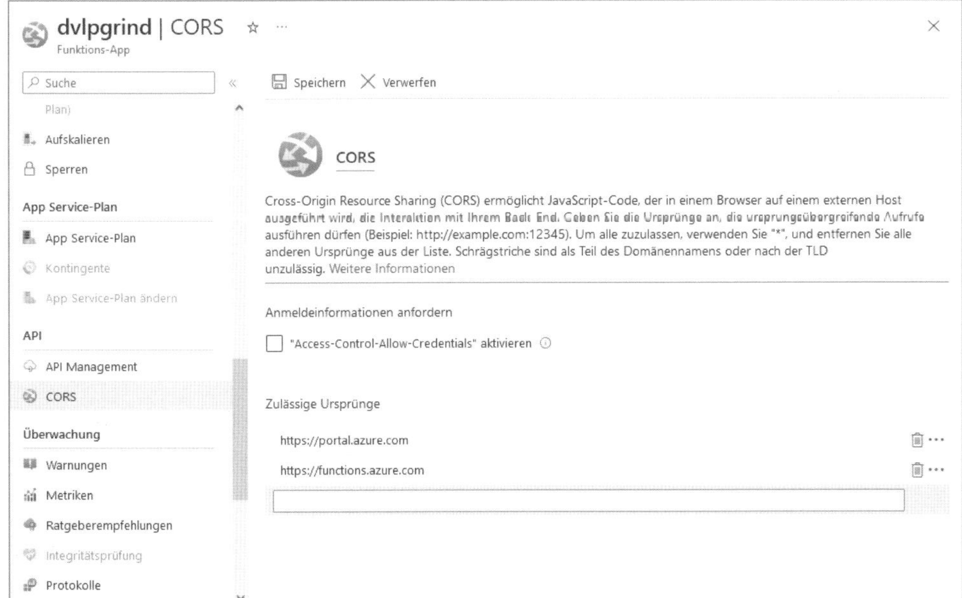

Abbildung 9-5 Ein Beispiel für CORS-Einstellungen in einer Azure-Funktions-App

Auch wenn im Text des in Abbildung 9-5 gezeigten Screenshots * als Platzhalter erwähnt wird, sollten Sie nicht allen Domänen den Zugriff auf Ihre Funktions-App erlauben. Erlauben Sie nur erforderlichen Domains die Interaktion mit Ihrer Funktions-App. Wie in Abbildung 9-6 dargestellt, warnt auch Microsoft Defender für Cloud davor, CORS auf * zu setzen.

Setzen Sie CORS nicht auf *.

Entgegen der landläufigen Meinung zwingt der HTTP-Header `Strict-Transport-Security` (HSTS) nicht alle HTTP-Verbindungen zu HTTPS. HSTS erfordert eine validierte HTTPS-Verbindung zum Server (das heißt ohne Zertifikatsfehler), bevor der Browser den HSTS-Header berücksichtigt. Der Grund dafür ist, dass ein Angreifer den HTTP-Body, einschließlich der Header, manipulieren kann, sodass die HSTS-Einstellung in einer HTTP-Antwort nicht mehr vertrauenswürdig ist. HSTS unterhält jedoch auch eine Preload-Datenbank mit bekannten Websites, die HTTPS erfordern. Um Ihre Website in die Liste aufzunehmen, besuchen Sie die HSTS Preload Submission Site unter *https://hstspreload.org*.

Ein anderer Header-Typ, Cookies, sollte die folgenden Flags setzen:

- `HttpOnly`
- `Secure`
- `Expires`
- `SameSite`

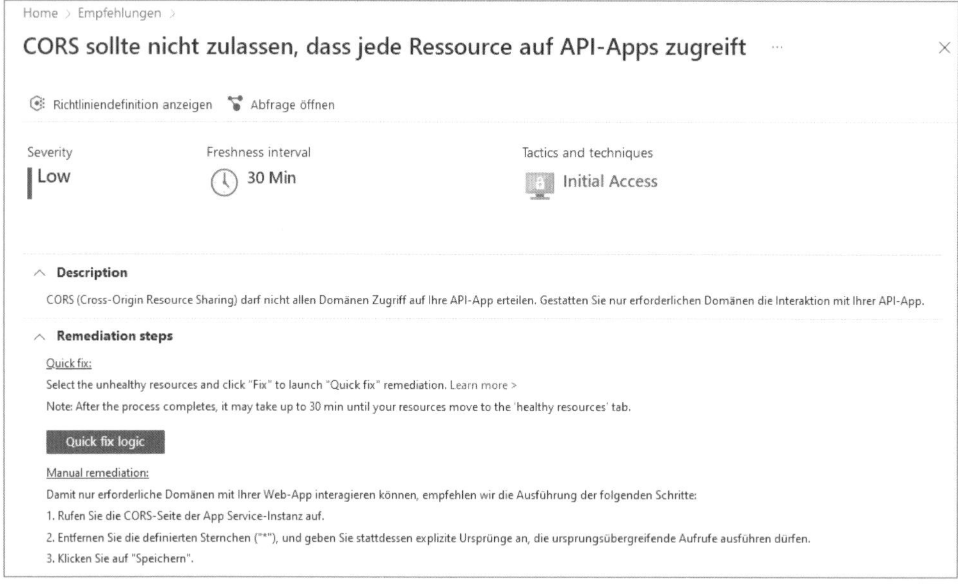

Abbildung 9-6 Die CORS-Empfehlung in Defender für Cloud; beachten Sie, dass die manuelle Korrektur vorschlägt, * zu entfernen.

`HttpOnly` hilft dabei, XSS-Angriffe durch das Stehlen von Cookie-Inhalten abzuschwächen. Sie sollten Cookies zwar so einstellen, dass diese Option genutzt wird, aber seien Sie sich bewusst, dass sie nur dann von Wert ist, wenn das Cookie für Authentifizierungszwecke verwendet wird, und dass sie kein guter Schutz gegen bestimmte Formen von XSS ist. Der Einsatz von Cookies für den Sitzungsstatus und den Zugriff auf die Clientkonfiguration ist jedoch besser als lokaler

HTML-Speicher. Mehr dazu erfahren Sie hier: *https://azsec.tech/bpw*. Außerdem sollten Sie Cookies mit dem Tag `Secure` versehen, damit sie nur bei Verwendung von HTTPS (HTTP over TLS) zwischen Browser und Server übertragen werden.

Cookies sollten mit dem `Expires`-Flag so konfiguriert werden, dass sie ablaufen. Die Dauer ist Ihnen überlassen und hängt von Ihren geschäftlichen Anforderungen ab, da Sie ein Gleichgewicht zwischen Sicherheit und Benutzerfreundlichkeit herstellen müssen. Wir haben gesehen, dass viele Entwickler dieses Flag auf einen Zeitraum zwischen einem und sechs Monaten gesetzt haben.

`SameSite` bietet einen gewissen Schutz gegen clientseitige Request Forgery-Angriffe, indem es einschränkt, wann Cookies gesendet werden. Wenn Sie für ein Cookie das Flag `SameSite=Strict` setzen, sendet ein Browser Cookies nur für Erstanbieter-Kontextanfragen. Dies sind Anfragen, die von der Website stammen, die das Cookie gesetzt hat. Wenn die Anfrage von einer anderen URL als der des aktuellen Standorts stammt, wird keines der mit dem Attribut `Strict` gekennzeichneten Cookies gesendet. Sie können mehr über das Flag unter *https://azsec.tech/bux* lesen, um zu bestimmen, welches Cookie-Attribut für `SameSite` für Ihre Sites am besten geeignet ist. Hier ist ein Beispiel-Cookie mit diesen Flags:

```
Set-Cookie: sessionid=c92620e1; HttpOnly; Secure; SameSite=Strict; Expires=Fri, 1 Jul 2022
00:00:00 GMT
```

HTTP-Security-Header sind ein nützlicher Schutz gegen einige Arten von Angriffen, aber sie sollten nur als zusätzliche Verteidigungsschicht betrachtet werden.

Praktische Erfahrungen: Debugging von Security-Headern

Wie bereits erwähnt, können diese Header dazu führen, dass Ihre Website nicht korrekt dargestellt wird, und es ist oft schwer zu verstehen, warum. Browser wie Edge (der die Chromium-Engine verwendet) und Chrome verfügen über hervorragende Debugging-Tools. Bei Edge drücken Sie [Strg]+[⇧]+[I], um die Entwicklertools aufzurufen, und wählen dann *Konsole*. Wenn Sie die Seite aktualisieren, sehen Sie die Fehler in Rot. Wenn Sie auf *Netzwerk* und dann auf eine Datei klicken, die in der Antwort verwendet wird (etwa index.html), können Sie auch die Anfrage- und Antwort-Header des Browsers sehen.

A06: Veraltete Komponenten mit bekannten Schwachstellen

Weitere Informationen *https://azsec.tech/it1*

Viele Anwendungen werden mit anderen Komponenten wie beispielsweise Bibliotheken erstellt. Diese Komponenten werden möglicherweise nicht von Ihnen kontrolliert. Wenn sie also Sicherheitslücken enthalten, müssen Sie Ihre Lösungen mit neuen Lösungen aktualisieren.

Es ist wichtig, eine Software Bill of Materials (SBOM) zu führen, in der alle Komponenten, aus denen Ihre Anwendungen bestehen, aufgeführt sind. Dazu gehören die folgenden Punkte:

- Name der Komponente oder des Pakets
- Versionsnummer
- Anbieter oder Quellcode-Repository
- Programmiersprache
- Ort der Sicherheitsinformationen über diese Komponente

In einer Durchführungsverordnung (Executive Order) der Vereinigten Staaten aus dem Jahr 2021 wurde die Notwendigkeit der Verwendung einer SBOM zur Verbesserung der Cybersicherheit hervorgehoben. Sie können das entsprechende Dokument hier lesen: *https://azsec.tech/kpi*.

GitHub bietet ein Tool namens Dependabot, das Ihnen hilft, von Ihnen verwendete Pakete von Drittanbietern zu identifizieren, die veraltet sind und Sicherheitsprobleme aufweisen. Weitere Informationen finden Sie hier: *https://azsec.tech/hud*. Dieses Tool ist nur ein Teil der GitHub-Initiative für eine sichere Lieferkette und wird unter *https://azsec.tech/m0q* ausführlicher behandelt.

A07: Fehler in der Identifizierung und Authentifizierung

Weitere Informationen *https://azsec.tech/f3u*

In der Welt der cloudbasierten Lösungen ist die Identität entscheidend. Dennoch sind Netzwerkgrenzen wichtig – vor allem, wenn es um die Notwendigkeit der Netzwerksegmentierung in einer Zero-Trust-Umgebung geht. Ein zentraler Bestandteil der Identität ist die starke Authentifizierung. Dies ist auch ein Kernelement Ihrer Bedrohungsmodelle. Alle Prozesse müssen authentifiziert werden, ebenso wie Geräte und Benutzer.

Interessanterweise wird in der OWASP-Dokumentation CWE-297, »Unzulässige Validierung eines Zertifikats mit Host-Mismatch«, genannt. Wir sehen diesen Fehler häufig, aber er geht über die Validierung des Hostnamens hinaus. Wenn Ihr Code eine Verbindung über TLS initiiert, ist es wichtig, dass er alle relevanten Zertifikatsprüfungen durchführt. Dazu gehören die folgenden:

- Die Signatur des Zertifikats ist gültig. Damit wird sichergestellt, dass es nicht manipuliert wurde.
- Der Name im Zertifikat stimmt mit dem Namen des Systems oder Benutzers überein, mit dem Sie kommunizieren möchten.
- Das Zertifikat ist mit einem vertrauenswürdigen Stammzertifikat verknüpft. Dies ist ein wichtiger Schritt, um zu beweisen, dass das Zertifikat vertrauenswürdig ist.
- Die erweiterte Schlüsselverwendung ist korrekt, zum Beispiel für die Server-Authentifizierung.
- Der Datumsbereich ist gültig. Das heißt, der heutige Tag liegt zwischen den Feldern »Nicht vor« und »Nicht nach«.
- Das Zertifikat wurde nicht widerrufen. Es gibt zwei gängige Methoden, um zu prüfen, ob ein Zertifikat widerrufen wurde. Die erste ist eine Zertifikatswiderrufsliste (Certiface Re-

vocation List, CRL). Der Speicherort der CRL wird im Zertifikat über einen CRL-Verteilungspunkt (CRL Distribution Point, CDP) festgehalten, bei dem es sich lediglich um eine URL handelt. Die andere Möglichkeit, zu prüfen, ob ein Zertifikat widerrufen wurde, ist das Online Certificate Status Protocol (OCSP).

Sie werden wahrscheinlich nie Code schreiben, um diese Schritte durchzuführen. Stattdessen sollten Sie die Validierung den Bibliotheken überlassen, die Sie verwenden. In .NET zum Beispiel ruft die Klasse `SslStream()` einen Delegaten auf, der bei Fehlern bei der Validierung eines Zertifikats Aktionen ausführen kann. Leider sehen wir jedoch recht häufig Code wie den folgenden:

```
// Dies wird von SslStream(..,..RemoteCertificateValidationDelegate, ..) aufgerufen
public static bool ValidateServerCertificate(
        object sender,
        X509Certificate certificate,
        X509Chain chain,
        SslPolicyErrors sslPolicyErrors) {
    // Alle Zertifikatsfehler ignorieren
    return true;
}
```

Dieser Code ignoriert alle Zertifikatsfehler und stellt eine ernsthafte Sicherheitslücke dar.

Apropos Zertifikate: Seien Sie vorsichtig mit selbst signierten Zertifikaten. Wenn Sie selbst signierte Zertifikate verwenden müssen, überprüfen Sie die Signatur und den Fingerabdruck des Zertifikats anhand einer Liste vorgegebener gültiger Zertifikate. Die Liste muss eine strenge Zugriffsrichtlinie aufweisen, damit sie nicht von nicht vertrauenswürdigen Stellen geändert werden kann.

Aber auch dann ist Vorsicht geboten. Manche Leute verwenden selbst signierte Zertifikate in der Testumgebung und »echte«, von einer Zertifizierungsstelle ausgestellte Zertifikate in der Produktionsumgebung. Das Problem dabei ist, dass in der Testumgebung nicht dieselben Zertifikatstests wie in der Produktion durchgeführt werden. Die beste Möglichkeit, dieses Problem zu umgehen, besteht darin, selbst eine Zertifizierungsstelle einzurichten – beispielsweise mit Active Directory-Zertifikatsdienste (Active Direcory Certificate Services, (AD CS). Sie können das Stammzertifikat dieser Zertifizierungsstelle auf Ihren Entwicklungs- und Testrechnern installieren und die zertifikatsbasierte End-to-End-Authentifizierung einschließlich des Widerrufs testen. Und da Sie die Zertifikate kontrollieren, können Sie ungültige Zertifikate erstellen, um zu sehen, wie Ihr Code beispielsweise auf ein abgelaufenes Serverzertifikat oder ein Zertifikat reagiert, bei dem der Schlüssel für die Client-Authentifizierung verwendet wird, obwohl Sie eine Server-Authentifizierung erwarten.

Microsoft stellt ein Lernmodul zum Thema Zertifikate zur Verfügung: *https://learn.microsoft.com/training/modules/implement-manage-active-directory-certificate-services*. Diese Seite empfiehlt selbst signierte Zertifikaten für Testzwecke, was wir jedoch nicht befürworten.

Praktische Erfahrungen: Prüfung auf Widerruf

Die Widerrufsprüfung hat auch ihre Schattenseiten. Die URL des CRL CDP- oder des OCSP-Endpunkts befindet sich im Zertifikat, sodass der Code, der überprüft, ob das Zertifikat widerrufen wurde oder nicht, auf diesen Endpunkt zugreift.

Was ist, wenn auf den Endpunkt nicht zugegriffen werden kann? Liegt es an der Firewall? Wird der Endpunkt angegriffen? Das herauszufinden ist der einfache Teil! Der schwierige Teil besteht darin, zu ermitteln, was Sie in Ihrem Code tun müssen, wenn Sie den Sperrendpunkt nicht auflösen können.

Die sichere Antwort ist »fail closed« oder »fail secure« und die Ablehnung der Verbindung. Aber die einfache Antwort ist, keine Widerrufsprüfung durchzuführen! Die richtige Antwort liegt irgendwo in der Mitte. Unserer Erfahrung nach ist es am besten, den Widerruf zu einer administrativen Richtlinie oder Konfiguration durchzuführen und das Zertifikat standardmäßig abzulehnen, wenn ein Widerrufsendpunkt nicht aufgelöst werden kann. Wenn Ihre Anwendung jedoch Code herunterlädt, sollten Sie immer seine Signatur überprüfen und den Sperrstatus kontrollieren. Wenn der Sperrendpunkt nicht erreichbar ist, sollten Sie den Download des Codes verweigern.

A08: Integritätsfehler in Software und Daten

Weitere Informationen *https://azsec.tech/0kv*

Hier geht es darum, dass Code oder Daten kompromittiert und verändert werden. Wenn Sie Code herunterladen, der nicht digital signiert ist, oder wenn Sie einen Out-of-Band-Hash nicht überprüfen, gibt es keine Möglichkeit, zu wissen, ob der Code oder die Daten gültig sind. In unserem Beispiel mit der Impfbuchung sollten die Daten eigentlich von den Impfzentren digital signiert sein, damit wir sicher sein können, dass sie von der richtigen Stelle stammen.

Sie können eine digitale Signatur ganz einfach erstellen, wenn Sie über ein Zertifikat verfügen, das den Schlüssel für digitale Signaturen und den zugehörigen privaten Schlüssel verwendet. In Windows werden diese Zertifikate oft als *Authenticode-Zertifikate* bezeichnet.

PowerShell unterstützt nicht nur die Signierung, sondern kann auch so konfiguriert werden, dass nur digital signierte PowerShell-Dateien ausgeführt werden – beispielsweise mit Cmdlets wie `Set-AuthenticodeSignature` zum Signieren von PowerShell-Dateien. Das Ergebnis können Sie im folgenden Code sehen. Die Größe der Signatur ist relativ konstant, weshalb sie im Vergleich zu einer Skriptzeile groß erscheint, aber bei einem großen Skript wäre die Signatur ungefähr so groß wie bei einer Skriptzeile.

```
"Hello, World!"

# SIG # Begin signature block
# MIIFkQYJKoZIhvcNAQcCoIIFgjCCBX4CAQExCzAJBgUrDgMCGgUAMGkGCisGAQQB
-- SNIP --
# 1vbbaAkl1AAg9aDVb6EXPY+AIKr5UYJ1i8WhCfVbWo+qV1EeWUXKlJEEDOTTaH3K
```

```
# mvZISeSM+yS+yN+hz6hNPxdy3S6QuWhjrFleL5hj1p2+008RAA==
# SIG # End signature block
```

Azure Key Vault kann Signiervorgänge innerhalb von Schlüsseltresoren durchführen, und die Schlüssel können sich in einem Hardwaremodul befinden, wenn Sie einen RSA-HSM- oder ECC-HSM-Schlüssel verwenden. Der folgende einfache C#-Testcode demonstriert, wie man beliebige Daten signiert. In diesem Beispiel wird eine Signatur erstellt, indem der SHA-512-Hash mit einer elliptischen P-521-Kurve signiert wird.

```
using Azure.Identity;
using Azure.Security.KeyVault.Keys.Cryptography;
using System.Security.Cryptography;
using System.Text;

// Sie sollten den Hash-Algorithmus aus einer Config-Datei abrufen
string HASH_ALG = "SHA512";
SignatureAlgorithm SIG_ALG = SignatureAlgorithm.ES512; // P-521 Curve
var keyVaultUrl = "https://mykv.vault.azure.net/keys/key-name/version";

var creds = new DefaultAzureCredential(true);
var keyCryptoClient = new CryptographyClient(new Uri(keyVaultUrl), creds);

var msg = Encoding.UTF8.GetBytes("Eine Nachricht, die wir signieren wollen");
var digest = HashAlgorithm.Create(HASH_ALG)?.ComputeHash(msg);

SignResult sig;
if (digest is not null) {
    sig = keyCryptoClient.Sign(SIG_ALG, digest);
    Console.WriteLine(Convert.ToBase64String(sig.Signature));
}
```

Sie müssen den Signaturalgorithmus korrekt auf die Hash-Funktion abstimmen. Der vorherige Code verwendet beispielsweise eine P-521-Kurve mit einem SHA-512-Hash.

Dieser Code gibt einen Base64-codierten Signaturblock aus, der mit der Textdatei oder separat versendet werden kann. Sie könnten zum Beispiel so vorgehen:

```
Eine Nachricht, die wir signieren wollen
--SIG--
AALaNsWvS9atK8x14BqsqEdps0+IykG7bxwKXXZhyJ6zR/
rAKtYTTgpMvqqO1VyX6wEwFrwGTRb7S19kJeiPALmHAQ6BB6jeT/YnrRQHzBKqpoaMy9zRCWC/
oDUW+ufAUnIOVsBM5WttcYZujOJcEAjraGwB6eQWoc9cK2301iM/DKNT
--ENDSIG--
```

Sie könnten dann den umgekehrten Vorgang durchführen, und die Signaturprüfung mit `CryptographyClient.Verify()` vornehmen. Allerdings gibt es eine Besonderheit: Sie werden den öffentlichen Schlüssel wahrscheinlich nicht aus Azure Schlüsseltresor beziehen. Stattdessen werden Sie ihn in einem Zertifikat verwenden, damit Sie alle oben erwähnten korrekten Zertifikatsprüfungen durchführen können. Dadurch wird nicht nur das Zertifikat verifiziert, sondern auch überprüft, ob die Daten von dem Namen im Zertifikat stammen. Wenn das Zertifikat zum Beispiel ein Feld `CN=joe@contoso.com` enthält, wissen Sie, dass die Daten von Joe stammen. Sie könnten auch etwas wie XMLDSig oder JSON-Web-Signatur verwenden, um Daten zu signieren und zu überprüfen, sodass Sie die Arbeit auf niedriger Ebene nicht tun müssen.

Denken Sie daran, dass es in diesem Abschnitt nur um Integrität und Authentizität geht. Es gibt keine Verschlüsselung. Es ist jedoch üblich, beides zu tun. Unsere Impfdatei könnte die Signatur an die CSV-Datei anhängen. Die Daten werden nicht verschlüsselt, aber durch die digitalen Signaturen können wir immer noch Integrität und Authentizität gewährleisten, solange Ihr Code alle relevanten Zertifikatsprüfungen durchführt, bevor er die Signatur verifiziert.

Praktische Erfahrungen: Prüfung von Signaturen

Die Validierung von Signaturen ist nicht so weit verbreitet, wie sie sein sollte, mit Ausnahme von Code, der aus verschiedenen Anwendungsspeichern wie denen von Microsoft, Google und Apple stammt. Diese erfordern Signaturen und überprüfen sie explizit. Beim Booten führt Windows 11 Signaturprüfungen für kritische Binärdateien durch, um sicherzustellen, dass das System nicht durch ein Rootkit manipuliert wurde.

Wenn ein Dienst Daten verifizieren muss, kann er auch einen Nachrichtenauthentifizierungscode (Message Authentification Code, MAC) verwenden, der einen symmetrischen Schlüssel und kein öffentliches/privates Schlüsselpaar nutzt. Dies würde voraussetzen, dass alle Dienste Zugriff auf den MAC-Schlüssel haben. Aus diesem Grund sind Systeme, die einen Nachrichtenauthentifizierungscode verwenden, in der Regel eins-zu-eins und nicht eins-zu-vielen: um die Verteilung des MAC-Schlüssels so klein wie möglich zu halten. TLS nutzt zum Beispiel einen eindeutigen MAC-Schlüssel für die Kommunikation zwischen Clients und Servern und einen anderen MAC-Schlüssel für die Kommunikation zwischen Servern und Clients.

Was ist mit der Verwendung eines Hashwerts? Sie können einen Hash verwenden, solange:

- der Hash nicht in den zu prüfenden Daten enthalten ist.
- der Hash über einen authentifizierten und geschützten Kanal verfügbar ist, beispielsweise über TLS.

Der Hash kann nicht mit den Daten reisen, da diese verfälscht und der Hash neu berechnet werden könnte.

Praktische Erfahrungen: Signieren von Binärdateien

Wenn Sie ein Mobiltelefon benutzt haben, wissen Sie vielleicht nicht, dass der gesamte heruntergeladene Code digital signiert werden muss, es sei denn, Sie haben das Smartphone in eine Art Entwicklermodus versetzt. Diese Seite beschreibt zum Beispiel den Prozess für Android-Entwickler: *https://azsec.tech/2r1*.

Sie sollten auch in Erwägung ziehen, alle Ihre Binärdateien und Skripte (sofern unterstützt) digital zu signieren. Dies schafft ein gewisses Maß an Vertrauen darin, dass die Binärdateien von Ihnen stammen und nicht manipuliert wurden. Menschen sollten den Prozess einleiten, nachdem die entsprechenden Prüfungen durchgeführt wurden, um sicherzustellen, dass die ausführbaren Dateien korrekt und frei von Schadsoftware sind.

Das Signieren von Binärdateien ist ein vertrauenswürdiger Prozess, und der Grund, warum wir die Richtlinie »erfordert Menschen« erwähnen, ist der Angriff auf SolarWinds, der im Jahr 2020 begann. Die Angreifer infiltrierten die Entwicklungspipeline des Unternehmens und fügten einer DLL namens SolarWindsOrion.Core.BusinessLayer.dll Malware hinzu. Die Entwicklungspipeline signierte automatisch jeden Code, der aus der Pipeline kam, einschließlich, in diesem Fall, Code, der Malware enthielt.

Ein wichtiger Bestandteil der Signierung von Binärdateien ist der private Schlüssel, der in einem Hardware-Sicherheitsmodul (HSM) gespeichert werden sollte und auf den nur vertrauenswürdige Personen Zugriff haben.

A09: Fehler bei der Sicherheitsprotokollierung und -überwachung

Weitere Informationen *https://azsec.tech/4oa*

Dieses Thema wird in Kapitel 6 ausführlich behandelt.

A10: Serverseitige Anforderungsfälschung (Server-Side Request Forgery, SSRF)

Weitere Informationen *https://azsec.tech/3pn*

Auch hier geht es wieder um das Vertrauen in die Eingabe. Die wichtigste Lektion hier ist, einem Angreifer niemals die Kontrolle über eine URL zu geben. Wenn Sie einem Benutzer die Kontrolle über die URL überlassen müssen, erstellen Sie eine Liste gültiger URLs, die Sie überprüfen können, und lassen Sie nur diese URLs zu.

SSRF-basierte Angriffe sind bei cloudbasierten Lösungen üblich. Es wird vermutet, dass der Capital One-Angriff aus dem Jahre 2019, bei dem mehr als 100 Millionen Kundendaten abgegriffen wurden, ein SSRF-Angriff auf die AWS-Infrastruktur des Unternehmens war. Sie erfahren hier mehr über den Angriff auf Capital One: *https://ejj.io/blog/capital-one*.

Das Problem ist denkbar einfach:

1. Ein gefährdeter Server akzeptiert eine URL von einer nicht vertrauenswürdigen Quelle (einem Angreifer).
2. Der Server überprüft nicht, ob die URL gültig und korrekt gebildet ist.
3. Der Server greift auf die Daten unter dieser URL zu.
4. Der Server sendet das Objekt unter dieser URL an den Angreifer zurück.

Das Problem ist, wenn der Webserver Zugriff auf interne Ressourcen hat und die URL (die vom Angreifer stammt) auf eine Ressource im internen Netzwerk verweist, kann der Angreifer beginnen, Ressourcen im internen Netzwerk zu lesen! Ein Beispiel für eine interne Ressource, die bei Cloudplattformen üblich ist, ist der Instanzmetadatendienst (*https://learn.microsoft.com/azure/virtual-machines/instance-metadata-service?tabs=linux*), der bei Azure über eine nicht routingfähige IP-Adresse (169.254.169.254) zugänglich ist.

Sie müssen immer alle IP-Adressen oder DNS-Namen überprüfen, die von einem Angreifer angegeben werden könnten, ob es sich tatsächlich um eine gültige Adresse oder einen gültigen Namen handelt.

Ein anderer Angriff, Cross-Site Request Forgery (CSRF), klingt ähnlich wie SSRF, aber die beiden sind nicht dasselbe. Tatsächlich stand CSRF bereits 2013 auf der OWASP Top 10, jetzt aber nicht mehr, vor allem weil die meisten Web-Frameworks Schutzmechanismen bieten, wie ASP.NET MVC. Mehr dazu lesen Sie hier: *https://learn.microsoft.com/aspnet/mvc/overview/security/xsrf-csrf-prevention-in-aspnet-mvc-and-web-pages*. Die Abhilfe für CSRF besteht darin, ein zufälliges Token in die Sitzung einzufügen, aber dies wird immer am besten von den verschiedenen Web-Frameworks gehandhabt.

Anmerkungen zur Verwendung von C++

Einige der Codebeispiele weiter vorn in diesem Kapitel wurden in C++ geschrieben, und das wollen wir erklären. Wir sehen zwar nicht viel benutzerdefinierten Cloud-bezogenen Code, der in C++ geschrieben wurde, aber wir sehen Code in VMs unter Linux und Windows, containerisierten Code, eingebettete Systeme und IoT-Lösungen, die C++ verwenden.

Wir haben drei Ratschläge, wenn es um das Schreiben von C++-Code geht:

- Schreiben Sie C++ nicht als glorifiziertes C.
- Verwenden Sie alle sicherheitsrelevanten Compiler- und Linker-Schalter, die Ihnen zur Verfügung stehen.
- Verwenden Sie Analysetools.

Schauen wir uns die einzelnen Punkte an.

Schreiben Sie kein glorifiziertes C

C ist eine Low-Level-Sprache, die als Ersatz für die Assemblersprache entwickelt wurde. Viele moderne Programmiersprachen weisen einen Stammbaum auf, der seinen Ursprung in C hat.

C ist klein, effizient und erlaubt ungehinderten Zugang zum Prozessspeicher. Dieser letzte Punkt macht C auch zu einer Sprache, die Vorsicht erfordert. In der Dokumentation des ersten kommerziellen C-Compilers von Whitesmiths, Ltd. aus dem Jahr 1982 heißt es: »C ist eine zu ausdrucksstarke Sprache, um ohne Disziplin verwendet zu werden.« (Eine Kopie dieses Handbuchs ist unter *https://azsec.tech/7c2* verfügbar; das Zitat steht auf Seite I-26.)

C++ bietet gegenüber C zahlreiche Vorteile in Bezug auf Qualität, Sicherheit und Robustheit. Sie müssen diese Funktionen jedoch nutzen, um diese Vorteile zu erhalten. Sie haben vielleicht bemerkt, dass der C++-Beispielcode, den wir geschrieben haben, zwar einfach ist, aber C++-Idiome verwendet, keine direkten Zeiger nutzt und große Funktionsargumente per Referenz übergibt. Ehrlich gestanden, wäre es in einigen Beispielen vielleicht einfacher gewesen, Low-Level-C zu verwenden, aber Modern C++ (*https://learn.microsoft.com/cpp/cpp/welcome-back-to-cpp-modern-cpp?view=msvc-170*) und der C++ Standard Library (STL; *https://learn.microsoft.com/cpp/standard-library/cpp-standard-library-reference?view=msvc-170*) macht den Code bei Weitem sicherer.

Abwehrmaßnahmen im Compiler und Linker verwenden

Die beiden beliebtesten C- und C++-Compiler sind Microsoft Visual C++ und GNU gcc. Beide bieten umfangreiche Optionen, um sichereren Code zu erzeugen, der verschiedene Schutzmechanismen gegen Anfälligkeiten für Speicherkorruption enthält.

Für Visual C++ finden Sie im Folgenden eine Liste häufig verwendeter Compiler- und Linker-Optionen sowie Links zu Ressourcen mit weiteren Informationen. Einige der Optionen sind für C++-Projekte standardmäßig aktiviert.

- **/SDL** Dies unterstützt erweiterte Sicherheitsüberprüfungen, einschließlich einer verbesserten Erkennung von Stack-Korruption (*https://learn.microsoft.com/cpp/build/reference/sdl-enable-additional-security-checks*).
- **/DYNAMICBASE** Hier wird die Randomisierung des Adressraumlayouts (Address Space Layout Randomization, ASLR) verwendet, um die Basisadresse der Anwendung beim Laden nach dem Zufallsprinzip neu zu bestimmen (*https://learn.microsoft.com/cpp/build/reference/dynamicbase-use-address-space-layout-randomization*).
- **/NXCOMPAT** Dies zeigt an, dass die Anwendung No eXecute (NX) unterstützt, auch bekannt als Datenausführungsverhinderung (Data Execution Prevention, DEP) (*https://learn.microsoft.com/cpp/build/reference/nxcompat-compatible-with-data-execution-prevention*).
- **/SAFESEH** Dies erzeugt Code, der eine Reihe von sicheren Ausnahmehandlern enthält (*https://learn.microsoft.com/cpp/build/reference/safeseh-image-has-safe-exception-handlers*).

- **/GUARD** Dies aktiviert Control Flow Guard (*https://learn.microsoft.com/cpp/build/reference/guard-enable-guard-checks*) und Exception Handler Continuation Metadata (*https://learn.microsoft.com/cpp/build/reference/guard-enable-eh-continuation-metadata*).
- **/CETCOMPAT** Aktivieren Sie einen Hardware-gestützten Stapelschutz (*https://learn.microsoft.com/cpp/build/reference/cetcompat* und technische Erläuterungen unter *https://azsec.tech/i17*).
- **/fsanitize=address** Dies ist eine Möglichkeit, Sicherheitsprobleme, vor allem Speichersicherheitsprobleme, zum Zeitpunkt der Kompilierung zu finden und Sicherheitsprobleme zur Laufzeit zu verhindern. Es kann als Ersatz für `/RTC` (Laufzeitprüfungen) und `/analyze` (statische Analyse) betrachtet werden (*https://learn.microsoft.com/cpp/sanitizers/asan*).

  Für gcc gibt es eine Reihe von häufig verwendeten Optionen, die Sie nutzen sollten:
- **_FORTIFY_SOURCE** Dies ist ein Makro (zum Beispiel gcc -D_FORTIFY_SOURCE=2), kein Compiler- oder Linker-Flag, das Prüfungen auf Klassen von Pufferüberläufen durchführt (*https://azsec.tech/fsp*).
- **-Wformat-overflow** Diese Option erkennt Pufferüberläufe bei Zielen für Formatzeichenfolgen (*https://azsec.tech/3i8*).
- **-Wstringop-overflow** Diese Option erkennt Überläufe in `memcpy` und `strcpy` (*https://azsec.tech/3i8*).
- **-fstack-protector-strong** Diese Option fügt stapelbasierte Korruptionserkennung hinzu (*https://azsec.tech/qfg*).
- **-fPIE** Dies erzeugt eine positionsunabhängige ausführbare Datei (Position Independent Executable, PIE), die ASLR (Address Space Layout Randomization) verwendet (*https://azsec.tech/opj*).
- **/fsanitize=address** Dies ist die gleiche Technik, die in VC++ (*https://azsec.tech/m44*) verwendet wird.

Das GitHub-Gist unter *https://azsec.tech/y1r* bietet eine aktuelle Liste von sicherheitsrelevanten gcc-Flags und Optionen. Außerdem ist der folgende Artikel über FORTIFY_SOURCE von Red Hat lesenswert: *https://azsec.tech/g4o*.

Alle diese Optionen finden oder erkennen potenzielle Speichersicherheitsprobleme bei der Kompilierung oder zur Laufzeit. Sie sollten so viele dieser Optionen wie möglich verwenden. Viele davon führen schnell zu einem Fehler, wenn ein Problem auftritt, sodass Sie es schnell debuggen und beheben können.

Analysetools verwenden

Sowohl gcc als auch VC++ enthalten Features zur einfachen Codeanalyse. Obwohl Sie die Analyse wahrscheinlich nicht bei jedem Build ausführen müssen, sollten Sie sie mindestens einmal pro Sprint durchführen, damit Sie Probleme schnell erkennen und beheben können. Obwohl diese Werkzeuge einen starken Fokus auf Sicherheit haben, finden sie auch andere Probleme.

Wie bereits erwähnt, unterstützen sowohl VC++ als auch gcc `/fsanitize=address`, was eine statische Codeanalyse beinhaltet.

Visual C++ verfügt außerdem über die Option `/analyze`, die verschiedene Codequalitäts- und Sicherheitsprüfungen für Ihren Code durchführt. Es gibt Überschneidungen zwischen dem, was `/fsanitize=address` und dem, was `/analyze` finden kann. Unserer Meinung nach sollten Sie für nativen C- und C++-Code beide Optionen verwenden, bis Sie feststellen, dass eine der beiden Optionen für Ihre Codebasis besser geeignet ist. Informationen über `/analyze` finden Sie hier: *https://learn.microsoft.com/cpp/code-quality*.

Darüber hinaus hat Microsoft Research die Source-Code Annotation Language (SAL) entwickelt, die in den Headern des Windows SDK und der Microsoft Runtime verwendet wird. Sie sollten ernsthaft in Erwägung ziehen, sie auch in Ihren eigenen C++-Headern zu nutzen. Weitere Informationen über SAL finden Sie hier: *https://learn.microsoft.com/cpp/code-quality/understanding-sal*.

Schließlich hat das Visual C++-Team einen ausgezeichneten Artikel über die Erkennung von NULL-Referenzen mithilfe der in den Compiler integrierten statischen Analysetools geschrieben. Sie können ihn hier lesen: *https://azsec.tech/bxv*. Für gcc wurde in gcc v10 eine Compileroption hinzugefügt, die eine leichtgewichtige statische Analyse ermöglicht. Weiteres hierzu erfahren Sie unter: *https://azsec.tech/87z*.

Verwenden Sie diese kostenlosen und einfach zu bedienenden Compiler-Tools häufig und frühzeitig, damit Sie genügend Zeit haben, eventuelle Probleme zu beheben, bevor Sie das Projekt veröffentlichen bzw. ausliefern.

Auf der GitHub-Seite finden Sie CodeQL ein Tool, das für Forschungszwecke und bei Verwendung mit Open-Source-Software kostenlos ist. CodeQL (früher Semmle) ist eine umfangreiche statische Analyselösung, die erweiterte Funktionen wie Datenfluss- und Kontrollflussanalyse für verschiedene Programmiersprachen bietet, darunter C, C#, C++, Go, Java, JavaScript, Python, Ruby und TypeScript.

Sie können auf der Website *https://lgtm.com* mit CodeQL experimentieren. Der Insider-Witz ist, dass »LGTM« für »Looks Good To Me« steht, aber in Wirklichkeit war es ein billiger Domain-Name!

CodeQL baut eine Datenbank des Codes auf. Dann kann ein Entwickler SQL-ähnliche Abfragen verwenden, um den Code nach bestimmten Bedingungen zu durchsuchen, die auf Fehler in der Codequalität, einschließlich Schwachstellen, hinweisen. Ein schönes Merkmal ist, dass die Code-

QL-Abfragesprache unabhängig von der zugrunde liegenden Programmiersprache dieselbe ist. Und da jeder CodeQL-Abfragen erstellen kann, demokratisiert CodeQL die Erstellung von Abfragen.

Zusätzlich zu CodeQL bietet GitHub auch GitHub Advanced Security an, mit dem viele Prüfungen Ihrer Repos automatisiert werden können.

Wenn Sie kommerzielle Analysetools prüfen, sollten Sie Tools verwenden, die das Static Analysis Results Interchange Format (SARIF) unterstützen. Weitere Informationen dazu finden Sie hier: *https://sarifweb.azurewebsites.net*. Mit SARIF kann die Ausgabe mehrerer Analysetools in verschiedene Berichts- und All-up-Analysetools eingespeist werden. CodeQL unterstützt SARIF, wie hier beschrieben: *https://azsec.tech/7f2*.

Neben diesen Tools gibt es noch einige andere. Die OWASP bietet eine Liste von Analysetools unter *https://azsec.tech/aww*.

Security Review

In Kapitel 1, »Prozesse für sichere Entwicklungszyklen«, wird die Überprüfung des Sicherheitscodes im Zusammenhang mit agilen Methoden behandelt. Dieser Abschnitt behandelt sie allgemeiner.

Code-Reviews sind für die Sicherheit Ihres Codes entscheidend. Im Laufe der Jahre haben wir einen umfassenden Ansatz für die schnelle Überprüfung von Code entwickelt, der sich auf alles stützt, was wir in diesem Kapitel bisher behandelt haben. Denken Sie daran, dass Sie nur eine begrenzte Zeit für die Überprüfung von Code zur Verfügung haben, daher konzentrieren wir uns hier auf den Code, der am meisten gefährdet ist. Unser Code-Review-Ansatz umfasst diese Schritte:

1. Beziehen Sie sich auf das Bedrohungsmodell, um alle Eintrittspunkte in den Code zu identifizieren, insbesondere diejenigen, die Vertrauensgrenzen überschreiten. Sie sollten in der Lage sein, diese Einstiegspunkte mit einem Codekonstrukt wie einer REST-API, einem WebSocket, einem UDP-Socket und anderen zu verbinden.
2. Ordnen Sie die Einstiegspunkte nach Angriffsfläche, von groß nach klein. Dies ist die Reihenfolge, in der Sie den Code überprüfen, von oben nach unten.
3. Bestimmen Sie am Einstiegspunkt die Daten, die eingehen. Dabei kann es sich um eine JSON-Nutzlast, um Argumente in einer HTTP-Abfragezeichenfolge oder um einen Puffer aus einem Socket handeln. Dies sind die Daten, die Sie sorgfältig auswerten müssen. In der Analysesprache werden sie als *Quelle* oder *Datenquelle* bezeichnet.
4. Verfolgen Sie die Schritte nach, die die Daten aus Schritt 3 im Code durchlaufen. Stellen Sie in jeder Codezeile, in der die Daten verwendet werden, fest, ob das Konstrukt sicher ist. Die Datenverwendung wird als *Senke* bezeichnet. Im Wesentlichen wollen Sie die Daten von

der Quelle bis zu allen Senken verfolgen und dabei sicherstellen, dass die Daten korrekt sind und ordnungsgemäß verwendet werden. Ein korrektes Muster besteht darin, dass Daten in eine Quelle eintreten, so früh wie möglich korrekt validiert werden und von verschiedenen Senken sicher genutzt werden.

Nehmen wir ein einfaches Beispiel mit den folgenden Parametern:

- Bei der Datenquelle handelt es sich um eine JSON-Nutzlast, die Teil eines POST-REST-API-Aufrufs ist.
- Ein Element der JSON-Datei ist eine Zahl – sagen wir eine vorzeichenlose 32-Bit-Ganzzahl namens `'count'`–, die angibt, wie viele Elemente zu bearbeiten sind.
- Der Code verwendet `'count' +1`, um dynamisch einige Objekte zum Speichern von Elementen zuzuweisen. Dies ist die Senke. Die `+1` wird vom Code hinzugefügt, da er ein weiteres Objekt hinzufügen kann.
- Es gibt keine Überprüfung, um den Wert von `'count'` zu beschränken.

Die letzten beiden Punkte sind aus vielen Gründen unsicher. Zum Beispiel:

- Was ist, wenn es sich bei der Zahl nicht um eine Zahl handelt, sondern um den Buchstaben?
- Was ist, wenn die Zahl 1.000.000 ist? Wollen Sie wirklich, dass der Angreifer Ihre Anwendung zwingt, eine Million Objekte zuzuweisen?
- Was ist, wenn die Zahl 4.294.967.296 ist? Der Code wird nicht vier Milliarden Objekte zuweisen. Er wird null zuweisen! Und warum? Weil 2^32 + 1 = 0 ist. Das ist ein Integer-Überlauf-Problem. Ihr Code weist also Platz für null Objekte zu, versucht, Daten in den Speicher zu kopieren, und stürzt ab.

Ein guter Umgang mit fehlerhaften Daten ist sowohl für die Sicherheit als auch für die Robustheit Ihres Codes von entscheidender Bedeutung. Glücklicherweise gibt es eine Möglichkeit, Ihren Code auf fehlerhafte Daten zu testen. Dieser Prozess wird als *Fuzz-Testing* bezeichnet und als Nächstes behandelt.

Ehrlichkeit der Entwickler durch Fuzz-Tests

Zu Beginn des Kapitels haben wir darauf hingewiesen, wie wichtig es ist, Eingaben zu validieren. Dies ist wahrscheinlich die wichtigste defensive Sicherheitsfertigkeit, die ein Entwickler verstehen muss. Wir haben auch definiert, wie die eingehenden Daten aussehen müssen, damit sie von der Anwendung als gültig angesehen werden.

Kehren wir zu unserer Anwendung zur Buchung von Impfterminen zurück. Zur Erinnerung: Die Daten, die von einem Impfzentrum kommen, liegen als CSV-Datei vor, die die folgenden Felder enthält:

```
centerId, date and time, vaccination type, open spots, comment
```

Die Formate für die einzelnen Datenelemente sind wie folgt:

- **centerId** Dies ist die ID des Impfzentrums. Sie ist eine sechsstellige Zahl. Dieses Feld darf nicht leer sein.

- **date and time** Hierfür verwenden Sie das Datums- und Zeitformat ISO 8601. Dieses Feld kann nicht leer sein.
- **vaccination type** Dies ist eine Zeichenfolge, die den Namen eines gültigen Impfstoffherstellers darstellt. Dieses Feld darf nicht leer sein.
- **open spots** Dies ist eine Zahl zwischen 0 und 999. Dieses Feld kann leer sein; wenn es leer ist, ist es gleich 0.
- **comment** Dies ist ein Textfeld, in das ein Mitarbeiter des Impfzentrums einen Kommentar eingeben kann. Dieser Kommentar kann bis zu 200 Zeichen lang sein.

  Die CSV-Datei enthält für jedes Impfzentrum, Datum/Uhrzeit und Impfstoffart eine Zeile.

Wenn Sie wissen, wie korrekte Daten »aussehen« sollen, sollten Sie Tests erstellen, bei denen absichtlich fehlerhafte Daten erzeugt werden und die Anwendung – in diesem Fall eine Azure-Funktions-App – die fehlerhaften Daten verarbeitet, um zu sehen, wie die Funktion reagiert. Wenn die Programmierer robusten Code erstellt haben, sollte die Funktion alle eingehenden Daten verarbeiten, egal ob sie wohlgeformt sind oder nicht.

Verstehen Sie die Azure-Nutzungsregeln

Wenn Sie Ihre Anwendung in Azure testen wollen, müssen Sie die Regeln für die Nutzung verstehen. Andernfalls könnte Ihr Angriffscode als echter Angriff gewertet werden! Bitte lesen Sie dies für weitere Informationen: *https://learn.microsoft.com/azure/security/fundamentals/pen-testing*.

Diese Art von Tests ist nur eine Form von nichtfunktionalen Sicherheitstests und wird oft als *Fuzz-Testing* bezeichnet.

Sie sollten Fuzzing zu Ihren Anwendungstests hinzufügen. Fuzz-Tests sollten Teil Ihres normalen Satzes von Regressions- oder Zuverlässigkeitstests sein. Sie können klein anfangen und die Abdeckung mit der Zeit erhöhen. Aber Sie sollten heute damit beginnen. Stellen Sie einen Plan auf, um Fuzz-Tests so schnell wie möglich in Ihre aktuellen Entwicklungspraktiken aufzunehmen.

Nehmen wir an, dass die Funktion bei Erfolg einen 200-HTTP-Status und bei jeder Art von Fehler einen 401-Status zurückgibt. Nun müssen Sie ein Testgerüst erstellen, das fehlerhafte Daten erzeugt und diese an die Azure-Funktion sendet. Sie haben zwei Möglichkeiten:

- Verwenden Sie ein bereits vorhandenes Fuzzing-Tool.
- Erstellen Sie Ihre eigenen benutzerdefinierten Testfälle.

Es gibt viele Open-Source- und kommerzielle Fuzzing-Tools. Zum Beispiel:

- RESTler von Microsoft (*https://github.com/microsoft/restler-fuzzer*)
- OneFuzz von Microsoft (*https://github.com/microsoft/onefuzz*)
- Burp Suite (*https://portswigger.net/burp*)
- OWASP ZAP (*https://www.zaproxy.org*)
- Googles OSS-Fuzz (*https://github.com/google/oss-fuzz*)
- Peach Fuzz (*https://sourceforge.net/projects/peachfuzz*)
- American Fuzzy Lop (*https://lcamtuf.coredump.cx/afl*)
- LLVM-Compiler-Infrastruktur (*https://llvm.org/docs/LibFuzzer.html*)

Es lohnt sich, einige Zeit darauf zu verwenden, alle diese Tools daraufhin zu prüfen, ob sie für Sie und Ihr Unternehmen von Nutzen sind. Zumindest werden diese Tools Ihnen helfen zu verstehen, wie Fuzzing funktioniert.

In unserem Beispiel laden die Impfzentren ihre CSV-Datei auf ein Azure-Speicherkonto hoch. Von dort wird sie von einer Azure-Funktion über einen Blob-Storage-Kontotrigger gelesen. (Weitere Informationen finden Sie hier: *https://learn.microsoft.com/azure/azure-functions/functions-bindings-storage-blob?tabs=in-process%2Cextensionv5%2Cextensionv3&pivots=programming-language-csharp*.) Es ist diese Datei, die wir fuzzen werden.

Wenn die Azure-Funktion direkt von den Impfzentren über eine API aufgerufen würde, würden wir den API-Endpunkt direkt fuzzen, anstatt eine gefuzzte Datei hochzuladen.

Es gibt zahlreiche Möglichkeiten, Daten zu fuzzen. Hier sind ein paar:

- Erzeugen Sie völlig zufällige Daten.
- Ändern Sie vorhandene Daten.
- Intelligente Bearbeitung von Daten in Kenntnis ihres Formats.

Schauen wir uns jede dieser Methoden anhand unserer Beispiel-CSV-Datei an. Fuzzing ist ein Gebiet, auf dem in der Wissenschaft und in der Branche viel geforscht wird, aber wir wollen die Dinge hier einfach halten.

Verwenden Sie keine Fuzz-Daten aus der Produktion.

Erzeugung völlig zufälliger Daten

Das ist ganz einfach! Erstellen Sie einfach einen zufälligen Satz von Bytes. In unserem Beispiel würden wir wahrscheinlich eine Reihe von Zeilen mit Zufallsdaten erstellen. Der folgende PowerShell-Code erledigt dies:

```
Set-StrictMode -Version latest

function Get-RandomLine {
  param (
    [Parameter(Mandatory)] [int] $len
  )
  $charSet = 'abcdefghijklmnopqrstuvwxyzABCDEFGHIJKLMNOPQRSTUVWXYZ0123456789{]+
-[*=@:)}$^%;(_!&amp;#?>/|.'.ToCharArray()
  $rng = [System.Security.Cryptography.RandomNumberGenerator]::Create()
  $bytes = New-Object byte[]($len)
  $rng.GetBytes($bytes)
  $data = New-Object char[]($len)
  for ($i = 0 ; $i -lt $len ; $i++) {
    $data[$i] = $charSet[$bytes[$i] % $charSet.Length]
  }
  return -join $data
}

$fileName = "appointments.csv"
"" | out-file $filename
$numLines = Get-Random -Minimum 2 -Maximum 20
1..$numLines |% {
  $len = Get-Random -Minimum 10 -Maximum 256
  Get-RandomLine $len | out-file -Append $fileName
}
```

Sie könnten die Variable `$charSet` natürlich ändern, um andere Zeichen einzubeziehen, aber dies ist ein vernünftiger Anfang. Es wird eine Textdatei mit zufälligen Zeilen erstellt. Diese Datei könnte auf das Speicherkonto hochgeladen werden; die Azure-Funktion holt sie dann ab und analysiert sie. Der Funktionscode sollte diese Datei vollständig zurückweisen, da sie syntaktisch nicht korrekt ist, und zwar aus keinem anderen Grund als dem, dass der Code die Zeilen nicht in die fünf diskreten Felder aufteilen kann (es sei denn, eine zufällige Zeile enthält vier Komma-ta, was zwar vorkommen kann, aber unwahrscheinlich ist).

Nun wollen wir das Fuzzing ein wenig intelligenter gestalten. Anstatt zufällige Daten zu erzeugen, sollten wir fünf Felder mit zufälligen Daten erzeugen. Damit sollten wir den Code bestehen können, der die Anzahl der Felder in jeder Zeile überprüft. Wir können den PowerShell-Code wie folgt anpassen:

```
$fileName = "appointments.csv"

"" | out-file $filename

$numLines = Get-Random -Minimum 2 -Maximum 20
$numFields = 5
```

```
1..$numLines |% {
   $line = ""
   1..$numFields |% {
      $len = Get-Random -Minimum 0 -Maximum 64
      $field = Get-RandomLine $len
      $line += ($field + ",")
   }
   $line.TrimEnd(",") | out-file -Append $fileName
}
```

Das Ergebnis ist eine CSV-Datei, die aus einer zufälligen Anzahl von Zeilen besteht, wobei jede Zeile durch Kommas getrennte Zufallszeichen enthält. Dies könnte die Prüfung der Anzahl der Felder überstehen, aber einige Zeilen könnten fehlschlagen, weil das Komma in der Liste der Zufallszeichen enthalten ist und wir daher auch Zeilen erhalten könnten, in denen mehr als vier Kommas vorkommen.

Das funktioniert in einigen Fällen, aber nicht in vielen. Es ist ein schmaler Grat zwischen Daten, die »ein wenig beschädigt« sind, und Daten, die ein völliges Durcheinander darstellen. Die meisten Systeme werden eingehende Daten erkennen, die völlig willkürlich sind. Nochmals: Die CSV-Daten sind wahrscheinlich syntaktisch falsch. Das kriegen wir besser hin!

Mutation vorhandener Daten

Diese Methode ist bei Sicherheitsforschern sehr beliebt, weil sie effektiv ist. Man nimmt einen Korpus gültiger Daten, verändert sie und sendet sie dann an die Anwendung, um zu sehen, wie sie reagiert. Wäre dies zum Beispiel ein REST-Endpunkt, könnten Sie die JSON-Nutzdaten verändern, bevor sie die Leitung erreichen, wo sie dann vom Server konsumiert werden.

Für unser Beispiel müssen wir einen Korpus von Tausenden von gültigen Datenzeilen sammeln oder generieren, die in die CSV-Datei aufgenommen werden. Der Einfachheit halber werden wir mit einer Zeile arbeiten. Zur Erinnerung: Das Format ist wie folgt:

```
centerId, date and time, vaccination type, open spots, comment
```

Wir werden dies verwenden:

```
98722, 2022-03-16T15:50-06:00, PharmaA, 4, These are the last batches of PharmaA
```

Wir haben erwähnt, dass Sie den schmalen Grat zwischen einer leichten Veränderung der Daten und einem völligen Zufall finden wollen. Hier müssen wir einen Schwellenwert festlegen, also nehmen wir kleine Änderungen vor. Beispiele für diese kleinen Änderungen könnten die folgenden sein:

- Einfügen zufälliger Zeichen
- Löschen von zufälligen Zeichen
- Setzen oder Zurücksetzen des High-Bits eines Zeichens
- Byte-Swapping
- Abschneiden der Daten

- Am Ende oder am Anfang der Daten weitere Daten hinzufügen
- Einfügen von Sonderzeichen (zum Beispiel Dateisystem-Sonderzeichen wie \, /, : usw.) oder Zeichenfolgen (zum Beispiel HTML oder SQL)
- Einfügen interessanter Zahlen, wie beispielsweise `2^n - 1`, `2^n + 1`, `0`, `MAX_INT`, `MAX_UINT`

Zum Thema interessante Sonderzeichen gibt es unter *https://azsec.tech/oql* eine »big-list-of-naughty-strings«, die man sich ansehen und nutzen kann.

Der folgende C#-Codeausschnitt nimmt ein Byte-Array (im Konstruktor übergeben, nicht Teil dieses Ausschnitts) und fuzzt das Array, wenn ein Schwellenwert erreicht wird. Zum Beispiel könnten wir nur fünf Prozent der eingehenden Daten fuzzen wollen. Sie müssen herausfinden, wie hoch dieser Schwellenwert für Ihre Daten ist. Der Code führt auch mehrere Durchläufe über die eingehenden Daten durch, sodass eine Zeichenkette mehr als eine Mutation haben kann. Schließlich können Sie einen Zufallszahlen-Seed festlegen, um einen Fehler zu reproduzieren.

```
public SimpleFuzz(int threshold=5, int? seed = null) {
  rnd = seed is null ? new Random() : new Random((int)seed);
  threshold = threshold;
}

public byte[] Fuzz(byte[] input) {
  if (input.Length == 0) return Array.Empty<byte>();
  if (_rnd.Next(0, 100) > _threshold) return Array.Empty<byte>();

  var mutationCount = _rnd.Next(1, 5);

  for (int i = 0; i < mutationCount; i++) {
    if (input.Length == 0) break;

    var whichMutation = _rnd.Next(0, 7);

    int lo = _rnd.Next(0, input.Length);
    int range = _rnd.Next(1, 1+ input.Length / 10);
    if (lo + range >= input.Length) range = input.Length - lo;

    switch (whichMutation)
    {
      case 0: // alle oberen Bits auf 1 setzen
        for (int j = lo; j < lo + range; j++)
          input[j] |= 0x80;
        break;

      case 1; // alle oberen Bits auf 0 setzen
```

```
        for (int j = lo; j < lo + range; j++)
          input[j] &= 0x7F;
        break;

      case 2: // ein Zeichen auf zufälligen Wert setzen
        input[lo] = (byte)_rnd.Next(0, 256);
        break;

      case 3: // interessante Zahlen einfügen
        byte[] interesting = new byte[] { 0, 1, 7, 16, 15, 63, 64, 127, 128, 255 };
        input[lo] = interesting[_rnd.Next(0,interesting.Length)];
        break;

      case 4: // Bytes swappen
        for (int j = lo; j < lo + range; j++) {
          if (j + 1 < input.Length)
            (input[j + 1], input[j]) = (input[j], input[j + 1]);
        }
        break;

      case 5: // Bereiche der Daten entfernen
        input = _rnd.Next(100) > 50 ? input[..lo] : input[(lo + range)..];
        break;

      case 6: // bestimmte Zeichen aus Pfad-/Dateinamen ergänzen
        var fname = new string[] { "\\", "/", ":", ".."};
        int which = _rnd.Next(fname.Length);
        for (int j = 0; j < fname[which].Length; j++)
          if (lo+j < input.Length)
            input[lo+j] = (byte)fname[which][j];
        break;

      default:
        break;
    }
  }
  return input.ToArray();
}
```

Abbildung 9-7 zeigt einen Teil des Fensters *Locals* in Visual Studio, und Sie können sehen, dass die eingehende Zeichenkette namens `data` in der Variablen `res` teilweise beschädigt wurde. Ein Teil des ersten Feldes wurde entfernt, ein Teil des zweiten Feldes sieht so aus, als ob das obere Bit gesetzt ist, und einige Teile des letzten Feldes wurden umgedreht.

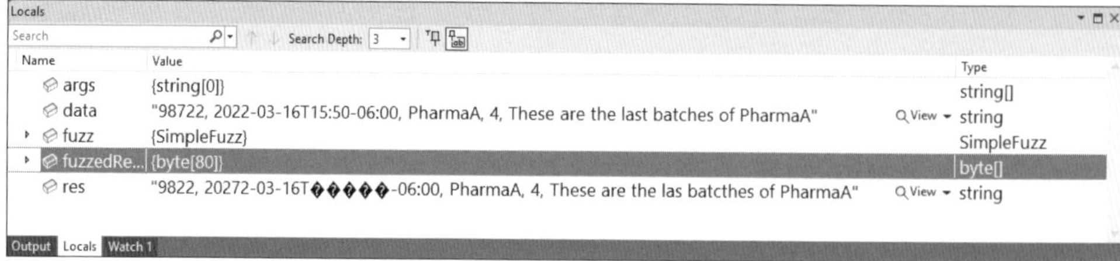

Abbildung 9-7 Ein Beispiel für eine gefuzzte Zeile in der CSV-Beispieldatei

Wie Sie sehen können, ist das Fuzzing viel subtiler als die vorherigen Methoden, bei denen Zufallsdaten verwendet werden. Das Ziel von subtilerem Fuzzing ist es, nach Möglichkeit eine größere Codeabdeckung zu erreichen.

Dieses Fuzzing-Codebeispiel ist im GitHub-Repository des Buches unter *https://github.com/AzureDevSecurityBook* verfügbar.

Intelligente Manipulation von Daten in Kenntnis ihres Formats

Die letzte Art von Fuzzing besteht darin, dass die Fuzzing-Logik das Datenformat versteht – zum Beispiel, wenn Sie einen benutzerdefinierten Grafikparser haben, der PNG-Bilddateien (Portable Network Graphics) verarbeitet. Das Verstehen des Datenformats ist für einige Datentypen wichtig, denn wenn die Logik das Format und die Struktur der Datei versteht, kann sie chirurgische Änderungen an einer Datei vornehmen. Eine PNG-Datei enthält Elemente wie X- und Y-Dimensionen, Farbtiefe usw., die auf intelligente Art und Weise verändert werden können, zum Beispiel durch die folgende Methode:

- Einstellung von X oder Y auf negative Zahlen
- Einstellen von X oder Y auf alphabetische Zeichen
- Einstellung von X oder Y auf riesige Werte
- Einstellen der Farbtiefe auf verrückte Werte

Am wichtigsten ist vielleicht, dass PNG-Dateien auch Prüfsummen enthalten. Wenn Ihr Code zufällige Daten in die Datei einfügt, werden die Prüfsummen der Datei falsch sein, und der Code, den Sie zu fuzzen versuchen, wird die Datei schnell zurückweisen, bevor sie weiter in den Code gelangt. Das bedeutet, dass die Prüfsummen nach dem Fuzzing der Datei neu berechnet werden müssen.

Fuzzing von APIs

Wir möchten diesen Abschnitt mit einem weiteren wichtigen Thema abschließen: Fuzzing von APIs. Heutzutage sind exponierte APIs ein häufiges Ziel von Angriffen. Dabei kann es sich sowohl um Schwachstellen auf Code-Ebene als auch um Designprobleme wie fehlende Authentifizierung oder Autorisierung und mehr handeln. Eine Website, APIsecurity.io (*https://apisecurity.io*), ist eine ausgezeichnete Quelle, um mehr über echte API-Schwachstellen in der realen Welt zu erfahren.

Untersuchungen von Akamai zeigen, dass 25 Prozent des gesamten Datenverkehrs aus API-Verkehr besteht. Sie können die erschreckenden Details hier lesen: ***https://azsec.tech/jd8.***

Sie sollten Sicherheitstests für Ihre APIs durchführen – zum Beispiel für die, die von Azure-Funktions-Apps, Azure App Service oder in Node.js geschriebenem Code, der in einem Container ausgeführt wird, bereitgestellt werden. Fuzzing ist eine Art von Test; Sie können die oben erläuterten Praktiken und Ideen auch auf APIs anwenden. Wenn eine API beispielsweise die HTTP-GET-Methode verwendet, um eine Ressource zu lesen, können Sie Parameter im Abfrage-String verfälschen. Oder wenn Sie eine Ressource per POST erstellen, können Sie die JSON- oder XML-Nutzdaten im HTTP-Body beschädigen.

Angenommen, unsere Impfbuchungsanwendung verwendet einen HTTP POST API-Aufruf mit einer JSON-Nutzlast, anstatt eine Datei auf Azure hochzuladen. Eine Anfrage könnte etwa so aussehen:

```
{
   "centerId" : "98722"",
   "date_time" : "2022-03-16T15:50-06:00",
   "vaccination_type" : "PharmaA",
   "open_spots" : "4",
   "comment" : "These are the last batches of PharmaA"
}";
```

Natürlich wird die Nutzlast wahrscheinlich mehr als ein Element enthalten, aber wir wollen die Dinge einfach halten. Ihre Fuzzing-Logik könnte die gleiche Taktik auf diese Nutzlast anwenden, aber durch Manipulation der Felder der JSON-Datei.

Seien Sie vorsichtig beim Fuzzing von Dateien wie JSON und XML. Wahrscheinlich wollen Sie nicht die Struktur der Datei fuzzen – zum Beispiel das Ersetzen der öffnenden { durch einen zufälligen Wert –, weil die Beschädigung der Struktur der JSON-Datei nicht über den JSON-Parser hinausgeht, geschweige denn an den Code gelangt, den Sie wirklich testen wollen!

Der folgende Code ist eine Aktualisierung des vorangegangenen Codes, der eine JSON-Datei verarbeiten kann:

```
public byte[] Fuzz(JsonDocument doc) {
  byte[] fuzzResult = Array.Empty<byte>();
  using var stream = new MemoryStream();
  using (var writer = new Utf8JsonWriter(stream)) {
    writer.WriteStartObject();
    foreach (var elem in doc.RootElement.EnumerateObject()) {
      writer.WritePropertyName(elem.Name);
      byte[] fuzzed = Fuzz(elem.Value.ToString());
      writer.WriteStringValue(fuzzed.Length > 0
         ? System.Text.Encoding.UTF8.GetString(fuzzed)
         : elem.Value.GetRawText().Trim('"'));
```

```
        }
        writer.WriteEndObject();
        writer.Flush();

        fuzzResult = stream.GetBuffer();
    }
    return fuzzResult;
}
```

Abbildung 9-8 zeigt 15 Durchläufe des vorangegangenen Codes. Wie Sie sehen können, weist jede Zeile eine oder mehrere subtile Änderungen auf. Jede Zeile stellt denselben Ausgangstext dar, aber die Mutationen sind bei jedem Durchlauf anders. Fragen Sie sich, ob Ihr API-Code all diese JSON-Zeilen verarbeiten kann, ohne abzustürzen.


```
{"centerId":"98722","date_time":"2022-03-16T15:50-06:00","vaccination_type":"PharmaA","open_spots":"\\","comment":"These are the last batches of PharmaA"}
{"centerId":"98722","date_time":"2022-03-16T15:50-06:00","vaccination_type":"PharmaA","open_spots":"4","comment":"These are the last batches of PharmaA"}
{"centerId":"98722","date_time":"2022\u002203-16T15::0-06\u000100","vaccination_type":"PharmaA","open_spots":"4","comment":"These are the last batches of /\uFFFD\uFFFD\uFF
FDmaA"}
{"centerId":"98722","date_time":"2022-03-16T15:50-06:00","vaccination_type":"PharmaA","open_spots":"4","comment":"These are the last batches of PharmaA"}
{"centerId":"\u00102","date_time":"2022-03-16T15:50-06:00","vaccination_type":"PharmaA","open_spots":"4","comment":"These are the last batches of PharmaA"}
{"centerId":"98722","date_time":"2022-03-16T15:50-06:00","vaccination_type":"PharmaA","open_spots":"4","comment":"These are the last b\u000Ftc\uFFFDes of PharmaA"}
{"centerId":"\uFFFD\uFFFD282","date_time":"2022-03-16T15:50-\uFFFD\uFFFD:00","vaccination_type":"PharmaA","open_spots":"4","comment":"These are the last batc\uFFFDes of Pa
rmhaA"}
{"centerId":"98722","date_time":"2\u007F22-03-16T15:50-06:00","vaccination_type":"PharmaA","open_spots":"4","comment":"These are the last batches of PharmaA"}
{"centerId":"98722","date_time":"2022-03-16T15:50-06:00","vaccination_type":"PharmaA","open_spots":"4","comment":"These are the last batches of PharmaA"}
{"centerId":"98722","date_time":"2022-0\u000F-16T15:05-06:\uFFFD6","vaccination_type":"PharmaA","open_spots":"4","comment":"These are the last batches of PharmaA"}
{"centerId":"98722","date_time":"2022-03-16T15:50-06:00","vaccination_type":"PharmaA","open_spots":"4","comment":"These are the last batches of PharmaA"}
{"centerId":"98722","date_time":"2022-03-16T15:50-06:00","vaccination_type":"PharmaA","open_spots":"4","comment":"These are the last batches of PharmaA"}
{"centerId":"9/272","date_time":"2022-0\uFFFD-16T15:5006-:0\u0011","vaccination_type":"PharmaA","open_spots":"4","comment":"These are the last batches of PharmaA"}
{"centerId":"98722","date_time":"2022-03-16\uFFFD15:50-06:00","vaccination_type":"PharmaA","open_spots":"\uFFFD","comment":"These are the last batches of PharmaA"}
{"centerId":"98722","date_time":"2022-0..16T15:50-06:00","vaccination_type":"Pharm","open_spots":"4","comment":"These are the last batches of PharmaA"}
{"centerId":"98\uFFFD22","date_time":"\uFFFD022-03-1\uFFFDT51:\u00010-06:00","vaccination_type":"Pha","open_spots":"4","comment":"These are the last batches of PharmaA"}
{"centerId":"98\u007F7\\","date_time":"2022-03-16T15:50-06:00","vaccination_type":"Pharm\uFFFDA","open_spots":"4","comment":"These aer the \uFFFD\uFFFDst batches of Pharma
A"}
{"centerId":"98722","date_time":"2022-03-16T15:50-06:00","vaccination_type":"...rma\uFFFD","open_spots":"4","comment":"ra\uFFFDA"}
{"centerId":"98722","date_time":"2022-\u007F3-16T15:\b0-06:00","vaccination_type":"PharmaA","open_spots":"4","comment":"These are the \uFFFDast batches of7PharmaA"}
{"centerId":"98722","date_time":"2022-03-16T15:50-06:00","vaccination_type":"PharmaA","open_spots":"4","comment":"These are the last batches of PharmaA"}
{"centerId":"98\uFFFD22","date_time":"2022-03-16T15:50-06:00","vaccination_type":"PharmaA","open_spots":"4","comment":"These are the last batches of PharmaA"}
{"centerId":"87?2","date_time":"2022-03-16T15\uFFFD\uFFFD0-06:00","vaccination_type":"Ph\uFFFDrm\uFFFDA","open_spots":"4","comment":"These are the last batches of PharmaA"
}
{"centerId":"98722","date_time":"2022-03-16T15:50-06:00","vaccination_type":"Pha\uFFFDmaA","open_spots":"4","comment":"These are the last batches of PharmaA"}
{"centerId":"98722","date_time":"2022-03-16T15:50-06:00","vaccination_type":"PharmaA","open_spots":"4","comment":"These are the last batches of PharmaA"}
```


Abbildung 9-8 Die Ausgabe von 15 Durchläufen des JSON-Fuzzers

Ein letzter Hinweis: Sie müssen auf der Code-Ebene erkennen, wenn die Anwendung die eingehenden Daten nicht verarbeiten kann. In der Vergangenheit haben Sie einen Debugger eingesetzt und die Debugausgaben protokolliert, aber in Azure sollten Sie Application Insights verwenden, um die API oder den Code zu überwachen, während er auf eingehende unangenehme Daten reagiert.

Wenn Sie eine allgemeine API-Anleitung benötigen, sehen Sie unter *https://azsec.tech/l4m* nach.

Falls zutreffend, müssen Sie auch Ihre IoT-REST-APIs testen. APIs sind nicht nur ein »Cloud-Ding«!

Andere Möglichkeiten zur Sicherung von REST-APIs

Sie sollten in Erwägung ziehen, Ihre APIs hinter einer Firewall oder Web Application Firewall (WAF) und einer Art API-Verwaltungsgateway zu platzieren. Nichts davon kann unsicheren Code kompensieren, aber sie können zusätzliche Verteidigungsschichten hinzufügen, um Angriffe abzuwehren. Natürlich bedeuten mehr Verteidigungsschichten auch mehr zu verwaltende Tools, weshalb Sie einen guten, sicheren Mittelweg finden müssen!

Starke Authentifizierung und Autorisierung sind entscheidend für die Sicherung von REST-APIs. Die gängigsten sind OpenID Connect und OAuth 2.0, die in Kapitel 5, »Identität, Authentifizierung und Autorisierung«, behandelt werden. Einige Kunden verwenden API-Schlüssel, um den Zugriff auf ihre REST-Endpunkte einzuschränken, aber das bedeutet, dass API-Benutzer die Zugriffsschlüssel sicher speichern müssen. Wenn Sie sich für diesen Weg entscheiden, sorgen Sie dafür, dass Ihre Benutzer wissen, wie sie die Schlüssel schützen müssen, und dass Sie eine Möglichkeit haben, sie zu widerrufen oder zeitlich zu begrenzen. Ein Beispiel für ein Token, das von Azure verwendet wird, ist das SAS-Token (Shared Access Signature), das ein eingebautes Ablaufdatum besitzt. Beispielcode für SAS-Token ist hier verfügbar: *https://learn.microsoft.com/rest/api/eventhub/generate-sas-token*.

Wenn Sie jemals eine Struktur benötigen, um zu wissen, was bei REST-APIs getestet werden sollte, sollten Sie das POISED-Modell in Betracht ziehen. POISED ist ein Akronym für Folgendes:

- **Parameter** Der Bereich der an die API übergebenen Parameter
- **Output/Ausgabe** Validierung der richtigen Ausgaben für gute und schlechte Parameter
- **Interoperabilität** Sicherstellung der Konsistenz mit anderen Dienst-APIs und anderen Aufrufen
- **Security (Sicherheit)** Aufrechterhaltung des Zugriffs und der Autorisierung für API-Aufrufe
- **Error/Fehler** Fehler klar und genau melden
- **Daten** Umgang mit Datenstrukturen und realen Daten in angemessener Weise und mit dem richtigen Timing

Applitools (*https://azsec.tech/hf8*) gibt einen guten Überblick über das POISED-Modell, ebenso wie dieses Video von Amber Race, die das Konzept entwickelt hat: *https://azsec.tech/g6b*.

Zusammenfassung

Wir können nicht genug betonen, wie wichtig es ist, dass Ihr Code alle eingehenden Daten validiert. Wie wir es im Zusammenhang mit Zero Trust formulieren: »Explizit überprüfen.« Die meisten Sicherheitsschwachstellen sind Probleme des Vertrauens in die Eingabe.

Informieren Sie sich über die OWASP Top 10 und bleiben Sie auf dem Laufenden über die Sicherheitsschwachstellen in der Branche. Lesen Sie den OWASP Testing Guide unter *https://azsec.tech/fcr* und lernen Sie daraus. Nutzen Sie auch die statische und dynamische Analyse, die in Ihren Entwicklungstools verfügbar ist, wo immer dies möglich ist.

Fuzz-Testing ist eine Form der dynamischen Analyse. Es ist eine nützliche Technik zum Testen von Code, der Dateien verbraucht, und von Code, der APIs offenlegt. Selbst »leichtes« Fuzzing ist eine großartige Testmöglichkeit, damit Ihr Code angesichts nicht wohlgeformter (oder auch bewusst bösartiger) Eingaben widerstandsfähig ist.

Wie in Kapitel 1 näher erläutert, muss sich jemand in Ihrem Unternehmen über neue Schwachstellen, Exploits und Schutzmaßnahmen auf dem Laufenden halten, damit Ihr Code mit Blick auf die neuesten Bedrohungen entwickelt wird. Dies ist eine wichtige Aufgabe!

KAPITEL 10

Kryptografie in Azure

Am Ende dieses Kapitels

- können Sie kryptografische Schlüssel absichern.
- wissen Sie, wie Sie Azure Key Vault sicher einsetzen.
- verstehen Sie die Unterschiede zwischen Azure Key Vault und verwaltetem HSM.
- können Sie kryptografische Maßnahmen zum sicheren Schutz von ruhenden Daten einsetzen.
- erstellen Sie Code, der Krypto-agil ist.
- können Sie das Microsoft Data Encryption SDK verwenden.
- sind Sie in der Lage, Kryptografie in verschiedenen Azure-Diensten zu nutzen.
- verstehen Sie die Grundlagen von Always Encrypted in Azure SQL DB und Cosmos DB.
- können Sie TLS-Verbindungen verwenden, durchsetzen und auf Compliance prüfen.

Das Wort *Kryptografie* kommt aus dem Griechischen und bedeutet »Geheimschrift«. Sie ist ein Teilgebiet der Informationssicherheit, das mathematische Algorithmen verwendet, um Sicherheitsfunktionen wie Geheimhaltung, Integrität und Authentifizierung zu gewährleisten.

Dieses Kapitel ist umfangreich, dicht und sehr technisch. Es setzt voraus, dass Sie ein grundlegendes Verständnis der verschiedenen in der Kryptografie verwendeten Grundlagen haben. Sie müssen nicht all diese Grundlagen im Detail kennen, aber ein Verständnis der Rolle, die sie beim Entwurf sicherer Lösungen spielen, ist wichtig. Falls Sie eine Auffrischung benötigen, finden Sie in Anhang A, »Grundlegende kryptografische Techniken«, einen kurzen Überblick über diese Grundlagen.

Wenn wir *Krypto* schreiben, meinen wir *Kryptografie*, nicht digitale Währungen wie Ethereum, Bitcoin, Litecoin und Dogecoin.

Sie müssen das Material in diesem Kapitel nicht von Anfang bis Ende lesen; da das Kapitel hauptsächlich aus Abschnitten besteht, die für sich alleine stehen, kann es von verschiedenen Personen in unterschiedlichen Rollen in beliebiger Reihenfolge gelesen werden.

Aus der Designperspektive ist das wichtigste Thema in diesem Kapitel der Schutz kryptografischer Schlüssel. Dazu gehört auch ein gewisses Wissen über die Feinheiten von Azure Schlüsseltresoren – insbesondere für Leser, deren Fachgebiet die Architektur ist. Daher ist mehr als ein Drittel dieses Kapitels der Sicherung von Schlüsseln und der korrekten Verwendung von Schlüsseltresoren gewidmet. Der nächste Abschnitt, »Kryptografische Agilität«, ist ein Muss für

Entwickler, da er das Microsoft Data Encryption SDK behandelt. Im darauf folgenden Abschnitt wird erörtert, wie verschiedene Azure-Dienste Kryptografie für ruhende Daten (data at rest) verwenden. Dieser Abschnitt sollte von Architekten gelesen werden. Schließlich wird das Kapitel mit einer ausführlichen Erörterung von Transport Layer Security (TLS) in Azure abgeschlossen. Dies ist wichtig, wenn Sie sich für die TLS-Protokollversionen und für Ciphersuiten interessieren. Eine *Ciphersuite* (auch *Verschlüsselungssammlung* oder *Suite kryptografischer Algorithmen* genannt) ist eine Kombination von kryptografischen Algorithmen, die zusammen verwendet werden, um eine Kombination aus Authentifizierung, Schlüsselaustausch oder Schlüsselvereinbarung, Geheimhaltung und Manipulationserkennung zu bieten.

Eine Wahrheit über Sicherheit

Vielleicht haben Sie schon einmal den Satz gehört: »Sicherheit ist nur so stark wie das schwächste Glied.« Dies ist jedoch nicht immer wahr. Kryptografische Kontrollen sind ein Beispiel für einen technischen Kontrollmechanismus, der Schwächen an anderer Stelle in einer Lösung ausgleichen kann. Es gibt einen Grund, warum viele Gegen- und Abwehrmaßnahmen als kompensierende Maßnahmen bezeichnet werden.

Praktische Erfahrungen: Kryptografie und Komplexität

Man kann eine Lösung nicht einfach mit Kryptografie »bewerfen« und hoffen, dass sie funktioniert. Die Implementierung von kryptografischen Kontrollmechanismen kann schwierig sein und fügt einer Lösung oft eine erhebliche Komplexitätsebene hinzu. Manche Anwendungen funktionieren sogar überhaupt nicht, wenn kryptografische Schutzmechanismen eingesetzt werden. Dies ist bei einigen Arten von »Lift-and-Shift«-Lösungen üblich; sie funktionieren einfach nicht mit verschlüsselten Daten. Ein Beispiel hierfür wäre eine Berichtslösung, die verschlüsselte Daten in einer Datenbank nicht lesen kann.

Schauen wir uns ein Szenario an, das den Wert kryptografischer Schutzmaßnahmen verdeutlicht. Stellen Sie sich das folgende Szenario vor, in dem ein Angreifer:

1. Einen offenen Port auf Ihrer Firewall findet
2. Eine offene Route durch eine Netzwerksicherheitsgruppe (NSG) findet
3. In eine virtuelle Maschine wechselt
4. Eine verschleierte Nutzlast in die VM schmuggelt
5. Ihr Anti-Malware-Programm umgeht
6. Einen übergeordneten Prozess beeinträchtigt
7. Die Nutzlast zum Lesen von Dateien verwendet
8. Die Dateiberechtigungen umgeht, da der kompromittierte Prozess über erhöhte Berechtigungen verfügt
9. Ihr System zur Verhinderung von Datenverlusten umgeht und die Dateien exfiltriert

Stellen Sie sich nun aber vor, dass die exfiltrierten Dateien angemessen verschlüsselt sind. Das heißt, sie verfügen über eine sichere Schlüsselverwaltung, eindeutige Schlüssel und/oder Initialisierungsvektoren (IV) pro Datei, einen modernen, auf Standards basierenden kryptografischen Algorithmus, den richtigen Blockchiffriermodus und Padding. Der Angreifer konnte also mehr als ein halbes Dutzend Abwehrmechanismen umgehen, aber das Ergebnis war für ihn nutzlos. Die Kryptografie kompensierte alle anderen fehlgeschlagenen Verteidigungsmaßnahmen. In einer Zero-Trust-Welt ist dies ein großartiges Beispiel für den richtigen Einsatz von Kryptografie zur Unterstützung einer Assume-Breach-Mentalität, bei der man immer davon ausgeht, dass ein Angreifer irgendwann einmal alle Verteidigungslinien überwindet.

In diesem konstruierten Szenario könnte der übergeordnete Prozess natürlich Zugang zu den kryptografischen Schlüsseln gehabt haben. Aus diesem Grund müssen Sie diese Schlüssel immer absichern. Das Absichern von kryptografischen Schlüsseln wird als Nächstes behandelt.[1]

Was sind Schlüssel?

Wenn es in diesem Kapitel um Schlüssel geht, meinen wir kryptografische Schlüssel. Diese unterscheiden sich von den von einigen Azure-Diensten eingesetzten Schlüsseln, die sich auf Werte beziehen, die für die Authentifizierung und/oder Autorisierung verwendet werden. Einige Azure-Speicherkonten nutzen beispielsweise Zugriffsschlüssel; in diesem Fall wäre der Begriff »Zugriffstoken« wahrscheinlich weniger zweideutig. Abgesehen davon gelten viele Abschnitte dieses Kapitels, die sich auf Schlüssel beziehen, auch für Geheimnisse und Zertifikate.

Schlüssel absichern

Es geht immer um die Schlüssel! Bei der Prüfung eines Bedrohungsmodells, bei dem einige Daten verschlüsselt sind, sollten Sie immer fragen: »Wo werden die Schlüssel gespeichert?«, und anschließend diese Frage folgen lassen: »Und wie sind sie geschützt?«

Bei Azure ist die richtige Antwort auf die Frage, »Wo werden die Schlüssel gespeichert?«, Azure Key Vault. Key Vault ist ein fantastischer Dienst: Er ist kostengünstig, hochverfügbar, bietet starke Autorisierungsrichtlinien und ermöglicht Überwachung. Key Vault ist auch eine Möglichkeit, um Ihre Schlüssel, Geheimnisse und Zertifikate zentral zu verwalten.

---

1. Anmerkung des Übersetzers: Während der Arbeiten an der deutschen Ausgabe dieses Buches (Juli 2023) erschienen verschiedene Medienberichte darüber, dass es Hackern gelungen ist, einen Signaturschlüssel von Microsoft zu stehlen. Mit diesem Master Key war es dann möglich, auf E-Mails von bei Microsoft gehosteten Konten zuzugreifen. Die genaueren Hintergründe dieses Angriffs und der Schwachstelle sind derzeit noch nicht ganz klar. Verwenden Sie die bevorzugte Suchmaschine und suchen Sie nach »Microsoft Signaturschlüssel gestohlen«, wenn Sie an aktuellen Informationen interessiert sind. Dies ist ein Beispiel dafür, dass es äußerst wichtig ist, Ihre Schlüssel gut abzusichern und dass sich der Assume-Breach-Ansatz bewahrheitet, bei dem es einem Angreifer irgendwann gelingt, auch ausgeklügelte Schutzmaßnahmen zu durchbrechen.

Die Sicherung von Schlüsseln ist jedoch komplexer als die einfache Verwendung eines Schlüsseltresors. Das liegt daran, dass Key Vault ein kryptografisches Problem in ein Autorisierungsproblem verwandelt. Einer der gängigsten Autorisierungsmechanismen in Azure ist die rollenbasierte Zugriffssteuerung (RBAC), und es ist zwingend erforderlich, dass Sie eine starke RBAC-Richtlinie für Ihre Key Vault-Assets einsetzen.

Fast die Hälfte dieses Kapitels ist Azure Key Vault gewidmet, da er eine entscheidende Rolle bei der Erstellung sicherer Lösungen spielt. Ein grundlegendes Verständnis von Key Vault ist wichtig, daher sollten Sie diesen Abschnitt nicht auslassen!

Die Verwendung kryptografischer Grundlagen oder kryptografischer Dienste ist einfach, die Schlüsselverwaltung ist schwierig.

Schlüssel, Geheimnisse und Zertifikate

Sie können in Azure Key Vault Schlüssel, Geheimnisse und Zertifikate speichern. Bei den Schlüsseln in einem Schlüsseltresor handelt es sich um asymmetrische RSA- oder elliptische Kurven-Schlüssel. Geheimnisse können SQL Server-Verbindungszeichenfolgen oder Konfigurationsdaten bis zu einer Länge von 26 KB sein. Zertifikate sind nicht einfach nur Zertifikate; wenn Sie ein Zertifikat speichern, speichern Sie das Zertifikat und den zugehörigen privaten Schlüssel. Das ist sinnvoll; Zertifikate müssen nicht sicher gespeichert werden, da sie keine vertraulichen Daten enthalten. Außerdem sind Zertifikate digital signiert, weshalb sie nicht gefälscht werden können. Obwohl sich dieses Kapitel hauptsächlich mit Schlüsseln beschäftigt, gilt ein Großteil des Inhalts auch für Zertifikate und Geheimnisse.

Schlüssel im Schlüsseltresor

Wie bereits erwähnt, handelt es sich bei den Schlüsseln in einem Schlüsseltresor um RSA-Schlüssel oder Schlüssel, die auf elliptischen Kurven basieren. Aber was ist mit symmetrischen Schlüsseln, wie beispielsweise Advanced Encryption Standard (AES)-Schlüsseln? Key Vault kann AES-Schlüssel als Geheimnisse speichern, aber Key Vault weiß nicht, dass es sich um AES-Schlüssel handelt. Schlüsseltresor kann kryptografische Operationen (wie Signieren, Entschlüsseln und Entpacken) innerhalb des Schlüsseltresors durchführen, aber Key Vault kann nicht mit AES-Schlüsseln verschlüsseln oder entschlüsseln. Ein anderes Mitglied der Key Vault-Familie, verwaltetes HSM (Hardwaresicherheitsmodul), kann jedoch AES-Schlüssel in Hardware speichern und auch kryptografische Operationen damit durchführen. Verwaltetes HSM wird weiter hinten in diesem Kapitel behandelt.

> **Praktische Erfahrungen: Tags und Schlüssel**
>
> Viele Kunden, mit denen wir zusammengearbeitet haben, kennzeichnen Assets in Key Vault, darunter auch Schlüssel, mit Eigentümerinformationen, wodurch es einfach ist, herauszufinden, welchem Team ein Schlüssel gehört und wer die Hauptkontaktperson ist. Mehr über Tags erfahren Sie hier: *https://learn.microsoft.com/azure/azure-resource-manager/management/tag-resources*.

Zugriffssteuerung und Azure Key Vault

Wir können es nicht oft genug betonen: Die Anwendung der richtigen RBAC-Richtlinie auf Key Vault-Assets ist entscheidend und kann den Unterschied zwischen einem sicheren und einem unsicheren System ausmachen.

Der erste Schritt bei der Zuweisung einer geeigneten Zugriffsrichtlinie besteht darin, einen Autorisierungsmodus zu wählen. Key Vault verfügt über zwei Berechtigungsmodelle:

- Tresorzugriffsrichtlinie
- Rollenbasierte Azure-Zugriffssteuerung

Sie können diese beiden Optionen beim Einrichten eines Schlüsseltresors im Azure-Portal unter *Berechtigungsmodell* sehen (siehe Abbildung 10-1).

Abbildung 10-1 Die beiden Berechtigungsmodelle für den Zugriff auf der Datenebene beim Erstellen eines Schlüsseltresors

Schauen wir uns die beiden Berechtigungsmodelle im Detail an.

Tresor-Zugriffsrichtlinienmodell

Das Zugriffsrichtlinienmodell ist das klassische Zugriffsmodell, das bei der ersten Veröffentlichung von Key Vault eingeführt wurde. Es ist ein einfaches Modell. Kurz, mit dem Zugriffsrichtlinienmodell werden die Berechtigungen auf der Ebene des Stammschlüssels, des Geheimnisses und des Zertifikats angewendet, und alle Schlüssel, Geheimnisse und Zertifikate unterhalb ihrer Wurzeln haben dieselbe Zugriffsrichtlinie. Das ist einfach zu verstehen und zu verwalten, aber es bedeutet, dass Sie keine unterschiedlichen Zugriffsrichtlinien für zwei Schlüssel oder zwei Geheimnisse durchsetzen können.

Bei der Verwendung des Zugriffsrichtlinienmodells wenden Sie eine Zugriffsrichtlinie an, indem Sie einen Prinzipal (zum Beispiel einen Microsoft Entra ID-Benutzer oder eine Gruppe) oder eine verwaltete Identität auswählen und dann eine oder mehrere Berechtigungen konfigurieren. Um die Auswahl der geeigneten Berechtigungen zu beschleunigen, können Sie eine vordefinierte RBAC-Vorlage verwenden. Dies ist nicht erforderlich, aber oft ein nützlicher Ausgangspunkt. Sie können auch mit einer Vorlage beginnen und nach Bedarf Berechtigungen hinzufügen oder entfernen. Abbildung 10-2 zeigt die Auswahl eines bestimmten Prinzipals – in diesem Fall die verwaltete Identität eines Prozesses (beispielsweise eine Azure-Funktion oder eine VM, die eine verwaltete Identität nutzt) namens SalesAppOnline – und sechs Schlüsselberechtigungen.

In diesem Beispiel ist die vollständige Liste der Schlüsselberechtigungen wie folgt:

- Abrufen (Get)
- Auflisten (List)
- Entschlüsseln (Decrypt)
- Verschlüsseln (Encrypt)
- Schlüssel entpacken (Unwrap)
- Schlüssel packen (Wrap)

Diese Prozessidentität (eine verwaltete Identität), SalesAppOnline, kann alle Schlüssel lesen und auflisten sowie vier kryptografische Operationen mit allen Schlüsseln durchführen (verschlüsseln, entschlüsseln, Schlüssel packen und entpacken). Wir möchten das Wort *alle* in diesem Berechtigungsmodell betonen; die Zugriffsgranularität ist alle Schlüssel oder alle Geheimnisse oder alle Zertifikate.

GRANULARITÄT DER TRESORZUGRIFFSRICHTLINIE

Wenn Sie eine Tresorzugriffsrichtlinie verwenden, können Sie die Zugriffsrichtlinie nicht für einen einzelnen Schlüssel, ein einzelnes Geheimnis oder ein einzelnes Zertifikat festlegen. Die Zugriffsrichtlinie gilt für alle Schlüssel, Geheimnisse und Zertifikate. Wenn eine Rolle Lesezugriff auf einen Schlüssel hat, hat diese Rolle Lesezugriff auf alle Schlüssel.

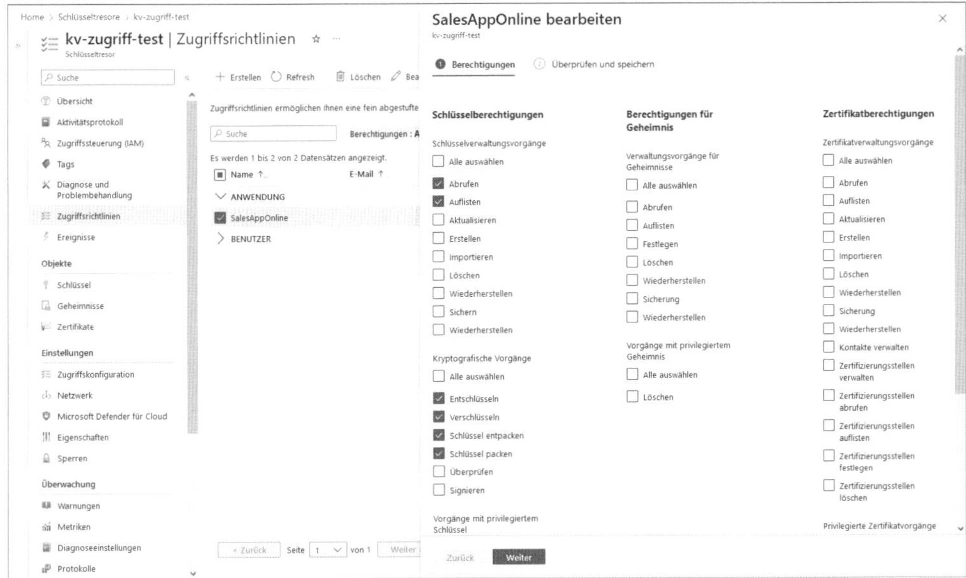

Abbildung 10-2 Einrichten einer Zugriffsrichtlinie für einen Key Vault

Wenn in diesem Beispiel der Prozess, der unter dieser Identität läuft, versucht, eine andere Operation durchzuführen, wie beispielsweise das Löschen eines Schlüssels oder eine Operation mit den vorhandenen Geheimnissen oder Zertifikaten, schlägt die Operation fehl.

Operationen wie Entschlüsseln, Entpacken und Signieren – die den privaten Schlüssel des Paares aus privatem und öffentlichem Schlüssel verwenden – werden von Key Vault ausgeführt. Wenn es sich bei den Schlüsseln um Hardwareschlüssel handelt (Schlüsseltypen mit der Endung -HSM), werden die kryptografischen Operationen in der Hardware ausgeführt.

Verschlüsseln, Packen und Verifizieren von Vorgängen

Da bei diesen Vorgängen die öffentliche Komponente eines asymmetrischen Schlüsselpaars verwendet wird, gibt es kein Geheimnis. Das bedeutet, dass die Operation nicht in Key Vault durchgeführt werden muss. Aus Leistungsgründen können diese Operationen im Clientcode ausgeführt werden. Wir haben uns hiermit in dem Blogbeitrag »The Curious Case of the 'Un-Enforced' Azure Key Vault RBAC Policy« befasst, den Sie unter *https://azsec.tech/6la* finden.

Get-Vorgänge

Get-Vorgänge (Abrufen) für Schlüssel geben nicht den privaten Schlüssel des RSA- oder Elliptikkurven-Schlüsselpaars zurück. Get-Operationen geben nur den öffentlichen Schlüssel und Metadaten über den Schlüssel zurück. Der private Schlüssel verlässt den Schlüsseltresor nicht, er kann aber gesichert werden. In diesem Fall wird er mit Schlüsseln verschlüsselt, die gemeinsam von Key Vaults in Ihrem Abonnement genutzt werden.

Abbildung 10-3 zeigt, wo das Berechtigungsmodell *Tresorzugriffsrichtlinie* im Azure-Portal festgelegt werden kann.

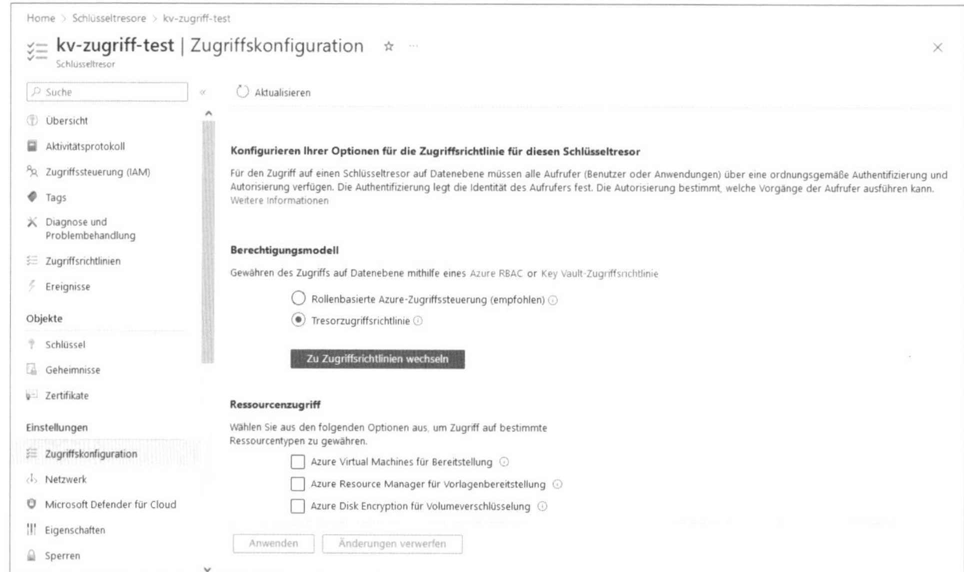

Abbildung 10-3 Festlegen des Berechtigungsmodells für einen Schlüsseltresor

Rollenbasierte Azure-Zugriffssteuerung

Dies ist das neuere RBAC-Modell und wird manchmal auch als RBAC-Modell für die Datenebene bezeichnet. Anstatt Berechtigungen nur auf der Ebene des Root-Schlüssels, des Geheimnisses und des Zertifikats festzulegen, ermöglicht dieses Modell die Festlegung von Berechtigungen für einzelne Schlüssel, Geheimnisse und Zertifikate und bietet damit eine größere RBAC-Flexibilität.

Um RBAC-Richtlinien im Azure-Portal festzulegen, klicken Sie unter *Einstellungen* auf die Option *Zugriffssteuerung (IAM)* und nicht auf die Option *Zugriffsrichtlinie*, die ausgewählt wird, wenn Sie das Berechtigungsmodell für Tresorzugriffsrichtlinien verwenden (siehe Abbildung 10-4).

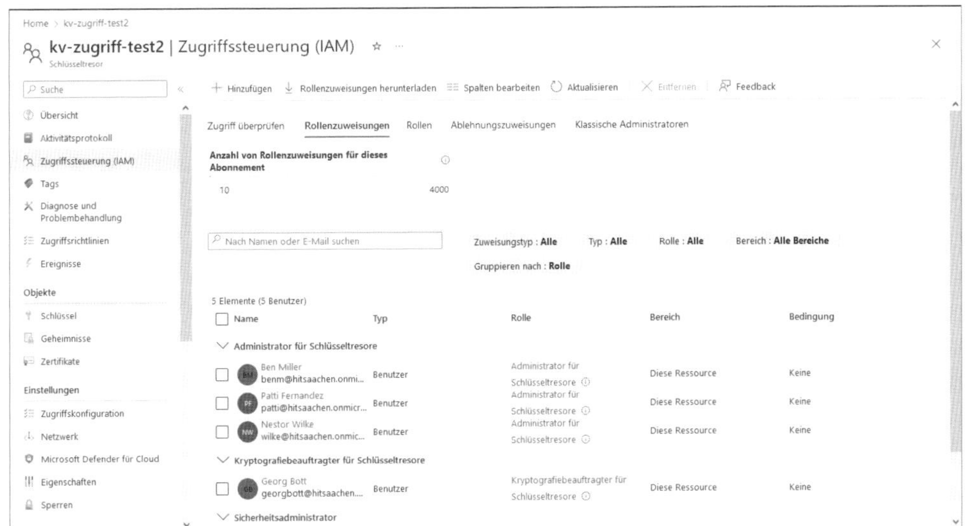

Abbildung 10-4 Festlegen von Zugriffsberechtigungen in Azure Schlüsseltresor bei Verwendung des Berechtigungsmodells »rollenbasierte Azure-Zugriffssteuerung«

Hinweis zum Wechsel des Berechtigungsmodells

Sie können jederzeit zwischen den Berechtigungsmodellen wechseln, aber wenn Sie dies tun, werden die vorhandenen Berechtigungsdaten zurückgesetzt.

Wie bereits erwähnt, ermöglicht dieses neuere Berechtigungsmodell eine bessere Kontrolle darüber, wo RBAC Anwendung findet. Dazu gehört auch die Möglichkeit, Zugriffsrichtlinien für jedes Objekt (Schlüssel, Geheimnis oder Zertifikat) festzulegen, wenn Sie dies wünschen. Zum Beispiel könnte Schlüssel1 für ein Konto zugänglich sein und Schlüssel2 nur für ein anderes Konto, und das alles innerhalb desselben Schlüsseltresors.

Die folgenden drei Abbildungen zeigen ein Beispiel für eine RBAC-Richtlinie unter Verwendung des RBAC-Berechtigungsmodells. Abbildung 10-5 zeigt die RBAC-Richtlinie auf der Ebene des Schlüsseltresors – in diesem Fall sind eine Gruppe (SalesAppOwners) sowie ein Benutzer (ein Konto für den Notfallzugriff) Administratoren für Schlüsseltresore. Kein anderes Konto hat Zugriff.

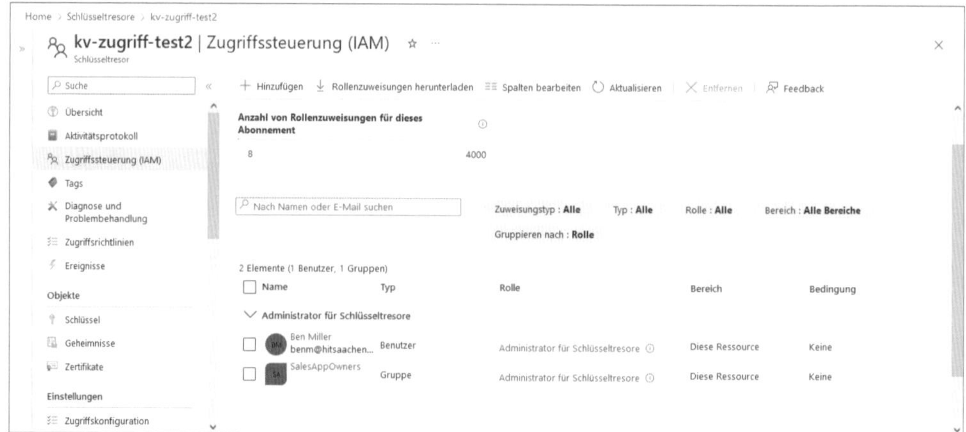

Abbildung 10-5 RBAC-Richtlinie auf der Datenebene für einen Schlüsseltresor

Abbildung 10-6 und Abbildung 10-7 zeigen die RBAC-Richtlinien für zwei Schlüssel. Der erste Schlüssel, SalesEncrypt-1 (siehe Abbildung 10-6), erbt seine Berechtigungen von den Bereichen oberhalb des Schlüssels – einen von der Ressourcengruppe und den anderen vom Key Vault. Sie können in der Spalte *Bereich* sehen, wo die Berechtigung festgelegt ist. Es gibt ein weiteres Konto mit Zugriff auf den Schlüssel SalesEncrypt-1: vm-sales-1, die verwaltete Identität für eine VM mit demselben Namen, hat die Rolle Kryptografiebenutzer für Schlüsseltresore für diesen Schlüssel. Abbildung 10-7 zeigt einen weiteren Schlüssel, SalesEncrypt-2. Auch er erbt zwei Berechtigungen von den Bereichen oberhalb des Schlüssels, aber er hat eine zusätzliche Berechtigung, die vm-sales-2 die Rolle Kryptografiebenutzer für Schlüsseltresore gewährt.

Abbildung 10-6 Vm-sales-1, die verwaltete Identität für eine VM mit Zugriff auf einen Schlüssel, SalesEncrypt-1

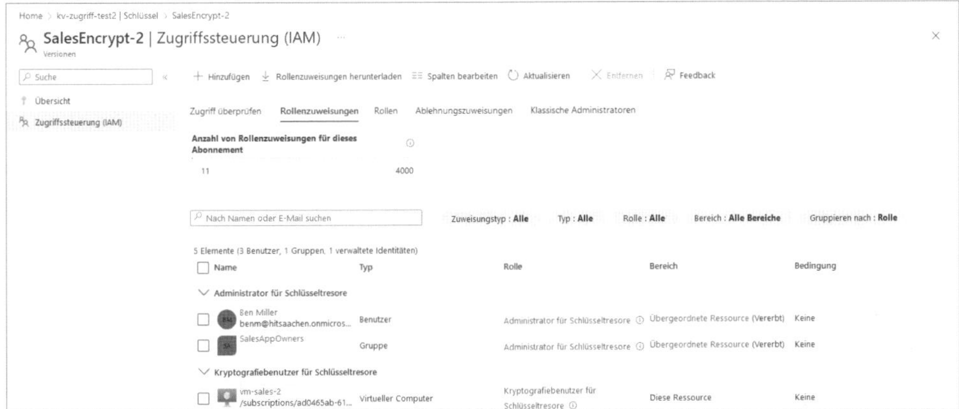

Abbildung 10-7 Dies ist ähnlich wie die vorige Abbildung, aber diesmal ist der Schlüssel SalesEncrypt-2 für vm-sales-2 zugänglich.

Wenn ein Prozess in der VM namens vm-sales-1 versucht, auf den Schlüssel SalesEncrypt-1 zuzugreifen, wird ihm der Zugriff verweigert.

Abbildung 10-8 und Abbildung 10-9 stammen von Ubuntu 20.04 LTS-VMs, die in Azure ausgeführt werden. Nachdem wir uns mit Secure Shell Server (SSH) bei den VMs angemeldet hatten, installierten wir die Azure CLI-Tools. Zunächst meldeten wir uns über die Konsole als verwaltete Identität der VM an, indem wir den folgenden Befehl verwendeten:

```
az login --identity
```

Dann haben wir den folgenden Befehl in die Azure CLI eingegeben, um den Schlüssel `SalesEncrypt-1` zu lesen:

```
az keyvault show -id "<URL zum Tresor und Schlüssel>"
```

Dies funktioniert, weil die RBAC-Richtlinie vm-sales-1 Zugriff gewährt. Abbildung 10-8 zeigt ein verkürztes Ergebnis.

```
mikehow@vm-sales-1:/$ az keyvault key show --id "https://kv-entropy2-tst.vault.azure.net/keys/SalesEncrypt-1"
{
  "attributes": {
    "created": "2022-01-26T21:50:15+00:00",
    "enabled": true,
    "expires": null,
    "exportable": null,
    "notBefore": null,
    "recoverableDays": 90,
    "recoveryLevel": "Recoverable+Purgeable",
    "updated": "2022-01-26T21:50:15+00:00"
  },
  "key": {
    "crv": "P-256",
    "d": null,
    "dp": null,
    "dq": null,
    "e": null,
    "k": null,
    "keyOps": [
      "sign",
      "verify"
    ],
```

Abbildung 10-8 Verwenden der Azure CLI zum Abrufen von Informationen über einen kryptografischen Schlüssel

Als Nächstes haben wir mit derselben VM versucht, die Metadaten für den zweiten Schlüssel, SalesEncrypt-2, zu lesen. Hier erlaubt die RBAC-Richtlinie nur vm-sales-2 den Zugriff auf den Schlüssel, weshalb wir eine Fehlermeldung erhalten (siehe Abbildung 10-9).

```
mikehow@vm-sales-1:/$ az keyvault key show --id "https://kv-entropy2-tst.vault.azure.net/keys/SalesEncrypt-2"
(Forbidden) Caller is not authorized to perform action on resource.
If role assignments. denv assignments or role definitions were changed recentlv. please observe propagation time
Caller: appid=                                                              ;iss=https://sts.winc

Action: 'Microsoft.KeyVault/vaults/keys/read'
Resource: '/subscriptions/                                   /resourcegroups/rg-entropy-tst/providers/microsoft
aults/kv-entropy2-tst/keys/salesencrypt-2'
Assignment: (not found)
Vault: kv-entropy2-tst;location=southcentralus

Code: Forbidden
Message: Caller is not authorized to perform action on resource.
If role assignments, deny assignments or role definitions were changed recently, please observe propagation time
Caller: appid=                                                              iss=https://sts.winc

Action: 'Microsoft.KeyVault/vaults/keys/read'
Resource: '/subscriptions/                                   /resourcegroups/rg-entropy-tst/providers/microsoft
aults/kv-entropy2-tst/keys/salesencrypt-2'
Assignment: (not found)
Vault: kv-entropy2-tst;location=southcentralus

Inner error: {
    "code": "ForbiddenByRbac"
}
mikehow@vm-sales-1:/$
```

Abbildung 10-9 Die VM vm-sales-1 hat keinen Zugriff auf den Schlüssel SalesEncrypt-2; dies ist der Fehler, den Sie erwarten können, wenn die VM versucht, auf den Schlüssel zuzugreifen.

Der Text `Inner error` am Ende der Ausgabe fasst das Problem kurz und bündig zusammen; Abbildung 10-10 stellt die Berechtigungen visuell dar.

Abbildung 10-10 Ein Zugriffsszenario mit dem Key Vault Azure RBAC-Berechtigungsmodell. vm-sales-1 kann auf seinen eigenen Schlüssel, SalesEncrypt1, zugreifen, aber nicht auf SalesEncrypt2. vm-sales-2 kann auf seinen eigenen Schlüssel, SalesEncrypt2, zugreifen, aber nicht auf SalesEncrypt1.

Welches Berechtigungsmodell sollten Sie verwenden?

Jetzt, da Sie wissen, wie Berechtigungsmodelle funktionieren, stellt sich die Frage, welches sollten Sie verwenden? Die meisten Kunden setzen das Tresor-Zugriffsrichtlinienmodell ein, allerdings auf eine bestimmte Art und Weise, die mit den aktuellen Microsoft-Richtlinien übereinstimmt.

Sie verwenden einen Schlüsseltresor pro:

- Anwendung (zum Beispiel Verkauf, Personalwesen, Lager, Kundendaten usw.)
- Region (USA, EU, Afrika)
- Bereitstellungsumgebung (Dev, Test, Pre-Prod, Prod)

Aus diesem Grund ist eine standardisierte Namensgebung so wichtig! Die von Microsoft empfohlenen Benennungskonventionen finden Sie hier: *https://learn.microsoft.com/azure/cloud-adoption-framework/ready/azure-best-practices/resource-naming*.

Diese Kombination bietet ein hohes Maß an Isolierung von anderen Schlüsseltresoren, aber Sie müssen dennoch geeignete RBAC-Richtlinien verwenden. Das wird als Nächstes behandelt.

Was macht eine gute RBAC-Richtlinie für Key Vault aus?

In einer perfekten Welt wäre diese Frage einfach zu beantworten, aber die Welt ist nicht perfekt. Es gibt keinen einzigen Weg, um die Frage zu beantworten, was eine gute RBAC-Richtlinie ausmacht. Aber lassen Sie uns mit den folgenden Hilfssätzen beginnen:

- Wir müssen den Zugang zu den Schlüsseln so weit wie möglich einschränken.
- Es ist ebenso wichtig, Schlüssel vor Schreibzugriff (Manipulation in einem Bedrohungsmodell) wie vor Lesezugriff (Offenlegung von Informationen) zu schützen.
- Eine Ressource wird durch einen Satz von null oder mehr Einzelberechtigungen geschützt.
- Es muss eine geschäftliche Notwendigkeit für alle Berechtigungen bestehen.
- Die Zugriffsrichtlinien werden sich im Laufe der Zeit weiterentwickeln.

Der letzte Punkt ist von entscheidender Bedeutung. Die Tatsache, dass ein Prozess, eine Gruppe oder ein Benutzer heute eine bestimmte Zugriffsstufe benötigt, bedeutet nicht zwangsläufig, dass er oder sie auch morgen noch Zugriff benötigt.

Das meiste davon lässt sich unter dem Begriff »Zugriff mit geringstmöglichen Rechten« zusammenfassen. Dies wird in der Azure-Sicherheitsbaseline für Azure Key Vault in den Abschnitten »PA-4: Regelmäßiges Überprüfen und Abstimmen des Benutzerzugriffs« (verfügbar unter *https://learn.microsoft.com/security/benchmark/azure/mcsb-privileged-access#pa-4-review-and-reconcile-user-access-regularly*) und »PA-7: Befolgen Sie die Prinzipien der Just Enough Administration (Prinzip der geringsten Rechte)« (verfügbar unter *https://learn.microsoft.com/securi-*

ty/benchmark/azure/baselines/key-vault-security-baseline#pa-7-follow-just-enough-administration-least-privilege-principle) beschrieben.

Wenn Sie dies im Hinterkopf behalten, gibt es eine Reihe von Schritten, mit denen Sie feststellen können, ob eine RBAC-Richtlinie für eine Ressource angemessen ist:

1. Rufen Sie die Zugriffsrichtlinie für den betreffenden Schlüsseltresor auf.
2. Stellen Sie für jeden Eintrag in der Richtlinie die folgende Frage: »Was ist die Geschäftsanforderung dafür, dass dieser Prinzipal diese Zugriffsrechte besitzt?«
3. Stellen Sie für jeden Eintrag in der Richtlinie die folgende Frage: »Kann der Zugangseintrag entfernt oder eingeschränkt werden?«

Abrufen von Berechtigungen für einen mit Tresorzugriffsrichtlinie geschützten Schlüsseltresor

Wie Sie die Berechtigungen für einen Schlüsseltresor abrufen, hängt davon ab, ob der Schlüsseltresor die Tresorzugriffsrichtlinie oder die rollenbasierte Azure-Zugriffsteuerung verwendet.

Wenn Sie die Tresorzugriffsrichtlinie einsetzen, können Sie die Berechtigungen mit PowerShell-Code wie folgt abrufen:

```
$kva = Get-AzKeyVault -VaultName "<Key Vault Name>"
$kva.AccessPolicies |
   select DisplayName,
   PermissionsToCertificatesStr,
   PermissionsToKeysStr,
   PermissionsToSecretsStr | fl
```

Die Ausgabe sieht in etwa wie folgt aus:

```
DisplayName                  : fn-dev-sales-tst (14651011-1845-43cc-b851-XXXXXXXXXXXX)
PermissionsToCertificatesStr :
PermissionsToKeysStr         : Get, List, Decrypt, Encrypt, UnwrapKey, WrapKey
PermissionsToSecretsStr      :


DisplayName                  : fn-dev-keyrotate-tst (4562b863-726a-4a7a-a3fc-XXXXXXXXXXXX)
PermissionsToCertificatesStr :
PermissionsToKeysStr         :Get, List, Update, Create, Import, Delete, Recover, Backup,
Restore, Decrypt, Encrypt, UnwrapKey, WrapKey, Verify, Sign
PermissionsToSecretsStr      : Get, List, Set, Delete


DisplayName                  : fn-dev-custlookup-tst (08132b25-d6dc-4ccf-a8f1-XXXXXXXXXXXX)
PermissionsToCertificatesStr :
PermissionsToKeysStr         :
PermissionsToSecretsStr      : Get, List, Set, Delete, Recover, Backup, Restore


DisplayName                  : Darrin Hanson (XXXXXXXXXXXX.onmicrosoft.com)
PermissionsToCertificatesStr : Get, List, Update, Create, Import, Delete, Recover, Backup,
```

```
Restore, ManageContacts, ManageIssuers, GetIssuers, ListIssuers, SetIssuers,
DeleteIssuers
PermissionsToKeysStr : Get, List, Update, Create, Import, Delete, Recover, Backup,
Restore, Rotate, GetRotationPolicy, SetRotationPolicy, Decrypt, Encrypt,
UnwrapKey, WrapKey, Verify, Sign
PermissionsToSecretsStr : Get, List, Set, Delete, Recover, Backup, Restore

DisplayName                   : fn-dev-signdoc-tst (1a4ed568-12bf-43d9-bfae-XXXXXXXXXXXX)
PermissionsToCertificatesStr :
PermissionsToKeysStr          : Get, List, WrapKey, UnwrapKey, Sign
PermissionsToSecretsStr       :
```

Sie können nun die im vorangegangenen Abschnitt genannten Fragen stellen. Benötigt zum Beispiel der dritte Eintrag, fn-dev-keyrotate-tst, wirklich all diese Berechtigungen für Schlüssel und Geheimnisse? Im Gegensatz dazu sieht der Eintrag für Darrin Hanson so aus, als ob es sich um ein Administratorkonto für den Notfallzugriff handelt, das Zugriff auf alles hat. Es ist nicht üblich, einem einzelnen Benutzerkonto Berechtigungen zuzuweisen, aber in diesem Fall ist es wahrscheinlich in Ordnung. (Abgesehen davon, wer ist Darrin Hanson, und sollte diese Person wirklich all diese Rechte haben?)

Achten Sie auf die Berechtigungen von Mitwirkenden

Wenn ein Benutzer über Mitwirkungsrechte für eine Key Vault-Steuerungsebene (Verwaltungsebene) verfügt, kann er sich selbst Zugriff auf die Datenebene gewähren, indem er eine Tresorzugriffsrichtlinie festlegt. Sie sollten sehr genau kontrollieren, wer mit der Rolle Mitwirkender Zugriff auf Ihre Schlüsseltresore hat. Stellen Sie sicher, dass nur autorisierte Personen auf Ihre Schlüsseltresore, Schlüssel, Geheimnisse und Zertifikate zugreifen und diese verwalten können.

Praktische Erfahrungen: Konten für den Notfallzugriff

Viele Kunden, die Konten für den Notfallzugriff – auch Break-Glass Account genannt – verwenden, also Konten, die im Notfall genutzt werden, benötigen zusätzlich Tools wie Privileged Identity Management (PIM), um die Nutzung dieser Konten und der Ressourcen, auf die sie Zugriff haben, zu beschränken und zu steuern. Wenn Sie in Ihrer Architektur einen Zero-Trust-Ansatz verfolgen oder generell eine Bedrohung durch Insider befürchten, sollten Sie außerdem die Aktivitäten dieser Konten genau überwachen. (PIM und die Sicherheitsüberwachung von PIM gehen über den Rahmen dieses Buches hinaus, aber Sie können unter *https://learn.microsoft.com/azure/active-directory/privileged-identity-management/pim-configure* mehr über PIM erfahren.)

Abrufen von Berechtigungen für einen mit rollenbasierter Azure-Zugriffssteuerung geschützten Schlüsseltresor

Wenn Sie für den Schlüsseltresor die rollenbasierte Azure-Zugriffssteuerung verwenden, können Sie die Berechtigungen mithilfe von PowerShell-Code wie folgt erhalten:

```
$rb = Get-AzRoleAssignment |
   where {$_.RoleDefinitionName -like '*key vault*'} |
   select DisplayName, RoleDefinitionName, Scope, ObjectType |
   fl | out-string
$rb -replace "/subscriptions/[a-f0-9'-]+/",""
```

Dies führt zu einer Ausgabe wie dieser:

```
DisplayName        : Michael Howard
RoleDefinitionName : Key Vault Administrator
Scope              : resourceGroups/rg-entropy-tst
ObjectType         : User

DisplayName        : Michael Howard
RoleDefinitionName : Key Vault Administrator
Scope              : resourceGroups/rg-entropy-tst/providers/Microsoft.KeyVault/
vaults/kventropy-tst
ObjectType         : User

DisplayName        : mikehow-rng
RoleDefinitionName : Key Vault Secrets Officer
Scope              : resourceGroups/rg-entropy-tst/providers/Microsoft.KeyVault/
vaults/kventropy-tst
ObjectType         : ServicePrincipal

DisplayName        : SalesAppOwners
RoleDefinitionName : Key Vault Administrator
Scope              : resourceGroups/rg-entropy-tst/providers/Microsoft.KeyVault/
vaults/kventropy2-tst
ObjectType         : Group

DisplayName        : vm-sales-2
RoleDefinitionName : Key Vault Crypto User
Scope              : resourceGroups/rg-entropy-tst/providers/Microsoft.KeyVault/
vaults/kventropy2-tst/keys/SalesEncrypt-2
ObjectType         : ServicePrincipal

DisplayName        : rg-keyrotate-storagekey-rotation-fnapp
RoleDefinitionName : Key Vault Crypto User
Scope              : resourceGroups/rg-entropy-st/providers/Microsoft.KeyVault/
```

```
vaults/kv-entropy2-tst/keys/testkey
ObjectType         : ServicePrincipal

DisplayName        : vm-sales-1
RoleDefinitionName : Key Vault Crypto User
Scope              : resourceGroups/rg-entropy-tst/providers/Microsoft.KeyVault/
vaults/kv-entropy2-tst/keys/SalesEncrypt-1
ObjectType         : ServicePrincipal
```

Dieser Code fragt alle Rollenzuweisungen im Abonnement ab und filtert die Ergebnisse so, dass diejenigen angezeigt werden, in deren Namen der Text `key vault` vorkommt. Anschließend werden mit dem Operator `-replace` einige überflüssige Abonnementinformationen entfernt, um die Ausgabe relativ klein zu halten.

Sie können auch die Azure CLI verwenden, wenn Sie dies bevorzugen. Der Befehl lautet wie folgt:

```
az role assignment list
```

Wie im vorherigen Szenario können Sie nun überprüfen, ob die erteilten Berechtigungen angemessen sind; ist dies nicht der Fall, können Sie den Prinzipal entfernen oder die Zugriffsrechte reduzieren.

Verbundidentitäten oder Anwendung+Benutzer

Wenn Sie die Schlüsseltresor-Dokumentation durchlesen, werden Sie vielleicht Verweise auf eine Form der Authentifizierung und Zugriffssteuerung namens *Verbundidentität* finden. Dabei wird die Identität einer Anwendung, beispielsweise eine verwaltete Identität, und die Identität des Aufrufers verwendet, um den Zugriff auf den Schlüsseltresor zu ermöglichen. Cheryl hat zum Beispiel nur dann Zugriff auf den Schlüsseltresor, wenn sie über eine bestimmte Azure-Anwendung, zum Beispiel eine Azure-Funktion namens ManagementApp, darauf zugreift. Die Anwendung muss so konzipiert und codiert sein, dass sie OBO-Authentifizierung-Flows (On-Behalf-of) verwendet. Dieser Zugriffsmodus gilt nur für die Steuerungsebene, nicht für die Datenebene und wurde für die Bereitstellung durch das Azure-Team auf der Azure-Backplane entwickelt. Er funktioniert auch nicht mit dem neueren Azure RBAC-Berechtigungsmodell. Aufgrund dieser Einschränkungen wird er im Allgemeinen nicht von Azure-Abonnenten genutzt.

Sehen wir uns nun weitere wichtige Aspekte der sicheren Verwendung von Azure Key Vault zum Schutz von Schlüsseln (und anderen geheimen Informationen) an.

Key Vault Premium in der Produktion verwenden

In der Produktion sollten Sie die Premium-Version von Key Vault verwenden, um Ihre kryptografischen Schlüssel zu speichern. In der Premium-Version werden die Schlüssel in Hardware gespeichert und verlassen diese nie. Code kann REST-APIs in Key Vault aufrufen, um kryptografische Aktionen wie das Verschlüsseln, Entschlüsseln und Signieren von Daten durchzuführen, aber die privaten Schlüssel verlassen nie die Hardware.

Die Schlüssel können jedoch gesichert werden. Wenn sie gesichert werden, werden sie von Key Vault verschlüsselt und können nur von einem Schlüsseltresor in derselben Region (zum Beispiel USA, Europa, Asien-Pazifik und andere) und mit demselben Abonnement entschlüsselt werden.

Sie können die Standardversion von Key Vault in nicht-produktiven Umgebungen verwenden, da sie etwas kostengünstiger ist als die Premium-Version und die APIs und Verwaltungstools die gleichen sind. Der große Unterschied zwischen der Standard- und der Premiumversion besteht darin, dass Sie in der Premium-Version die Schlüssel wahlweise in Hardware oder Software speichern können, während die Standardversion Schlüssel in der Key Vault-Systemsoftware speichert. Abbildung 10-11 zeigt das Azure-Portal mit den beiden verfügbaren Tarifoptionen.

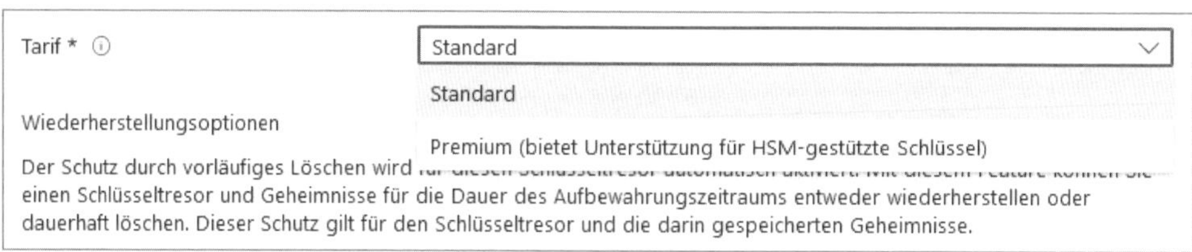

Abbildung 10-11 Die beiden Tarifoptionen von Key Vault. Premium bietet hardwaregestützte RSA- und elliptische Kurvenschlüssel.

Wenn Sie eine Instanz einer Premiumversion von Key Vault erstellen, können Sie wählen, ob Sie einen RSA- oder einen Elliptic Curve-Schlüssel haben und ob dieser durch ein HSM (Hardware Security Module, Hardwaresicherheitsmodul) oder durch Software geschützt sein soll. Ein Hardwareschlüsseltyp endet mit -HSM. Sie können diesen Aspekt sehen, wenn Sie einen Schlüssel mit dem folgenden Befehl anzeigen lassen:

```
az keyvault key show --vault-name "akv-myvault-tst" --name "key-shopdb-tst"
```

Ein Teil der Ausgabe wird etwa so aussehen:

```
"kid": "https://akv-myvault-tst.vault.azure.net/keys/key-shopdb-tst/
3d39dab894ab46de9d487e5cab5dc7ef",
"kty": "EC-HSM"
```

Hier ist `kty` der Schlüsseltyp, und in diesem Beispiel ist es ein hardwarebasierter Elliptic Curve-Schlüssel.

Beachten Sie, dass bei der Standardversion von Key Vault die Kundenschlüssel mit Schlüsseln verschlüsselt werden, die in der von Azure verwalteten Hardware verankert sind. Niemand hat direkten Zugriff auf die Hardwareschlüssel, die zum Ver- und Entschlüsseln der von der Standardversion von Key Vault verwalteten Softwareschlüssel verwendet werden. Die Verschlüsselungs-/Entschlüsselungsaufgaben werden von Key Vault übernommen.

Die Premium-Version von Key Vault kann Schlüssel nicht nur in der Hardware, sondern auch in der Software speichern. Wenn Sie Schlüssel immer in Hardware speichern müssen – was Sie wahrscheinlich tun, weil Sie deshalb die Premium-Version verwenden –, können Sie eine

Azure-Richtlinie festlegen, die die Premium-Version von Key Vault erzwingt und die Speicherung der Schlüssel in Hardware vorschreibt.

Mustervorlagen für Azure Key Vault-Richtlinien finden Sie hier: *https://learn.microsoft.com/azure/governance/policy/samples/built-in-policies#key-vault*. Die Azure-Richtlinie mit dem Namen »Schlüssel müssen durch ein Hardwaresicherheitsmodul (HSM) gesichert werden« erzwingt, dass die Schlüssel mit einem HSM gesichert werden; diese Richtlinie ist in Ihrem Azure-Portal hier verfügbar: *https://azsec.tech/6xu*. Die Azure-Richtlinie mit der Bezeichnung »Enforce Key Vault Premium SKU« erzwingt die Verwendung der Premium-Version von Key Vault. Diese Richtlinie finden Sie hier: *https://github.com/Azure/Community-Policy/tree/main/policyDefinitions/Key%20Vault/enforce-key-vault-premium-sku*.

Bring Your Own Key

In Fällen, in denen es Bedenken oder Compliance-Anforderungen gibt, die einen »Bring Your Own Key«-Ansatz erforderlich machen, müssen Sie Azure Key Vault Premium verwenden und Ihre Schlüssel importieren, anstatt Key Vault die Schlüssel generieren zu lassen. Dies wird hier im Detail erklärt: *https://learn.microsoft.com/azure/key-vault/keys/byok-specification*.

Bei Verwendung von hardwaregestützten Schlüsseln ist die Zugriffssteuerung wichtig

Selbst wenn die Schlüssel in der Hardware geschützt sind und die Grenzen dieser Hardware nicht verlassen können, sind die Zugriffsrichtlinien dennoch wichtig, da mit diesen Schlüsseln kryptografische Aktionen (Verschlüsseln, Entschlüsseln, Signieren, Verifizieren, Packen und Entpacken) durchgeführt werden können. Daher müssen Sie den Zugriff auf die entsprechenden Prinzipale beschränken, die diese kryptografischen Aktionen durchführen können.

Da wir gerade beim Thema Produktionsumgebungen sind: Wie bereits erwähnt, empfehlen wir Ihnen, pro Anwendung und Umgebung (Entwicklung, Test, Vorproduktion und Produktion) und Region einen eigenen Schlüsseltresor zu verwenden. Dadurch werden die sensiblen Daten in den Key Vaults auf verschiedene Umgebungen und Regionen beschränkt und die Gefahr einer Offenlegung bei einem Verstoß verringert. Auch hier sollten Sie bei der Entwicklung von Systemen das Assume-Breach-Paradigma anwenden und davon ausgehen, dass irgendwann einmal ein Angreifer durchkommt.

Geheimnisse und Zertifikate werden in der von Key Vault verwalteten Software gespeichert, unabhängig von der verwendeten Key Vault-Version. Diese werden dann durch von Key Vault verwaltete Verschlüsselungsschlüssel gesichert.

RSA-Schlüssel, Elliptic-Curve-Schlüssel und kryptografische Operationen

RSA-Schlüssel können alle von Schlüsseltresor verwendeten kryptografischen Operationen durchführen: Verschlüsseln/Entschlüsseln, Signieren/Verifizieren und Packen/Entpacken. Schlüssel, die mit Elliptische-Kurven-Kryptografie erstellt wurden, können nur Signieren/Verifizieren. Dies ist kein Problem, das an Key Vault liegt, sondern hat mit der Arbeitsweise der beiden Algorithmen zu tun.

Protokollierung und Auditing aktivieren

Protokollierung und Auditing auf der Steuerungs- und Datenebene sind von entscheidender Bedeutung. Auf der Steuerungsebene können Sie sehen, welche Schlüssel, Geheimnisse und Zertifikate erfolgreich erstellt wurden, welche nicht erstellt werden konnten, welche gelöscht wurden und so weiter. Auf der Datenebene können Sie den Zugriff auf Schlüssel, Geheimnisse und Zertifikate einsehen.

Dies wird in der Sicherheitsbaseline für Azure (MCSBv1) als »LT-3 Aktivieren der Protokollierung für die Sicherheitsuntersuchung« bezeichnet, verfügbar hier: ***https://learn.microsoft.com/security/benchmark/azure/mcsb-logging-threat-detection#lt-3-enable-logging-for-security-investigation*****.**

Führen Sie die folgenden Schritte aus, um im Azure-Portal das Auditing zu aktivieren:

1. Navigieren Sie zu dem betreffenden Schlüsseltresor.
2. Klicken Sie auf *Diagnoseeinstellungen*.

   Hier konfigurieren Sie, was protokolliert werden soll und wohin die Protokolldaten gesendet werden sollen.
3. Geben Sie der Einstellung einen Namen und wählen Sie mindestens eine Kategorie aus.
4. Legen Sie fest, wohin die Ergebnisse gesendet werden sollen.

Ein übliches Ziel ist ein Log Analytics-Konto, sodass Sie Azure Monitor verwenden können, um Protokolle anzuzeigen und zu analysieren. Wenn Sie über ein SIEM wie Azure Sentinel oder Splunk verfügen, können Sie die Audit-Daten direkt dorthin senden oder sie aus Log Analytics lesen lassen.

Abbildung 10-12 zeigt exemplarisch eine Audit-Richtlinie, die Ergebnisse an einen Log Analytics-Arbeitsbereich und in ein Azure-Speicherkonto sendet.

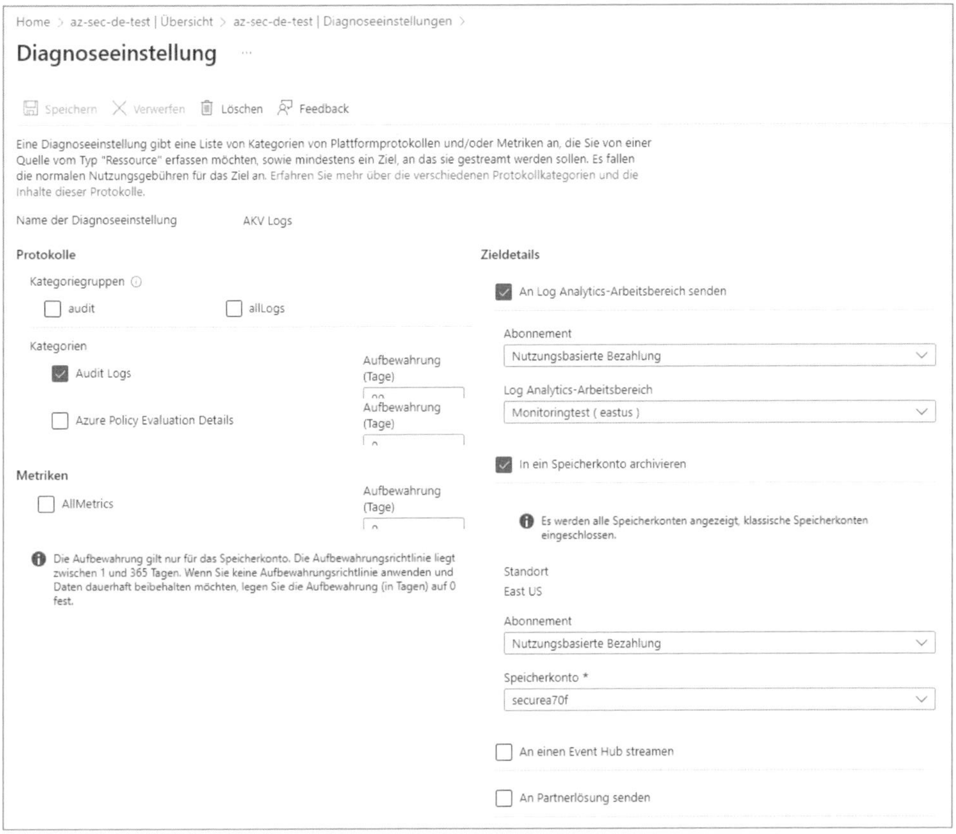

Home > az-sec-de-test | Übersicht > az-sec-de-test | Diagnoseeinstellungen >

Diagnoseeinstellung ...

Speichern Verwerfen Löschen Feedback

Eine Diagnoseeinstellung gibt eine Liste von Kategorien von Plattformprotokollen und/oder Metriken an, die Sie von einer Quelle vom Typ "Ressource" erfassen möchten, sowie mindestens ein Ziel, an das sie gestreamt werden sollen. Es fallen die normalen Nutzungsgebühren für das Ziel an. Erfahren Sie mehr über die verschiedenen Protokollkategorien und die Inhalte dieser Protokolle.

Name der Diagnoseeinstellung   AKV Logs

Protokolle

Kategoriegruppen

audit   allLogs

Kategorien

Audit Logs   Aufbewahrung (Tage)

Azure Policy Evaluation Details   Aufbewahrung (Tage)

Metriken

AllMetrics   Aufbewahrung (Tage)

Die Aufbewahrung gilt nur für das Speicherkonto. Die Aufbewahrungsrichtlinie liegt zwischen 1 und 365 Tagen. Wenn Sie keine Aufbewahrungsrichtlinie anwenden und Daten dauerhaft beibehalten möchten, legen Sie die Aufbewahrung (in Tagen) auf 0 fest.

Zieldetails

An Log Analytics-Arbeitsbereich senden

Abonnement

Nutzungsbasierte Bezahlung

Log Analytics-Arbeitsbereich

Monitoringtest (eastus)

In ein Speicherkonto archivieren

Es werden alle Speicherkonten angezeigt, klassische Speicherkonten eingeschlossen.

Standort

East US

Abonnement

Nutzungsbasierte Bezahlung

Speicherkonto *

securea70f

An einen Event Hub streamen

An Partnerlösung senden

Abbildung 10-12 Einrichten einer Audit-Richtlinie für einen Schlüsseltresor. Die protokollierten Ereignisse werden an einen Log Analytics-Arbeitsbereich gesendet, damit sie mit Tools wie Azure Monitor abgefragt werden können.

Wie bei jedem Vorgang im Azure-Portal können Sie auch PowerShell, die Azure-Befehlszeilenschnittstelle oder REST-APIs auf niedriger Ebene verwenden, um die Protokollierung zu konfigurieren. Der folgende Code nutzt beispielsweise PowerShell, um die Protokollierung von Schlüsseltresor-Daten zu konfigurieren, die dann in ein Azure-Speicherkonto gesendet werden:

```
$sa = Get-AzureRmStorageAccount -ResourceGroup rg-scratch-dev -name logs
$kv = Get-AzureRmKeyVault -VaultName kv-entropy-tst
Set-AzureRmDiagnosticSetting -StorageAccountId $sa.Id -ResourceId $kv.ResourceId
-Enabled $true -RetentionEnabled $true -RetentionInDays 60
```

Das im vorangegangenen Code gezeigte Muster »Protokollierung in Speicherkonto« gilt für alle Azure-Ressourcen.

Abbildung 10-13 zeigt, wie Azure Monitor verwendet wird, um Protokolldaten in Log Analytics mit der Kusto Query Language (KQL) abzufragen. Dieses Beispiel zeigt verschiedene Schlüsseltresor-Vorgänge in den Protokollen. Mit Monitor können bei Bedarf Warnungen zu bestimmten Bedingungen oder Ereignissen ausgelöst werden.

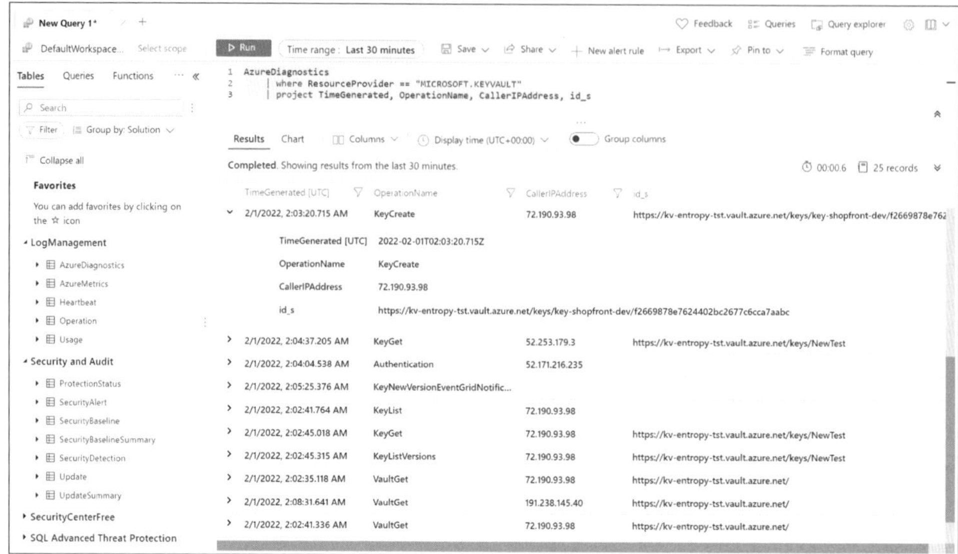

Abbildung 10-13 Verwendung von KQL zur Abfrage von an Log Analytics gesendeten Schlüsseltresor-Ereignissen

Honey Keys

Einige Schlüsseltresor-Administratoren richten in ihren Schlüsseltresoren gefakte Schlüssel (Honey Keys) ein, die niemals verwendet werden sollten, sondern die lediglich dazu dienen, potenzielle Erkundungsversuche oder Angriffe zu erkennen. Sie können einen Schlüssel mit einem echt aussehenden Namen erstellen, zum Beispiel key-salesdb-prod, und dann eine benutzerdefinierte Abfrage wie die folgende einsetzen, um eine Warnung an Ihr SIEM zu senden, wenn er jemals angefasst wird:

```
AzureDiagnostics
  | where id_s == 'https://kv-salesdb-prod02.vault.azure.net/keys/key-salesdb-prod'
  and OperationName == 'KeyGet'
```

Mehr über Azure Key Vault-Warnungen erfahren Sie hier: *https://learn.microsoft.com/azure/key-vault/general/alert*. Auch Microsoft Sentinel enthält Täuschungstechniken (Honeytoken); mehr darüber erfahren Sie hier: *https://azsec.tech/ci9*.

Netzwerkisolierung

Sie sollten einen Schlüsseltresor niemals direkt im Internet platzieren. Selbst wenn Sie nur herumspielen, um mehr über die Verwendung zu erfahren, sollten Sie zumindest IP-Filter einsetzen, um den Zugriff einzuschränken, aber in der Regel ist es besser, etwas Robusteres wie private Endpunkte oder Dienstendpunkte zu verwenden.

Dies wird in »NS-2: Schützen von Clouddiensten mit Netzwerkkontrollen« in der Azure-Sicherheitsbaseline für Key Vault behandelt. Sie können weitere Informationen hier lesen: *https://learn.microsoft.com/security/benchmark/azure/baselines/key-vault-security-baseline#ns-2-secure-cloud-services-with-network-controls*.

Wie viele Azure PaaS-Dienste verfügt Key Vault über eine einfache Firewall, mit der Sie einschränken können, welche IP-Adressen oder CIDR-Bereiche auf den Schlüsseltresor zugreifen können. Im vorherigen Beispiel, in dem zwei VMs mit dem Schlüsseltresor kommunizieren, konnten wir den Zugriff auf die Schlüsseltresore auf die privaten IP-Adressen der beiden VMs beschränken.

Abbildung 10-14 zeigt, dass der Schlüsseltresor jetzt nur noch Netzwerkverkehr von anderen Diensten in dem einen virtuellen Netzwerk (VNet) annimmt. Dies wird als Verwendung eines Dienstendpunkts bezeichnet. Weitere Informationen über Dienstendpunkte finden Sie hier: *https://learn.microsoft.com/azure/virtual-network/virtual-network-service-endpoints-overview*.

Firewalls und virtuelle Netzwerke | Privaten Endpunktverbindungen

Zugriff erlauben von:
- ○ Öffentlichen Zugriff aus allen Netzwerken zulassen
- ◉ Öffentlichen Zugriff von bestimmten virtuellen Netzwerken und IP-Adressen zulassen
- ○ Öffentlichen Zugriff deaktivieren

Nur Netzwerke, die Sie auswählen, können auf diesen Schlüsseltresor zugreifen. Weitere Informationen

Virtual networks

Zulassen, dass ausgewählte virtuelle Netzwerke über Dienstendpunkte sicher und direkt eine Verbindung mit Ihrer Ressource herstellen Weitere Informationen

+ Hinzufügen eines virtuellen Netzwerks

Virtuelles Netzwerk	Subnetz	Adressbereich	Endpunktstatus	Ressourcengruppe
> vm-sales-1-vnet	1			secure

Abbildung 10-14 Der Zugriff auf einen Schlüsseltresor ist nur von den Ressourcen aus möglich, die das VNet vm-sales-1-vnet verwenden. Der Schlüsseltresor akzeptiert keinen anderen Datenverkehr, auch nicht aus dem Internet.

Unsere beiden Ubuntu-Linux-VMs, vm-sales-1 und vm-sales-2, befinden sich im selben VNet, und die Instanz von Schlüsseltresor ist so konfiguriert, dass sie nur auf Datenverkehr aus diesem VNet reagiert, sodass die VMs auf diese Instanz des Schlüsseltresors zugreifen können. Sie können dies in Abbildung 10-15 sehen: vm-sales-1 listet die im Tresor vorhandenen Schlüssel auf.

Wie in Abbildung 10-16 gezeigt, schlägt jedoch derselbe Befehl auf dem Laptop des Autors unter Verwendung desselben Azure-Kontos fehl, da der Aufruf über das Internet erfolgt und nicht aus demselben VNet stammt.

```
mikehow@vm-sales-1: ~
mikehow@vm-sales-1:~$ az keyvault key list --vault-name kv-entropy2-tst
[
  {
    "attributes": {
      "created": "2022-01-26T21:50:15+00:00",
      "enabled": true,
      "expires": null,
      "notBefore": null,
      "recoveryLevel": "Recoverable+Purgeable",
      "updated": "2022-01-26T21:50:15+00:00"
    },
    "kid": "https://kv-entropy2-tst.vault.azure.net/keys/SalesEncrypt-1",
    "managed": null,
    "name": "SalesEncrypt-1",
    "tags": {}
  },
  {
    "attributes": {
      "created": "2022-01-26T21:50:29+00:00",
      "enabled": true,
      "expires": null,
      "notBefore": null,
      "recoveryLevel": "Recoverable+Purgeable",
      "updated": "2022-01-26T21:50:29+00:00"
    },
    "kid": "https://kv-entropy2-tst.vault.azure.net/keys/SalesEncrypt-2",
    "managed": null,
    "name": "SalesEncrypt-2",
    "tags": {}
  }
]
mikehow@vm-sales-1:~$
```

Abbildung 10-15 Die VM vm-sales-1 befindet sich im selben VNet wie der Schlüsseltresor, sodass der in der VM ausgeführte Code auf die Ressourcen des Schlüsseltresors zugreifen kann.

Abbildung 10-16 Versuch des Zugriffs auf einen Schlüsseltresor über das Internet, wenn der Zugriff auf den Tresor auf ein Azure VNet beschränkt ist

In obigem Beispiel werden Dienstendpunkte verwendet, um den Netzzugang zu beschränken. Der bevorzugte Mechanismus sind jedoch private Endpunkte. Diese werden in Kapitel 15, »Netzwerksicherheit«, ausführlicher erläutert.

Die Netzwerkisolierung gilt nur für die Datenebene

Netzwerkisolierung wie PaaS-Firewall-Techniken und andere Netzwerkregeln gelten nur für die Datenebene. Operationen auf der Steuerungsebene (das heißt die Verwaltung von Schlüsseln usw.) sind von Firewalls und VNet-Regeln nicht betroffen. Da Key Vault ein PaaS-Dienst ist, gelten die verschiedenen Netzwerkisolierungstechniken ebenfalls nur für die Datenebene. Weitere Informationen finden Sie hier: *https://learn.microsoft.com/azure/key-vault/general/network-security*.

Microsoft Defender für Key Vault verwenden

Microsoft Defender for Key Vault ist ein Mitglied der Microsoft Defender-Familie; zu der unter anderen Microsoft Defender für DNS, Microsoft Defender for Identity und viele mehr gehören. Microsoft Defender für Key Vault erkennt ungewöhnliche und potenziell schädliche Versuche, auf Key Vaults zuzugreifen oder diese auszunutzen, basierend auf einer Verhaltensanalyse mit maschinellem Lernen in Azure.

Dieses Thema wird in der Sicherheitsbaseline, »LT-1: Aktivieren von Funktionen für die Bedrohungserkennung«, unter *https://learn.microsoft.com/security/benchmark/azure/mcsb-logging-threat-detection#lt-1-enable-threat-detection-capabilities* behandelt.

In Produktionsumgebungen ist Microsoft Defender für Key Vault ein Muss. Wenn Sie einen oder mehrere Schlüsseltresore einsetzen, wird Microsoft Defender for Cloud das Fehlen von Microsoft Defender für Key Vault als ernstes Problem anzeigen.

Mehr über Microsoft Defender für Key Vault erfahren Sie hier: *https://learn.microsoft.com/azure/defender-for-cloud/defender-for-key-vault-introduction*. Yuri Diogenes, Principal PM Manager im Microsoft Defender-Team, hat einen großartigen Beitrag verfasst, in dem er erklärt, wie Sie in Microsoft Defender für Key Vault Warnungen auslösen können, um Ihr Erkennungs- und Reaktionssystem zu testen. Er ist hier zu finden: *https://azsec.tech/ulf*.

Sichern Sie Ihre Key Vault-Assets

Eine der Gefahren bei kundenseitig verwalteten Schlüsseln (die später im Kapitel erläutert werden) in Key Vault besteht darin, dass die Schlüssel bei Verlust verloren gehen – sie sind weg! Mit anderen Worten: Azure erstellt keine Sicherungskopie Ihrer Schlüssel; das ist Ihre Aufgabe. Es gibt schließlich einen Grund, warum sie als *kundenseitig verwaltete Schlüssel* bezeichnet werden! Das ist auch der Grund, warum bei Schlüsseltresoren standardmäßig das Feature »Vorläufiges Löschen« aktiviert ist. Dadurch können Sie einen versehentlich gelöschten Tresor und versehentlich gelöschte Schlüssel wiederherstellen (siehe Abbildung 10-17).

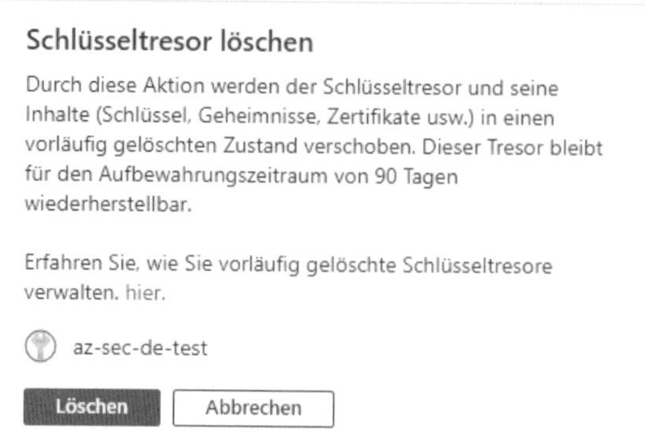

Abbildung 10-17 Wenn Sie versuchen, einen Schlüsseltresor zu löschen, werden Sie darüber informiert, dass für ihn das Feature »Vorläufiges Löschen« aktiviert ist.

Dieses Thema wird im MCSB-Steuerelement (v1) »BR-1: Sicherstellen regelmäßiger automatisierter Sicherungen« unter *https://learn.microsoft.com/security/benchmark/azure/mcsb-backup-recovery#br-1-ensure-regular-automated-backups* behandelt.

Das vorläufige Löschen wird manchmal mit dem Löschschutz verwechselt. Diese beiden Features unterscheiden sich jedoch in diesen Punkten:

- Das vorläufige Löschen verhindert das versehentliche Löschen von Schlüsseltresoren, Schlüsseln, Geheimnissen und Zertifikaten. Wenn Sie einen Schlüsseltresor oder ein Schlüsseltresor-Objekt löschen, können Sie es zwischen 7 und 90 Tagen wiederherstellen, wobei die Standardeinstellung 90 Tage beträgt. Schlüsseltresore im Status »vorläufig gelöscht« können bereinigt werden, das heißt, sie werden dauerhaft gelöscht.
- Der Löschschutz, auch Bereinigungsschutz genannt, verhindert das potenziell böswillige Löschen von Schlüsseltresoren, Schlüsseln, Geheimnissen und Zertifikaten. Es ist wie das versehentliche Löschen, aber mit einer zeitbasierten Sperre. Sie können Elemente jederzeit während des konfigurierbaren Aufbewahrungszeitraums wiederherstellen, und Sie können einen Schlüsseltresor oder ein Schlüsseltresor-Objekt erst nach Ablauf des Aufbewahrungszeitraums dauerhaft löschen oder bereinigen. Wenn die Aufbewahrungsfrist abgelaufen ist, wird der Tresor oder das Tresorobjekt automatisch gelöscht. Der Löschschutz ist so konzipiert, dass ein böswilliger Administrator den Bereinigungsschutz nicht außer Kraft setzen, deaktivieren oder umgehen kann. Sobald der Bereinigungsschutz aktiviert ist, kann er von niemandem mehr deaktiviert werden, auch nicht von Microsoft. Die Fähigkeit zur Bereinigung ist auch eine Berechtigung für Schlüssel, Geheimnisse und Zertifikate.

Erfahren Sie hier mehr über den Schutz von Schlüsseltresoren mittels vorläufigen Löschens und des Bereinigungsschutzes: *https://learn.microsoft.com/azure/key-vault/general/soft-delete-overview*.

Wenn ein Schlüssel gesichert wird, werden auch alle seine Versionen gesichert, und zwar bis zu 500 Versionen. Sie können ein Schlüsseltresor-Objekt, zum Beispiel einen Schlüssel, über das Azure-Portal, die Azure-Befehlszeilenschnittstelle oder PowerShell oder durch den Aufruf von REST-APIs sichern. Das folgende Codebeispiel zeigt, wie Sie PowerShell verwenden, um einen Schlüssel und alle seine Versionen in einer einzigen Datei zu sichern, sowie den Code zur Durchführung der Wiederherstellung:

```
Backup-AzureKeyVaultKey -VaultName kv-entropy-tst -name key-shopfront-dev
-OutputFile kv-sales-01-key1.backup


Restore-AzureKeyVaultKey -VaultName kv-entropy-tst -InputFile OutputFile
kv-sales-01-key1.backup -Verbose
```

Dieses Codebeispiel zeigt dasselbe unter Verwendung der Azure CLI:

```
az keyvault key backup –vault-name kv-entropy-tst –name key-shopfront-dev
–file kv-sales-01-key1.backup

az keyvault key restore –vault-name kv-entropy-tst –file kv-sales-01-key1.backup
```

Erfahren Sie mehr über die besten Vorgehensweisen zur Sicherung von Schlüsseltresoren unter *https://learn.microsoft.com/azure/key-vault/general/backup*.

Wiederherstellung von Schlüsselversionen

Einzelne Versionen eines Schlüssels können nicht wiederhergestellt werden. Nachdem Sie eine Sicherung durchgeführt haben, sollten Sie immer testen, ob eine Wiederherstellung funktioniert. Backups sind wichtig, aber die Wiederherstellung ist noch wichtiger! Wie und wo ein Backup gespeichert wird, geht über den Rahmen dieses Buches hinaus, da dies von Ihren Unternehmensrichtlinien abhängt. Sie sollten auch die anderen Assets des Schlüsseltresors sichern: Geheimnisse und Zertifikate (sowie den privaten Schlüssel).

Bevor wir uns dem kryptografischen Code auf unterer Ebene zuwenden, möchten wir noch ein letztes Thema erwähnen, nämlich den Unterschied zwischen verwaltetem HSM und Schlüsseltresor.

Verwaltetes HSM und Azure Schlüsseltresor

Die Azure Key Vault-Familie hat ein neues Mitglied mit dem Namen *verwaltetes HSM*, wobei HSM die Abkürzung für »Hardwaresicherheitsmodul« ist. Statt verwaltetes HSM wird dieser Dienst auch »verwaltete HSM-Instanz« oder »verwalteter HSM-Pool« genannt. Es gibt einige große Unterschiede zwischen Key Vault und verwaltetem HSM, derer Sie sich bewusst sein sollten:

- Im Allgemeinen verwenden Sie Key Vault, um Schlüssel, Geheimnisse und Zertifikate zu speichern und zu verwalten.

- Sie verwenden verwaltetes HSM, wenn ein Kunde ein Device für einen Mandanten sowie FIPS 140-2 Level 3-validierte Hardware benötigt.

Key Vault verwendet nach FIPS 140-2 Level 2 validierte Hardware, und verwaltetes HSM verwendet nach FIPS 140-2 Level 3 validierte Hardware. Weitere Informationen über das FIPS 140-2- (und -3-) Programm finden Sie in Kapitel 8, »Compliance und Risikomanagement«.

Key Vault ist mandantenfähig, was bedeutet, dass sich mehrere Mandanten die Hardware von Key Vault teilen. Key Vault verfügt über starke Isolationsgarantien, die verhindern, dass ein Mandant auf geheime Daten zugreift, die einem anderen Mandanten gehören. Für bestimmte Arbeitslasten benötigen manche Kunden jedoch eine Single-Tenant-Lösung. An dieser Stelle kommt verwaltetes HSM ins Spiel. Wenn Sie ein verwaltetes HSM für Ihren Mandanten aktivieren, erhalten Sie Ihre eigene Hardware. Die Hardware wird von Azure verwaltet, aber es ist Ihre Hardware.

Praktische Erfahrungen: Wer nutzt verwaltetes HSM?

Nur sehr wenige Kunden benötigen wirklich verwaltetes HSM. Wir haben Hunderte von Kunden, die Key Vault nutzen, aber nur drei Kunden benötigen verwaltetes HSM. Aber diejenigen, die HSM benötigen, brauchen es wirklich! In der Regel ist dies auf eine Unternehmensrichtlinie zurückzuführen, die FIPS 140-2 Level 3-validierte Hardware erfordert, um eine strenge Compliance-Anforderung zu erfüllen.

Tabelle 10-1 fasst die wichtigsten Unterschiede zwischen Key Vault und verwaltetem HSM zusammen.

	Key Vault Standard	Key Vault Premium	Verwaltetes HSM
Kosten	€	€€	€€€€€
Mandanten	Mehrere Mandanten	Mehrere Mandanten	Einzelner Mandant
Hardware-geschützte Schlüssel	Nein	Ja	Ja
FIPS 140-2-Validierung (nur Schlüssel)	Stufe 1	Stufe 2	Stufe 3
Geheimnisse verwalten	Ja	Ja	Nein
Zertifikate verwalten	Ja	Ja	Nein
Schlüssel verwalten	Ja	Ja	Ja
RSA- und ECC-Schlüssel	Ja	Ja	Ja
Azure Key Vault Rest-APIs	Ja	Ja	Ja (kleines Delta)

→

	Key Vault Standard	Key Vault Premium	Verwaltetes HSM
Verwaltung	Azure-Portal REST-APIs (PowerShell, Azure CLI usw.)	Azure-Portal REST-APIs (PowerShell, Azure CLI usw.)	REST-APIs (PowerShell, Azure CLI usw.)
Dedizierte Kapazität	Nein	Nein	Ja
Dienstzustand und Ausfallsicherung	Microsoft	Microsoft	Gemeinsam
Root of Trust-Kontrolle	Microsoft	Microsoft	Kunde

Tabelle 10-1 Die Hauptunterschiede zwischen Key Vault und verwaltetem HSM

Dedicated HSM und Payment HSM

Es gibt noch zwei weitere Dienste in der Key Vault-Familie, die wir in diesem Kapitel nicht behandelt haben und auf die wir auch nicht näher eingehen werden: Dedicated HSM und Payment HSM.

Dedicated HSM ist ein von Azure gehostetes Bare-Metal-HSM für hochspezifische Workloads, insbesondere für Lift-and-Shift von On-Premise. Es handelt sich weder um eine Allzwecklösung noch um einen brauchbaren Ersatz für Key Vault.

Wie Dedicated HSM ist auch Payment HSM eine Bare-Metal-IaaS-Lösung und kein Ersatz für Key Vault. Payment HSM ist auf Zahlungen mit Thales payShield-Hardware ausgerichtet. Diese Hardware bietet Tokenisierung von Zahlungen, Transaktionsverarbeitung, Kartenakzeptanz und mehr und ist mit zahlreichen Finanzdienstleistungsstandards wie ISO 9564, ANSI X3:92 und anderen konform. Mehr über Dedicated HSM erfahren Sie unter *https://learn.microsoft.com/azure/dedicated-hsm/overview* und über Payment HSM unter *https://learn.microsoft.com/azure/payment-hsm/overview*.

Sicherheitsdomäne

Bei der Einrichtung von Managed HSM beansprucht der Kunde eine Sicherheitsdomäne für sich, die er sicher aufbewahren muss, und lädt sie herunter. Diese Sicherheitsdomäne bildet den Kernsatz der Anmeldeinformationen, die für die vollständige Wiederherstellung einer verwalteten HSM-Instanz bei einem Notfall erforderlich sind.

In Key Vault sind die Schlüssel entweder asymmetrisch, RSA oder basieren auf einer elliptischen Kurve. Im Gegensatz dazu unterstützt eine verwaltete HSM-Instanz auch AES-Schlüssel. Diese Schlüssel besitzen den Schlüsseltyp oct-HSM. Symmetrische AES-Schlüssel werden als *oct* (für octet) bezeichnet, da dies die Definition ist, die der JSON Web Key Standard verwendet.

Die folgenden Azure-CLI-Codeschnipsel zeigen, wie ein AES-Schlüssel in einer verwalteten HSM-Instanz eingerichtet wird und wie er für eine symmetrische Verschlüsselung mit AES-GCM verwendet wird. Dieser Verschlüsselungsvorgang wird vollständig in der Hardware des verwalteten HSM durchgeführt.

```
az keyvault key create --id 'https://zz.managedhsm.azure.net/keys/testaeskey' --kty oct-HSM
az keyvault key encrypt --id 'https://zz.managedhsm.azure.net/keys/testaeskey' –algorithm
A256GCM
--value "Hello, world!" --data-type plaintext --aad "deadc0de"
```

Diese Schnipsel erzeugen eine Ausgabe wie diese:

```
{
  "aad": "deadc0de",
  "algorithm": "A256GCM",
  "iv": "a4cf19e0e7b9dcec3e0d37d2",
  "kid": "https://zz.managedhsm.azure.net/keys/testaeskey/f20d80d0824d0f6e2b761a6362eb9475",
  "result": "W+1AWt09Fo45w8QL4A==",
  "tag": "7f4c4677bcc68609ec9ee70869dedff2"
}
```

AES-GCM erzeugt ein Tag, das einem Message Authentication Code (MAC) ähnelt; mit anderen Worten: AES verschlüsselt und erzeugt eine authentifizierte Integritätsprüfung. Es ist nicht wie ein Hashwert, sondern eher wie ein MAC, da das Ergebnis sowohl den symmetrischen Schlüssel als auch den Inhalt verwendet, um das Tag zu erstellen. Ändert ein Angreifer den Chiffretext einer Nachricht, wird das Tag ungültig.

Beachten Sie das Argument `--aad`. Der AES-GCM-Algorithmus unterstützt die authentifizierte Verschlüsselung mit zugehörigen Daten (authenticated encryption with associated data, AEAD), die sowohl eine authentifizierte Verschlüsselung (Vertraulichkeit und Authentifizierung) als auch die Möglichkeit bietet, die Integrität und Authentifizierung zusätzlicher authentifizierter Daten (additional authenticated data, AAD) zu prüfen, die im Klartext gesendet werden. Für verwaltete HSM-Instanzen müssen die AAD-Daten eine gerade (das heißt nicht ungerade) Folge von Hex-Werten sein. AEAD wird in Kapitel 13, »Datenbanksicherheit«, ausführlicher behandelt, wenn wir Always Encrypted in SQL Server und Cosmos DB erklären.

Verschlüsseln mit Key Vault

Sie können Daten mit Key Vault verschlüsseln. Key Vault unterstützt jedoch nur RSA zum Ver- und Entschlüsseln. Das Problem bei RSA ist, dass es im Vergleich zu AES unglaublich langsam ist und Sie nur einen einzigen Klartextblock verschlüsseln und entschlüsseln können. Aus diesem Grund wird RSA in der Regel zur Verschlüsselung eines symmetrischen Schlüssels verwendet, und der symmetrische Schlüssel wird dann zur Verschlüsselung der Massendaten eingesetzt.

Der folgende vereinfachte Code zeigt, wie man mit RSA und Key Vault verschlüsselt und entschlüsselt:

```
using Azure.Identity;
using Azure.Security.KeyVault.Keys;
using Azure.Security.KeyVault.Keys.Cryptography;
var creds = new DefaultAzureCredential(true);
var client = new KeyClient(new Uri(keyVaultUrl), creds);
var key = client.GetKey(keyName);
```

```
var cryptoClient = new CryptographyClient(key.Id, creds);
var alg = EncryptionAlgorithm.RsaOaep;

var plaintext = Encoding.UTF8.GetBytes("Just one block of plaintext!");
var encryptResult = cryptoClient.Encrypt(alg, plaintext);
var ciphertext = Convert.ToBase64String(encryptResult.Ciphertext);

var decryptResult = cryptoClient.Decrypt(alg, encryptResult.Ciphertext);
var plaintext = Encoding.Default.GetString(decryptResult.Plaintext);
```

RSA kann höchstens einen Datenblock verschlüsseln, im Gegensatz zu symmetrischen Verschlüsselungsverfahren, die mit beliebig langen Daten umgehen können. Die Blockgröße entspricht der Anzahl der Bytes des RSA-Moduls, abzüglich des Platzes für das Padding, wofür in Azure üblicherweise Optimal Asymmetric Encryption Padding (OAEP), auf Deutsch etwa optimales asymmetrisches Verschlüsselungs-Padding, verwendet wird. OAEP ist in RFC 3447 unter *https://azsec.tech/c5i* definiert.

Wenn Sie die Metadaten eines RSA-Schlüssels mit dem folgenden Code ausgeben:

```
az keyvault key show --id 'https://kv-shopdb-tst.vault.azure.net/keys/shopkey'
```

ist der Modulus der Parameter `n`:

```
"kid": "https://kv-shop-tst.vault.azure.net/keys/shopkey/a7095ca1796744dd89dea0964a305091",
"kty": "RSA",
"n":
"1xrNCg8tIEVumWNIOSLLlnOyjIPaQJzuh4upYvfSIR1iEkdOYIPQ6h+sgN+bSpXcxSSuLrk1ZnImiSP3XrRDepB8IN
g/dNJXomTOPTmGHUQ+uW7KKSedD1HxJgwmOPLO8Yro8mIOeN+K/4DONbEdowoV6a76wMAlrUPY7SrO8wOsxhTkf/
wg6nSWMjY9SG/UDMKh9io/in422JeeughXkh764jfKOhj5+Oxae7qN7cE2bsoKQR581l/
vC+AEzsyrQ7ZF1igbmCu5kd1ytjhXW4/A2np4IWZ25IVaIqUhkFdzO2OSLSsNbYYuzuFiOMIiendN/gpxUwyf/
ecjQIIWzcQ--",
"p": null,
"q": null,
```

Die folgende Liste ist eine Übersicht:

- RSA-2048 Modulus `n` ist 256 Bytes lang, sodass die Blockgröße etwa 245 Bytes beträgt.
- RSA-3072 Modulus `n` ist 384 Bytes lang, sodass die Blockgröße etwa 370 Bytes beträgt.
- RSA-4096 Modulus `n` ist 512 Byte lang, die Blockgröße beträgt also etwa 500 Byte.

Ein AES-256-Schlüssel ist nur 32 Byte lang, was gut in eine der in der Liste aufgeführten Blockgrößen passt.

Sie können Key Vault auch für andere kryptografische Operationen verwenden. Weitere Informationen finden Sie im »Entwicklerleitfaden zu Azure Key Vault« unter *https://learn.microsoft.com/azure/key-vault/general/developers-guide* und in Codebeispielen in verschiedenen Sprachen, wie beispielsweise:

- .NET (*https://azsec.tech/y1w*)
- Java (*https://azsec.tech/nc5*)
- Python (*https://azsec.tech/5fy*)
- TypeScript (*https://azsec.tech/qas*)
- JavaScript (*https://azsec.tech/wuf*)

Sichere Schlüssel mit Key Vault, eine kurze Zusammenfassung

Fast 30 Seiten später sind wir mit dem Thema der Sicherung von Schlüsseln mit Key Vault fertig. Wir wissen, dass dies ein Kapitel über Kryptografie ist, jedoch ist keine Azure-Lösung, die kryptografische Schutzmaßnahmen verwendet, ohne Key Vault vollständig. Sowohl Architekten als auch Entwickler müssen die Feinheiten dieses wichtigen Dienstes verstehen. Key Vault ist wahrscheinlich der kritischste und zentralste Dienst in Azure, wenn es um die Sicherung von Azure-Lösungen geht.

Im nächsten Abschnitt wenden wir uns der Kryptografie zu und beginnen mit einem Entwurfsmuster, das Ihre Lösungen zukunftssicher für die laufende kryptologische Forschung machen kann: kryptografische Agilität.

Kryptografische Agilität

Wohl oder übel verfügen die meisten Unternehmen über hausintern geschriebenen kryptografischen Code, der unserer Erfahrung nach viele Schwachstellen aufweist. Aus diesem Grund sollten Sie immer die in die Plattform oder Umgebung integrierten kryptografischen Funktionen verwenden. So sollten Sie beispielsweise Azure Storage Encryption und nicht Ihren eigenen Code einsetzen.

Wir werden die Strategien zur Speicherverschlüsselung weiter hinten in diesem Kapitel behandeln.

Für diejenigen unter Ihnen, die entschlossen sind, ihren eigenen Krypto-Code zu schreiben, wollen wir mit einem kleinen Quiz beginnen. Was ist falsch an diesem Node.js-Code?

```
let crypto = require('crypto'),
    algorithm = 'aes-256-ecb',
    password = 'ssshhh!!';

function encrypt(plaintext) {
    let cipher = crypto.createCipher(algorithm,password);
    let ciphertext = cipher.update(plaintext,'utf8','base64');
    ciphertext += cipher.final('base64');

    return ciphertext;
}
```

```
function decrypt(ciphertext) {
   let cipher = crypto.createDecipher(algorithm,password);
   let plaintext = cipher.update(ciphertext,'base64','utf8');

   plaintext += cipher.final('utf8');
   return plaintext;
}
```

Es gibt viele Fehler!

- Der Code enthält ein fest codiertes Kennwort. Sie sollten *niemals* ein Kennwort, einen Schlüssel, ein Geheimnis oder andere vertrauliche Informationen »hart verdrahten«. Aber das wissen Sie ja schon, oder?
- Das Kennwort hat eine geringe Zufälligkeit oder Entropie, weshalb es leicht zu erraten ist, wenn ein Angreifer es nicht aus dem Quellcode herauslesen kann. Bei Anwendung der Shannon-Entropie (*https://azsec.tech/rqp*) hat dieses Kennwort einen Wert von etwa 1,6. Normaler englischer Text hat einen Entropiewert von etwa 3,5, ein Schlüssel guter Qualität hat einen Wert von 7,5, und der höchstmögliche Wert ist 8,0. 1,6 ist also schlecht.
- Der Code verwendet den Blockchiffriermodus Electronic Code Book (ECB). Dieser sollte niemals genutzt werden, da er schwerwiegende Schwachstellen aufweist.

Einigen von Ihnen wird vielleicht auffallen, dass der Code keinen Initialisierungsvektor (IV) erzeugt. Da der Code ECB verwendet, ist ein IV nicht notwendig, da er nicht genutzt wird.

Es gibt noch ein weiteres Problem im Code, das vielleicht nicht offensichtlich ist: Der JavaScript-Code enthält einen hart codierten kryptografischen Algorithmus. Das ist schlecht und ein häufiger Fehler, den Entwickler machen.

Tun Sie das nicht!

Idealerweise haben wir alle diese Art von unsicherem Code längst hinter uns gelassen, bei dem ein Chiffretext einfach mit einem eingebetteten »Geheimnis« mittels XOR verknüpft wird, um Klartext zu erhalten, wie es dieser Python-Code zeigt:

```
def decrypt(ciphertext):
   key = [0xf,0x8,0x0,0x19,0x15,0x40,0x59,0x62,0x41,0x3,0xd,0x41,0xf,0x52,0x4,0x4e,
0x5,0x4c,0x26,0x62,0x42,0x4,0xb,0xa,0x4e,0x10,0x57,0x2,0x1b,0x17,0x44]
   plaintext = ""
   index = 0
   for k in key:
      v = chr(ord(ciphertext[index]) ^ k)
      plaintext += v
      index += 1
   return plaintext
```

Das ist alles, was wir zu diesem Thema mitteilen wollen!

> **CredScan verwenden**
>
> Ihre Build-Pipeline sollte Tools wie CredScan verwenden, um Geheimnisse, Schlüssel, Passwörter und Anmeldeinformationen in Ihrem Code zu finden. Weitere Informationen zu CredScan finden Sie hier: *https://azsec.tech/pgr*. GitHub scannt auch nach Anmeldeinformationen in öffentlichen Repos. Weitere Informationen finden Sie auf dieser Website: *https://azsec.tech/dn9*.

Stellen Sie sich vor, dass ein JavaScript-Code zehn Jahre lang gelebt hat und in dieser Zeit 170 TB an Daten verschlüsselt wurden. Dann, eines Tages, findet ein Forscher eine Schwachstelle in der verwendeten Algorithmuskonfiguration. Was nun? Sie können nicht einfach Ihren Code ändern, um einen neuen Algorithmus zu nutzen, denn dann können Sie die 170 TB nicht mehr lesen. Noch schlimmer ist es, wenn die Schwachstelle bösartig ist und die 170 TB dem Risiko der Offenlegung ausgesetzt sind. Was dann?

Deshalb ist kryptografische Agilität so wichtig. Sie ermöglicht es Ihnen, im Laufe der Zeit auf einen sichereren Satz kryptografischer Algorithmen und Parameter umzusteigen, wenn kryptografische Schwachstellen gefunden werden, was relativ kleine Änderungen an Ihrem Code und Design erfordert, während gleichzeitig die Abwärtskompatibilität erhalten bleibt.

Im Zusammenhang mit der Post-Quanten-Kryptografie (post-quantum cryptography, PQC) ist oft von kryptografischer Agilität die Rede. Mit PQC brechen die Regeln der Kryptografie zusammen und machen die starken asymmetrischen Algorithmen, die wir heute verwenden, deutlich leichter zu knacken. Wenn Sie mehr über PQC erfahren möchten, beginnen Sie auf dieser NIST-Website: *https://azsec.tech/nb8*.

Eine der ersten dokumentierten Beschreibungen von kryptografischer Agilität stammt von Bryan Sullivan von Microsoft in seinem Artikel »Security Briefs – Cryptographic Agility« aus dem Jahr 2009, abrufbar unter *https://azsec.tech/yt9*. RFC 7696, »Guidelines for Cryptographic Algorithm Agility and Selecting Mandatory-to-Implement Algorithms« (Richtlinien für die Agilität kryptografischer Algorithmen und die Auswahl von Algorithmen, die zwingend implementiert werden müssen), enthält ebenfalls einige nützliche Hinweise; sie sind hier zu finden: *https://azsec.tech/08d*.

Wie man kryptografische Agilität erreicht

Es gibt zwar einige Unterlagen zu diesem Thema, aber wir wollen uns auf die *praktischen Aspekte* der kryptografischen Agilität konzentrieren. Kryptografische Agilität zu erreichen ist nicht schwer, aber es gibt einige Schritte, die Sie befolgen müssen, um sie in die Realität umzusetzen. Hier sind die Schritte:

1. Entscheiden Sie sich dafür, den Code kryptografisch agil zu machen.
2. Führen Sie eine Bestandsaufnahme der Anwendungen durch, die benutzerdefinierten kryptografischen Code verwenden.
3. Dokumentieren Sie die Strategien innerhalb Ihres Unternehmens, um Krypto-Agilität zu erreichen.
4. Machen Sie es!

Schritt 1: Entscheiden Sie sich dafür, den Code kryptografisch agil zu machen

Der erste Schritt besteht einfach darin, die kryptografische Agilität zu einer Priorität zu machen. Ehrlich gestanden, ist das auch schon alles. Jemand aus dem Senior Development Management muss die Entscheidung fällen, dass kryptografische Agilität genauso wichtig ist wie Skalierbarkeit oder Internationalisierung. Sobald diese Entscheidung getroffen ist, muss das Unternehmen herausfinden, wie man kryptografische Agilität erreichen kann.

> **Praktische Erfahrungen: Alter Code oder neuer Code?**
>
> Wenn Sie sich entschieden haben, Ihren Code kryptografisch agil zu machen, müssen Sie entscheiden, ob Sie alten Code nachrüsten und agil machen oder ob Sie die Krypto-Agilität nur auf neuen Code anwenden wollen. Die meisten Kunden, mit denen wir zusammengearbeitet haben, machen sich nicht die Mühe, ihren alten Code zu aktualisieren, da dies zu Regressionen führen kann. Stattdessen wenden sie Krypto-Agilität nur für neuen Code und neue Systeme an. Das ist sicherlich besser, als gar nichts zu tun, aber wenn eine Schwachstelle in einem von Ihnen verwendeten kryptografischen Algorithmus gefunden wird, brauchen Sie einen Plan, um ihn zu aktualisieren. Behalten Sie das also im Hinterkopf.

Schritt 2: Bestandsaufnahme der Anwendungen, die benutzerdefinierten kryptografischen Code verwenden

Wenn Sie bestehenden Code nachrüsten wollen, müssen Sie wissen, wo kryptografischer Code verwendet wird. Es gibt Tools, mit denen Sie herausfinden können, wo Sie kryptografische Algorithmen einsetzen.

> **Praktische Erfahrungen: Suche nach kryptografischem Code**
>
> Für viele Kunden reicht oft eine einfache Grep- oder String-Suche aus, um kryptografischen Code zu finden.
>
> Zum Beispiel:
>
> - Für C#-Code suchen Sie bitte nach *system.security.cryptography*.
> - Für Java suchen Sie nach *javax.crypto*.
> - Für Python: Suche nach *Fernet*.
>
> Manchmal ist eine einfache Suche nach *crypto* ein guter Weg. Es ist eine einfache Lösung, die aber für den Anfang ausreichen könnte. Allerdings werden Sie wahrscheinlich einige falsch positive Ergebnisse erhalten.

Schritt 3: Dokumentieren Sie die Strategien innerhalb Ihres Unternehmens, um Krypto-Agilität zu erreichen

Es gibt zwei grundlegende Möglichkeiten, Krypto-Agilität zu erreichen, und jede hat ihre Vor- und Nachteile. Wir werden in Kürze erklären, welche das sind. Zunächst muss Ihr Unternehmen festlegen, wie es die Agilität in den verschiedenen von Ihnen unterstützten Programmiersprachen erreichen will. Auf einer hohen Ebene gelten die gleichen Strategien für jede Programmiersprache, aber die Mechanismen auf der unteren Ebene werden sich in Java, C#, Rust, Python, JavaScript, Go, C++ und den anderen Programmiersprachen unterscheiden.

Wahrscheinlich müssen Sie eine Schulung durchführen, damit jeder versteht, warum Krypto-Agilität wichtig ist und wie man sie erreicht.

Schritt 4: Machen Sie es!

Das bedeutet, dass Ihre Entwickler Code schreiben müssen, der kryptografische Operationen auf kryptografisch agile Weise durchführt, und dass sie Testpläne implementieren müssen, um den Code zu testen, ob er erfolgreich Daten auf agile Weise lesen und schreiben kann.

Betrachten wir nun die Strategien zur Umsetzung von Krypto-Agilität.

Implementierung von Krypto-Agilität

Es gibt zwei Hauptwege, um Krypto-Agilität zu implementieren:

- Hinzufügen von kryptografischen Metadaten zum resultierenden Chiffretext
- Hinzufügen einer Versionsnummer am Anfang des resultierenden Chiffretextes

Im Laufe der Jahre hat Microsoft die Krypto-Fähigkeit in verschiedene Produkte integriert. Drei dieser Produkte sind führend bei der Unterstützung von Krypto-Agilität: Microsoft Office, SQL Server und Cosmos DB.

Verwendung kryptografischer Metadaten

Alle Microsoft Office-Dokumente fügen am Anfang der XML-Datei des Dokuments (DOCX, XLSX, PPTX usw.) kryptografische Metadaten hinzu. Sie können die kryptografischen Metadaten in der Spezifikation »Office Document Cryptography Structure« nachlesen, die Sie hier finden: *https://azsec.tech/a7u*. Abbildung 10-18 zeigt den Teil der Spezifikation, der die mit jedem Dokument gespeicherten kryptografischen XML-Daten erläutert.

2.3.4.10 \EncryptionInfo Stream (Agile Encryption)

The **\EncryptionInfo stream (1)** contains detailed information about the cryptography used to encrypt the **\EncryptedPackage** stream (1) (section 2.3.4.4) when agile encryption is used.

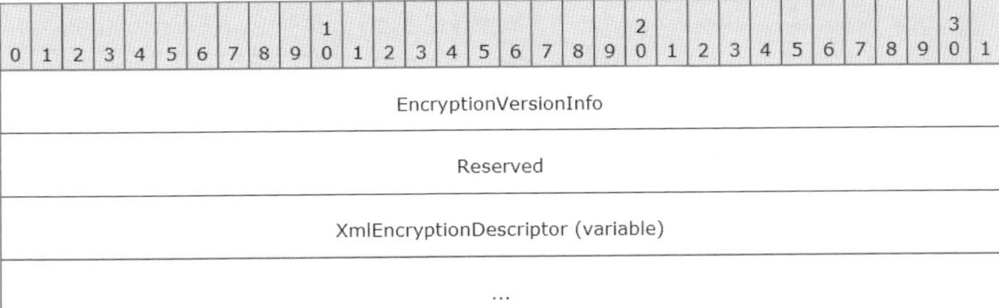

0	1	2	3	4	5	6	7	8	9	1 0	1	2	3	4	5	6	7	8	9	2 0	1	2	3	4	5	6	7	8	9	3 0	1
EncryptionVersionInfo																															
Reserved																															
XmlEncryptionDescriptor (variable)																															
...																															

EncryptionVersionInfo (4 bytes): A **Version** structure (section 2.1.4), where **Version.vMajor** MUST be 0x0004 and **Version.vMinor** MUST be 0x0004.

Reserved (4 bytes): A value that MUST be 0x00000040.

XmlEncryptionDescriptor (variable): An XML element that MUST conform to the following XML schema namespace, as specified in [W3C-XSD]:

```
<?xml version="1.0" encoding="utf-8"?>
<xs:schema attributeFormDefault="unqualified" elementFormDefault="qualified"
   targetNamespace="http://schemas.microsoft.com/office/2006/encryption"
   xmlns="http://schemas.microsoft.com/office/2006/encryption"
```

Abbildung 10-18 Auszug aus der Spezifikation »Office Document Cryptography Structure«

Die Metadaten werden in einer `XmlEncryptionDescriptor`-Struktur gespeichert und umfassen Folgendes:

- Verschlüsselungs-Algorithmus
- Größe des Chiffrierblocks
- Schlüsselgröße
- Hash-Algorithmus
- Hash-Größe
- Salt-Größe
- Spin-Anzahl

> **Was ist in einem Office-Dokument enthalten?**
>
> Ein Office-Dokument ist eine komprimierte Datei im ZIP-Format, die sowohl das Office-Dokument selbst als auch die kryptografischen Metadaten enthält. Der in der ZIP-Datei enthaltene `EncryptionInfo`-Stream ist eine XML-Datei mit den Metadaten, und `Encrypted-Package` ist die geschützte Datei.

Wenn eine Office-Anwendung, beispielsweise Microsoft Word, ein Dokument öffnet, liest die Anwendung die Metadaten und verwendet sie, um dynamisch die entsprechenden kryptografischen Algorithmen zu erstellen. Anschließend liest sie den verschlüsselten Text und entschlüsselt ihn. Anstatt also die kryptografischen Algorithmen fest in den Office-Code zu codieren, erstellt der Code die entsprechenden kryptografischen Klassen mithilfe von Klassenfabriken.

Viele Entwickler schreiben Code ähnlich dem folgenden C#-Code, bei dem jeder Aspekt der symmetrischen Kryptografie hart codiert ist:

```
var cipher = new AesManaged();
cipher.Mode = CipherMode.CBC;
cipher.Padding = PaddingMode.Zeros;
cipher.KeySize = 128;
```

Im Gegensatz dazu nutzt Office ein Muster wie das hier gezeigte:

```
var cryptoConfig = ReadCryptoConfig();
var cipher = SymmetricAlgorithm.Create(cryptoConfig.algName);
cipher.Mode = cryptoConfig.cipherMode;
cipher.Padding = cryptoConfig.paddingMode;
cipher.KeySize = cryptoConfig.keySize;
```

Nach diesem Muster liest der Code kryptografische Konfigurationsdaten, die alle Informationen enthalten, die für die dynamische Erstellung der erforderlichen Algorithmen zur Laufzeit erforderlich sind. Diese Konfigurationsdaten stammen aus zwei Quellen:

- Eine Konfigurationsdatei
- Metadaten in Verbindung mit den geschützten Daten

Quelle 1: Konfigurationsdatei Wenn Daten verschlüsselt und dann in den Speicher geschrieben werden müssen, muss der Code wissen, welche Einstellungen zu verwenden sind. Diese Einstellungen stammen aus einer Konfigurationsdatei. Wenn die Daten gelesen und entschlüsselt werden, stammen die Konfigurationsdaten aus den mit den geschützten Daten gespeicherten Metadaten. Dies ist der wichtige Teil: Unser Code kann alle Daten lesen und entschlüsseln, unabhängig davon, wie sie verschlüsselt wurden. Aber wenn der Code die Daten verschlüsselt und ausgibt, verwendet er die Einstellung, die in der kryptografischen Konfiguration enthalten ist.

.NET hat die Konstruktion von kryptografischen Algorithmen ohne Klassenfabrik als veraltet erklärt

In den aktuellen Versionen von .NET wird die Verwendung fest codierter kryptografischer Algorithmen zugunsten des Class-Factory-Patterns als veraltet erklärt, um die Krypto-Agilität zu unterstützen.

Wir können die Konfigurationsdatei jederzeit ändern, um neue kryptografische Einstellungen vorzunehmen. Der Code wird diese Einstellungen übernehmen, wenn er verschlüsselte Daten ausgibt. Nehmen wir an, Ihr Unternehmen hat einige alte Dateien, die mit 112-Bit Triple-DES, ECB-Modus und All-Zero-Padding verschlüsselt sind. (Natürlich würde dies heute als suboptimal gelten, aber vor 20 Jahren war es wahrscheinlich in Ordnung.) Vor Kurzem hat das Unternehmen beschlossen, seine Verschlüsselungsrichtlinien zu ändern und 128-Bit-AES, CBC-Modus (Cipher Block Chaining) und ISO10126-Padding zu verlangen. Sie können die Krypto-Konfigurationsdatei mit dem neuen Standard aktualisieren; der Code wird alte Triple-DES-Dateien lesen und dann neue Dateien mit den neueren AES-Einstellungen erstellen.

Kurz:

- Sie lesen und entschlüsseln unter Verwendung der in den Metadaten der geschützten Datei beschriebenen Verschlüsselungseinstellungen.
- Sie verschlüsseln und schreiben mit den Verschlüsselungseinstellungen in der Krypto-Konfigurationsdatei.

Es ist wirklich ganz einfach!

Wie Sie die Metadaten darstellen, bleibt ganz Ihnen überlassen. Sie können XML, JSON oder sogar etwas so Einfaches wie kryptografische Parameter verwenden, die durch ein Trennzeichen vor den geschützten Daten getrennt sind. Letzteres ist einfach zu erstellen, könnte aber zu Problemen führen, wenn Sie einen Algorithmus nutzen, der in Zukunft andere kryptografische Parameter erfordert; in diesem Fall sind JSON oder XML möglicherweise besser geeignet.

Sie haben vielleicht bemerkt, dass wir weiter vorne das Wort »geschützt« statt »verschlüsselt« verwendet haben. Dafür gibt es einen guten Grund. Office verschlüsselt die Dateien nicht nur, sondern fügt in das Dokument auch einen Message Authentication Code (MAC) ein. Deshalb werden Sie den Verweis auf die Hash-Details bemerken. Wie das gemacht wird, können Sie in Abschnitt 2.3.14.4 der Spezifikation »Office Document Cryptography Structure« nachlesen.

Sie werden häufig auf das Wort SpinCount treffen. Dieser wird bei der Ableitung von Verschlüsselungsschlüsseln und dem Hinzufügen eines MAC zum Dokument verwendet. Die meisten kennwortbasierten Schlüsselableitungsfunktionen (Password-Based Key Derivation Function, PBKDF) bezeichnen den SpinCount als Iterationszähler. Der Iterationszähler ist wichtig, weil Kennwörter eine geringe Entropie aufweisen und eine PBKDF-Funktion ein schlechtes Kennwort in einen Schlüssel mit hoher Entropie verwandeln kann.

Stellen Sie sich den Iterationszähler als eine Art Kompensator für das Moore'sche Gesetz vor. Wenn Maschinen schneller werden, kann die Anzahl der Durchgänge erhöht werden, um einen Angreifer zu verlangsamen, wenn er versucht, offline Brute-Force-Angriffe gegen das Kennwort durchzuführen. Der folgende Go-Code verwendet beispielsweise denselben Beispielschlüssel, der zuvor im Node.js-Code auftauchte, aber jetzt eine PBKDF-Funktion zum »Salzen und Strecken« des Passworts enthält. Der Spin-Wert bzw. Iterationszähler beträgt 75.000, was bedeutet, dass die Schleife den Schlüssel 75.000 Mal aufbaut.

```
package main

import (
    "crypto/rand"
    "crypto/sha256"
    "encoding/base64"
```

```
        "fmt"
        "pbkdf2"
)

func main() {
    salt := make([]byte, 32)
    rand.Read(salt)
    dk := pbkdf2.Key([]byte("ssshhh!!"), salt, 75000, 32, sha256.New)
    fmt.Println(base64.StdEncoding.EncodeToString(dk))
}
```

Die Ausgabe ist eine Base64-codierte Zeichenfolge, die wie folgt aussieht:

```
j/HB3/IMQasOS7mUr/fCInE4uR8IYVNlMfWbhTCLOlY=
```

Diese Zeichenfolge weist deutlich mehr Entropie auf als »ssshhh!!«.

Zurück zur kryptografischen Agilität. All diese kryptografischen Metadaten sind Teil jedes verschlüsselten Office-Dokuments. Der Benutzer braucht nur die Datei zu öffnen und das Kennwort einzugeben, und die zugrunde liegende kryptografische Maschinerie wird dynamisch in Gang gesetzt, um zu überprüfen, dass das Dokument nicht manipuliert wurde. Stellt dieser Mechanismus fest, dass keine Manipulation stattgefunden hat, wird das Dokument entschlüsselt und in der Anwendung wiedergegeben.


```
<encryption
    xmlns="http://schemas.microsoft.com/office/2006/encryption"
    xmlns:p="http://schemas.microsoft.com/office/2006/keyEncryptor
        /password"
    xmlns:c="http://schemas.microsoft.com/office/2006/keyEncryptor
        /certificate">
    <keyData saltSize="16" blockSize="16" keyBits="256" hashSize
        ="64" cipherAlgorithm="AES" cipherChaining="ChainingModeCBC"
        hashAlgorithm="SHA512" saltValue="teP64rBFHZpqMRZXYEpzQA=="
        />
    <dataIntegrity encryptedHmacKey="d835G8E2hznZ1Q/RiSFlCrje
        +QLvfGjxRYiMwU1EoeTMk+GgDSEp6Jyqz5QWzUuX06pMy
        +rFFdblI8eijl1XmA==" encryptedHmacValue="o5
        +wgxB44hUMRmchXtp6rpz6MD6tD4oWojfX9+15Crej8RJ
        +sCrXQCBC1SJHMSg6UPqdYPt7ojWyb4tmsCiynQ=="/>
    <keyEncryptors>
        <keyEncryptor uri="http://schemas.microsoft.com/office/2006
            /keyEncryptor/password">
            <p:encryptedKey
                spinCount="100000"
                saltSize="16"
                blockSize="16"
                keyBits="256"
                hashSize="64"
                cipherAlgorithm="AES"
                cipherChaining="ChainingModeCBC"
                hashAlgorithm="SHA512"
                saltValue="7TusAYkzuAqLQAlr9Y5e/w=="
                encryptedVerifierHashInput="D8fxjmEWW+zQoyxN6DB=="
                encryptedVerifierHashValue
                    ="Cd8ZcsV3ZUnwCZW7PmdGBx1JX0MpzaArFX1rgYF2rgZYxE
                    BI2xgMkwZOx8ze3zt7idgSP0oCkZtedcJ9h2kzzw=="
                encryptedKeyValue="5fHAsKaUW0KBdDBtlt+JwEIgDGWRrFQK
                    +aIt8mMK+ks="/>
        </keyEncryptor>
    </keyEncryptors>
</encryption>
```


Abbildung 10-19 Teil der XML-Verschlüsselungsdaten eines verschlüsselten Office-Dokuments

Sie können sich diese Metadaten für jede verschlüsselte Office-Datei ansehen, indem Sie den Dateityp auf ZIP ändern, die Datei entpacken, die Datei *EncryptionInfo* extrahieren und sie in einem XML-Viewer anzeigen. Alle Daten, die zum Überprüfen und Entschlüsseln der Daten erforderlich sind, befinden sich in dieser XML-Datei (außer natürlich dem Entschlüsselungsschlüssel, der vom Benutzer bereitgestellt wird). Abbildung 10-19 zeigt die EncryptionInfo-XML-Daten einer verschlüsselten Word-DOCX-Datei.

Auf diese Weise Metadaten hinzuzufügen ist dann nützlich, wenn das resultierende Dokument relativ groß ist (weil die Größe der Metadaten in größeren Dokumenten akzeptabel ist). Dies ist eine unglaublich flexible Methode zur Unterstützung von kryptografischer Agilität.

.NET unterstützt eine konfigurierbare Zuordnung von Algorithmusnamen zu bestimmten Klassen zur Laufzeit. Mehr dazu erfahren Sie hier: *https://learn.microsoft.com/dotnet/api/system.security.cryptography.cryptoconfig*.

Verwenden Sie eine Versionsnummer

Die andere Möglichkeit, die kryptografische Agilität zu unterstützen, besteht darin, einer Reihe von kryptografischen Einstellungen eine Versionsnummer zuzuweisen. Genau das tun SQL Server, Azure SQL-Datenbank und Cosmos DB, wenn sie Always Encrypted verwenden: Die Versionsnummer wird den geschützten Daten vorangestellt. (Wir erläutern Always Encrypted in Kapitel 13.)

Wenn Sie Always Encrypted-Daten von SQL Server oder Cosmos DB dumpen, sind die Versionsdetails klar ersichtlich, wie im ersten Byte jeder Zeile in der Spalte SSN in Abbildung 10-20 gezeigt.

SQLQuery_1

Ausführen Abbrechen Trennen Ändern

```
SELECT TOP (6) [Surname],
    [Firstname],
    [State],
    [Zip],
    [SSN]
FROM dbo.Customers
```

Ergebnisse Meldungen

	Surname	Firstname	State	Zip	SSN
1	HARMETZ	Adam	AZ	85303	0x010000FA8A58F8AF9153713E236D34B...
2	HAY	Jeff	MD	21401	0x0100003126801FCFEE0E94D3398F8A8...
3	HERP	Jesper	KY	40235	0x01000044D3B6496978D099D65B8AF9F...
4	RAILSON	Stuart	OK	73069	0x0100006B0A64194AF9ED2CD44D3B649...
5	ILYIANA	Julia	FL	33954	0x010000D099D65B8AF9FEE0E9C26D5D6...
6	REID	Miles	DC	20011	0x0100009C2762720002794E4C095A5B0...

Abbildung 10-20 Anzeigen von Daten, die mit SQL Server Always Encrypted verschlüsselt wurden

Das erste Byte ist 0x01; dies ist die Versionsnummer der derzeit von SQL Server und Azure SQL-Datenbank verwendeten kryptografischen Konfiguration. Wenn SQL Server die Versionsnummer 0x01 sieht, weiß er genau, welche Verschlüsselung zu nutzen ist.

Für Version 1 lautet der Name der Algorithmensuite wie folgt: AEAD_AES_256_CBC_HMAC_SHA_256

Lassen Sie uns das analysieren:

- **AEAD** steht für *authenticated encryption with associated data* (authentifizierte Verschlüsselung mit zugehörigen Daten). Das bedeutet, dass einige Daten nicht verschlüsselt werden, sondern dass ein Message Authentication Code (MAC) hinzugefügt wird, der die unverschlüsselten Daten einschließt, um sie vor Manipulationen zu schützen.
- **AES_256_CBC** Dies ist der Massenverschlüsselungsalgorithmus: 256-Bit-AES mit CBC.
- **HMAC_SHA_256** Dies ist die authentifizierte Integritätsprüfung, die den Daten hinzugefügt wird, um sicherzustellen, dass sie nicht manipuliert wurden.

Sie können den Entwurf des IETF-Standards zu AEAD_AES_256_CBC_HMAC_SHA_256 hier nachlesen: *https://azsec.tech/su4*.

Sollte das SQL Server-Team irgendwann in der Zukunft einen neuen Algorithmus hinzufügen, könnte es diesen zur Version 2 machen und das erste Byte auf 0x02 setzen. Dann könnte der SQL Server-Clientcode immer noch Version 1 lesen, aber alle neuen oder aktualisierten Daten könnten Version 2 verwenden.

Der C#-Quellcode für die Klasse `SqlClient` mit Unterstützung für Always Encrypted befindet sich auf GitHub unter *https://azsec.tech/t7u*. Im Code können Sie sehen, wie das verschlüsselte Ergebnis definiert ist, einschließlich der Versionsnummer.

Krypto-Agilität mit Versionsnummern in die Praxis umsetzen

Wie Sie die Krypto-Agilität mit Versionsnummern in die Tat umsetzen, hängt von der verwendeten Programmiersprache ab. Im Kern werden Sie wahrscheinlich eine abstrakte Klasse nutzen, um eine konkrete Implementierung des symmetrischen Algorithmus darzustellen. (Dies ist sicherlich bei .NET der Fall.) Ein Auszug aus einer C#-Krypto-Agilitätsklasse könnte beispielsweise so aussehen:

```
private SymmetricAlgorithm _symCrypto;
private HMAC               _hMac;
private DeriveBytes        _keyDerivation;
private int                _iterationCount;
private Version            _ver;
private byte[]             _salt;
```

`SymmetricAlgorithm`, `HMAC` und `DeriveBytes` sind allesamt abstrakte Klassen.

Wenn die Versionsnummer aus dem geschützten Blob gelesen wird, bestimmt die folgende Switch-Anweisung die konkreten Klassen und Einstellungen:

```
switch (_ver) {
   case Version.Version1:
      _symCrypto = SymmetricAlgorithm.Create("TripleDes");
      _symCrypto.Padding = PaddingMode.PKCS7;
      _symCrypto.Mode = CipherMode.ECB;
      _hMac = HMAC.Create("HMACSHA1");
      _iterationCount = 1000;
      _keyDerivation = new Rfc2898DeriveBytes(_keyMaterial, _salt, _iterationCount);
      break;

   case Version.Version2:
      _symCrypto = SymmetricAlgorithm.Create("AesManaged");
      _symCrypto.Padding = PaddingMode.ISO10126;
      _symCrypto.KeySize = 128;
      _symCrypto.Mode = CipherMode.CBC;
      _hMac = HMAC.Create("HMACSHA256");
      _iterationCount = 20000;
      _keyDerivation = new Rfc2898DeriveBytes(_keyMaterial, _salt, _iterationCount);
      break;

   default:
      throw new ArgumentException("Ungültige Krypto-Version.");
}
```

Die zentralen kryptografischen Operationen werden dann mit `_symCrypto` und `_hMac` durchgeführt.

C#-Beispielcode ist zusammen mit anderen Ressourcen für dieses Buch auf GitHub unter *https://github.com/AzureDevSecurityBook* verfügbar.

Java-Extensions (javax) verwenden Zeichenketten, um kryptografische Einstellungen zu referenzieren, was die Flexibilität drastisch erhöht. Zum Beispiel:

```
import javax.crypto.Cipher;
import javax.crypto.Mac;
Cipher cipher = Cipher.getInstance(cipherName);
Mac mac = Mac.getInstance(macName);
```

In Java sind sowohl `Cipher` als auch `Mac` abstrakte Klassen. In diesem Codeschnipsel könnten die Zeichenketten, die für `Cipher` und `Mac` verwendet werden, `AES/CBC/PKCS5Padding` bzw. `HmacSHA256` sein.

> ### Praktische Erfahrungen: Krypto-Agilität im echten Leben
>
> Hundert Prozent der Kunden, mit denen wir zusammengearbeitet haben, besitzen kundenspezifischen kryptografischen Code. Allerdings waren 100 Prozent dieses Codes nicht krypto-agil. Schlimmer noch, 100 Prozent der Kunden wussten nicht einmal etwas über Krypto-Agilität. Aber letztendlich waren 100 Prozent der Kunden der Meinung, dass es eine großartige Idee sei!

Was Sie in die Ausgabe des Chiffretextes aufnehmen sollten

Sie müssen mehr als nur eine Versionsnummer und die Ausgabe des Chiffretextes angeben. Sie müssen auch genügend Informationen liefern, um konkrete Klassen zu erstellen. Dazu gehört das Folgende:

- Versionsnummer
- Initialisierungsvektor
- Saltwert (wenn Sie Schlüssel aus Kennwörtern ableiten)

Der Saltwert und der Initialisierungsvektor müssen nicht verschlüsselt werden. Eigentlich können sie gar nicht verschlüsselt werden, denn sie werden für die Entschlüsselung benötigt! Außerdem müssen Saltwert und Initialisierungsvektor nicht zufällig, aber eindeutig sein.

> ### »Aber wir können die Krypto-Agilität noch nicht umsetzen!«
>
> Wenn Sie heute noch keine vollständige Krypto-Agilität implementieren können, fügen Sie zumindest eine Versionsnummer und möglicherweise ein Trennzeichen am Anfang Ihres Chiffriertextes für Projekte ein, die sich derzeit in der Entwicklung befinden. Ihr Code kann die ersten ein oder zwei Bytes ignorieren, um zum Chiffriertext zu gelangen, bis Sie Krypto-Agilität implementieren; wenn Sie dann zu einem umfassenderen Prozess übergehen, können Sie ihn zu Version 2 machen und weitere Daten zum resultierenden geschützten Blob hinzufügen. Wenn Sie nicht zumindest die Anfangsversionsnummer hinzufügen, werden Sie nicht wissen, ob das erste Byte eine Versionsnummer des ersten Teils des gültigen Chiffriertextes ist. Dies ist einfach und ebnet den Weg zu einem vollständigeren Krypto-Agilitätsprozess.

> ### Verwendung von Trennzeichen
>
> Sie brauchen kein Trennzeichen zu verwenden, wenn Sie die einzelnen Feldlängen kennen. Sie können die Daten mit variabler Länge an das Ende des Ausgabestroms setzen.

Hier ist Beispielcode, der im GitHub-Repository des Buches verfügbar ist. Die folgende Codezeile:

```
string ctext = new AgileCrypto(AgileCrypto.Version.Version4).Protect(pwd, plaintext);
```

ergibt ein Ergebnis wie dieses:


```
4|GIhGYvZqSSK+2Mrsebmo4Q==|YgGkQpL6fF8ztaCaWMoe/A==|LQHB6iKjOjCe1Svqqs4BCg==|
tMDXkWHcvOgbfBDPQvgXc1lXwTF7JtrvT9iwOoOXQUk=
```


Das Format der Ausgabe ist wie folgt:

```
Version | Base64(IV) | Base64(Salt) | Base64(Ciphertext) | Base64(HMAC)
```

Wie bereits erwähnt, kann diese Ausgabe in JSON, XML oder einem anderen Format erfolgen.

Eine andere Möglichkeit besteht darin, kein Kennwort zu verlangen, sondern einen zufälligen symmetrischen Schlüssel zu generieren. Sie könnten dann diesen Schlüssel mit dem öffentlichen Teil eines asymmetrischen Schlüssels – zum Beispiel RSA – zusammen mit dem Fingerabdruck des Zertifikats, das den öffentlichen Schlüssel enthält, verschlüsseln und den privaten RSA-Schlüssel verwenden, um den symmetrischen Schlüssel und dann den Chiffriertext zu entschlüsseln. Für den privaten Schlüssel sind jedoch geeignete Zugriffskontrollen erforderlich.

Krypto-Agilität, eine kurze Zusammenfassung

Mit ein wenig Voraussicht und Design ist es nicht schwer, neue Anwendungen, die benutzerdefinierten kryptografischen Code enthalten, mit Krypto-Agilität auszustatten. Wenn Sie dies tun, sind die Vorteile immens, da Sicherheitsforscher immer wieder neue Sicherheitslücken finden. Wie bereits zu Beginn dieses Abschnitts erwähnt, sollte das Schreiben eigenen kryptografischen Codes natürlich nur der letzte Ausweg sein – und nur dann, wenn die zugrunde liegende Plattform Ihre speziellen Anforderungen nicht erfüllt.

Kryptografische Agilität ist eine wichtige Maßnahme zur Abschwächung des Zero-Trust-Prinzips der Annahme von Sicherheitsverletzungen. Wenn ein Algorithmus nicht mehr funktioniert und es praktische Angriffe gibt, kann Ihr Code flink auf einen anderen Algorithmus umsteigen. Was aber, wenn Sie eine Lösung entwickeln müssen, die Kryptografie auf Code-Ebene beinhaltet? Für solche Fälle bietet Microsoft das Microsoft Data Encryption SDK an, das Thema des nächsten Abschnitts ist.

Funfact über GUIDs und Versionsnummern

Erstellen Sie eine GUID (auch UUID genannt), und zwar eine beliebige GUID, und erstellen Sie dann weitere. Hier sind zwei, die ich mit einer Erweiterung in Visual Studio Code erstellt habe:

- b45ef00f-e4ff-4ba5-aada-e6404a66d430
- 3c785987-1163-4c18-96f4-a7ebdbc5e4ff

Wenn Sie sich den dritten Block ansehen, werden Sie feststellen, dass er immer mit einer 4 beginnt. Das ist die GUID-Versionsnummer, wie sie in RFC 4122 (*https://azsec.tech/m4p*) definiert ist. Diese RFC definiert fünf Typen von GUIDs, und GUIDs des Typs 4 sind völlig zufällig. Jetzt wissen Sie es. Bitte sehr.

Das Microsoft Data Encryption SDK

Zum Zeitpunkt der Erstellung dieses Buches befindet sich das Microsoft Data Encryption Software Development Kit (SDK) in der öffentlichen Vorschau. Die herunterladbaren Pakete unterstützen derzeit nur .NET, aber es lohnt sich, sich mit dem SDK vertraut zu machen, wenn es veröffentlicht wird.

> **Praktische Erfahrungen: Das Microsoft Data Encryption SDK und Kunden**
>
> Obwohl sich das SDK in der öffentlichen Vorschauphase befindet, haben die Autoren des Buches das SDK bei Kunden in Produktionsumgebungen eingesetzt.

Eines der Hauptmerkmale des SDK ist seine Einfachheit. Es bietet nur wenige Optionen und ist eher langweilig. In der Welt der Kryptografie ist langweilig gut! Das SDK bietet eine einzige sichere Suite kryptografischer Algorithmen. Das ist gut, denn es beseitigt das Potenzial für Fehler. Das SDK unterstützt auch die Agilität der Kryptografie durch eine Versionsnummer.

Hier sind die Schritte, um mit dem SDK loszulegen und es auszuprobieren:

1. Öffnen Sie eine Eingabeaufforderung (idealerweise verwenden Sie jetzt Windows Terminal).
2. Erstellen Sie einen Ordner namens **cryptotest**.
3. Geben Sie den folgenden Befehl ein, um zum Ordner cryptotest zu wechseln:

    ```
    cd cryptotest
    ```

4. Geben Sie den folgenden Befehl ein:

    ```
    dotnet new console
    ```

5. Geben Sie den folgenden Befehl ein:

    ```
    dotnet add package Microsoft.Data.Encryption.Cryptography --prerelease
    ```

6. Ersetzen Sie den Inhalt der Datei program.cs durch den folgenden C#-Code:

Dieser Code verwendet C# 10 und .NET 6, das Anweisungen auf oberster Ebene und implizite `using`-Anweisungen (*https://learn.microsoft.com/dotnet/core/tutorials/top-level-templates*) zulässt.

```
using Microsoft.Data.Encryption.Cryptography;

string plaintextString = "Hello, World!!";

var encryptionKey = new PlaintextDataEncryptionKey("MyKey");
var ciphertext = plaintextString.Encrypt(encryptionKey);
```

```
Console.WriteLine("Chiffretext");
var asHex = String.Join("",ciphertext.Select(c => ((int)c).ToString("x2")));
Console.WriteLine($" B64: {ciphertext.ToBase64String()}");
Console.WriteLine($" Hex: {asHex}");

var decrypted = ciphertext.Decrypt<string>(encryptionKey);
Console.WriteLine($"Klartext: {decrypted}");
```

7. Geben Sie den folgenden Befehl ein:

```
Dotnet run
```

Sie sollten eine Ausgabe erhalten, die etwa so aussieht:

```
Chiffretext

   B64:  AVCUKr2XOODNVjyD5foLXd87 <snip> GEzQqNKkUPiWN/dstIBT
   Hex: 0150942abd973b40cd563c83e5fa0 <snip> 89637f76cb48053

Klartext: Hello, World!!
```

Der Code ist einfach, weil alle kryptografischen Mechanismen nicht vom Entwickler durchgeführt werden. Die wichtigsten Codezeilen lauten wie folgt:

```
var encryptionKey = new PlaintextDataEncryptionKey("MyKey");
var ciphertext = plaintextString.Encrypt(encryptionKey);
var decrypted = ciphertext.Decrypt<string>(encryptionKey);
```

Die erste Zeile erzeugt einen neuen symmetrischen AES-Schlüssel namens `MyKey`. Die zweite Zeile verschlüsselt die Klartextzeichenfolge mit den zuvor definierten Schlüsselinformationen. Schließlich entschlüsselt der Code den Chiffretext mit demselben Schlüssel.

Um ehrlich zu sein, ist dies kein Produktionscode. Der AES-Schlüssel ist flüchtig und funktioniert nur so lange, wie die Anwendung läuft. Er mag gut geeignet sein, um ein lang laufendes, aber nicht dauerhaftes Geheimnis im Speicher zu schützen, aber nicht viel mehr als eine schnelle Demo.

8. Führen Sie den Code erneut aus und notieren Sie sich das erste Hex-Byte des Chiffretextes. Führen Sie ihn erneut aus. Dann noch einmal.

   Ich führte den Code vier weitere Male aus und erhielt die folgende Hex-Ausgabe:

```
Hex: 01581d4e2ef88a81bf24b7fe02b0386977bf6acd6822da131bffe <snip>
Hex: 0132cf1297f1430ad8b00c4a00598aa57cd01e8582cdac179d8d7 <snip>
Hex: 017953fe0f7a491df4f1ec47ffd289c27367fc3425c870f6b6635 <snip>
Hex: 01c87dbc79741a9a7b21b15aaf797e5d16d64580b5dd75cbd2dd3 <snip>
```

Können Sie ein Muster erkennen? Das erste Byte ist immer 0x01. Dies ist die Versionsnummer zur Unterstützung der Krypto-Agilität. Außerdem ist die Ausgabe im Verhältnis zur Größe des Klartextes recht groß, da es sich nicht nur um den Chiffretext handelt, sondern um ein vollständiges, durch Krypto-Agilität geschütztes Ergebnis. Die Ausgabe sieht wie folgt aus:

```
Version + HMAC + IV + Chiffretext
```

Die vom SDK verwendete Version 1 Ciphersuite ist AEAD_AES_256_CBC_HMAC_SHA_256. Kommt Ihnen das bekannt vor? Es ist derselbe Satz von Algorithmen, der von Azure SQL-Datenbank, SQL Server und % bei Always Encrypted verwendet wird. Dies ist eine einfache und konservative kryptografische Chiffrierung, die sowohl Vertraulichkeit als auch eine Integritätsprüfung bietet. Aus der STRIDE-Perspektive (erläutert in Kapitel 4, »Bedrohungsmodellierung«) mindert sie die Bedrohungen Offenlegung von Daten (Information Disclosure, I) und Manipulation (Tampering, T).

Bauen Sie nun auf dem Beispiel auf, um weitere Funktionen hinzuzufügen. Sie können ein Geheimnis außerhalb der Anwendung aufbewahren und dann einen AES-Schlüssel mit einem Code wie diesem erstellen:

```
// Erzeugen eines symmetrischen Schlüssels, die Base64-codierte Quelle (secret)
// befindet sich außerhalb dieses Codes
var key = System.Convert.FromBase64String(secret);
var encryptionKey = new PlaintextDataEncryptionKey(secretName, key);
```

Der Datenverschlüsselungsschlüssel (Data Encryption Key, DEK) wird aus dem geheimen Kennwort oder der Passphrase abgeleitet. Das Geheimnis könnte als Geheimnis in einem Schlüsseltresor gespeichert werden. Wenn dieser Code beispielsweise in einer größeren Lösung eingesetzt wird, die in einer VM läuft, könnten Sie eine VM-verwaltete Identität verwenden, um den Zugriff auf das Geheimnis zu beschränken.

Optionale Parameter

Es gibt einige optionale Parameter, die Sie einstellen können:

```
// Verschlüsselungsoptionen und -parameter
var encryptionSettings = new EncryptionSettings<string>(
   dataEncryptionKey: encryptionKey,
   encryptionType: EncryptionType.Deterministic,
   serializer: StandardSerializerFactory.Default.GetDefaultSerializer<string>()
);
string plaintextString = "Hello, World!";

var ciph = plaintextString.Encrypt(encryptionSettings);
```

Art der Verschlüsselung

Für den Verschlüsselungstyp gibt es zwei Optionen:

- **EncryptionType.Deterministic** Hier wird der Klartext als IV verwendet. Zwei mit demselben Schlüssel verschlüsselte Klartexte, die mit deterministischer Verschlüsselung verschlüsselt wurden, ergeben immer denselben Chiffretext.
- **EncryptionType.Randomized** Hier wird ein zufälliger und eindeutiger IV verwendet. Zwei Sätze von Klartext, die mit demselben Schlüssel verschlüsselt wurden und eine zufällige Verschlüsselung nutzen, ergeben immer einen unterschiedlichen Chiffretext, da jeder

Verschlüsselungsvorgang einen eindeutigen IV verwendet. Sie müssen den IV im Klartext mit den verschlüsselten Daten speichern.

Die deterministische Verschlüsselung unterstützt Always Encrypted, was bestimmte Arten von SQL-Abfragen über verschlüsselten Text ermöglicht, ohne den verschlüsselten Text zu entschlüsseln. In Kapitel 15 wird dies näher erläutert. Die meisten Entwickler werden die deterministische Option nicht benötigen, wenn sie die Bibliothek als eigenständige Bibliothek zur Verschlüsselung von benutzerdefinierten Daten verwenden.

Serialisierer

Eine weitere Option, die Sie einstellen können, ist der Serializer. Im Allgemeinen ist der Standardsatz von Serialisierern für die meisten Entwickler ausreichend. Serialisierer werden kritisch, wenn die Schnittstelle zu Datenbank-Engines mit Always Encrypted verwendet wird. Zum Beispiel speichert SQL Server einen `DateTime`-Typ nicht als YYYY-MM-DD mm:ss. Stattdessen wird eine viel prägnantere und effizientere 3-Byte-Darstellung genutzt, die die Anzahl der Sekunden seit dem 1. Januar 0001 angibt. 2^24 ist also ungefähr 46.000 Jahre in Ein-Sekunden-Schritten. Die Klasse `SqlDateSerializer` konvertiert einen C#-`DateTime`-Wert in diese 3-Byte-Darstellung und umgekehrt.

Der Standardserialisierer kann viele gängige .NET-Typen zuordnen, darunter diese:

`bool`	`byte und byte[]`	`char`
`DateTime`	`DateTimeOffset`	`decimal`
`double`	`float`	`Guid`
`int`	`long`	`sbyte`
`short`	`string`	`TimeSpan`
`uint`	`ulong`	`ushort`

Der Standardserialisierer verarbeitet auch nullbare Versionen der Datentypen wie int? und string?.

Bei der Verschlüsselung von Daten wird in der Regel der Standardserialisierer verwendet. Wenn Sie zwei Felder verschlüsseln möchten, von denen eines ein `DateTime`-Wert und eines ein `TimeSpan`-Wert ist, können Sie zwei `EncryptionSettings` mit jeweils eigenem Serialisierer einsetzen. Sie können auch unterschiedliche Schlüssel nutzen, die im Schlüsseltresor gespeichert sind.

SDK-Schlüssel in Schlüsseltresor verwalten

Das SDK bietet auch native Unterstützung für Key Vault zur Verwaltung von Schlüsseln. Dabei wird ein klassisches Key-Wrapping-Modell verwendet. Schlüsseltresor speichert den DEK nicht direkt, sondern verpackt den DEK mit einem RSA-Schlüssel, dem sogenannten Schlüsselverschlüsselungsschlüssel (Key Encryption Key, KEK). Der RSA-Schlüssel wird im Schlüsseltresor gespeichert. Der daraus resultierende geschützte Schlüsselblob kann an einem für die Anwendung zugänglichen Ort gespeichert werden, zum Beispiel zusammen mit dem Chiffretext.

Eine starke RBAC-Richtlinie für den KEK ist entscheidend. Wer eine Entschlüsselungsberechtigung (das heißt Zugriff auf den privaten Schlüssel) für den KEK hat, kann jeden mit diesem KEK verschlüsselten DEK entschlüsseln. Es ist zwar nicht unüblich, auch den verpackten DEK durch gute Zugriffsrichtlinien zu schützen, doch ist dies nicht so wichtig wie der Schutz des KEK, da ein Angriff auf den DEK eine umfassende Schlüsselsuche gegen RSA erfordern würde. Dieser Schlüsselumhüllungsprozess ist ein gängiges Schlüsselschutzmodell, das von vielen kryptografischen Systemen verwendet wird.

In diesem letzten Beispiel werden Sie Schlüsseltresor einsetzen, um den Schlüsselverschlüsselungsschlüssel zu speichern, der zum Packen des DEK verwendet wird, der dann vom Beispielcode genutzt wird. Bevor Sie dies tun, müssen Sie zunächst einige Module hinzufügen. Führen Sie dazu im gleichen Ordner, in dem sich der Beispielcode befindet, die folgenden Befehle aus:

```
dotnet add package Azure.Identity
dotnet add package Microsoft.Data.Encryption.AzureKeyVaultProvider --prerelease
```

Ändern Sie dann program.cs ab, um diesen C#-Code zu verwenden:

```
using Azure.Identity;
using Microsoft.Data.Encryption.AzureKeyVaultProvider;
using Microsoft.Data.Encryption.Cryptography;

var AzureKeyVaultKeyPath = "https://<your key vault>/keys/<key name>/<key version guid>";
var TokenCredential = new DefaultAzureCredential();
var azureKeyProvider = new AzureKeyVaultKeyStoreProvider(TokenCredential);
var keyEncryptionKey = new KeyEncryptionKey("KEK", AzureKeyVaultKeyPath, azureKeyProvider);
var dataEncryptionKey = new ProtectedDataEncryptionKey("DEK", keyEncryptionKey);

var original = DateTime.Now;
Console.WriteLine ("PT: " + original);

var encryptedBytes = original.Encrypt(dataEncryptionKey);
var encryptedHex = encryptedBytes.ToHexString();
Console.WriteLine ("CT:" + encryptedHex);

var bytesToDecrypt = encryptedHex.FromHexString();
var decryptedBytes = bytesToDecrypt.Decrypt<DateTime>(dataEncryptionKey);
Console.WriteLine ("PT: " + decryptedBytes);
```

Ein paar wichtige Punkte:

- Der Schlüssel muss ein RSA- oder RSA-HSM-Schlüssel sein. ECC wird nicht funktionieren.
- Das Konto, das auf den Schlüsseltresor zugreift, muss über die entsprechenden kryptografischen Berechtigungen verfügen, um Schlüssel abzurufen, zu signieren/verifizieren und zu packen/entpacken.

Schließlich kann der verpackte DEK mit einem Code wie diesem dauerhaft gespeichert werden:

```
using System.Text.Json;
...
```

```
var jsonWrappedDEK = JsonSerializer.Serialize(dataEncryptionKey);
File.WriteAllText("wrappedDEK.json", jsonWrappedDEK);
```

Ein Hinweis zu DefaultAzureCredential()

Der vorangehende Beispielcode enthält `DefaultAzureCredential()`, das eine Reihe von Anmeldeinformations-APIs aufruft, bis eine funktioniert oder alle fehlschlagen. Wenn dieser Code beispielsweise von einer VM in Azure aufgerufen würde, die eine verwaltete Identität verwendet, würde `DefaultAzureCredential()` versuchen, ein `ManagedIdentityCredential`-Objekt zu erstellen. Ausführliche Informationen zu dieser Klasse und dem genutzten Mechanismus finden Sie unter: *https://learn.microsoft.com/dotnet/api/azure.identity.defaultazurecredential*.

Dieser Code enthält alle Informationen, die für den Zugriff auf den sich im Schlüsseltresor befindenden KEK erforderlich sind, sofern das Konto Zugriffsrechte hat. Fügen Sie versuchsweise diesen Code hinzu und sehen Sie sich das resultierende JSON an. Wenn Sie das Auditing für den Schlüsseltresor aktivieren, wie weiter oben in diesem Kapitel beschrieben, können Sie sehen, wie Ihr Code auf den Schlüsseltresor zugreift und Audit-Ereignisse ausgelöst werden.

Weitere Informationen über das Microsoft Data Encryption SDK finden Sie auf GitHub unter *https://azsec.tech/xdv*. Dort finden Sie auch Beispielcode. Auch Travis Nielson, ein Cloud Solutions Architect bei Microsoft, hat Beispielcode und Dokumentation in seinem GitHub-Repository veröffentlicht, das Sie hier finden: *https://azsec.tech/c69*.

Wenden wir uns nun einigen der Dienste in Azure und den kryptografischen Diensten zu, die sie von Haus aus anbieten.

Azure-Dienste und Kryptografie

Dieser Abschnitt befasst sich kurz mit den nativen kryptografischen Diensten, die von verschiedenen Azure-Diensten für ruhende Daten bereitgestellt werden. Es werden die folgenden Produkte erläutert:

- Azure Storage
- Azure VMs
- Azure SQL-Datenbank
- Cosmos DB

Die meisten Azure-Dienste, die die Verschlüsselung von ruhenden Daten unterstützen, bieten eines oder mehrere der folgenden Modelle:

- Serverseitige Verschlüsselung mit plattformseitig verwalteten Schlüsseln
- Serverseitige Verschlüsselung mit kundenseitig verwalteten Schlüsseln
- Clientseitige Verschlüsselung

Die meisten Azure-Dienste verwenden KEKs zum Umhüllen von DEKs. Beim Wrapping wird ein öffentlicher Schlüssel eines asymmetrischen Schlüsselpaars, zum Beispiel von RSA, verwendet, um den DEK zu verschlüsseln, der in der Regel ein zufälliger AES-Schlüssel ist. Zum Entpacken des Schlüssels wird der private Teil des RSA-Schlüsselpaars eingesetzt, um den AES-Schlüssel zu entpacken (zu entschlüsseln).

Serverseitige Verschlüsselung mit plattformseitig verwalteten Schlüsseln

Plattformseitig verwaltete Schlüssel (Platform-managed keys, PMKs) sind für viele Azure-Dienste üblich, zum Beispiel für Azure SQL-Datenbank Transparent Data Encryption (TDE) und die Verschlüsselung auf Dienstebene von Azure-Speicherkonten. Tatsächlich ist dies die Standardoption für viele dieser Dienste.

Bei diesem Ansatz wird das Volume, auf dem sich die Daten befinden, mit einem DEK verschlüsselt, der von einem von Azure verwalteten KEK umschlossen wird. Der Lebenszyklus des Schlüssels – einschließlich Bereitstellung, Rotation, Verwaltung, Backup, Auditing und Deprovisionierung – wird von Azure übernommen. Dies trägt zur Schadensbegrenzung bei, die durch einen Offline-Angriff, den Diebstahl einer Festplatte oder die nicht ordnungsgemäße Zerstörung einer defekten Festplatte verursacht werden könnte. Aus Sicht von Azure sind diese Risiken jedoch verschwindend gering.

Serverseitige Verschlüsselung mit kundenseitig verwalteten Schlüsseln

Die meisten Azure-Dienste bieten auch eine serverseitige Verschlüsselung mit vom Kunden verwalteten Schlüsseln an. Diese werden als kundenseitig verwaltete Schlüssel (Customer-managed keys, CMKs) bezeichnet.

In den meisten Fällen werden die Schlüssel – oder genauer: die KEKs – in einem Schlüsseltresor gespeichert. Dies mindert die gleichen Risiken wie im vorangegangenen Abschnitt beschrieben, jedoch mit einer wichtigen Änderung: Der Stamm-KEK wird nicht von Azure verwaltet. Vielmehr wird der Lebenszyklus des Schlüssels vom Kunden verwaltet.

Dies hat wichtige Auswirkungen. Wenn der Schlüssel verloren geht, verfügt Azure über keine Kopie. Sie können also nicht den Support anrufen und den Schlüssel zurückbekommen. Aus diesem Grund ist, wie im Abschnitt »Sichern Sie Ihre Key Vault-Assets« weiter vorn in diesem Kapitel erwähnt, in Key Vault die Funktion »Vorläufiges Löschen« standardmäßig aktiviert. Doch wenn der Schlüssel weg ist, ist er weg – und das bedeutet, dass auch Ihre Daten weg sind, es sei denn, Sie haben ein Backup. Im Grunde genommen haben Sie sich in diesem Fall selbst erpressbar gemacht, nur kann niemand das Lösegeld bezahlen!

Einige Kunden möchten ihre Schlüssel selbst verwalten. Wenn ein Schlüssel gedreht werden muss, kann der Kunde dies tun, und wenn ein Schlüssel abläuft, kann er vom Kunden deaktiviert werden. Der Kunde hat die vollständige Kontrolle. Für einige Kunden bietet dies auch die Möglichkeit, im Falle eines katastrophalen Angriffs einen Schlüssel zu deaktivieren. Mit anderen Worten: Wenn der Schlüssel deaktiviert ist, kann der Angreifer nur noch den Chiffretext abrufen. Sobald der Kunde den Angriff abwehrt, kann er den Schlüssel wieder aktivieren. Natürlich bedeutet die Deaktivierung des Schlüssels, dass niemand mehr auf die Daten zugreifen kann – auch berechtigte Benutzer nicht! Dies ist natürlich ein Notfallszenario, aber manche Kunden möchten dieses Maß an Kontrolle.

Azure SQL-Datenbank kann kundenseitig verwaltete Schlüssel für TDE verwenden, ebenso wie Azure-Speicherkonten und viele andere Dienste.

WELCHE BEDROHUNG WIRD DURCH DIE VOLUMENVERSCHLÜSSELUNG ABGEWENDET?

Die Verschlüsselung von Datenträgern wurde entwickelt, um gestohlene Speichergeräte oder ausgefallene Geräte, die nicht ordnungsgemäß zerstört wurden, zu schützen. Sie sollte in Verbindung mit anderen Schutzmaßnahmen wie starker Authentifizierung, Autorisierung und Audits eingesetzt werden.

Kundenseitig verwaltete Schlüssel sind nicht für jeden geeignet

CMKs erfordern ein gewisses Maß an Sicherheit, um gut zu funktionieren. Wenn Sie CMKs zum Schutz von ruhenden Daten verwenden müssen, tun Sie dies bitte nur, wenn Sie über Fachwissen, Prozesse und Werkzeuge zur Verwaltung der Schlüssel verfügen. CMKs werden von Ihnen verwaltet, nicht von Azure. Wenn Sie sie verlieren, sind sie weg, und damit auch Ihre Daten.

Clientseitige Verschlüsselung

In diesem Szenario werden die Schlüssel weder im betreffenden Dienst gespeichert, noch sind sie für diesen zugänglich. Zwei gute Beispiele sind Azure SQL-Datenbank Always Encrypted und die clientseitige Verschlüsselung für Blobs. Wenn sie richtig konzipiert sind, sind die Schlüssel nur für die gültigen Benutzer der Ressource zugänglich.

Solange die Schlüssel durch gute Authentifizierungs-, RBAC- und Netzwerkisolierungsrichtlinien geschützt sind, kann ein Angreifer nur auf verschlüsselten Text zugreifen – selbst wenn er uneingeschränkten Zugriff auf die Datenbank oder das Speicherkonto hat. Dies ist ein großartiges Beispiel für die Anwendung einer Mentalität, die von Zero Trust und davon ausgeht, dass es einem Angreifer irgendwann einmal gelingt, durchzukommen. Im Falle eines katastrophalen Angriffs kann der Angreifer nichts ausrichten.

Azure Storage und Kryptografie

Azure Storage besteht aus vier Hauptspeichertypen:

- Blobs
- Dateien
- Warteschlangen
- Tabellen

Wenn Sie ein Azure-Speicherkonto erstellen, können Sie sich für eine Verschlüsselung auf Volume-Ebene mit plattformseitig oder kundenseitig verwalteten Schlüsseln entscheiden. Sie können außerdem festlegen, ob Sie kryptografische Schutzmaßnahmen auf Folgendes anwenden möchten:

- Nur Blobs und Dateien
- Alle Dienste (Blobs, Dateien, Tabellen und Warteschlangen)

Diese Option kann nicht geändert werden, nachdem dieses Azure-Speicherkonto erstellt wurde. Sie können mehr über die Verschlüsselung von Azure Storage hier lesen: *https://learn.microsoft.com/azure/storage/common/customer-managed-keys-overview*.

Azure-Speicherkonten unterstützen die automatische KEK-Rotation. Dies wird weiter hinten in diesem Kapitel im Abschnitt »Schlüsselrotation« erläutert.

Verschlüsselungsbereiche

Blob-Speicher (außer Azure Data Lake Storage Gen2) unterstützt Verschlüsselungsbereiche. Diese ermöglichen es Ihnen, in einem einzigen Blob-Speicher pro Bereich einen unterschiedlichen DEK und KEK zu verwenden. Ein gängiges Verwendungsmuster für Verschlüsselungsbereiche ist ein Blob-Speicher mit zwei Containern, wobei jeder Container mit seinem eigenen KEK und DEK verschlüsselt ist. Auf diese Weise wird eine kryptografische Isolierung zwischen Kunden erreicht.

Führen Sie die folgenden Schritte aus, um einen Verschlüsselungsbereich einzurichten, wenn Sie einen Blob-Speicher im Azure-Portal konfigurieren:

1. Wählen Sie auf der Seite des Speicherkontos aus dem Menü auf der linken Seite die Option *Verschlüsselung*.
2. Klicken Sie auf *Verschlüsselungsbereiche* und dann auf *Hinzufügen*.
3. Geben Sie auf der Seite *Verschlüsselungsbereich erstellen* (siehe Abbildung 10-21) die folgenden Informationen ein und klicken Sie auf *Erstellen*:
    - **Verschlüsselungstyp** Wählen Sie für jeden Bereich *Von Microsoft verwaltete Schlüssel* oder *Kundenseitig verwaltete Schlüssel*.
    - **Verschlüsselungsschlüssel** Wenn Sie *Kundenseitig verwaltete Schlüssel* ausgewählt haben, sehen Sie für diese Option zwei Einstellungen: *Aus Schlüsseltresor auswählen* und *Schlüssel-URI eingeben*. Hier ist *Aus Schlüsseltresor auswählen* ausgewählt.

- **Abonnement** Wählen Sie das Abonnement mit dem Schlüsseltresor aus, das Sie verwenden möchten.
- **Schlüsseltresor** Wählen Sie den Schlüsseltresor, den Sie verwenden möchten.
- **Schlüssel** Wählen Sie den zu verwendenden KEK.
- **Infrastrukturverschlüsselung** Wählen Sie *Deaktiviert* (wie hier gezeigt) oder *Aktiviert* aus.

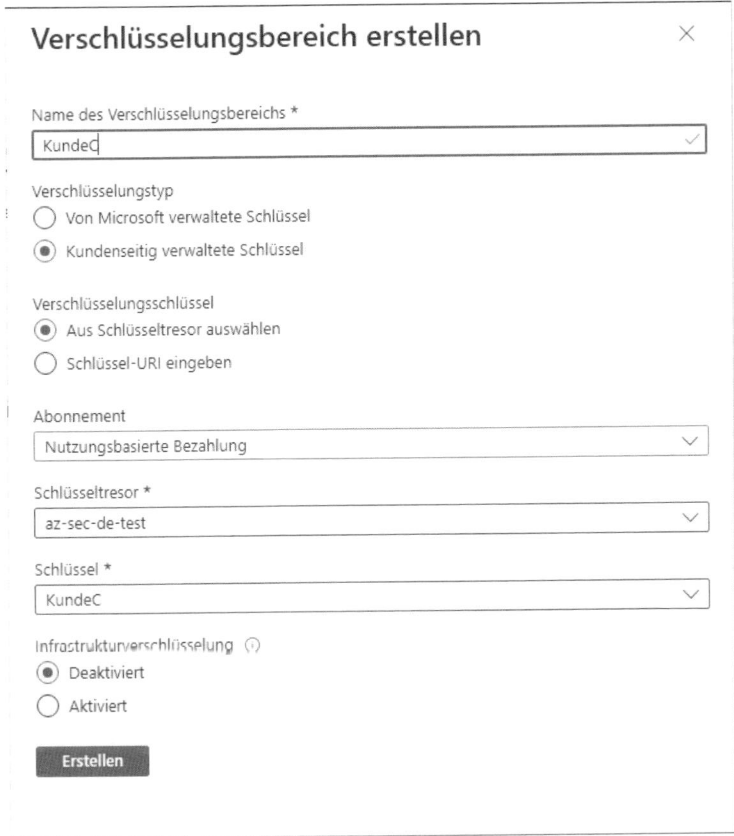

Abbildung 10-21 Erstellen eines neuen Blob-Speicher-Verschlüsselungsbereichs

Dadurch wird automatisch ein DEK generiert und zur Verschlüsselung des Inhalts der Daten innerhalb dieses Bereichs verwendet, wenn er auf einen Azure Storage-Kontocontainer angewendet wird.

Sie kehren zur Seite *Verschlüsselung* zurück, auf der Sie alle bisher erstellten Verschlüsselungsbereiche sehen können (siehe Abbildung 10-22).

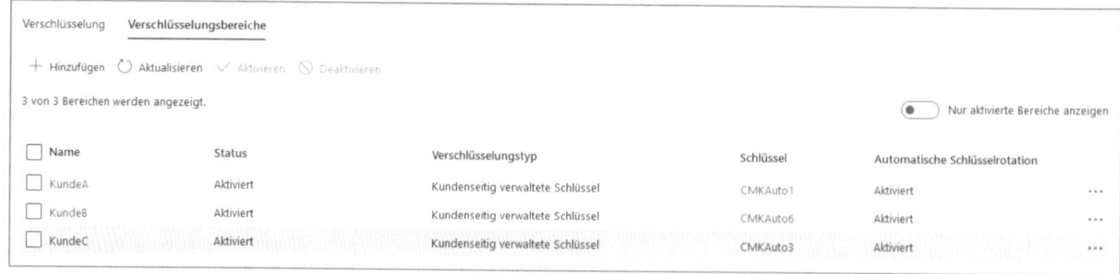

Abbildung 10-22 Anzeigen der aktuellen Verschlüsselungsbereiche

Als Nächstes müssen Sie einen Verschlüsselungsbereich auf einen Container anwenden.

1. Öffnen Sie das Menü und klicken Sie auf *Container*.
2. Klicken Sie auf *+Container*, um einen neuen Container hinzuzufügen.
3. Geben Sie auf der Seite *Neuer Container* die folgenden Informationen ein:
   - **Name** Geben Sie einen Namen für den neuen Container ein.
   - **Öffentliche Zugriffsebene** Wählen Sie die Zugriffsebene, die Sie zulassen möchten: *Öffentlich* oder *Privat*.

Wenn Sie eine Azure-Richtlinie (siehe Kapitel 7, »Governance«) haben, die den öffentlichen Zugriff einschränkt, ist diese Option ausgegraut und die einzige Option ist *Privat*.

4. Erweitern Sie den Abschnitt *Erweitert* und geben Sie die folgenden Informationen ein:
   - **Verschlüsselungsbereich** Wählen Sie den Verschlüsselungsbereich, den Sie anwenden möchten.
   - **Diesen Verschlüsselungsbereich für alle Blobs im Container verwenden** Schalten Sie dieses Kontrollkästchen ein.
5. Wählen Sie den Azure Storage-Kontocontainer und verknüpfen Sie ihn mit dem Verschlüsselungsbereich. Klicken Sie dann auf *Erstellen* (siehe Abbildung 10-23).

Sie können dies mit so vielen Containern tun, wie Sie möchten. Sie können für die einzelnen Bereiche auch verschiedene Schlüsseltresore, nicht nur verschiedene KEKs, verwenden.

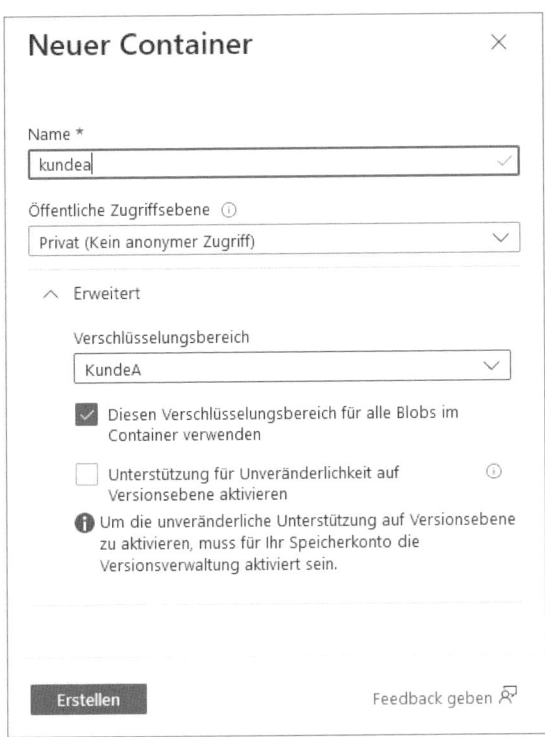

Abbildung 10-23 Zuweisen eines Verschlüsselungsbereichs zu einem Azure Storage-Konto-Blob-Container

Clientseitige Verschlüsselung von Azure-Speicherkonten

Das Azure SDK enthält Klassen, die eine clientseitige Verschlüsselung für alle Azure-Speicherkontotypen bieten. Es wird empfohlen, die Version 12.12 oder höher des SDK zu verwenden, da sie mehr Flexibilität bietet als frühere Versionen.

Der folgende C# 10- und .NET 6-Code zeigt die Grundlagen der Verwendung der Blob-Upload-to-Crypt- und -Download-to-Decrypt-Funktionalität. Dieser Code bildet eine Schnittstelle zu Key Vault.

```
using System;
using Azure.Identity;
using Azure.Security.KeyVault.Keys.Cryptography;
using Azure.Storage;
using Azure.Storage.Blobs;
using Azure.Storage.Blobs.Specialized;

var kvUri = "https://kv-entropy-tst.vault.azure.net/keys/BlobKey";
// Eventuell müssen Sie das vollständige Zugriffstoken zu der URL hinzufügen
// hängt davon ab, wie Sie den Zugriff auf die Blobs absichern
var storageConnStr =
```

```
    "BlobEndpoint=https://xyzzy.blob.core.windows.net/crypto?sp=<snip>";
var containerName = "crypto";
var encryptBlob = "encrypt.txt";
var localblobPath = @"C:\tempfiles\123.txt";
var localblobPath2 = @"C:\tempfiles\123-decrypt.txt";

var creds = new DefaultAzureCredential();
var cryptoClient = new CryptographyClient(new Uri(kvUri), creds);
var keyResolver = new KeyResolver(creds);

var encryptionOptions = new ClientSideEncryptionOptions(ClientSideEncryptionVersion.V2_0)
{
   KeyEncryptionKey = cryptoClient,
   KeyResolver = keyResolver,
   KeyWrapAlgorithm = "RSA-OAEP"
};

var options = new SpecializedBlobClientOptions()
{
   ClientSideEncryption = encryptionOptions
};

var blobContainerClient =
  new BlobServiceClient(storageConnStr, options).GetBlobContainerClient(containerName);
var blobClient = blobContainerClient.GetBlobClient(encryptBlob);

blobClient.Upload(localblobPath, true); // Verschlüsseln bei Upload
blobClient.DownloadTo(localblobPath2);  // Entschlüsseln bei Download
```

Das SDK verwendet einen RSA-KEK in Key Vault, um einen zufälligen symmetrischen AES-256-Bit-DEK zu umhüllen, der dann in Verbindung mit einem eindeutigen IV zur Verschlüsselung des Blobs genutzt wird. Der IV, der umhüllte symmetrische Schlüssel und andere Daten werden den Metadaten eines Blobs hinzugefügt. Das bedeutet, dass jeder Blob seinen eigenen DEK und IV erhält, wenn er hochgeladen wird.

Sie können hier mehr darüber lesen: *https://learn.microsoft.com/azure/storage/blobs/client-side-encryption*. Diese Seite enthält Einzelheiten zur Verwendung von .NET, Java und Python.

Azure VM und Kryptografie

VMs in Azure unterstützen drei Arten der Verschlüsselung von ruhenden Daten:

- Serverseitige Verschlüsselung
- Azure Disk Encryption
- Verschlüsselung auf dem Host

In den meisten Fällen handelt es sich dabei um dieselbe Bedrohung – einen Offline-Angriff auf die VM oder eine defekte Festplatte, die nicht korrekt zerstört wird. Beides ist höchst unwahrscheinlich, aber die meisten Compliance-Programme verlangen dennoch eine Art von Festplattenverschlüsselung. In den folgenden Abschnitten wird jede dieser Optionen für die Verschlüsselung von ruhenden Daten genauer untersucht.

Kapitel 11, »Confidential Computing«, behandelt weitere Aspekte der Kryptografie bei virtuellen Computern.

Serverseitige Verschlüsselung

VMs befinden sich auf verwalteten Festplatten. Verwaltete Festplatten verwenden Azure-Speicherkonten. Azure-Speicherkonten nutzen serverseitige Verschlüsselung (Server-Side encryption, SSE). Sowohl Betriebssystem- (OS) als auch Datendatenträger verwenden verwaltete Datenträger, sodass beide SSE einsetzen können. Temporäre Festplatten sind keine verwalteten Festplatten und werden nicht mit SSE verschlüsselt, es sei denn, Sie aktivieren die Verschlüsselung auf dem Host (wird später behandelt).

Sie legen SSE nicht direkt auf der verwalteten Festplatte einer VM fest. Vielmehr legen Sie die Verschlüsselungsrichtlinie für Datenträgerverschlüsselungssätze fest. Der Grund dafür ist, dass Sie auch eine verwaltete Identität auf dem Datenträgerverschlüsselungssatz verwenden und der verwalteten Identität dann Zugriff auf Schlüsseltresor gewähren. Ein Datenträgerverschlüsselungssatz vereinfacht die Schlüsselverwaltung, da Sie mehrere VMs – sagen wir 100 – einem Datenträgerverschlüsselungssatz und einen Datenträgerverschlüsselungssatz einem Schlüsseltresor zuordnen können. Dies ist einfacher zu verwalten als die Zuweisung von 100 verwalteten Identitäten verschiedener VMs zu einem Schlüsseltresor oder die Verwaltung von 100 Verschlüsselungsrichtlinien. Wenn Sie eine neue VM online schalten, können Sie sie mit einem Datenträgerverschlüsselungssatz verknüpfen und müssen sich so nicht um Verschlüsselungsrichtlinien kümmern.

Datenträgerverschlüsselungssätze verwenden eine verwaltete Identität, um den Zugriff auf Schlüssel im Schlüsseltresor zu ermöglichen. Auch hier gilt: Der Zugriff auf Datenträgerverschlüsselungssätze ist viel einfacher zu verwalten als der Zugriff auf einzelne VMs! Sie können Datenträgerverschlüsselungssätze auch mit Virtual Maschine Scale Sets (VMSSs) verwenden.

Hier noch ein paar wichtige Punkte zur serverseitigen Verschlüsselung:

- Serverseitige Verschlüsselung kann sowohl von Azure verwaltete PMKs als auch von Ihnen verwaltete CMKs verwenden.

- Die serverseitige Verschlüsselung unterstützt die automatische KEK-Rotation. (Dies wird etwas weiter hinten in diesem Kapitel erklärt.)
- Die serverseitige Verschlüsselung verwendet die virtuelle CPU (vCPU) der VM nicht zur Durchführung kryptografischer Operationen.

Azure Disk Encryption

Azure Disk Encryption ist nicht das Gleiche wie SSE. SSE gilt für das Azure-Speicherkonto, auf dem sich die verwaltete Festplatte der VM befindet, während Azure Disk Encryption entweder über BitLocker auf Windows-VMs oder über DM-Crypt auf Linux-VMs angewendet wird. Im Wesentlichen ist Azure Disk Encryption Teil des Betriebssystems innerhalb der VM.

Azure Disk Encryption verwendet einen Agent, der im Gastbetriebssystem ausgeführt wird, um die zugrunde liegende Technologie – BitLocker oder DM-Crypt – sowie die Schlüsselverwaltung von Schlüsseln in Schlüsseltresor zu verwalten. Ein Nachteil von Azure Disk Encryption ist, dass die VM ihre vCPU zur Durchführung der kryptografischen Operationen verwendet, sodass es zu einem kleinen Leistungseinbruch kommt.

Azure Disk Encryption und SSE mit einem kundenseitig verwalteten Schlüssel schließen sich gegenseitig aus.

Verschlüsselung auf dem Host

Verschlüsselung auf dem Host (Encryption at host, E@H) ist das neueste Mitglied der VM-Verschlüsselungsfamilie. Verschlüsselung auf dem Host ist eine VM-Funktion, die mit SSE zusammenarbeitet, sodass die für SSE verwendeten Verschlüsselungsschlüssel lokal auf dem Compute-Host (auf dem sich die VM befindet, wenn sie ausgeführt wird) genutzt werden, um Caches, lokale temporäre Festplatten und die Daten zu schützen, bevor sie von der Compute-Umgebung an den Speicher gesendet werden. Damit wird der Schutz des Azure-Speicherkontos auf alle anderen Daten ausgedehnt, die mit den Festplatten der VM verbunden sind. Das bedeutet, dass alle Festplattendaten im Ruhezustand und während des Datenflusses zwischen Compute und Storage geschützt sind. Kurz, E@H bietet die Vorteile von Azure Disk Encryption und SSE *und* stellt die Zukunft der VM-Verschlüsselung auf Azure.

Um ehrlich zu sein, beschreibt der Begriff *Verschlüsselung auf dem Host* die Technologie nicht sehr gut. Verschlüsselung auf dem Host impliziert, dass die Verteidigung auf der Host-VM stattfindet, was nicht korrekt ist. Ein treffenderer Begriff wäre vielleicht *Ende-zu-Ende-Verschlüsselung*.

Zum Zeitpunkt der Erstellung dieses Kapitels ist Verschlüsselung auf dem Host nicht standardmäßig aktiviert. Sie können jedoch den folgenden PowerShell-Befehl verwenden, um es zu aktivieren:

```
Register-AzProviderFeature -FeatureName "EncryptionAtHost" -ProviderNamespace
"Microsoft.Compute"
```

Nicht alle VM-Typen unterstützen Verschlüsselung auf dem Host. Um eine Liste der unterstützten VMs zu erhalten, verwenden Sie den folgenden PowerShell-Code, der nach `EncryptionAtHostSupported` sucht und sicherstellt, dass er auf `true` gesetzt ist:

```
$vmSizes=Get-AzComputeResourceSku |
  where{$_.ResourceType -eq 'virtualMachines' -and $_.Locations.Contains('southcentralus')}

foreach($vmSize in $vmSizes) {
  foreach($capability in $vmSize.capabilities) {
    if($capability.Name -eq 'EncryptionAtHostSupported' -and $capability.Value -eq 'true') {
      $vmSize
    }
  }
}
```

Weitere Details zur Verschlüsselung auf dem Host finden Sie hier: *https://learn.microsoft.com/azure/virtual-machines/disks-enable-host-based-encryption-portal*.

Azure SQL-Datenbank sowie Cosmos DB und Kryptografie

SQL-Datenbank und Cosmos DB werden in Kapitel 13 ausführlich behandelt. Es genügt zu erwähnen, dass beide Produkte eine robuste Volume-Verschlüsselung sowie eine Spaltenverschlüsselung in SQL Server und eine Eigenschaftsverschlüsselung in Cosmos DB bieten.

Schlüsselrotation

Die Schlüsselrotation ist ein Teil des Lebenszyklus eines Schlüssels. Dieser Lebenszyklus umfasst Aufgaben wie die folgenden:

- Sichere Erzeugung
- Onboarding
- Zugriffssteuerung
- Speichern
- Verwendung
- Protokollierung und Überwachung
- Rotation
- Sichere Zerstörung

Rotation bedeutet, dass ein Schlüssel gegen einen anderen ausgetauscht wird. Viele Compliance-Programme verlangen eine regelmäßige Schlüsselrotation. PCI DSS 4.0 verlangt zum Beispiel Folgendes:

__3.7.4__ Es werden Richtlinien und Verfahren zur Schlüsselverwaltung für den Wechsel von kryptografischen Schlüsseln eingeführt, die das Ende ihrer Krypto-Periode erreicht haben, wie sie vom zugehörigen Anwendungsanbieter oder Schlüsseleigentümer festgelegt wurden und auf bewährten Praktiken und Richtlinien der Branche basieren, einschließlich der folgenden: eine definierte Krypto-Periode für jeden verwendeten Schlüsseltyp und ein Verfahren für Schlüsseländerungen am Ende der definierten Krypto-Periode.

Hinter den Begriffen *Schlüssel* und *Rotation* verbirgt sich ein komplexes Thema. Erstens: Was genau ist mit »Schlüssel« gemeint, und wie oft sollten wir sie drehen?

Die Schlüssel, die Sie zum Drehen auswählen, bestimmen, wie oft sie gedreht werden sollen. In vielen Fällen handelt es sich bei der Schlüsselrotation um KEKs, aber es gibt auch andere Schlüssel, die gedreht werden können. Schauen wir uns einige an:

- **KEKs (Key Encryption Keys, Schlüsselverschlüsselungsschlüssel)** Die Rotation von KEKs ist einfach. In der Regel wird ein relativ kleiner DEK entschlüsselt und dann mit einem neuen Schlüssel neu verschlüsselt. Das geht schnell und birgt ein geringes Fehlerpotenzial.
- **DEKs) (Data Encryption Keys, Datenverschlüsselungsschlüssel)** Die Rotation von DEKs ist komplex, wenn der Zieldienst keine integrierte Unterstützung für die DEK-Rotation bietet – und das tun nur wenige Produkte. Bei der Rotation von DEKs müssen alle ruhenden Daten entschlüsselt werden, die Terabytes oder Perabytes groß sein können, und dann mit einem neuen DEK neu verschlüsselt werden. Dies kann sehr viel Zeit in Anspruch nehmen und ist kostspielig. Außerdem ist es riskant, wenn die Rotation fehlschlägt, ganz zu schweigen davon, dass Daten gesperrt werden können, wodurch sie nicht mehr gelesen oder geschrieben werden können, was den Geschäftsbetrieb behindert. Wie in Kapitel 13, »Datenbanksicherheit«, erwähnt, unterstützen Azure SQL-Datenbank und SQL Server bei der Verwendung von Always Encrypted die DEK-Rotation bei Live-Daten.
- **Signierschlüssel** Diese sind in der Regel mit einem Zertifikat gekoppelt, das den öffentlichen Schlüssel enthält, der mit dem privaten Schlüssel verbunden ist, der zur Durchführung von Signiervorgängen verwendet wird. Der öffentliche Schlüssel wird genutzt, um eine Signatur zu prüfen; solange der öffentliche Schlüssel verfügbar ist, kann er dies tun. Wenn das Zertifikat jedoch abgelaufen ist oder widerrufen wurde, ist die Signaturprüfung ungültig. Das Rotieren von Signierschlüsseln ist also risikoarm und einfach.
- **Authentifizierungsschlüssel #1** Hier geht es um private Schlüssel, die mit X.509-Zertifikaten für die Authentifizierung verbunden sind, zum Beispiel beim Einsatz von TLS zur Authentifizierung eines Servers. Wie Signierschlüssel sind auch diese in der Regel mit einem Zertifikat gekoppelt, das ein Ablaufdatum enthält, sodass Sie wissen, wie Sie die privaten Schlüssel erneuern oder einfach ein neues Zertifikat ausstellen können. Dies ist ein einfacher Prozess mit geringem Risiko, solange Sie den Lebenszyklus der Zertifikate im Auge behalten.
- **Authentifizierungsschlüssel #2** Dies ist ein weiteres Authentifizierungsszenario, aber die Schlüssel sind keine kryptografischen Schlüssel. Vielmehr handelt es sich um Zugriffstoken, wie beispielsweise Shared Access Signatures (SAS) oder Cosmos DB-Primär- und -Sekundärschlüssel. Das Rotieren dieser Token ist einfach; Sie müssen nur sicherstellen, dass

ein gültiges Benutzerkonto Zugriff auf das rotierte Token hat. Das Hauptrisiko besteht darin, dass Sie einen Schlüssel rotieren und er nicht mit den entsprechenden Benutzern geteilt wird, wodurch ihnen der Zugriff verwehrt wird.

Azure Key Vault Schlüsselrotation

Azure Key Vault verfügt über eine Funktion zur automatischen Rotation von asymmetrischen RSA- und ECC-Schlüsseln. Sie können eine Richtlinie festlegen, wann sie rotiert werden sollen, und Key Vault erledigt den Rest. In der Vergangenheit war dazu eine Azure-Funktion erforderlich, die auf Ereignisse zum Ablauf von Schlüsseln wartete, die von Key Vault über das Event Grid ausgelöst wurden, und die dann einen aktualisierten Schlüssel in Key Vault schrieb. Da die rotierenden Schlüssel asymmetrisch sind, handelt es sich in der Regel um KEKs, was für viele Compliance-Programme von Unternehmen ausreichend ist.

Wenn ein Schlüssel gedreht wird, löst Key Vault ein protokollierbares Ereignis aus, damit Sie die Drehung überwachen können.

Die Konfiguration der Rotationsrichtlinie setzt voraus, dass der aufrufende Prinzipal eine der folgenden Voraussetzungen erfüllt:

- Die Berechtigungen *get rotation policy* (Abrufen der Rotationsrichtlinienkonfiguration) und *set rotation policy* (Festlegen der Rotationsrichtlinienkonfiguration) bei Verwendung der Tresorzugriffsrichtlinie
- Microsoft.KeyVault/vaults/keyrotationpolicies/*-Aktion bei Verwendung des Azure RBAC-Modells. Rollen wie Administrator für Schlüsseltresore und Kryptografiebeauftragter für Schlüsseltresore können eine Rotation durchführen.

Abbildung 10-24 zeigt die Optionen der Rotationsrichtlinie im Azure Portal.

Es wurden neue Berechtigungen hinzugefügt, um die Rotation zu unterstützen.

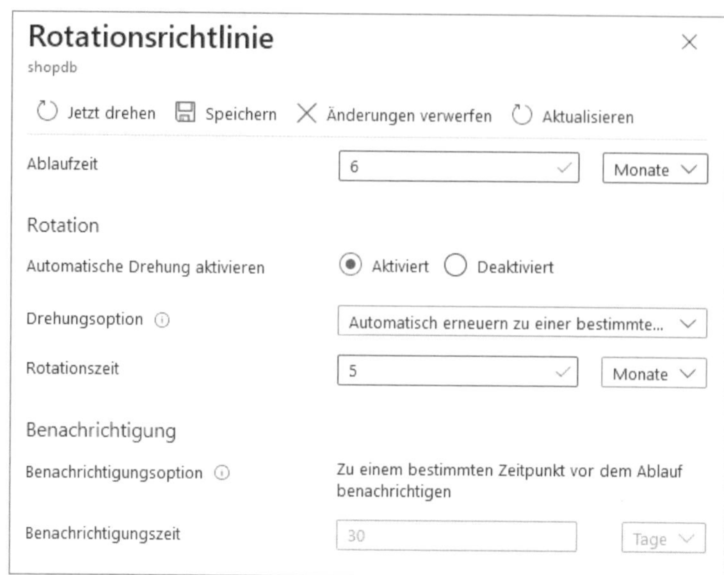

Abbildung 10-24 Azure Key Vault, Automatisierte Schlüsselrotation im Azure-Portal

Sie können die Rotation testen, indem Sie eine Version eines Schlüssels in Key Vault erstellen und dann diesen Schlüssel zum Verschlüsseln eines Azure-Speicherkontos verwenden (siehe Abbildung 10-25).

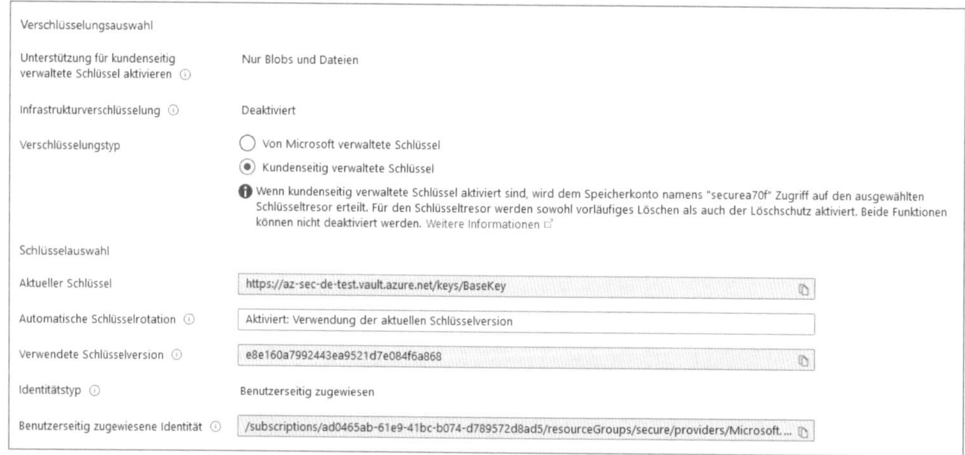

Abbildung 10-25 Speicherkonto, das auf automatische Schlüsselrotation eingestellt ist. Beachten Sie, dass die Versionsnummer des Schlüssels dieselbe ist wie in Abbildung 10-26.

Um eine neue Schlüsselversion zu erstellen, gehen Sie wie folgt vor:

1. Klicken Sie im linken Menü auf *Schlüssel*.
2. Wählen Sie einen vorhandenen Schlüssel aus. Es öffnet sich ein Bildschirm wie in Abbildung 10-26 dargestellt.

Abbildung 10-26 Erstellen eines neuen Schlüssels in Key Vault. Merken Sie sich die Versionsnummer.

3. Klicken Sie auf die Schaltfläche *Rotationsrichtlinie*. Klicken Sie dann auf *Jetzt drehen*.

Wie in Abbildung 10-27 gezeigt, wird eine neue Schlüsselversion erstellt. Beachten Sie, dass es etwa 15 bis 20 Minuten dauert, bis das Azure-Speicherkonto alle Schlüsseländerungen abfragt und den aktuellen KEK gegen den neu gedrehten KEK austauscht (siehe Abbildung 10-28).

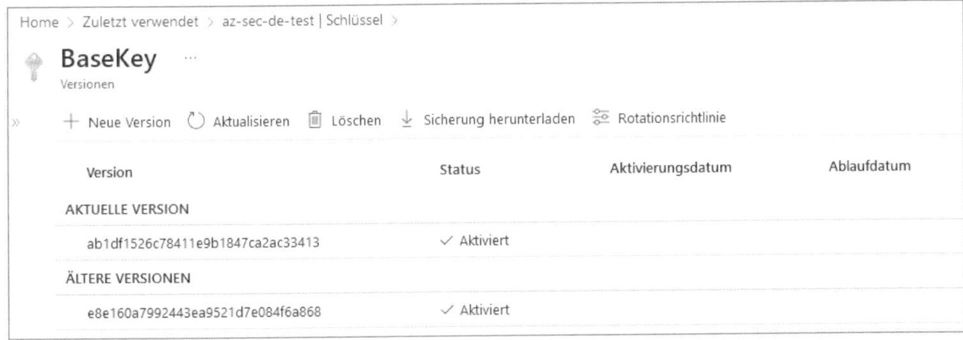

Abbildung 10-27 Eine neue Schlüsselversion wird erstellt, wenn Sie den Schlüssel drehen.

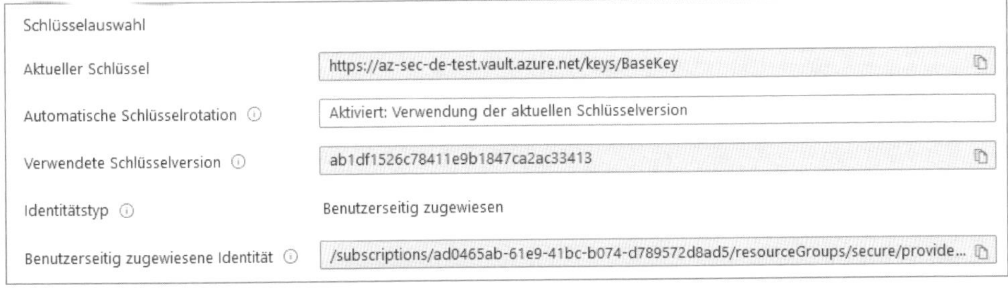

Abbildung 10-28 Das Azure-Speicherkonto hat seinen KEK rotiert; beachten Sie, dass die Versionsnummer mit der aktuellen Versionsnummer in Abbildung 10-27 übereinstimmt.

Wenn Sie eine Rotationsrichtlinie festlegen, wird die Rotationszeit unter Verwendung von Dauern im ISO 8601-Format definiert, die immer mit einem P (für period, Zeitspanne) beginnen. Zum Beispiel:

- P6M bedeutet Rotation nach sechs Monaten.
- P90D bedeutet Rotation nach 90 Tagen.
- P1Y bedeutet Rotation nach einem Jahr.

Weitere Informationen über die Schlüsselrotation finden Sie hier:
https://learn.microsoft.com/azure/key-vault/keys/how-to-configure-key-rotation.

Praktische Erfahrungen: Verwendung von Hashwerten im Code

Manchmal möchten Entwickler eine Hash-Funktion für nicht kryptografische Zwecke verwenden, zum Beispiel zum Suchen und Einfügen von Hash-Buckets. Das Problem dabei ist, dass viele Entwickler ältere Algorithmen wie MD4 oder MD5 einsetzen, weil sie schnell sind. Deren Verwendung wird jedoch Ihr Sicherheitsteam alarmieren, da sie unsicher sind. Außerdem ist ihr Einsatz oft verboten. In solchen Situationen und um den Zorn Ihrer Sicherheitsingenieure nicht auf sich zu ziehen, sollten Sie stattdessen etwas wie CRC-64 verwenden – zum Beispiel das System.IO.Hashing-Paket für .NET.

Damit ist der Teil dieses Kapitels beendet, in dem es um die Verschlüsselung von ruhenden Daten geht. Wenden wir uns nun dem Schutz von Daten bei der Übertragung zu.

Schutz von Daten bei der Übertragung

Wenn wir von Daten bei der Übertragung schreiben, meinen wir Netzwerkdaten, obwohl einige Entwickler auch Interprozess-Kommunikationsmechanismen (IPC) wie RPCs und Pipes einbeziehen, sogar auf demselben Host.

Bei der Betrachtung von Datenflüssen in einem Bedrohungsmodell stellen diese Flüsse Daten bei der Übertragung dar. Sie müssen den Datenströmen, die Vertrauensgrenzen überschreiten, besondere Aufmerksamkeit schenken, denn diese Ströme sind am stärksten von Angriffen bedroht. So ist zum Beispiel der Datenfluss, der über das Internet von einem Webbrowser zu einem Webserver führt, eindeutig gefährdet. Da diese Datenströme, die die Vertrauensgrenzen überschreiten, ein hohes Risiko darstellen, müssen sie mit entsprechenden Schutzmaßnahmen ausgestattet werden.

Der Schutz von Datenströmen ist eine kryptografische Maßnahme, und das am weitesten verbreitete Protokoll ist Transport Layer Security (TLS). Secure Sockets Layer (SSL), erfunden von Netscape, ist der Vorläufer von TLS. Man kann sich TLS als die von der IETF ratifizierte Version von SSL vorstellen, die sich im Laufe der Jahre weiterentwickelt hat, um noch flexibler und sicherer zu sein.

Die verschiedenen Versionen von SSL und TLS im Laufe der Jahre sind wie folgt:

- SSL 2 (1995)
- SSL 3 (1996)
- TLS 1.0 (1999)
- TLS 1.1 (2006)
- TLS 1.2 (2008)
- TLS 1.3 (2018)

1995 entwickelte Microsoft eine Version von SSL mit dem Namen Private Communication Technology (PCT), die ernsthafte Sicherheitsprobleme mit SSL 2 behebt. Betrachten Sie PCT als SSL Version 2.5. PCT funktionierte jedoch nur mit Microsoft-Produkten. (Der Vollständigkeit halber sei erwähnt, dass SSL 1 nie veröffentlicht wurde.)

Praktische Erfahrungen: Verwenden der Benennungen SSL und TLS

Auch wenn TLS der Name des heute verwendeten Protokolls ist, ist es nicht ungewöhnlich, dass selbst in Azure noch auf SSL oder SSL/TLS verwiesen wird.

WELCHE TLS-VERSIONEN ZU VERWENDEN SIND

Die einzigen Versionen von TLS, die heute verwendet werden sollten, sind TLS 1.2 und TLS 1.3. TLS 1.2 sollte jedoch mit einem reduzierten Satz von Chiffrierverfahren eingesetzt werden. Mehr dazu später.

Wenn man an TLS denkt, denkt man an die Verhinderung des Abhörens der Netzwerkverbindung. TLS bietet jedoch mehr als das, einschließlich der folgenden Funktionen:

- **Serverauthentifizierung** TLS verwendet X.509-Zertifikate für die Serverauthentifizierung. Die Serverauthentifizierung ist von entscheidender Bedeutung, da private Kommunikation nichts wert ist, wenn man nicht weiß, mit wem man spricht.
- **Kanalverschlüsselung** Daran denken wir normalerweise, wenn wir uns auf TLS beziehen. Bei der Kanalverschlüsselung werden Schlüssel zwischen dem Client und dem Server ausgetauscht oder vereinbart, die zur Verschlüsselung des Übertragungskanals verwendet werden. In jeder Richtung wird ein anderer Schlüssel eingesetzt: Client zu Server und Server zu Client.
- **Erkennen der Manipulation von Nachrichten** Wie Always Encrypted bietet TLS eine Manipulationserkennung durch Verwendung eines HMAC. Beachten Sie, dass TLS lediglich eine *Manipulationserkennung* bietet, aber keine Manipulationen verhindert.
- **Clientauthentifizierung** Diese Option steht am Ende der Liste, da sie optional ist. Die TLS-Clientauthentifizierung wird nicht oft verwendet, da es andere praktikable Optionen gibt, die die gleiche Funktion erfüllen, wie beispielsweise OpenID Connect. Ein gängiger Authentifizierungsformfaktor für die TLS-Clientauthentifizierung sind Smartcards, bei denen der private Schlüssel in der Hardware gespeichert ist.

Die Verwendung von TLS variiert je nach Azure-Dienst. Einige erfordern TLS 1.2 oder höher; bei anderen können Sie zwischen TLS 1.0, TLS 1.1 oder TLS 1.2 wählen. Einige haben die Option, kein TLS zu verwenden. Allerdings gibt es jetzt eine Umstellung bei allen Diensten, die nur TLS 1.2 und höher zulassen.

TLS und Krypto-Agilität

TLS ist ein hervorragendes Beispiel für die Krypto-Agilität. Es ermöglicht einem Client und einem Server, sich auf einen gegenseitig vereinbarten sicheren Satz von Algorithmen zu einigen (die sogenannte Ciphersuite oder Verschlüsselungssammlung, wie Sie bereits gelernt haben). Wenn sich die beiden Parteien nicht einigen können, findet keine Kommunikation statt. Es ist der Server, der bestimmt, welche Suite kryptografischer Algorithmen verwendet wird, aber auch hier muss es eine Ciphersuite sein, die der Client unterstützt.

Die Suiten kryptografischer Algorithmen auf dem Client und dem Server sollten immer in der bevorzugten Reihenfolge sein, wobei die am meisten bevorzugte Ciphersuite oben und die am wenigsten bevorzugte unten steht. Wenn der Client beispielsweise über die Ciphersuiten A, B, C, D und E und der Server über die Ciphersuiten B, D, F, G und H verfügt, wählt der Server die Ciphersuite B aus, da sie von beiden Parteien genutzt wird und in der Liste des Servers an erster Stelle steht.

Ciphersuiten

Weiter vorne haben Sie gelernt, dass Sie, wenn Sie TLS 1.2 einsetzen wollen, einen kleineren Satz von Verschlüsselungsalgorithmen verwenden sollten, die keine bekannten Sicherheitslücken aufweisen. Hier ist also ein kurzer Überblick über die Verschlüsselungsmethoden.

Eine Ciphersuite, auch Verschlüsselungssammlung oder Suite kryptografischer Algorithmen genannt, besteht aus einer Reihe von Algorithmen. Das Format von Ciphersuiten hat sich mit TLS 1.3 geändert, daher werden wir zuerst die TLS 1.2-Ciphersuiten vorstellen und dann erläutern, was sich geändert hat. Eine TLS 1.2-Ciphersuite besteht aus vier Teilen:

- **Schlüsselaustausch oder -vereinbarung** Beispiele sind RSA, Diffie-Hellman, Elliptic Curve Diffie-Hellman und Pre-Shared Key.
- **Authentifizierung** Beispiele sind RSA, DSA und Elliptic Curve DSA.
- **Symmetrische Verschlüsselung** Beispiele sind AES, 3DES, RC4, IDEA, DES und ChaCha20. Dazu gehören auch Chiffrierverfahren wie CBC und GCM.
- **Nachrichtenintegrität** Beispiele sind HMAC-SHA1 und HMAC-SHA2-256.

Hier ein Beispiel für eine TLS 1.2-Ciphersuite:

```
TLS_ECDHE_ECDSA_WITH_AES_256_GCM_SHA384
```

Dies bedeutet:

- **TLS** Wir hoffen, dass dies jetzt offensichtlich ist!
- **ECDHE** Schlüsselvereinbarungsalgorithmus: Elliptic Curve Diffie-Hellman Ephemeral
- **ECDSA** Signatur zur Authentifizierung: Elliptic-Curve Digital Signature Algorithm
- **AES_256_GCM** Massenverschlüsselungsalgorithmus: 256-Bit-AES im Galois/Counter-Modus (GCM)
- **SHA384** HMAC-Algorithmus unter Verwendung von SHA2-384

Einige Suiten kryptografischer Algorithmen sind sicherer als andere. Die folgende Suite ist zum Beispiel in mehrfacher Hinsicht schwach:

```
TLS_RSA_WITH_RC4_128_MD5
```

Hier ein paar der Gründe, warum diese Ciphersuite schwach und nicht sicher ist:

- RC4 ist in TLS wegen echter Schwachstellen nicht mehr erlaubt. Dies ist in RFC 7465 dokumentiert.
- Auch MD5 weist bekannte Probleme auf, wie zum Beispiel praktische Kollisionen.
- RSA unterstützt keine Perfect Forward Secrecy (PFS). Wie Sie sich vorstellen können, sollte kein Host diese Ciphersuite verwenden.

Schlüsselvereinbarung vs. Schlüsselaustausch

Vielleicht haben Sie die Begriffe *Schlüsselvereinbarung* und *Schlüsselaustausch* bemerkt. Einige Ciphersuiten führen einen Schlüsselaustausch durch, andere eine Schlüsselvereinbarung, und das ist nicht dasselbe. Bei einem Schlüsselaustausch erzeugt eine Seite einen Schlüssel und sendet ihn an die andere. Bei einer Schlüsselvereinbarung einigen sich die beiden Seiten auf einen gemeinsamen Schlüssel, der nicht von einer der beiden Seiten ausgewählt wurde. Das Endergebnis ist oft dasselbe, aber die Begriffe haben klar definierte Bedeutungen, und die Unterscheidung ist wichtig, wenn Protokolle entworfen werden, die diese Konstruktionen verwenden. Kryptografen sind pingelig und achten auf diese Art von subtilen Formulierungen.

Perfect Forward Secrecy (PFS)

Perfect Forward Secrecy (PFS), was sich am besten mit »perfekte vorwärtsgerichtete Geheimhaltung« übersetzen lässt, kann Ihre Daten gegen eine zukünftige (daher das Wort *Forward*) Kompromittierung des Verschlüsselungsschlüssels schützen. Nehmen wir zum Beispiel an, Sie verwenden TLS mit RSA-Schlüsselaustausch. Ein Angreifer könnte alle verschlüsselten Datenpakete während der Übertragung aufzeichnen und dann im nächsten Monat den Server kompromittieren, um den privaten RSA-Schlüssel zu extrahieren. Der Angreifer kann dann den Schlüsselaustauschschlüssel entschlüsseln und den gesamten Klartext der vor einem Monat aufgezeichneten Sitzung wiederherstellen. PFS schützt Sie vor diesem Problem. TLS-Ciphersuiten, die ECDHE für die Schlüsselvereinbarung verwenden, unterstützen PFS. Der *perfekte* Teil davon ist, dass der Server den lokalen privaten Schlüssel schnell verwirft.

→

Eine formalere Beschreibung findet sich in NIST SP 800-77 Revision 1, »Guide to IPsec VPNs: Perfect Forward Secrecy (PFS)«:

> *»IPsec-Endpunkte erstellen Sitzungsschlüssel, die häufig geändert werden, normalerweise einmal pro Stunde. Danach löschen die Endpunkte die alten Sitzungsschlüssel aus dem flüchtigen Speicher, sodass keine Entitäten mehr eine Kopie dieser privaten Entschlüsselungsschlüssel besitzen. Da abgelaufene Schlüssel nicht gespeichert werden, kann verschlüsselter Verkehr, der überwacht und gespeichert wird, nicht zu einem späteren Zeitpunkt entschlüsselt werden, indem ein IPsec-Endpunkt kompromittiert wird und die Verschlüsselungs-/Entschlüsselungsschlüssel vergangener IPsec-Sitzungen in Erfahrung gebracht werden.*
>
> *Normalerweise werden neue Schlüssel auf der Grundlage des gemeinsam genutzten Geheimnisses des ursprünglichen Schlüsselaustauschs unter Verwendung einer Schlüsselableitungsfunktion (Key Derivation Function, KDF) erzeugt. Um zu gewährleisten, dass neues Schlüsselmaterial keine Beziehung zum alten Schlüsselaustausch hat, können neue Sitzungsschlüssel optional durch einen neuen Diffie-Hellman-Schlüsselaustausch generiert werden, anstatt das generierte gemeinsame Geheimnis des alten Schlüsselaustauschs zur Generierung neuer Sitzungsschlüssel wiederzuverwenden. Diese Methode des Einsatzes eines neuen Schlüsselaustauschs bietet perfekte vorwärtsgerichtete Geheimhaltung (Perfect Forward Secrecy, PFS).«*

TLS 1.3-Ciphersuiten

TLS 1.3 verzichtet auf die Komponenten Schlüsselaustausch/Schlüsselvereinbarung und Authentifizierung der Chiffriersuite und führt nur noch die für die symmetrische Verschlüsselung verwendeten Algorithmen und den Integritäts-/Authentifizierungsalgorithmus auf. Zum Beispiel:

```
TLS_AES_256_GCM_SHA384
```

Bei der Verwendung von TLS 1.3 sind DHE und ECDHE die gebräuchlichsten Algorithmen für den Schlüsselaustausch, aber TLS 1.3 unterstützt auch Pre-Shared Keys (PSK).

Zum Zeitpunkt, an dem wir dies schreiben, wird TLS 1.3 gegenüber TLS 1.2 bevorzugt, und alle aktuellen TLS 1.3-Ciphersuiten gelten als sicher. Wenn Sie TLS 1.2 einsetzen müssen, ist es wichtig, einen kleinen Satz sicherer Suiten kryptografischer Algorithmen zu verwenden.

TLS in Azure PaaS

Wie bereits erwähnt, sollte die Unterstützung von TLS 1.3 in Azure bis Ende 2022 verfügbar sein. Bei den meisten PaaS-Diensten in Azure können Sie eine TLS-Mindestversion auswählen, aber einige, wie beispielsweise Azure-Speicherkonten, unterstützen TLS nur bis zur Version 1.2 (siehe Abbildung 10-29).

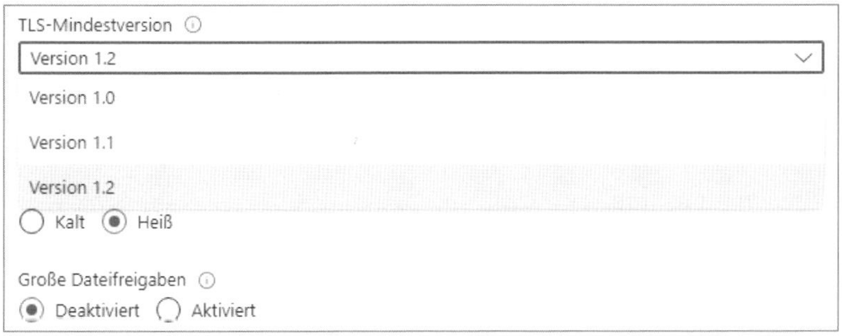

TLS-Mindestversion ⓘ

Version 1.2

Version 1.0

Version 1.1

Version 1.2

◯ Kalt ◉ Heiß

Große Dateifreigaben ⓘ

◉ Deaktiviert ◯ Aktiviert

Abbildung 10-29 Festlegen der minimalen TLS-Version für ein Azure-Speicherkonto

Viele Dienste ermöglichen Azure-Richtlinien zur Durchsetzung von TLS 1.2. Hier ist wieder ein Beispiel für Azure Storage:

```
{
  "policyRule": {
    "if": {
      "allOf": [
        {
          "field": "type",
          "equals": "Microsoft.Storage/storageAccounts"
        },
        {
          "not": {
            "field": "Microsoft.Storage/storageAccounts/minimumTlsVersion",
            "equals": "TLS1_2"
          }
        }
      ]
    },
    "then": {
      "effect": "deny"
    }
  }
}
```

Sie können auch eine Microsoft Graph-Abfrage verwenden, um die minimale TLS-Version zu ermitteln. Hier ist ein Beispiel für Azure-Speicherkonten:

```
resources
| where type =~ 'Microsoft.Storage/storageAccounts'
| extend minTlsVersion = parse_json(properties).minimumTlsVersion
| project resourceGroup, name, minTlsVersion
```

Ciphersuiten einstellen

Bei einigen Diensten, die anderen PaaS-Diensten vorgelagert sind, können Sie nicht nur die TLS-Protokollversion, sondern auch die Suite kryptografischer Algorithmen auswählen. Im Folgenden finden Sie die beiden am häufigsten verwendeten Dienste:

- **Azure Anwendungsgateway** Ein Cloud-nativer Load Balancer der Schicht 7
- **Azure API Management** Ein Dienst, mit dem Sie APIs wie Funktions-Apps kontrollieren und sichern können

Abbildung 10-30 zeigt die Seite *SSL-Profil erstellen* für ein Azure Anwendungsgateway, auf der Sie eine TLS-Richtlinie festlegen können (im Azure-Portal als SSL bezeichnet). Bei der Richtlinie handelt es sich um eine minimale TLS-Version und einen konfigurierbaren Satz von Verschlüsselungen.

Azure API Management-Dienst unterstützt ebenfalls die Konfiguration von TLS-Protokollversionen und Suiten mit kryptografischen Algorithmen, wie in Abbildung 10-31 und Abbildung 10-32 dargestellt.

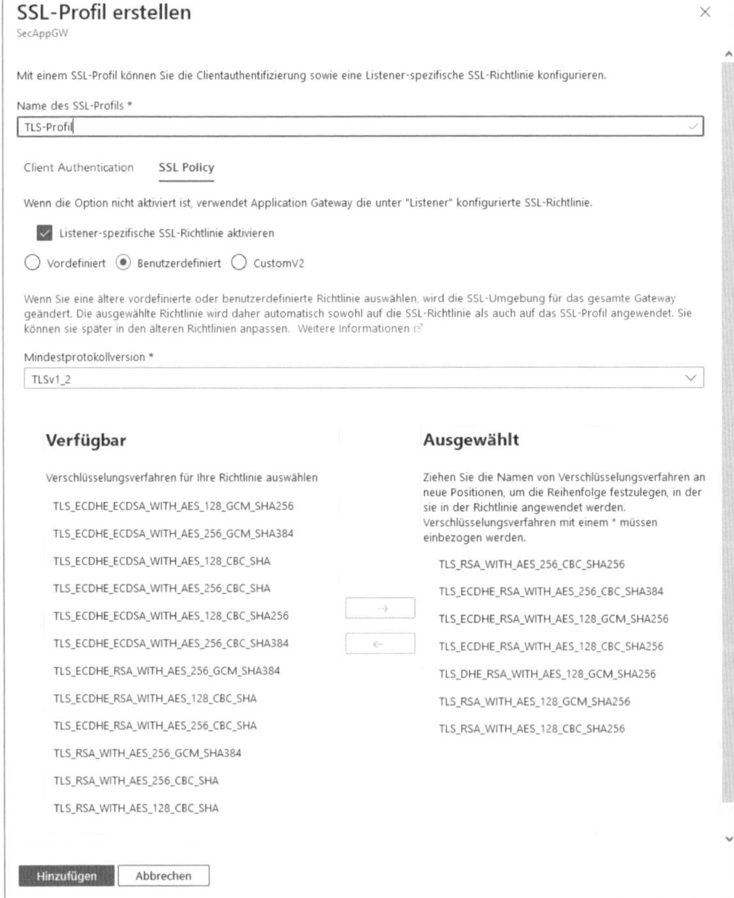

Abbildung 10-30 Definieren einer SSL/TLS-Richtlinie in Azure Anwendungsgateway

Speichern Verwerfen

Protokolle Verschlüsselung

Verwalten Sie die Protokollkonfiguration des API-Gateways, um den API-Datenverkehr zu schützen. Weitere Informationen

Clientprotokoll

Aktivieren Deaktivieren

Protokoll	Status	Warnung
HTTP/2	Deaktiviert	
TLS 1.2	Aktiviert	
TLS 1.0 (nur HTTP/1.x)	Deaktiviert	
TLS 1.1 (nur HTTP/1.x)	Deaktiviert	
SSL 3.0 (nur HTTP/1.x)	Deaktiviert	

Back-End-Protokoll

Aktivieren Deaktivieren

Protokoll	Status	Warnung
TLS 1.1	Deaktiviert	
TLS 1.0	Deaktiviert	
SSL 3.0	Deaktiviert	
TLS 1.2	Aktiviert	

Abbildung 10-31 Konfigurieren von SSL/TLS-Protokollversionen in Azure API Management-Dienst

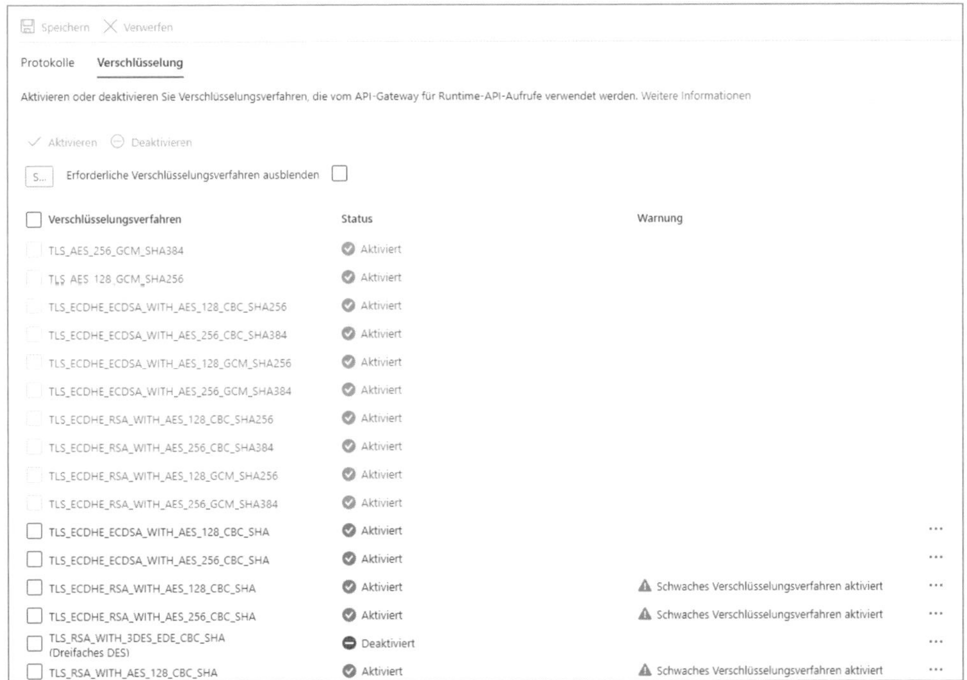

Abbildung 10-32 Konfigurieren von TLS-Verschlüsselungssammlungen in Azure API Management-Dienst

Beachten Sie, dass in Abbildung 10-31 und Abbildung 10-32 die Ciphersuiten in bevorzugter Reihenfolge aufgeführt sind, wobei die am meisten bevorzugten oben und die am wenigsten bevorzugten unten stehen. Wenn Sie eine bestimmte Suite kryptografischer Algorithmen nicht unterstützen wollen, nehmen Sie sie nicht in die Liste auf.

Azure Front Door unterstützt derzeit nur die Auswahl von TLS 1.0, 1.1 oder 1.2. Wenn Sie TLS 1.2 auswählen, unterstützt Azure Front Door nur die folgenden Ciphersuiten:

- TLS_ECDHE_RSA_WITH_AES_256_GCM_SHA384
- TLS_ECDHE_RSA_WITH_AES_128_GCM_SHA256
- TLS_DHE_RSA_WITH_AES_256_GCM_SHA384
- TLS_DHE_RSA_WITH_AES_128_GCM_SHA256

NIST SP 800-52r2-Richtlinien

NIST SP 800-52r2, »Guidelines for the Selection, Configuration, and Use of Transport Layer Security (TLS) Implementations« (*https://azsec.tech/kmq*), beschreibt unter anderem die von TLS 1.2 bevorzugten Ciphersuiten. In Abschnitt 3.3.1.1, »Cipher Suites for TLS 1.2 and Earlier Versions«, werden die folgenden Präferenzen bei der Auswahl von Ciphersuiten genannt:

> *»Bevorzugen Sie ephemere Schlüssel gegenüber statischen Schlüsseln (das heißt, bevorzugen Sie DHE gegenüber DH und ECDHE gegenüber ECDH). Ephemere Schlüssel bieten eine perfekte vorwärtsgerichtete Geheimhaltung.*
>
> *Bevorzugen Sie den GCM- oder CCM-Modus gegenüber dem CBC-Modus. Ein authentifizierter Verschlüsselungsmodus verhindert mehrere Angriffe (siehe Abschnitt 3.3.2 für weitere Informationen). Beachten Sie, dass diese in Versionen vor TLS 1.2 nicht verfügbar sind.*
>
> *Bevorzugen Sie CCM gegenüber CCM_8. Letztere enthält ein kürzeres Authentifizierungs-Tag, das eine geringere Authentifizierungsstärke bietet.«*

Das bedeutet, dass für die meisten VMs der folgende Satz an Verschlüsselungssammlungen einen aggressiven Satz von starken Ciphersuiten darstellt:

- TLS_ECDHE_ECDSA_WITH_AES_256_GCM_SHA384
- TLS_ECDHE_ECDSA_WITH_AES_128_GCM_SHA256
- TLS_ECDHE_RSA_WITH_AES_256_GCM_SHA384
- TLS_ECDHE_RSA_WITH_AES_128_GCM_SHA256

Diese Liste ist sicher, kann aber zu Kompatibilitätsproblemen führen, seien Sie also vorsichtig!

Praktische Erfahrungen: Ciphersuiten

Seien Sie vorsichtig, wenn Sie die Anzahl der Verschlüsselungssammlungen auf Ihrer Serverplattform reduzieren. Wenn Sie im Namen der Sicherheit zu aggressiv vorgehen, kann dies zu Verbindungsfehlern führen. In diesem Fall sollten Sie zu einem weniger sicheren Satz von Verschlüsselungen zurückkehren, bis Sie die Ursache des Problems herausgefunden haben.

> **Praktische Erfahrungen: Unternehmenspolitik**
>
> Sie müssen festlegen, welche Verschlüsselungsverfahren für Ihr Unternehmen geeignet sind. Es sollte sich um eine sichere Untergruppe handeln, die die Anwendungskompatibilität nicht übermäßig beeinträchtigt. *https://ciphersuite.info* ist eine hervorragende Ressource, um die Merkmale der verschiedenen heute verfügbaren Verschlüsselungsverfahren zu verstehen.

TLS in Azure IaaS

VMs mit Linux und Windows können über Dienste verfügen, die TLS unterstützen. Da es sich um vollständige Betriebssysteme handelt, haben Sie die volle Kontrolle über die TLS-Richtlinie.

TLS in Linux-VMs

Viele Anwendungen unter Linux verwenden OpenSSL oder ein Derivat, um TLS-Unterstützung zur Verfügung zu stellen, und die meisten haben ihre eigene TLS-Konfiguration. Zum Beispiel legt nginx die Konfiguration in /etc/nginx/nginx.conf oder in /etc/nginx/vhosts.h/*site-name* ab, wobei *site-name* der Name des virtuellen Hosts ist. Die Datei sieht wie folgt aus:

```
server {
   listen 443 ssl http2;
   ssl_protocols TLSv1.2 TLSv1.3
   ssl_ciphers ECDHE-ECDSA-AES128-GCM-SHA256:ECDHE-RSA-AES128-GCM-SHA256:ECDHE-ECDSA-AES256-
GCM-SHA384:ECDHE-RSA-AES256-GCM-SHA384:ECDHE-ECDSA-CHACHA20-POLY1305:ECDHE-RSA-CHACHA20-
POLY1305:DHE-RSA-AES128-GCM-SHA256;
   ## Weitere Konfigurationen ##
}
```

Ein weiteres Beispiel ist Apache, der die Konfiguration in httpd.conf verwendet, die wie folgt aussieht:

```
SSLProtocol -all +TLSv1.2 +TLSv1.3

SSLCipherSuite EECDH+AESGCM:EDH+AESGCM:AES256+EECDH:ECDHE-RSA-AES128-SHA:DHE-RSA-AES128-
GCMSHA256:AES256+EDH:ECDHE-RSA-AES256-GCM-SHA384:ECDHE-RSA-AES128-GCM-SHA256:DHE-RSA-
AES256-GCMSHA384:ECDHE-RSA-AES256-SHA384:ECDHE-RSA-AES128-SHA256:ECDHE-RSA-AES256-SHA:DHE-
RSA-AES256-SHA256:DHE-RSA-AES128-SHA256:DHE-RSA-AES256-SHA:DHE-RSA-AES128-SHA:ECDHE-RSA-
DES-CBC3-SHA:EDHRSA-DES-CBC3-SHA:AES256-GCM-SHA384:AES128-GCM-SHA256:AES256-SHA256:AES128-
SHA256:AES256-SHA:AES128-SHA:DES-CBC3-SHA:HIGH:!aNULL:!eNULL:!EXPORT:!DES:!MD5:!PSK:!RC
```

Beachten Sie das ! am Ende. Dadurch wird sichergestellt, dass es keine Verschlüsselungen gibt, die NULL, DES, MD5 usw. verwenden. EXPORT war eine Reihe von Verschlüsselungsverfahren in den »alten Zeiten«, als die Vereinigten Staaten den Export von starker Kryptografie nicht zuließen, was teilweise als jede symmetrische Verschlüsselung mit einer Schlüsselgröße von mehr als 40 Bit definiert wurde. Nach heutigen Maßstäben sind 40-Bit-Schlüssel erbärmlich stark, und

Brute-Force-Angriffe gegen 40-Bit-Schlüssel, bei denen man jeden Schlüsselwert von null bis 2^40 errät, können schnell durchgeführt werden. Denken Sie daran, dass jedes Mal, wenn Sie ein Bit zu einer symmetrischen Schlüssellänge hinzufügen, Sie den gesamten Schlüsselraum verdoppeln. Übrigens: 2^40 ist 1.099.511.627.776, also etwas mehr als eine Billion. Wie erwähnt, das ist erbärmlich, vor allem, wenn man bedenkt, dass ein symmetrischer 128-Bit-Schlüssel 2^128 ist, was 340.282.366.920.938.463.463.374.607.431.768.211.456 oder 340 Sextillionen, 282 Quintilliarden, 366 Quintillionen, 920 Quadrilliarden, 938 Quadrillionen, 463 Trilliarden, 463 Trillionen, 374 Billiarden, 607 Billionen, 431 Milliarden, 768 Millionen, 211 Tausend und 456 entspricht.

Kosten für das Knacken von Schlüsseln und Kennwörtern

Brute-Force-Angriffe auf Schlüssel und komplexe Kennwörter kosten viel Geld. Man braucht unglaubliche Mengen an teurer, massiv paralleler Rechenleistung, um einen Schlüssel oder ein Passwort so schnell wie möglich anzugreifen. In den letzten zehn Jahren haben sich die wirtschaftlichen Rahmenbedingungen jedoch drastisch geändert. Es besteht keine Notwendigkeit mehr, Millionen von Dollar für solche Hardware auszugeben, denn jetzt kann man sie mieten. Und wie? Man nennt es die Cloud!

Zum Zeitpunkt der Erstellung dieses Artikels können Sie eine NC4as T4 v3 Series VM (*https://learn.microsoft.com/azure/virtual-machines/nct4-v3-series*) in Azure aufsetzen, die über vier NVIDIA-T4-GPUs mit jeweils 2.560 CUDA-fähigen Kernen verfügt. Sie können dann C++-Code zum Knacken von Schlüsseln schreiben (oder herunterladen), der CUDA oder OpenHPI verwendet, um den Code auf allen 10.240 GPU-Hardware-Threads auszuführen. Die Kosten? Ungefähr 230 US-Dollar pro Monat, wenn Sie ein Jahr im Osten der USA reservieren. Die Preise ändern sich häufig, also überprüfen Sie bitte den Preis in der Region Ihrer Wahl.

Wenn Sie Node.js verwenden (dies gilt auch für Windows), können Sie beim Starten von Node das Argument `-tls-cipher-list` verwenden. Sobald Sie in Node sind, können Sie die Standard-Verschlüsselungssuiten mit dem folgenden Befehl ausgeben lassen:

```
node -p crypto.constants.defaultCoreCipherList
```

Das Ergebnis sieht ungefähr so aus:

```
TLS_AES_256_GCM_SHA384:TLS_CHACHA20_POLY1305_SHA256:TLS_AES_128_GCM_SHA256:ECDHE-RSA-
AES128-GCM-SHA256:ECDHE-ECDSA-AES128-GCM-SHA256:ECDHE-RSA-AES256-GCM-SHA384:ECDHE-ECDSA-
AES256-GCM-SHA384:DHE-RSA-AES128-GCM-SHA256:ECDHE-RSA-AES128-SHA256:DHE-RSA-AES128-
SHA256:ECDHE-RSA-AES256-SHA384:DHE-RSA-AES256-SHA384:ECDHE-RSA-AES256-SHA256:DHE-RSA-
AES256-SHA256:HIGH:!aNULL:!eNULL:!EXPORT:!DES:!RC4:!MD5:!PSK:!SRP:!CAMELLIA
```

Mozilla stellt ein hervorragendes webbasiertes Werkzeug zur Verfügung, das Sie bei der Konfiguration der TLS-Einstellungen für verschiedene Tools wie Tomcat, Redis Cache, MySQL und andere unterstützt. Das Tool ist der Mozilla SSL Configuration Generator (siehe Abbildung 10-33) und kann hier gefunden werden: *https://ssl-config.mozilla.org*.

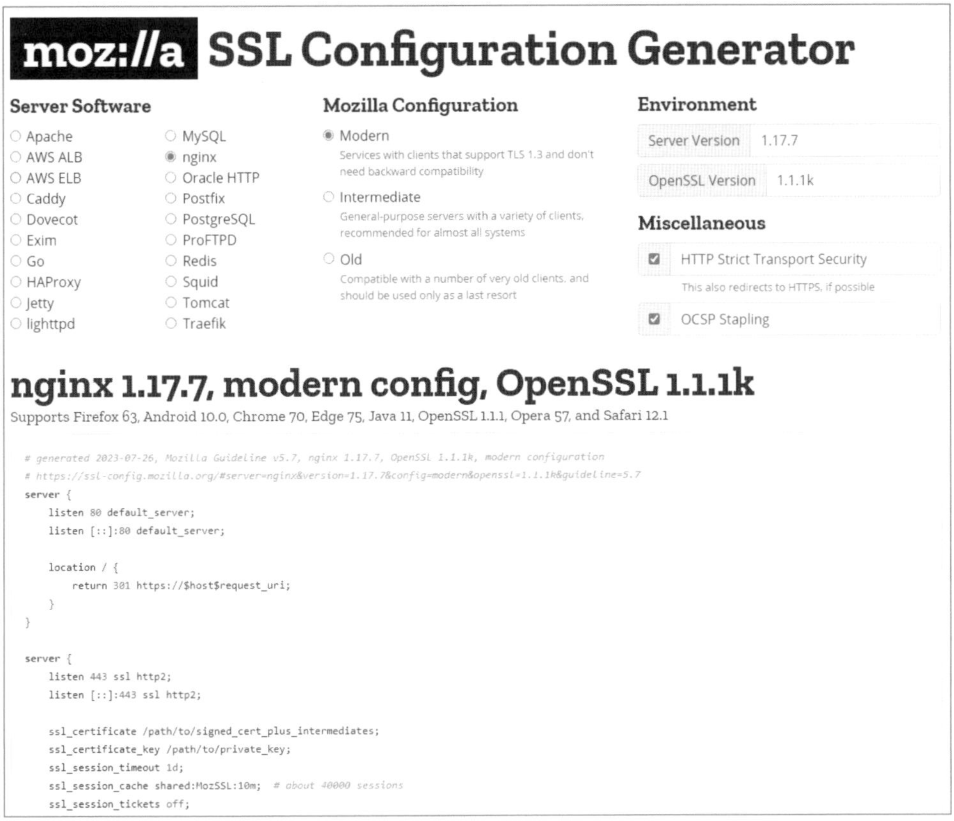

moz://a SSL Configuration Generator

Server Software

Apache
AWS ALB
AWS ELB
Caddy
Dovecot
Exim
Go
HAProxy
Jetty
lighttpd
MySQL
nginx
Oracle HTTP
Postfix
PostgreSQL
ProFTPD
Redis
Squid
Tomcat
Traefik

Mozilla Configuration

Modern
Services with clients that support TLS 1.3 and don't need backward compatibility
Intermediate
General-purpose servers with a variety of clients, recommended for almost all systems
Old
Compatible with a number of very old clients, and should be used only as a last resort

Environment

Server Version 1.17.7
OpenSSL Version 1.1.1k

Miscellaneous

HTTP Strict Transport Security
This also redirects to HTTPS, if possible
OCSP Stapling

nginx 1.17.7, modern config, OpenSSL 1.1.1k

Supports Firefox 63, Android 10.0, Chrome 70, Edge 75, Java 11, OpenSSL 1.1.1, Opera 57, and Safari 12.1

```
# generated 2023-07-26, Mozilla Guideline v5.7, nginx 1.17.7, OpenSSL 1.1.1k, modern configuration
# https://ssl-config.mozilla.org/#server=nginx&version=1.17.7&config=modern&openssl=1.1.1k&guideline=5.7
server {
    listen 80 default_server;
    listen [::]:80 default_server;

    location / {
        return 301 https://$host$request_uri;
    }
}

server {
    listen 443 ssl http2;
    listen [::]:443 ssl http2;

    ssl_certificate /path/to/signed_cert_plus_intermediates;
    ssl_certificate_key /path/to/private_key;
    ssl_session_timeout 1d;
    ssl_session_cache shared:MozSSL:10m;  # about 40000 sessions
    ssl_session_tickets off;
```

Abbildung 10-33 Das Mozilla SSL-Konfigurationswerkzeug im Einsatz, um eine HTTPS-Konfigurationsdatei für nginx zu erstellen

TLS in Windows-VMs

Die Windows-Versionen seit Windows 10 und Windows Server 2019 unterstützen TLS 1.3. Windows verfolgt jedoch einen anderen Ansatz als Linux: Anstatt die TLS-Konfiguration jeder Anwendung zu überlassen, wird eine systemweite Richtlinie angewendet, die jede Anwendung erbt. Der Sicherheitsdienstanbieter (Security Support Provider, SSP) Security Channel (Schannel) bietet TLS-Unterstützung für das Betriebssystem; wie in Abbildung 10-34 gezeigt, können Sie die TLS-Konfiguration in der Registrierung unter HKEY_LOCAL_MACHINE\SYSTEM\CurrentControlSet\SecurityProviders\SCHANNEL festlegen.

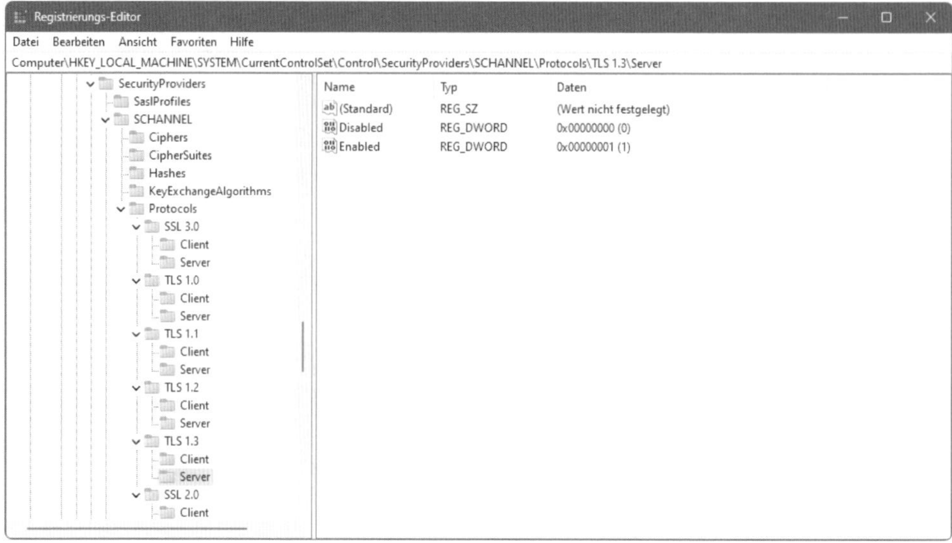

Abbildung 10-34 Einstellen der TLS-Protokollversionen in Windows

Standardmäßig fehlen diese Einstellungen, und Sie müssen sie hinzufügen. Wir haben eine REG-Datei in unserem GitHub zum Buch, die TLS 1.2 und TLS 1.3 aktiviert. Sie können die Option *Enabled* und *Disabled* für jede Protokollversion einstellen und festlegen, ob sie für TLS-Server (Webserver) oder TLS-Clients (Browser) gilt. Befolgen Sie diese Regeln:

- Die Werte in den Schlüsseln *Client* und *Server* müssen übereinstimmen.
- Wenn Sie eine Protokollversion aktivieren möchten, setzen Sie `Enabled` auf 1 und `Disabled` auf 0.
- Wenn Sie eine Protokollversion deaktivieren möchten, setzen Sie `Enabled` auf 0 und `Disabled` auf 1.

Aufgrund der Funktionsweise der internen Schannel-APIs müssen Sie sowohl die Werte für `Enabled` als auch für `Disabled` festlegen. Außerdem müssen Sie die Windows-VM neu starten, damit die Einstellungen wirksam werden.

Danach können Sie die Verschlüsselungsmethoden einstellen. Es gibt zwei Möglichkeiten, dies unter Windows zu tun:

- **Die Registrierung** Dies hat den Nachteil, dass ein Neustart erforderlich ist, wenn Sie eine kleine Änderung vornehmen.
- **PowerShell-Cmdlets** Diese können ausgeführt werden und erfordern keinen Neustart, um wirksam zu werden.

Bevor Sie weitermachen, sollten Sie diese Registrierungseinstellung löschen, falls vorhanden:

```
HKEY_LOCAL_MACHINE\SOFTWARE\Policies\Microsoft\Cryptography\Configuration\SSL\00010002
```

Sie können dann eine Liste der Verschlüsselungsverfahren abrufen, indem Sie den folgenden Befehl eingeben:

```
Get-TlsCiphersuite
```

Damit werden alle derzeit aktivierten Ciphersuiten angezeigt. Die Liste ist standardmäßig sehr lang, also kürzen wir sie mit `Disable-TlsCiphersuite`. Der folgende Code erledigt die Arbeit für Sie:

```
Set-strictmode -Version latest

$cs = Get-TlsCipherSuite
$csOk = 'TLS_AES_256_GCM_SHA384',
        'TLS_AES_128_GCM_SHA256',
        'TLS_ECDHE_ECDSA_WITH_AES_256_GCM_SHA384',
        'TLS_ECDHE_ECDSA_WITH_AES_128_GCM_SHA256',
        'TLS_ECDHE_RSA_WITH_AES_256_GCM_SHA384',
        'TLS_ECDHE_RSA_WITH_AES_128_GCM_SHA256'

foreach ($c in $cs) {
   if ($csOk.Contains($c.Name)) {
      $c.Name + ' Valid – Enable'
      Enable-TlsCiphersuite -Name $c.Name
   } else {
      $c.Name + ' Disable'
      try {
         Disable-TlsCiphersuite -Name $c.Name
      } catch {
         $PSItem.Exception.Message
      }
   }
}
```

Wie bereits erwähnt, handelt es sich hierbei um eine aggressive Liste, sodass Sie möglicherweise einige Ciphersuiten wieder hinzufügen müssen. Ein ausführlicherer Blog-Beitrag zu diesem Thema, der von einem der Autoren dieses Buches geschrieben wurde, finden Sie unter *https://azsec.tech/9o6*.

Eine Anmerkung zu RSA und ECDSA

Sie werden feststellen, dass die vorstehende Liste Verschlüsselungsverfahren enthält, die _RSA_ oder _ECDSA_ enthalten. Dies ist der Algorithmus, der bei der Überprüfung der Authentizität des Hosts, mit dem Sie eine Verbindung herstellen, verwendet wird. Der Algorithmus, mit dem das Zertifikat des Hosts signiert wird, muss in Ihrer Liste der Verschlüsselungsverfahren zulässig sein. Wenn Sie beispielsweise alle _RSA_-Verschlüsselungsverfahren entfernen und die zur Unterzeichnung des Host-Zertifikats verwendete Signatur ECDSA ist, schlägt die Kommunikation fehl.

Ein häufiger TLS-Fehler im .NET-Code

Wir sehen das häufig: Entwickler erzwingen in ihrem Code eine bestimmte TLS-Version. Das Problem dabei ist, dass die Entwickler diese oft auf TLS 1.2 setzen, was bedeutet, dass ihr Code die TLS-Version 1.3 nicht verwenden kann. Anstatt also Code wie diesen zu nutzen, der nur TLS 1.1 oder TLS 1.2 erzwingt:

```
ServicePointManager.SecurityProtocol = SecurityProtocolType.Tls11 |
SecurityProtocolType.Tls12;
```

sollten Sie dies verwenden:

```
ServicePointManager.SecurityProtocol = SecurityProtocolType.SystemDefault;
```

Dadurch wird die Auswahl des TLS-Protokolls an das Betriebssystem übertragen. Auf diese Weise können Sie die Richtlinie ändern, ohne dafür Ihren Code ändern zu müssen.

TLS testen

An einem bestimmten Punkt müssen Sie überprüfen, ob die TLS-Konfiguration korrekt ist, anstatt nur darauf zu hoffen. Eine Möglichkeit ist die Verwendung von OpenSSL als Client. Zunächst müssen Sie einen Dienst auf dem Host laufen lassen, zum Beispiel IIS für Windows, Apache oder nginx oder ein Azure-Frontend wie API Management. Als Nächstes können Sie OpenSSL mit der IP-Adresse oder dem DNS-Namen und dem TLS-Port, beispielsweise 443 für HTTPS, ausführen.

Das folgende Beispiel testet, ob TLS 1.2 und TLS 1.3 unterstützt werden:

```
Openssl s_client -connect <ip>:443 -tls1_2

openssl s_client -connect <ip>:443 -tls1_3
```

Dieses Beispiel testet TLS 1.2 und TLS 1.3 mit verschiedenen Verschlüsselungsverfahren:

```
Openssl s_client -connect <ip>:443 -ciphersuites 'TLS_AES_256_GCM_SHA384' -tls1_3

openssl s_client -connect <ip>:443 -ciphersuites 'TLS_AES_128_GCM_SHA256' -tls1_3

openssl s_client -connect <ip>:443 -ciphersuites 'TLS_ECDHE_ECDSA_WITH_AES_256_GCM_SHA384' -
tls1_2

openssl s_client -connect <ip>:443 -ciphersuites 'TLS_ECDHE_ECDSA_WITH_AES_128_GCM_SHA256' -
tls1_2
```

Die folgenden Beispiele sollten alle fehlschlagen, weil sie, je nach Ihrer Konfiguration, versuchen, TLS 1.0 oder TLS 1.1 oder TLS 1.2 mit schwachen Verschlüsselungen zu verwenden,

```
Openssl s_client -connect <ip>:443 -tls1_0

openssl s_client -connect <ip>:443 -tls1_1

openssl s_client -connect <ip>:443 -ciphersuites 'TLS_RSA_WITH_AES_256_CBC_SHA' -tls1_2

openssl s_client -connect <ip>:443 -ciphersuites 'TLS_RSA_WITH_AES_128_GCM_SHA256' -tls1_2

openssl s_client -connect <ip>:443 -ciphersuites 'TLS_RSA_WITH_3DES_EDE_CBC_SHA' -tls1_2
```

Schließlich können Sie die Liste der von OpenSSL unterstützten Ciphersuiten mit dem folgenden Befehl anzeigen:

```
openssl ciphers -v
```

Debugging von TLS-Fehlern

Manchmal kommt es zu Fehlern, und Sie müssen vielleicht herausfinden, warum eine TLS-Verbindung fehlgeschlagen ist. Unter Windows können Sie die Schannel-Protokollierung verwenden, um herauszufinden, warum eine Verbindung fehlgeschlagen ist. Der Artikel auf *https://learn.microsoft.com/troubleshoot/developer/webapps/iis/health-diagnostic-performance/enable-schannel-event-logging* erklärt, wie Sie die Schannel-Protokollierung konfigurieren und wo Sie die Protokolldaten finden. Setzen Sie den `EventLogging`-Wert auf 7, um eine Liste aller Fehlermeldungen und Erfolgsereignisse zu erhalten.

Wireshark verwenden

Wenn alles andere fehlschlägt, können Sie ein Netzwerk-Sniffing-Tool wie Wireshark verwenden. Wir wollen hier keine Wireshark-Anleitung geben, aber Abbildung 10-35 zeigt, wie eine erfolgreiche Verbindung aussieht. Paket 47 zeigt, dass der Server den TLS-Handshake mit den Nachrichten `Server Hello`, `Certificate`, `Server Key Exchange` und `Server Hello Done` abgeschlossen hat. Weiter unten im Paket kann man sehen, dass der Server einer Ciphersuite zustimmt. Dies ist eine Erfolgsmeldung.

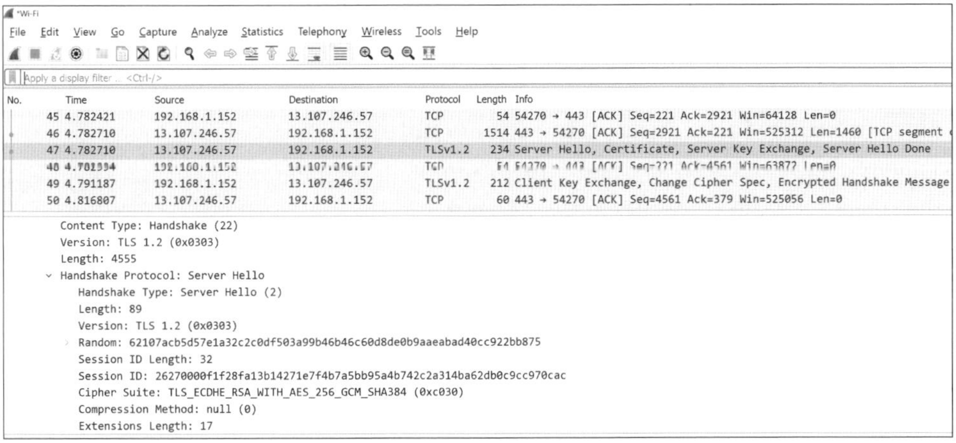

Abbildung 10-35 Verwendung von Wireshark zur Anzeige einer erfolgreichen TLS 1.2-Verbindung

Abbildung 10-36 zeigt einen Fehler. Der Client hat versucht, sich mit TLS 1.2 zu verbinden, was vom Server unterstützt wird, aber der Client hat versucht, eine Ciphersuite zu verwenden, die der Server nicht unterstützt. Sie können sehen, wie der Client die erste TLS-Verbindung in Paket 15 – dem `Client Hello` – herstellt und versucht, TLS_AES_128_CCM_SHA256 zu nutzen, das vom Server (in diesem Fall einer Azure Front Door-Instanz) nicht unterstützt wird. Der Server lehnt die Verbindung ab, und es gibt keine weiteren TLS-bezogenen Pakete.

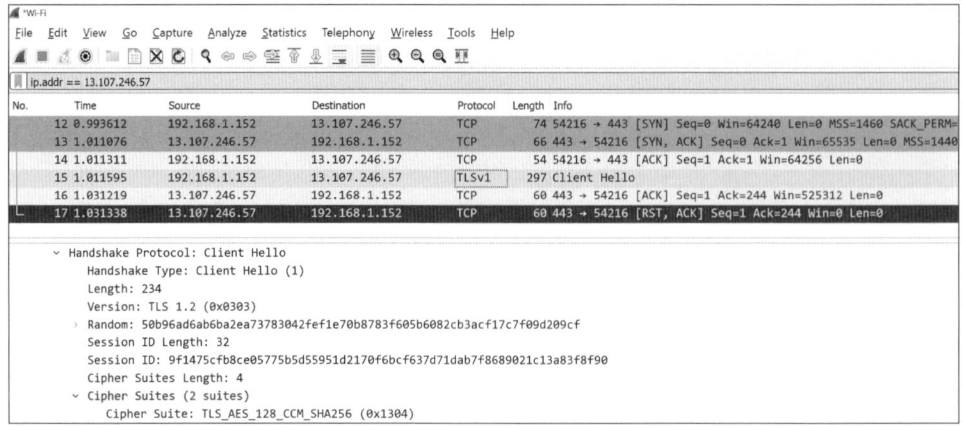

Abbildung 10-36 Eine versuchte TLS-Verbindung von einem Client. Sie können das Client Hello sehen, aber der Server unterstützt die Ciphersuite nicht.

Es folgt der an den Server gesendete Befehl, der die Wireshark-Ausgabe in Abbildung 10-36 verursacht:

```
Openssl s_client -connect shopapp.z01.azurefd.net:443 -tls1_3 -ciphersuites
TLS_AES_128_CCM_SHA256
```

Wenn Sie mehr über OpenSSL zur Fehlersuche bei TLS-Verbindungen erfahren möchten, finden Sie bei Feisty Duck das OpenSSL Cookbook (*https://azsec.tech/bme*), das es wert ist, gelesen zu werden.

Identifizierung der unterstützten Ciphersuiten

Abgesehen davon, dass wir behaupten, dass Azure Front Door die folgenden TLS 1.2-Ciphersuiten unterstützt, wie können Sie das wirklich wissen?

- TLS_ECDHE_RSA_WITH_AES_256_GCM_SHA384
- TLS_ECDHE_RSA_WITH_AES_128_GCM_SHA256
- TLS_DHE_RSA_WITH_AES_256_GCM_SHA384
- TLS_DHE_RSA_WITH_AES_128_GCM_SHA256

Wenn der Server, um den es geht, eine öffentliche IP-Adresse oder einen DNS-Namen hat, können Sie die SSL-Server-Test-Seite von Qualys unter *https://www.ssllabs.com/ssltest* verwenden. Sie können auch nmap für öffentliche und private IP-Adressen einsetzen. nmap war ursprünglich ein Port-Scanner und ein OS-Fingerprinting-Tool, aber es kann auch einige TLS-Analysen durchführen. Versuchen Sie zum Beispiel den folgenden Befehl:

```
nmap -script ssl-enum-ciphers -p 443 <ip>
```

Abbildung 10-37 zeigt ein Beispiel für die Ausgabe, die Sie erwarten können.

```
/ > nmap --script ssl-enum-ciphers -p 443 13.107.246.57
Starting Nmap 7.80 ( https://nmap.org ) at 2022-02-19 09:11 CST
Nmap scan report for 13.107.246.57
Host is up (0.026s latency).

PORT    STATE SERVICE
443/tcp open  https
| ssl-enum-ciphers:
|   TLSv1.2:
|     ciphers:
|       TLS_ECDHE_RSA_WITH_AES_256_GCM_SHA384 (secp384r1) - A
|       TLS_ECDHE_RSA_WITH_AES_128_GCM_SHA256 (ecdh_x25519) - A
|       TLS_DHE_RSA_WITH_AES_256_GCM_SHA384 (dh 2048) - A
|       TLS_DHE_RSA_WITH_AES_128_GCM_SHA256 (dh 2048) - A
|     compressors:
|       NULL
|     cipher preference: server
|_  least strength: A

Nmap done: 1 IP address (1 host up) scanned in 1.24 seconds
/ >
```

Abbildung 10-37 Verwendung von nmap zur Ermittlung der unterstützten Ciphersuiten eines Servers

Unsichere Verwendung von SSH

SSH ähnelt in gewisser Weise TLS, da es sowohl eine Serverauthentifizierung als auch einen Kanalschutz bietet. Der Client stellt über SSH eine Verbindung zum Server her und gibt dann seine Anmeldedaten ein, bei denen es sich in der Regel um einen Benutzernamen und ein Kennwort oder einen Schlüssel handelt. Eines der Probleme bei SSH ist jedoch die anfängliche Serverauthentifizierung. Genauer, die anfängliche Serverauthentifizierung ist schwach, weil sie darauf beruht, dass der Benutzer einen öffentlichen Schlüssel oder einen öffentlichen Schlüssel-Thumbprint akzeptiert, um den Server zu authentifizieren. Es gibt keine Möglichkeit, festzustellen, ob der hier gezeigte ECDSA-Schlüssel-Fingerabdruck gültig ist oder nicht; die meisten Benutzer geben einfach `yes` ein, und der Server ist vertrauenswürdig.

```
ssh azureuser@40.xxx.xxx.xxx
The authenticity of host '40.xxx.xxx.xxx (40.xxx.xxx.xxx)' can't be established.
ECDSA key fingerprint is SHA256:XKQ9gwKCfF2dJxfTmen1eTEg7lmxeZlr5BvsrhA0Aoo.
Are you sure you want to continue connecting (yes/no/[fingerprint])?
```

Das US-amerikanische National Institute of Standards and Technology (NIST) behandelt dieses Thema (unter anderem) am Ende von Abschnitt 3.3 in NIST IR 7966, »Security of Interactive and Automated Access Management Using Secure Shell (SSH)«. Dieses Dokument ist hier verfügbar: *https://azsec.tech/y7u*.

Zusammenfassung

Richtig konzipierte kryptografische Lösungen bieten unübertroffene Kompensationsschutzmaßnahmen als letzte Verteidigungslinie, aber die Schlüsselverwaltung und der sichere, geprüfte Zugriff auf kryptografische Schlüssel sind entscheidend. Key Vault ist das Herzstück jeder sicheren Azure-Lösung, und ein Verständnis dafür, wie der Dienst sicher genutzt werden kann, ist von entscheidender Bedeutung. Kryptografie ist auch ein wichtiges Werkzeug im Zero-Trust-Assume-Breach-Werkzeugkasten.

Sie sollten Ihren Krypto-Code nicht selbst schreiben, aber wenn Sie dies tun müssen, machen Sie ihn Krypto-agil, damit Sie schnell und einfach zu neuen Algorithmen wechseln können, wenn in den bisher verwendeten Schwachstellen gefunden werden.

Verwenden Sie nach Möglichkeit TLS 1.3, aber auch TLS 1.2 mit einer eingeschränkten Anzahl von Ciphersuiten ist geeignet, um Ihren Netzwerkverkehr zu sichern.

KAPITEL 11

Confidential Computing

Am Ende dieses Kapitels

- kennen Sie die Ziele des Confidential Computing.
- verstehen Sie die Kernelemente des Confidential Computing.
- können Sie verschiedene Azure-Dienste identifizieren, die Confidential Computing nutzen.

Was ist Confidential Computing?

Confidential Computing ist für Azure von entscheidender Bedeutung. Es ermöglicht hochsichere Workloads, die vor unseriösen Administratoren und sogar vor unseriösen Cloudbetreibern schützen. Confidential Computing unterstützt hochgradig geschützte Vertrauensgrenzen und ist damit ein Eckpfeiler vieler Zero-Trust-Konzepte. Aber was ist Confidential Computing? Das Confidential Computing Consortium definiert es als »den Schutz von Daten bei der Verwendung durch die Durchführung von Berechnungen in einer hardwarebasierten vertrauenswürdigen Ausführungsumgebung«.

Confidential Computing erfordert die Unterstützung durch spezielle Hardware, insbesondere Prozessoren, die eine starke Isolierung und andere Schutzmaßnahmen unterstützen. Bitte beachten Sie, dass wir absichtlich den Begriff »Prozessoren« und nicht »CPUs« verwenden, da das Confidential Computing auch auf andere Geräte wie GPUs und Netzwerkkarten übertragen werden kann.

Auf der untersten Ebene bietet Azure virtuelle Maschinen (VMs) und andere Produkte, die spezielle Prozessoren von AMD, Arm und Intel unterstützen. Diese bieten Isolierung bis hinunter zum Prozessor. Oberhalb der Prozessoren befinden sich IaaS-VMs, die die Fähigkeiten der darunter liegenden Prozessoren offenlegen.

Azure stellt viele PaaS-Dienste bereit, die innerhalb der Grenzen von VMs ausgeführt werden, auf denen Prozessoren laufen, die Confidential Computing unterstützen. Beispiele hierfür sind Azure SQL-Datenbank, Azure Kubernetes Service, Azure Confidential Ledger und andere. Sie alle nutzen die speziellen Fähigkeiten der Intel- und AMD-Prozessoren. Azure Container Instance und Azure Kubernetes Service unterstützen ebenfalls vertrauliche Container.

Das Thema »Confidential Computing« kann schnell unglaublich komplex werden – so komplex, dass dieses Thema leicht ein ganzes Buch füllen könnte. In der Tat waren die Lösungen, die heute durch Confidential Computing ermöglicht werden, vor einem Jahrzehnt noch unvorstellbar! Dieses Kapitel bietet jedoch lediglich einen Überblick über das Thema, damit Sie eine Vorstellung davon bekommen, welche vertraulichen Datenverarbeitungsdienste in Azure verfügbar sind und wie Sie diese in Ihren sicheren Entwürfen verwenden können. Bevor wir beginnen, müssen Sie einige wichtige Begriffe verstehen:

- **Hardware-Vertrauensanker (Root of Trust)** Damit wird sichergestellt, dass die Daten mithilfe von Silizium geschützt werden. Das Vertrauen ist beim Hardware-Hersteller verwurzelt; nicht einmal Microsoft-Mitarbeiter können die Hardware-Konfiguration ändern.
- **Remoteüberprüfung der Vertrauenswürdigkeit (Remote Attestation)** Damit können Kunden direkt überprüfen, ob Workloads auf genehmigter Hardware und Software ausgeführt werden, und sicherstellen, dass sie die Sicherheitsrichtlinien einhalten, bevor sie auf Daten zugreifen oder Verarbeitungen durchführen.
- **Vertrauenswürdiger Start** Dies garantiert, dass VMs mit vom Kunden überprüfbarer und autorisierter Software booten. Es verwendet Secure Boot und Virtual Trusted Platform Module (vTPM)-Technologie zum Schutz vor Rootkits, Bootkits und bösartiger Firmware.
- **Speicherisolierung und Verschlüsselung** Damit wird sichergestellt, dass die Daten während der Verarbeitung durch hardwarebasierte Kryptografie geschützt sind. Azure verwendet CPUs, die Speicherisolierung nach VM, Container und Anwendung bieten.
- **Sichere Schlüsselverwaltung** Damit wird sichergestellt, dass Schlüssel während ihrer Lebensdauer verschlüsselt bleiben und nur als autorisierter Code in verschlüsselter Form freigegeben werden.

Ist Confidential Computing Neuland für Sie?

Wenn Confidential Computing für Sie völliges Neuland darstellt, finden Sie hier einige Ressourcen, die Ihnen den Einstieg erleichtern:

- **Azure Confidential Computing** In diesem kurzen Video – es ist weniger als zwei Minuten lang – erklärt Satya Nadella, CEO von Microsoft, die übergreifenden Ziele von Confidential Computing. Sie können es sich hier ansehen: *https://azsec.tech/cco*. Wir empfehlen Ihnen dringend, dieses Video anzusehen, bevor Sie den Rest dieses Kapitels lesen.
- **Common Terminology for Confidential Computing** Diese Seite auf der Website des Confidential Computing Consortium enthält klare Definitionen der wichtigsten Begriffe. Dies ist hilfreich, da einige der Formulierungen subtil sein können. Sie ist hier zu finden: *https://azsec.tech/term*. (A.d.Ü.: Einen deutschsprachigen Text, der ebenfalls zahlreiche Begriffe erläutert, finden Sie beispielsweise hier: *https://norbert-pohlmann.com/glossar-cyber-sicherheit/confidential-computing*.) Weitere allgemeine Informationen über das Confidential Computing Consortium finden Sie unter *https://confidentialcomputing.io*.
- **Confidential Computing: Hardware-Based Trusted Execution for Applications and Data** Dies ist ein Whitepaper, das vom Confidential Computing Consortium veröffentlicht wurde, zu dessen Gründungsmitgliedern auch Microsoft gehört. Sie können es unter *https://azsec.tech/ccc* lesen, und es wird Ihnen ein besseres Verständnis für die Technologie und die damit gelösten Probleme vermitteln.

Praktische Erfahrungen: Die Einführung von Confidential Computing

Nicht jede Lösung, die auf Azure bereitgestellt wird, erfordert Confidential Computing, aber einige schon, zum Beispiel in regulierten Branchen wie Gesundheitswesen, Finanzen, Militär und Energie. Wir haben festgestellt, dass viele führende Kunden in diesen Sektoren eine kleine Gruppe von leitenden Architekten und Entwicklern unterstützen, die sich auf die Azure-Dienste für Confidential Computing konzentrieren, um zu sehen, wie jeder einzelne Dienst in ihre Umgebung passen könnte, und um Empfehlungen zu geben, welche Dienste in welchen Situationen verwendet werden sollten. Dies ist ein disziplinierter Ansatz, der die Fähigkeiten der Mitarbeiter besser nutzt und zeit- und kosteneffizienter ist, als dies einzelnen Entwicklungsteams zu überlassen.

Prozessoren für Confidential Computing

Die Grundlage der vertraulichen Datenverarbeitung sind Prozessoren, die über zusätzliche Anweisungen und Funktionen zur Unterstützung von Confidential Computing verfügen. Die drei derzeit in Azure unterstützten CPUs sind die folgenden:

- Intel-Prozessoren, die Software Guard Extensions (SGX) unterstützen
- AMD-Prozessoren, die Secure Encrypted Virtualization-Secure Nested Paging (SEV-SNP) unterstützen
- Arm-Prozessoren, die TrustZone unterstützen

Schauen wir uns die einzelnen Punkte etwas genauer an.

Intel Software Guard Extensions

Azure-VMs der DC-Serie unterstützen die Software Guard Extensions (SGX) von Intel. SGX ist eine Sicherheitstechnologie, die eine oder mehrere vertrauenswürdige Ausführungsumgebungen (Trusted Execution Environments, TEEs) schafft, die Intel als Enklaven bezeichnet. Enklaven sind isolierte und verschlüsselte geschützte Speicher, deren Isolationskontrolle, kryptografische Schlüssel und Sicherheitsgrenzen von der CPU verwaltet werden. Dies ist wichtig, da Sicherheitsmaßnahmen wie diese so niedrig wie möglich im Stack angesiedelt und die Vertrauensbasis unveränderlich sein sollte, damit diese Maßnahmen nicht durch Malware oder sogar durch einen bösen Akteur, der bei einem Cloudanbieter arbeitet, beeinträchtigt werden können.

SGX wurde von Anfang an für speziell entwickelte Anwendungen konzipiert, die umgestaltet oder von Grund auf neu entwickelt werden können, um in dieser eingeschränkten Umgebung zu laufen. Inzwischen gibt es jedoch Library-OS-Lösungen (LibOS), die die am meisten vertraulichen Teile ihrer Arbeitslasten in einer SGX-Enklave ausführen und dafür nur wenige oder gar keine Codeänderungen benötigen.

Erfahren Sie mehr über SGX

Weitere Informationen über SGX finden Sie in den folgenden Quellen:

- **Enhanced Security Features for Confidential Computing** Diese Intel-Produktinformation gibt einen technischen Überblick über die Funktionsweise von SGX-Enklaven. Sie ist hier verfügbar: *https://azsec.tech/x4q*.
- **Azure Confidential Computing Partner Webinar Series** Diese Webseite unter *https://azsec.tech/wme* enthält Links zu Webinaren von Intel SGX-Partnern und Demos von Drittanbieterlösungen.
- **Schützen Sie Ihre Daten mit Azure Confidential Computing** Dieser Artikel bietet eine leicht lesbare Einführung in die Entwicklung in C mit dem Open Enclave SDK. Sie können ihn hier finden: *https://azsec.tech/w1c*.

Die einfache Bereitstellung einer VM der DC-Serie (Serie 2 und 3) bietet keinen Sicherheitsvorteil, solange Sie keinen vertrauenswürdigen Code in das TEE laden. Dazu müssen Sie entweder Code schreiben oder Code verwenden, der als Teil eines Produkts geliefert wird. Unter der Haube nutzt Azure SQL-Datenbank beispielsweise diese VM-Typen, wenn die Einstellung *Always Encrypted with Secure Enclaves* angewendet wird. (Dies wird in Kapitel 13, »Datenbanksicherheit«, behandelt.) Azure SQL-Datenbank lädt einen Teil der Abfrage-Engine in das TEE, wo die Abfrage-Engine die Daten entschlüsselt und analysiert. Außerhalb des TEE – sowohl auf der Festplatte als auch wenn die Abfrageergebnisse zur clientseitigen Entschlüsselung an einen Client gesendet werden – wird nur Geheimtext verwendet.

Es gibt zwei vertrauliche Datenverarbeitungsmodelle, die eine TEE verwenden. Das erste ist eine prozessbezogene TEE, die so wie Azure SQL-Datenbank beim Einsatz von Always Encrypted with Secure Enclaves funktioniert. Das zweite ist eine TEE auf Anwendungsebene, die von Tools wie Enarx und Occlum verwendet wird.

Weitere Informationen über diese beiden Modelle für vertrauliche Datenverarbeitung finden Sie unter *https://azsec.tech/uwz*. Darüber hinaus können Sie hier mehr über Enarx und Occlum lesen: *https://azsec.tech/tai*.

Die Messenger-App Signal ist ein großartiges Beispiel für die effektive Nutzung von SGX nach dem ersten Modell. Um die Website von Signal zu zitieren (*https://signal.org*):

> *»Fortschrittlichste Ende-zu-Ende-Verschlüsselung (auf Basis des quelloffenen Signal Protocol) macht deine Unterhaltungen sicher. Weder wir noch irgendjemand sonst können deine Nachrichten lesen oder deinen Telefonaten zuhören. Vertraulichkeit ist kein optionaler Modus – sie ist ausnahmslos in alle Funktionen von Signal integriert. Für jede Nachricht, jeden Anruf, jederzeit.«*

Der Signal-Server läuft auf Azure und Teile des internen Systems laufen auf VMs, die SGX unterstützen. Wenn Signal also sagt: »*Weder wir noch irgendjemand sonst können deine Nachrich-*

ten lesen oder deinen Telefonaten zuhören«, dann tun sie das auf diese Weise. Das ist ein großartiges Beispiel für plausible Bestreitbarkeit. Auf der Microsoft-Website können Sie eine Fallstudie über die Verwendung von SGX durch Signal lesen: *https://azsec.tech/sig*.

TEE-Code wird häufig in C und C++ geschrieben. Der Grund dafür ist, dass die Laufzeitabhängigkeiten bei C und C++ in der Regel geringer sind und dass man immer so wenig Code wie möglich in sicheren Umgebungen ausführen möchte. Diese kleinen, hochsicheren Umgebungen werden oft als Trusted Computing Bases (TCBs) bezeichnet. Die Programmiersprache Rust (*https://www.rust-lang.org*) wird jedoch aufgrund ihrer Korrektheits- und Sicherheitsgarantien immer beliebter.

Wenn Sie Ihren eigenen Code schreiben wollen, der in einer TEE ausgeführt wird, können Sie ein SDK verwenden. Der empfohlene Ansatz ist der Einsatz des Open Enclave SDK, da es hardwareunabhängig ist. Weitere Informationen finden Sie unter *https://openenclave.io/sdk*.

Schadsoftware in TEEs

Nur weil der Code in einer TEE läuft, heißt das nicht, dass er fehlerfrei ist, und auch nicht, dass er unverwundbar gegenüber Malware ist. Wenn Sie Ihren eigenen Code erstellen, müssen Sie alle angemessenen Sorgfaltspflichten erfüllen, damit die Binärdatei sicher und nicht mit Schadsoftware infiziert ist.

AMD Secure Encrypted Virtualization-Secure Nested Paging

Das AMD-Feature Secure Encrypted Virtualization-Secure Nested Paging (SEV-SNP) hat keine Ähnlichkeit mit Intels SGX. Obwohl beide unter dem Banner des Azure Confidential Computing existieren, lösen sie Hardware-Isolierungsprobleme unterschiedlich.

Bei AMD SEV-SNP wird das gesamte VM-Image geschützt. Das heißt, alles in der VM ist verschlüsselt und bis auf die CPU-Ebene isoliert. Der Unterschied zu SGX besteht darin, dass Sie keinen benutzerdefinierten Code erstellen oder vorhandenen Code ändern müssen, um die Vorteile der durch die Hardware verstärkten Sicherheitsgrenze zu nutzen. Dies macht es einfacher, Workloads, die vor Ort oder auf anderen VMs laufen, in eine wesentlich sicherere und isolierte Umgebung zu verlagern.

Zum Zeitpunkt der Erstellung dieses Kapitels sind AMD SEV-SNP-VMs in der Vorschau unter Verwendung der folgenden VM-Typen verfügbar:

- **DCasv5** Eine vertrauliche VM mit Remotespeicher und ohne lokale temporäre Festplatte
- **DCadsv5** Eine vertrauliche VM mit einer lokalen temporären Festplatte
- **ECasv5** Eine speicheroptimierte vertrauliche VM mit Remotespeicher und ohne lokale temporäre Festplatte
- **ECadsv5** Eine speicheroptimierte vertrauliche VM mit einer lokalen temporären Festplatte

Wenn eine Azure-VM mit AMD SEV-SNP Support benötigt, können Microsoft-Mitarbeiter nicht darauf zugreifen, selbst wenn sie vom Kunden dazu autorisiert wurden. Dies führt dazu, dass bestimmte Wiederherstellungs- und Supportszenarien für vertrauliche VMs nicht verfügbar sind. Dies ist beabsichtigt.

Einen guten technischen Überblick von AMD über die Funktionsweise von SEV-SNP finden Sie unter *https://azsec.tech/amd*.

Arm TrustZone

Arm TrustZone verfolgt einen anderen Ansatz zur Isolierung. Bei den zuvor erläuterten Architekturen kann das normale Betriebssystem den Enklavenspeicher adressieren, aber die Verschlüsselung verhindert, dass es auf den Enklavenspeicher zugreift. Im Gegensatz dazu kann bei TrustZone das normale Betriebssystem den Enklavenspeicher nicht einmal ansprechen. Nehmen wir zum Beispiel einen 32-Bit-Prozessor. Bei diesem Prozessortyp verwenden die Adressen einen 33-Bit-Adressraum (lesen Sie es noch einmal, falls Sie es übersehen haben: 33-Bit, nicht 32-Bit), wobei das zusätzliche Bit im Vergleich zum normalen Bit sicher ist. Ein 32-Bit-Register kann also eine Adresse nur innerhalb seines eigenen 32-Bit-Raums ausdrücken. Obwohl Azure IoT Edge Arm TrustZones verwendet, können Sie derzeit kein VM-Image erstellen, das Arm-Prozessoren unterstützt. Weitere Informationen finden Sie unter *https://azsec.tech/arm*.

VMs der DCsv3-Serie, SGX, Intel Total Memory Encryption und Intel Total Memory Encryption Multi-Key

SGX erfordert DCv2-VMs. Die neueren DCsv3-VMs (*https://azsec.tech/6qc*) unterstützen jedoch Intel SGX und Intel Total Memory Encryption Multi-Key DCsv3-VMs (TME-MK). Oberflächlich betrachtet ähnelt TME-MK im Prinzip der von AMD angebotenen VM-Verschlüsselung, ist es aber nicht. Wenn man Confidential Computing so definiert, wie es der CCC tut, ist Intel TME/TME-MK kein Confidential Computing. Um genau zu sein, ist TME/TME-MK einer anderen AMD-Technologie, der Secure Memory Encryption (SME), näher als SEV-SNP.

Abbildung 11-1 vergleicht TME/TME-MK, SEV-SNP und SGX. Beachten Sie die Vertrauensgrenzen und dass die Angriffsfläche von Intel TME/TME-MK größer ist als die von SEV-SNP und SGX. Beachten Sie außerdem, dass SEV-SNP der Gast-VM vertraut, aber SGX auf dem Azure-Host der Gast-VM nicht vertraut.

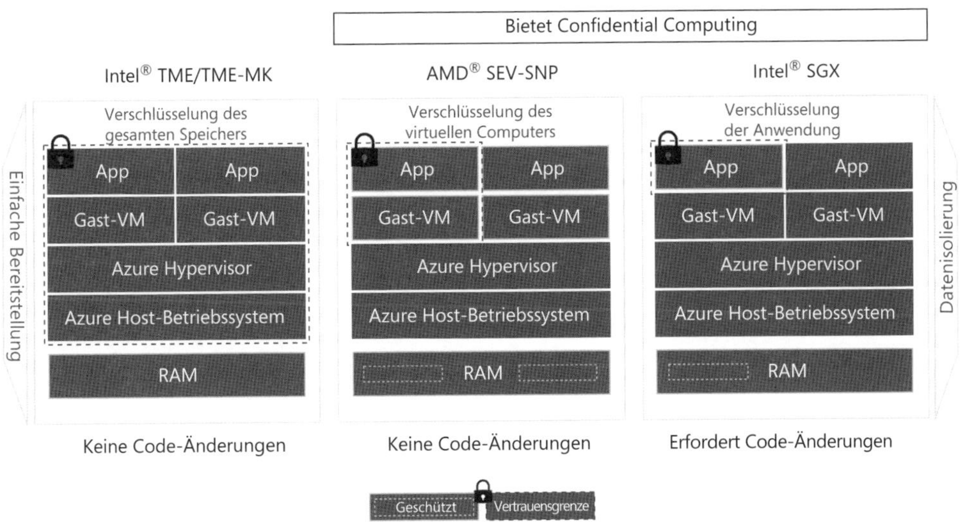

Abbildung 11-1 Vergleich von TME-MK, SEV-SNP und SGX. Die gestrichelte Linie kennzeichnet die Vertrauensgrenzen; alles innerhalb dieser Grenzen ist vertrauenswürdig, und alles außerhalb dieser Grenzen ist nicht vertrauenswürdig.

Schlüssel

Wie in Kapitel 10, »Kryptografie in Azure«, beschrieben, ist der Schutz kryptografischer Schlüssel von größter Bedeutung.

SGX hat viele Schlüssel, die alle in einer komplexen Schlüsselhierarchie angeordnet sind. Die Schlüssel für die RAM-Verschlüsselung sind in der CPU gespeichert und werden bei jedem Stromausfall oder Neustart der VM nach dem Zufallsprinzip geändert.

Erinnern Sie sich, dass der SEV-Teil von SEV-SNP für Secure Encrypted VM steht. Bei AMD wird also jede VM mit einem eindeutigen Schlüssel verschlüsselt, der in der CPU gespeichert ist.

Mit Verschlüsselung meinen wir verschlüsselten Arbeitsspeicher, während die VM oder Enklave ausgeführt wird.

Attestation

Attestation ist ein Prozess, der verifiziert, dass Software-Binärdateien auf einer vertrauenswürdigen Plattform wie SGX oder einer SEV-SNP-VM korrekt sind und ordnungsgemäß instanziiert wurden. Das Confidential Computing Consortium definiert Attestation wie folgt:

> *Attestation ist der Prozess, bei dem eine Partei, der sogenannte »Verifier«, die Vertrauenswürdigkeit einer potenziell nicht vertrauenswürdigen Gegenstelle, dem »Attester«, beurteilt. (Diese Begriffe stimmen mit der »Remote Attestation Procedures Architecture« der Internet Engineering Task Force überein.) Das Ziel der Attestation ist es, dem Verifi-*

zierer zu ermöglichen, Vertrauen in die Vertrauenswürdigkeit des Attester zu gewinnen, indem er einen authentischen, genauen und zeitnahen Bericht über den Software- und Datenzustand des Attester erhält.

Microsoft Azure Attestation Service (*https://azsec.tech/opn*) führt diese Validierung durch.

Attestation verwendet Richtlinien, sogenannte Nachweisrichtlinien, um zu überprüfen, ob ein bestimmter Code gültig ist und Ihre Sicherheitsanforderungen erfüllt. Es folgt ein Beispiel für eine Richtlinie:

```
version= 1.0;
authorizationrules
{
   [type=="x-ms-sgx-is-debuggable", value==false]
    && [type=="x-ms-sgx-product-id", value==4639]
    && [type=="x-ms-sgx-svn", value >= 0]
    && [type=="x-ms-sgx-mrsigner", value=="e31c9e505f3 <snip> c450b6e33e5"]
  => permit();
};
```

Im Folgenden wird erläutert, was einige dieser Ansprüche bedeuten:

- **x-ms-sgx-is-debuggable** Dieser Wert kann auf `true` oder `false` gesetzt werden. Ist er auf `false` gesetzt, kann die Enklave nicht debuggt werden.
- **x-ms-sgx-product-id** Dies ist eine ganze Zahl, die den Code in der Enklave identifiziert. Sie ermöglicht die Segmentierung von Code in der Enklave, der von derselben Entität signiert wurde. Im obigen Beispiel ist 4639 die ID für die Azure SQL Database Always Encrypted-Enklave.
- **x-ms-sgx-svn** Dies ist die Sicherheitsversionsnummer des Codes, der in der Enklave läuft. Dies ist wichtig, wenn Schwachstellen im Code behoben werden. Wenn v1 eine Schwachstelle aufweist und Sie diese beheben, können Sie die behobene Version zu v2 machen und die Attestation so konfigurieren, dass nur v2 geladen wird. Wenn jemand versucht, die unsichere v1 zu laden, wird der Vorgang fehlschlagen.
- **x-ms-sgx-mrsigner** Dies ist ein hexadezimal codierter Hash des öffentlichen Schlüssels des Unterzeichners, der mit dem privaten Schlüssel verknüpft ist, der zum Signieren der in der Enklave laufenden Binärdatei verwendet wird.

Beachten Sie die Zeile `=> permit()` am Ende. Dies bedeutet im Wesentlichen, dass der Code in der Enklave ausgeführt werden darf, wenn alle diese Ansprüche zutreffen.

Sie können die Attestierung auch auf der Grundlage bestimmter Ansprüche verweigern. Der folgende Code ist beispielsweise Teil einer Richtlinie, die beim Laden von Azure-VMs angewendet wird, die für Trusted Boot konfiguriert sind (wird später behandelt):

```
[type=="secureboot", value==false] => deny();
```

Dieser Code gibt an, dass der Ladevorgang verweigert werden sollte, wenn die VM nicht für den sicheren Start konfiguriert ist.

Wir empfehlen Ihnen dringend, Attestierungsrichtlinien digital zu signieren, damit die Richtlinie authentifiziert und nicht manipuliert werden kann.

Es gibt noch viele weitere Ansprüche, die Sie in Attestierungsrichtlinien verwenden können. Mutige können unter *https://azsec.tech/jzh* mehr erfahren. Außerdem können Sie sich unter *https://azsec.tech/sem* weitere Beispiele für Nachweisrichtlinien ansehen.

Wenn Sie ein Feature verwenden, das einen Nachweis nutzt, müssen Sie den Nachweisendpunkt mit HTTPS referenzieren. Wenn Sie beispielsweise Azure SQL-Datenbank mit sicheren Enklaven verwenden, können Sie die URL in Tools wie SSMS und Azure Data Explorer festlegen, wie in Abbildung 11-2 gezeigt.

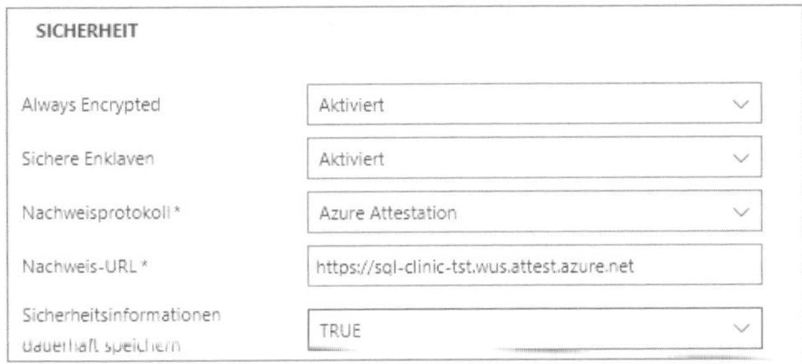

Abbildung 11-2 Festlegen der Nachweis-URL für eine Azure SQL-Datenbank mit Always Encrypted und sicheren Enklaven

Wenn Sie mit vertraulichen Daten zu tun haben, werden Sie wahrscheinlich irgendwann einen Nachweisdienst benötigen. Der Microsoft Azure Attestation-Dienst ist ein Allzweckdienst, der Ihren Anforderungen wahrscheinlich gerecht wird.

Vertrauenswürdiger Start für Azure-VMs

Vor einigen Jahren fügte Microsoft die Secure Boot- und Trusted Boot-Technologie zu Windows hinzu und reagierte damit auf immer raffiniertere Malware, die mit Kernel-Malware, Bootkits und Rootkits auf die Boot-Sequenz abzielt. (Mehr über Secure Boot und Trusted Boot erfahren Sie hier: *https://azsec.tech/9is.*) Trusted Launch ist eine ähnliche Technologie, allerdings für Azure-VMs der Generation 2.

Vertrauenswürdiger Start ist eine einfache Option, die Sie während der Bereitstellung oder in einer ARM-Vorlage festlegen können:

```
"securityProfile": {
   "uefiSettings": {
      "secureBootEnabled": true,
      "vTpmEnabled": true
   },
   "securityType": "TrustedLaunch"
},
```

Und es ist kostenlos!

Das Ziel des vertrauenswürdigen Starts von Azure ist es, Vertrauen in die Integrität der gesamten Boot-Sequenz zu schaffen und einen wichtigen Schutz vor raffinierten Angreifern zu bieten. Sie sollten diese Funktion für Ihre VMs verwenden, wenn möglich. (Beachten Sie jedoch, dass diese Funktion zum Zeitpunkt der Erstellung dieses Dokuments keine Ultra-Datenträger unterstützt.)

Um den vertrauenswürdigen Start von Azure zu ermöglichen, werden bestimmte mehrschichtige Technologien verwendet. Eine davon ist das Virtual Trusted Platform Module (vTPM), ein virtualisiertes TPM, wie es in Windows 11-Laptops zu finden ist; es ist auch TPM 2.0-konform. Trusted Launch stellt Ihrer VM ein eigenes dediziertes TPM zur Verfügung, auf das Code, der in einer anderen VM läuft, nicht direkt zugreifen kann und das Microsoft Defender für Cloud Telemetriedaten und Warnungen über den Sicherheitszustand Ihrer VMs liefern kann.

Weitere Informationen über vertrauenswürdigen Start finden Sie hier: ***https://azsec.tech/trb.***

Tabelle 11-1 vergleicht die von vertrauenswürdigen Start-VMs, Hardware-vertraulichen VMs mit AMD SEV-SNP und Hardware-Enklaven mit von Intel SGX gebotenen Gegenmaßnahmen.

	Vertrauens-würdiger Start	**AMD SEV-SNP**	**Intel GSX**
Schützt vor Bootkits	Ja	Ja	Ja
Schützt vor Datacenter-Admins	Nein	Ja	Ja
Schützt vor VM-Admins	Nein	Ja	Ja
Schützt vor anderen Azure-Diensten	Nein	Ja	Ja
Schützt vor Hypervisor und Azure OS	Nein	Ja	Ja
Schützt vor schädlichem Code in VM	Nein	Nein	Ja

Tabelle 11-1 Ein Vergleich von VMs mit vertrauenswürdigem Start, Hardware-vertrauenswürdigen VMs mit AMD SEV-SNP und Hardware-Enklaven mit Intel SGX

Es gibt noch eine andere Möglichkeit, den Schutz, den die drei Features bieten, zu betrachten:

- **VMs mit vertrauenswürdigem Start** Nur bekannter, vertrauenswürdiger Code läuft auf der VM.
- **AMD SEV-SNP VMs** Microsoft kommt weder an den Code noch die Daten in einer VM heran.
- **Intel SGX VMs** Anwender können nur ihrer Anwendung und dem Prozessor vertrauen.

Azure-Dienste, die Confidential Computing nutzen

In diesem Abschnitt werden Dienste behandelt, die zur Azure-Familie für Confidential Computing gehören. Er enthält nicht alle Dienste, und es werden noch weitere folgen. Eine Gemeinsamkeit dieser Dienste ist, dass sie die Komplexität des Confidential Computing von den Entwicklern, Administratoren und Benutzern abstrahieren.

SQL Server Always Encrypted

Verschiedene Aspekte von Always Encrypted werden an anderer Stelle in diesem Buch behandelt. Beispielsweise wird in Kapitel 10 erklärt, welche kryptografischen Primitive verwendet werden, und in Kapitel 13 werden die datenbankspezifischen Aspekte von Always Encrypted erläutert, zum Beispiel wie Always Encrypted für SQL Server, Azure SQL-Datenbank und Cosmos DB konfiguriert wird. Die SQL-Datenbankprodukte können Enklaven verwenden (mit einer kleinen Einschränkung, auf die wir gleich eingehen), Cosmos DB jedoch nicht.

Es gibt einen wichtigen Unterschied zwischen der aktuellen Implementierung von Always Encrypted mit sicheren Enklaven in Azure SQL-Datenbank und SQL Server, der in einer Windows-VM oder lokal ausgeführt wird. Azure SQL-Datenbank lädt das Abfragemodul in eine SGX-Enklave. SQL Server verwendet einen anderen Ansatz: Es lädt die Abfrage-Engine in eine andere Art von Isolationstechnologie, die *virtualisierungsbasierte Sicherheit* (Virtualization-Based Security, VBS) genannt wird. VBS ist im Prinzip ähnlich wie SGX, aber die Implementierung ist anders. Der isolierte Speicherbereich, der von VBS verwendet wird, wird vollständig vom Windows-Hypervisor kontrolliert. Im Wesentlichen schafft der Hypervisor eine logische Trennung zwischen der »nicht vertrauenswürdigen Welt« und der »sicheren Welt«, die durch virtuelle Vertrauensstufen (Virtual Trust Level, VTL) – VTL0 bzw. VTL1 – gekennzeichnet sind. Mehr über die technischen Details von VBS erfahren Sie unter *https://learn.microsoft.com/windows-hardware/design/device-experiences/oem-vbs*.

Ein weiterer Unterschied ist die Art und Weise, wie die Attestierung in SQL Server funktioniert. Anstatt Microsoft Azure Attestation zu verwenden, nutzt SQL Server den Host Guardian Service (HGS). (Für weitere Informationen siehe *https://learn.microsoft.com/windows-server/security/guarded-fabric-shielded-vm/guarded-fabric-and-shielded-vms-top-node*.)

Azure Confidential Ledger

Kapitel 13 befasst sich mit Azure SQL Database Ledger. Bei der Behandlung dieses Themas wird erwähnt, dass Sie von Azure SQL Database Ledger erstellte Hashes in Azure Confidential Ledger (ACL, nicht zu verwechseln mit Zugriffssteuerungslisten, die im Englischen ebenfalls mit ACL für Access Control List abgekürzt werden!) speichern können. Diese Dienste haben zwar das gleiche Wort (Ledger), aber es handelt sich um unterschiedliche Produkte, die unterschiedliche Probleme lösen.

Azure Confidential Ledger ist ein verwaltetes PaaS-Angebot des Confidential Consortium Framework (CCF). CCF ist ein von Microsoft Research entwickeltes Open-Source-Framework für den Aufbau sicherer, hochverfügbarer und leistungsstarker Anwendungen, die sich auf konsortiumbasierte Lösungen (das heißt Mehrparteienlösungen) konzentrieren. CCF verfolgt ein ähnliches Ziel wie Blockchain, jedoch wird von den Nutzern und Entwicklern von Azure Confidential Ledger nicht erwartet, dass sie über Blockchain-Kenntnisse verfügen. Weitere Informationen über das CCF finden Sie unter *https://microsoft.github.io/CCF*.

Das CCF unterscheidet sich vom Confidential Computing Consortium (CCC). Das Wort Consortium in CCF steht für die Entwicklung von Anwendungen, die Mehrparteienlösungen unterstützen, während das Wort Consortium in CCC eine Gemeinschaft von Unternehmen und gemeinnützigen Organisationen bezeichnet, die Hilfestellung bei der Entwicklung von Lösungen für Confidential Computing leisten.

Der Azure Confidential Ledger Managed Service verbirgt die interne Komplexität des CCF. Er bietet Azure-Kunden und -Entwicklern einen REST-API-Endpunkt, der zum Speichern und Abrufen von Schlüssel-Wert-Paaren in und aus einem unveränderlichen, manipulationssicheren Ledger sowie zur Überprüfung der Integrität dieses Ledgers verwendet werden kann.

Azure Confidential Ledger können privat (Verschlüsselung und Integrität) oder öffentlich (nur Integrität) sein und erfordern Microsoft Entra ID oder Zertifikate zur Authentifizierung sowohl für Operationen auf der Steuerungsebene als auch auf der Datenebene. Es gibt keinen anonymen Zugang.

Der Code hinter Azure Confidential Ledger läuft in SGX-Enklaven. Wenn Clientcode Daten über einen geschützten TLS-Kanal an einen Azure Confidential Ledger sendet, gelangen die Daten in eine SGX-Enklave. Dort werden kryptografische Operationen mit dem Ledger-Klartext durchgeführt. Die kryptografischen Schlüssel verlassen die Enklave nie in ungeschützter Form.

Wenn wir uns auf Daten beziehen, die über einen geschützten TLS-Kanal an einen Confidential Ledger gesendet werden, bedeutet dies, dass der Endpunkt des Confidential Ledger authentifiziert ist, dass der Kanal zwischen dem Client und dem Azure Confidential Ledger-Dienst verschlüsselt ist und dass der Kanal zum Schutz vor Manipulationen gehashte Nachrichtenauthentifizierungscodes (Hashed Message Authenticate Codes, HMAC) verwendet.

Confidential Ledger werden als Blöcke in Blob-Speicher-Containern in einem Azure-Speicherkonto erstellt. Die Transaktionsdaten können entweder verschlüsselt oder im Klartext gespeichert werden. Aber denken Sie daran, dass der Hauptgrund für Azure Confidential Ledger und Azure SQL Database Ledger darin besteht, Manipulationsbedrohungen abzuschwächen. Es handelt sich um einen starken Schutz vor Fälschungen.

Sie müssen einige Einstellungen für Ihre ACL-Instanz kennen, zum Beispiel den URI des Identitätsdienstes (zum Beispiel *https://identity.confidential-ledger.core.azure.com*). Sie können die Kernmetadaten mit dem folgenden Azure CLI-Befehl abrufen:

```
az confidentialledger show --name "<ledgername>" --resource-group "<rg>"
```

Der Name ist nur der Name, nicht der vollständige URI. Zum Beispiel lautet der Name für *https://ledger-clinic-tst. confidential-ledger.azure.com* `ledger-clinic-tst`.

Erfahren Sie mehr über Confidential Ledger

Weitere Informationen zu Confidential Ledger finden Sie in diesen Ressourcen:

- **Kryptografie** Diese Seite unter *https://azsec.tech/gap* behandelt die kryptografischen Algorithmen und Entwürfe, die von Azure Confidential Ledger verwendet und vom CCF vorgeschrieben werden.
- **Wählen eines Azure-Computingdiensts für mehrere Parteien** Diese Seite vergleicht die Optionen für Computingdienste für mehrere Parteien in Azure, einschließlich der beiden Ledger-Produkte. Sie finden sie hier: *https://learn.microsoft.com/azure/architecture/guide/technology-choices/multiparty-computing-service*.
- Sie können erlernen, Code zu entwickeln, der die Vorteile von Azure Confidential Ledger nutzt: *https://learn.microsoft.com/azure/confidential-ledger/quickstart-python? tabs=azure-cli*. Für .NET-Code heißt das NuGet-Paket Azure.Security.ConfidentialLedger.

Der C#-Beispielcode für Confidential Ledger unter *https://learn.microsoft.com/de-de/azure/confidential-ledger/quickstart-net* scheint unsichere TLS-Einstellungen zu verwenden, was bedeutet, dass das Ledger nicht authentifiziert ist. Dies ist jedoch nicht der Fall. Das Problem ist, dass X.509-Zertifikate für die Bedürfnisse des Confidential Ledger zu ungenau sind. Stattdessen liegt der Vertrauensanker in der Bescheinigung des Knotens, die vom Hardwarehersteller bestätigt wird. Kurz: Ja, es gibt eine Server-Authentifizierung, sie nutzt nur kein TLS.

Vertrauliche Container

Mit vertraulichen Containern, die in AKS und ACI verwendet werden, können Sie mit wenig Aufwand und geringen SGX-Kenntnissen einen Container in eine SGX-Enklave einpacken. Sie können sich hier über den Prozess informieren: *https://learn.microsoft.com/azure/confidential-computing/confidential-containers*.

Wenn Sie die Bereitstellung von Container-basierten Workloads in Erwägung ziehen, müssen Sie diese sowohl aus der Sicht der Anwendungsentwicklung als auch aus der Sicht von DevOps betrachten, und das Gleiche gilt für vertrauliche Container.

Vertrauliche Aufgaben für Entwickler im Zusammenhang mit Containern sind folgende:

- Entwicklung von Anwendungen unter Beachtung von Sicherheitspraktiken
- Durchführung von Sicherheits- und Validierungstests
- Containerisierung der Anwendung
- Einbindung des Containers in eine SGX-Laufzeitumgebung
- Wiederholung aller Tests, um sicherzustellen, dass es keine Regressionen gibt
- Speichern des Abbilds in einer Container-Registry

Für die DevOps-Teams sind dies die Aufgaben:

- Hinzufügen von SGX-fähigen Knoten zum Knotenpool
- Hinzufügen des AKS-Add-ons für Confidential Computing
- Einsatz von SGX-fähigen Containern

Ressourcen zu vertraulichen Containern

Hier finden Sie weitere Informationen zu vertraulichen Containern:

- **Das helloworld-Beispiel** Das Azure-Team für Confidential Computing hat ein Beispiel erstellt, das eine Open Enclave SDK (helloworld)-Anwendung in einen vertraulichen Container lädt. Es ist hier verfügbar: *https://azsec.tech/4k0*.
- **SGX-Wrapper** Occlum und Gramine bieten Open-Source-Beispiele für SGX-Wrapper. Sie können diese hier finden: *https://occlum.io* und *https://gramineproject.io*.
- **Schnellstart: Bereitstellen eines AKS-Clusters mit Confidential Computing-Agent-Knoten (Intel SGX) über die Azure CLI** Dieser Artikel unter *https://learn.microsoft.com/azure/confidential-computing/confidential-enclave-nodes-aks-get-started* enthält eine Schritt-für-Schritt-Anleitung für die Erstellung eines AKS-Clusters mit SGX-Agent-Knoten. Die Dokumentation des AKS-Plug-ins für Confidential Computing ist hier verfügbar: *https://learn.microsoft.com/azure/confidential-computing/confidential-nodes-aks-addon*.
- **Cloud Native Computing Foundation Confidential Containers** Dieses Projekt, das unter *https://github.com/confidential-containers* verfügbar ist, enthält Dokumentationen und Tools für die Verwendung vertraulicher Container. Microsoft ist aktiv an diesem Projekt beteiligt.

Auch Microsoft bietet zwei Referenzen zu vertraulichen Container-Architekturen: eine Demo der Confidential Healthcare Platform unter *https://azsec.tech/00n* und einen Artikel über Big-Data-Analysen auf vertraulicher Basis mit Apache Spark auf Kubernetes unter *https://learn.microsoft.com/azure/architecture/example-scenario/confidential/data-analytics-containers-spark-kubernetes-azure-sql*. Schließlich finden Sie in Kapitel 12, »Containersicherheit«, weitere containerbezogene Sicherheitsüberlegungen.

Zusammenfassung

Azure Confidential Computing eröffnet eine neue Welt der Möglichkeiten für hochsichere Workloads in Azure. Wenn Sie hochvertrauliche Workloads einsetzen, die vertrauliche Daten verarbeiten, sollten Sie einige Aspekte des Confidential Computing in Betracht ziehen, zum Beispiel isolierte und verschlüsselte VMs, die AMD-CPUs verwenden, um starke Sicherheitsgrenzen durchzusetzen, die selbst böswilligen Administratoren und Cloudbetreibern den Zugriff verweigern. Alternativ können Sie bestimmte Funktionen wie Always Encrypted oder Confidential Ledger nutzen, um bestimmte datenorientierte Lösungen zu sichern. Schließlich können Sie vertrauliche Container mit AKS orchestrieren.

Die derzeit in Azure verfügbaren vertraulichen Datenverarbeitungstechnologien und -dienste sind erst der Anfang. Es wird noch mehr kommen. Wenn Sie auf dem Laufenden bleiben möchten, lesen Sie den Blog des Azure-Teams für Confidential Computing unter *https://aka.ms/ACCblog*.

KAPITEL 12

Containersicherheit

Am Ende dieses Kapitels

- können Sie zwischen IaaS und verschiedenen Azure-Containerdiensten auswählen, um den für Sie besten Ansatz zu finden.
- verstehen und bewältigen Sie aktuelle Probleme mit Containertechnologien.
- können Sie Ihre containerisierten Lösungen absichern, indem Sie solide Prinzipien und Best Practices anwenden.

Was sind Container?

In den letzten fünf oder sechs Jahren hat das Interesse an Containern und die Verbreitung konkurrierender Containertechnologien zugenommen. Aber was sind Container, und warum sind sie so wichtig?

Container sind kleine, unabhängige Einheiten, die eine Anwendung oder eine Ausführungsumgebung mit all ihren Abhängigkeiten zusammenfassen. Sie lösen ein sehr reales Problem: Wie können Sie mehrere Anwendungen mit unterschiedlichen Abhängigkeiten auf derselben Hardware ausführen und die typischen Inkompatibilitäten vermeiden, die auftreten, wenn Sie denselben Host verwenden müssen? Container entkoppeln die Anwendung und ihre Abhängigkeiten von der Laufzeitumgebung. Diese Trennung vereinfacht den gesamten Entwicklungsprozess und beschleunigt die Entwicklung, das Testen und die Bereitstellung von containerisierten Anwendungen.

Dies sind jedoch nicht die einzigen Vorteile von Containern. Manchmal sind Anwendungen so groß und komplex, dass man für sie einen ganzen Server reservieren muss. Dieser Ansatz führt jedoch häufig zu einer Verschwendung von Ressourcen. Mit der Einführung von virtuellen Maschinen (VMs) wurde dieses Problem angegangen, aber VMs sind alles andere als leichtgewichtig und unterstützen keine interessanten Szenarien wie Anwendungen, die auf Microservices basieren. Diese Anwendungen erfordern einen schlankeren Ansatz mit einer einfacheren und effizienteren Virtualisierungsschicht. Dies ist ein weiterer Bereich, in dem Container glänzen.

Mit Containern können Sie mehrere Anwendungen auf demselben Rechner hosten, die jeweils in einer Blase mit allen Abhängigkeiten gespeichert sind, sogar auf Betriebssystemebene. Natürlich sind die besagten Betriebssysteme sehr schlank; in der Regel handelt es sich um Barebone-Linux-Distributionen oder Windows Nano Server.

Wenn Sie jemals von Containern gehört haben, assoziieren Sie sie wahrscheinlich mit Docker und Kubernetes (K8s). Dabei handelt es sich jedoch um sehr unterschiedliche Objekte. Docker ist ein Tool, mit dem Sie Container erstellen, freigeben und ausführen können. Es unterstützt mehrere Plattformen und wird von vielen Organisationen und Tools umfassend unterstützt. Im Gegensatz dazu ist K8s ein Tool zur Automatisierung der Bereitstellung, Skalierung und Verwaltung von containerisierten Anwendungen. Eine containerisierte Anwendung benötigt also Docker (oder eine ähnliche Technologie), um ihre Container auszuführen, aber K8s ist nur notwendig, wenn Sie komplexe verteilte Anwendungen auf der Grundlage von Containern ausführen müssen. K8s führt keine Container aus, sondern ist vielmehr eine Infrastruktur für deren Start und Verwaltung.

Die Verwendung von Docker ist nicht die einzige Möglichkeit, Container zu erstellen und auszuführen. Es gibt viele Alternativen, darunter containerd, LXC, Podman, rkt, runC, crun und Kata. K8s kann viele dieser Laufzeiten verwenden; insbesondere unterstützt es alle Laufzeitumgebungen, die mit dem Container Runtime Interface (CRI) konform sind. Dazu gehören containerd, die Docker Engine (cri-dockerd) und Mirantis Container Runtime (oder MCR) über ihre CRI-Plug-ins. Andere Engines wie Kata und runC können über CRI-O verwendet werden, eine Open-Source-Implementierung von CRI, die den Einsatz des Open Container Interface (OCI), einer weiteren Standardschnittstelle für Container-Runtimes, ermöglicht. Der Unterschied zwischen OCI und CRI besteht darin, dass sich CRI auf die wesentlichen Aktionen im Zusammenhang mit Containern konzentriert, wie zum Beispiel das Starten und Stoppen von Containern, während OCI diese Fähigkeiten durch die Integration der Container-Registry erweitert und Unterstützung für Metriken und Protokolle bietet.

Braucht man eine Container-Laufzeitumgebung, um Container auszuführen? Ja, sicher. Brauchen Sie K8s, um Container auszuführen? Nein, brauchen Sie nicht. K8s führt keine Container aus. Es verwendet vielmehr zur Ausführung von Containern Container-Laufzeitumgebungen. K8s bietet Werkzeuge zur Automatisierung einiger Nutzungsszenarien für komplexe Anwendungen und Mechanismen zur Steuerung der Interaktion zwischen den Containern.

Wenn das verwirrend klingt, dann ist dies kein Zufall; das Thema ist auch verwirrend. Container sind praktisch und leistungsstark, aber sie sind auch fragmentiert und werden ständig weiterentwickelt. Aus diesem Grund ist es vielleicht am besten, sie nicht als Standardlösung für alle möglichen Workloads zu verwenden, sondern sich nur im Bedarfsfall auf sie zu verlassen. Aufgrund ihrer Komplexität ist es außerdem ratsam, Lösungen wie K8s nicht einzusetzen, wenn Sie hohe Sicherheitsanforderungen haben. Wie Sie in Kapitel 2, »Sicherer Entwurf« gesehen haben, erfordert das Prinzip der Wirtschaftlichkeit von Mechanismen einfache Architekturen, da Komplexität der Feind der Sicherheit ist.

Hier brauchen Sie keine Container!

Wenn man sich einmal für Container entschieden hat, möchte man sie in der Regel überall einsetzen. Schließlich ist es immer einfacher, für jeden Bedarf das gleiche Paradigma zu verwenden, als spezifische Lösungen einzusetzen. Das ist zwar verständlich, stellt aber aus Sicht der Sicherheit nicht die beste Wahl dar – und meistens auch nicht aus Sicht der Effizienz.

Die vielen Webanwendungen, an denen wir als Sicherheitsexperten arbeiten, sind klare Beispiele dafür. Die meisten dieser Anwendungen bestehen aus statischen Inhalten (die auf der Clientseite empfangen und verarbeitet werden) und dynamischen Inhalten (die auf der Serverseite verarbeitet werden). Viele Entwicklungsteams implementieren diese Webanwendungen als containerisierte Anwendungen, die auf K8s gehostet werden, das heißt, es werden sowohl ihre statischen Inhalte als auch ihre dynamischen Inhalte in Containern gehostet. Das Hosten statischer Inhalte in einem Container in K8s ist ineffizient, da K8s und die Container-Ausführungs-Engine eine zusätzliche Infrastruktur darstellen, die zusätzliche Kosten und Ausführungszeiten verursacht. Es ist auch weniger sicher, als es sein sollte, weil die Container-Laufzeit und K8s die Angriffsfläche unnötig erweitern und potenziell zusätzliche Angriffsvektoren einführen. Der richtige Schritt ist hier, den leichtesten Ansatz für den statischen Inhalt zu verwenden, wie Azure Storage Static Website Hosting oder Azure Static Web Apps, und dann Container und K8s nur für die APIs zu verwenden.

Weitere Informationen zum Azure Storage Static Website Hosting finden Sie unter *https://learn.microsoft.com/azure/storage/blobs/storage-blob-static-website*. Für Informationen über Azure Static Web Apps siehe *https://learn.microsoft.com/azure/static-web-apps/overview*.

Wie geht es jetzt weiter?

Dieses Kapitel ist weder eine elementare Einführung in Container oder K8s, noch soll es eine ausführliche Einführung in die Containersicherheit bieten. Vielmehr soll es Ihnen einige grundlegende Konzepte vermitteln, damit Sie verstehen, welche wesentlichen Aspekte bei der Absicherung von Lösungen auf der Basis von Containern und K8s zu beachten sind. Wenn Sie tiefer in die Materie einsteigen wollen, empfehlen wir Ihnen die beiden folgenden Bücher:

- *Container Security: Fundamental Technology Concepts That Protect Containerized Applications* von Liz Rice (O'Reilly Media, 2020)
- *Learn Kubernetes Security: Securely Orchestrate, Scale, and Manage Your Microservices* in *Kubernetes Deployments* von Kaizhe Huang und Pranjal Jumde (Packt Publishing Ltd., 2020)

Containertechnologien entwickeln sich extrem schnell weiter. Zum Zeitpunkt der Erstellung dieses Buches sind diese Bücher bereits fast drei Jahre alt. Obwohl der größte Teil ihres Wertes unberührt bleibt, haben sich die Dinge bereits erheblich verändert, und viele der behandelten Konzepte und Werkzeuge gelten nicht mehr!

Containerbezogene Dienste auf Azure

Azure unterstützt viele Containertechnologien, und die Liste wird ständig erweitert. Derzeit können Sie zwischen Azure App Services Web App for Containers, Azure Funktions-App, Azure Container Instances (ACI), Azure Kubernetes Services (AKS), Managed OpenShift und Azure Confidential Containers wählen. Vor Kurzem wurde ein neuer Dienst namens Azure Container Apps in die Liste aufgenommen. All dies sind PaaS-Angebote.

Microsoft verwaltet alle diese Dienste, die jedoch unterschiedlich flexibel sind. In der Regel sind die flexibelsten Ansätze auch die komplexesten und daher schwieriger abzusichern. Microsoft entschärft die meisten typischen Risiken für jede Option, aber Sie sollten nicht davon ausgehen, dass dies ausreicht, um Ihre Lösungen zu sichern. Wenn Sie sich an das Modell der geteilten Verantwortung in der Cloud erinnern, das in Kapitel 2 erläutert wurde und hier in Abbildung 12-1 dargestellt ist, wissen Sie, dass ein Teil der Verantwortung für die Sicherung Ihrer Anwendung immer noch bei Ihnen liegt, unabhängig davon, welches Modell Sie wählen. Und selbst bei Angeboten eines bestimmten Typs, wie zum Beispiel PaaS-Angeboten, kann jedes Angebot einen anderen Sicherheitsansatz erfordern.

Verantwortung	**On-prem**	**IaaS**	**PaaS**	**SaaS**
Informationen und Daten	Kunde	Kunde	Kunde	Kunde
Geräte (mobile und PCs)	Kunde	Kunde	Kunde	Kunde
Konten und Identitäten	Kunde	Kunde	Kunde	Kunde
Identitäts- und Verzeichnisinfrastruktur	Kunde	Kunde	Gemeinsam	Gemeinsam
Anwendungen	Kunde	Kunde	Gemeinsam	Microsoft
Netzwerksteuerungen	Kunde	Kunde	Gemeinsam	Microsoft
Betriebssystem	Kunde	Kunde	Microsoft	Microsoft
Physische Hosts	Kunde	Microsoft	Microsoft	Microsoft
Physisches Netzwerk	Kunde	Microsoft	Microsoft	Microsoft
Physisches Rechenzentrum	Kunde	Microsoft	Microsoft	Microsoft

Microsoft   Kunde   Gemeinsam

Abbildung 12-1 Das Modell der gemeinsamen Verantwortung für die Cloud. Quelle: *https://azsec.tech/o6w*.

Container für IaaS-Angebote verwenden

Wenn Sie mit Containern arbeiten, sind Sie nicht auf PaaS-Angebote beschränkt. Sie können auch IaaS-Angebote für die Installation und Konfiguration eines K8s-Clusters nutzen. Dieser Ansatz bietet Ihnen nahezu vollständige Kontrolle über den Cluster und erleichtert Ihnen den Wechsel von Azure zu anderen Clouds oder sogar zu einer On-Premises-Konfiguration, falls Sie dies irgendwann in der Zukunft für notwendig erachten. Im Gegensatz dazu haben PaaS-Angebote den Nachteil, dass sie je nach gewähltem Ansatz zu einer mehr oder weniger starken Bindung an einen bestimmten Anbieter führen. Daher könnten Sie auf Probleme stoßen, wenn Sie sich später entscheiden, Azure zu verlassen.

Die Annahme eines IaaS-Angebots stellt jedoch aus der Sicherheitsperspektive ein Risiko dar – aufgrund der Komplexität von Containern sogar ein noch größeres. Bei einem PaaS-Angebot übernimmt der Cloudanbieter (Cloud Service Provider, CSP) einen großen Teil der Verantwortung für die Absicherung des Systems. PaaS-Implementierungen sind also bereits gehärtet und stellen daher eine sicherere Lösung dar, wenn Sie nicht über ein überdurchschnittlich gutes Sicherheitsteam verfügen, das Ihre Entwicklung unterstützt.

Es ist nicht einfach, IaaS-Lösungen in diese Analyse einzubeziehen, da es zu viele mögliche Kombinationen gibt. Aus diesem Grund beschränken wir uns auf die PaaS-Dienste.

Azure-Containerdienste im Vergleich

In diesem Abschnitt werden die aktuellen containerbezogenen PaaS-Angebote von Azure untersucht, von den einfachsten bis hin zu den komplexesten, damit Sie den besten Ansatz für Ihr nächstes Projekt finden.

Web-App für Container

Azure Web-App-Container sind wahrscheinlich der einfachste Weg, wenn Sie eine containerisierte Webanwendung bereitstellen möchten. Sie abstrahieren alle verschiedenen Merkmale der Ausführungsumgebung vollständig, sodass Sie sich auf die Erstellung des Containers konzentrieren können.

Der Vorteil dieses Ansatzes besteht darin, dass er aufgrund der Containerisierung der Webanwendung in verschiedenen Umgebungen die gleiche Erfahrung bietet. Das Testen und die Fehlerbehebung sind also eine unkomplizierte Erfahrung. Außerdem empfinden die meisten Entwickler diesen Ansatz als eine natürliche Erweiterung des traditionellen Entwicklungsprozesses von Webanwendungen. Der Nachteil dieses Ansatzes besteht darin, dass er sich auf ein bestimmtes Ziel konzentriert: die Veröffentlichung einer Webanwendung. Alles andere ist mit erheblichem Aufwand verbunden oder wird möglicherweise nicht unterstützt.

Azure Functions Container

Azure Functions Container sind ein weiterer unkomplizierter Ansatz für die Bereitstellung von Anwendungen. Azure Functions sind serverlose Anwendungen, mit denen Sie Logik schreiben können, die durch verschiedene Ereignisse ausgelöst wird, zum Beispiel durch eingehende Webanfragen oder das Hochladen einer Datei in einen Azure-Speicher. Sie bieten erhebliche Flexibilität, einschließlich der Möglichkeit, Laufzeiten von Drittanbietern wie Go zu übernehmen. Daher sind sie manchmal die bevorzugte Methode zur Implementierung zustandsloser Webanwendungen. Die Vor- und Nachteile von Azure Functions Containers sind die gleichen wie die von Azure Web-App-Containern.

Azure Container Instances

Bei Azure Container Instances (ACI) handelt es sich um eine Hosting-Umgebung für Docker-Container, die die Bereitstellung einzelner Container ermöglicht. Sie bietet keine Funktionen, die typischerweise für verteilte Anwendungen oder Microservices erforderlich sind, wie Skalierung und Lastenausgleich. Wenn Sie diese Funktionen wünschen, müssen Sie sie selbst entwickeln, indem Sie beispielsweise Azure Load Balancer übernehmen und mehrere Container-Instanzen erstellen.

ACI unterstützt die Erstellung von Containergruppen, in denen Sie mehrere Container zusammenfassen können. Alle Container in einer Containergruppe müssen auf demselben physischen Rechner gehostet werden. Dies bietet einige konfigurationsbezogene Vorteile: Sie können beispielsweise allen Containern, die in derselben Gruppe gehostet werden, dieselbe verwaltete Identität zuweisen. Es hilft auch bei der Ressourcenverwaltung, da die zugewiesenen Quotas für alle Container in der Gruppe gelten, was einige Ressourcen spart.

Wie Azure App Services Web Containers und Azure Function Container ist auch ACI ein einfacher Mechanismus. Er umfasst jedoch mehr Konzepte, die für containerisierte Anwendungen typisch sind, als die beiden anderen Dienste.

ACI wird von Microsoft verwaltet und bietet daher von vornherein eine gute Sicherheit. In der Microsoft-Dokumentation heißt es: »Azure Container Instances garantiert, dass Ihre Anwendung in einem Container genauso isoliert ist wie in einer VM.« Dies ist von Bedeutung, da diese Isolierung mit den meisten anderen Containertechnologien nicht erreicht werden kann. Das bedeutet natürlich nicht, dass der Container vollständig isoliert ist. Ein Angreifer könnte immer noch aus seinem Container in Ihren Container eindringen, indem er eine Zero-Day-Schwachstelle ausnutzt. Dies kommt jedoch nur sporadisch vor, und Sie können sicher sein, dass Microsoft diese Schwachstelle sehr viel schneller beheben wird, als Sie es können.

Ein Nachteil von ACI ist, dass es sich um eine Basislösung handelt. Sie ist flexibler als App Services Web Container und Azure Function Container, erfordert aber immer noch erhebliche Entwicklungsarbeit, um komplexere Szenarien zu unterstützen.

Weitere Informationen zu ACI finden Sie unter *https://learn.microsoft.com/azure/container-instances/container-instances-overview*.

Azure Container Apps

Azure Container Apps ist ein neuer Dienst, der die Lücken füllt, die mit einfacheren Container-Ansätzen und kompletten Infrastrukturen wie denen auf Basis von K8s verbunden sind. Er kann für die Entwicklung von ereignisgesteuerten Anwendungen und Microservices-Architekturen verwendet werden.

Azure Container Apps ist der einfachste Dienst zur Unterstützung der Implementierung von containerisierten und verteilten Anwendungen. Azure Container Apps ist eine vollständig verwaltete K8s-Infrastruktur, die jedoch den Zugriff auf die zugrunde liegende Infrastruktur verhindert. Dies hat den Vorteil, dass Azure Container Apps flexibler ist als beispielsweise ACI, ohne die Komplexität eines ganzen AKS-Clusters.

Azure Container Apps wird vollständig verwaltet und bietet daher mehr Sicherheit als andere Dienste wie AKS, Managed OpenShift und Azure Spring Cloud. Da Azure Container Apps vollständig verwaltet wird und gleichzeitig K8s verbirgt, bietet es eine stabilere Erfahrung als die Alternativen. K8s ändert sich so häufig, dass die Verwendung eines verwalteten Angebots wie AKS bedeutet, dass die Ausführungsumgebung alle paar Monate aktualisiert werden muss. Mit Azure Container Apps sollten die meisten Änderungen für Sie transparent sein. Ein Nachteil dieses Dienstes ist jedoch, dass Sie einen Teil der Kontrolle einbüßen, die Sie bei weniger verwalteten Alternativen haben.

Azure Kubernetes Service

Azure Kubernetes Service (AKS) ist die wichtigste von Microsoft verwaltete Container-Infrastruktur auf der Grundlage von K8s. Microsoft verwaltet alle K8s-Komponenten auf der Steuerungsebene, aber es liegt in Ihrer Verantwortung, die Knoten (Nodes; die virtuellen Server, die die Container hosten) und die Container selbst zu verwalten.

Die wichtigsten Dienste der Steuerungsebene von Kubernetes sind die folgenden (siehe Abbildung 12-2):

- **API Server** Die Hauptlogik von K8s wird hier offengelegt. Sie wird von verschiedenen Tools, einschließlich des K8s-Dashboards, verwendet, um auf die Funktionen des K8s-Clusters zuzugreifen.
- **Scheduler** Dieser steuert die Knoten und legt fest, wann sie gestartet werden sollen.
- **Controller Manager** Dieser verwaltet die Controller. K8s ist modular aufgebaut, und Controller stellen die Logik zur Durchführung von Aktionen wie dem Neustart eines ausgefallenen Knotens und der Ausführung von Aufträgen zur Initialisierung von Ressourcen und Namespaces dar.
- **etcd** Eine verteilte Konfigurationsdatenbank ist ebenfalls auf jedem Clusterknoten vorhanden und bietet eine Konfiguration von Schlüssel-Wert-Paaren.

Wenn Sie Windows Entwickler sind, werden Sie sich vielleicht fragen, was sich hinter dem Namen *etcd* verbirgt. Der etc-Teil des Namens stammt aus dem Ordner /etc, der auf UNIX-Systemen Systemkonfigurationsdateien enthält, und das *d* steht für eine verteilte (distributed) Konfiguration.

Auch wenn die Knoten in der Verantwortung des Kunden liegen, verwaltet AKS sie dennoch, da es Images bereitstellt, die bereits gehärtet sind und regelmäßig aktualisiert werden. In diesem Fall beschränkt sich Ihre Verantwortung als Kunde darauf, die Knoten neu zu starten, wenn ein Fix für den Kernel durchgeführt wird, was nur wenige Male pro Jahr geschieht.

Ihre Aufgabe ist es, die Pods und Container abzusichern. Ein Pod ist die minimale Einheit, die von K8s verwaltet wird, und besteht aus einem oder mehreren Containern sowie einer Konfiguration. Die Konfiguration des Pods bestimmt, was die Logik in den Containern tun kann.

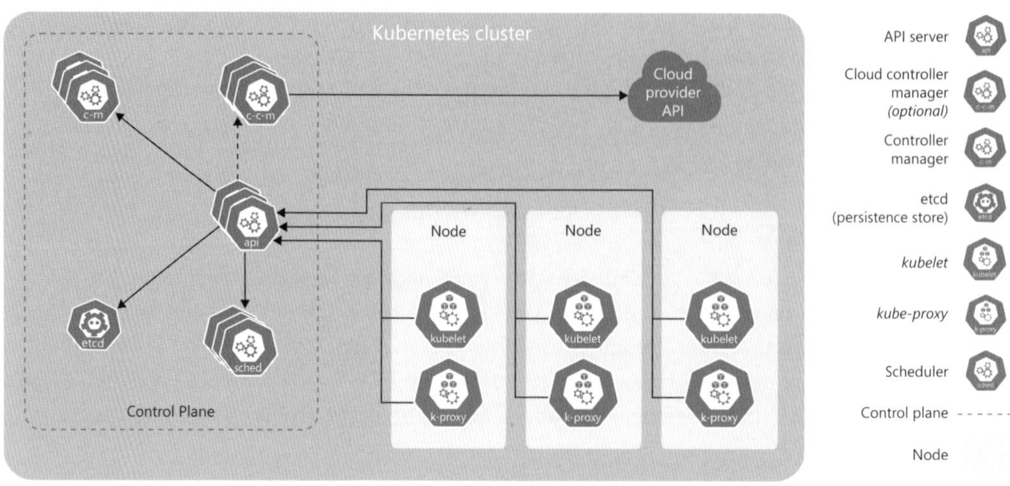

Abbildung 12-2 Kubernetes-Komponenten. Quelle: *https://azsec.tech/eek*. Die Kubernetes-Autoren haben das Bild erstellt. Es ist unter CC BY 4.0 lizenziert (*https://azsec.tech/3um*).

AKS hat vor Kurzem eine Integrationsschicht mit Azure Policy namens Azure Policy for Kubernetes eingeführt, die sich derzeit in der Vorschau befindet. Azure Policy for Kubernetes stützt sich auf Open Policy Agent und Gatekeeper, um Richtlinien zu definieren, durchzusetzen und zu überprüfen. Diese Richtlinien können beispielsweise dazu verwendet werden, die Fähigkeiten eines Pods einzuschränken. Weitere Informationen zu Azure Policy for Kubernetes finden Sie unter *https://learn.microsoft.com/azure/governance/policy/concepts/policy-for-kubernetes*.

Die Erweiterbarkeit von K8s bietet erhebliche Vorteile. Zum Beispiel ermöglicht sie den Einsatz von Service-Meshs wie Istio, Linkerd und Consul Connect. Dabei handelt es sich um Erweiterungen, die auf transparente Weise Funktionen wie die folgenden hinzufügen:

- **Kryptographischer Schutz (Verschlüsselung und Integrität)** Dies gilt für den gesamten clusterbezogenen Verkehr zwischen den Pods und möglicherweise auch von und zu externen Systemen. Diese Fähigkeit ist in der Regel mit der gegenseitigen Authentifizierung der Pods über Zertifikate verbunden.
- **Routing-Unterstützung für Canary- und phasenweise Rollouts** Bei einem Canary-Rollout werden Aktualisierungen an einen kleinen Prozentsatz von Benutzern zur Validierung verteilt, bevor sie auf die gesamte Population ausgeweitet werden. Phasenweise Rollouts sind ähnlich wie Canary-Rollouts, aber sie stellen neue Versionen in Wellen bereit. Dies wird in der Regel durch die gleichzeitige Installation mehrerer Versionen und die Umleitung von Anfragen an die dem Aufrufer zugewiesene Version erreicht. Der Vorteil beider Ansätze besteht darin, dass Sie den Datenverkehr schrittweise von einer alten Version der Anwendung auf eine neue Version umleiten können. Außerdem können Sie auf diese Weise auf sichere Weise Informationen über das Verhalten der neuen Version sammeln, ohne sich vollständig auf sie festzulegen.
- **Management des Netzwerkdatenverkehrs zur Unterstützung von Tests** Mit Service-Meshes können Sie den Live-Verkehr in eine Entwicklungsumgebung spiegeln, um beispielsweise Fehler zu beheben oder Fehler einzuschleusen, um das Verhalten der Lösung zu überprüfen.

- **Beobachtbarkeit** Service-Meshs sorgen für die Beobachtbarkeit der Lösung durch die Einführung von Metriken und Protokollen für den Ingress und Egress.

Wir haben kaum an der Oberfläche von AKS gekratzt. Dennoch sollte klar sein, dass mit der extremen Flexibilität des Dienstes auch eine hohe Komplexität einhergeht – so viel, dass sie für Entwickler, die auf dieser Infrastruktur basierende Lösungen entwerfen, ein Problem darstellen könnte. Diese Komplexität ist jedoch keine Besonderheit von AKS; sie gilt für alle K8s-basierten Lösungen mit Ausnahme von Azure Container Apps. Da alle diese K8s-Infrastrukturen so viele bewegliche Teile haben, erfordert ihre Absicherung einen erheblichen Aufwand. Mehr dazu erfahren Sie weiter hinten in diesem Kapitel, im Abschnitt »Containerdienste absichern«.

K8s ist eine sehr dynamische Umgebung. Die K8s-Community veröffentlicht etwa alle drei Monate neue Nebenversionen von K8s. Auch wenn es sich dabei um Nebenversionen handelt, führen sie oft bahnbrechende Änderungen ein. AKS unterstützt die letzten *N-2* Nebenversionen, wobei N für die letzte Version steht. Wenn Sie einen neuen Cluster mit der neuesten unterstützten Version installieren, haben Sie höchstens neun Monate Zeit, bevor Ihre Version veraltet ist. Danach erhalten Sie nur noch 30 Tage lang Unterstützung. Wenn Sie also AKS einsetzen, müssen Sie einen Prozess zur regelmäßigen Aktualisierung der K8s-Version als Teil Ihres Projekts implementieren.

Azure Confidential Container

In Kapitel 11, »Confidential Computing«, wurden vertrauliche Container vorgestellt, mit denen Sie Container in einer hardwarebasierten isolierten Umgebung ausführen können. Vertrauliche Azure-Container sind kein Ersatz für andere Dienste wie vertrauliche Azure-Instanzen oder AKS. Stattdessen bieten sie eine Infrastruktur zum Hosten von Containern in einer sicheren und hoch isolierten Weise. Sie können diese Container dann in einen bestehenden AKS-Cluster integrieren, indem Sie Intel SGX Computing-Knoten erstellen und das Confidential-Computing-Add-on für AKS verwenden.

Mit diesem Ansatz können Sie beispielsweise ein Confidential Computing-Modell auf bestehende, nicht modifizierte containerisierte Beispiele anwenden, indem Sie sie einfach in einer vertraulichen Enklave auf einem dieser Intel SGX-basierten Knoten bereitstellen. Es ist auch möglich, Enklave-fähige Anwendungen einzusetzen. Dies ermöglicht eine strengere Kontrolle des Anwendungsflusses und eine Unterscheidung zwischen vertrauenswürdigen und nicht vertrauenswürdigen Teilen der Anwendung.

Der Vorteil von vertraulichen Azure-Containern besteht darin, dass sie die Sicherheit einer Lösung verbessern, indem sie Confidential Computing unterstützen. Der Nachteil ist, dass die Lösung dadurch noch komplexer wird als durch das ohnehin schon komplizierte AKS.

Weitere Informationen über vertrauliche Azure-Container finden Sie unter *https://learn.microsoft.com/azure/confidential-computing/confidential-containers*.

Managed OpenShift

Managed OpenShift ist eine verwaltete Konfiguration von Red Hat OpenShift. Bei OpenShift handelt es sich um eine erweiterte K8s-Infrastruktur, die über die reguläre Installation hinaus zusätzliche Features bietet. Managed OpenShift vereinfacht die Migration Ihrer Anwendungen von einem CSP wie Azure zu einem anderen CSP, beispielsweise AWS.

Wenn Sie eine auf AKS bereitgestellte Lösung auf AWS oder Google Cloud Platform verlagern möchten, müssen Sie möglicherweise zusätzliche Arbeit einplanen, um die Unterschiede zu bewältigen. Managed OpenShift kann diesen Mehraufwand reduzieren, allerdings auf Kosten einer eingeschränkteren Integration mit Azure. Azure Policy for Kubernetes zum Beispiel gilt speziell für AKS und ist außerhalb von Azure nicht verfügbar. In ähnlicher Weise unterstützt AKS die verwalteten Identitäten besser als Managed OpenShift.

Der Vorteil von Managed OpenShift gegenüber AKS ist, dass es die Herstellerbindung reduziert. Der Nachteil ist, dass es die Azure-Plattform nicht vollständig nutzt, sodass erweiterte Funktionen wie verwaltete Identitäten nicht unterstützt werden. Dies wirkt sich negativ auf die Sicherheit der darauf basierenden Lösungen aus.

Probleme mit Containern

Container sind großartig, aber wie Sie gesehen haben, weisen sie auch verschiedene Probleme auf. Diese Probleme lassen sich wie folgt zusammenfassen:

- Komplexität
- Unausgereiftheit
- Fragmentierung

  Gehen wir kurz auf jedes dieser Probleme ein und wie man damit umgehen kann.

Komplexität

Eine vollständige Infrastruktur für Container setzt sich aus vielen Teilen zusammen. Dies mag nicht offensichtlich sein, wenn Sie ein einfacheres Modell wie Azure App Services Web App Containers oder Azure Container Instances verwenden. Aber wenn Sie AKS oder Managed OpenShift nutzen, wird dies sofort deutlich.

Die Sicherung komplexer Systeme ist schwierig. Nehmen wir als Beispiel eine K8s-Infrastruktur. Wenn Sie eine Anwendung sichern wollen, die dort gespeichert werden soll, müssen Sie die Sicherheit aus vielen Blickwinkeln betrachten:

- **Entwicklungsprozesse und Bereitstellungspipelines** Angriffe auf die Lieferkette sind in diesem Bereich am häufigsten, daher müssen Sie die Entwicklungsumgebung berücksichtigen. Stellen Sie sich folgende Fragen:
  - Wie großzügig geht Ihr Team mit den Rechten um, die den Entwicklern eingeräumt werden?

- Ist es üblich, Entwicklern lokale administrative Rechte auf ihren Rechnern einzuräumen?
- Ist es üblich, Entwicklern umfangreiche Rechte an der Entwicklungsumgebung einzuräumen?

Manchmal verwalten die Entwickler die Ressourcen, die in der Produktionsumgebung eingesetzt werden. Wenn Sie sich für die Automatisierung entscheiden, können Sie diesen Pipelines bestimmte Rechte zuweisen. Wenn Sie den Schutz dieser Pipelines und der Artefakte, an denen sie arbeiten, vernachlässigen, kann die Produktion gefährdet werden. Der SolarWinds-Angriff ist ein aktuelles Beispiel dafür. Weitere Informationen zu diesem Angriff finden Sie hier: *https://azsec.tech/n9v*.

- **Die Container Registry** Container enthalten viele Komponenten: das Betriebssystem des Basis-Images, alle eventuellen Abhängigkeiten und Komponenten von Drittanbietern. Sie enthalten auch von Ihnen entwickelten Code, der mit Sicherheit Sicherheitslücken enthält. Einige dieser Schwachstellen können bekannt sein, andere wiederum nicht. Es reicht also nicht aus, bei der Entwicklung der Lösung auf Schwachstellen hin zu prüfen. Sie müssen auch beim Hochladen des Containers in die Registry und danach regelmäßig auf Schwachstellen prüfen, bis Sie den Container durch einen neueren ersetzen.
- **Der Cluster** Dies bezieht sich auf die Steuerungsebene der Infrastruktur. Sie haben gesehen, dass sich der CSP hierum kümmert. Microsoft verwaltet zum Beispiel die Steuerungsebene für AKS. Dennoch bleiben einige Risiken bestehen, die auf Benutzerfehler zurückzuführen sind. Bei der Konfiguration des Clusters könnten Sie beispielsweise zu vielen Benutzern Berechtigungen zuweisen oder versehentlich private Ressourcen über das Internet offenlegen.
- **Die Knoten** Hier werden die Container bereitgestellt und ausgeführt. Sie sind Maschinen, die ein Betriebssystem enthalten, das gehärtet und regelmäßig aktualisiert werden muss. In der Cloud sind diese Maschinen notwendigerweise virtuell, aber selbst, wenn Sie das IaaS-Modell übernehmen, liegt die Verantwortung für die Hostingumgebung beim CSP. Sie können diese daher getrost ignorieren. Microsoft verwaltet auch Knoten für AKS. Es verwendet nach seinen Spezifikationen gehärtete Images und wendet die meisten Updates automatisch und transparent an.
- **Pods und Container** Pods und Container sind die kleinsten Einheiten, die von den verschiedenen Containerdiensten verwaltet werden. Wie Knoten basieren sie auf einem leichtgewichtigen Betriebssystem, das gehärtet und regelmäßig aktualisiert werden muss. Manchmal werden sie aus öffentlichen Images erstellt, in der Annahme, dass sie sicher sind, was aber nicht der Fall ist. Dies stellt ein Risiko dar. Ein weiterer kritischer Faktor ist die Vergabe von übermäßigen Rechten an Pods und Container. Je nach Konfiguration können Sie den Code mit hohen Rechten auf dem Cluster ausführen, Dateien im Root-Dateisystem des Containers schreiben und vieles mehr. Daher ist es von entscheidender Bedeutung, die den Pods und Containern zugewiesenen Rechte zu kontrollieren und auf das für die Funktion des Codes erforderliche Minimum zu beschränken.

- **Die Anwendung** Die innerhalb des Containers gehostete Anwendung weist Abhängigkeiten auf, wie beispielsweise eingebettete Komponenten von Drittanbietern. Diese sind ebenfalls von bestimmten Sicherheitslücken betroffen.

Um diese Komplexität zu bewältigen, müssen Sie einen strukturierten Ansatz wählen, der die Infrastruktur so weit wie möglich ausnutzt, wobei Sie vorzugsweise den einfachsten Ansatz wählen sollten. So sollten Sie beispielsweise Azure App Services Web App Container oder Azure Function Container verwenden, wenn Sie keine verteilten oder Microservices-Anwendungen erstellen müssen. Ebenso sollten Sie, wenn Azure Container Apps ausreichen, keine Lösung auf der Basis von AKS erstellen, nur weil dies zukünftige Szenarien abdecken könnte. Und wenn Sie keine Container benötigen, vermeiden Sie sie! Denken Sie an das Beispiel der statischen Webinhalte.

Unausgereiftheit

Die Containertechnologie entwickelt sich schnell weiter. Während einige grundlegende Aspekte konsolidiert sind, wie zum Beispiel Docker-Container, werden bei anderen, wie beispielsweise K8s, ständig neue Änderungen eingeführt. Manchmal werden Funktionen als deprecated (veraltet, überholt) eingestuft, noch bevor klar ist, was sie ersetzen wird. So kündigte die K8s-Community beispielsweise die Abschaffung der Pods Security Policies für Anfang 2021 an. Es dauerte jedoch einige Monate, bis das Plug-in Pod Security Admission als Ersatz identifiziert wurde.

Ein weiterer Aspekt dieses Problems ist die Tatsache, dass häufig Änderungen vorgenommen werden.

Wie ist das zu bewältigen? Sie müssen Ihre Arbeit im Wesentlichen so strukturieren, dass Sie davon ausgehen, dass Sie Ihre Lösung regelmäßig überarbeiten müssen, um die neueste Version zu unterstützen. Wenn Sie warten, bis die Version von AKS, auf die Sie sich verlassen, veraltet ist, bevor Sie auf die neueste Version umsteigen, könnten Sie aufgrund der angehäuften technischen Schulden eine harte Zeit erleben. Wenn Sie jedoch alle vier oder sechs Monate Aktivitäten zur Anpassung an die neueste Version einplanen, ist dies einfacher, und Sie haben mehr Zeit für die Migration.

Fragmentierung

Es gibt nicht *die* eine Containertechnologie. Es gibt viele davon. Alle entwickeln sich schnell weiter, und täglich kommen neue hinzu. Wenn man nur die Container-Laufzeitumgebungen betrachtet, gibt es Docker, containerd, LXC, Podman, rkt, runC, crun und Kata. Dies ist nur eine unvollständige Liste; mit Sicherheit fehlen uns noch einige.

Selbst Kubernetes ist nicht allein. Es ist so erfolgreich, dass die meisten Implementierungen von Container-Infrastrukturen darauf basieren. Dennoch gibt es einige bemerkenswerte Alternativen, darunter Docker Swarm und Hashicorp Nomad. Außerdem können Lösungen wie Kubernetes mit anderen Open-Source-Lösungen integriert werden. Daher können Sie für jede Fähigkeit viele Alternativen finden.

Eine Auswahl zu haben, ist hervorragend. Zu viele Wahlmöglichkeiten zu haben, ist jedoch nicht so gut. Zu viele Wahlmöglichkeiten erschweren die Entscheidung. Das ist ein Problem, denn die Wahl der richtigen Option ist entscheidend. Wenn Sie sich für die falsche Option entscheiden, kann es passieren, dass Sie ein Produkt erhalten, das nicht richtig gepflegt wird und veraltet (was bei Open-Source-Angeboten häufig der Fall ist). Und wenn Sie feststellen, dass Sie zu einer anderen Option wechseln müssen, könnten Sie merken, dass dies einige Arbeit erfordert, da jede Option ihre eigenen Eigenheiten hat.

Die Einführung einer verwalteten Lösung schützt Sie in gewisser Weise vor diesen Problemen. Je besser die Lösung verwaltet wird, desto weniger Details der Implementierung fallen in Ihren Zuständigkeitsbereich, was bedeutet, dass Sie mit weniger negativen Folgen rechnen müssen. Wenn Sie etwas wie AKS oder Managed OpenShift verwenden müssen, sollten Sie versuchen, die gängigsten Komponenten von Drittanbietern zu übernehmen. Diese bieten in der Regel mehr Garantien als die Alternativen.

Containerdienste absichern

Wie bereits erwähnt, sind die wichtigsten Probleme bei containerisierten Anwendungen die Komplexität, die Unausgereiftheit und die Fragmentierung. In Bezug auf die Komplexität haben Sie die sechs Aspekte kennengelernt, die bei der Absicherung von containerisierten Anwendungen zu berücksichtigen sind. Diese sind im Folgenden aufgeführt:

- Entwicklung und Bereitstellung
- Die Container Registry
- Der Cluster
- Die Knotenpunkte
- Die Pods und Container
- Die Anwendung

In diesem Abschnitt wird die Absicherung Ihrer Anwendungen unter jedem dieser Gesichtspunkte näher erläutert.

Entwicklung und Bereitstellung

Die Absicherung der Entwicklungs- und Bereitstellungsvorgänge unterscheidet sich nicht wesentlich von der Absicherung anderer Aspekte Ihrer Anwendung, wie in den vorangegangenen Kapiteln erläutert – insbesondere in Kapitel 9, »Secure Coding«. Entscheidend ist hier, den Zero-Trust-Ansatz zu verfolgen. Die Entwickler mögen zwar vertrauenswürdig sein, aber sie könnten zu Angriffsvektoren werden, die Ihre Lösung gefährden. Daher sollten Sie verschiedene Validierungspunkte für den entwickelten Code einbeziehen, die auf Automatisierung, manueller Prüfung und Code-Reviews unter Sicherheitsaspekten basieren. Auch die Bereitstellungspipelines sind Ziel von Angriffen und müssen gesichert werden.

Die Übernahme von Komponenten von Drittanbietern ist auch aus der Sicherheitsperspektive hilfreich – vor allem, wenn diese Komponenten weit verbreitet sind, denn dann ist die Chance größer, dass eventuelle Schwachstellen erkannt und behoben werden. Dies gilt umso mehr für Open-Source-Code. Im Vergleich zu Ihrem eigenen Code, der nur von einigen wenigen Personen verwendet wird, wird Open-Source-Code von Millionen von Entwicklern genutzt und ist daher mit größerer Wahrscheinlichkeit sicher. Denken Sie jedoch daran, dass Sie, wenn Sie Komponenten von Drittanbietern nutzen, für die Implementierung von Prozessen und Werkzeugen zur schnellen Erkennung und Behebung von Sicherheitslücken verantwortlich sind.

Automatisierung kann dabei helfen. Beispielsweise können Software Composition Analysis (SCA)-Tools, wie sie von WhiteSource, Sonatype und Checkmarx angeboten werden, dabei helfen, schwachstellenbehafteten Code zu identifizieren und zu bestimmen, wie dringend die Probleme behoben werden müssen.

Governance spielt hier eine wichtige Rolle. Wenn Sie Azure-Richtlinien so konfigurieren, dass sie die Möglichkeiten der Entwickler einschränken, können Sie möglicherweise Probleme eindämmen, die bei einer Kompromittierung auftreten könnten. Vor diesem Hintergrund kann es hilfreich sein, die Azure-Zielzonenarchitektur des Microsoft Cloud Adoption Framework zu übernehmen. Sie können hier mehr darüber erfahren: *https://learn.microsoft.com/azure/cloud-adoption-framework/ready/landing-zone*.

Eine weitere wichtige Überlegung betrifft die Container selbst. Sie haben gesehen, dass eine gängige Praxis darin besteht, Basis-Images von Repositories wie Docker Hub abzurufen. Das ist in Ordnung, insbesondere wenn Sie sich an offizielle Images halten. Sie sollten jedoch nicht davon ausgehen, dass ein offizielles Image gehärtet ist oder es mit den neuesten Korrekturen aktualisiert wurde. Im Gegenteil, jedes Image hat ungepatchte Schwachstellen, da zwischen seiner Erstellung und seiner Veröffentlichung unweigerlich genug Zeit vergeht, um zusätzliche Sicherheitslücken zu entdecken. Unterm Strich liegt es in Ihrer Verantwortung, eine Pipeline zu definieren, die das Image aus der gewählten Quelle bezieht, es aktualisiert, härtet, die benötigte Software bereitstellt und es schließlich in das Ziel-Repository einspeist.

Praktische Erfahrungen: Verwendung von Images

Gelegentlich erhalten wir Anfragen von Kunden, die Sicherheitslücken in offiziellen Images von Microsoft gefunden haben. Vor einigen Monaten erhielten wir zum Beispiel eine Beschwerde über ein Linux-basiertes Image mit einer Version von .NET Core. Obwohl es sich um das aktuelle Image handelte, fand der Kunde mehrere bekannte Schwachstellen in dem zugrunde liegenden Betriebssystem.

Unsere Nachforschungen ergaben, dass dies passieren kann und Absicht ist. In der Tat zieht Microsoft das neueste offizielle Container-Image aus dem Repository. Anschließend wird der neueste Build von .NET Core installiert. Dies beinhaltet keine weitere Verarbeitung, um die Ausrichtung des resultierenden Images mit dem Quell-Image sicherzustellen. Mit anderen Worten: Das Problem lag beim ursprünglichen Image.

Der Punkt ist, dass es an Ihnen liegt, alle aktuellen Updates zu installieren, bevor Sie den Container bereitstellen. Dies gilt natürlich sowohl für offizielle als auch für inoffizielle Images.

Die Container Registry

Wenn es darum geht, das eigentliche Image in einem Repository zu speichern, ist der beste Ansatz in der Regel eine private Container Registry wie Azure Containerregistrierung (Azure Container Registry, ACR), damit Sie die Images nach den Anforderungen Ihres Unternehmens schützen und während der Lebensdauer des Images zusätzliche Prüfungen durchführen können. Das Repository

- kontrolliert, wer Images speichern darf und wer auf sie zugreifen oder sie bereitstellen darf.
- validiert Images durch Überprüfung ihrer Signatur (falls vorhanden) und des Vorhandenseins gefährdeter Komponenten.
- verfolgt den Zugriff nach und hilft bei der Aufdeckung von Missbrauch.

Die Überprüfung der Quelle und der Integrität eines Containers ist entscheidend. Sie verhindert den Missbrauch durch böswillige Akteure, die bösartigen Code einschleusen könnten, indem sie kunstvoll gestaltete Images bereitstellen. Die Verwendung einer einfachen Authentifizierung und Autorisierung zur Kontrolle des Zugriffs auf das Repository reicht jedoch möglicherweise nicht aus, da ein Angreifer die Benutzer austricksen und deren Anmeldedaten stehlen könnte. Indem Sie sich auch auf die Signatur verlassen, halten Sie das Prinzip der Funktionstrennung ein (das in Kapitel 2 vorgestellt wurde), da der Benutzer, der den Container signiert, ein anderer sein könnte als der, der ihn in das Repository hochlädt.

ACR implementiert das Docker Content Trust (DCT)-Modell, das auf dem Konzept der vertrauenswürdigen Images basiert. Vertrauenswürdige Images sind Container, die von einem Benutzer mit der Rolle AcrTrustedSigner signiert wurden. Daher können Sie eine Funktionstrennung erreichen, indem Sie die Rollen AcrTrustedSigner und AcrPush verschiedenen Benutzern zuweisen. Dadurch können diejenigen, die signieren, keine Images zu ACR hochladen und umgekehrt.

Außerdem müssen Sie Inhaltsvertrauen sowohl in der Registry als auch auf dem Client aktivieren. Angenommen, Inhaltsvertrauen ist aktiviert und Sie haben die Rechte, vertrauenswürdige Images in ACR zu übertragen. Wenn Sie dies zum ersten Mal tun, generiert der Docker-Client automatisch die erforderlichen Signierschlüssel, die lokal auf dem Rechner des Unterzeichners gespeichert werden. Clients, die so konfiguriert sind, dass sie Inhaltsvertrauen unterstützen, können nur vertrauenswürdige Container herunterladen. Weitere Informationen über Inhaltsvertrauen finden Sie unter *https://learn.microsoft.com/azure/container-registry/container-registry-content-trust*.

Ein weiterer Punkt betrifft die Validierung von Containern, um zu prüfen, ob sie bekannte Schwachstellen enthalten. Sie fragen sich vielleicht, warum Sie auf der Ebene der Container-Registry nach Schwachstellen suchen müssen, wenn Sie dies bereits während der Entwicklung der Anwendung getan haben. Sie könnten auch annehmen, dass Anwendungen nicht »zerfallen« und dass alles in Ordnung sein sollte, wenn Sie in der vorherigen Phase gründliche Arbeit geleistet haben. Leider funktioniert das so nicht. Jede Anwendung hat Schwachstellen, auch die, auf die Sie sich bei der Erstellung Ihrer Anwendungen verlassen, wie das Betriebssystem, Frameworks von Drittanbietern und Bibliotheken. Egal, wie gut Sie sind, einige Schwachstellen werden Ihre Prüfungen überleben. Aus diesem Grund müssen Sie damit rechnen, dass einige dieser

Schwachstellen erst nach der Vorbereitung Ihres Containers entdeckt werden. Sie müssen also regelmäßig die Container in der Registry sowie die von Ihnen bereitgestellten Container überprüfen, ob sie anfälligen Code enthalten, und etwaige Probleme so schnell wie möglich beheben. ACR bietet diese Möglichkeit durch Microsoft Defender for Container: Analyse von Containern, die in die Registrierung hochgeladen wurden, Wiederholung der Überprüfung nach einiger Zeit und Validierung der bereitgestellten Container.

Der Cluster

Die Sicherheit des Clusters wird in erster Linie durch die Konfiguration der Steuerungsebene gewährleistet. Sie wissen bereits, dass Microsoft mit AKS die Steuerungsebene verwaltet. Das bedeutet jedoch nicht, dass Sie sie als vollständig gehärtet betrachten sollten. Microsoft wählt einen Härtungsansatz, der auf den verfügbaren Best Practices basiert, wie zum Beispiel CIS Benchmark für Kubernetes, überlässt aber dennoch einige Details Ihnen.

Um herauszufinden, was Sie tun können, um Ihren K8s-Cluster weiter abzusichern, sollten Sie ein Tool wie kube-bench von Aqua Security verwenden, das unter *https://azsec.tech/vbq* verfügbar ist. Microsoft Defender für Container bietet dieselben Funktionen auch für AKS und andere verwaltete K8s-Installationen auf anderen CSPs wie AWS und GCP.

Beim K8s-Cluster geht es nicht nur um die Steuerungsebene. Sie müssen auch die Datenebene härten. Diese Härtung wird in den meisten K8s-Installationen mithilfe des Pod Security Admission Controllers erreicht. (Früher haben Entwickler Pod Security Policies verwendet, aber diese sind seit Kubernetes 1.21 veraltet und sollen mit Version 1.25 abgeschafft werden.) AKS bietet auch einen alternativen Ansatz: Azure Policy für Kubernetes. Damit können Sie den gleichen Ansatz wie bei der allgemeinen Azure-Governance für K8s nutzen.

Weitere Informationen über den Pod Security Admission Controller finden Sie unter *https://azsec.tech/a0t*.

Microsoft Defender für Container kann eine weitere Rolle für K8s-Cluster spielen: die Angriffserkennung. Das heißt, Sie können Ereignisse und Warnungen in Microsoft Defender for Cloud und auf Azure Sentinel sehen und so schnell auf Angriffe reagieren.

Microsoft Defender für Container sollte in jedem Abonnement aktiviert werden, in dem Sie Container verwenden.

Die Knoten

Wenn Sie Ihre K8s-Installation absichern, müssen die Knoten gehärtet sein, da deren Kompromittierung zur Kompromittierung des gesamten Clusters führen könnte. Der CIS-Benchmark ist oft ein guter Ansatz.

AKS setzt Knoten ein, die bereits gehärtet sind, und bietet automatische Aktualisierungen als fertige Lösung. Mit anderen Worten, in den meisten Fällen müssen Sie nichts tun, wenn eine

Aktualisierung veröffentlicht wird; sie wird transparent angewendet, ohne dass ein Neustart erforderlich ist. Die einzige Ausnahme von dieser Regel sind Kernel-Fixes, die einen manuellen Neustart des Knotens erfordern. Sie können ein Tool wie kured verwenden, um den Knoten bei Bedarf automatisch neu zu starten; es ist hier erhältlich: *https://azsec.tech/ydw*.

Wenn Sie vertrauliche Azure-Container verwenden, erhalten Sie auch eine starke hardwarebasierte Isolierung.

Die Pods und Container

Pods und Container sind weitere kritische Faktoren bei der Sicherung Ihrer K8s-Konfiguration. Sie erfordern die Berücksichtigung von Aspekten wie Netzwerke, Authentifizierung und Verwaltung von Geheimnissen.

Bei der Vernetzung müssen die Flows intern und extern geschützt sein. Der erste Ansatz besteht einfach darin, Netzwerkregeln so zu konfigurieren, dass niemand direkt mit der inneren Logik in Kontakt treten kann. Um dies zu erreichen, können Sie einen Ingress- und Egress-Controller definieren und dann Netzwerkrichtlinien verwenden, um den gesamten externen Datenverkehr durchzulassen. Übliche Beispiele für Ingress-Controller für AKS sind NGINX und der Azure Application Gateway Ingress Controller. Das Thema Netzwerkrichtlinien wird hier erläutert: *https://azsec.tech/oxf*.

Nehmen wir an, Sie verfolgen einen Ansatz wie den im vorangegangenen Absatz beschriebenen, bei dem die inneren Komponenten nicht direkt, sondern über einen Ingress-Controller erreicht werden. Sie könnten versucht sein, innerhalb Ihres K8s-Clusters Klartextkommunikation zuzulassen, da dies eine Vertrauensgrenze darstellen würde. Dies ist zwar prinzipiell richtig, könnte aber zu Problemen führen, da es alles innerhalb des Clusters zulässt. Mit anderen Worten: Wenn es einem Angreifer gelingt, in den Cluster einzudringen, dann ist alles möglich! Dieser Ansatz stellt daher ein erhebliches Risiko dar. Aus diesem Grund ist es vielleicht am besten, auf jeder Ebene eine Authentifizierung und Autorisierung zu verlangen. Ein hervorragender Ansatz, der nur minimalen Aufwand erfordert, ist, Service-Mesh zu nutzen und die Mutual Transport Layer Security (mTLS) zu aktivieren. Dann konfigurieren Sie das System so, dass jeder Container Anfragen von den autorisierten Containern empfangen kann und alles andere blockiert wird.

Viele Azure-Dienste und -Ressourcen unterstützen verwaltete Identitäten. Wie in Kapitel 3, »Sicherheitsmuster«, beschrieben, sollte die Einführung von verwalteten Identitäten als ein tugendhaftes Muster betrachtet werden. In Bezug auf Container unterstützen die meisten Azure-Containerdienste von Haus aus verwaltete Identitäten, einschließlich Azure App Services Web Applications, Azure Functions Container, Azure Container Instances und Azure Container Apps. AKS unterstützt ebenfalls verwaltete Identitäten, aber zum Zeitpunkt der Erstellung dieses Kapitels ist es schwierig, diese zu nutzen. Es gibt reichlich Unterstützung für verwaltete Identitäten für die Steuerungsebene, die Sie hier nachlesen können: *https://learn.microsoft.com/azure/aks/use-managed-identity*. Zum Zeitpunkt der Erstellung dieses Kapitels gibt es jedoch nur sehr wenig Informationen zur Datenebene. Idealerweise wird es mehr geben, wenn Sie diese Zeilen lesen.

Der einzige praktikable Ansatz für verwaltete Identitäten für die Datenebene ist derzeit Azure AD Pod Identities, ein Open-Source-Projekt zur Erweiterung von K8s um die Fähigkeit, Pods verwaltete Identitäten bereitzustellen. Es wird hier vorgestellt: *https://azsec.tech/cj5*. Leider wurde die Entwicklung an diesem Projekt eingestellt. Sie können also davon ausgehen, dass kritische Bugs und Sicherheitsprobleme behoben werden, es aber keine wirkliche Unterstützung für andere Dinge gibt. In jedem Fall wurde Azure AD Pod Identities nie zu mehr als einer von der Community unterstützten Initiative in der öffentlichen Vorschau, sodass seine Verwendung für wichtige Lösungen in der Produktion nie empfohlen wurde.

Microsoft arbeitet bereits an einem alternativen Ansatz namens Azure AD Workload Identity. Dieses Projekt ist unter *https://azsec.tech/tmc* dokumentiert. Es befindet sich in der Anfangsphase und unterstützt zum Zeitpunkt der Erstellung dieses Kapitels noch keine verwalteten Identitäten.

Die Unterstützung von verwalteten Identitäten für die Datenebene ist also noch in Arbeit. Aber warum ist das so wichtig? Um dies zu beantworten, betrachten Sie etcd, den verteilten Konfigurationsspeicher für Kubernetes. etcd unterscheidet nicht zwischen nicht vertraulichen Konfigurationswerten und Geheimnissen; es codiert sie alle mit Base64.

Base64 ist zwar ein guter Algorithmus zur Übertragung von Binärwerten als Text, aber er schützt diese Werte nicht. Sie sind so gut wie unverschlüsselt. Die Implementierung von AKS ist etwas besser als die durchschnittliche K8s-Installation, da sie die ruhende etcd-Datenbank mit transparenter Verschlüsselung verschlüsselt. Der Grund dafür ist, dass AKS Azure-Speicherkonto als Sicherungsspeicher verwendet. Das bedeutet, dass jemand, der den Speicher mit Ihrer etcd-Datenbank stiehlt, keinen unmittelbaren Zugriff auf Ihre Geheimnisse erhält. Das bedeutet aber nicht, dass es unmöglich wäre, irgendwann einmal diese Geheimnisse zu bekommen. Beispielsweise könnte jeder Code, der in diesem Cluster und Namensraum ausgeführt wird, den Inhalt von etcd, einschließlich der Geheimnisse, lesen. Daher könnte ein böswilliger Akteur einen Code einschleusen und ausführen, um den Inhalt von etcd zu exfiltrieren.

Der primäre Ansatz zur Bewältigung dieser Situation besteht darin, die Anmeldeinformationen an einem anderen Ort zu speichern, zum Beispiel in Azure Schlüsseltresor oder Hashicorp Vault, einer weiteren Lösung, die von containerisierten Anwendungen zur Speicherung von Geheimnissen verwendet wird. Wie können Sie nun auf den Tresor Ihrer Wahl zugreifen? Der Einsatz von in etcd gespeicherten Anmeldeinformationen würde den Zweck des Tresors zunichtemachen. Auch hier sind also verwaltete Identitäten die Lösung.

Das Fazit ist, dass dieser Aspekt der K8s-Sicherheit noch nicht zufriedenstellend gelöst ist. Wir haben Hoffnungen für die Zukunft, aber für den Moment sollten Sie Azure AD Pod Identities einsetzen, um zu Azure AD Workload Identities zu wechseln, sobald diese fertig sind.

Die Anwendung

Die Anwendung ist der letzte Aspekt der K8s-Lösung, den es zu berücksichtigen gilt, was aber nicht bedeutet, dass sie am unwichtigsten ist. Sie sollten sie ähnlich behandeln wie jede andere Art von Azure-Lösung, das heißt, Sie sollten den Entwurf und die Implementierung berücksichtigen, Bedrohungsmodelle verwenden, die Automatisierung nutzen und Code-Reviews unter Sicherheitsaspekten durchführen. Mit anderen Worten: Um die Anwendung zu sichern, müssen Sie alle in den vorherigen Kapiteln beschriebenen Verfahren anwenden.

Zusammenfassung

Die Sicherheit von Containern ist kompliziert, aber sie sollte kein unerreichbares Ziel sein. Die aktuelle Technologie ist in der Tat komplex und unausgereift. Dennoch tragen verwaltete Dienste wie Azure App Services Web Applications, Azure Functions Containers, Azure Container Instances und Azure Container Apps wesentlich dazu bei, diese Komplexität zu verschleiern und einen viel besser verwaltbaren Ansatz zu bieten.

Fortschrittlichere Dienste wie Azure Kubernetes Services, vertrauliche Azure-Container und Managed OpenShift sind Optionen, die Sie nur dann in Betracht ziehen sollten, wenn sie Anforderungen erfüllen, die Sie anders nicht erfüllen können. Wenn Sie sich für diesen Weg entscheiden, müssen Sie einen Entwicklungs- und Bereitstellungsprozess rund um die gewählte Infrastruktur implementieren, um sie zu unterstützen und um während des gesamten Lebenszyklus der Lösung ein angemessenes Sicherheitsniveau zu gewährleisten.

Der Aufbau eines nicht verwalteten Dienstes auf der Grundlage von K8s ist noch komplizierter und fehleranfälliger. Daher sollten Sie dies nur in Betracht ziehen, wenn Ihre Organisation sehr strukturiert und fortschrittlich ist. Die Erstellung benutzerdefinierter, nicht verwalteter K8s-Infrastrukturen über IaaS oder vor Ort, wenn Ihr Unternehmen die Komplexität, Unausgereiftheit und Fragmentierung dieser Infrastrukturen nicht bewältigen kann, kann zu unkontrollierbaren und unsicheren Lösungen führen

KAPITEL 13

Datenbanksicherheit

Am Ende dieses Kapitels

- wissen Sie, wie man kritisch und reflektiert über Sicherheit im Allgemeinen und die Sicherheit von Datenbanken im Besonderen nachdenkt.
- kennen Sie die Sicherheitsfunktionen von Azure SQL und Azure Cosmos DB.

Warum Datenbanksicherheit?

Was ist die Sicherheit von Datenbanken? Die Antwort auf diese Frage ist einfach. Eigentlich ist es nur ein Wort: Daten.

Angreifer wollen Daten. Sicher, sie können auch andere Dinge angreifen, aber Daten sind Geld wert. Daten sind für Sie wertvoll, aber auch für den Angreifer. Deshalb müssen sie angemessen geschützt werden. Der Zweck von Daten besteht jedoch darin, die Geschäftsanforderungen zu erfüllen. Das bedeutet, dass die Daten auch für die entsprechenden Personen zugänglich sein müssen. Deshalb haben wir die Formulierung »angemessen geschützt« gewählt.

Unter Verwendung des STRIDE-Modells sind dies für eine Datenbank die wichtigsten Bedrohungen:

- **Spoofing (Identitätsverschleierung)** Nachahmung eines Datenbankservers; dieses Risiko wird durch Authentifizierung abgeschwächt.
- **Tampering (Manipulation)** Böswillige Veränderung von Daten; wird durch Autorisierung und kryptografische Schutzmaßnahmen abgeschwächt.
- **Repudiation (Leugnung)** Ein Angreifer, der versucht, seine Spuren zu verwischen; wird abgeschwächt durch ein starkes Auditing.
- **Information disclosure (Offenlegung von Daten, Datenpanne)** Böswillige Offenlegung von Daten, einschließlich böswilliger Datenexfiltration; Abschwächung durch Autorisierung und kryptografische Schutzmaßnahmen
- **Denial of Service (DoS, Dienstverweigerung)** Verschlechterte Verfügbarkeit und Leistung; wird oft durch Tools wie Lastenausgleich und Netzwerkisolierung behoben.
- **Elevation of privilege (Erhöhung der Berechtigungen)** Ein Angreifer erhält mehr Rechte, als ihm zustehen; in der Regel wird dieses Risiko durch die Anwendung von Prinzipien der geringsten Privilegien und starker Autorisierung gemildert.

Bei der Beschreibung der Sicherheit sollten Sie sich stets präzise ausdrücken. Wenn wir von kryptografischen Schutzmaßnahmen schreiben, meinen wir alle Aspekte der Kryptografie wie Verschlüsselung, Hashes, Message Authentication Codes (MAC) und digitale Signaturen.

Welche Datenbanken?

Azure unterstützt zahlreiche Datenbankprodukte. Dazu gehören die folgenden:

- SQL Server
- Azure SQL Server Managed Instance
- Azure SQL-Datenbank
- Cosmos DB
- Azure-Datenbank für MySQL
- Azure-Datenbank für PostgreSQL

Dieses Kapitel konzentriert sich auf die SQL Server-Familie und die Cosmos DB-Produkte, da sie in Azure-Lösungen weit verbreitet sind.

Über die Sicherheit von Datenbanken nachdenken

Wenn Sie über einen Dienst, einschließlich Datenbanken, nachdenken, müssen Sie überlegen, welche Sicherheitstechnologien Sie einsetzen wollen. Es gibt einen einfachen Weg, dies zu tun. Denken Sie zunächst daran, dass es für jeden Dienst zwei Ebenen gibt:

- **Steuerungsebene** Die Steuerungsebene wird auch als *Verwaltungsebene* oder *Managementebene* bezeichnet und umfasst die Teile eines Systems, die Administratoren zur Konfiguration und Verwaltung des Dienstes verwenden. Einfach ausgedrückt, sorgt die Steuerungsebene dafür, dass das System funktioniert. Sie erfordert oft erhöhte und privilegierte Konten. Die Steuerungsebene gewährt keinen Zugriff auf Daten.
- **Datenebene** Die Datenebene besteht aus den Komponenten eines Systems, die normale Benutzer zur Erledigung ihrer Aufgaben verwenden. Die Datenebene ermöglicht die Nutzung des Systems.

Alle Operationen auf der Datenebene und der Steuerungsebene sollten immer mit den geringsten Zugriffsrechten erfolgen.

Als Nächstes müssen Sie sich Gedanken über die Sicherheitstechniken machen, die Sie einsetzen wollen, zum Beispiel die folgenden:

- Authentifizierung
- Autorisierung
- Auditing
- Datenschutz (kryptografische Maßnahmen, Maskierung und andere)
- Netzwerkisolierung
  Die kryptografischen Maßnahmen lassen sich wie folgt unterscheiden:
- für ruhende Daten (data at rest)
- für Daten während der Übertragung (data at motion, data on the wire)
- für Daten während der Verarbeitung (data in use)

Wenn die meisten Menschen an kryptografische Schutzmaßnahmen denken, denken sie nur an die ersten beiden Datenzustände. Azure SQL, SQL Server und Cosmos DB unterstützen jedoch kryptografische Schutzmaßnahmen (Verschlüsselung und HMACs), während die Daten verarbeitet werden. Dies wird »Always Encrypted« genannt.

Unter Berücksichtigung all dieser Aspekte erhalten Sie für jedes Datenbankprodukt eine leere Vorlage, wie sie in Tabelle 13-1 dargestellt ist. Sie werden diese Vorlage später in diesem Kapitel mit verschiedenen Sicherheitseigenschaften füllen.

Sicherheitsmerkmal	Steuerungsebene	Datenebene
Authentifizierung (AuthN)		
Autorisierung (AuthZ)		
Auditing		
Verschlüsselung ruhender Daten		
Datenverschlüsselung bei der Übertragung		
Datenverschlüsselung bei der Verarbeitung		
Netzwerkisolierung		

Tabelle 13-1 Eine leere Vorlage, die die Überschneidung von Sicherheitsdiensten mit Steuerungsebene und Datenebenen zeigt

Sie können diese Tabelle für jeden Dienst auf jeder Plattform einsetzen – nicht nur für Datenbanken auf Azure. Wenn Sie über Sicherheit nachdenken, ist diese Tabelle wichtig, denn sie hilft Ihnen, Ihre Gedanken zu strukturieren und besser zu verstehen, was in den Produkten, die Sie verwenden möchten, verfügbar ist.

Aus der Perspektive der Bedrohungsmodellierung gehören Sicherheitsdienste zu den am häufigsten eingesetzten Abhilfemaßnahmen. Zum Beispiel:

- Die Authentifizierung verhindert Spoofing.
- Die Autorisierung verhindert Manipulationen und die Ausweitung von Berechtigungen.
- Auditing ist eine Möglichkeit, die Bedrohung durch Repudiation abzuschwächen.
- Kryptografische Schutzmaßnahmen können sowohl die Bedrohung durch die Offenlegung von Informationen als auch durch Manipulationen abschwächen.
- Die Isolierung des Netzes ist ein Aspekt der Abschwächung von Denial-of-Service-Angriffen und kann den Schutz gegen die Offenlegung von Informationen und Manipulationen erweitern.

> **Die goldenen Regeln**
>
> Authentifizierung, Autorisierung und Auditing sind wichtige Säulen der Sicherheit. Sie werden oft als *die goldenen Regeln* bezeichnet, weil sie mit *Au*, dem chemischen Symbol für das Element Gold, beginnen. Ja, das ist ein schlechtes Sicherheitswortspiel!

Betrachten wir einige der im Abschnitt »Welche Datenbanken?« aufgeführten Datenbanken durch die Brille der leeren Sicherheitsvorlage in Tabelle 13-1.

Die SQL Server-Familie

Microsoft SQL Server gibt es schon seit Langem, wobei die frühesten Versionen noch unter OS/2 liefen und den Microsoft LAN Manager für den Netzwerkzugriff nutzten.

In einer Azure-Umgebung gibt es drei Versionen von SQL Server:

- SQL Server
- Azure SQL-Datenbank
- Azure SQL Managed Instance

Aus der Sicherheitsperspektive werden wir nicht auf jedes Produkt einzeln eingehen, es sei denn, es ist erforderlich. Hier ist jedoch ein kurzer Überblick über jedes Produkt.

SQL Server

Dies ist das »klassische« SQL-Angebot. Wenn es in Azure gehostet wird, läuft es in einer virtuellen Windows- oder Linux-Maschine (VM). Es mag Sie überraschen, aber ja, wir haben Linux geschrieben! SQL Server ist sowohl unter Linux als auch unter Windows verfügbar. Weitere Informationen finden Sie hier: *https://learn.microsoft.com/sql/linux/sql-server-linux-setup?view=sql-server-ver15*.

SQL Server ist eine gängige Datenbank-Engine für »Lift-and-Shift«-Lösungen, bei denen Sie eine bestehende, lokale SQL Server-Lösung in Azure verlagern. Dies ist ein Beispiel für eine Infrastructure-as-a-Service-Lösung (IaaS).

Der Vorteil von IaaS SQL Server aus Sicht der Sicherheit ist, dass Sie die absolute Kontrolle über alle denkbaren Sicherheitseinstellungen haben. Dies ist gleichzeitig auch der Nachteil, da Sie jede erdenkliche Sicherheitseinstellung verwalten müssen!

Azure SQL-Datenbank

Azure SQL-Datenbank ist das Azure Platform as a Service (PaaS) SQL-Datenbankangebot. Die interne Engine ist SQL Server, aber das System wird von Azure verwaltet. Zum Beispiel werden Patching und Anti-Malware von Azure übernommen. Da es sich um ein PaaS handelt, verwenden die Netzwerkendpunkte standardmäßig öffentliche Azure-IP-Adressen, aber dies kann in private Endpunkte geändert werden. (Mehr dazu später.) Außerdem verfügt SQL Server über einige Funktionen, die Azure SQL-Datenbank nicht bietet, zum Beispiel Verbindungsserver.

Neue Features, einschließlich Sicherheitsfeatures, werden aufgrund der Flexibilität von Azure zuerst in Azure SQL-Datenbank zur Verfügung gestellt.

Azure SQL Managed Instance

Azure SQL Managed Instance ist interessant. Es handelt sich dabei um ein vollständig verwaltetes PaaS-Angebot für Azure SQL-Datenbank, das jedoch über Funktionen verfügt, die sich stärker an SQL Server orientieren. Sie bietet maximale Kompatibilität mit SQL Server, wird aber von Azure verwaltet und hat somit alle Vorteile eines PaaS-Angebots. Und da es sich um ein PaaS-Angebot handelt, müssen Sie weder VMs verwalten noch müssen Sie sich um Anti-Malware oder Patches kümmern.

Azure SQL Managed Instance hat eine Eigenschaft, die für viele Kunden wichtig ist: Es handelt sich um eine Einzelinstanzlösung. Das bedeutet, dass die Instanz Ihnen gehört und keine Rechen- oder Speicherressourcen mit anderen Azure-Mandanten teilt. Daher ist sie so isoliert wie möglich.

Sicherheit in der SQL Server-Familie

Der Aufbau von Tabelle 13-2 ist mit dem in Tabelle 13-1 identisch, jedoch wurden hier die in SQL Server-Familie verfügbaren Sicherheitsmaßnahmen ergänzt.

Nicht alle Sicherheitsmerkmale gelten für alle Mitglieder der Familie. (Wir werden dies etwas weiter hinten genauer erklären.)

Sicherheitsmerkmal	Steuerungsebene	Datenebene
Authentifizierung (AuthN)	**Server** TLS **Clients** Microsoft Entra ID SQL-Login (nur für IaaS) Windows-Authentifizierung (nur für IaaS)	**Server** TLS **Clients** Microsoft Entra ID SQL-Login Windows-Authentifizierung
Autorisierung (AuthZ)	Azure rollenbasierte Zugriffssteuerung (RBAC) SQL RBAC	SQL RBAC Sicherheit auf Zeilenebene (Row-level security, RLS)
Auditing	Aktivitätsprotokoll Windows-Ereignisprotokolle (nur bei IaaS) Linux-Logs (nur bei IaaS) SQL-Überwachungsprotokolle	SQL-Überwachungsprotokolle Diagnoseeinstellungen
Verschlüsselung ruhender Daten	Für ruhende Daten ist die Verschlüsselung für die Steuerungs- und Datenebene gleich. SQL Server kann Transparent Data Encryption (TDE), Spaltenverschlüsselung, Always Encrypted und Always Encrypted mit sicheren Enklaven verwenden. Azure SQL-Datenbank unterstützt auch eine manipulationssichere Ledger-Funktion.	
Datenverschlüsselung bei der Übertragung	TLS RPC (nur bei IaaS) IPSec (nur bei IaaS)	TLS RPC (nur bei IaaS) IPSec (nur bei IaaS)
Datenverschlüsselung bei der Verarbeitung	Always Encrypted	
Netzwerkisolierung	Host-Firewall (nur bei IaaS) Private Verbindungen zur Ressourcenverwaltung	Host-Firewall (nur bei IaaS) Netzwerksicherheitsgruppe (NSG; nur bei IaaS) Privater IP-Adressbereich (nur bei IaaS) Ausgehende Firewallregeln (Azure SQL-Datenbank) Service-Firewall (Azure SQL-Datenbank) Private Endpunkte VNet-Injection

Tabelle 13-2 Sicherheitsdienste in der SQL Server-Familie

Fügen Sie die Webseite unter *https://learn.microsoft.com/sql/relational-databases/security/security-center-for-sql-server-database-engine-and-azure-sql-database?view=sql-server-ver15* mit dem Titel »Sicherheit für SQL Server-Datenbank-Engine und Azure SQL-Datenbank« zu den Favoriten Ihres Webbrowsers hinzu. Sie enthält eine aktualisierte Liste von Ressourcen zur SQL Server-Sicherheit.

Sehen wir uns jede dieser Sicherheitsmaßnahmen an und beginnen wir mit der Steuerungsebene.

Authentifizierung auf der Steuerungsebene

Die Authentifizierung auf der Steuerungsebene hängt vom SQL Server-Produkt ab. Bei der Authentifizierung müssen Sie diesen wichtigen Punkt berücksichtigen:

Wer authentifiziert wen?

Wenn sich ein Prinzipal (zum Beispiel ein Benutzer, ein Prozess oder ein Host) als Client mit einem Server verbindet, woher weiß der Prinzipal, dass der Server authentisch ist? Dies ist die Serverauthentifizierung.

Woher weiß der Server außerdem, dass der Client, der sich mit ihm verbindet, ein gültiger Prinzipal ist?

Wenn sich der Client und der Server gegenseitig authentifizieren, spricht man von *gegenseitiger Authentifizierung*. Die Authentifizierung sowohl des Servers als auch des Clients ist wichtig, da auf diese Weise ein gewisses Maß an Vertrauen geschaffen wird. Dies gilt vor allem dann, wenn man Zero Trust in Betracht zieht (explizit autorisieren). Einem nicht authentifizierten Endpunkt kann man nicht vertrauen.

Serverauthentifizierung auf der Steuerungsebene

Betrachten wir zunächst die Serverauthentifizierung aus der Sicht eines Benutzers mit administrativen Rechten, der Vorgänge auf der Steuerungsebene durchführen möchte, zum Beispiel das Einrichten einer Sicherungsrichtlinie. Wenn ein Benutzer eine Verbindung zu einer SQL Server-Instanz herstellt, um administrative Aufgaben auszuführen, woher weiß er dann, dass er mit dem richtigen SQL Server-Endpunkt und nicht mit einem betrügerischen Server spricht? Die Antwort lautet im Allgemeinen TLS. Denken Sie daran, dass der erste und wichtigste Dienst, den TLS bereitstellt, die Serverauthentifizierung ist, und TLS wird von allen Mitgliedern der SQL Server-Familie unterstützt.

Für Azure SQL-Datenbank und SQL Managed Instance ist TLS standardmäßig aktiviert und kann nicht deaktiviert werden. Die einzige TLS-Einstellung, die Sie ändern können, ist die Protokollversion, die derzeit standardmäßig auf TLS 1.2 eingestellt ist. Sofern Sie keine Kompatibilitätsprobleme haben, sollten Sie diese Einstellung auf TLS 1.2 oder höher belassen. Die Konfiguration von TLS für SQL Server unter Windows und Linux ist jedoch weniger einfach, da Sie ein Zertifikat und einen privaten Schlüssel installieren und die richtige TLS-Konfiguration auf dem Server einstellen müssen. Weitere Informationen finden Sie hier: *https://learn.microsoft.com/sql/database-engine/configure-windows/configure-sql-server-encryption?view=sql-server-ver15*.

Dies ist ein Beispiel für den Vorteil von PaaS-Lösungen gegenüber IaaS-Lösungen. Bei PaaS müssen Sie sich nicht mit vielen Sicherheitseinstellungen, wie TLS, herumschlagen, da die Plattform diese Aufgaben erledigt.

Clientauthentifizierung auf der Steuerungsebene

Lassen Sie uns nun anschauen, wie Prinzipale, die sich mit SQL Server-Produkten verbinden, auf der Steuerungsebene authentifiziert werden. Für Azure SQL-Datenbank und Azure SQL Managed Instance werden Microsoft Entra ID-Konten auf der Steuerungsebene verwendet. Diese Konten unterliegen allen Azure-Authentifizierungsrichtlinien, die Sie eingerichtet haben, zum Beispiel Zwei-Faktor-Authentifizierung, bedingter Zugriff und, falls genutzt, privilegierte Identitätsverwaltung (PIM), um den Zugriff nach Bedarf einzuschränken. Wenn Sie *https://portal.azure.com* oder eine Azure REST-API verwenden, um Vorgänge auf der Steuerungsebene auszuführen, authentifizieren Sie sich immer mit einem Microsoft Entra ID-Konto.

Managed Instance unterstützt auch die Windows-Authentifizierung mit Microsoft Entra ID Kerberos. Weitere Informationen finden Sie hier: *https://azsec.tech/ks7*.

Für SQL Server in einer Windows-VM können Sie Microsoft Entra ID-Konten oder lokale Windows-Konten verwenden, und Sie können SQL Server-Authentifizierung einsetzen. SQL Server bezeichnet diese im Allgemeinen als:

- **Windows-Authentifizierung** Dies kann NTLM oder Kerberos sein und kann nicht deaktiviert werden.
- **Gemischter Modus** Hierbei werden Windows-Authentifizierung und SQL Server-Authentifizierung verwendet.

Die SQL Server-Authentifizierung ist ein veralteter Authentifizierungsmechanismus, der die Anmeldeinformationen intern in der Datenbank speichert. Es wird dringend empfohlen, sie zu deaktivieren. Sie können die SQL Server-Authentifizierung deaktivieren, indem Sie die Microsoft Entra ID-Authentifizierung in Azure SQL-Datenbank mit dem folgenden Azure CLI-Befehl aktivieren:

```
az sql server ad-only-auth enable --resource-group <rg> --name <server>
```

oder für Azure SQL Managed Instance:

```
az sql mi ad-only-auth enable --resource-group <rg> --name <server>
```

Für SQL Server in einer Linux-VM können Sie Microsoft Entra ID-Authentifizierung und SQL Server-Authentifizierung verwenden. Wenn Sie Microsoft Entra ID einsetzen, müssen Sie einen Dienstprinzipalnamen (Service Principal Name, SPN) für die SQL-Instanz einrichten. (Weitere Informationen zu SPNs finden Sie unter *https://learn.microsoft.com/windows/win32/ad/service-principal-names*.) Außerdem müssen Sie eine Kerberos-Schlüsseltabellendatei (keytab) einrichten.

Verwenden Sie bei der Erstellung der Keytab-Datei nicht RC4 zur Verschlüsselung der Anmeldedaten. Nutzen Sie nur AES und stellen Sie sicher, dass die keytab-Datei korrekt geschützt ist. Weitere Informationen zum Einrichten und Sichern der Authentifizierung finden Sie hier: *https://learn.microsoft.com/sql/linux/sql-server-linux-active-directory-authentication?view=sql-server-ver15*.

Kürzlich hat SQL Server die Möglichkeit zur Verwendung von Microsoft Entra ID-Konten hinzugefügt. Während wir dies schreiben, unterstützt die letzte öffentliche Vorschauversion von SQL Server 2022 die Microsoft Entra ID-Authentifizierung. (Einzelheiten finden Sie unter *https://learn.microsoft.com/sql/relational-databases/security/authentication-access/azure-ad-authentication-sql-server-overview?view=sql-server-ver16*.) Die aktuelle öffentliche Vorschauversion wird für lokale SQL Server-Installationen unter Windows und für Windows-VMs, auf denen SQL Server installiert ist, unterstützt. Mit dieser Version schließt Azure die Microsoft Entra ID-Authentifizierungslücke zwischen SQL Server und Azure SQL-Datenbank und Managed Instance, wo diese Authentifizierung bereits unterstützt wird.

Wie die Anmeldedaten für SQL Server gespeichert werden

Die Anmeldeinformationen werden als salted Hash mit SHA-2 512 gespeichert. Das bedeutet, dass das Kennwort selbst nicht in SQL Server gespeichert wird. Wenn also ein Angreifer den salted Hash erhält, kann er ihn nicht verwenden, um sich bei SQL Server anzumelden. Dies ist eine sicherere Lösung als die Speicherung eines verschlüsselten Kennworts, denn wenn ein Angreifer den Verschlüsselungsschlüssel erfährt, könnte er alle Kennwörter entschlüsseln und zur Anmeldung bei SQL Server einsetzen. Abbildung 13-1 zeigt, wo das Kennwort gespeichert wird und wie es gespeichert wird. Beachten Sie, dass das erste Byte 0x02 ist; dies beschreibt den Rest der Daten. In diesem Fall handelt es sich um Version 2, den bereits erwähnten salted SHA-2-512-Hash.

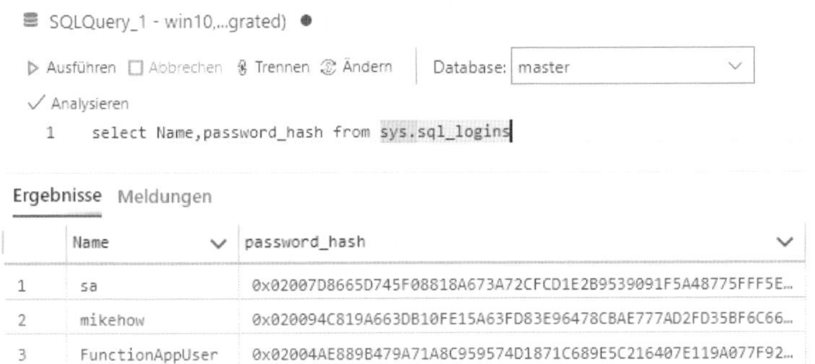

Abbildung 13-1 Abfrage der Systemtabelle sys.sql_logins, um gesalzene Hashes von Anmeldekennwörtern anzuzeigen

Autorisierung auf der Steuerungsebene

In SQL Server werden für die Autorisierung sowohl auf der Steuerungsebene als auch auf der Datenebene Rollen und Berechtigungen verwendet. Diese sind seit Jahrzehnten im Einsatz und haben sich im Laufe der Zeit weiterentwickelt, da neue Autorisierungsrichtlinien erforderlich sind. Über dieses Thema könnte man leicht ein ganzes Buch schreiben.

Sie sollten mit den folgenden SQL Server-Autorisierungsthemen vertraut sein:

- **Sicherungsfähige Elemente** Dies sind die Ressourcen, auf die die Datenbankmaschine den Zugriff beschränken kann. Beispiele sind Tabellen und gespeicherte Prozeduren. Einige Securables können verschachtelt werden, was Sicherheitsbereiche – Server, Datenbank und Schema – ermöglicht. Weitere Informationen finden Sie hier: *https://learn.microsoft.com/sql/relational-databases/security/securables?view=sql-server-ver15*.

  Bereiche sind wichtig, da Berechtigungen auf verschiedenen Ebenen erteilt werden können und dazu dienen, den Zugriff zu isolieren. Beispielsweise könnten Berechtigungen einem Schema namens HRDatabase zugewiesen werden, das eine Sammlung von Objekten wie Tabellen, Ansichten und gespeicherten Prozeduren enthält, die sich nur auf Mitarbeiter der Personalabteilung beziehen. Berechtigungen könnten auf Schemaebene erteilt werden und sich auf alle Objekte innerhalb dieses Schemas auswirken. Schemas erleichtern die Verwaltung des Zugriffs auf mehrere Objekte erheblich.

- **Berechtigungen** Jede sicherungsfähige Ressource in SQL Server verfügt über Berechtigungen, die einem oder mehreren Prinzipalen gewährt werden. Auf dieser Seite finden Sie eine Liste der Berechtigungen und der betroffenen sicherungsfähigen Elemente: *https://learn.microsoft.com/sql/relational-databases/security/permissions-database-engine*.

- **Rollen auf Serverebene** Alle unterstützten Versionen von SQL Server bieten Rollen auf Serverebene, mit denen Sie die Berechtigungen auf einem Server verwalten können. Zum Beispiel kann jeder Prinzipal mit der Rolle dbcreator eine Datenbank erstellen, löschen und wiederherstellen. Sie können eine Liste der einzelnen Mitglieder einer Serverrolle erhalten, indem Sie die Tabelle sys.server_role_members (*https://learn.microsoft.com/sql/relational-databases/system-catalog-views/sys-server-role-members-transact-sql*) abfragen. Weitere Informationen über Serverrollen finden Sie unter *https://learn.microsoft.com/sql/relational-databases/security/authentication-access/server-level-roles*.

- **Rollen auf Datenbankebene** Sie ähneln den Rollen auf Serverebene, gelten aber nur für die Datenbankebene. Die meisten Datenbankrollen beginnen mit db_. Mitglieder der Datenbankrolle db_securityadmin können zum Beispiel nur die Rollenmitgliedschaft für benutzerdefinierte Rollen (nicht für feste Rollen) ändern und Berechtigungen verwalten. Weitere Informationen über Datenbankrollen finden Sie unter *https://learn.microsoft.com/sql/relational-databases/security/authentication-access/database-level-roles*.

Mit `sys.fn_my_permissions` können Sie eine Liste der Rechte abrufen, die einem Prinzipal für ein sicherungsfähiges Objekt tatsächlich gewährt werden. (Siehe *https://learn.microsoft.com/sql/relational-databases/system-functions/sys-fn-my-permissions-transact-sql* für weitere Informationen.)

In SQL Server können Sie die Autorisierungsrichtlinien bis hinunter zu einzelnen Spalten festlegen, indem Sie den folgenden Code verwenden:

```
DENY SELECT ON HumanResources.Employee(Salary) TO JeanV;
GRANT SELECT ON HumanResources.Employee TO MichaelH;
```

Dieser Abschnitt bezieht sich auf die Autorisierung auf der Steuerungsebene: Bei der Autorisierung auf der Datenebene steht auch Sicherheit auf Zeilenebene. Dies wird in den Abschnitten »Autorisierung auf der Datenebene« weiter hinten in diesem Kapitel behandelt.

Überwachung der Steuerungsebene

Beim Auditing der Steuerungsebene protokolliert ein Server Details zur Datenbankverwaltung, etwa wenn ein neuer Benutzer hinzugefügt oder eine neue Datenbank erstellt wird.

Für Azure SQL-Datenbank sind die Audit-Ereignisse der Steuerungsebene im Aktivitätsprotokoll verfügbar. Sie können diese Daten auch mit Log Analytics und Azure Monitor anzeigen, indem Sie die folgende KQL als Ausgangspunkt verwenden:

```
AzureActivity | where ResourceProviderValue == "MICROSOFT.SQL"
```

Für SQL Server in einer VM werden Audit-Protokolle von SQL Server erstellt und gespeichert. Sie müssen jedoch darauf achten, die richtigen Protokolle auszuwählen, da Audit und Log in SQL Server beide überladene Begriffe sind. Was Sie suchen, sind speziell sicherheitsrelevante Ereignisse.

Eine gängige Methode zur Erzeugung und sicheren Erfassung von Sicherheitsereignissen ist die Protokollierung der Ereignisse im Windows-Sicherheitsprotokoll (*https://learn.microsoft.com/sql/relational-databases/security/auditing/write-sql-server-audit-events-to-the-security-log*). Alternativ können Sie auch die Funktion sys.fn_get_audit_file verwenden. Weitere Informationen finden Sie unter *https://learn.microsoft.com/sql/relational-databases/system-functions/sys-fn-get-audit-file-transact-sql*. Schließlich können Sie mit dem XEvent Profiler alle Ereignisse, nicht nur die Sicherheitsereignisse, beobachten. Dies eignet sich hervorragend zum Debuggen von Authentifizierungs- und Autorisierungsereignissen. Weitere Informationen finden Sie hier: *https://learn.microsoft.com/sql/relational-databases/extended-events/use-the-ssms-xe-profiler*.

Alle Mitglieder der SQL-Familie können eine Überwachungsrichtlinie auf Server- und Datenbankebene festlegen. Die vorherrschende Praxis ist, die Überwachungsrichtlinie auf dem Server festzulegen, damit die Datenbanken sie übernehmen. Aktivieren Sie nicht gleichzeitig die Server-Überwachung und die Datenbank-Überwachung, da dadurch doppelte Überwachungseinträge erzeugt werden.

Datenbanken sind auf Verfügbarkeit, Korrektheit und Leistung optimiert. In Zeiten hoher Aktivität oder hoher Netzwerklast kann es vorkommen, dass die Überwachungsfunktion Transaktionen zulässt, ohne alle für das Auditing markierten Ereignisse aufzuzeichnen. Wenn dies geschieht, wird der Systemadministrator benachrichtigt. Das CAP-Theorem erklärt diese Situation, und IBM hat unter *https://azsec.tech/cap* einen Artikel zu diesem Thema veröffentlicht.

Verschlüsselung der Steuerungsebene bei der Übertragung

SQL Server kann betriebssystemspezifische und andere generische Netzwerksicherheitsprotokolle unterstützen. Er kann zum Beispiel Windows Remote Procedure Calls (RPC) verwenden und auch IPSec, das auf Schicht 4 des OSI-Netzwerkstacks arbeitet – weit unterhalb der Anwendungsschicht (Schicht 7).

Sie sollten RPC nur verwenden, wenn ein dringender Bedarf besteht, da die Sicherheit von RPC hinter der von TLS zurückbleibt.

Da IPSec auf Schicht 4 arbeitet, wissen Ihre Anwendungen und SQL Server nicht, dass der Netzwerkverkehr gesichert ist. Wir haben einige Kunden, die aufgrund ihrer hohen Sicherheitsanforderungen IPSec zur Sicherung der Kommunikation zwischen Hosts und dann TLS zur Sicherung der Kommunikation zwischen Prozessen – in diesem Fall SQL Server und Clientcode – verwenden. Abgesehen davon ist IPSec eher ein On-Premise-Protokoll als ein Cloud-Protokoll. Benutzen Sie also einfach TLS.

Ein Hinweis zu TLS 1.3 und SQL Server

Die nächsten Versionen von SQL Server, beginnend mit Version 2022, aktualisieren das On-the-Wire-Protokoll von SQL Server, Tabular Data Stream (TDS). Die neuere Version, TDS 8.0, ermöglicht TDS über TLS. Dies ersetzt den vorherigen Ansatz, der nicht geschichtet war. Das Ergebnis ist ein On-the-Wire-Protokoll, das der Funktionsweise von HTTPS sehr ähnlich ist, aber statt HTTP über TLS ist es TDS über TLS. Dies eröffnet neue Möglichkeiten für die Verwaltung des SQL-Datenverkehrs, da webähnliche Techniken zur Verwaltung des Datenverkehrs verfügbar werden. Derzeit unterstützen alle Mitglieder der SQL Server-Familie nur TLS 1.2; mit TDS 8.0 unterstützt die SQL Server-Familie nun auch TLS 1.3 und höher.

Sie können die Verwendung von TDS 8.0 und höher erzwingen, indem Sie in der SQL Server-Verbindungszeichenfolge `Encrypt=Strict` anstelle von `Encrypt=true` benutzen. Sie können TDS 8.0 auch über Konfigurationseinstellungen erzwingen oder indem Sie Folgendes verwenden:

```
FOR TSQL (
   ENCRYPTION = STRICT
)
```

Weitere Informationen zu dieser Option finden Sie unter *https://learn.microsoft.com/sql/relational-databases/security/networking/connect-with-strict-encryption*.

Netzwerkisolierung auf der Steuerungsebene

SQL Server in einer VM bietet die meisten Möglichkeiten zur Netzwerkisolierung, da eine VM bei Bedarf einfach gesperrt werden kann, um nur nicht routingfähige und nicht öffentliche IP-Adressen zu verwenden. Sie können auch eine Host-basierte Firewall wie die Windows Firewall oder iptables unter Linux verwenden, um den Datenverkehr einzuschränken. Oder Sie könnten Netzwerksicherheitsgruppen (NSGs) nutzen, um den Datenverkehr weiter einzuschränken. Oder Sie können alle diese Schutzmaßnahmen einsetzen!

Wenn Sie eine Verbindung zu einer VM mit SQL Server herstellen müssen, weisen Sie der VM keine öffentliche IP-Adresse zu. Nutzen Sie stattdessen einen Dienst wie Azure Bastion, um eine sichere Verbindung herzustellen. Sie können und sollten Azure Policy verwenden, um zu verhindern, dass eine VM, auf der eine Datenbank wie SQL Server läuft, jemals eine öffentliche IP-Adresse erhält. Schließlich können Sie eine öffentliche IP-Adresse von der VM entfernen, sodass diese nur noch eine private IP-Adresse besitzt. Dann können Sie andere Ressourcen im gleichen VNet wie die VM platzieren, damit sie miteinander kommunizieren können.

Mit »Private Link« private Verbindungen zur Ressourcenverwaltung erstellen

Für alle Azure PaaS-Dienste, einschließlich Azure SQL-Datenbank und SQL Managed Instance, gab es in der Vergangenheit keine echte Netzwerkisolierung *auf der Steuerungsebene*. Es gibt jedoch eine Funktion namens Private Link, die eine Unterstützung für private Endpunkte auf der Steuerungsebene bieten kann!

Private Link ermöglicht Ihnen den Zugriff auf Azure-Dienste über einen privaten Endpunkt in Ihrem virtuellen Netzwerk. Wenn Sie private Verbindungen mit den Operationen von Azure Resource Manager kombinieren, können Sie Benutzer, die sich nicht an bestimmten Endpunkten befinden, von der Verwaltung von Ressourcen ausschließen. Selbst wenn ein böswilliger Benutzer gültige Anmeldeinformationen erhält, kann er keine Vorgänge auf der Steuerungsebene durchführen, wenn er sich nicht an bestimmten Netzwerkendpunkten befindet.

Dies ist ein unglaublich wichtiger Schutz und gilt für alle Operationen von Azure-Diensten auf der Steuerungsebene, solange sie Azure Resource Manager (ARM) verwenden, was praktisch alles ist. Sie können hier mehr erfahren: *https://learn.microsoft.com/azure/azure-resource-manager/management/create-private-link-access-portal#understand-architecture*.

Wenden wir uns nun der Datenebene zu, auf der die Benutzer mit der Datenbank interagieren, um ihre Aufgaben zu erledigen.

Authentifizierung auf der Datenebene

Wie im Abschnitt »Authentifizierung auf der Steuerungsebene« weiter vorne in diesem Kapitel erwähnt, gibt es einige Unterschiede zwischen den SQL Server-Produkten. Wir werden sowohl die Server- als auch die Clientauthentifizierung vorstellen.

Serverauthentifizierung auf der Datenebene

Für Azure SQL-Datenbank und SQL Managed Instance ist TLS die einzige Option. Die einzige Option, die Sie festlegen können, ist die TLS-Protokollversion, die TLS 1.2 und höher sein sollte. Für SQL Server in einer Linux- oder Windows-VM sollten Sie TLS 1.2 und höher verwenden. Die Serverauthentifizierung für die Steuerungsebene enthält Links zur Vorgehensweise. Beachten Sie, dass, wenn Sie keine Richtlinie für die TLS-Protokollversion für Azure SQL festlegen, ein Client eine Nicht-TLS-Verbindung nutzen kann; legen Sie daher eine Mindest-TLS-Protokollversion fest, um dies zu verhindern.

Ein Hinweis zu SQL-Verbindungszeichenfolgen und TLS

Bei TLS und SQL Server-Verbindungszeichenfolgen ist es üblich, die folgende Zeichenfolge zu verwenden:

```
Encrypt=True;TrustServerCertificate=False;
```

`Encrypt` bedeutet hier »TLS verwenden«. `TrustServerCertificate` sollte jedoch nicht benutzt werden, da es bedeutet, dass jedem von SQL Server eingesetzten Zertifikat vertraut wird, unabhängig davon, woher es stammt, einschließlich selbst signierter Zertifikate.

Bitte verwenden Sie diese Option nicht. Nutzen Sie stattdessen ein echtes Zertifikat, das von einer Zertifizierungsstelle (CA) ausgestellt wurde, der Sie vertrauen. Dabei kann es sich sogar um Ihre eigene interne Zertifizierungsstelle handeln, die zum Beispiel Microsoft-Zertifikatsdienste einsetzt. Wenn Sie ein selbst signiertes Zertifikat einsetzen müssen, installieren Sie es in den Stammzertifikatspeicher des Clients, der die Verbindung herstellt.

Speichern von SQL-Verbindungszeichenfolgen in Azure

Wenn Sie eine Verbindung zu SQL Server von einem Prozess in Azure aus herstellen, zum Beispiel von einer VM oder einer Azure-Funktion, sollten Sie eine Verbindungszeichenfolge immer in Azure Schlüsseltresor speichern und die verwaltete Identität des Aufrufers verwenden, um den Zugriff auf die Zeichenfolge zu beschränken. Das beste und sicherste Muster ist, die verwaltete Identität des Prozesses auch für den Zugriff auf SQL Server mit Microsoft Entra ID-Authentifizierung zu nutzen.

Clientauthentifizierung auf der Datenebene

Für Azure SQL-Datenbank und Managed Instance können Sie die Microsoft Entra ID- oder die klassische SQL Server-Authentifizierung verwenden. Microsoft Entra ID ist vorzuziehen, da weder SQL Server noch der Client geschützte Anmeldeinformationen speichern müssen. Dies gilt insbesondere, wenn der Client ein Prozess und kein Benutzer ist. Sie sollten die Microsoft Entra ID-Authentifizierung nicht nur für Azure SQL-Datenbank bevorzugen, sondern für jede Azure-Clientauthentifizierung.

Praktische Erfahrungen: Verwaltete Identität auf einer VM

Michael, einer der Autoren, arbeitete mit einem Kunden aus dem Gesundheitswesen zusammen, der vertrauliche Daten auf Azure verlagerte. Teil der Lösung war eine VM, die mit der Azure SQL-Datenbank kommunizierte. Die VM verfügte über eine Verbindungszeichenfolge für die SQL-Verbindung, die Anmeldeinformationen enthielt, aber der Kunde verbietet die Verwendung von Anmeldeinformationen auf diese Weise, weshalb dies ein ernsthaftes Hindernis für die Bereitstellung darstellte. Um dieses Problem zu beheben, nahm der Softwareanbieter einige kleine Codeänderungen an seinem in der VM ausgeführten Code vor, um die hier beschriebenen Schritte zu verwenden, sodass die Verbindung über eine verwaltete Identität auf der VM hergestellt wurde, anstatt hierfür eine Verbindungszeichenfolge einzusetzen. Damit waren die Sicherheits- und Compliance-Teams des Kunden zufrieden, und die Lösung wurde implementiert.

Azure SQL Managed Instance unterstützt auch die Windows-Authentifizierung mit Microsoft Entra ID Kerberos. Weitere Informationen finden Sie hier: *https://azsec.tech/ks7*.

Schließlich unterstützt SQL Server 2022, wie im Abschnitt »Clientauthentifizierung auf der Steuerungsebene« weiter vorne in diesem Kapitel erwähnt, ebenfalls von Haus aus die Microsoft Entra ID-Authentifizierung.

Autorisierung auf der Datenebene

Die Autorisierung von Vorgängen auf der Datenebene in SQL Server ist fast mit der Autorisierung auf der Steuerungsebene identisch, nur die Rollen sind unterschiedlich. So ist beispielsweise die feste Datenbankrolle db_backupoperator eine Rolle der Steuerungsebene, wohingegen db_datareader Auswirkungen auf die Datenebene hat.

Ein GRANT auf Spaltenebene hat Vorrang vor einem DENY auf Tabellenebene. Dies dient der Abwärtskompatibilität.

Autorisierung auf Zeilenebene

Ein Autorisierungsmechanismus, der speziell für die Datenebene gilt, ist die Autorisierung auf Zeilenebene. Dieser als Sicherheit auf Zeilenebene (Row-Level Security, RLS) bezeichnete Autorisierungsmechanismus verwendet Code, um den Zugriff auf Datenzeilen zu kontrollieren. Er wird mit der Syntax `CREATE SECURITY POLICY` definiert. (Weitere Informationen können Sie hier nachlesen: *https://learn.microsoft.com/sql/t-sql/statements/create-security-policy-transact-sql.*) Er funktioniert durch Filtern oder Sperren von Zeilen innerhalb von Ergebnismengen. Das Filtern oder Sperren wird durch eine in T-SQL geschriebene Prädikatsfunktion erreicht. Vom Konzept her ist RLS ein wenig wie ein Trigger, wird aber von der Datenbank-Engine aufgerufen, bevor eine Ergebnismenge zurückgegeben wird. Sie wendet dann eine bestimmte Logik an, um Zeilen zu filtern oder sogar zu blockieren.

Wie wir bereits angedeutet haben, unterstützt RLS zwei Arten von Prädikaten:

- FILTER-Prädikate filtern Leseoperationen (SELECT, UPDATE und DELETE).
- BLOCK-Prädikate blockieren Schreiboperationen (AFTER INSERT, AFTER UPDATE, BEFORE UPDATE, BEFORE DELETE)

Weitere Informationen über RLS finden Sie unter *https://learn.microsoft.com/sql/relational-databases/security/row-level-security*. Auf dieser Seite finden Sie auch Beispielszenarien, die Sie unter *https://learn.microsoft.com/sql/relational-databases/security/row-level-security?view=sql-server-ver15#CodeExamples* testen können.

Praktische Erfahrungen: Begrenzung der Resultsets

Michael, einer der Autoren, arbeitete mit einem großen Kunden aus dem Gesundheitswesen zusammen und unterstützte ihn bei der Sicherung einer Lösung für den Umgang mit geschützten Gesundheitsdaten (Protected Health Information, PHI) in Azure. Der Kunde entschied sich für Azure wegen der Flexibilität, die die Cloud bietet. Der Knackpunkt war das Volumen der PHI-Daten. Normale Nutzer der Daten hatten Zugriff auf alle Daten, die Jahre zurücklagen, und wenn ein Mitarbeiter abtrünnig wurde, konnte er potenziell große Mengen dieser Daten abzweigen.

Trotz der vorhandenen Tools zum Schutz vor Datenverlusten machte der Zugriff der Benutzer auf so viele Daten das Sicherheitsteam nervös. Aber das Unternehmen musste seine Arbeit machen, und es brauchte Zugang zu geschützten Gesundheitsdaten. Allerdings brauchte das Unternehmen nicht standardmäßig Zugriff auf Daten aus 20 Jahren! Also wurde eine RLS-Richtlinie eingeführt, die den Zugriff auf Daten beschränkt, die standardmäßig nicht älter als ein Jahr sind. Dies konnte bei Bedarf außer Kraft gesetzt werden, aber das Ereignis musste genehmigt werden, und die Ereignisdetails wurden protokolliert. Dies stellte das Sicherheitsteam zufrieden. Dies ist ein fantastisches Beispiel dafür, wie Sicherheits- und Geschäftsteams zusammenarbeiten, um eine Lösung zu entwickeln, die den geschäftlichen Anforderungen entspricht und gleichzeitig standardmäßig sicher ist.

Überwachung der Datenebene

Für Azure SQL-Datenbanken können Sie das Datenebenen-Auditing auf Server- und Datenbankebene aktivieren. In der Regel sollten Sie das Auditing auf Serverebene aktivieren; dies wird dann an alle Datenbanken vererbt. Alle Server- und Datenbanküberwachungsereignisse werden an ein einziges Protokollziel gesendet, zum Beispiel an ein Speicherkonto, einen Log Analytics-Arbeitsbereich oder einen Event Hub.

Bei der Überwachung auf Serverebene können Sie auch Ereignisse protokollieren, die auf Microsoft-Supportvorgänge zurückzuführen sind. Weitere Informationen finden Sie unter *https://learn.microsoft.com/azure/azure-sql/database/auditing-overview?view=azuresql#auditing-of-microsoft-support-operations*.

Wenn Sie sich bei einem Log Analytics-Arbeitsbereich anmelden, zeigt die folgende KQL-Abfrage alle SQL-Interaktionen, die mit einer Datenbank durchgeführt wurden, zusammen mit einigen sachdienlichen Informationen an:

```
AzureDiagnostics
    | where Category == 'SQLSecurityAuditEvents'
    | where client_ip_s != 'Internal'
    | where strlen(statement_s) > 0
    | project TimeGenerated, client_ip_s,
             session_server_principal_name_s, database_name_s, statement_s
    | order by TimeGenerated asc
```

Mehr über die Überwachung von Azure SQL-Datenbanken erfahren Sie hier: *https://learn.microsoft.com/azure/azure-sql/database/auditing-overview?view=azuresql-db*.

Für SQL Server in einer VM beinhaltet die Überwachung der Datenebene denselben Mechanismus wie die Überwachung der Steuerungsebene, auf die weiter oben in diesem Kapitel hingewiesen wurde.

Denken Sie daran, dass Sie alle SQL-Audit-Ereignisse auf der Steuerungs- und Datenebene in Echtzeit in ein SIEM wie Microsoft Sentinel übertragen sollten, um eine schnelle Analyse und Korrelation zu ermöglichen.

Verschlüsselung auf der Datenebene während der Übertragung

Die Optionen für die Absicherung von Daten bei der Übertragung laufen darauf hinaus: TLS verwenden! Für Azure SQL-Datenbank und SQL Managed Instance wird TLS unterstützt.

Netzwerkisolierung auf der Datenebene

Die Netzwerkisolierung ist für Datenbanken von entscheidender Bedeutung. Datenbanken sollten niemals direkt mit dem Internet verbunden sein. Die Identitätsgrenze der Cloud ist ebenfalls von entscheidender Bedeutung. Glauben Sie jedoch nicht, dass die Identitätsgrenze ausreicht, denn das ist nicht der Fall. Konzentrieren Sie sich auch darauf, Ihre Netzwerkverteidigung zu verstehen.

Der erste wichtige Schutz, der in Azure SQL-Datenbank integriert ist, ist die (kleine) Firewall. Beachten Sie, dass es sich um ein einfaches System handelt, mit dem der eingehende Zugriff auf Azure SQL-Datenbank beschränkt wird. Wenn wir von großen Firewalls sprechen, meinen wir Produkte wie Azure Firewall, bei denen es sich um vollwertige zustandsabhängige Systeme mit Paketfilterung handelt.

Für IaaS SQL Server können Sie eine hostbasierte Firewall unter Windows (Windows Firewall) oder Linux (iptables) verwenden. Für eine VM können Sie auch NSGs einsetzen, um den Zugriff von Azure auf die VM zu beschränken. So können Sie beispielsweise den Zugriff nur auf die Back-End-IP-Adresse eines Azure-Load-Balancers oder einer Azure-Funktion beschränken. NSGs ermöglichen Einschränkungen nach IP-Adresse, IP-CIDR-Bereichen und Azure-Diensten nach ihrem Diensttag.

Mit einem Service-Tag können Sie eine Netzwerksicherheitsgruppe so konfigurieren, dass sie beispielsweise die Kommunikation mit Azure SQL-Datenbanken in der Region US-West ermöglicht. Das Diensttag dafür ist Sql.WestUS. Sie können eine Liste von Service-Tags mithilfe von PowerShell-Code wie dem folgenden abrufen, der die Service-Tag-Details für Sql.WestUS von East US 2 abruft:

```
$serviceTags = Get-AzNetworkServiceTag -Location eastus2
$sqlWest = $serviceTags.Values | Where-Object { $_.Name -eq "Sql.WestUS" }
```

Service-Tags haben den Vorteil, dass die Komplexität der Verwaltung von IP-Adressbereichen für Azure-Dienste entfällt, da sich diese häufig ändern können. Weitere Informationen über Diensttags finden Sie unter *https://learn.microsoft.com/azure/virtual-network/service-tags-overview.*

SQL Managed Instance verfügt über eine Option zur Unterstützung eines öffentlichen Endpunkts, die Standardeinstellung ist nein. SQL Managed Instance unterstützt auch eine Netzwerkisolierungstechnik namens VNet-Injection. Dabei handelt es sich um einen Mechanismus, mit dem Azure-Dienste direkt im VNet des Kunden bereitgestellt werden, wodurch Sie den Zugriff mit NSGs weiter einschränken können.

Sie können den öffentlichen Zugriff auf die Azure SQL-Datenbank im Azure-Portal oder mit PowerShell-Code wie dem folgenden deaktivieren:

```
Set-AzSqlServer -ServerName sql-server-name -ResourceGroupName sql-server-group
-SqlAdministratorPasswort $pwd -PublicNetworkAccess "Deaktiviert"
```

Die bevorzugte Methode für eine starke Netzwerkisolierung für Azure SQL-Datenbank und, zum Zeitpunkt der Erstellung dieses Dokuments in der Vorschau, für SQL Managed Instance, sind private Endpunkte. Dies ist Teil des Azure Private Link-Dienstes. Wie in Kapitel 15, »Netzwerksicherheit«, beschrieben, bieten private Endpunkte private IP-Adressen für PaaS-Angebote wie Azure SQL-Datenbank, Azure Key Vault und Azure Storage. Einer der vielen Vorteile privater Endpunkte besteht darin, dass der Datenverkehr zwischen Diensten im selben privaten Netzwerk im Azure-Backbone verbleibt und nicht über das Internet geleitet wird.

Microsoft bietet ein Lernmodul für Azure Private Link unter *https://learn.microsoft.com/training/modules/introduction-azure-private-link* an, wenn Sie mehr erfahren möchten.

Wie bereits erwähnt, können private Endpunkte nur von PaaS-Diensten verwendet werden. Für IaaS-VMs können Sie eine beliebige private IP-Adresse im VNet der VM zuweisen, die konzeptionell mit privaten Endpunkten vergleichbar ist. Sie könnten beispielsweise eine Azure SQL-Datenbank mit einem privaten Endpunkt haben, der eine 10.0.0.0/24-Adresse nutzt, wie 10.0.0.3, und Sie könnten einer Linux-VM eine private IP-Adresse zuweisen, zum Beispiel 10.0.0.5. Da sich die Azure SQL-Datenbank und die VM im selben Subnetz befinden und private Endpunkte unidirektional sind, könnte die VM dann nur als Client für den Datenbankserver fungieren. Außerdem kann jeder andere Dienst (oder Angreifer), der dieses Subnetz nicht nutzt, auf die Dienste zugreifen. Das Microsoft-Dokument unter *https://learn.microsoft.com/azure/*

virtual-network/vnet-integration-for-azure-services#private-link-and-private-endpoints erklärt private Endpunkte und beschreibt ein Beispiel mit Azure SQL-Datenbank.

Schließlich unterstützt Azure SQL-Datenbank ausgehende Firewallregeln, um den Zugriff auf Speicherkonten und andere Datenbanken weiter einzuschränken. Weitere Informationen finden Sie hier: *https://learn.microsoft.com/azure/azure-sql/database/outbound-firewall-rule-overview?view=azuresql*.

Kryptografische Maßnahmen für ruhende Daten

Alle SQL Server-Produkte unterstützen die Verschlüsselung von ruhenden Daten. Wenn Sie überlegen, welche Lösung für Ihre Anwendung die richtige ist, müssen Sie wissen, welche Bedrohung jede dieser Technologien abwehrt. Dieser letzte Punkt ist wichtig. Wir haben viele Software-Architekten getroffen, die im Namen einer Technologie das Wort Verschlüsselung sehen und denken, dass sie geschützt sind. Wir können es nicht oft genug betonen: Tappen Sie nicht in diese Falle. Sie müssen verstehen, wie jede Option funktioniert. Es ist auch wichtig, dass Sie genau verstehen, wie die Schlüsselstruktur funktioniert und wann die wichtigsten Schlüssel – die Stammschlüssel – gespeichert und geschützt werden.

Transparente Datenverschlüsselung

Transparente Datenverschlüsselung (Transparent Data Encryption, TDE) gibt es in SQL Server schon seit Langem. Diese Technologie verschlüsselt im Hintergrund die Datenbankdatei, die Sicherungsdateien und die Transaktionsprotokolle. Es sind keine Anwendungsänderungen erforderlich.

Jetzt kommt der wichtige Teil:

- TDE soll die Bedrohung durch einen gestohlenen Datenträger abmildern.
- TDE ist *nicht* als Schutzmaßnahme gegen einen Angreifer ausgelegt, der in der Lage ist, beliebige Tabellen zur Laufzeit zu lesen.

Praktische Erfahrungen: Wissen, welche Bedrohungen TDE entschärfen kann und welche nicht

Michael, einer der Autoren dieses Buches, arbeitete eng mit einem großen Unternehmen des Gesundheitswesens zusammen und half bei der Entwicklung und Sicherung verschiedener gesundheitsbezogener Workloads auf Azure. Einer der leitenden Sicherheitsarchitekten des Kunden hat eine Fangfrage, die er jedem stellt, der im Vertrieb von Sicherheitslösungen oder in der Beratung tätig ist, um einen Einblick in das Niveau der Sicherheitsexpertise zu erhalten: Welche Verschlüsselung wird in ihrem Produkt für ruhende Daten verwendet? Wenn sie nur die Volumenverschlüsselung erwähnen, haben sie seinen kleinen Test nicht bestanden.

Ein Vorteil von TDE ist die automatische Verschlüsselung von Backups. Die Sicherungen sollten getrennt von der Hauptdatenbank gespeichert werden, mit demselben TDE-Mechanismus verschlüsselt werden, der auch für die Verschlüsselung der Datenbankdatei verwendet wird, und erst wiederhergestellt werden, wenn sie in die Hauptdatenbank zurückgebracht werden. Dies ist ein hervorragender Schutz gegen Online- und Offline-Angriffe, solange die Sicherungskopie nicht zusammen mit der Datenbank gespeichert wird, weil die Entschlüsselungsschlüsselhierarchie in der Nähe liegt.

Bei der Verwendung von TDE und einem kundenseitig verwalteten Schlüssel (CMK) mit Azure SQL-Datenbank oder SQL Managed Instance ist der zum Schutz des TDE-Schlüssels eingesetzte Schlüssel ein RSA-Schlüssel mit dem Namen TDE-Schutz. Dieser RSA-Schlüssel wird in Azure Schlüsseltresor gespeichert. Der Zugriff auf diesen Schlüssel ist auf die verwaltete Identität der Azure SQL-Datenbank oder SQL Managed Instance beschränkt.

Natürlich müssen Sie Ihre TDE-Schlüssel sichern. Dazu können Sie TSQL BACKUP MASTER KEY und BACKUP CERTIFICATE verwenden.

Crypto-Shredding

Einige Kunden verwalten ihre eigenen Schlüssel, wie zum Beispiel TDE CMKs. Wenn sie also eine Datenbank deprovisionieren, löschen sie alle Schlüssel, nachdem sie die Datenbank gelöscht haben. Dies wird als *Crypto-Shredding* bezeichnet, denn wenn die Datenbankdateien aus irgendeinem Grund aufgrund eines Prozessfehlers nicht gelöscht werden, sind die Schlüssel nirgends zu finden und daher kann – wie beabsichtigt – niemand mehr die Daten wiederherstellen.

Verwaltete Identitäten verwenden

Die Art und Weise, wie TDE die mit Azure SQL-Datenbank verbundene verwaltete Identität für den Zugriff auf den TDE-Schutz nutzt, ist ein gängiges und korrektes Muster in Azure. Eine verwaltete Identität für den Zugriff auf vertrauliche Daten ist immer der bevorzugte Weg, um einen sicheren Zugriff zu gewährleisten. Dies liegt daran, dass die Anmeldeinformationen für den Prozess, der auf die Daten zugreift, durch Microsoft Entra ID gesichert sind und nicht durch die Anwendung geschützt werden müssen. Außerdem müssen sich die Entwickler um eine Sache weniger kümmern.

Bei SQL Server in einer Windows-VM wird der Stamm-TDE-Schutz durch die Windows Datenschutz-API (Data Protection API, DPAPI) geschützt, was unter Windows die korrekte Methode zur Sicherung sensibler Daten ist. Um 100 Prozent korrekt zu sein, verschlüsselt DPAPI Daten mit Schlüsselmaterial, das von dem Konto, unter dem die Anwendung ausgeführt wird, oder dem Maschinenkonto abgeleitet ist. Im Falle von SQL Server wird ein Dienstkonto verwendet, zum Beispiel NT Service\MSSQLSERVER. DPAPI speichert die Daten nicht, sondern gibt ein verschlüsseltes und mit MAC versehenes Blob zurück, das dann von SQL Server persistiert wird. Sie können auch Azure Schlüsseltresor von einer Instanz von SQL Server in einer VM verwenden, um den TDE-Schlüssel zu speichern und zu schützen.

Der DPAPI-Schutz ist für viele Umgebungen ausreichend, aber es wird dringend empfohlen, Azure Schlüsseltresor für den TDE-Schlüsselschutz zu nutzen, wenn Sie vertrauliche Daten speichern. Weitere Informationen finden Sie im Abschnitt »SQL Server-IaaS-Agent-Erweiterung« weiter hinten in diesem Kapitel.

Für SQL Server in einer Linux-VM wird der Root-Schlüssel in /var/opt/mssql/secrets/machine-key gespeichert und hat die folgenden Berechtigungen:

```
-rw------- 1 mssql mssql44 May 24 21:45 machine-key
```

Verschlüsselung von Datenspalten

Die Verschlüsselung von Datenspalten ist ebenfalls seit Langem in allen Versionen von SQL Server verfügbar. Sie führt die Ver- und Entschlüsselung mit der Datenbank-Engine durch. Die Spaltenverschlüsselung hat eine flexible Schlüsselhierarchie; das heißt, Sie können Schlüssel mit anderen Schlüsseln oder Zertifikaten umhüllen oder überhaupt keine Umhüllung verwenden.

Die Verschlüsselung von Datenspalten nutzt T-SQL-Anweisungen, um Spalten in Tabellen zu ver- und entschlüsseln. Das bedeutet, dass Sie Ihre Abfragelogik ändern müssen, um Daten mit T-SQL-Anweisungen wie den folgenden zu ver- und entschlüsseln:

- OPEN SYMMETRIC KEY
- ENCRYPTBYKEY
- DECRYPTBYKEY

Mehr über die Verschlüsselung von Datenspalten erfahren Sie hier: *https://learn.microsoft.com/sql/relational-databases/security/encryption/encrypt-a-column-of-data*.

Always Encrypted

Wir behandeln Always Encrypted gegen Ende dieses Kapitels, da es sich um eine technische Schutzmaßnahme handelt, die sowohl von SQL Server als auch von Cosmos DB verwendet wird.

Sonstiges

Im Folgenden wird kurz auf andere SQL Server-Technologien eingegangen, die Sie kennen sollten. Dazu gehören die folgenden:

- Dynamische Datenmaskierung
- Datenermittlung und -klassifizierung
- Azure SQL Ledger
- Microsoft Defender für SQL
- Azure-Sicherheitsbaseline
- SQL Server-IaaS-Agent-Erweiterung

Schauen wir uns die einzelnen Technologien an.

Dynamische Datenmaskierung

Die dynamische Datenmaskierung (Dynamic Data Masking, DDM) ist keine Sicherheitsschutzmaßnahme, sondern eine Möglichkeit, sensible Daten vor versehentlicher Offenlegung zu schützen. In den Vereinigten Staaten könnte man zum Beispiel die Sozialversicherungsnummer eines Benutzers so maskieren, dass nur die letzten vier Ziffern angezeigt werden. Die Maskierung wird nur dann angewendet, wenn die Daten angezeigt werden; die gespeicherten Daten sind nicht maskiert. Weitere Informationen finden Sie hier: *https://learn.microsoft.com/sql/relational-databases/security/dynamic-data-masking*.

Datenermittlung und -klassifizierung

Es handelt sich hierbei nicht um eine Sicherheitsmaßnahme. Die Datenermittlung und -klassifizierung ist ein erster Schritt zum Schutz von Daten, aber keine vorbeugende, erkennende, korrigierende, wiederherstellende oder andere Art von Maßnahme. Es ist jedoch wichtig, Datenermittlung und -klassifizierung zu implementieren, um diese anderen Arten von Gegenmaßnahmen effektiver zu machen.

Azure SQL-Datenbank enthält Tools, mit denen Sie potenziell sensible Daten in Ihren Datenbanken erkennen und klassifizieren. So können Sie beispielsweise vertrauliche Daten oder Daten identifizieren, die aufgrund der Datenschutz-Grundverordnung der Europäischen Union Auswirkungen haben könnten. (Siehe Kapitel 8, »Compliance und Risikomanagement«, um mehr über die Datenschutz-Grundverordnung zu erfahren.)

Die Datenklassifizierung ist ein umfangreiches und komplexes Thema und würde den Rahmen dieses Buches sprengen. Microsoft bietet jedoch mit Tools wie Azure Information Protection (*https://learn.microsoft.com/azure/information-protection/what-is-information-protection*) und Azure Purview (*https://azsec.tech/rh2*) vollständige End-to-End-Lösungen für Data Governance.

Azure SQL Ledger

Wenn man an Sicherheit denkt, denkt man normalerweise an Geheimhaltung und Verschlüsselung. Wenn Sie jedoch schon einmal eine Bedrohungsmodellierung durchgeführt haben, wissen Sie, dass auch Integritätskontrollen wichtig sind, um Bedrohungen durch Datenmanipulationen abzuschwächen. Tatsächlich kann eine der wichtigsten Bedrohungsklassen, die Leugnung, durch kryptografisch verifizierbare Überwachungsprotokolle abgeschwächt werden.

Eine neue Funktion in Azure SQL-Datenbank und SQL Server 2022 ist Azure SQL Ledger. Sie soll kryptografisch überprüfbare Daten liefern. Am besten lässt sich dies anhand eines Beispiels veranschaulichen. Stellen Sie sich vor, Sie arbeiten für eine Versicherungsgesellschaft, die Rabatte für sicheres Fahren gewährt. »Sicheres Fahren« kann vieles bedeuten, aber zu den Punkten, die Sie überwachen könnten, gehören hohe Geschwindigkeit, starke Beschleunigung und Verlangsamung, starkes Bremsen, Nichtbenutzung von Sicherheitseinrichtungen wie Sicherheitsgurten, mangelnde Wartung des Motors und so weiter. Heutzutage könnte ein Fahrer möglicherweise die Daten im Auto manipulieren, um seine Spuren zu verwischen. Ein manipulationssicherer Protokollierungsmechanismus wie Azure SQL Database Ledger würde dieses Risiko jedoch mindern. Wenn ein böswilliger Fahrer die Daten manipuliert hat, würde die Ledger-Validierung dieses Manipulationsereignis erkennen.

Wenn Sie mit Blockchain vertraut sind, ist Ledger ein wenig wie Blockchain, aber ohne das verteilte Konsensmodell.

Die kryptografischen Hash-Daten, die mit den Ledger-Daten verbunden sind, werden entweder gespeichert:

- Lokal
- In einem Azure-Speicherkonto
- In einem neuen Azure-Dienst namens Azure Confidential Ledger

Die kryptografische Ledger-Funktionalität ist ein ausgezeichneter Schutz vor der Bedrohung durch Leugnung, bei der ein Angreifer versucht, seine Spuren zu verwischen, damit seine Aktion nicht beweisbar ist. Weitere Informationen zur Bedrohung durch Leugnung finden Sie in Kapitel 4, »Bedrohungsmodellierung«.

Es ist von entscheidender Bedeutung, dass die Hash-Daten, bei denen es sich um eine Reihe miteinander verbundener Hashwerte, den sogenannten Hash-Baum (Merkle Tree), handelt, sicher gespeichert werden, denn wenn diese Hashwerte verfälscht werden, ist das Ledger ungültig. Vor Ort können Sie WORM-Laufwerke (Write-Once-Read-Many) verwenden. Wenn Sie ein Azure-Speicherkonto einsetzen, sollten Sie unveränderlichen Speicher nutzen. Der bevorzugte Ansatz ist jedoch Azure Confidential Ledger. Weitere Informationen über Azure Confidential Ledger finden Sie hier: *https://learn.microsoft.com/azure/confidential-ledger/overview*.

Der Schutz von Ledger-Hash-Daten vor Manipulationen ist von entscheidender Bedeutung.

Unveränderlicher Speicher

Azure stellt den Speichertyp *unveränderlichen Speicher* zur Verfügung, um Manipulationen zu verhindern, aber es handelt sich nicht um eine kryptografische Schutzmaßnahme. Vielmehr wird ein WORM-Modell (write-once, read-many) verwendet, das Änderungen an Daten für die von Ihnen festgelegte Zeitspanne verhindert. Wenn Sie Azure SQL Database Ledger-Hashes oder Protokolldateien in Azure Storage-Konten speichern, sollten Sie unveränderlichen Speicher zumindest für einige Wochen oder Monate in Betracht ziehen, bevor die Protokolle in einen »kühleren« und kostengünstigeren Speicher verschoben werden. Weitere Informationen über unveränderlichen Speicher finden Sie hier: *https://learn.microsoft.com/azure/storage/blobs/immutable-storage-overview*.

Bei Ledger-Tabellen handelt es sich nicht um einen neuen Tabellentyp, sondern um eine Eigenschaft einer Tabelle. Um eine Tabelle mit Ledger-Features zu erstellen, brauchen Sie lediglich wie hier gezeigt die folgenden Parameter in die WITH-Anweisung einzufügen:

```
CREATE TABLE [Schema].[TableName]
(
-- Spalten
)
WITH
(
   SYSTEM_VERSIONING = ON,
   LEDGER = ON
);
GO
```

Weitere Informationen über die Ledger-Funktionalität finden Sie unter *https://azsec.tech/mar*. Ein technisches Whitepaper zu diesem Thema finden Sie unter *https://azsec.tech/7jn*.

Microsoft Defender für SQL

Azure bietet eine Reihe von Microsoft Defender-Produkten für verschiedene Dienste, einschließlich SQL Server. Sie können Microsoft Defender für SQL verwenden, um lokale SQL Server, IaaS SQL Server, Azure SQL-Datenbanken, Azure SQL Managed Instance und SQL Server-Instanzen in Amazon Web Services (AWS) und Google Cloud Platform (GCP) zu schützen.

Azure Defender für SQL überwacht Ihre Instanzen ständig auf bekannte Schwachstellen und Bedrohungen. Es umfasst diese Tools:

- **Sicherheitsrisikobewertung** Hierbei handelt es sich um einen Scan-Service zum Ermitteln, Nachverfolgen und Beheben potenzieller Datenbankschwachstellen. Die Bewertung bietet einen Überblick über die Sicherheitslage Ihrer SQL Server-Instanzen und liefert detaillierte Informationen über entdeckte Schwachstellen mit möglichen Abhilfemaßnahmen. Der Sicherheitsrisikobewertungsdienst kann regelmäßig eine E-Mail mit den Ergebnissen eines aktuellen Scans senden.
- **Advanced Threat Protection** Dies ist ein Erkennungsdienst, der Ihre SQL Server-Instanzen kontinuierlich auf Bedrohungen wie SQL Injection, Anmeldungen von verdächtigen oder ungewöhnlichen Orten und Brute-Force-Angriffe auf Kennwörter überwacht. Der Dienst liefert Sicherheitswarnungen und Abhilfemaßnahmen in Microsoft Defender for Cloud.

Weitere Informationen über Microsoft Defender für SQL finden Sie unter *https://learn.microsoft.com/azure/azure-sql/database/azure-defender-for-sql?view=azuresql*.

Azure-Sicherheitsbaseline

Beim Microsoft Cloud Security Benchmark handelt es sich um eine Reihe von dienstunabhängigen empfohlenen Sicherheitsverfahren. Jeder Azure-Dienst verfügt über eine Azure-Sicherheitsbaseline, die dem Benchmark zugeordnet ist. Mehr über Microsoft Cloud Security

Benchmark erfahren Sie in Kapitel 8. Die Azure-Sicherheitsbaseline für Azure SQL-Datenbank ist hier verfügbar: *https://learn.microsoft.com/security/benchmark/azure/baselines/azure-sql-security-baseline*.

SQL Server-IaaS-Agent-Erweiterung

Für SQL Server-Instanzen, die in einer VM ausgeführt werden, sollten Sie den SQL Server-IaaS-Agent in Betracht ziehen, da er eine bessere Integration mit Azure-Funktionen wie Schlüsseltresor unterstützt. Weitere Informationen finden Sie hier: *https://learn.microsoft.com/azure/azure-sql/virtual-machines/windows/sql-server-iaas-agent-extension-automate-management?view=azuresql&tabs=azure-powershell*.

Die Schlüsseltresor-Integration wird als EKM-Anbieter (Extensible Key Management, erweiterbare Schlüsselverwaltung) eingesetzt, um SQL Server-Schlüssel zu schützen, wie sie von TDE verwendet werden. Weitere Informationen finden Sie hier: *https://learn.microsoft.com/sql/relational-databases/security/encryption/extensible-key-management-using-azure-key-vault-sql-server*.

Cosmos DB Sicherheit

Da Cosmos DB relativ neu ist und für Azure entwickelt wurde, verwendet die Datenbank die üblichen Azure-Sicherheitsmaßnahmen. Im Großen und Ganzen hat Cosmos DB ein einfacheres Sicherheitsmodell als SQL Server, einschließlich Azure SQL-Datenbank. Da die Sicherheit in Cosmos DB einfacher ist, ist dieser Abschnitt deutlich kürzer als der vorherige Abschnitt zu SQL Server.

Die Tatsache, dass Cosmos DB neuer ist, ist wichtig. Das bedeutet, dass es nicht den gleichen Grad an Anwendungskompatibilität aufweist wie SQL Server. Das mag wie eine harte Aussage klingen, aber Kompatibilität bedeutet immer, dass es Komplexitäten gibt, mit denen man sich auseinandersetzen muss.

Einige Cosmos DB-Sicherheitseinstellungen benutzen den Begriff DocumentDB, weil es sich bei Cosmos DB um eine Dokumentendatenbank handelt, die früher DocumentDB hieß. Außerdem verwendet Cosmos DB den Begriff Konto auf die gleiche Weise wie Azure Storage: Hiermit ist eine Instanz von Cosmos DB gemeint. Wir möchten darauf hinweisen, weil Menschen manchmal mit überladenen Begriffen verwirrt werden, und wir möchten klarstellen, dass wir nicht das Benutzerkonto meinen.

Cosmos DB ist eine Multiparadigma-Datenbank. Sie unterstützt mehrere APIs, wie MongoDB und Cassandra. Dieser Abschnitt des Kapitels bezieht sich jedoch hauptsächlich auf die SQL-API.

Wenn nicht anders angegeben, bezieht sich der Rest dieses Kapitels auf die Verwendung der SQL-API.

Tabelle 13-3 listet die von Cosmos DB unterstützten Sicherheitsmaßnahmen auf.

Sicherheitsmerkmal	Steuerungsebene	Datenebene
Authentifizierung (AuthN)	**Server** TLS **Clients** Microsoft Entra ID	**Server** TLS **Clients** Microsoft Entra ID Primäre Schlüssel Ressourcentoken
Autorisierung (AuthZ)	Azure rollenbasierte Zugriffssteuerung (RBAC)	Azure rollenbasierte Zugriffssteuerung (RBAC) Sicherheit auf Zeilenebene (Row-level security, RLS) Ressourcentoken
Auditing	Aktivitätsprotokoll	Diagnoseeinstellungen/ DataPlaneRequests
Verschlüsselung ruhender Daten	Für ruhende Daten ist die Verschlüsselung für die Steuerungs- und Datenebene gleich. Die beiden Optionen sind Volumenverschlüsselung und Always Encrypted clientseitige Verschlüsselung.	
Datenverschlüsselung bei der Übertragung	TLS	TLS
Datenverschlüsselung bei der Verarbeitung	Always Encrypted	
Netzwerkisolierung	Private Verbindungen (Private Link) zur Ressourcenverwaltung	Private Endpunkte Dienstendpunkte Dienstfirewalls

Tabelle 13-3 Sicherheitsmaßnahmen auf der Steuerungs- und der Datenebene

Schauen wir uns diese im Einzelnen an. Sie werden feststellen, dass die Liste der Gegenmaßnahmen kleiner und einfacher ist als die von SQL Server, insbesondere das Autorisierungsmodell für die Datenebene.

Authentifizierung auf der Steuerungsebene

Wenn Sie über Authentifizierung nachdenken, müssen Sie sich fragen: »Wer authentifiziert wen?« Wir werden also zunächst einen Aufrufer betrachten, der einen Server authentifiziert, und dann den Server, der den Aufrufer oder den Client authentifiziert.

Serverauthentifizierung auf der Steuerungsebene

Wenn Sie sich mit Cosmos DB verbinden, um administrative Aufgaben auf der Steuerungsebene durchzuführen, verwendet die Verbindung für die Serverauthentifizierung immer TLS. Dies kann nicht deaktiviert werden.

Bei der Frage, wer wen authentifiziert, handelt es sich um eine Serverauthentifizierung; die Gültigkeit der Cosmos DB-Instanz wird vom Client überprüft. Aber woher weiß der Server, wer der Client ist? Das wird als Nächstes erklärt.

Clientauthentifizierung auf der Steuerungsebene

Um Verwaltungsvorgänge auf der Steuerungsebene durchzuführen, wie zum Beispiel das Ändern der Art und Weise der Authentifizierung auf der Datenebene, müssen Sie Microsoft Entra ID-Konten verwenden. Wenn Sie *https://portal.azure.com* oder eine Azure REST-API verwenden, um Vorgänge auf der Steuerungsebene auszuführen, authentifizieren Sie sich immer mit einem Microsoft Entra ID-Konto.

Autorisierung auf der Steuerungsebene

Sobald Sie eine Verbindung zur Serverinstanz hergestellt haben, erfolgt die Autorisierung mithilfe von Azure-eigenen RBAC-Kontrollen. Zum Beispiel kann ein Konto mit der Rolle *Mitwirkender von DocumentDB-Konto* Azure Cosmos DB-Konten verwalten, aber nicht auf die darin enthaltenen Daten zugreifen. Sie können die Definition der Rolle hier nachlesen: *https://azsec.tech/tdt*.

Wenn Sie sich nur die Berechtigungen ansehen, sieht die Rolle wie folgt aus:

```
{
  "description": "Lets you manage DocumentDB accounts, but not access to them.",
  "permissions": [
    {
      "actions": [
        "Microsoft.Authorization/*/read",
        "Microsoft.DocumentDb/databaseAccounts/*",
        "Microsoft.Insights/alertRules/*",
        "Microsoft.ResourceHealth/availabilityStatuses/read",
        "Microsoft.Resources/deployments/*",
        "Microsoft.Resources/subscriptions/resourceGroups/read",
        "Microsoft.Support/*",
        "Microsoft.Network/virtualNetworks/subnets/joinViaServiceEndpoint/action"
      ],
      "notActions": [],
      "dataActions": [],
      "notDataActions": []
    }
  ],
  "roleName": "DocumentDB Account Contributor",
  "roleType": "BuiltInRole",
  "type": "Microsoft.Authorization/roleDefinitions"
}
```

Sie sehen, dass die einzigen für diese Rolle verfügbaren Berechtigungen unter `actions` zu finden sind, wo die Berechtigungen auf der Steuerungsebene beschrieben werden. Der Abschnitt `dataActions` ist leer, was bedeutet, dass diese Rolle nicht in der Lage ist, eine Aufgabe auf der Datenebene auszuführen, wie zum Beispiel das Lesen von Daten in einem Container.

Die Verwaltung eines Cosmos DB-Kontos (das heißt eines Servers und seiner Datenbanken) ist eine Aktivität der Steuerungsebene. Im Gegensatz dazu ist das Lesen von Daten eine Aktivität der Datenebene. Als solche ist sie durch die Datenebenen-Autorisierung geschützt, die etwas weiter hinten behandelt wird.

Überwachung der Steuerungsebene

Cosmos DB bietet Überwachung der Steuerungsebene unter Verwendung einer CDBControlPlaneRequests-Tabelle. Zum Beispiel:

```
CDBControlPlaneRequests
   | project TimeGenerated, AccountName, OperationName, Result
```

Verschlüsselung der Steuerungsebene bei der Übertragung

Es gibt keine andere Option als TLS, und sie kann nicht deaktiviert werden.

Netzwerkisolierung auf der Steuerungsebene

Siehe den Abschnitt »Mit ›Private Link‹ private Verbindungen zur Ressourcenverwaltung erstellen« im Abschnitt »Sicherheit in der SQL Server-Familie« weiter vorne in diesem Kapitel.

Authentifizierung auf der Datenebene

Wechseln wir nun zu Cosmos DB und den Schutzmaßnahmen auf der Datenebene. Denken Sie daran, dass Sie sowohl die Server- als auch die Clientauthentifizierung berücksichtigen müssen. Beginnen wir damit, wie ein Client den Server authentifiziert.

Serverauthentifizierung auf der Datenebene

Für die Serverauthentifizierung bei der Durchführung von Operationen auf der Datenebene, zum Beispiel beim Ausführen einer Clientanwendung, die das Cosmos DB SDK einsetzt, verwendet Cosmos DB immer TLS, das nicht deaktiviert werden kann.

Clientauthentifizierung auf der Datenebene

Für die alltägliche Authentifizierung von Clients auf der Datenebene bietet Cosmos DB drei Optionen:

- Primäre Schlüssel
- Ressourcentoken
- Microsoft Entra ID

Um es pedantisch auszudrücken: Primäre Schlüssel und Ressourcentoken sind keine wirkliche Authentifizierung, sondern eher ein Autorisierungsmechanismus. Wir erwähnen dies, weil der Client, der ein Token verwendet, nicht identifiziert wird. Wenn zwei Personen, Toni und Alex, eine Kopie des primären Schlüssels besitzen und diesen Schlüssel nutzen, um sich mit einer

Cosmos DB-Datenbank zu verbinden, gibt es keine Möglichkeit zu wissen, ob Toni oder Alex die Verbindung hergestellt hat. Wir werden primären Schlüssel und Ressourcentoken im nächsten Abschnitt, »Autorisierung auf der Datenebene«, beschreiben.

Der bevorzugte Authentifizierungsmechanismus ist Microsoft Entra ID. Dieser bietet viele Vorteile:

- Zentrale Kontrolle der Anmeldeinformationen in Microsoft Entra ID
- Hohe Sicherheit, da Sie keine Anmeldeinformationen speichern, sondern diese von Microsoft Entra ID verwaltet werden
- Die Möglichkeit, Microsoft Entra ID-Anmelderichtlinien zu nutzen, wie zum Beispiel bedingter Zugriff, Multi-Faktor-Authentifizierung (MFA) und sogar zertifikatsbasierte Authentifizierung

Sobald die Authentifizierung erfolgreich ist, können Sie die systemeigenen Azure RBAC-Steuerungsebenen-Autorisierungsmechanismen verwenden. Denken Sie daran, dass dies die Steuerungsebene oder die administrative Steuerung über Cosmos DB ist.

Punkt 10 des Azure Cloud Adoption Framework (*https://learn.microsoft.com/de-de/azure/cloud-adoption-framework/secure/security-top-10#10-architecture-use-identity-based-access-control-instead-of-keys*) lautet: »Architektur: Verwenden der identitätsbasierten Zugriffssteuerung anstelle von Schlüsseln«:

> *»Die schlüsselbasierte Authentifizierung kann für die Authentifizierung bei Clouddiensten und APIs verwendet werden. Sie erfordert jedoch eine sichere Verwaltung von Schlüsseln, was insbesondere im großen Umfang eine Herausforderung darstellt. Die sichere Schlüsselverwaltung ist schwierig für Personen wie Entwickler und Infrastrukturexperten, die keine Sicherheitsexperten sind, und sie führen sie oft nicht sicher durch, was häufig zu erheblichen Sicherheitsrisiken für die Organisation führt.*
>
> *Die identitätsbasierte Authentifizierung überwindet viele dieser Herausforderungen durch ausgereifte Funktionen. Hierzu zählen beispielsweise Geheimnisrotation, Lebenszyklusverwaltung und administrative Delegierung.«*

Autorisierung auf der Datenebene

Wir haben bereits erwähnt, dass es sich bei primären Schlüsseln und Ressourcentoken nicht wirklich um Authentifizierungsmechanismen handelt, sondern diese eher einer Autorisierungstechnik entsprechen. Die Autorisierung auf der Datenebene ist das Thema dieses Abschnitts.

Cosmos DB verfügt über drei Autorisierungsmodelle für die Datenebene:

- Primäre Schlüssel
- Ressourcentoken
- Microsoft Entra ID RBAC für die Datenebene

Schauen wir uns die Modelle genauer an.

Primäre Schlüssel

Primäre Schlüssel sind über das Azure-Portal zugänglich; es gibt sie sowohl als Variante für Lese-/Schreibvorgänge als auch als schreibgeschützte Variante. Es gibt einen primären und einen sekundären Schlüssel für Lesezugriffe und einen primären und einen sekundären Schlüssel für den Lese-/Schreibzugriff.

Diese Schlüssel werden in API-Aufrufen verwendet. Sie sind die ursprüngliche Form der Autorisierung, die von Cosmos DB unterstützt wird. So könnte ein C#-Code aussehen:

```
using (CosmosClient client = new CosmosClient(endpointUrl, authKey)) {
  // verbunden
}
```

Das zweite Argument für den `CosmosClient()`-Konstruktor ist entweder:

- Ein primärer Schlüssel für Lesezugriffe
- Ein sekundärer Schlüssel für Lesezugriffe
- Ein primärer Schlüssel für Lese-/Schreibvorgänge
- Ein sekundärer Schlüssel für Lese-/Schreibvorgänge

  Bei primären und sekundären Schlüsseln gibt es einige Probleme:

- Es gibt keine Granularität. Die Verwendung des Schlüssels gewährt Lese- oder Schreibrechte für alle Daten, die sich in diesem Datenbankkonto befinden.
- Die Schlüssel müssen von dem Kunden, der sie verwendet, geschützt werden. Wenn ein Schlüssel kompromittiert ist, kann er jederzeit ausgetauscht werden, aber dies muss sorgfältig geschehen, um unnötige Unterbrechungen in den Geschäftsabläufen zu vermeiden.

Dieser Zugriffsmechanismus wird nicht empfohlen, da es bessere Mechanismen gibt. Der einzige wirklich positive Aspekt von primären Schlüsseln ist, dass der Mechanismus einfach ist.

Ressourcentoken

Ressourcentoken sind wie primäre Schlüssel, bieten aber mehr Flexibilität. Sie funktionieren ähnlich wie Azure Storage Account Shared Access Signatures (SAS). Sie bestehen aus einer Datenkette, die Zugriffsinformationen und die zugängliche Ressource beschreibt; der Inhalt der Kette wird dann durch einen Base64-codierten HMAC (Keyed-Hashing for Message Authentication Code) geschützt. Das für den HMAC verwendete Geheimnis ist ein schreibgeschützter Primärschlüssel.

Hier ein Beispiel für die Verwendung eines Ressourcentokens, um einem Benutzer oder einer Gruppe nur lesenden Zugriff auf einen bestimmten Container zu gewähren:

```
await accountHR.CreatePermissionAsync(
   new PermissionProperties(
      id: "permissionReadOnlyHR",
      permissionMode: PermissionMode.Read,
      container: container),
   tokenExpiryInSeconds: 600);
```

Standardmäßig läuft ein Ressourcentoken nach 60 Minuten ab. Im obigen Beispiel läuft es nach zehn Minuten (600 Sekunden) ab.

Bei der Verwendung von Ressourcentoken ist ein gängiges Zugriffssteuerungsmodell das Modell des vertrauenswürdigen Gatekeepers. Dabei wird die Verbindung zu Cosmos DB von einem Broker hergestellt, der der Gatekeeper ist. Sie könnten zum Beispiel eine Azure-Funktion verwenden, die Benutzerverbindungen akzeptiert; dann könnten Sie basierend auf den Details des Aufrufers – beispielsweise etwas, das mit seinem Microsoft Entra ID-Konto verbunden ist – ein Ressourcentoken für diesen Aufrufer erstellen und es für den Zugriff auf Cosmos DB verwenden.

Wenn Sie Primärschlüssel oder Ressourcentoken verwenden müssen, entscheiden Sie sich für Letztere, da sie auf bestimmte Objekte wie Container beschränkt werden können. Primärschlüssel sind die Schlüssel zum Königreich und bieten nicht den gleichen Grad an Granularität.

Rollenbasierte Zugriffssteuerung (RBAC) mit Microsoft Entra ID

Wenden wir uns nun dem bevorzugten Autorisierungsmechanismus zu: rollenbasierte Zugriffssteuerung mit Microsoft Entra ID für den Zugriff auf die Datenebene. Die rollenbasierte Zugriffssteuerung für die Datenebene wurde 2021 zu Cosmos DB hinzugefügt. Dieser Zugriffssteuerungstyp sollte für die meisten Implementierungen der bevorzugte Weg sein, um den Zugriff auf Daten in einer Cosmos DB-Datenbank zu autorisieren. Wenn Sie in einem Design-Meeting sitzen und jemand fragt: »Wie sollen wir den Zugriff auf Cosmos DB authentifizieren und autorisieren?«, sollte die Antwort immer lauten: »Microsoft Entra ID und Microsoft Entra ID RBAC.«

Während wir dieses Kapitel schreiben, können Sie das Azure-Portal nicht einsetzen, um RBAC für die Microsoft Entra ID-Datenebene zu konfigurieren. Stattdessen müssen Sie entweder PowerShell oder die Azure-Befehlszeilenschnittstelle zur Konfiguration verwenden. Hier sind die Schritte, die erforderlich sind, um einem Benutzerkonto mithilfe von PowerShell Zugriff auf Cosmos DB zu gewähren:

1. Definieren Sie eine benutzerdefinierte RBAC Rolle, die einem Prinzipal spezifischen Zugriff auf eine Ressource gewährt.
2. Verknüpfen Sie die Rolle mit einem Prinzipal wie eine verwaltete Identität, einem Dienstprinzipal oder einem Benutzer.

Die PowerShell-Cmdlets zur Ausführung dieser Schritte lauten wie folgt:

- `New-AzCosmosDBSqlRoleDefinition` (*https://learn.microsoft.com/powershell/module/az.cosmosdb/new-azcosmosdbsqlroledefinition*)
- `New-AzCosmosDBSqlRoleAssignment` (*https://learn.microsoft.com/powershell/module/az.cosmosdb/new-azcosmosdbsqlroleassignment*)

Der folgende Code verwendet diese beiden PowerShell-Cmdlets, um die beiden Aufgaben auszuführen:

```
$resourceGroupName = "<ResourceGroup>"
$accountName = "<CosmosDBAccount>"

New-AzCosmosDBSqlRoleDefinition -AccountName $accountName `
```

```
    -ResourceGroupName $resourceGroupName `
    -Type CustomRole `
    -RoleName ReadOnlyRoleHR `
    -DataAction @( `
      'Microsoft.DocumentDB/databaseAccounts/readMetadata',
      'Microsoft.DocumentDB/databaseAccounts/sqlDatabases/containers/items/read', `
      'Microsoft.DocumentDB/databaseAccounts/sqlDatabases/containers/readChangeFeed') `
    -AssignableScope "/"

# GUID für den Prinzipal
$principalId = "<aadPrincipalId>"
New-AzCosmosDBSqlRoleAssignment -AccountName $accountName `
    -ResourceGroupName $resourceGroupName `
    -RoleDefinitionName ReadOnlyRoleHR `
    -Scope "/dbs/employees/colls/employee" `
    -PrincipalId $principalId
```

Es gibt in diesem Code einige interessante Punkte:

- Diese benutzerdefinierte Rolle wird `ReadOnlyRoleHR` genannt und gilt für ein bestimmtes Cosmos DB-Konto innerhalb einer bestimmten Ressourcengruppe.
- Das Argument `DataAction` (denken Sie daran, dass es sich um RBAC auf der Datenebene handelt, nicht auf der Steuerungsebene) enthält die einzelnen Berechtigungen und den Bereich, in dem sie wirksam werden – in diesem Fall "/" oder das Stammverzeichnis der Cosmos DB-Instanz. Wir erstellen eine benutzerdefinierte Rolle, die drei Berechtigungen umfasst.
- Mit dem zweiten PowerShell-Cmdlet wird die benutzerdefinierte Rolle einem Prinzipal zugewiesen. Der Prinzipal ist die GUID des Kontos.
- Diese Rollenzuweisung ist auf die Sammlung der Mitarbeiter innerhalb der Mitarbeiterdatenbank beschränkt. Beachten Sie die Verwendung von `dbs` und `colls` zur Abgrenzung von Datenbanken und Sammlungen.

Beispiele für Berechtigungen sind die folgenden:

- Microsoft.DocumentDB/databaseAccounts/readMetadata
- Microsoft.DocumentDB/databaseAccounts/sqlDatabases/containers/items/create
- Microsoft.DocumentDB/databaseAccounts/sqlDatabases/containers/items/delete

Eine vollständige Liste der Berechtigungen finden Sie hier: *https://learn.microsoft.com/azure/cosmos-db/how-to-setup-rbac#permission-model*.

Cosmos DB hat immer zwei integrierte Rollendefinitionen für die Datenebene:

- Integrierter Cosmos DB-Datenleser (Cosmos DB Built-in Data Reader)
- Integrierter Mitwirkender an Cosmos DB-Daten (Cosmos DB Built-in Data Contributor)

Weitere Informationen zu diesen Rollen und den damit verbundenen Berechtigungen finden Sie hier: *https://learn.microsoft.com/azure/cosmos-db/how-to-setup-rbac#built-in-role-definitions*.

Beachten Sie, dass Sie bei der RBAC-Zugriffssteuerung auf der Datenebene den Benutzern und Prinzipalen explizit Zugriff gewähren müssen. Andernfalls sehen Sie eine Meldung wie diese:

```
Forbidden (403); Substatus: 5301; ActivityId: ca5cbde7-0d66-4d2d-8aa0-250f823bcd6d; Reason:
(Request blocked by Auth customer: Request is blocked because principal [8afb6b88-41c2-4f1f-
9c8f-ff737af6626a] does not have required RBAC permissions to perform action
[Microsoft.DocumentDB/databaseAccounts/readMetadata]
```

Sie können die RBAC-Richtlinie für die Datenebene auf einer Cosmos DB-Instanz mithilfe des folgenden PowerShell-Codes anzeigen lassen:

```
Get-AzCosmosDBSqlRoleDefinition -AccountName $accountName -ResourceGroupName
$resourceGroupName
```

Wenn Sie für die Zugriffsteuerung auf der Datenebene nur RBAC und keine Primärschlüssel oder Ressourcentoken einsetzen möchten, können Sie dies wie folgt erzwingen:

```
az cosmosdb update --name [CosmosDBAccount] --resource-group [ResourceGroupName]
--disable-key- based-metadata-write-access true
```

Oder über PowerShell:

```
Update-AzCosmosDBAccount -ResourceGroupName [ResourceGroupName]
-Name [CosmosDBAccount] -DisableKeyBasedMetadataWriteAccess true
```

Beachten Sie, dass zum Zeitpunkt, während wir dieses Kapitel schreiben, Abfragen aus dem Azure-Portal nicht funktionieren.

Schließlich können Sie mithilfe von ARM- oder Bicep-Vorlagen Berechtigungen zuweisen. Nachdem Sie die RBAC-Richtlinie mit PowerShell oder Azure CLI eingerichtet haben, können Sie die Ergebnisse anzeigen, indem Sie die ARM-Vorlage aus dem Azure-Portal exportieren.

Thomas Weiss, Principal Program Manager im Cosmos DB-Team, hat ein ausgezeichnetes Video zum Thema RBAC auf der Datenebene erstellt, das Sie unter *https://azsec.tech/go1* finden. Die vollständige Dokumentation zum Einrichten von RBAC für die Datenebene finden Sie unter *https://learn.microsoft.com/azure/cosmos-db/how-to-setup-rbac*.

Praktische Erfahrungen: RBAC für die Datenebene verwenden

Michael, einer der Autoren dieses Buches, arbeitete mit einem Kunden zusammen, der Cosmos DB verwendet. Beim Erstellen eines Bedrohungsmodells für die Anwendung kam diese Frage auf: »Wie authentifizieren und autorisieren Sie den Zugriff auf Cosmos DB von der Azure-Funktion aus?« Die Antwort lautete: »Wir verwenden Primärschlüssel.« Die nächste Frage lautete: »Wo ist der Primärschlüssel gespeichert und wie ist er geschützt?« Die Antwort lautete: »Er wird als Geheimnis in Schlüsseltresor gespeichert, und wir verwenden die verwaltete Identität der Funktion, um den Zugriff darauf zu beschränken.« Michael antwortete: »In diesem Fall sollten Sie RBAC auf der Datenebene von Cosmos DB verwenden, da die Funktion bereits eine verwaltete Identität hat.« Der Kunde begann schnell, mit RBAC auf der Datenebene zu experimentieren!

Sie sollten RBAC auf der Datenebene verwenden. Dieser Zugriffssteuerungstyp besitzt gegenüber Token-basierten Autorisierungsmodellen mehrere Vorteile. Vor allem ist es sicherer, da Sie kein Geheimnis speichern müssen.

Überwachung der Datenebene

Sie können die Überwachung von Benutzerinteraktionen mit Ihren Datenbanken und Sammlungen auf der Datenebene im Azure-Portal unter den Einstellungen *Überwachung* und dann *Diagnoseeinstellungen* durchführen (siehe Abbildung 13-2). Beachten Sie, dass für die Einstellung *Zieltabelle* die Option *Ressourcenspezifisch* ausgewählt ist, damit die Tabelle CDBDataPlaneRequests und nicht AzureDiagnostics abgefragt werden kann. Weitere Dienste werden in den kommenden Monaten ihre eigene Tabelle unterstützen.

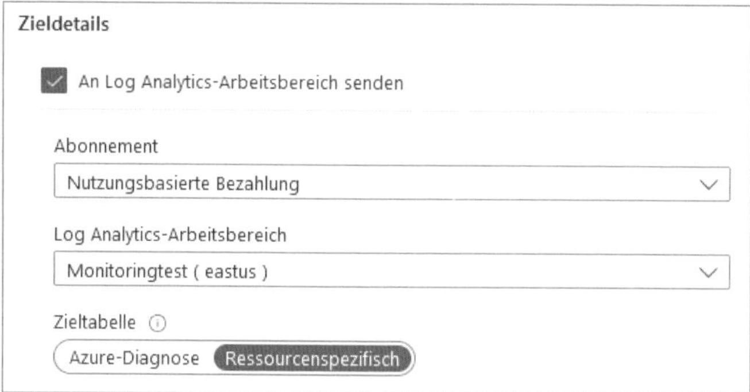

Abbildung 13-2 Einrichten eines Log Analytics-Arbeitsbereichs zur Protokollierung von Datenebenen-Interaktionen

Die Ausgabe einer Protokollabfrage mit KQL sieht wie in Abbildung 13-3 dargestellt aus.

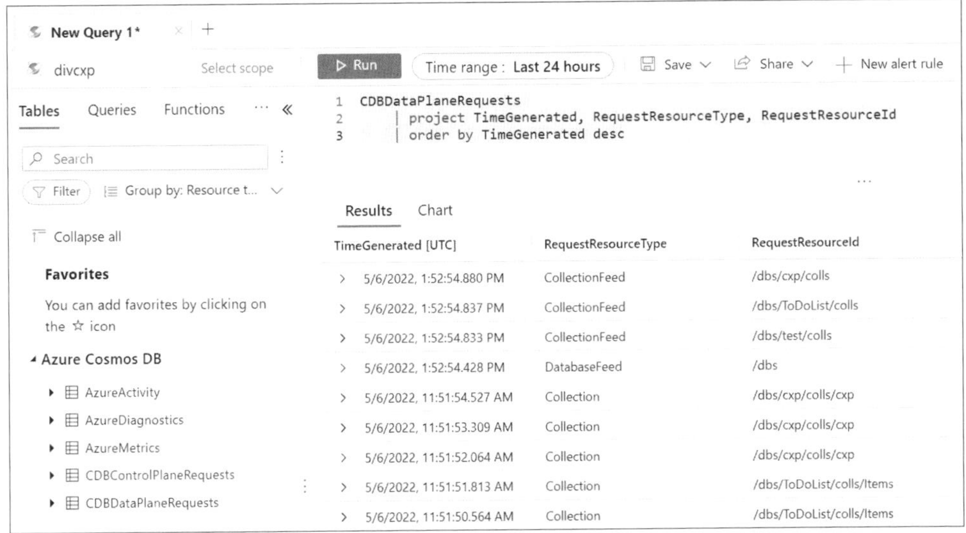

Abbildung 13-3 Verwenden von KQL zur Abfrage der Tabelle CDBDataPlaneRequests, um Cosmos DB-Interaktionen auf der Datenebene anzuzeigen

Wenn Sie Ressourcentoken verwenden, werden zwei weitere Eigenschaften protokolliert:

- **resourceTokenPermissionId** Die ID der Ressourcentoken-Berechtigung, die Sie angegeben haben.
- **resourceTokenPermissionMode** Der Berechtigungsmodus – alle oder lesen –, den Sie beim Erstellen des Ressourcentokens festgelegt haben.

Wenn Sie RBAC auf der Datenebene verwenden, werden Sie zwei weitere protokollierte Eigenschaften sehen:

- **aadPrincipalId** Die Microsoft Entra ID-Identität, die die Anfrage gestellt hat
- **aadAppliedRoleAssignmentId** Die Rollenzuweisung, die zur Genehmigung (oder Ablehnung) der Anfrage verwendet wird.

Verschlüsselung auf der Datenebene während der Übertragung

Auch hier kann nur TLS verwendet werden, und es kann nicht deaktiviert werden.

Netzwerkisolierung auf der Datenebene

Auf der Datenebene kann der Zugriff auf Cosmos DB über das Internet erfolgen, was nicht empfohlen wird. Alternativ kann es stärkere Netzwerkbeschränkungen verwenden, einschließlich der folgenden:

- **Cosmos DB-Firewall** Dies ist wie die Azure SQL-Datenbank-Firewall. Sie erlaubt den Zugriff auf den Dienst von einer Reihe von IP-Adressen unter Verwendung eines CIDR-Bereichs oder einer oder mehrerer einzelner IP-Adressen. Dies ist besonders nützlich, wenn Sie möchten, dass der Dienst nur auf den Datenverkehr vom Backend eines Load-Balancers oder einer Azure-Funktion hört und nicht auf andere IP-Adressen.

- **Dienstendpunkt** Sie können Azure Cosmos DB so konfigurieren, dass der Zugriff nur von einem bestimmten Teilnetz eines virtuellen Netzwerks (VNet) unter Verwendung eines Dienstendpunkts erlaubt ist. Dienstendpunkte ermöglichen es privaten IP-Adressen im VNet, den Endpunkt eines Azure-Dienstes, wie beispielsweise Cosmos DB, zu erreichen, ohne im VNet eine öffentliche IP-Adresse zu benötigen. Weitere Informationen finden Sie hier: *https://learn.microsoft.com/azure/cosmos-db/how-to-configure-vnet-service-endpoint*.
- **Privater Endpunkt** Dies ist der bevorzugte Mechanismus zur Einschränkung und Isolierung des Netzwerkzugriffs. Private Endpunkte ermöglichen Benutzern den Zugriff auf Azure Cosmos DB von innerhalb des VNet oder von einem beliebigen virtuellen Netzwerk mit Peering. Ressourcen, die privaten Endpunkten zugeordnet sind, sind auch vor Ort über privates Peering durch VPN oder Azure ExpressRoute zugänglich. Weitere Informationen finden Sie hier: *https://learn.microsoft.com/azure/cosmos-db/how-to-configure-private-endpoints*.

Kryptografische Schutzmaßnahmen für ruhende Daten

Cosmos DB bietet zwei Möglichkeiten, um ruhende Daten mit kryptografischen Maßnahmen zu schützen. Die erste ist im Wesentlichen die gleiche wie die von SQL Server verwendete TDE. Sie können entweder von Azure verwaltete Schlüssel oder Ihre eigenen, kundenseitig verwalteten Schlüssel (Customer-managed Keys, CMKs) verwenden, wenn Sie die Cosmos DB-Instanz einrichten.

Wenn Sie sich für kundenseitig verwaltete Schlüssel entscheiden, können Sie nicht zu plattformverwalteten Schlüsseln zurückwechseln. Sichern Sie die Schlüssel, wenn Sie kundenseitig verwaltete Schlüssel verwenden.

Die zweite Option für die Verschlüsselung von ruhenden Daten ist Always Encrypted. Dies ist neu in Cosmos DB.

Wir beziehen uns auf Always Encrypted auch als Verschlüsselung von Daten während der Verarbeitung. Wir erläutern Always Encrypted wesentlich ausführlicher am Ende dieses Kapitels, im Abschnitt »Verschlüsselung der Daten während der Verarbeitung: Always Encrypted«.

In Cosmos DB gilt Always Encrypted nur für die Standard-SQL-API. Mit MongoDB API v4.2 unterstützt Cosmos DB jedoch auch die clientseitige Feldverschlüsselung von MongoDB. Dies ist vergleichbar mit der Art und Weise, wie Always Encrypted in Azure SQL-Datenbank, SQL Server und Cosmos DB funktioniert. Sie können hier mehr erfahren: *https://azsec.tech/mce*.

Verschiedenes

Wie bei Azure SQL-Datenbank gibt es weitere Tools, die Sie verwenden oder konsultieren sollten, um Ihre Cosmos DB-Lösungen zu sichern. Dieser Abschnitt behandelt einige davon.

Microsoft Defender für Cosmos DB

Gerade befindet sich dieses neue Mitglied der Microsoft Defender-Familie in der Vorschau. Ereignisse aus der Microsoft Defender für Cosmos DB werden in Microsoft Defender für Cloud eingespeist. Dieses Tool kann Alarme für Folgendes auslösen:

- **Potenzielle SQL-Injection-Angriffe** Defender für Azure Cosmos DB erkennt sowohl erfolgreiche als auch fehlgeschlagene SQL-Injection-Versuche.
- **Anomale Datenbankzugriffsmuster** Dazu gehören Cosmos DB von einem TOR-Exit-Knoten, bekannte verdächtige IP-Adressen, ungewöhnliche Anwendungen oder ungewöhnliche Standorte.
- **Verdächtige Datenbankaktivität** Dazu gehören verdächtige Muster bei der Auflistung von Schlüsseln, die bekannten bösartigen lateralen Bewegungstechniken ähneln, und verdächtige Datenextraktionsmuster.

Microsoft Defender für Cosmos DB funktioniert nur mit der SQL/Core API.

Azure-Sicherheitsbaseline

Die Azure-Sicherheitsbaseline ist eine Reihe von empfohlenen Sicherheitspraktiken, um Azure-Dienste, einschließlich Cosmos DB, zu sichern. Die Baseline für Cosmos DB ist hier verfügbar: *https://learn.microsoft.com/security/benchmark/azure/baselines/azure-cosmos-db-security-baseline*.

Verschlüsselung der Daten während der Verarbeitung: Always Encrypted

Wie bereits erwähnt, sind kryptografische Maßnahmen eine wirksame letzte Verteidigungslinie gegen Kompromittierungen. Bei richtiger Anwendung sind kryptografische Maßnahmen auch ein Element eines soliden Zero-Trust-Designs, denn solange die Schlüssel gut geschützt sind, bekommt der Angreifer in einem angenommenen Ausbruchsszenario nichts, was für ihn von Wert ist. Das Problem mit der Verschlüsselung besteht darin, dass sie den Geschäftsbetrieb behindert! Sie steht also oft in einem Spannungsverhältnis zu geschäftlichen Anforderungen und Praktiken. Mit anderen Worten:

- Datenbanken sind so konzipiert, dass sie schnelle Datenabfragen ermöglichen, damit die Benutzer einen geschäftlichen Nutzen aus den Daten ziehen können.
- Die Verschlüsselung soll verhindern, dass Benutzer die Daten lesen können!

Diese beiden Ziele sind einander diametral entgegengesetzt. Always Encrypted kann jedoch dazu beitragen, die Kluft dazwischen zu überbrücken, indem sensible Daten verschlüsselt bleiben, während bestimmte SQL-Abfragen durchgeführt werden.

Always Encrypted ist mehr als Verschlüsselung. Ein besserer Name wäre vielleicht Always Protected. Das liegt daran, dass die Technologie neben der Verschlüsselung auch Integritätskontrollen umfasst.

In SQL Server gibt es zwei Arten von Always Encrypted:

- Immer verschlüsselt
- Immer verschlüsselt mit sicheren Enklaven

Cosmos DB unterstützt Always Encrypted, aber nicht Always Encrypted mit sicheren Enklaven. Always Encrypted mit sicheren Enklaven bietet mehr Flexibilität als Always Encrypted, wenn keine Enklaven verwendet werden.

Wir erklären sichere Enklaven ausführlicher in Kapitel 11, »Confidential Computing«. Die Kryptografie hinter Always Encrypted wird in Kapitel 10, »Kryptografie in Azure«, erläutert. Möglicherweise sollten Sie auch Anhang A, »Grundlegende kryptografische Techniken«, lesen, da dort einige kryptografische Grundlagen beschrieben werden.

Always Encrypted

Always Encrypted wird in allen aktuellen Versionen von SQL Server unterstützt, beginnend mit SQL Server 2016. Azure SQL-Datenbank und SQL Managed Instance unterstützen ebenfalls Always Encrypted. Auch Cosmos DB unterstützt Always Encrypted.

Always Encrypted ist ein clientseitiger Verschlüsselungs- und Entschlüsselungsmechanismus. Die kryptografischen Operationen werden vom *Clientcode* ausgeführt. Mit Clientcode ist der Code des SQL Server- oder Cosmos DB-Treibers gemeint, wie beispielsweise:

- ODBC-Treiber für SQL Server
- ADO.NET
- Microsoft.Data.SqlClient
- Microsoft.Azure.Cosmos

Die Kryptografie (Schlüsselentschlüsselung, Massendatenverschlüsselung und Entschlüsselung) wird nicht von SQL Server oder Cosmos DB durchgeführt. Dies hat einige Vorteile:

- Weder SQL Server noch Cosmos DB erleiden Leistungseinbußen bei der Durchführung der kryptografischen Operationen.
- Weder SQL Server noch Cosmos DB besitzen die Datenverschlüsselungsschlüssel.

Dieser letzte Punkt ist außerordentlich wichtig. Im Falle einer vollständigen Kompromittierung durch einen Angreifer sind auf dem Datenbankserver keine Datenverschlüsselungsschlüssel mehr zu finden. Der Angreifer erhält also nur den verschlüsselten Text für Spalten, die mit Always Encrypted verschlüsselt sind. Wie bereits erwähnt, ist dies ein gutes Design zur Unterstützung von Zero Trust.

Um den Text kurz und übersichtlich zu halten, werden wir uns im Folgenden auf die Verwendung von Always Encrypted mit SQL Server konzentrieren. Die Theorie und Praxis sind jedoch für Cosmos DB gleich. Am Ende dieses Abschnitts finden Sie einige Verweise auf Cosmos DB und Always Encrypted.

Wenn Sie Always Encrypted in einer Datenbank konfigurieren, müssen Sie Folgendes angeben:

- Welche Spalten Sie verschlüsseln möchten
- Welchen Schlüssel Sie für jede Spalte verwenden wollen
- Ob Sie die verschlüsselte Spalte abfragen wollen oder nicht

Schauen wir uns die einzelnen Punkte an.

Wenn Sie eine Tabelle erstellen, können Sie wählen, ob null oder mehr Spalten Always Encrypted verwenden sollen. Wenn Sie Spalten verschlüsseln möchten, verweisen Sie innerhalb der SQL Server-Konfiguration auf einen Azure Schlüsseltresor-URI. (Sie können auch den Windows-Zertifikatspeicher einsetzen.) Danach können Sie auswählen, welchen Spaltenhauptschlüssel (Column Master Key, CMK) und welchen Spaltenverschlüsselungsschlüssel (Column Encryption Key, CEK) Sie verwenden möchten. Sie können auch Tools wie SQL Server Management Studio oder PowerShell nutzen, um die Schlüssel generieren zu lassen. Sie können wählen, ob ein CMK einen CEK codieren soll (Key-Wrapping) oder ob ein CMK zwei oder mehr CEKs verschlüsseln soll. Das ist flexibel.

Der Einfachheit halber nehmen wir einen kundenseitig verwalteten Schlüssel, um einen CEK zu umhüllen.

- Der CMK ist ein RSA-Schlüssel und kann 2048, 3072 oder 4096 Bit lang sein.
- Der CEK ist ein 256-Bit-AES-Schlüssel.

Dieser nächste Teil ist wichtig: SQL Server *speichert den CEK nicht*. Vielmehr speichert er den CEK, der mit dem CMK codiert wurde. SQL Server hat keinen Zugriff auf den CMK. Wenn das noch nicht zu Ihnen durchgedrungen ist, lesen Sie noch einmal den letzten Satz. Nur der Client hat Zugriff auf den CMK im Schlüsseltresor.

Sie müssen geeignete RBAC-Richtlinien für den Schlüsseltresor haben, die den Zugriff auf den CMK nur auf die entsprechenden Benutzer oder Prozesse beschränken.

Sie können sehen, was SQL Server speichert, indem Sie die Tabelle sys.column_encryption_key_values abfragen. Die Spalte encrypted_value ist der CEK, der in den CMK codiert ist.

Das »Wrapping« des CEK bedeutet, dass der öffentliche Schlüssel des RSA-Schlüsselpaares zur Verschlüsselung des AES CEK verwendet wird.

Zum Entschlüsseln nimmt der Client den privaten Schlüssel des RSA-Schlüsselpaares aus dem Schlüsseltresor, um den CEK zu entschlüsseln.

Wie in Abbildung 13-4 dargestellt, kann SQL Server diesen Blob nicht entschlüsseln, da er keinen Zugriff auf den RSA-Spaltenmasterschlüssel hat. In SQL Server ist kein Code zum Lesen des Spaltenmasterschlüssels vorhanden.

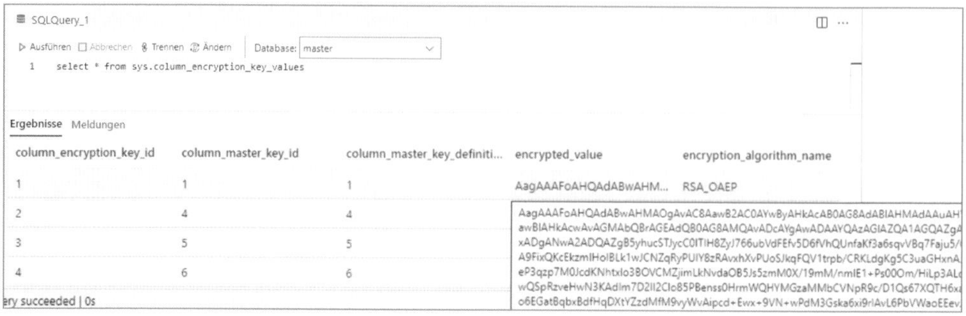

```
select * from sys.column_encryption_key_values
```

column_encryption_key_id	column_master_key_id	column_master_key_definiti...	encrypted_value	encryption_algorithm_name
1	1	1	AagAAAFoAHQAdABwAHM...	RSA_OAEP
2	4	4		
3	5	5		
4	6	6		

Abbildung 13-4 Abfrage der Tabelle sys.column_encryption_key_values, um die verschlüsselten Spaltenverschlüsselungsschlüssel anzuzeigen

Die nächste Entscheidung ist, ob Sie verschlüsselte Spalten abfragen wollen. Davon hängt ab, welchen Modus Sie für die Verschlüsselung der Spalte verwenden. Dafür gibt es zwei Möglichkeiten:

- **Deterministische Verschlüsselung** Wenn Sie diese Option wählen, ist der Initialisierungsvektor (IV) für die Daten der zu verschlüsselnde Klartext. Das bedeutet, dass zwei Klartexte denselben verschlüsselten Text besitzen, was aber entscheidend ist, damit Ihr Code die verschlüsselten Daten abfragen kann. Die deterministische Verschlüsselung ermöglicht es Ihnen, Gleichheits- und Ungleichheitsabfragen über die verschlüsselte Spalte durchzuführen.
- **Randomisierte Verschlüsselung** Wenn Sie diese Option verwenden, ist der Initialisierungsvektor kryptografisch zufällig und die Chiffretextwerte können nicht abgefragt werden.

Die Entscheidung zwischen randomisierter und deterministischer Verschlüsselung ändert sich bei Enklaven dramatisch, ebenso wie die Schlüsselverwaltung. Wir werden dies gleich erläutern.

Wie funktioniert das Ganze also? Schauen wir uns den Lebenszyklus einer Datenbankverbindung und das Einfügen und Abrufen einer Datenzeile mit Always Encrypted an. Der Clientcode muss bei der Verbindung mit SQL Server angeben, dass er die Vorteile von Always Encrypted nutzen möchte. Dies ist ein Schlüssel-Wert-Paar, das der Verbindungszeichenfolge hinzugefügt wird:

```
ColumnEncryptionSetting=enabled
```

Die Verbindungszeichenfolge kann mit folgendem Code erstellt werden:

```
SqlConnectionStringBuilder builder = new SqlConnectionStringBuilder();
builder.DataSource = <Servername>;
builder.InitialCatalog = <dbname>;

// Andere Einstellungen
builder.ColumnEncryptionSetting = SqlConnectionColumnEncryptionSetting.Enabled;
```

```
SqlConnection conn = new SqlConnection(builder.ConnectionString);
conn.Open();
```

Wenn Ihr Code eine Verbindung zu SQL Server herstellt, der für Always Encrypted konfiguriert ist, werden verschiedene Metadaten an den Client gesendet, darunter die folgenden:

- Der Ort, an dem sich der RSA-Schlüssel befindet (zum Beispiel ein Schlüsseltresor-URI)
- Details darüber, welche Spalten verschlüsselt werden
- Die deterministischen oder randomisierten Daten
- Der Blob, der den umhüllten AES-Spaltenverschlüsselungsschlüssel enthält

Das Konto, das die Always Encrypted-Schlüssel konfiguriert, muss über die Berechtigungen ALTER ANY COLUMN MASTER KEY (beliebigen Spaltenhauptschlüssel ändern) und ALTER ANY COLUMN ENCRYPTION KEY (beliebigen Spaltenverschlüsselungsschlüssel ändern) verfügen, um einen Spaltenhauptschlüssel bzw. einen Spaltenverschlüsselungsschlüssel zu erstellen und zu löschen.

Solange der Client auf SQL Server und den Schlüsseltresor zugreifen kann, um den CMK zu erhalten und dann den »eingepackten« AES-Schlüssel zu entschlüsseln, hat er den 256-Bit-AES-Schlüssel im Speicher, der zum Ver- und Entschlüsseln von Datenspalten verwendet werden kann. Denken Sie daran, dass es mehr als einen Satz von Schlüsseln geben kann, aber wir werden uns nur auf einen CMK und einen CEK konzentrieren. Beim Einsatz von Key Vault wird die Schlüsselentschlüsselung innerhalb der Grenzen des Schlüsseltresors durchgeführt, und der RSA-CMK kann ein Hardware-Schlüssel des Typs RSA-HSM sein.

Rufen Sie sich bitte in Erinnerung, dass wir in Kapitel 4 ein COVID-Szenario für ein Impfzentrum vorgestellt haben. Wir kehren hier zu diesem Szenario zurück, wobei wir in diesem Fall eine Tabelle mit dem Namen *Clinic* verwenden, die nur eine kleine Anzahl von Spalten hat:

```
CREATE TABLE Clinic
(
    ID int NOT NULL,
    LastName varchar(64),
    FirstName varchar(64),
    Address varchar(255),
    City varchar(64),
    State char(2),
    ZIP varchar(12),
    TaxID char(11)
);
```

Wir werden auch einen Index für die Spalte TaxID erstellen:

```
CREATE INDEX taxIdIndex on [dbo].[Clinic] (TaxID)
```

Von diesen Spalten wird nur die letzte, TaxID, Always Encrypted mit deterministischer Verschlüsselung verwenden, da wir nach diesem Feld suchen wollen. Für die TaxID-Spalte ist keine zusätzliche Syntax erforderlich, da die Always Encrypted-Konfiguration außerhalb der Tabelle erfolgt und von der SQL Server- (oder Cosmos DB-) Engine gehandhabt wird.

Wenn Sie möchten, können Sie T-SQL verwenden, um Tabellen für Always Encrypted zu konfigurieren, indem Sie eine Syntax wie die folgende nutzen:

```
CREATE TABLE Clinic
(
   -- andere Spalten
   TaxID var (11)
      ENCRYPTED WITH (COLUMN_ENCRYPTION_KEY = ClinicCEK,
      ENCRYPTION_TYPE = DETERMINISTIC,
      ALGORITHM = 'AEAD_AES_256_CBC_HMAC_SHA_256'),
);
```

SSN oder NIN?

In den Vereinigten Staaten würde die Sozialversicherungsnummer eines Benutzers die TaxID sein. Das mag zynisch klingen, aber in den Vereinigten Staaten sollte die Social Security Number (SSN), Sozialversicherungsnummer) eigentlich in National Identity Number (NIN) umbenannt werden, denn die SSN einer Person wird für viel mehr als nur für den Zugang zur Sozialversicherung verwendet. Da es sich tatsächlich um eine nationale Identitätsnummer handelt, ist sie ein beliebtes Ziel für böswillige Akteure.

Unser Code fügt eine Zeile in SQL Server ein, etwa so:

```
INSERT dbo.Clinic

VALUES (1001, 'Andrews', 'Lisa', '909 Catherine St, 'Brandon', 'FL', '33509',
'123-45-6789')
```

Hier beginnt die Magie. Unmittelbar bevor der SQL-Treiber die Zeile an SQL Server sendet, prüft er, ob irgendwelche Spalten verschlüsselt werden müssen. In diesem Beispiel soll die Spalte TaxID mit deterministischer Verschlüsselung verschlüsselt werden. Der Treiber verfügt über den 256-Bit-AES-Schlüssel und verwendet ihn zur Verschlüsselung der TaxID. Es handelt sich jedoch nicht nur um eine Verschlüsselung; der Treibercode erstellt auch einen HMAC, um sicherzustellen, dass die Daten nicht manipuliert wurden. Der Treiber konvertiert die ursprüngliche INSERT-Anweisung in etwas, das wie folgt aussieht:

```
INSERT dbo.Clinic

VALUES (1001, 'Andrews', 'Lisa', '909 Catherine St, 'Brandon', 'FL', '33509',
'MDFvdS9rb21 --snip-- FqTQzNBLOdjO93PQ==')
```

Die TaxID liegt nicht mehr im Klartext vor, sondern ist nun verschlüsselt und ein HMAC.

SQL Server nimmt die Zeile entgegen, fügt sie in die Tabelle ein und aktualisiert den Index. Beachten Sie, dass der Index kein Klartext ist, obwohl wir ihn als Index auf eine Klartext-Tax-ID eingerichtet haben. Der Index wird nun zu einem Index über Chiffretextdaten.

Nehmen wir an, dass irgendwann in der Zukunft jemand die Tabelle abfragen möchte, um eine bestimmte TaxID zu finden. Beachten Sie, dass es nicht ausreicht, nur Zugriff auf die Datenbank und die entsprechenden Schlüssel zu haben. Ihre Benutzer benötigen in der Datenbank auch die Berechtigungen VIEW ANY COLUMN MASTER KEY DEFINITION (beliebige Spaltenmasterschlüsseldefinition anzeigen) und VIEW ANY COLUMN ENCRYPTION KEY DEFINITION (beliebige Spaltenverschlüsselungsschlüsseldefinition anzeigen). Um die Daten abzufragen, können wir die folgende T-SQL-Anweisung verwenden:

```
DECLARE @TaxID CHAR(11) = '123-45-6789'

SELECT Lastname, Firstname FROM Clinic WHERE TaxID=@TaxID
```

Sie müssen deklarierte Variablen einsetzen, um eine Abfrage auf einer Always Encrypted-Spalte durchzuführen. Sie können kein String-Literal verwenden, wie beispielsweise `WHERE TaxID='123-45-678'`.

Der SQL-Treiber auf dem Client erkennt, dass TaxID eine verschlüsselte Spalte ist, und verschlüsselt die Daten mit dem AES-Schlüssel, der sich im Speicher des Clients befindet. Die Abfrage lautet also wie folgt:

```
SELECT Lastname, Firstname FROM Clinic WHERE
   TaxID='MDFvdS9rb21--snip--FqTQzNBLOdjO93PQ=='
```

Wenn der Server die Anfrage erhält, führt er die Abfrage anhand der verschlüsselten TaxID durch, wobei auch der Index verwendet wird, sofern dies im Ausführungsplan vorgesehen ist. Anstatt also diese Frage zu beantworten:

```
Ist "123-45-6789" gleich "123-45-6789"?
```

stellt der Server diese Frage:

```
Ist "MDFvdS9rb21--snip--FqTQzNBLOdjO93PQ==" gleich
"MDFvdS9rb21--snip--FqTQzNBLOdjO93PQ=="?
```

Die Datenbankabfrage-Engine vergleicht die beiden Sätze der Chiffretextdaten – die in der Datenbank und die anderen, die als Abfrageargument eingegeben wurde. Es ist sehr wichtig, dies zu verstehen. SQL Server verschlüsselt oder entschlüsselt nichts; der eigentliche Vergleichsvorgang wird durch den Vergleich zweier Sätze von verschlüsseltem Text durchgeführt. Wenn Sie eine Tabelle haben, die mehr als eine verschlüsselte Spalte enthält, und die Spalte an den Client zurückgegeben wird, wird auch diese beim Client entschlüsselt.

Es gibt eine große Einschränkung bei Always Encrypted: Sie können auf verschlüsselten Spalten nur Gleichheits- oder Ungleichheitsoperationen durchführen, und auch nur dann, wenn diese für die deterministische Verschlüsselung konfiguriert sind. Daher funktionieren dann zum Beispiel die folgenden Operatoren:

- =
- <>

Die folgenden Operatoren funktionieren jedoch nicht, da es sich nicht um Gleichheits- oder Ungleichheitsoperationen handelt:

- `>=`
- `like`

Außerdem funktioniert dies nur mit Spalten, die für eine deterministische Verschlüsselung gekennzeichnet sind, bei der der Klartext (in diesem Fall "123-45-6789") als Initialisierungsvektor (IV) verwendet wird. Die randomisierte Verschlüsselung nutzt einen zufälligen Initialisierungsvektor und unterstützt keine Abfragen über verschlüsselte Spalten, die eine randomisierte Verschlüsselung nutzen. Zufallsverschlüsselte Spalten können immer noch in der Ergebnismenge zurückgegeben und vom Client-Treiber entschlüsselt werden; Sie können nur keine Abfrage über eine mit randomisierter Verschlüsselung verschlüsselte Spalte durchführen.

Praktische Erfahrungen: Randomisiert vs. deterministisch

Michael, einer der Autoren, arbeitete mit einem großen Kunden aus der Finanzbranche zusammen, der Always Encrypted verwenden wollte, aber es gab ein großes Problem. Der Kunde verlangte, dass Datenelemente wie SSNs »korrekt verschlüsselt« werden, was bedeutete, dass bei der Verschlüsselung der Daten ein zufälliger Initialisierungsvektor eingesetzt wurde. Er wollte aber auch Abfragen über diese Spalte durchführen, was bei zufälligen Spalten nicht möglich ist.

Um dieses Problem zu lösen, behielt das Unternehmen die SSN-Spalte bei und fügte in die Tabelle die Spalte Last4SSN hinzu. Die SSN-Spalte verwendete eine zufällige Verschlüsselung, während die Last4SSN-Spalte eine deterministische Verschlüsselung einsetzte. Daher könnte eine Abfrage wie diese:

```
DECLARE @last4 = '1234'
SELECT Surname, Firstname, SSN from Customer where Last4SSN=@last4
```

etwa folgende Daten ergeben:

Surname	Firstname	SSN	Last4SSN
Hill	Andrew	123-37-1234	1234
Lidmann	Anna	872-65-1234	1234
Ruivo	Pedro	611-88-1234	1234
Misiec	Anna	872-65-1234	1234

→

Die SSN wird erst dann entschlüsselt, wenn die Daten auf dem Client entschlüsselt und dann angezeigt werden.

Beachten Sie auch, dass zwei Annas die gleiche SSN haben: Anna Misiec und Anna Lidman. Vielleicht hat Anna irgendwann in ihrem Leben ihren Namen geändert, aber ihre SSN ist dieselbe geblieben. Da die SSN in diesem Fall mit einer zufälligen Verschlüsselung verschlüsselt wird, ist der Chiffriertext unterschiedlich. Dies wäre nicht der Fall, wenn die SSN mit deterministischer Verschlüsselung verschlüsselt würde; sie hätten denselben IV (den Klartext, in diesem Fall die SSN selbst), und der Chiffretext wäre derselbe.

Weitere Informationen zu Always Encrypted mit dem ADO.NET SQL-Client finden Sie hier: *https://learn.microsoft.com/sql/connect/ado-net/sql/sqlclient-support-always-encrypted*.

Bei der Diskussion über Always Encrypted sind Ihnen vielleicht einige Einschränkungen aufgefallen, darunter die folgenden:

- Die Anforderung, zur Abfrage einer verschlüsselten Spalte eine deterministische Verschlüsselung zu verwenden
- Die Unfähigkeit, SQL-Anweisungen jenseits von = und <> zu verwenden

Einige dieser Beschränkungen werden aufgehoben, wenn Sie Always Encrypted mit sicheren Enklaven nutzen, was wir als Nächstes behandeln.

Always Encrypted mit sicheren Enklaven

Sichere Enklaven sind ein besonders geschützter Speicherbereich, der Angriffen von abtrünnigen Administratoren und abtrünnigen Cloudbetreibern widerstehen soll. Dies ist wichtig. In einer Zero-Trust-Umgebung vertrauen Sie niemandem, auch nicht den Administratoren und den Personen, die Ihre Anwendungen hosten. Sichere Enklaven sind eine wichtige Lösung für einige Zero-Trust-Szenarien. Wir erläutern sichere Enklaven in Kapitel 11 wesentlich ausführlicher.

SQL Server führt einen Teil seiner Abfrage-Engine in einer sicheren Enklave aus.

Always Encrypted mit sicheren Enklaven unterscheidet sich insofern von Always Encrypted, als es die Ver- und Entschlüsselung von Daten auf dem Server durchführt, allerdings nur innerhalb einer sicheren Enklave. Der Klartext ist für niemanden auf dem Server einsehbar. Genau wie bei Always Encrypted ohne sichere Enklaven wird die endgültige Entschlüsselung auf dem Client durchgeführt, sofern dieser Zugriff auf die Daten in der Datenbank und den Verschlüsselungsschlüssel im Schlüsseltresor hat.

Azure SQL-Datenbank unterstützt Always Encrypted mit sicheren Enklaven, aber um dies zu nutzen, müssen Sie spezifische Compute-Hardware wählen. Um eine Azure SQL-Datenbank bereitzustellen, die sichere Enklaven verwendet, führen Sie die Bereitstellung wie gewohnt durch, wählen Sie jedoch bei der SQL-Hardwarekonfiguration die Option *DC-Serie* aus. Sie können dann eine VM der DC-Serie auswählen. Diese VMs verfügen über CPUs mit Software Guard Extensions (SGX), die die Unterstützung für sichere Enklaven bieten.

Lokale SQL Server und SQL Server in einer Windows-VM verwenden kein SGX. Sie nutzen eine andere Enklaventechnologie namens virtualisierungsbasierte Sicherheit (Virtualization-based Security, VBS). Kapitel 11 geht auf diese Technologie ein.

Wenn Sie Ihre Azure SQL-Datenbank konfigurieren, können Sie die zugrunde liegende Hardware im Abschnitt *Compute + Speicher* einstellen, wie in Abbildung 13-5 gezeigt.

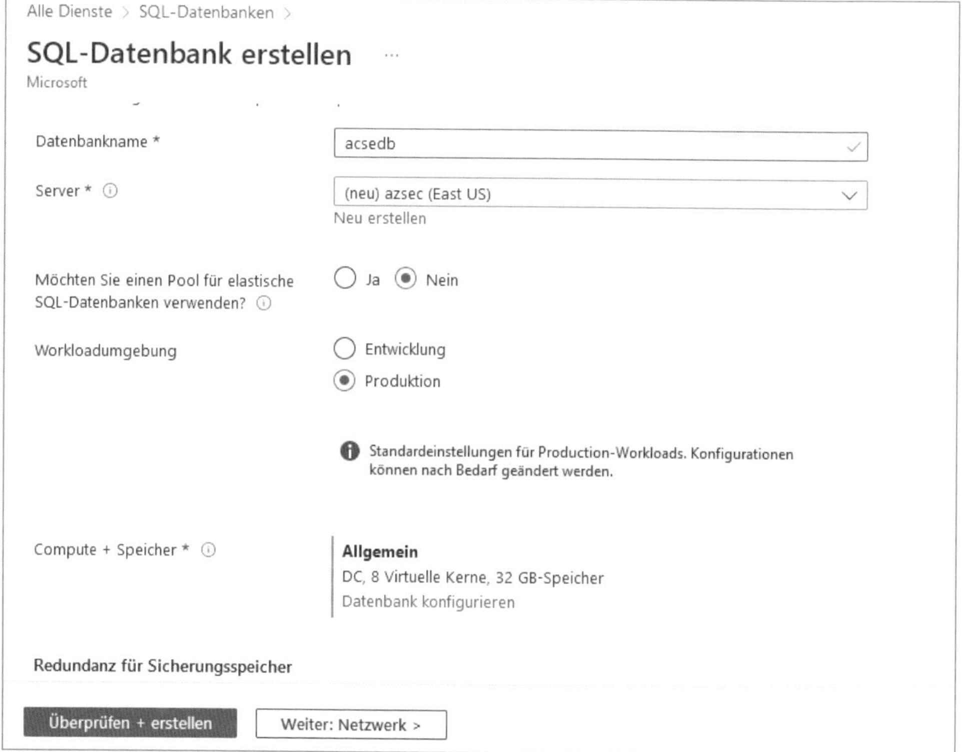

Abbildung 13-5 Auswählen der Azure SQL-Datenbank-Hardwarekonfiguration zur Unterstützung sicherer Enklaven

VMs der DC-Serie stehen nicht in allen Azure-Regionen zur Verfügung. Stellen Sie daher Ihre Azure SQL-Datenbank in einer unterstützten Region bereit, wenn Sie Always Encrypted mit sicheren Enklaven verwenden möchten. Sie können unter *https://azure.microsoft.com/explore/global-infrastructure/products-by-region/?products=virtual-machines* nach der Verfügbarkeit von VMs suchen; suchen Sie auf dieser Webseite nach *DCsv2-Serie*.

Wenn Sie gerade erst mit sicheren Enklaven beginnen, hier ein kleiner Tipp. Die Kosten für VMs der DCsv2-Serie sind höher als bei vielen anderen VM-Typen. Wenn Sie mit einem begrenzten Azure-Abonnement lernen, können Sie Geld sparen, indem Sie die Rechenleistung von einer VM der DCsv2-Serie auf einen kleineren VM-Typ verschieben, wenn Sie die Datenbank nicht verwenden. Denken Sie daran, die Rechenleistung zurück nach DCsv2 zu verschieben, wenn Sie erneut Ihre Always Encrypted-Tests starten möchten.

Entwerfen von Lösungen mit Always Encrypted

Sie können nicht ein bestehendes System nehmen, Always Encrypted aktivieren und erwarten, dass es funktioniert. Das wird es nicht. Viele SQL-Anweisungen werden Ausnahmen auslösen. Die einzige Möglichkeit, Always Encrypted effektiv zu nutzen, besteht darin, Ihre Lösung von Anfang an so zu gestalten, dass Always Encrypted berücksichtigt wird. Wahrscheinlich müssen Sie Änderungen an Ihren Tabellenkonfigurationen vornehmen und SQL-Anweisungen so ändern, dass sie mit Always Encrypted korrekt funktionieren. Angesichts der gewonnenen Sicherheitsvorteile lohnt sich der Aufwand.

Um Always Encrypted mit sicheren Enklaven zu nutzen, müssen Sie die bereitgestellte Computeebene verwenden. Serverless wird nicht unterstützt.

Der Hauptgrund für den Einsatz von Always Encrypted mit sicheren Enklaven im Vergleich zu Always Encrypted ohne Enklaven sind die zusätzlichen Möglichkeiten und Funktionen, die Sie durch sichere Enklaven erhalten, da der verschlüsselte Text innerhalb der Enklave entschlüsselt wird, in der er abgefragt wird. Zu den Vorteilen gehört eine bessere Unterstützung für mehr SQL-Anweisungen, wie Vergleichsoperatoren (`LIKE`, `BETWEEN`), Join-Vorgänge (`GROUP BY`, `ORDER BY`) und mehr. Noch besser ist, dass diese Operatoren über Spalten mit randomisierter Verschlüsselung ausgeführt werden können. Gleichheitsoperationen (gleich und nicht gleich) werden jedoch über deterministische Spalten ausgeführt, da der Vergleich über den Chiffretext erfolgt, genau wie bei Always Encrypted ohne sichere Enklaven.

Azure Attestation und sichere Enklaven

Azure Attestation (Nachweis) ist ein wichtiger Bestandteil von sicheren Enklaven. Hiermit wird überprüft, ob der in eine sichere Enklavenumgebung geladene Code korrekt (also nicht geändert) und nicht bösartig ist. Der SQL Server-Code verarbeitet in der Enklave vertrauliche Daten, und es ist zwingend erforderlich, dass der Code gültig ist. Azure SQL-Datenbank verwendet Microsoft Azure Attestation; für SQL Server in einer VM oder On-Premise wird der Nachweis durch den Host Guardian Service durchgeführt. Bei SQL Server und Azure SQL-Datenbank ist der Code, der in die Enklave geladen wird, Teil der SQL-Abfrage-Engine. In Kapitel 11 wird das Thema Nachweis ausführlicher erläutert.

Cosmos DB und Always Encrypted

Anfang 2022 veröffentlichte Cosmos DB die Unterstützung für Always Encrypted. Die Technologie entspricht der Always Encrypted-Technologie in SQL Server, jedoch unterstützt Cosmos DB keine sicheren Enklaven.

Um Always Encrypted zu verwenden, müssen Sie die REST-APIs entweder direkt oder über ein Cosmos DB Client SDK aufrufen. Die beiden Pakete, die Always Encrypted unterstützen, sind wie folgt:

- **.NET** Microsoft.Azure.Cosmos.Encryption
- **Java** azure.cosmos.encryption

Das Verfahren zur Aktivierung und anschließenden Verwendung von Always Encrypted umfasst die folgenden Schritte:

1. Richten Sie einen Schlüsseltresor ein.
2. Verbinden Sie sich mit Cosmos DB.
3. Erstellen Sie einen Datenverschlüsselungsschlüssel.
4. Legen Sie die Verschlüsselungsrichtlinie für den Container fest.

Wir stellen die einzelnen Schritte in den folgenden Abschnitten vor.

Schlüsseltresor einrichten

Zunächst müssen Sie einen Schlüsseltresor einrichten und einen RSA-Schlüssel erstellen. Dieser kann 2048, 3072 oder 4096 Bit lang sein und ist entweder ein Softwareschlüssel (vom Typ RSA) oder ein Hardwareschlüssel (vom Typ RSA-HSM).

Für Cosmos DB müssen Sie den Schlüsselnamen und die Versionsnummer kennen. Sie können den vollständigen Schlüsselbezeichner im Azure-Portal erhalten, indem Sie auf den Schlüsselnamen und dann auf die Versionsnummer klicken. Der vollständige Schlüsselbezeichner sieht wie folgt aus:

https://kv-xxxxxxx-tst.vault.azure.net/keys/CMKAuto1/d78590f4ee3f4277b55b17c7c5ae595d

Der Client, der dieses System verwendet, muss Zugriff auf den Schlüsseltresor haben. Wie in Kapitel 10, »Kryptografie in Azure«, beschrieben, unterstützt Schlüsseltresor zwei Autorisierungsmodelle: ein Zugriffsrichtlinienmodell sowie die rollenbasierte Zugriffssteuerung (Azure RBAC).

Wenn Sie das klassische Zugriffsrichtlinienmodell einsetzen, benötigt das Konto, das auf den Schlüsseltresor zugreift, die Berechtigungen für die folgenden Vorgänge:

- GET und LIST
- SIGN und VERIFY
- WRAP KEY und UNWRAP KEY

Bei dem neueren Azure RBAC-Modell gewähren Sie dem Konto einfach die Rolle Key Vault-Kryptografiebenutzer (Key Vault Crypto User). Unter *https://learn.microsoft.com/azure/role-based-access-control/built-in-roles#key-vault-crypto-user* finden Sie weitere Informationen.

Denken Sie daran: Cosmos DB greift nicht auf Schlüsseltresor zu. Ihre Benutzer und verwalteten Identitäten der Anwendung greifen auf Schlüsseltresor zu, um den RSA-Schlüssel zu erhalten. Wenn eine Umgebung, die Cosmos DB verwendet, kompromittiert wird, kann der RSA-Schlüssel nicht über Cosmos DB abgerufen werden. Dies ist ein Beispiel für glaubhafte Bestreitbarkeit.

Verbindung zu Cosmos DB herstellen

Um sich mit Cosmos DB zu verbinden, erstellen Sie eine `CosmosClient()`-Instanz, die `WithEncryption()` verwendet. Zum Beispiel:

```
using Azure.Identity;
using Microsoft.Azure.Cosmos;
using Microsoft.Azure.Cosmos.Encryption;
using Azure.Security.KeyVault.Keys.Cryptography;

var tokenCredential = new DefaultAzureCredential();
var keyResolver = new KeyResolver(tokenCredential);
var client = new CosmosClient(<Connection String>)
   .WithEncryption(keyResolver, KeyEncryptionKeyResolverName.AzureKeyVault);
```

Schlüssel zur Datenverschlüsselung erstellen

Als Nächstes müssen Sie einen Datenverschlüsselungsschlüssel erstellen. Dies können Sie mit folgendem Code tun:

```
var database = client.GetDatabase(<db name>);
await database.CreateClientEncryptionKeyAsync(
   "keyDEK",
   DataEncryptionAlgorithm.AeadAes256CbcHmacSha256,
   new EncryptionKeyWrapMetadata(
```

```
        KeyEncryptionKeyResolverName.AzureKeyVault,
        "keyCMK", // Anzeigename
        akvUrl,
        EncryptionAlgorithm.RsaOaep.ToString()));
```

In diesem Code gibt es zwei Verweise auf Verschlüsselungsverfahren:

- AeadAes256CbcHmacSha256 ist der Algorithmus, der zum Schutz (Verschlüsselung und MAC) Ihrer Daten verwendet wird. Er nutzt den Datenverschlüsselungsschlüssel, um kryptografische Operationen für Massendaten durchzuführen.
- RsaOaep ist der Algorithmus, mit dem der Datenverschlüsselungsschlüssel verpackt wird.

Verschlüsselungsrichtlinie für den Container festlegen

Schließlich legen Sie die Verschlüsselungsrichtlinie für den Container fest. Dazu können Sie Code wie den folgenden einsetzen:

Sobald die Verschlüsselungsrichtlinie festgelegt ist, kann sie nicht mehr geändert werden.

```
var pathSsn4Digits = new ClientEncryptionIncludedPath {
    Path = "/ssn4digits",
    ClientEncryptionKeyId = "keyDEK",
    EncryptionType = EncryptionType.Deterministic.ToString(),
    EncryptionAlgorithm = DataEncryptionAlgorithm.AeadAes256CbcHmacSha256
};
var pathSsn = new ClientEncryptionIncludedPath {
    Path = "/ssn",
    ClientEncryptionKeyId = "keyDEK",
    EncryptionType = EncryptionType.Randomized.ToString(),
    EncryptionAlgorithm = DataEncryptionAlgorithm.AeadAes256CbcHmacSha256
};
await database.DefineContainer("clinic", "/partition-key")
    .WithClientEncryptionPolicy()
    .WithIncludedPath(pathSsn4Digits)
    .WithIncludedPath(pathSsn)
    .Attach()
    .CreateAsync();
```

Ein vollständiges C#- und Java-Beispiel ist hier verfügbar: *https://learn.microsoft.com/azure/cosmos-db/how-to-always-encrypted?tabs=dotnet*.

SQL Injection

Zum Abschluss dieses Kapitels möchten wir sicherstellen, dass Sie verstehen, dass SQL Server, Azure SQL-Datenbank, SQL Server Managed Instance und Cosmos DB allesamt Gegenstand von SQL-Injection-Angriffen sind. In Kapitel 9, »Secure Coding«, wird das Problem der Einschleusung ausführlich erläutert, aber wir wollen sie auch hier kurz beschreiben.

Bei SQL Injection handelt es sich nicht um eine Schwachstelle im Server. Es handelt sich vielmehr um eine Schwachstelle in der Art und Weise, wie der Aufrufer SQL-Anweisungen konstruiert. Es ist unbedingt erforderlich, dass der von Ihnen geschriebene Code zur Erstellung von SQL-Anweisungen korrekte Codierungskonstrukte einsetzt. Das bedeutet in der Regel:

- Verwenden Sie keine Zeichenfolgenverkettung, um SQL-Anweisungen zu erstellen.
- Verwenden Sie parametrisierte Abfragen, um SQL-Anweisungen zu erstellen.

  Für Cosmos DB-Clientcode können Sie Code wie den folgenden in C# nutzen:

```
var queryDefinition = container.CreateQueryDefinition(
    "SELECT * FROM c where c.id = @ID");
await queryDefinition.AddParameterAsync(
    "@ID",
    id,
    "/id");
```

Oder in Java:

```
SqlQuerySpecWithEncryption = new SqlQuerySpecWithEncryption(
    new SqlQuerySpec("SELECT * FROM c where c.id = @ID"));
sqlQuerySpecWithEncryption.addEncryptionParameter(
    "/id", new SqlParameter("@ID", id));
```

In diesen Beispielen ist die Variable `id` nicht vertrauenswürdig, wird aber sicher gemacht, weil wir Parameter einsetzen. Für SQL Server können Sie Code schreiben, wie es dieses C#-Codefragment zeigt:

```
var sqlCmd = "select SalesPerson from Sales where mon = @month";
var cmd = new SqlCommand(sqlCmd, conn);
cmd.Parameters.Add("@month", System.Data.SqlDbType.Int);
cmd.Parameters["@month"].Value = month;
```

In diesem Beispiel ist `month` die nicht vertrauenswürdige Variable.

Zusammenfassung

Azure speichert unermessliche Mengen an vertraulichen Daten in Datenbanken, und diese Daten müssen um jeden Preis geschützt werden. Mit den in diesem Kapitel beschriebenen Strategien und einem guten Bedrohungsmodell ergreifen Sie die geeigneten Maßnahmen zum Schutz Ihrer Daten.

SQL Server, Azure SQL-Datenbank, Azure SQL Managed Instance und Cosmos DB bieten alle umfangreiche Schutzmechanismen, und Sie sollten so viele dieser Schutzmechanismen wie möglich nutzen, um Ihre Daten zu schützen.

KAPITEL 14

CI/CD-Sicherheit

Am Ende dieses Kapitels

- können Sie die Pipeline, den Bereitstellungsagent und die Zielressourcen absichern.
- wissen Sie, wie Sie Pull-Requests (PR) und PROD-Bereitstellungsgenehmigungen formulieren und anwenden.
- sind Sie in der Lage, während des Bereitstellungsprozesses Dienstprinzipale zu nutzen.

Was ist CI/CD?

Continuous Integration and Continuous Deployment – kurz CI/CD – ist das derzeit beste Verfahren für die Entwicklung und Bereitstellung einer Anwendung in Produktionsumgebungen. CI/CD umfasst eine Reihe automatisierter Arbeitsabläufe zum kontinuierlichen Erstellen, Testen und Integrieren von Codeänderungen (kontinuierliche Integration) und zur Bereitstellung dieser Änderungen (kontinuierliche Bereitstellung). Zusammen bilden diese Arbeitsabläufe eine CI/CD-Pipeline.

Wenn Sie mit CI/CD nicht vertraut sind, finden Sie hier weitere Informationen: ***https://resources.github.com/ci-cd.***

CI/CD-Tools

Es gibt viele Tools, die verschiedene Phasen der CI/CD-Pipeline unterstützen. Einige dieser Tools lassen sich in ein Quellcode-Repository integrieren, andere verwalten Arbeitselemente (work items), und wieder andere enthalten Plug-ins mit allen möglichen nützlichen und konfigurierbaren Funktionen.

Azure DevOps und GitHub-Pipelines sind zwei Beispiele für CI/CD-Tools. Beide sind in ihr eigenes Repository integriert und bieten die Verwaltung von Arbeitselementen (in GitHub als *Issues* bezeichnet). Beide bieten auch manuelle Bereitstellungsgenehmigungen für Umgebungen (zum Beispiel PROD), die unabhängig von der Pipelinedefinition sind und separat über RBAC gesteuert werden. Ein weiteres CI/CD-Tool ist Jenkins. Es basiert vollständig auf erweiterbaren Plug-ins zur Integration mit mehreren externen Repository-Anbietern, Work-Item-Tracking-Systemen und Genehmigungsprozessen. Der Vorteil von Jenkins ist seine Flexibilität, aber diese Flexibilität kann auch ein Sicherheitsrisiko darstellen. Wenn beispielsweise die Definition der Pipeline nicht sorgfältig gepflegt wird, können gewiefte Angreifer, die Schreibzugriff auf diese Pipelinedefinition erlangen, viele Standardverfahren umgehen, wie zum Beispiel das Erfordernis einer Genehmigung durch das Deployment Gate.

Die Wahl eines CI/CD-Tools ist eine individuelle Entscheidung und beinhaltet oft einen Kompromiss zwischen unendlicher Konfigurierbarkeit und einer gewissen vorgegebenen Struktur. Wir bevorzugen Azure DevOps oder GitHub aufgrund ihres strukturierteren Ansatzes, da dies das Risiko einer falsch konfigurierten Pipeline verringert und eine bessere Funktionstrennung ermöglicht.

Quellcodesysteme und Lieferkettenangriffe

Versionskontrollsysteme bieten Repositories für Quellcode. In einer öffentlichen oder privaten Cloud (mit anderen Worten, in einem On-Premise-Rechenzentrum) ist alles softwaredefiniert – einschließlich Infrastruktur, Governance, Richtlinien, Netzwerken, traditionellem Code usw. Darüber hinaus verwenden alle modernen Anwendungsentwicklungsprozesse Komponenten, um die Entwicklung unter kommerziellen oder Open-Source-Lizenzmodellen zu beschleunigen.

Wie Sie sich vielleicht vorstellen können, sind Quellcode-Repositories ein häufiges Ziel für böswillige Akteure; Angriffe auf Quellcode-Kontrollsysteme werden als Lieferkettenangriffe (Supply Chain Attacks) bezeichnet. Es liegt an Ihnen, diese Angriffe zu verhindern oder zu beseitigen. Dazu gehören der Einsatz von Sicherheitstools, der Schutz Ihrer Entwickler, eine gute Pull-Request-Hygiene und die Einschränkung des Zugriffs auf den Quellcode.

Sicherheits-Tooling

Der Schutz Ihrer Versionskontrollsysteme erfordert den Einsatz von SCA-Tools (Software Component Analysis) und anderen Sicherheitstools. Diese werden in Kapitel 9, »Secure Coding«, behandelt.

Wenn diese Tools eine Schwachstelle oder einen Sicherheitsverstoß aufdecken, ist eine rasche Behebung der Schwachstelle der Schlüssel, um Ihre Sicherheitsrisiken gering zu halten. Die erforderlichen Gegenmaßnahmen sind von Fall zu Fall unterschiedlich. Einige Strategien sind:

- Aktualisierung auf eine bekannt gute Version einer externen Komponente
- Ersetzen einer anfälligen Komponente durch eine andere Technologie. Denken Sie einfach daran, dass das Gras auf der anderen Seite des Zauns nicht immer grüner ist!
- Hinzufügen einer Zwischenstation, die den Angreifer blockiert, zum Beispiel eine Web Application Firewall (WAF). Beachten Sie jedoch, dass eine solche Zwischenstation keine dauerhafte Lösung darstellt. Sie müssen das Problem letztendlich lösen.

Ihre Entwickler schützen

Ein Angreifer könnte die Anmeldedaten eines Ihrer Entwickler stehlen oder Malware verwenden, um die Kontrolle über dessen Workstation zu übernehmen und sich als dieser auszugeben. Daher müssen Sie starke Schutzmaßnahmen gegen den Diebstahl von Anmeldeinformationen, laterale Bewegungen und Malware-Angriffe implementieren. Als absolutes Minimum benötigen Sie Maßnahmen für eine vertrauenswürdige Identität, wie zum Beispiel Multi-Faktor-Authentifizierung (MFA), bedingten Zugriff, Sicherheits-Broker für den Cloudzugriff und Schutz vor Malware. Außerdem sollten Sie die Sicherheitsstufe für den privilegierten Zugriff von Entwicklern von der (heute üblichen) Basissicherheit auf spezialisierte Sicherheit erhöhen. Weitere Informationen über spezialisierte Sicherheit finden Sie unter *https://learn.microsoft.com/security/privileged-access-workstations/privileged-access-security-levels* und *https://learn.microsoft.com/security/privileged-access-workstations/privileged-access-accounts*.

Genehmigung von Pull Requests und PR-Hygiene

Ein Pull Request (PR) entsteht, wenn ein Entwickler bereit ist, zum Quellcode-Repository neuen Code hinzuzufügen. Bevor dieser Code jedoch hinzugefügt wird, muss der PR durch ein toolbasiertes und/oder menschliches Code-Review genehmigt werden. (Menschliche Reviews sind immer noch besser in der Lage, Anomalien im Inhalt zu erkennen, als automatisierte.)

Um das Einfügen von bösartigem Code zu verhindern, sollten sowohl der Entwickler als auch der Reviewer eine gute PR-Hygiene betreiben. Auf der Entwicklerseite gehören zu einer guten PR-Hygiene die folgenden bewährten Praktiken:

- Ausführen von Arbeiten in dem Branch, das mit dem Arbeitselement verbunden ist, wie User Stories, Product Backlog Items (PBI), Issues usw.
- Verknüpfung des PR mit demselben Arbeitselement
- Hinzufügen von Kommentaren und PR-Beschreibungen, um zu erklären, wie die Änderung umgesetzt wurde und welche Dateien geändert wurden (das heißt, verlassen Sie sich nicht allein auf das Versionskontrollsystem)
- Verknüpfung des »Warum« der Änderung mit dem Arbeitselement

Für den Reviewer bedeutet eine gute PR-Hygiene:

- Lesen des Arbeitselements, Übertragen der Kommentare und PR-Beschreibungen und Abgleichen mit den Dateiänderungen, ob sie wirklich übereinstimmen
- Suche nach Codeänderungen, die nicht durch das verknüpfte Product Backlog Item (PBI) gerechtfertigt sind
- Mit dem Entwickler sprechen, um alle Fragen zu klären, bei denen Sie unsicher sind

  Die Reviewer sollten besonders auf Änderungen in den folgenden Bereichen achten:

- Änderung in der Pipelinedefinition
- Änderung von Bereitstellungsskripten
- Verwendung neuer Pakete von Drittanbietern im Code
- Inanspruchnahme zusätzlicher externer (Web-)Dienste

Funktionstrennung, Übersicht über die geringsten Privilegien

Der Zugriff auf den Quellcode muss mit RBAC streng kontrolliert werden. Achten Sie auf besondere Sorgfalt bei der Zuweisung von Rechten für die folgenden Aktivitäten:

- Bearbeiten von Geheimnissen (zum Beispiel Erstellen oder Aktualisieren von Dienstverbindungen in Azure DevOps oder GitHub)
- Konfigurieren von Branchrichtlinien
- Konfigurieren von PR-Richtlinien
- Konfigurieren der Genehmigungen für die Bereitstellung der PROD-Umgebung
- Änderung der Pipelinedefinition
- Änderung von Bereitstellungsskripten

Geheimnisse und Dienstverbindungen

Die Sicherung von Geheimnissen und Dienstverbindungen ist in einer CI/CD-Pipeline von entscheidender Bedeutung. Dazu gibt es verschiedene Möglichkeiten:

- **Verwaltete Identität für Azure DevOps (AzDO) CI/CD-Pipelines** In einer idealen Welt würden alle Geheimnisse in einem Azure Schlüsseltresor gespeichert, auf den über eine von Microsoft Entra ID verwaltete Identität zugegriffen wird. Leider ist dieser Ansatz, obwohl er machbar ist, aufgrund seiner inhärenten Komplexität nicht praktikabel. (Siehe *https://azsec.tech/8qu* für weitere Informationen.)
- **Schutz von Azure DevOps-Dienstverbindungen** Azure DevOps verschlüsselt und schützt Anmeldeinformationen für Dienstverbindungen. Dienstverbindungen, die Microsoft Entra ID-Dienstprinzipale verwenden, benötigen ein Geheimnis. Dieses Geheimnis ist schreibgeschützt, das heißt, Sie können es in der Benutzeroberfläche nicht zurücklesen. Der Schlüssel zum Schutz dieses Geheimnisses liegt darin, wie es von der Erstellung in Microsoft Entra ID bis zur Eingabe in Azure DevOps gehandhabt wird. Dies ist ein Prozessproblem. Weitere Informationen darüber, wie Azure DevOps die Anmeldeinformationen für Dienstverbindungen verschlüsselt und schützt, finden Sie unter *https://learn.microsoft.com/azure/devops/organizations/security/credential-storage?view=azure-devops*. Über die Sicherung von Geheimnissen von Dienstverbindungen erfahren Sie hier mehr: *https://learn.microsoft.com/azure/devops/pipelines/library/connect-to-azure?view=azure-devops#create-an-azure-resource-manager-service-connection-with-an-existing-service-principal*.
- **Schutz von Dienstprinzipalgeheimnissen in GitHub** GitHub verfügt über einen eingebauten Geheimhaltungsschutz. Die Azure-Anmeldung ist eine GitHub-Aktion, die die Variablen des Geheimnisspeichers verwenden kann und sollte, um die Anmeldeinformationen zu übergeben. Für weitere Informationen siehe *https://learn.microsoft.com/azure/developer/github/connect-from-azure*.

Schutz des Main-Branch in Azure DevOps und GitHub

Wie Sie zweifellos wissen, verwenden Softwareentwickler Codeverzweigungen, um an verschiedenen Teilen (oder Zweigen, Branches) desselben Projekts zu arbeiten, ohne sich gegenseitig zu beeinflussen oder zu stören. Der Code als Ganzes wird oft als Stamm oder Main-Branch bezeichnet. Der Schutz des Main-Branch in jedem Projekt ist natürlich von entscheidender Bedeutung. Glücklicherweise ist es auch ganz einfach.

Obwohl viele Verzweigungsstrategien möglich sind, verwenden die meisten Teams kurzfristige Feature-Branches. Eine der häufigsten Strategien ist GitHub Flow.

Um dies in Azure DevOps zu tun:

- Konfigurieren Sie eine Branchrichtlinie für den Hauptbranch, die für jeden PR mindestens zwei Reviewer erfordert und die es den Antragstellern nicht erlaubt, ihre eigenen Änderungen zu genehmigen. Um mehr über die Konfiguration einer Richtlinie für den Hauptbranch zu erfahren, siehe *https://learn.microsoft.com/azure/devops/repos/git/branch-policies#configure-branch-policies*. Um herauszufinden, wie man eine Mindestanzahl von Reviewern für PRs verlangt, siehe *https://learn.microsoft.com/azure/devops/repos/git/branch-policies#require-a-minimum-number-of-reviewers*.
- Erteilen Sie für den Hauptbranch niemandem die Berechtigungen *Richtlinien beim Abschließen von Pull Requests umgehen* und *Richtlinien bei Pushvorgängen umgehen*. Dies wird hier ausführlicher behandelt: *https://learn.microsoft.com/azure/devops/repos/git/branch-permissions#set-permissions*.
- Verlangen Sie, dass alle Verzweigungen in Ordnern erstellt werden. Siehe *https://learn.microsoft.com/azure/devops/repos/git/require-branch-folders* für weitere Informationen.

In GitHub schützen Sie den Hauptbranch, indem Sie eine Branchschutzregel mit den folgenden Parametern konfigurieren:

- Fordern Sie Pull Request vor dem Zusammenführen an.
- Verlangen Sie mehrere Reviewer. Für die meisten Lösungen ist eine Anzahl von zwei akzeptabel, aber für hochvertrauliche Lösungen können zusätzliche Reviewer angemessen sein.
- Weisen Sie veraltete PRs ab.
- Optional können Sie ein Review durch die Code-Eigentümer verlangen.
- Erlauben Sie es bestimmten Akteuren nicht, die vorgeschriebenen PRs zu umgehen.
- Beschränken Sie, wer PR-Bewertungen ablehnen kann.

Wie Sie in GitHub eine Branchschutzregel erstellen, erfahren Sie unter *https://azsec.tech/3ha*.

Schutz der PROD-Bereitstellung in Azure DevOps und GitHub

Sie können Azure DevOps-Umgebungen für jede Art von Umgebung verwenden, von DEV bis PROD. Genehmigungen für DEV- und andere Nicht-PROD-Umgebungen sind optional. Für die Bereitstellung von PROD-Umgebungen sollte jedoch mindestens eine genehmigende Person erforderlich sein. Weitere Informationen finden Sie unter *https://learn.microsoft.com/azure/devops/pipelines/process/approvals#approvals*.

In GitHub können Sie GitHub-Workflow-Umgebungen für jede Art von Umgebung verwenden, von DEV bis PROD. Wie bei Azure DevOps sind Genehmigungen für DEV- und andere Nicht-PROD-Umgebungen in GitHub optional. PROD-Umgebungen sollten jedoch mit den folgenden Umgebungsschutzregeln geschützt werden:

- Mindestens eine genehmigende Person ist erforderlich.
- Beschränken Sie die Umgebung auf einen bestimmten geschützten Zweig (in den meisten Fällen den Hauptbranch).
- Speichern Sie Geheimnisse, wie zum Beispiel Anmeldedaten, in der Umgebung.

Weitere Informationen über GitHub-Schutzregeln für Umgebungen finden Sie unter *https://azsec.tech/mrx*.

Sicherung von Bereitstellungsagents

CI/CD-Pipelines verwenden Agents oder Runners, um automatisierte Aufträge auszuführen. Microsoft beschreibt Agents wie folgt:

> *»Bei von Microsoft gehosteten Agents werden Wartung und Upgrades für Sie erledigt. Bei jeder Ausführung einer Pipeline erhalten Sie für jeden Auftrag in der Pipeline einen neuen virtuellen Computer (VM). Die VM wird nach nur einem Auftrag verworfen (das heißt, jede Änderung, die ein Auftrag am Dateisystem der VM vornimmt, wie zum Beispiel das Auschecken von Code, ist beim nächsten Auftrag nicht mehr verfügbar).«*

Zusätzlich zu den von Microsoft gehosteten Agents können Sie auch selbst gehostete Agents sowie GitHub-Agents verwenden.

Hier sind einige wichtige Punkte über Agents:

- Von Microsoft gehostete Agents können nicht auf private Endpunkte und private IP-Adressen auf VMs zugreifen, um Bereitstellungen durchzuführen.
- Sie können eine Gruppe von Agents in einem Agentpool zusammenfassen. Auf diese Weise müssen Sie nicht jeden Agent einzeln verwalten, sondern können sie als Gruppe verwalten.

- Von Microsoft und GitHub gehostete Agents und Agentpools zerstören automatisch die VM, die einen Auftrag ausführt, wenn der Auftrag abgeschlossen ist. Bei selbst gehosteten Agents und Agentpools ist dies jedoch nicht der Fall. Sie müssen Maßnahmen ergreifen, damit die VM zerstört (bevorzugt) oder zumindest von Pipeline-spezifischen Daten und vor allem von den Anmeldeinformationen für die Ausführung bereinigt wird, bevor sie erneut eingesetzt wird. Dadurch wird verhindert, dass eine Pipeline die Geheimnisse einer anderen Pipeline (zum Beispiel Anmeldeinformationen) verwendet.
- Installieren Sie auf einer einzigen VM oder einem Container nicht mehrere Agents. Andernfalls könnten Geheimnisse zwischen Agents durchsickern.
- Agents sollten nur ausgehende Verbindungen verwenden. Azure DevOps-Agents und GitHub-Agents halten sich an diesen Grundsatz, und wir vermuten, dass dies für alle Agents gilt. Wenn Ihr Bereitstellungssystem diesen Grundsatz nicht befolgt, wechseln Sie sofort den Anbieter.

Absicherung von Azure DevOps-Agents

Um Azure DevOps-Agents zu sichern, nutzen Sie einen der folgenden Ansätze:

- **Verwendung von Agents für Azure-VM-Skalierungsgruppen** Bei diesem Ansatz nimmt Azure DevOps eine verwendete Agentinstanz offline und erstellt den Agent neu. Weitere Informationen finden Sie unter *https://learn.microsoft.com/azure/devops/pipelines/agents/scale-set-agents* und *https://learn.microsoft.com/azure/devops/pipelines/agents/scale-set-agents#how-azure-pipelines-manages-the-scale-set*.
- **Führen Sie einen selbst gehosteten Agent in Docker aus** Sie können für jeden Lauf eine neue Container-Instanz verlangen, indem Sie das Flag `--once` übergeben. Weitere Details finden Sie unter *https://learn.microsoft.com/azure/devops/pipelines/agents/docker? view =azure-devops* und *https://learn.microsoft.com/azure/devops/pipelines/agents/docker#start-the-image*.

Absicherung von GitHub-Agents

GitHub kann keine selbst gehosteten Runner für den einmaligen Gebrauch erstellen. Abhilfemaßnahmen, die den Agent nach jeder Verwendung zerstören, hängen vom Timing ab und sind daher nicht garantiert. Weitere Informationen finden Sie in der GitHub-Dokumentation hier: *https://azsec.tech/q9j*. Die einzige vollständige Gegenmaßnahme gegen das Entweichen von Geheimnissen sind Runner für eine bestimmte Pipeline. Die Verwaltung des Zugriffs auf selbst gehostete Runner mithilfe von Gruppen ist zwar eine praktikable Lösung (siehe *https://azsec.tech/cju*), lässt sich aber dennoch nur schwer in großem Maßstab verwalten.

Öffentliche GitHub-Repos sollten niemals private Agents verwenden. Jeder Fork des öffentlichen GitHub-Repos kann einen Angriff auf den Agent selbst oder die VMs oder Container, die den Agent hosten, starten. Er kann auch einen Angriff auf jede Ressource starten, auf die die Identität des Agents oder die Dienstverbindung(en) einen modifizierten Zugriff haben. Zum Beispiel hat Enterprise Policy as Code (siehe *https://azsec.tech/q6p*) Benutzeradministratorrechte in Ihrem Microsoft Entra ID-Mandanten. In diesem öffentlichen Repository ist keine Pipeline konfiguriert.

Zusammenfassung

CI/CD-Umgebungen sind Angriffsflächen und sollten als solche geschützt werden. Die Sicherung von CI/CD-Umgebungen erfordert Sicherheitstools, den Schutz von Entwicklern, sorgfältige PR-Prüfungen, Funktionstrennung, den Schutz von Pipeline-Geheimnissen, den Schutz des Hauptzweigs, Genehmigungen für die Bereitstellung der PROD-Umgebung und den Schutz von Agents/Runnern.

KAPITEL 15

Netzwerksicherheit

Am Ende dieses Kapitels

- verstehen Sie die Grundlagen von Azure-Netzwerken, einschließlich VNets, CIDR-Blöcke und Routing.
- wissen Sie, was benutzerdefinierte Routen und Netzwerksicherheitsgruppen sind.
- verstehen Sie die grundlegende Netztopologie, die Umgebungsbeschränkungen sowie die Ziele der Ingress/Egress-Kontrollen.
- können Sie Lösungen entwickeln, die durch virtuelle Netzwerkanwendungen geschützt sind.
- sind Sie in der Lage, PaaS-Dienste ohne öffentliche IP-Endpunkte zu entwickeln.

Netzwerkbedrohungen sind entweder mit großen Angriffsflächen oder Denial-of-Service-Angriffen (DoS) verbunden. Dies ist der Grund dafür, dass im Zeitalter von Zero Trust und Identität die Netzwerkschutzmaßnahmen als neuer primärer Perimeter eingesetzt werden. In einem ganzheitlichen Zero-Trust-Ansatz stellt die Netzwerksicherheit einen wichtigen sekundären Verteidigungsperimeter dar.

Azure-Netzwerk-Grundlagen

In einer Cloudumgebung und in einigen On-Premises-Umgebungen wird das Netzwerk durch Code definiert, der oft als *Infrastructure as Code (IaC)* bezeichnet wird. Für Azure wird dieser Code als ARM-Vorlage, Bicep-Datei oder Terraform-Modul geschrieben.

Azure verwendet virtuelle Netzwerke (VNets) und Subnetze innerhalb jedes VNet, um das Netzwerk Ihrer Lösung zu segmentieren. VNets sind voneinander unabhängig, und die Kommunikation ist nur mit öffentlichen IP-Adressen oder mit gepeerten VNets möglich. VNet-Peering wird meist über ein Hub-and-Spoke-Modell durchgeführt, wie in Abbildung 15-1 dargestellt.

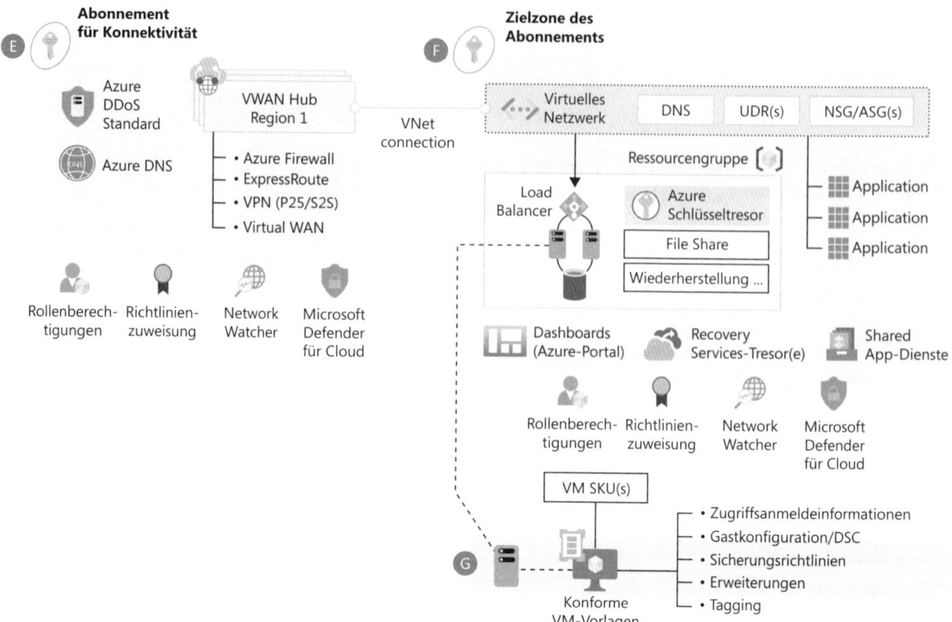

Abbildung 15-1 Topologie des virtuellen WAN-Netzes

In Bicep sieht der einfachste Einsatz von VNet und Subnetz wie folgt aus:

```
resource my_vnet_001 'Microsoft.Network/virtualNetworks@2020-06-01' = {
  name: 'my-vnet-001'
  location: 'eastus2'
  properties: {
    addressSpace: {
      addressPrefixes: [
        '10.0.0.0/24'
      ]
    }
    subnets: [
      {
        name: 'subnet-main'
        properties: {
          addressPrefix: '10.0.0.0/26'
        }
      }
      {
        name: 'subnet-private-endpoints'
        properties: {
          addressPrefix: '10.0.0.64/26'
        }
      }
    ]
  }
}
```

Diese Bicep-Datei definiert Folgendes:

- Ein VNet namens my_vnet_001
- Ein Adressraum von 256 IP-Adressen, beginnend mit 10.0.0.0, es wird die CIDR-Notation verwendet.
  - Ein Subnetz mit dem Namen subnet-main, das 59 IP-Adressen enthält, beginnend mit 10.0.0.0
  - Ein Subnetz mit dem Namen subnet-private-endpoints, das 59 IP-Adressen enthält, beginnend mit 10.0.0.64

Damit bleiben 128 IP-Adressen für zukünftige Subnetze übrig. Lassen Sie uns mehr über VNet-Netzwerke erklären.

IPv4, IPv6 in Azure

Obwohl das Ende von IPv4 seit 15 Jahren vorhergesagt wird, ist es immer noch das vorherrschende Adressierungsschema, obwohl der Adressraum »zur Neige« geht. Technologien wie die Netzwerkadressübersetzung (NAT) haben die Lebensdauer von IPv4 verlängert. VNets und Subnets in Azure verwenden überwiegend IPv4; Azure unterstützt jedoch auch IPv6.

> **Praktische Erfahrungen: Verwenden die Kunden IPv6?**
>
> Keiner von uns hat jemals IPv6 bei einem unserer Einsätze gesehen oder von jemandem gehört, der IPv6 verwendet. Daher konzentriert sich dieses Kapitel auf IPv4.

IPv4-Konzepte

IPv4 verwendet für die Adressierung vier Bytes, die als Dezimalzahlen zwischen 0 und 255 geschrieben und durch Punkte getrennt werden. Der IPv4-Adressraum (2^{32}) ist in Subnetze unterteilt. Diese Unterteilung wird durch Subnetzmasken erreicht.

Eine Subnetzmaske gibt an, welche Bits durch das Subnetz festgelegt sind und welche Bits für die Ressourcenadressierung zur Verfügung stehen, zum Beispiel

11111111.11111111.111111.11000000

oder in Dezimalzahlen geschrieben 255.255.255.192.

Die Startadresse, das sogenannte Netzwerkpräfix, muss in die Subnetzmaske passen. Außerdem darf die Subnetzmaske das Netzwerk-Präfix nicht abschneiden. Mit anderen Worten, die Startadresse muss korrekt auf die Potenz von 2 Subnetzmasken abgestimmt sein. Der 0-Bit-Teil der Subnetzmaske kann für den Host-Teil oder, bei einem VNet, zur Erstellung von Subnetzen verwendet werden.

IPv4-Adressen in Azure und die CIDR-Notation

Bei der Angabe von Adresspräfixen in ARM verwenden wir die CIDR-Notation (Classless Inter-Domain Routing), zum Beispiel 10.0.5.0/24. CIDR-Notationen geben die Startadresse an, die als Netzwerkpräfix bezeichnet wird (in diesem Beispiel 10.5.0.0), und die Größe der Subnetzmaske (hier /24), die angibt, wie viele führende Einsen die Subnetzmaske enthält. Die Anzahl der für Sie verfügbaren Adressen wird wie folgt berechnet:

$$Adressen = 2^{32\text{-Maskengröße}} - 5$$

Die fünf Adressen, die in der Formel subtrahiert werden, werden von Azure selbst verwendet und geben die ersten fünf Adressen in einem Subnetz an.

Der kleinste Block ist ein /29, der drei verfügbare Adressen ergibt. Ein Block von /30 würde weniger als null verfügbare Adressen haben. Beispiele sehen Sie in Tabelle 15-1.

CIDR	Subnetzmaske	Netzwerk-präfix	Host-Part	IP-Adresse	Verfügbare Adressen
10.0.1.8/29	255.255.255.248	10.0.1.8	0.0.0.6	10.0.1.14	3
10.2.4.0/24	255.255.255.0	10.2.4.0	0.0.0.129	10.2.4.129	250
10.3.0.0/16	255.255.0.0	1032.0.0	0.0.17.15	10.3.17.15	65.530

Tabelle 15-1 Beispiele für CIDR-Definitionen

Routing und benutzerdefinierte Routen

Azure verwendet Standard-Routing für IPv4 (und IPv6). Benutzerdefinierte Routen (User-defined routes, UDRs) werden eingesetzt, um das Routing über Zwischenstationen zu ermöglichen. Diese Fähigkeit ist wichtig, um ausgehenden Datenverkehr über Network Virtual Appliances (NVAs) in das Internet oder in eine lokale Umgebung zu leiten. Es ist üblich, eine benutzerdefinierte Route zu verwenden, die den gesamten von Ihrer Lösung ausgehenden Datenverkehr an eine NVA weiterleitet, um eine Paketprüfung zur Erkennung von Datenlecks durchzuführen. Dies wird oft als *Daten-Egress-Filterung* bezeichnet.

Benutzerdefinierte Routen werden mit Subnetzen (beste Praxis) oder einzelnen Netzwerkkarten (nicht empfohlen) verbunden. Jede benutzerdefinierte Route hat einen eindeutigen Namen und kann über mehrere Subnetze und VNets hinweg wiederverwendet werden. Governance erzwingt die richtige benutzerdefinierte Route pro Region.

Netzwerksicherheitsgruppen

Netzwerksicherheitsgruppen (Network Security Groups, NSGs) und benutzerdefinierte Routen werden Subnetzen (Best Practice) oder einzelnen Netzwerkschnittstellenkarten (NICs) zugeordnet, was jedoch nicht empfohlen wird. Sowohl benutzerdefinierte Routen als auch Netzwerksicherheitsgruppen können für mehrere Subnetze oder NICs wiederverwendet werden.

Netzwerksicherheitsgruppen legen die IP-Adressen-basierte Zugriffssteuerung durch Regeln für eingehende und/oder ausgehende Verbindungen fest. Diese Regeln sind geordnet, das heißt, sobald eine Regel erfüllt ist, werden keine weiteren Regeln verarbeitet. Bei der letzten

Regel handelt es sich um eine Standardregel, die jeglichen ein- und ausgehenden Datenverkehr für jeden Port und jedes Protokoll ablehnt. Diese letzte Regel erzwingt einen Allowlist-Ansatz zur Gewährung von Kommunikation.

Wird keine Netzwerksicherheitsgruppe verwendet, wird der gesamte Verkehr zugelassen.

Netzwerksicherheitsgruppen erhalten einen Namen und haben eine Priorität für die Auswertungsreihenfolge, eine Portnummer, eine Protokollquelle, eine Quell-IP-Adresse, eine Ziel-IP-Adresse und eine Aktion (zulassen oder ablehnen). Diese Werte können auf *Any* gesetzt werden. Die IP-Adressen können IP-Bereiche, Diensttags oder Anwendungssicherheitsgruppen enthalten. Abbildung 15-2 zeigt ein Beispiel.

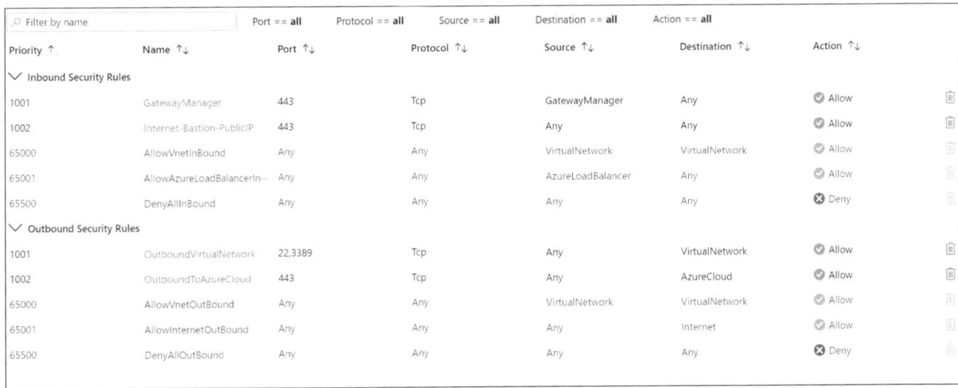

Filter by name | Port == **all** | Protocol == **all** | Source == **all** | Destination == **all** | Action == **all**

Priority ↑	Name ↑↓	Port ↑↓	Protocol ↑↓	Source ↑↓	Destination ↑↓	Action ↑↓
Inbound Security Rules						
1001	GatewayManager	443	Tcp	GatewayManager	Any	Allow
1002	Internet-Bastion-PublicIP	443	Tcp	Any	Any	Allow
65000	AllowVnetInBound	Any	Any	VirtualNetwork	VirtualNetwork	Allow
65001	AllowAzureLoadBalancerIn···	Any	Any	AzureLoadBalancer	Any	Allow
65500	DenyAllInBound	Any	Any	Any	Any	Deny
Outbound Security Rules						
1001	OutboundVirtualNetwork	22,3389	Tcp	Any	VirtualNetwork	Allow
1002	OutboundToAzureCloud	443	Tcp	Any	AzureCloud	Allow
65000	AllowVnetOutBound	Any	Any	VirtualNetwork	VirtualNetwork	Allow
65001	AllowInternetOutBound	Any	Any	Any	Internet	Allow
65500	DenyAllOutBound	Any	Any	Any	Any	Deny

Abbildung 15-2 Definition einer Netzwerksicherheitsgruppe

Es wird empfohlen, immer einen NSG-Spot mit hoher Priorität unbenutzt zu lassen (zum Beispiel einen Spot mit einer Priorität von 100), damit Sie bei einem Angriff den eingehenden Datenverkehr mit einer Regel *Ablehnen/Alle IP-Adressen/Alle Ports/Alle Protokolle* blockieren können.

Anwendungssicherheitsgruppen

Anwendungssicherheitsgruppen (Application Security Groups, ASGs) vereinfachen die Zuordnung mehrerer Netzwerkschnittstellenkarten (NICs) zu einer Netzwerksicherheitsgruppe (Network Security Group, NSG). Wir raten davon ab, die Netzwerksicherheit auf der Ebene der Netzwerkschnittstellenkarten zu definieren, da dies in der Regel schwer zu pflegen ist. Es ist besser, Netzwerksicherheitsgruppen für Subnetze zu definieren. In bestimmten Lift-and-Shift-Szenarien kann die Zuweisung von NSGs zu NICs jedoch die bestehende Mikrosegmentierung der lokalen Lösung replizieren, ohne dass viele Subnetze erstellt werden müssen. Für diesen Anwendungsfall gruppieren Sie jede Netzwerkschnittstellenkarte in einem Mikrosegment zu einer Anwendungssicherheitsgruppe und verwenden diese Anwendungssicherheitsgruppe in der Netzwerksicherheitsgruppe, um deutlich einfachere NSG-Definitionen zu erreichen.

Zielzonen, Hubs und Spokes

Gut verwaltete Azure-Mandanten implementieren Zielzonen auf der Unternehmensebene und verwenden ein Hub-and-Spoke-Netzwerkmodell (Nabe- und-Speichen-Modell) – entweder ein traditionelles Modell oder ein neueres virtuelles WAN-Modell. Bei der Gestaltung der Zielzonen und Spokes platzieren Unternehmensarchitekten in der Regel Sicherheits- und andere gemeinsam genutzte Dienste im Hub und/oder in speziellen Spokes.

Hubs, Spokes und Segmentierung

Für jeden Bereich der Geschäftslösung wird häufig eine Spoke erstellt, die bei Bedarf in weitere Teilnetze unterteilt wird, um eine noch feinere Segmentierung zu erreichen. Es ist wichtig, eine zu feine Segmentierung zu vermeiden, da die »Nano-Segmentierung«, wie diese Praxis oft genannt wird, sowohl anfällig als auch schwierig zu verwalten ist. Der Hub kann mit einer beliebigen Anzahl von Technologien die VNets einschränken, die miteinander kommunizieren dürfen.

Trennung von Umgebungen, VNets und erlaubte Kommunikation

Ein zentraler Grundsatz ist, dass nur Zielzonen derselben Umgebung zwischen ihren VNets kommunizieren dürfen. Dies führt zu den in Abbildung 15-2 dargestellten Regeln.

Von zu	Sandbox	DEV	DEVINT	QA	PROD	ONPREM
SANDBOX	Ja	Verboten	Verboten	Verboten	Verboten	Verboten
DEV	Verboten	Ja	Ja	Verboten	Verboten	Ausnahme
DEVINT	Verboten	Verboten	Ja	Verboten	Verboten	Ausnahme
QA	Verboten	Verboten	Verboten	Ja	Verboten	Ausnahme
PROD	Verboten	Verboten	Verboten	Verboten	Ja	Genehmigung
ONPREM	Verboten	Genehmigung	Genehmigung	Genehmigung	Genehmigung	n/a

Tabelle 15-2 Matrix zur Definition der zulässigen Kommunikation zwischen Ressourcen in verschiedenen Umgebungen

Hier eine Zusammenfassung:

- **SANDBOX** SANDBOX-Umgebungen werden für Experimente eingesetzt. Diese Umgebungen sollten vollständig isoliert sein und keine Verbindung zu anderen Umgebungen aufweisen, auch nicht zur lokalen Umgebung. Obwohl PaaS-Dienste öffentliche Endpunkte verwenden können, sollten VMs nicht direkt über eine öffentliche IP-Adresse vom Internet aus erreichbar sein. Nutzen Sie VPNs oder den Azure Bastion Service, um auf solche VMs zugreifen zu können.

- **DEV** DEV-Umgebungen werden bei der kontinuierlichen Integration (Continuous Integration, CI) verwendet, um den Code zu testen, bevor er in den Hauptzweig eingebunden wird. Diese Umgebungen können mit anderen DEV-Umgebungen kommunizieren. Eine DEV-Umgebung muss möglicherweise auch mit einer DEVINT-Umgebung kommunizieren, um Tests während der Entwicklungszeit durchzuführen, da DEVINT-Umgebungen relativ stabile Versionen von Code aus anderen Teams enthalten.
- **DEVINT** DEVINT-Umgebungen werden verwendet, um Änderungen nach einem PR-Merge in den Hauptzweig zu überprüfen und um Probleme mit Abhängigkeiten zwischen verschiedenen Entwicklungen zu testen.
- **NONPROD-Umgebungen** Die übrigen NONPROD-Umgebungen (einschließlich DEV-INT) können nur mit Lösungen desselben Umgebungstyps kommunizieren, zum Beispiel DEVINT zu DEVINT, QA zu QA, PERF zu PERF usw.
- **PROD-Umgebungen** Diese dürfen nur mit anderen PROD-Umgebungen kommunizieren. In diesem Zusammenhang sei angemerkt:
  - Bei herkömmlichen CI/CD-Bereitstellungsstrategien wird in der Regel ein VNet pro Region für jede Zielzone verwendet.
  - Bei blau-grünen CI/CD-Bereitstellungsstrategien (Blue/Green Deployment) dürfen grüne Umgebungen nicht mit blauen Umgebungen kommunizieren und umgekehrt. Obwohl dies kein Sicherheitsproblem darstellt, verstoßen solche Kommunikationsmuster gegen das Blau/Grün-Konzept.

Ingress- und Egress-Kontrollen

Jede Organisation wird Verbindungen, und damit den eingehenden und ausgehenden Datenverkehr, zwischen VNets in derselben Region oder über Regionen hinweg kontrollieren wollen. Dies wird auch als Ost-West-Verkehr bezeichnet. Ost-West-Verkehr, der zur gleichen Zielzone gehört, kann ohne zusätzliche Einschränkungen zugelassen werden.

Eingehende und ausgehende Internetverbindungen werden immer durch den/die Netzwerk-Hub(s) über Firewalls und andere Sicherheitsgeräte wie Azure Application Gateways, Azure API Management Gateways, Azure Front Door und/oder Azure Firewall geroutet. Eingehende Beschränkungen werden durch die Verhinderung öffentlicher IP-Adressen in den Speichen durchgesetzt, während ausgehende Beschränkungen durch benutzerdefinierte Routen (UDRs) in jedem Teilnetz, das keine Sicherheitsanwendungen enthält, durchgesetzt werden.

Der lokale Datenverkehr (von/nach) wird durch Firewalls, NAT-Geräte und VPNs über das öffentliche Internet oder über eine (dedizierte) ExpressRoute-Verbindung geleitet.

VMs und PaaS-Komponenten in den Speichen dürfen keine öffentlichen IP-Adressen enthalten, es sei denn, dies ist aufgrund von technischen Einschränkungen oder besonderen Umständen erforderlich. Für eine solche Anforderung sind ein gründliches Bedrohungsmodell und eine genehmigte Ausnahme erforderlich. Eine Azure Funktions-App, die einen Event Grid-Trigger verarbeitet, ist ein Beispiel für eine technische Einschränkung, die eine solche Ausnahme erfordert.

Network Virtual Appliances und Gateways

Wie bereits erwähnt, werden NVAs (Network Virtual Appliances) im Hub-Netz implementiert, um die Übergänge an der Vertrauensgrenze zu überwachen, egal ob es sich um ein- oder ausgehenden Verkehr handelt. Je nach Richtung wird dies auch als Nord-Süd- oder Ost-West-Verkehr bezeichnet, wie in Tabelle 15-3 dargestellt.

Quelle	Ziel	Richtung
Internet	Azure-Dienste	Nord-Süd-Verkehr
Azure-Dienste in einer Lösung	Azure-Dienste in einer anderen Lösung	Ost-West-Verkehr
Azure-Dienste	Lokale Dienste (On-Premises)	Nord-Süd-Verkehr

Tabelle 15-3 Richtung des Datenverkehrs

In diesem Buch werden die nativen Azure-Dienste behandelt. Es sind jedoch für den Einsatz in Azure viele NVAs von Drittanbietern verfügbar. Ihre Nutzungsmuster entsprechen denen der nativen Dienste.

Azure Firewall

Firewalls analysieren den durchgehenden Datenverkehr auf den OSI-Schichten 3 bis 7 (*https: //de.wikipedia.org/wiki/OSI-Modell*) und bieten Funktionen für die Überprüfung, Filterung des Datenverkehrs und Bedrohungserkennung. Eine Firewall kann zum Beispiel Folgendes erkennen:

- Quell- und Ziel-IP-Adressen, entweder direkt (über einen IP-Bereich) oder indirekt (über IP-Tags und Reverse-FQDN-Lookups)
- Ziel-URL-Muster
- Die Web-Kategorie der Ziel-URL, zum Beispiel Haftung (bösartige Sites), hohe Bandbreite, geschäftliche Nutzung usw.
- Das verwendete Protokoll und optional die Durchsetzung von Sicherheitsprotokollen wie TLS
- Port-Nummern
- Angriffsmuster

Und vieles mehr.

Azure Firewall Premium SKU

Die Azure Firewall Premium SKU geht über die grundlegenden Firewall-Funktionen der Standard SKU hinaus, indem sie die folgenden Features hinzufügt:

- **TLS-Inspektion** Dieses Feature ist eine Ergänzung zu den anderen Funktionen, da sie es Ihnen ermöglicht, Requests zu entschlüsseln, um sie zu prüfen. Dadurch können sie mehr Informationen verwenden als lediglich Daten zu den beteiligten Servern oder Ports.

- **IDPS** Mit IDPS (Intrusion Detection and Prevention System, System zur Erkennung und Verhinderung von Eindringversuchen in Netzwerke) können Sie Pakete detailliert untersuchen, um potenzielle bösartige Aktivitäten zu erkennen, zu melden und sogar zu blockieren.
- **URL-Filterung** Damit können Sie umfangreiche Regeln zum Blockieren von Anfragen festlegen. Sie können zum Beispiel Anfragen von *https://www.contoso.com* zulassen, aber Anfragen von *https://www.contoso.com/mymaliciousapp* blockieren.
- **Webkategorien** Damit können Sie bestimmte Ziele auf der Grundlage ihrer Kategorie blockieren, beispielsweise Glücksspiel, soziale Medien und so weiter.

Die Azure Firewall Standard SKU umfasst auch erweiterte Funktionen wie Threat Intelligence.

Azure Web Application Firewalls

Web Application Firewalls (WAFs) inspizieren den HTTP/HTTPS-Verkehr, um gängige bösartige Inhalte in den Nutzdaten zu prüfen oder zu filtern. Die Azure WAF kann auf Azure CDN, Azure Front Door oder ein Azure Application Gateway angewendet werden.

OWASP ModSecurity CRS ist die Quelle für viele der von WAFs abgedeckten Angriffsmuster. Einzelheiten finden Sie hier: *https://owasp.org/www-project-modsecurity-core-rule-set*.

Viele dieser Kategorien sollten durch sichere Codierungspraktiken geschützt werden; die WAF fügt lediglich eine weitere Verteidigungsschicht hinzu und zentralisiert die Protokollierung von Angriffsversuchen.

Es ist wichtig zu verstehen, dass WAFs auf Heuristiken beruhen, die im Laufe der Jahre durch Beobachtung von Angriffen ermittelt wurden. Dies ist sehr wertvoll, da es so möglich ist, diese Angriffe zu erkennen und zu verhindern, dass sie sich wiederholen. Leider gibt es jedoch keine Garantie dafür, dass der nächste Angreifer eine dieser Techniken verwenden wird. So ist es beispielsweise in der Vergangenheit vorgekommen, dass Penetrationstester erst nach Abschluss ihrer Übung vom Vorhandensein von WAFs erfuhren. In diesem Fall war die WAF so unwirksam, dass der Penetrationstester sie nicht einmal bemerkte! Außerdem sind WAFs für erfahrene Angreifer nicht unbekannt. Wenn Ihr Gegner sich damit auskennt, können Sie davon ausgehen, dass er zwischen wenigen Minuten und ein paar Stunden braucht, um sie zu umgehen.

Ein weiteres Manko von WAFs ist, dass sie nichts über Ihre Lösung wissen. Daher können sie keine strengeren Kontrollen durchführen. Wenn Sie beispielsweise ein Textfeld haben, das eine Telefonnummer akzeptiert, ist die WAF möglicherweise nicht in der Lage, Angriffe zu erkennen, bei denen die Telefonnummer verfälscht wurde. Aber Ihre Anwendung kann sie erkennen, und das sollte sie auch.

Zusammenfassend lässt sich sagen, dass WAFs eine sehr wichtige Rolle spielen, wenn sie richtig eingesetzt werden, denn sie ermöglichen es Ihnen, häufige Angriffe zu erkennen und zu handeln, aber Sie sollten nicht davon ausgehen, dass sie Wunder vollbringen.

API-Management-Gateways

Wie der Name schon sagt, ist der Hauptzweck eines API-Management-Gateways (APIM) die API-Verwaltung. Zusätzlich zu seinen Kernfunktionen stellt es jedoch auch sicherheitsbezogene Features zur Verfügung. Hierzu gehören:

- Annahme von API-Aufrufen und Weiterleitung an Ihre Backends
- Überprüfung von API-Schlüsseln, JWT-Token, Zertifikaten und anderen Berechtigungsnachweisen
- Durchsetzung von Kontingenten und Ratenbegrenzungen
- Transformierung Ihrer API im laufenden Betrieb ohne Codeänderungen
- Zwischenspeichern von Backend-Antworten
- Protokollierung von Aufruf-Metadaten für Analysezwecke

Da das APIM-Gateway nicht primär eine Sicherheits-NVA ist und daher keine WAF-Fähigkeit besitzt, muss es mit einem WAF-fähigen Frontend wie Azure Front Door oder Application Gateway kombiniert werden.

Azure Anwendungsproxy

Azure Anwendungsproxy (Application Proxy) ist für die Veröffentlichung von On-Premises- und IaaS-basierten Lösungen im Internet gedacht. Anwendungsproxy stellt die (private) App über einen öffentlichen Endpunkt zur Verfügung und schützt sie, indem mit Microsoft Entra ID eine gültige Authentifizierung angefordert wird.

PaaS und private Netzwerke

PaaS war ursprünglich so geplant, sich ausschließlich auf den Identitätsperimeter zu stützen. Dies wurde jedoch von entsetzten Sicherheitsteams rundweg abgelehnt. (Der Autor hat als Cybersecurity-Berater nur eine einzige Ausnahme erlebt.) Obwohl einige Aspekte dieser weitverbreiteten Ablehnung auf ein veraltetes Denken über Netzwerkperimeter zurückzuführen sind, gibt es viele Gründe, ein PaaS privat zu halten:

- Mehrstufige Schutzmaßnahmen sind besser, als nur eine Schicht zu verwenden (siehe den Abschnitt »Sicherheit in der Tiefe – Defense in Depth« in Kapitel 2, »Sicherer Entwurf«).
- Die Angriffsfläche kann für interne Dienste reduziert werden.
- Der gesamte, aus dem Internet eingehende Datenverkehr kann zur Protokollierung, Prüfung und Erkennung von Eindringlingen über eine einzige Stelle geleitet werden.
- Alle Internet- und lokalen Datenströme können über eine einzige Stelle für ein System zur Verhinderung von Datenverlusten (Data Loss Prevention, DLP) geleitet werden.

Die Lösung besteht darin, PaaS-Endpunkte und ggf. die ausgehende implizite Netzwerkschnittstelle in ein VNet einzubinden. Darüber hinaus muss jede derartige Technologie öffentliche Endpunkte deaktivieren. Azure verwendet zur Lösung dieses Problems eine Vielzahl von Ansätzen.

Öffentlicher PaaS-Endpunkt-Datenverkehr, der von Azure stammt, wird innerhalb des internen Azure-Netzwerks geroutet. Daher durchläuft dieser Datenverkehr nicht das offene Internet und ist somit besser geschützt.

Private gemeinsam genutzte PaaS

PaaS-Dienste können eine beliebige Kombination der folgenden Merkmale aufweisen, die privat gemacht werden müssen:

- Endpunkte für die Datenebene
- Endpunkte für die Steuerungsebene für komplexe Dienste wie Databricks, Synapse und AKS
- Egress-Aufrufe, die über eine benutzerdefinierte Route an ein virtuelles Netzwerkgerät zur Kontrolle des eingehenden Datenverkehrs weitergeleitet werden müssen
- Die Nutzung von Datenquellen direkt über private Netzwerke

Dienstendpunkte und private Endpunkte

Dienstendpunkte waren eine frühe Technologie zur Lösung des Problems des Schutzes gemeinsam genutzter PaaS in einem privaten VNet. Dienstendpunkte können als selbstverwaltete Firewalls betrachtet werden. Der öffentliche DNS-Eintrag und die IP-Adresse sind weiterhin vorhanden, aber Verbindungsanfragen werden von der Firewall abgewiesen, außer von dem Subnetz, in dem sich der Dienstendpunkt befindet (siehe Abbildung 15-3). Viele Dienste unterstützen Dienstendpunkte.

Private Endpunkte haben Dienstendpunkte ersetzt. Sie projizieren eine virtuelle NIC in das von Ihnen gewählte VNet. Private Endpunkte verbergen die öffentliche IP-Adresse der Dienstinstanz. Jeder PaaS-Dienst kann mehrere private Endpunkte in verschiedenen VNets und Subnetzen besitzen (siehe Abbildung 15-4).

Verwenden Sie in neuen Umgebungen private Endpunkte anstelle von Dienstendpunkten. Migrieren Sie außerdem bestehende PaaS-Lösungen mit Dienstendpunkten zu privaten Endpunkten.

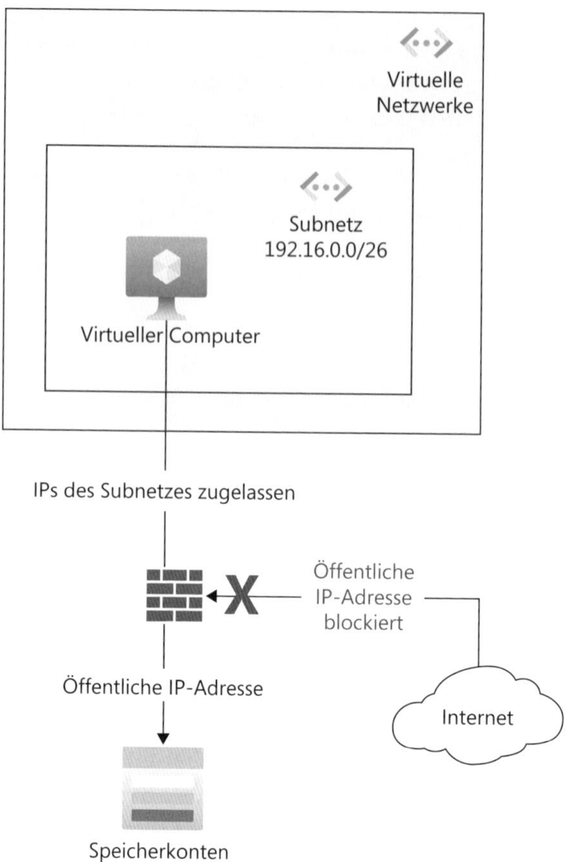

Abbildung 15-3 Visualisierung eines Dienstendpunkts

Eine Anmerkung zu den Begriffen

Die Begriffe »privater Endpunkt« und »privater Link« werden oft synonym verwendet, aber es handelt sich um zwei verschiedene Dinge. Ein privater Link ist die zugrunde liegende Tunneling-Technologie, und ein privater Endpunkt ist die Manifestation eines PaaS-Endpunkts in Ihrem VNet und Subnetz.

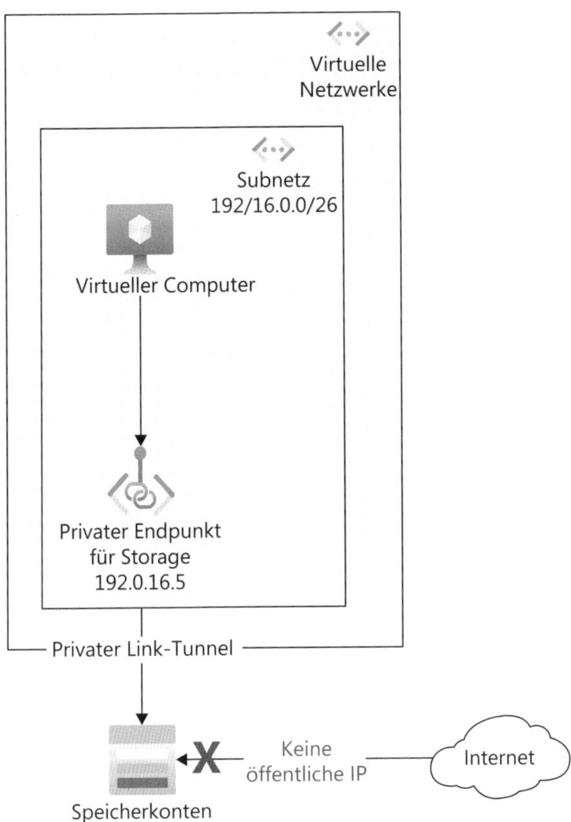

Abbildung 15-4 Visualisierung eines privaten Endpunkts

Private Endpunkte und das Problem des privaten DNS

Das Domain Name System (DNS) übersetzt einen Hostnamen, den sogenannten *vollständig qualifizierten Domainnamen* (fully qualified domain name, FQDN), in eine IPv4- oder IPv6-Adresse. In einer herkömmlichen Active Directory-Umgebung wird dies häufig von dem Server erledigt, der die Domänencontroller-Rolle (DC) hostet. Bei öffentlichen Endpunkten in Azure wird die Auflösung vom DC an den DNS-Dienst von Azure weitergeleitet.

Wenn einer Ihrer Dienste nicht mit einem anderen Dienst kommunizieren kann, liegt das wahrscheinlich an einem DNS-Problem.

Die DNS-Auflösung für private Endpunkte innerhalb desselben VNet wird von Azure DNS durchgeführt. In jedem nicht-trivialen System muss der FQDN für private Endpunkte auch von DNS in gepeerten VNets aufgelöst werden. Glücklicherweise gibt es in der Microsoft-Dokumentation eine Lösung für dieses Problem, die Sie hier finden: *https://learn.microsoft.com/azure/cloud-adoption-framework/ready/azure-best-practices/private-link-and-dns-integration-at-scale*.

Shared App-Service-Pläne

Die Integration von App-Service-Plänen im Tarif Shared für API-, Web- und Funktions-Apps in Ihr VNet erfordert Folgendes:

- Privater Endpunkt für Ingress
- VNet-Integration für Egress

Außerdem müssen Sie die Einstellung WEBSITE_VNET_ROUTE_ALL aktivieren, damit alle ausgehenden Verbindungen über das VNet laufen und somit der benutzerdefinierten Route unterliegen. Dies mag verwirrend erscheinen, also lassen Sie uns das Konzept etwas näher erläutern. Die Beispiel-Funktions-App in Abbildung 15-5 verwendet einen Schlüsseltresor für die Speicherung von Geheimnissen und benötigt ein Speicherkonto für sich selbst. Sie können auch Datenbanken und andere Dienste hinzufügen, die von der Funktions-App genutzt werden sollen.

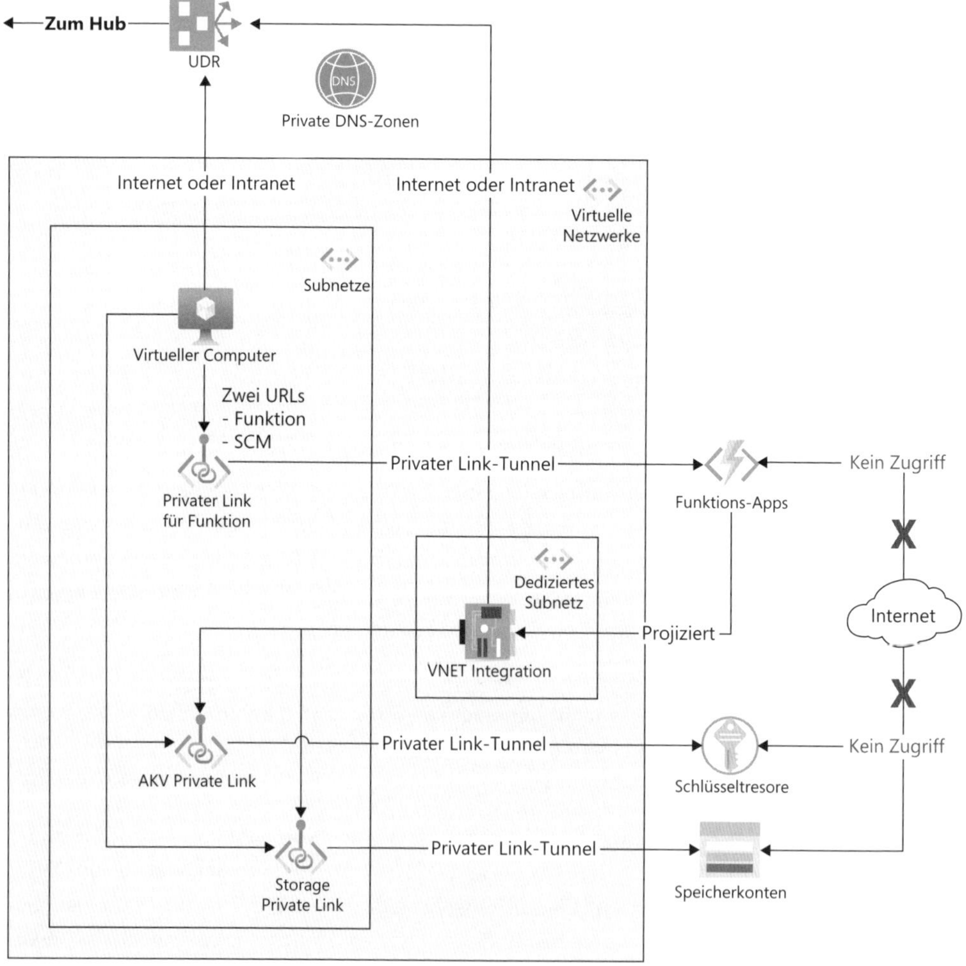

Abbildung 15-5 VM, die im selben VNet auf die Funktion-App privat und geschützt zugreift

Dedizierte PaaS-Instanzen

Dedizierte PaaS-Instanzen bieten einen weiteren Weg zu privaten PaaS-Diensten. Beispiele für solche dedizierten Instanzen sind die folgenden:

- **Azure App Service-Umgebung (App Service Environment, ASE), die einen isolierten SKU-App-Service-Plan hostet** Dieser bietet einige der gleichen einfachen Bereitstellungs- und Verwaltungsfunktionen wie ein gemeinsam genutzter App-Service-Plan, läuft aber auf einem dedizierten Scale Set.
- **Integrationsdienstumgebung (Integration Service Environment, ISE)** Diese bietet den gleichen Grad an Isolierung für Logic Apps. ISE wird ausgemustert – verwenden Sie sie nicht in neuen Lösungen.
- **Databricks-Cluster mit No Public IP (NPIP)** Diese sind isoliert, aber die Steuerungsebene ist öffentlich und muss stattdessen mit starker Microsoft Entra ID-Authentifizierung geschützt werden.

Verwaltete VNets

Dienste, die verwaltete VNets und private Link-Hubs anbieten, wie zum Beispiel Synapse, erstellen VNets in Ihrem Abonnement. Dadurch wird der gesamte eingehende Datenverkehr über private Link-Hubs (Synapse stellt drei öffentliche Endpunkte bereit) und verwaltete private Endpunkte mit anderen Diensten verbunden.

Agent-basierte Netzwerkbeteiligung

SaaS-ähnliche Dienste wie Azure DevOps und Purview stellen IaaS-basierte Agents zur Verfügung. Diese werden vor Ort in einer VM oder einem VM Scale Set (VMSS) gehostet. Sie nehmen keine eingehenden Verbindungen an und erhalten alle ihre Anweisungen von ausgehenden Anfragen, was das Risiko verringert. Leider müssen Sie immer noch die VMs verwalten, was das Risiko erhöht; verwenden Sie daher, falls verfügbar, PaaS-basierte Ansätze, wie beispielsweise verwaltete virtuelle Netzwerke.

Azure DevOps (ADO) selbst gehostete Agents (SHAs)

ADO SHAs werden oft in einem shared Abonnement innerhalb eines Netzwerk-Hubs (separates Subnetz) gehostet. Mit der SHA-Skalierungsfunktion können Sie Ihre Agentpools skalieren. Außerdem werden solche Instanzen nach Abschluss eines Auftrags zerstört. Diese Zerstörung verhindert, dass ein SHA versehentlich oder böswillig Informationen hinterlässt oder einen veränderten Zustand aufweist, der sich auf den nächsten Auftrag auswirkt.

Andere Agents

Andere Bezeichnungen für solche Agents sind selbst gehostete Integration Runtime (Self-Hosted Integration Runtime, SHIR) und Datengateways (Data Gateway, DGW). Sie verhalten sich ähnlich wie ADO SHAs.

Netzwerke für Azure Kubernetes Service

Die Vernetzung von Azure Kubernetes Service (AKS) ist ein komplexes Thema, das den Rahmen dieses Buches sprengen würde. Dieser Abschnitt bietet jedoch einen kurzen Überblick über die beiden von AKS unterstützten Netzwerkoptionen:

- **Kubenet** Kubenet ist nativ für Kubernetes und wird als Teil der Clusterbereitstellung erstellt. Es verwaltet IP-Adressen und ermöglicht den Zugriff auf AKS-Elemente über Load Balancer und Network Address Translation (NAT), die kleinere IP-Adressräume erfordern. Kubenet ist nur auf Linux-Clustern verfügbar. Weitere Informationen über Kubenet finden Sie hier: *https://learn.microsoft.com/azure/aks/concepts-network#kubenet-basic-networking*.
- **Azure Container Networking Interface (CNI)** Das CNI bietet mehr Kontrolle über das Netzwerklayout, erfordert jedoch mehr IP-Adressen, da Pods volle Konnektivität erhalten. Es unterstützt sowohl Linux- als auch Windows-Cluster. Weitere Informationen dazu finden Sie hier: *https://learn.microsoft.com/azure/aks/concepts-network#azure-cni-advanced-networking*.

Ingress-Controller

AKS kann einen internen Load Balancer (ILB) oder einen externen Load Balancer (ELB) für Ihren Cluster bereitstellen. Ein ILB stellt keine öffentliche IP-Adresse zur Verfügung, sodass Sie den Zugang durch eine Firewall kontrollieren können. Wenn Sie sich für einen ELB mit einer öffentlichen IP-Adresse entscheiden, können Sie ein Azure Application Gateway mit WAF als Controller für eingehenden Datenverkehr einsetzen, um Ihren Cluster zu schützen. Alternativ können Sie auch Nginx als Ingress-Controller verwenden. Es wird empfohlen, den Ingress-Controller in einem separaten Subnetz innerhalb des VNet zu halten. Weitere Informationen finden Sie unter *https://learn.microsoft.com/azure/application-gateway/ingress-controller-overview*.

Egress-Controller mit benutzerdefinierter Route

Wie bei den zuvor beschriebenen gemeinsam genutzten App-Service-Plänen kann der ausgehende Datenverkehr von einem AKS-Cluster jede beliebige IP-Adresse anrufen. Sie können dies jedoch verhindern, indem Sie den ausgehenden Datenverkehr zunächst mithilfe von benutzerdefinierten Routen (User-defined Routes, UDRs) durch eine Firewall leiten. Weitere Informationen sind hier verfügbar: *https://learn.microsoft.com/azure/aks/egress-outboundtype*.

Private Endpunkte für Kubernetes-API-Server

Der Cluster selbst befindet sich immer in einem VNet. Der Kubernetes-API-Server ist jedoch eine PaaS-Ressource mit einer öffentlichen IP-Adresse. Wie bei anderen gemeinsam genutzten PaaS-Ressourcen wird bei der Verwendung eines privaten Endpunkts die öffentliche IP-Adresse entfernt.

Cluster-Netzwerkrichtlinien

AKS kann eine Netzwerkrichtlinien-Engine für einen Cluster verwenden. Netzwerkrichtlinien erfordern CNI-Netzwerke und müssen bei der Erstellung des Clusters angegeben werden (unter *https://learn.microsoft.com/azure/aks/use-network-policies* finden Sie weitere Informationen).

Cluster können eine von zwei Netzwerkrichtlinienlösungen verwenden:

- **AKS mit Azure-Netzwerkrichtlinien, die über Azure CLI erstellt werden** Um diese Lösung anzuwenden, nutzen Sie den folgenden Code:

```
az aks create \
  --resource-group $rg \
  --name $name \
  --node-count 5 \
  --generate-ssh-keys \
  --service-cidr 10.5.0.0/24 \
  --dns-service-ip 10.0.0.10 \
  --docker-bridge-address 172.17.0.1/16 \
  --vnet-subnet-id $subnet \
  --service-principal $sp \
  --client-secret $pwd \
  --network-plugin azure \
  --network-policy azure
```

- **AKS mit Calico-Netzwerkrichtlinien, die über Azure CLI erstellt werden** Um diese Lösung anzuwenden, nutzen Sie den folgenden Code:

```
az aks create \
  --resource-group $rg \
  --name $name \
  --node-count 5 \
  --generate-ssh-keys \
  --service-cidr 10.5.0.0/24 \
  --dns-service-ip 10.0.0.10 \
  --docker-bridge-address 172.17.0.1/16 \
  --vnet-subnet-id $subnet \
  --service-principal $sp \
  --client-secret $pwd \
  --windows-admin-username $winusername \
  --vm-set-type VirtualMachineScaleSets \
```

```
--kubernetes-version 1.20.2 \
--network-plugin azure \
--network-policy calico
```

Sie können nun Netzwerkrichtlinien definieren. Netzwerkrichtlinien können auf Pod-Attributen, wie zum Beispiel Bezeichnungen (Labels), basieren. Sie sind ähnlich wie NSGs und können sowohl den Verkehr innerhalb eines Clusters als auch die externe Kommunikation steuern. Hier ein Beispiel für die Definition einer Netzwerkrichtlinie in YAML:

```
kind: NetworkPolicy
apiVersion: networking.k8s.io/v1
metadata:
  name: backend-policy
  namespace: development
spec:
  podSelector:
    matchLabels:
      app: webapp
      role: backend
  ingress: []
```

Diese Richtlinien können mit dem Befehl kubectl bereitgestellt werden:

```
kubectl apply -f backend-policy.yaml
```

Das Problem der verwaisten DNS-Einträge

Ein wesentlicher Vorteil von cloudbasierten Lösungen ist die Flexibilität. Es ist möglich, schnell neue Ressourcen auf- und wieder abzubauen. Daher lassen sich Anwendungen, deren Bereitstellung vor Ort Monate gedauert hätte, in Azure innerhalb von Minuten bereitstellen. Diese Fähigkeit zum Auf- und Abbau von Ressourcen hat jedoch auch eine Schattenseite. Das auffälligste Problem ist das sogenannte Problem der verwaisten DNS-Einträge (Dangling DNS), das es Angreifern ermöglicht, Ihre Ressourcen zu kapern. Dies wird oft als Subdomain-Übernahme bezeichnet, und ja, es ist so schlimm, wie der Name vermuten lässt.

Folgendes passiert: Wenn Sie einen DNS-Datensatz mit kanonischem Namen (CNAME) (einen Alias) für eine Azure-Ressource zuordnen, die nicht mehr bereitgestellt wird, bleibt die zugehörige Domain verwaist. Diese Unterdomäne ist dann anfällig für Übernahmen. Dieses Problem ist nicht neu; es ist seit Jahren bekannt. In der Cloud wird das Problem jedoch noch verschärft.

CNAME-Einträge

Ein CNAME-Datensatz ordnet einen Domänennamen einem kanonischen Namen zu. Wenn Sie zum Beispiel eine Anwendung in Azure entwickeln, können Sie einen leicht zu merkenden DNS-Namen einem anderen, nicht so leicht zu merkenden DNS-Namen zuordnen, der von Azure bereitgestellt wird.

Ein Beispiel

Hier ist ein Beispiel für die Auswirkungen von verwaisten DNS-Einträgen. Angenommen, Sie registrieren in Azure einen »schönen« DNS-Namen, app.contoso.com, der auf app-contoso-prod-002.azurewebsites.net verweist. Zu einem bestimmten Zeitpunkt entfernen Sie dann app-contoso-prod-002.azurewebsites.net. Dadurch bleibt app.contoso.com verwaist übrig, das heißt, es verweist auf etwas, das nicht existiert. Nehmen wir nun an, dass ein bösartiger Akteur mithilfe von gut bekannten Tools Ihren nicht existierenden DNS-Eintrag entdeckt (da DNS-Namen und -Hierarchien öffentliche Informationen sind) und dann eine Azure-Ressource mit dem alten, nicht so leicht zu merkenden DNS-Namen app-contoso-prod-002.azurewebsites.net erstellt. Nun wird der gesamte Datenverkehr, der für app.contoso.com bestimmt ist, an app-contoso-prod-002.azurewebsites.net weitergeleitet, das vom Angreifer kontrolliert wird. Die potenziellen Auswirkungen dieser Schwachstelle reichen vom Abfangen von Cookies bis hin zu Phishing und darüber hinaus.

CNAME-Einträge erforschen

Wenn Sie sich für die DNS-Einträge mit einem CNAME-Eintrag interessieren, können Sie das PowerShell-Cmdlet `Get-DnsClientCache` verwenden. (Typ 5 ist ein CNAME.) Der Screenshot in Abbildung 15-6 wurde in Windows Server 2022 direkt nach dem Start des Betriebssystems erstellt. Wie Sie sehen können, hat ocsp.digicert.com einen Alias namens cs9.wac.phicdn.net. Dies ist der Endpunkt, der für den Widerruf von DigiCert-Zertifikaten mittels Online Certificate Status Protocol (OCSP) verwendet wird.

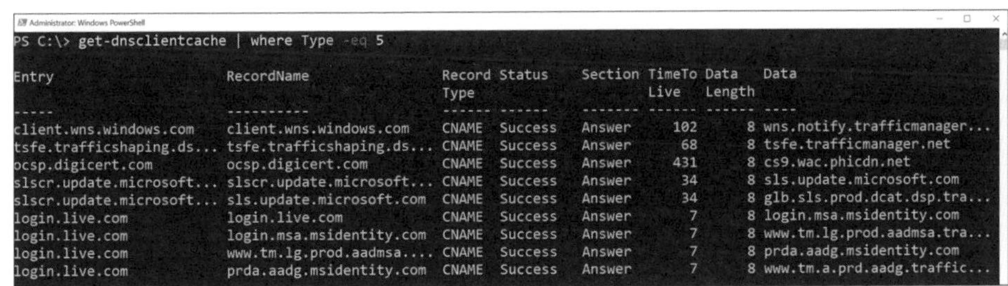

Abbildung 15-6 Anzeigen von DNS CNAME-Einträgen mit PowerShell

Das Problem der verwaisten DNS-Einträge angehen

Zum Zeitpunkt der Erstellung dieses Dokuments wurde Azure um ein neues Feature namens DNS-Reservierungen erweitert, um DNS-Probleme zu entschärfen. Weitere Informationen über DNS-Reservierungen finden Sie hier: *https://azsec.tech/tfw*.

Eine andere Möglichkeit, verwaiste DNS-Einträge zu vermeiden, ist der Einsatz von Microsoft Defender für DNS, der dieses Problem erkennt und Sie darüber informiert.

Es gibt noch weitere Möglichkeiten, verwaiste DNS-Einträge zu vermeiden, die jedoch komplexer sind und DNS-Kenntnisse erfordern. Dazu gehören DNS-Alias-Einträge und das Entfernen von CNAME-Einträgen, wenn sie nicht mehr verwendet werden.

Zusammenfassung

Dieses Kapitel hat Sie mit mehreren wichtigen Netzwerkkonzepten vertraut gemacht. Anschließend wurde erläutert, wie die Angriffsfläche auf eine PaaS-Ressource reduziert werden kann, indem die öffentlichen Endpunkte zugunsten eines privaten Netzwerks versteckt werden. Die verfügbaren Ansätze für private Netzwerke variieren je nach PaaS-Typ. Sie umfassen Dienstendpunkte, private Endpunkte, VNet-Integration, dedizierte PaaS-Instanzen, verwaltete VNets und Agent-basierte Netzwerkbeteiligung.

In diesem Kapitel wurde auch die Vernetzung von Kubernetes behandelt. Obwohl der Abschnitt über die Kubernetes-Vernetzung nicht ausreicht, um alle ihre Feinheiten zu verstehen, sollte er Ihnen ein ausreichendes Verständnis dafür vermitteln, wie Sie mit der AKS-Vernetzung beginnen können.

Schließlich wurde in diesem Kapitel das Problem der verwaisten DNS-Einträge erörtert und wie es in Azure mit speziellen Features entschärft werden kann.

Index

B

C

D

E

F

G

H

I

L

M

N

O

P

Q

R

S

T

U

V

W

X

Z